CHARLES WARÉE, ÉDITEUR

des Étrangers à Paris, des Châteaux et ruines historiques de France, de l'Histoire de la Touraine, de l'Histoire du peuple de Paris, du Magasin des enfants (illustré), de la Bibliothèque du pensionnat (illustré), de l'Illustration de la jeunesse, journal à 6 fr. par an.

rue Richelieu, 45 bis (place Molière).

HISTOIRE
 ANECDOTIQUE, POLITIQUE ET MILITAIRE
de la
GARDE IMPÉRIALE,

par

ÉMILE MARCO DE SAINT-HILAIRE;

Illustrée de soixante magnifiques dessins et costumes, coloriés et tirés à part, et d'un grand nombre de vignettes dans le texte.

C'ÉTAIT UNE COLONNE DE GRANIT!
(Paroles du premier consul dans son rapport de la bataille de Marengo au gouvernement. 27 prairial an VII.)

Les milices célèbres ont, de tout temps, fourni la partie la plus intéressante et la plus dramatique de l'histoire des nations. Les écrivains de l'antiquité se sont étendus avec complaisance, ceux de la Grèce sur la *phalange macédonienne*, ceux de Rome sur les cohortes de la *garde prétorienne*.

Non moins intrépides que les légions romaines, les héroïques soldats de notre garde impériale n'ont pas, comme ces turbulents prétoriens de la Rome des Césars, dévoré la patrie dans leur insatiable cupidité. Loin de là, leurs têtes sillonnées par le feu de la mitraille, blasonnées par le fer de l'ennemi, se courbaient volontiers sous le joug d'une austère discipline. *Leur empereur* tombe, et ces braves assistent aux funérailles de leur puissance sans proférer aucune plainte. On leur demande leurs armes : ils rendent leurs armes, mais à des mains françaises. On les répudie : ils se dispersent.

L'*Histoire de la garde impériale* comprendra cette période, si riche d'évènements militaires, qui commence à 1800 et se termine en 1815; c'est-à-dire depuis sa formation, sous la dénomination de *garde consulaire*, jusqu'à son licenciement comme *garde impériale*.

Dans un aperçu rapide, mais exact, complet, l'auteur de

cette histoire, M. *Émile Marco de Saint-Hilaire*, commence par mettre sous les yeux du lecteur une peinture fidèle du caractère, des mœurs et des habitudes des soldats de la garde. Il passe ensuite à l'origine et à la formation de cette troupe d'élite, en indiquant son mode de recrutement et d'avancement; son administration intérieure; ses priviléges et ses attributions auprès de la personne de l'empereur; sa solde et ses indemnités, sur le pied de guerre et sur le pied de paix, sa discipline et son casernement; sa force numérique et successive aux diverses phases de l'empire, par armes distinctes. Puis, pour parler aux yeux en même temps qu'à l'esprit, il a formulé des tableaux synoptiques et partiels dans lesquels sont inscrits les noms de tous les officiers de chaque régiment de la garde, avec l'indication de leur grade et de leur rang d'ancienneté, depuis le colonel jusqu'au dernier lieutenant. En outre, il a reproduit le texte des décrets, des ordonnances et des lettres de service; le modèle des brevets de nomination aux emplois, de décorations et de dotations; la copie des titres de noblesse, ainsi que celle des *ordres du jour relatifs à la garde*. Sous ce rapport, le livre que nous publions est à la fois pour le pays un *mémorial patriotique*, et pour *les braves* dont le nom y figure une sorte de *blason de famille*.

L'auteur a fait suivre ces intéressants documents, puisés à des sources authentiques et officielles, d'un résumé historique des campagnes auxquelles les corps de la *garde jeune et vieille* ont pris une part active, et il a terminé ce résumé par la biographie de tous les chefs de corps, tels que les maréchaux Bessières, Davoust, Mortier et Soult, colonels-généraux de la garde; par celle de Bertrand, Junot, Gourgaud, Hogendorp, Lauriston, Mouton, Rapp, Savary, etc., aides de camp de l'empereur; par celle des colonels-commandants, savoir: Berthezène, Cambronne, Dorsenne, Friant, Gros, Hulin, Ornano, Pelet, Petit, Soulès, etc., pour l'infanterie; Arrighi, Eugène Beauharnais, Colbert, Dalmann, Daumesnil, Jermanowski, Lefebvre-Desnouettes, Lepic, Saint-Sulpice, Walther, etc., pour la cavalerie; d'Aboville, d'Anthouard, Drouot, Lariboissière, Sorbier, etc., pour l'artillerie; Bernard, Dejean, Haxo, Kirgener, etc., pour l'arme du génie; de Bast, Daugier, Rigny, Gantaume, Linois, etc., pour la marine. Il a mentionné également le service de santé, dans lequel se sont distingués par leur dévouement: Emery, Foureau de Beauregard, Cadet-Gassicourt, Larrey, Sue, etc., et aussi l'administration de la garde, où les noms de Daru, Dennier, Joinville, etc., témoignent que, chez ces hommes d'intelligence, le tracas du champ de bataille n'influait en rien sur le travail du cabinet.

Il est inutile d'ajouter que l'auteur a relaté, avec un soin religieux, les faits d'armes, les actions d'éclat, les traits de présence d'esprit, de courage, de dévouement et d'intrépidité les plus remarquables des officiers, sous-officiers et soldats de

la garde impériale. Enfin, il a donné la nomenclature de cette poignée de héros qui suivirent Napoléon à l'île d'Elbe, et qui revinrent avec lui pour mourir à Waterloo, comme autrefois la vieille noblesse de France dans les plaines d'Azincourt.

Pour rendre ce travail aussi complet que possible, nous avons placé à la fin de notre œuvre quelques-unes des marches militaires écrites pour la garde impériale et arrangées pour le piano par un de nos compositeurs les plus distingués, M. Oscar Commettant. Parmi les morceaux que nous reproduirons, nous citerons la célèbre *Marche de la garde des consuls à Marengo*; celle *du camp de Boulogne*, de la composition de Cherubini; la *Marche funèbre* de Lesueur, exécutée aux funérailles du duc de Montebello; *la Favorite*, ce pas ordinaire *des pupilles*, cette autre garde impériale du roi de Rome, et le fameux *pas accéléré* connu sous le nom de *Branle-bas général des marins*, qui n'était autre qu'un *galop* exécuté par les trompettes et les tambours de ces intrépides matelots.

Les portraits, les vues de sites et de monuments, les armoiries, les scènes militaires, et surtout les uniformes *coloriés* des officiers de l'état-major général et de chacun des corps particuliers de la garde, tels que grenadiers et chasseurs à pied et à cheval, sapeurs, musiciens et tambours, tirailleurs, voltigeurs et flanqueurs; pupilles et vétérans, gendarmerie d'élite, trompettes et timballiers, lanciers polonais, dragons et mameluks, grosse artillerie et artillerie légère; sapeurs-mineurs du génie, train des équipages, marins, etc., ont été confiés au crayon de nos meilleurs artistes.

La tâche de l'auteur était immense sans doute, mais elle n'était point au-dessus de son zèle infatigable. Il a cru que c'était glorifier la patrie elle-même, son armée d'autrefois et son armée d'aujourd'hui, que de décerner ce tardif mais solennel hommage à *cette vieille garde impériale* qui a laissé des traces impérissables de son passage sur tous les points de l'Europe, et dont les échos des Pyramides et des Alpes, de l'Escurial et du Kremlin, redisent encore les merveilleuses prouesses et les vertus guerrières. Nous avons été heureux, quant à nous, de nous associer, comme éditeur, à la noble et belle mission que l'auteur s'était imposée, et à laquelle toutes les sympathies du public sont certainement acquises, comme à tout ce qui touche aux gloires de la France.

Conditions de la souscription.

L'*Histoire de la garde impériale*, imprimée, en caractères neufs, par M. Cosson, sur grand jésus superfin, sera publiée en 40 livraisons à 50 c., 60 c. pour la province. — Chaque livraison se composera de 16 pages de texte, splendidement illustrées, et d'une et quelquefois deux gravures coloriées et tirées hors texte. — Il paraîtra une ou deux livraisons tous les samedis, à partir du 15 février 1845.

EUGÈNE PENAUD ET Cⁱᴱ, ÉDITEURS,
PARIS, RUE NOTRE-DAME-DES-VICTOIRES, 16.

HISTOIRE
ANECDOTIQUE, POLITIQUE ET MILITAIRE
DE
LA GARDE IMPÉRIALE

PAR
ÉMILE MARCO DE SAINT-HILAIRE,
Auteur des Souvenirs intimes du temps de l'Empire.

Un magnifique volume grand in-8° illustré

PAR MM. HIPPOLYTE BELLANGÉ, EUGÈNE LAMI, CH. VERNIER,
GAGNIET, GUÉRIN. — GRAVURES DE LACOSTE AÎNÉ.

Musique des marches et fanfares de la Garde, transcrite par Alexandre Goria.

« C'ÉTAIT UNE COLONNE DE GRANIT. »
(Paroles du Premier Consul, dans son rapport de la bataille
de Marengo au Gouvernement, le 27 prairial an VIII.)

PROSPECTUS-SPECIMEN.

NAPOLÉON, à Sainte-Hélène, disait à
ses compagnons d'exil : « Si jamais
« nous en avons le loisir, il nous faut
« écrire l'histoire de ma Garde. Ce livre
« sera comme un monument indestructible
« que j'élèverai à la mémoire de ces braves,
« et dont la France se glorifiera le plus.
« Oui, avait-il ajouté, j'érigerai ce monu-
« ment, si je puis parvenir à rassembler les
« matériaux qui me manquent pour le mettre
« en œuvre; car jamais il n'y eut un plus
« bel assemblage d'hommes intrépides que
« dans ce corps d'émulation et de récompense où l'on n'était admis

« qu'avec des qualités physiques et morales longuement éprouvées. »

Ce que le grand homme ou plutôt ce que ses illustres lieutenants n'ont pas cru devoir faire jusqu'à présent, un écrivain, qui depuis plus de vingt ans a consacré son temps et sa plume à étudier et à peindre toutes les phases de l'époque impériale et qui a su donner à ses compositions le cachet et la couleur qui caractérisent essentiellement cette glorieuse époque, l'auteur des *Souvenirs intimes du temps de l'Empire*, l'a entrepris; et, sous le titre de : Histoire de la Garde impériale, nous annonçons aujourd'hui la publication de ce consciencieux travail.

« La terreur qu'inspirait aux ennemis de la France cette indomptable phalange, » dit M. Emile Marco de Saint-Hilaire dans une chaleureuse introduction qui sert de *préliminaires* à son ouvrage, « ne pouvait trouver d'équivalent que dans l'affection générale dont elle était l'objet, aux jours de trêves passagères. Alors il fallait voir la Garde de retour d'une glorieuse campagne où souvent, et pour nous servir de l'expression d'un de ses plus dignes chefs [*], *elle n'avait pas eu le bonheur de brûler une amorce*, il fallait la voir, traverser nos villes et nos campagnes, partout accueillie par des manifestations d'enthousiasme et d'allégresse; mais c'était à Paris surtout, dans la capitale du grand empire, que ce retour était signalé par les plus vives démonstrations. La Garde ne rentrait dans ses palais de l'Ecole militaire, de Babylone et de Pantemont (car, jadis, ces vastes casernes étaient des demeures princières), qu'après avoir passé sous des arcs de triomphe improvisés et s'être assise à de somptueux banquets, où le premier magistrat de la cité s'enorgueillissait de remplir le rôle d'amphitryon. C'est ainsi que les soldats de César, vainqueurs des Gaules et des Germains, rentraient dans la ville éternelle par la porte Prétorienne et allaient suspendre aux voûtes du temple de Mars, les palmes de la victoire et les trophées de leurs conquêtes.

« La prépondérance de la Garde était si bien établie aux yeux même des autres corps de l'armée, que dans les plus sanglantes batailles de l'Empire et au plus fort du péril, on vit des régiments de ligne appeler la Garde à leur secours comme un appui certain, comme un auxiliaire invincible. *Où est la Garde?* s'écrièrent ces jeunes

[*] M. le maréchal duc de Dalmatie, aujourd'hui ministre de la guerre.

soldats avec une anxiété qui ne cessa qu'à la vue des bataillons de cette phalange immortelle. A Wagram, elle fut appelée par le corps de

Macdonald pour fixer la victoire; et, à la Moskowa, les intrépides bataillons qui faisaient face aux masses incessantes des Russes l'appelèrent encore de leurs vœux, mais cette fois inutilement.

L'HISTOIRE DE LA GARDE IMPÉRIALE comprendra cette période si riche d'événements militaires qui commence à 1800 et se termine en 1815, c'est-à-dire depuis sa formation sous la dénomination de *Garde consulaire*, jusqu'à son licenciement comme *Garde impériale*.

Soixante-dix uniformes imprimés à part et coloriés avec le plus grand soin, les portraits de Bonaparte Premier Consul, de Napoléon Empereur, et des principaux chefs de la Garde impériale, un grand nombre de gravures sur bois et sur acier, tirées aussi à part, retraçant les scènes principales de la vie militaire de la Garde, et enfin des vignettes dans le texte, des têtes de pages, des lettres ornées, des culs-de-lampe, etc.

Origine et formation, organisation et administration, mode de recrutement et d'avancement, rang et prérogatives des militaires de la Garde dans l'armée. Casernement et garnisons, service et discipline, solde et indemnités, décrets, ordonnances et arrêtés y relatifs. Ordres du jour, proclamations, bulletins, lettres de service et de noblesse, brevets d'honneur accordés à cette troupe d'élite.

Résumé historique et anecdotique des campagnes, combats, siéges et batailles auxquels les corps de la Garde, jeune et vieille, ont pris une part plus ou moins active.

Composition et force numérique progressive de la Garde, par année.

Tableaux synoptiques dans lesquels sont inscrits les noms de tous les officiers de chaque régiment de la Garde, classés par armes et par rang d'ancienneté, avec indication de leurs emplois, de leurs grades et de leurs décorations.

Pour rendre cette HISTOIRE aussi complète que possible, l'auteur a placé à la fin de son œuvre les partitions de quelques marches et fanfares écrites dans les temps pour la Garde impériale et arrangées en outre pour le piano par l'un de nos jeunes compositeurs les plus goûtés du public, M. Alexandre Goria, répétiteur des classes de concours au Conservatoire royal de musique. Parmi les morceaux que nous reproduirons, nous citerons : 1° La *Charge de la Garde Consulaire* à Marengo ; 2° l'air si populaire de *La Victoire est à nous!* 3° La *grande Marche funèbre* exécutée, en 1810, aux obsèques du duc de Montebello ; 4° *La Favorite, Pas accéléré des Pupilles*, cette autre Garde impériale du roi de Rome ; 5° la *Fanfare de l'Etendard des Guides* ; 6° le *Pas de Course* connu sous le nom de *Branle-bas général des Marins de la Garde* ; 7° l'air : *Veillons au salut de l'Empire* ; et 8° enfin la *Marche des Grenadiers de la vieille Garde à Waterloo*.

L'Histoire de la Garde impériale contiendra en outre la biographie des principaux chefs de corps de la Garde ; l'état nominatif de tous les officiers, sous-officiers et soldats qui, en 1814, ont suivi Napoléon à l'île d'Elbe, ainsi que le nom de ceux qui, à son retour, en mars 1815, l'ont accompagné depuis Grenoble jusqu'à Paris. Sous plus d'un rapport, le livre de M. Emile Marco de Saint-Hilaire sera à la fois pour le pays un *mémorial patriotique*, et pour les braves dont le nom y figurera une sorte de *blason de famille*.

CONDITIONS DE LA SOUSCRIPTION :

L'Histoire de la Garde impériale sera publiée en 50 livraisons, qui paraîtront régulièrement le samedi de chaque semaine.

Chaque livraison se composera de 16 pages de texte environ, d'une gravure sur acier, d'un dessin gravé sur bois tiré à part, ou d'un uniforme.

PRIX DE L'OUVRAGE.

La livraison, Figures noires . . . . 50 cent. — Complet . . . . **15** fr.
— Figures coloriées . . . **40** — Complet **20**

En payant 25 livraisons d'avance, les Souscripteurs de Paris recevront *franco* leurs livraisons à domicile. Les Souscripteurs de la province devront adresser à l'éditeur le prix de l'ouvrage complet, plus 3 fr. pour les frais de poste.

Nota. A la fin de l'ouvrage, nous donnerons les nom et qualité des *cinq cents* premiers Souscripteurs à l'Histoire de la Garde impériale.

ON SOUSCRIT A PARIS

CHEZ TOUS LES DÉPOSITAIRES DE PUBLICATIONS PITTORESQUES

ET CHEZ TOUS LES LIBRAIRES DE LA FRANCE ET DE L'ÉTRANGER.

Extrait du Catalogue.

Contes du Chanoine Schmid, traduits par Cerfberr de Medelsheim, *illustrations de Gavarni*. 2 magnifiques volumes grand in-8 de 400 pages . . . . 20 fr. » c.
Chaque volume se vend séparément . . . . 10 »
   Nota. Il y a quelques exemplaires coloriés avec soin : 3 francs de plus par volume.

Châteaux et Ruines historiques de France, par Alexandre Delavergne. 1 très-beau volume grand in-8, illustré par Théodore Frère, gravures sur papier de chine . . . 15 »

Les Étrangers à Paris, 1 splendide volume grand in-8, illustré par Gavarni, Th. Frère. 30 gravures à part et 300 vignettes dans le texte . . . . 15 »

(*Affranchir.*)

Paris — Typographie d'ALEXANDRE BAILLY, rue Notre-Dame-des-Victoires, 16.

HISTOIRE

DE

LA GARDE IMPÉRIALE.

PARIS. — TYPOGRAPHIE D'ALEXANDRE BAILLY,
RUE DU FAUBOURG-MONTMARTRE, 10.

(Garde impériale.)

HISTOIRE

ANECDOTIQUE, POLITIQUE ET MILITAIRE

DE

LA GARDE IMPÉRIALE

PAR

ÉMILE MARCO DE SAINT-HILAIRE.

ILLUSTRÉE PAR H. BELLANGÉ, E. LAMY, DE MORAINE, CH. VERNIER.

Musique des Marches et Fanfares de la Garde, transcrite par Alexandre Goria.

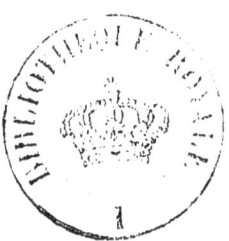

« C'ÉTAIT UNE COLONNE DE GRANIT. »
Paroles du Premier Consul, dans son rapport de la bataille
de Marengo au Gouvernement, le 27 prairial an VII.

PARIS.

EUGÈNE PENAUD ET COMP^{ie}, ÉDITEURS,

10, RUE DU FAUBOURG-MONTMARTRE.

1847
1846

AVERTISSEMENT DES ÉDITEURS.

Les milices célèbres ont, de tout temps, fourni la partie la plus intéressante et la plus dramatique de l'histoire des nations. Les écrivains de l'antiquité se sont étendus avec complaisance, ceux de la Grèce, sur la *Phalange macédonienne;* ceux de Rome, sur les cohortes de cette *Garde prétorienne* qui, au déclin de l'Empire, décernait à prix d'or la couronne de César, et immolait ensuite à ses fureurs vénales ceux-là de ses capitaines à qui elle avait vendu la pourpre.

Non moins intrépides que les légions romaines, les héroïques soldats de notre Garde impériale ne flétrirent pas leurs lauriers, comme les janissaires et les strélitz, par la sédition et la révolte. Ils n'ont pas non plus, comme ces turbulents prétoriens de la Rome impériale, dévoré la patrie dans leur insatiable cupidité. Loin de là : avides de périls seulement, indomptables sur les champs de bataille, n'ayant d'autre ambition que celle de la gloire, ne servant d'autre intérêt que celui de la patrie, les soldats de la Garde, au retour de la paix, redevenaient les hommes les plus calmes, les plus inoffensifs de l'armée. Leurs têtes, sillonnées par le feu de la mitraille, blasonnées par le fer de l'ennemi, se courbaient volontiers sous le joug d'une austère discipline. *Leur Empereur* tombe, et ces braves assistent aux funérailles de leur puissance sans proférer aucune plainte. On leur demande leurs armes : ils rendent leurs armes, mais à des mains françaises. On les répudie : ils se dispersent, n'emportant avec eux qu'un bâton pour aider leur marche, qu'un morceau de pain pour soutenir leur existence. Ils n'ont qu'un seul vœu au cœur, celui de voir heureuse leur patrie à laquelle ils donnent encore, par leur sublime résignation, une dernière preuve de dévouement et d'amour.

Nous en appelons à ceux qui, en 1815, ont été les témoins du licenciement de la Garde impériale sur les bords de la Loire : quel noble exemple d'abnégation dans ces jours à jamais déplorables! Véritable tête de cette *grande armée* si longtemps invincible, ces fiers soldats prouvèrent qu'ils étaient partout et toujours les dignes enfants de la grande nation.

L'*Histoire de la Garde impériale* comprendra donc cette période, si riche d'événements militaires, qui commence à 1800 et se termine en 1815, c'est-à-dire depuis sa formation, sous la dénomination de *Garde consulaire*, jusqu'à son licenciement comme *Garde impériale*.

Dans un aperçu rapide, mais exact et complet, l'auteur de cette histoire commence par mettre sous les yeux du lecteur une peinture fidèle du caractère, des mœurs et des habitudes des soldats de la Garde. Il passe ensuite à l'origine et à la formation de cette troupe d'élite, en indiquant son mode de recrutement et d'avancement; son administration intérieure, ses priviléges et ses attributions auprès de la personne de l'Empereur; sa solde et ses indemnités sur le pied de guerre et sur le pied de paix; sa discipline et son casernement; sa force numérique et successive aux diverses phases de l'empire, par armes distinctes. Puis, pour parler aux yeux en même temps qu'à l'esprit, M. *Emile Marco de Saint-Hilaire* a formulé des tableaux synoptiques et partiels dans lesquels sont inscrits les noms de tous les officiers de chaque régiment de la Garde avec l'indication de leur grade et de leur rang d'ancienneté, depuis le colonel jusqu'au dernier lieutenant. En outre, il a reproduit le texte des décrets, des ordonnances et des lettres de service; le modèle des brevets de nomination aux emplois, de décoration et de dotation; la copie des titres de noblesse, ainsi que celle des ordres du jour relatifs à la Garde. Sous ce rapport, le livre que nous publions sera à la fois, pour le pays, un *mémorial patriotique*, et pour les braves dont le nom y figure, une sorte de blason de famille.

L'auteur a fait suivre ces intéressants documents, puisés à des sources authentiques et officielles, d'un résumé historique des campagnes auxquelles les corps de la Garde (*jeune et vieille*) ont pris une part active, et il a terminé ce résumé par la nomenclature de cette poignée de héros qui suivirent Napoléon à l'île d'Elbe, et qui revinrent avec lui pour mourir à Waterloo, comme autrefois la vieille noblesse de France dans les plaines d'Azincourt.

Pour rendre ce travail aussi complet que possible, M. *Emile Marco de Saint-Hilaire* a cru devoir placer à la fin de son œuvre quelques-unes des fanfares et des marches militaires écrites dans les temps pour la Garde impériale, et transcrites aujourd'hui pour le piano par un de nos jeunes compositeurs les plus distingués, M. Alexandre Goria, répétiteur des classes de concours au Conservatoire royal de musique. Nous avons pensé qu'avec plaisir on trouverait réunis ces airs qui sont restés fameux et qui, selon l'expression du poëte, ont servi si souvent à régler la marche de la victoire.

Les portraits, les vues de sites, les combats, les grandes revues, les scènes militaires et surtout les uniformes coloriés des officiers généraux de l'état-major et de chacun des corps particuliers de la Garde ont été confiés au crayon de MM. Hippolyte Bellangé, Eugène Lami, Charles Vernier, etc. Ces dessins, gravés par M. Lacoste aîné, aidé des premiers artistes de la capitale, feront de ce livre un véritable musée militaire.

La tâche de l'auteur était immense sans doute, mais elle n'était point au-dessus de son zèle infatigable. Il a cru que c'était glorifier la patrie elle-même, son armée d'autrefois et son armée d'aujourd'hui, que de décerner ce tardif mais solennel hommage à cette *vieille Garde impériale* qui a laissé des traces impérissables de son passage sur tous les points de l'Europe, et dont les échos des Pyramides et des Alpes, de l'Escurial et du Kremlin, redisent encore les merveilleuses prouesses et les vertus guerrières. Nous avons été heureux, quant à nous, de nous associer, comme éditeurs, à la noble et belle mission que M. *Emile Marco de Saint-Hilaire* s'était imposée, et à laquelle toutes les sympathies du public sont certainement acquises, comme à tout ce qui touche aux gloires de la France.

Eugène Penaud et Cie.

15 août 1845.

LIVRE PREMIER.

PRÉLIMINAIRES.

Physionomie de la Garde impériale, sous le rapport moral, politique et militaire.

La reconnaissance nationale n'a jamais manqué aux grands corps d'un Etat, lorsque leurs services civils ou militaires ont concouru à la gloire de la patrie ; mais c'est un de leurs plus beaux priviléges de réunir aux sympathies populaires qui leur sont toujours fidèles, l'estime particulière du souverain et le respect des corps rivaux forcés de leur rendre hommage.

Telle fut, sous l'Empire, la condition de *la Garde impériale*. Terrible sur les champs de bataille à cause de son intrépidité, admirable par son austère discipline au sein de la paix, la Garde impériale s'élevait au milieu de la France comme ce magnifique palmier du Sinaï dont les immenses rameaux protégent à la fois contre les ardeurs d'un soleil dévorant et la violence des tempêtes, les chétifs arbustes qui croissent sous son ombrage.

Aussi la terreur qu'inspirait aux ennemis de la France cette indomptable phalange ne pouvait-elle trouver d'équivalent que dans l'affection générale dont elle était l'objet aux jours de trèves passagères et de solennités publiques. Il fallait la voir, revenir d'une campagne où souvent, et pour nous servir de l'expression d'un de ses dignes chefs[*] : « elle n'avait pas eu le bonheur de brûler une amorce, » il fallait la voir, disons-nous, traverser nos villes et nos campagnes, partout accueillie par des manifestations d'enthousiasme et d'allégresse ; mais c'était à Paris surtout, dans la capitale du grand Empire, que ce retour était signalé par les plus vives démonstrations. La Garde ne rentrait dans ses palais de l'École-Militaire, de Babylone, de Ruel et de Courbevoie (car ces vastes casernes où régnaient l'ordre et la magnificence guerrière n'étaient autres que des demeures princières), qu'après avoir passé sous des arcs de triomphe improvisés, et s'être assise à de somptueux banquets où le premier magistrat de la cité[**] s'enorgueillissait de remplir le rôle d'Amphytrion. C'est ainsi que les soldats de César, vainqueurs des Gaules et de la Germanie, rentraient dans la ville éternelle par la porte Prétorienne, et allaient suspendre aux voûtes du temple de Mars les palmes de la victoire et les trophées de leurs conquêtes.

Dans tous les temps et à toutes les époques, les Parisiens se sont fait remarquer par l'attachement qu'ils portaient à la Garde impériale, attachement qui pourrait s'appeler de l'idolâtrie. Soit qu'ils reconnussent l'autorité de ce vieil adage : « Il n'est point de trône sans garde et point de temple sans Dieu, » soit que la présence de ces fiers soldats, qui se mêlaient avec tant de bonhomie aux réjouissances populaires, devint à leurs yeux une espèce d'emblème de gloire ; les Parisiens, disons-nous, leur avaient tacitement accordé le droit de bourgeoisie. Les uniformes de la Garde étaient bien reçus partout ; et, telle était la chaste réputation de ces braves, que, dans une promenade, dans un bal,

[*] Le maréchal Soult.
[**] Le comte Frochot, préfet du département de la Seine.

dans une réunion de famille, le voisinage d'un militaire de la Garde n'inquiétait ni la susceptibilité des mères, ni l'innocence des jeunes filles : cet uniforme était, au jugement de tous, le symbole de l'honneur, de la vertu et du courage. Cette confiance qui s'étendait, à juste titre, au petit nombre de régiments dont la Garde était alors composée, inspira dès l'origine aux autres corps de l'armée une jalousie qui se manifesta non-seulement par de sourdes rumeurs, mais aussi par des querelles et des provocations qui se terminèrent par des duels partiels et des querelles de corps. A son retour d'Egypte, en 1799, Napoléon avait ramené avec lui, sur le même bâtiment, une partie de ses *Guides*. Arrivés à Paris quelques jours seulement après les événements du 18 brumaire, ceux-ci furent logés à Babylone[*] non plus comme *Guides du général Bonaparte*, mais bien comme *Garde du premier consul*. Ce fut à partir de ce moment que ce corps privilégié provoqua les murmures jaloux ; cependant malgré ces collisions déplorables, la prépondérance de la *Garde consulaire* s'établit si bien aux yeux mêmes de ses rivaux, que, plus tard, dans les plus sanglantes batailles de l'Empire et au plus fort du péril, on vit les régiments de ligne appeler la Garde à son secours, comme un appui certain, comme un auxiliaire invincible. « Où est la Garde ? » s'écriaient les soldats avec une anxiété qui cessait à la vue de ses bataillons. A Wagram, elle fut appelée par le corps du général Macdonald pour fixer la victoire, et à Moscow les intrépides régiments qui faisaient face aux masses incessantes des Russes l'appelèrent encore de leurs vœux, mais cette fois inutilement.

La solde de chaque soldat de la *vieille Garde* (grenadiers et chasseurs à pied et à cheval), était de vingt-deux sous par jour. Sur cette paie il restait à chaque homme, toutes retenues prélevées pour ce qu'on appelle l'*ordinaire*, l'habillement, l'équipement et la masse dite de *réserve*, sept sous par jour *d'argent de poche*. C'était beau, mais c'était bien. Aussi le budget particulier de chaque fantassin était-il réglé par les soldats eux-mêmes avec une rectitude mathématique. Point de ces dettes honteuses qui déshonorent l'habit militaire ; point de ces lésineries sordides qui métamorphosent quelquefois le jeune officier en vieil avare. Tout était sévère, mais convenable dans la

---

[*] Magnifique caserne située dans le faubourg Saint-Germain entre la rue de Babylone et la rue Plumet.

Garde : la tenue comme la conduite, les manières comme le langage ; et, à ce propos, nous ferons remarquer que, dans la *vieille Garde* de préférence que dans la *jeune*, les soldats se traitaient habituellement entre eux de *monsieur*. Un officier ou un sous-officier n'aurait jamais adressé la parole à un de ses subordonnés qu'en employant cette locution, car il régnait dans ce corps une aristocratie qui venait de l'idée de supériorité que chacun croyait avoir sur son camarade. Les soldats ne se tutoyaient pas non plus comme dans les autres régiments de l'armée, à moins qu'ils ne fussent parents ou amis intimes, ou enfin qu'ils n'eussent été jadis *camarades de lit*. Dans ce dernier cas, le *tu* était de rigueur, tandis que le *vous* eût été pris, par celui auquel il aurait été adressé, pour une offense, ou, tout au moins, pour un signe de désaffection. Napoléon seul usait largement du privilége de tutoyer les soldats de sa Garde, ceux surtout qui avaient fait les campagnes d'Italie et d'Egypte avec lui ; mais il tutoyait rarement un officier. Il fallait, pour qu'il lui donnât cette marque de bienveillance, qu'il le connût de longue date. Aussi disait-il en plaisantant que *ses Egyptiens étaient un peu collets montés entre eux.*

En effet, dans les cantines de la Garde, ces propos grossiers, ces épithètes mal sonnantes qu'on est convenu d'appeler dans le monde des *propos de corps de garde*, étaient formellement interdits. Une cantine de la Garde, même le jour de saint Napoléon (le 15 août), offrait un aspect aussi calme que le café de la capitale le mieux composé. On causait à voix basse, on discutait sans passion, et si les plus animés chantaient quelquefois, ils ne faisaient entendre que de ces chansons franchement populaires ou guerrières, et qui ne cachaient point sous une rime élégante ou sous une pensée politique des allusions obscènes ou frondeuses. Deux hommes d'esprit [*], dont la renommée différente

---

[*] Lemontey et Martainville : ils avaient été spécialement chargés par M. Champagny, alors ministre de l'intérieur, de composer les chansons qu'on distribua au peuple, à l'occasion des réjouissances du couronnement de Napoléon. L'un et l'autre de ces spirituels écrivains s'acquittèrent merveilleusement de cette tâche. On se rappelle encore ce charmant quatrain de Lemontey :

« Rome eut dans Fabius un héros politique,
Dans Annibal, Carthage eut un chef héroïque ;
La France, plus heureuse a, dans Napoléon,
La tête du premier et le bras du second. »

eut beaucoup de retentissement sous la restauration, avaient en quelque sorte le monopole des passe-temps littéraires de la Garde.

Les dépenses des officiers, même subalternes, étaient considérables; car Napoléon voulait, avant tout, que les officiers de sa Garde fussent à la fois pour l'armée des exemples de bravoure et de dignité. Aucun d'eux, pour ainsi dire, n'avait de fortune; mais tous, au moyen des gratifications et des dotations qu'ils recevaient, soit au commencement, soit à l'issue d'une campagne, étaient en état de faire figure, et les officiers-généraux, de tenir un train en rapport avec le grade qu'ils occupaient dans la hiérarchie militaire. D'ailleurs, la magnificence extrême des uniformes coûtait déjà des sommes énormes. Le grand et le petit état-major de la Garde étaient à eux seuls un étincelant spécimen du luxe de costume qui régnait dans ce corps tout exceptionnel. Les jours de grande parade, l'état-major général de la Garde apparaissait en tête des régiments comme une nappe d'or toute ruisselante de broderies, de plumes et d'acier. Les colonels-généraux *, avec leur habit de velours brodé d'or sur toutes les coutures, et leurs insignes éblouissants, marchaient en avant de ce magnifique état-major.

Il n'y avait pas moins de luxe dans les rangs inférieurs de l'etat-major. Ainsi les chirurgiens en chef partageaient avec les musiciens la somptuosité de l'uniforme; mais c'était surtout le tambour-major des grenadiers à pied qui était le type de la splendeur guerrière. L'habit

---

Et cette chanson patoisée de Martainville, sur l'air : *Reçois dans ton galetas*, etc.

> « Qu'ils viennent ces enjeauleux
> Dir' qu'il n'y a pas de providence,
> D'après l'état malheureux
> Dont il (Napoléon) a su tirer la France.
> J' leur dirons : r'gardez l'Empereur
> Ils s'ront forcés d' croire au *sauveur*. »

Jamais louange plus délicate n'avait été distillée. Martainville, aussi vrai que Vadé, l'emportait de beaucoup sur cet Homère des halles par la finesse de la pensée. En outre, Martinville composa, lors du couronnement de Napoléon, une ode magnifique sur *le retour de l'ordre*, que les aristarques du temps, qui ignoraient le nom de l'auteur, comparèrent aux plus belles odes de J.-B. Rousseau. Ce qu'il faut remarquer ici, c'est que, bien que l'ode de Martainville eût paru sous le voile de l'anonyme, l'auteur n'en reçut pas moins 6000 francs de l'Empereur, qui savait récompenser tous les genres de mérite.

* Il y en avait quatre : chacun d'eux était maréchal de l'Empire et commandait en chef un des corps distincts de la Garde.

de cet officier, dont la taille était superbe (il avait près de six pieds), ne coûtait pas moins de trente mille francs. Ce costume n'était que broderies des pieds à la tête, ce qui fit dire aux femmes de Vienne en 1809, lors de l'entrée triomphale de la Garde impériale dans la capitale de l'Autriche, que, « le tambour-major eût été un meilleur prisonnier à faire que l'Empereur lui-même. » En effet, Napoléon si exigeant quant à la richesse de l'uniforme des officiers-généraux de sa Garde, avait fait cette campagne avec un uniforme complet des chasseurs à cheval de sa Garde, usé, rapiécé et qui ne valait pas trente francs, et une redingote grise dont le fripier le plus généreux aurait offert moins encore. Mais ce resplendissant état-major s'harmonisait admirablement avec le costume austère des bataillons de la Garde; c'était les soldats d'Alexandre avec l'éclat des troupes de Xercès. Napoléon avait su réunir aussi dans sa Garde les plus belles qualités des armées antiques : un luxe éblouissant et une parfaite simplicité; une discipline inexorable et le dévouement le plus absolu.

Tous les corps de la Garde, infanterie, cavalerie et artillerie, excitaient à un haut degré l'admiration du peuple; mais un de ces corps surtout rappelait les exploits de Napoléon lorsqu'il n'était encore que général en chef de l'armée d'Orient, et donnait à la Garde une physionomie toute particulière en flattant les idées chevaleresques de la nation, nous voulons parler de l'escadron de Mameloucks * qui, dans l'origine, se bornait à une compagnie servant d'avant-garde ou d'éclaireurs aux chasseurs à cheval de la Garde consulaire. Rien n'était plus pittoresque et plus oriental que ce costume qui rappelait les guerriers de Saladin et de Mahomet II. L'étendard à queue de cheval, les timbales, les trompettes, les armes, l'harnachement complet du cheval, tout était à la turque, et ces vêtements élégants, ces damas étincelants et recourbés, cette aigrette qui surmontait le turban asiatique, ces chamarrures d'or et de soie faisaient rêver, comme malgré soi, aux conquêtes des rois maures et aux exploits des Abencérages.

* Ce serait une erreur de croire que les Mameloucks, tels que nous les avons vus depuis 1801 jusqu'à 1815, fussent tous des enfants de l'Orient. Depuis longtemps le nombre de ces Égyptiens était diminué des trois quarts, et, dès la formation de ce corps, ils n'étaient pas cinquante. Plus tard ils se recrutaient dans les régiments de hussards; et, en 1814, les Mameloucks *pur sang* étaient réduits à *dix-huit*, parmi lesquels *six* seulement étaient devenus officiers et sous-officiers.

L'escadron des Mameloucks, au milieu de la Garde impériale, était comme une page mystérieuse des *Mille et une Nuits* jetée au milieu d'une chaleureuse harangue de Démosthènes.

Lorsqu'ils faisaient une entrée triomphale dans une capitale de l'Europe, telle que Milan, Berlin, Madrid, Vienne et Moskow, Napoléon n'oubliait jamais de faire figurer les Mameloucks en tête de son cortége. A Vienne, en 1809, un Egyptien qui se trouvait par hasard dans cette ville voulut lier conversation avec un de ces soldats qu'il prenait pour un compatriote. Le Mamelouck ne comprenant pas un mot de ce que lui baragouinait son interlocuteur, finit par l'envoyer promener en termes excessivement français.

— Allah! sois béni! s'écria le musulman en levant les yeux au ciel; voilà un homme qui a oublié jusqu'au langage de son pays.

Ce Mamelouck ne l'avait point oublié; mais il était né dans le faubourg Saint-Antoine, à Paris, et n'avait de commun avec le Koran que son costume.

Napoléon était jaloux de sa Garde comme un avare de son trésor, comme un amant de sa maîtresse. Chez l'étranger, la Garde figurait dans toutes les solennités politiques : on se rappelle encore le rôle brillant qu'elle joua à Milan, à Erfurt, à Tilsitt et à Bayonne. « Mes grognards ont-ils tout ce qu'il leur faut? Sont-ils contents?..... » demandait l'Empereur lorsqu'il était en campagne. Et la réponse des chefs de corps était presque toujours affirmative. A Paris, les jours de galas au palais, de cérémonie ou de solennité nationale, la Garde occupait le premier rang. Dans les bals qui avaient lieu l'hiver aux Tuileries, la musique du premier régiment de grenadiers à pied, avait son orchestre dressé dans le *salon de Mars*. Napoléon qui aimait à voir danser et même qui dansait quelquefois en petit comité, n'aurait pas eu, comme on dit vulgairement, le cœur à la danse s'il n'eût reconnu dans les exécutants ces visages basanés qui jouaient les airs patriotiques sur nos champs de bataille avec autant de sang-froid et d'ensemble qu'ils exécutaient, à la cour, les gavotes, les contredanses et les walses *. A ces bals tous les officiers de la Garde étaient habi-

---

* A Paris, le corps de musique de chacun des régiments de la vieille Garde était augmenté d'un petit nombre de musiciens, tous choisis parmi les artistes du Conservatoire, de l'Opéra et de Feydeau. Ces musiciens, qualifiés de *gagistes*, étaient payés

tuellement invités, à partir du grade de commandant. Aussi n'était-il pas rare de voir figurer au même quadrille un officier d'artillerie légère en face d'un sénateur ou d'un conseiller d'état, et un officier de grenadiers en face d'un ambassadeur ou d'un membre de l'Institut.

La sollicitude de Napoléon pour les officiers de sa Garde se révélait en toutes choses. Non content de pourvoir à leur bien-être matériel comme militaires, il cherchait aussi par les manières les plus délicates à assurer leur avenir comme citoyens. C'est ainsi qu'au milieu des plus graves occupations, des plus terribles chances de la guerre et de la diplomatie que souverain ait jamais eues, il ne dédaignait pas de s'occuper du mariage de ses généraux. Un jour, Dorsenne lui ayant manifesté quelque étonnement de cette paternelle sollicitude :

— N'êtes-vous pas tous des lions? lui répondit l'Empereur. Eh bien ! il ne faut pas laisser périr cette race-là. La France et moi auront besoin de nouvelles griffes et de nouvelles dents quand les vôtres ne pourront plus servir.

Il se faisait donner, par les préfets, la liste des jeunes personnes riches et appartenant à l'ancienne aristocratie, et souvent il concluait ainsi une union à l'insu même de celui qu'il voulait marier. Par une grande et féconde idée politique, Napoléon voulait enter ainsi la nouvelle noblesse sur l'ancienne, et de ses rameaux divers ne former qu'un seul et même tronc. Là ne s'arrêtait point sa prévoyance ; si l'officier n'était pas assez riche pour la femme qu'il voulait lui faire épouser, il le dotait. Tout cela se faisait en huit jours avec calme et discrétion. Souvent aussi il tenait sur les fonts de baptême les enfants de ses officiers ; et un jour il nomma jusqu'à vingt-quatre enfants qui appartenaient aux généraux et aux colonels de sa Garde. Le cardinal Fesch, son oncle, lui ayant dit un jour, à cette occasion, qu'il était le prince le plus pieux de la chrétienté, puisqu'il ne cessait pas de faire ainsi des chrétiens.

— Vous avez raison, monsieur le cardinal, lui répondit l'Empereur en souriant; je fais d'une pierre deux coups, car j'en fais aussi des soldats. Eh ! ajouta-t-il en relevant la tête, qui oserait un jour porter le nom de Napoléon, s'il n'avait été soldat ?

sur le *fonds de réserve* de l'administration du corps et ne suivaient jamais la Garde en campagne.

Puis, quand ces enfants atteignaient l'âge de huit ou dix ans, il les plaçait dans des lycées et pourvoyait même aux frais de leur trousseau. Tout cela, nous le répétons, se faisait comme en famille : Napoléon ne mettait, dans ces grâces si abondamment répandues, ni vanité, ni ostentation.

— Ces hommes-là, disait-il encore en montrant sa Garde, représentent tous les régiments de l'armée ; ils sont mes enfants : je veux, je dois agir avec eux comme un père de famille.

Les *enfants de troupe*, dans la Garde, participaient également à la sollicitude de l'Empereur. Ces adolescents, qui appartenaient tous à des soldats ou à des sous-officiers, recevaient, sous la surveillance d'officiers pleins de zèle, dans les écoles régimentaires créées pour eux, des leçons de lecture, d'écriture et d'arithmétique. Devenus plus âgés, Napoléon les envoyait au bataillon d'instruction de la Garde établi à Fontainebleau, d'où ils sortaient sous-officiers et quelquefois même officiers. Quelques-uns de nos meilleurs colonels d'aujourd'hui sont sortis de cette humble école de Fontainebleau, qu'il ne faut pas confondre avec celle qui fut transférée à Saint-Cyr, au commencement de 1809, et qui était sous le commandement de l'honorable mais sévère général Bellavène[*]. Le bataillon d'instruction de Fontainebleau était en quelque sorte une pépinière de jeunes soldats qui, grandissant sous les drapeaux, devenaient des officiers de premier ordre.

Au mois de mars 1811, la fortune ayant comblé tous les vœux de Napoléon en lui donnant un héritier, après avoir donné à son fils un trône pour berceau, pour bourrelet une couronne, et pour hochet le sceptre de Charlemagne, l'Empereur résolut de l'entourer d'une garde qui fût en harmonie avec son âge. Un grand nombre de soldats avaient des fils ou des neveux encore trop jeunes pour entrer dans les régiments ordinaires ; aucun d'eux n'était assez riche pour faire les frais de

---

[*] Cette école créée par la loi du 11 floréal an X (1er mai 1802), organisée par arrêté du 8 pluviose an XI (28 janvier 1803), était, comme elle est encore aujourd'hui, sous la surveillance du ministre de la guerre, et spécialement destinée à former des officiers pour l'infanterie. On pouvait être élève aux frais du gouvernement ou pensionnaire : pensionnaire si les parents payaient 1200 francs par an ; élève, si déjà on avait été élevé dans un lycée aux frais de l'État, et si l'on était fils d'officier. Par un décret impérial du 3 juin 1811, les élèves qui désiraient servir dans l'artillerie à pied ou à cheval furent admis aux cours de théorie et de pratique, tels qu'ils étaient suivis à l'École polytechnique ou à celle de Metz pour cette arme.

leur éducation dans une école militaire, et enfin il y avait parmi ces derniers beaucoup d'orphelins ; car la gloire a aussi son vilain côté : telle victoire qui illustre la nation jette le deuil dans les familles ; voulant donc que la guerre réparât en quelque sorte le dommage qu'elle causait à ces pauvres enfants, Napoléon conçut l'idée de leur rendre ce qu'ils avaient perdu.

— C'est dans les rangs de l'armée que leurs pères sont tombés, dit-il à cette occasion, c'est l'armée tout entière qui leur servira de père.

En conséquence, le 30 mars 1811, parut dans le *Moniteur* un décret qui ordonnait la formation d'un régiment composé primitivement de deux bataillons de six compagnies chacun, lequel porterait le nom de *Pupilles de la Garde*, dits *Garde du roi de Rome*. Le colonel-commandant devait être le roi de Rome lui-même, lorsqu'il aurait été en âge de tenir une épée. Cette petite troupe fut d'abord recrutée dans le régiment dit des *petits hollandais* en garnison avec les *grenadiers hollandais* à Versailles. Ce corps, bien que faisant partie de la *jeune Garde*, devait être tenu en tout sur le même pied que ceux de la ligne, sauf la solde qui était un peu plus forte. Entre autres qualités requises pour être admis dans les *pupilles*, il fallait être fils ou au moins neveu d'un militaire mort sur le champ de bataille, savoir lire et écrire correctement, avoir une taille moindre de cinq pieds, et prouver qu'on avait été vacciné. Dix ans révolus étaient le minimum de l'âge nécessaire à l'admission, après seize ans on ne pouvait plus être reçu. Les sous-officiers étaient pris dans le corps au concours et par droit d'ancienneté. Les officiers, depuis le grade de sous-lieutenant jusqu'à celui de colonel étaient nommés par l'Empereur sur la proposition du ministre de la guerre. Des règlements particuliers devaient régir le corps si jamais il entrait en campagne, enfin le décret se terminait ainsi : *Il n'y aura pas de grenadiers.* Cette clause ressemblait presque à une épigramme, et le décret eût pu ajouter avec pleine certitude d'être obéi : *Les moustaches ne seront pas de rigueur.*

Ce fut à Versailles qu'on organisa ce régiment en miniature. La plupart des officiers furent choisis parmi les élèves de l'École militaire de Saint-Cyr. Cette belle petite infanterie fut portée bientôt à quatre mille hommes, et plus tard l'Empereur l'augmenta tellement, qu'elle se

composait de neuf bataillons formant un total de huit mille hommes.
Les Pupilles avaient un sous-intendant particulier, une musique, des
fifres, des tambours, un tambour-major et des sapeurs. Un simple
guidon aux couleurs nationales leur tenait lieu de drapeau, parce
qu'un nouveau régiment ne pouvait recevoir son aigle que des mains
de Napoléon, qui ne l'accordait jamais que ce régiment ne l'eût conquis sur le champ de bataille *.

De tous les corps de la vieille garde, celui des *marins* était peut-
être le moins nombreux; mais en revanche c'était bien le plus complet
assemblage d'hommes intrépides et infatigables. Leur uniforme, qui
n'était que le costume de matelot d'un vaisseau amiral, était sévère et
d'une grande simplicité; mais sous cette veste de drap bleu battaient
des cœurs de lion. Les marins de la Garde se sont couverts de gloire
dans toutes les actions où ils ont figuré, soit au camp de Boulogne, soit
en Espagne, soit en Russie, soit dans les campagnes d'Allemagne en
1809, et de Saxe en 1813, où ils rendirent à l'armée d'éminents services; en 1814, entre autres, il prouvèrent que la marine française était
toujours digne de rivaliser avec l'armée de terre, et que les actions
d'éclat ne coûtaient pas plus au pavillon qu'au drapeau national.

Napoléon, on le sait, possédait à un suprême degré le tact des con-
venances royales et de la courtoisie héroïque. Lorsqu'un officier général
de la Garde mourait sur les champs de bataille, il n'oubliait jamais
d'écrire une lettre de condoléance soit à sa mère, soit à sa femme, soit
enfin à un des membres de sa famille. Cette lettre était ordinairement
accompagnée d'une grâce, d'une rémunération ou d'une invitation
pressante de lui signaler des besoins ou des espérances.

En ouvrant la campagne de 1813, en Saxe, Napoléon avait voulu
donner au maréchal Bessières, l'un des colonels-généraux de sa Garde,
une preuve éclatante de la confiance qu'il lui inspirait, en le nommant
commandant-général de toute la cavalerie de l'armée, comme l'était
ordinairement Murat. Il y avait si peu de cavalerie, que les quelques
escadrons de la Garde étaient encore en arrière de plusieurs marches.
Le 1ᵉʳ mai, en voyant tout à coup nos avant-postes attaqués par une
formidable arrière-garde ennemie, Bessières n'avait pu borner son rôle

* Voir au LIVRE XI de cet ouvrage le texte du décret relatif à la création du corps
des Pupilles de la Garde.

à celui de spectateur : il s'était avancé dans la plaine, avait mis pied à terre avec ses aides-de-camp et les quelques cavaliers de son escorte, et, l'épée à la main, avait entraîné les tirailleurs en les encourageant de la voix et de l'exemple. L'ennemi pointe sur le groupe : un premier boulet emporte la tête du brigadier de l'escorte du maréchal. Tandis que Bessières ordonnait de préparer la sépulture de ce brave, un second boulet vint le frapper lui-même au milieu de la poitrine et le renversa mort sans qu'il eût eu le temps de souffrir. Ses aides-de-camp couvrirent aussitôt son corps d'un manteau et cachèrent cette mort à l'armée. Napoléon seul apprit ce malheur : il en fut accablé comme souverain et comme ami. Baissant tristement la tête et passant la main sur ses yeux, il dit après un moment de silence :

— Mais enfin il est mort comme Turenne : c'est une mort que j'envie.

Et le soir, à peine s'était-il établi dans la sordide masure qui devait lui servir de quartier général, qu'il fit appeler le baron Fain, son secrétaire, et lui dicta la lettre suivante pour la maréchale Bessières.

« Ma cousine, votre mari est mort au champ d'honneur. La perte
« que vous faites est grande sans doute, mais la mienne l'est davan-
« tage encore. Le duc d'Istrie est mort sans souffrir, et de la plus
« belle mort qu'un soldat puisse envier. Il laisse une réputation sans
« tache ; c'est le plus bel héritage qu'on puisse léguer à ses enfants.
« Ma protection leur est acquise. Ils hériteront, eux aussi, de l'affec-
« tion que je portais à leur père. Ne doutez jamais de mes sentiments
« pour vous. Cette lettre n'étant à autre fin, je prie Dieu, ma cou-
« sine, qu'il vous ait en sa sainte et digne garde.

« De mon quartier-général de Lutzen, le 1er mai 1813, à deux
« heures du matin.
                              « NAPOLÉON. »

De semblables lettres, de même qu'un baume consolateur, étaient bien faites pour exciter dans l'âme une reconnaissance parfaite. Aussi n'était-il pas un officier de la Garde qui n'ambitionnât une mort pareille, puisqu'elle valait à sa famille une oraison funèbre dictée par le moderne César.

Si Napoléon n'oubliait pas ceux de ces soldats qui mouraient à ses côtés, il les oubliait encore moins lorsqu'ils étaient blessés ou malades. L'hôpital qu'il fonda au Gros-Caillou, d'abord pour la Garde consulaire, puis pour la Garde impériale, est un monument impérissable de sa sollicitude envers ceux qui lui faisaient chaque jour le sacrifice de leur vie. Le matériel, le confortable de cet établissement ne pouvait être comparé qu'à celui qui existait aux Invalides. La pensée de Louis XIV et de Napoléon avait été la même, et ces deux grands hommes avaient voulu, à plus d'un siècle de distance, donner à leurs soldats le plus éclatant témoignage de leur gratitude. Les médecins civils et militaires les plus distingués de l'époque étaient attachés à l'hôpital du Gros-Caillou. Le sage et intrépide Larrey en fut longtemps le premier chirurgien, et le chevalier Süe dont la science et la réputation étaient aussi brillantes que méritées, en était le médecin en chef.

Napoléon allait quelquefois visiter cet hôpital où il arrivait inopinément. Larrey, Süe et leurs confrères l'accompagnaient. Il se faisait rendre compte du régime de la maison, interrogeait les malades et les blessés, leur adressait des paroles d'affectueux intérêt ou de consolante espérance, et n'hésitait même pas à assister au pansement de ces derniers. Un matin (et c'était en 1810, quelque temps après son mariage), l'Empereur se rend à l'hôpital de la Garde. Il va, vient dans les salles et s'arrête devant le lit d'un sapeur du premier régiment de ses grenadiers à pied.

— Pourquoi es-tu ici? lui demande-t-il ; qu'as-tu? est-ce qu'un sapeur de ma Garde devrait jamais être malade?

— C'est vrai, mon Empereur, repartit celui-ci ; aussi j'ai le cœur bon, l'œil excellent et l'appétit solide; mais c'est la blessure que j'ai au pied gauche qui me fait souffrir comme un damné. Le gros-major, ajouta-t-il, en désignant Larrey, veut me couper la jambe et moi je ne le veux pas.

— Et pourquoi cela? fit Napoléon; aurais-tu peur d'une douleur qui ne dure que deux minutes tout au plus, toi qui dans ta vie as vu la mort plus de dix fois, face à face?

— Moi! peur? Allons donc, mon Empereur, vous voulez rire, nous ne connaissons pas cette maladie-là nous autres; mais si je troque ma jambe de chair contre une jambe de bois, je ne pourrai plus vous servir; alors j'aime autant descendre la garde tout d'une pièce que de risquer de me faire enterrer en détail.

— Et où as-tu reçu cette blessure? demanda Napoléon.

— A Eylau, Sire; mais à Wagram il m'est arrivé à la même jambe un éclat d'obus, et c'est ça qui a tout gâté; vous concevez que cette seconde blessure a fait tort à la première.

— As-tu la croix?

A ces mots le sapeur ramena la couverture de son lit sur sa barbe grisonnante, et dit avec un indéfinissable accent de regret :

— Non, mon Empereur.

— Et pourquoi?

— Ah! pourquoi? par le motif que lorsque vous faisiez les distributions, j'étais à l'ambulance, et que n'étant pas présent sous les armes......

— Voilà justement le tort que tu as eu, interrompit Napoléon.

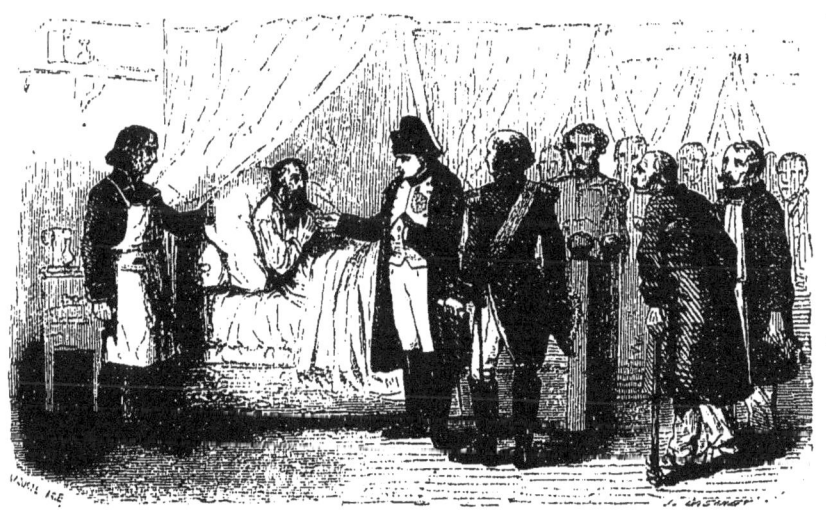

— Parbleu! j'en ai eu bien d'autres, répliqua gaiement le sapeur; j'ai eu celui d'être porté deux fois sur la liste des morts.....

— C'est peut-être parce qu'on t'a tué deux fois, répliqua l'Empereur sur le même ton, que tu te portes si bien aujourd'hui.

— Je ne le crois pas, repartit naïvement le sapeur, car il est sûr que ça va mal.

— Et moi je te dis que ça va bien : je m'y connais mieux que toi, je suppose.

— Si c'est votre volonté, mon Empereur, je ne vais pas à l'encontre.

— Et si je te donnais la croix pour te le prouver?

Ici le vieux soldat joignit les mains en disant d'un ton ému :

— Oh! mon Empereur, bien sûr que la décoration me guérirait totalement.

— Eh bien! je te la donne, es-tu content?

Le sapeur fit un bond dans son lit et découvrit sa barbe, sur laquelle tombèrent deux grosses larmes :

— Oh! mon Empereur, si je le suis!

— Mais c'est à la condition, poursuivit Napoléon, que tu te laisseras couper la jambe.

— Tout ce que vous voudrez, mon Empereur; la tête si vous voulez... Cependant je ne pourrai plus rentrer au corps.

— Ne t'inquiète de rien ; tu sais bien que je ne me sépare pas volontiers de vous autres. Je te donnerai un emploi où tu ne cesseras pas de m'être utile.

Le sapeur se laissa couper la jambe, et une fois en état de marcher, il fut placé par Napoléon au château de Compiègne en qualité de surveillant forestier. C'est là que nous l'avons vu en 1814.

La Garde était en tout et partout l'exemple de l'armée. Le duel, cette coutume barbare des temps féodaux, ce préjugé funeste qui a survécu à tous les autres préjugés déracinés par le soc révolutionnaire, le duel enfin était rare entre militaires appartenant à la garde impériale. Lorsque, par hasard, un de ces événements arrivait, Napoléon se faisait adresser un rapport circonstancié des causes de la rencontre et du résultat. Puis, quand sa religion était parfaitement éclairée, il sévissait avec une rigueur qui tombait de préférence sur le provocateur, qu'il eût été vainqueur ou qu'il eût été vaincu. Cependant il ne fit jamais revivre les anciennes lois contre les duels et n'en institua pas de nouvelles : c'est une justice à lui rendre. Ainsi le lendemain de ce fameux duel entre Junot, alors son premier aide-de-camp, et le général Lannus, pendant la campagne d'Égypte, lorsque Desgenettes vint raconter au général en chef les détails de ce combat et lui apprendre que Junot, avant de recevoir cet effroyable coup de sabre qui mit ses jours en danger, avait failli ouvrir le crâne à son antagoniste, Napoléon devint furieux.

— Eh quoi! s'écria-t-il avec indignation, ils vont s'égorger entre eux!... Ils ont été là au milieu des roseaux du Nil, le disputer en férocité aux crocodiles, et leur abandonner le cadavre de celui des deux que la mort aurait frappé... N'ont-ils pas assez des Arabes et de la peste !.... Ils mériteraient que je les fisse venir devant moi et que.... Mais non, ajouta-t-il après un silence, je ne veux pas les voir, je veux même qu'on ne me parle plus d'eux.

Ces paroles de blâme dans la bouche de Napoléon furent plus efficaces que ne l'eût été la plus sévère punition.

Dans une autre circonstance, il advint que l'Empereur joua le rôle de conciliateur entre deux sous-officiers qui, s'étant épris de la même beauté, allaient, comme jadis les preux, se la disputer en champ clos. La Garde occupait Vienne. Un sergent et un fourrier appartenant aux chasseurs à pied avaient fait choix d'une prairie coupée de bouquets de bois, avoisinant Schœnbrunn, où résidait alors Napoléon, pour vider leur différend. Ils avaient déjà mis le sabre à la main et commençaient à s'escrimer chaudement, lorsque l'Empereur, qui se promenait accompagné seulement de l'aide-de-camp de service, vint à passer devant eux. Qu'on juge de l'effroi des témoins et des champions. Les armes tombèrent des mains de ces derniers.

Napoléon s'informe du sujet de la querelle, qui n'était autre qu'une rivalité. Or, le hasard voulut que les deux rivaux fussent connus de l'aide-de-camp de l'Empereur, qui lui apprit que tous deux étaient d'anciens soldats de l'armée d'Italie, et même que déjà ils avaient été proposés, par leur colonel, pour la croix. Napoléon leur ordonna, sous peine de se voir retirer leurs galons, de s'embrasser sur-le-champ, puis il leur dit :

— Mes enfants, la femme est capricieuse comme la fortune ; et puisque vous étiez avec moi en Italie, il est inutile de faire de nouvelles preuves : je vous connais. Retournez à votre cantonnement, soyez amis, et ne vous battez jamais que contre les ennemis de la France, ou, sinon, c'est à moi que vous aurez à faire.

Mais un duel qui trouva Napoléon bien moins indulgent, fut celui qui eut lieu à Burgos en 1808, entre le général Franceschetti, aide-de-camp de Joseph Bonaparte, et Filangieri, colonel d'un des régiments de la garde du nouveau roi d'Espagne, tous deux écuyers ordinaires de ce frère aîné de l'empereur. L'un et l'autre se disputaient la place de grand-écuyer de Joseph; chacun d'eux prétendait que cette dignité lui avait été promise par le roi lui-même, ce qui était malheureusement vrai.

Or, le 11 novembre, il n'y avait pas un quart-d'heure que Napoléon avait pris possession du palais de Burgos, qu'on vint lui donner les détails de cette affaire, qui s'était passée dans le parc même quelques moments avant son arrivée.

Pour que la hiérarchie militaire ne souffrît pas de leur rencontre, les deux adversaires s'étaient battus en costume d'écuyer : le général Franceschetti avait été tué. L'esprit de Napoléon fut vivement frappé de ce qu'une mauvaise nouvelle était la première qu'il reçût en arrivant à Burgos. Avec ses instincts de superstition et sa croyance à la fatalité, cet événement pouvait exercer sur son imagination une certaine influence. L'ordre de lui amener Filangieri fut aussitôt donné et exécuté.

— Un duel, Monsieur! encore des duels! s'écria l'Empereur d'un ton si courroucé, dès qu'il aperçut le colonel, que tous ceux qui étaient présents ne purent s'empêcher de trembler pour lui; vous savez que je n'en veux pas! Vous savez que je les abhorre!... Je dois punir!...

— Sire, que Votre Majesté me fasse juger si elle le veut, mais au moins qu'elle daigne m'écouter. Je...

— Je ne veux rien savoir!... interrompit brusquement Napoléon. Et que pourriez-vous me dire, tête de Vésuve que vous êtes? Je vous ai déjà pardonné votre affaire avec Saint-Simon; mais cette fois il n'en sera pas de même. Eh quoi! Monsieur, au moment d'entrer en campagne, quand tout le monde devrait-être uni, vous vous battez! et avec qui encore? avec un officier au-dessus de vous par son grade!... Cela est d'un exemple déplorable; je dois punir, vous dis-je, et vous serez puni.

Ici, Napoléon garda un moment le silence, comme pour entendre la justification du colonel; mais voyant que celui-ci restait les yeux baissés et ne proférait pas une parole tant il était anéanti, il reprit d'un ton moins courroucé :

— Oui, vous avez une tête de Vésuve! quelle belle équipée! j'arrive, et la première chose que je trouve dans mon palais, c'est du sang ! Voyez, Monsieur, ce que vous avez fait : mon frère a besoin de bons officiers, et voilà que vous lui en enlevez deux du même coup ; Franceschetti que vous avez tué, et vous ; car vous sentez que vous ne pouvez plus rester au service.

Napoléon se tut et sembla réfléchir, enfin après cette pause, il ajouta avec un geste d'impatience :

— Allons ! retirez-vous, partez ; allez où vous voudrez, si vous n'aimez mieux vous faire réclamer par Murat qui doit être encore à Madrid ; lui aussi, a du Vésuve dans la tête, le roi de Naples ; il sait ce que c'est, lui, que ces sortes d'affaires ! Allons ! monsieur, partez, vous dis-je, et que je n'entende jamais parler de vous.

Le colonel Filangieri quitta Burgos le jour même.

Cet événement causa un vif chagrin à Napoléon ; car le soir il répéta à plusieurs reprises :

— Des duels, toujours des duels ! ce n'est pas du courage, c'est de la fureur de cannibale !

Si Napoléon s'était un peu radouci en cette occasion, c'est qu'il aimait beaucoup Filangieri. Il l'avait fait élever à ses frais au Prytanée français (aujourd'hui collége Louis-le-Grand), et le considérait comme un de ses enfants d'adoption, d'autant plus qu'il était filleul de sa sœur, madame Murat, et que, dans une circonstance unique, son protégé avait refusé le grade de colonel d'un régiment au service de Naples, n'étant encore que simple lieutenant, et que Filangieri n'avait consenti à redevenir Napolitain, que lorsqu'un frère de l'Empereur avait été appelé à régner sur les Italiens.

Maintenant ce qu'il nous reste à dire au sujet des duels dans la Garde, ressemble un peu à la petite pièce que l'on représente après la tragédie.

Quelques propos légers avaient été tenus par un capitaine de grenadiers à cheval sur le compte de la sœur d'un de ses camarades, comme lui, capitaine dans ce régiment. Ce dernier voulait qu'il adressât, en présence de sa famille assemblée, des excuses à sa sœur ; l'autre s'y refusait, prétendant qu'il n'y avait eu de sa part aucune offense : on résolut de se battre.

On se rendit au bois de Boulogne ; car la mode voulait, à cette époque, que ces sortes d'affaires se vidassent dans ce lieu. Les témoins qui étaient des camarades, essayèrent une dernière fois le rôle de pacificateurs ; mais les deux champions ne voulurent rien entendre. Les épées étaient donc tirées, lorsque une espèce d'ouvrier que, jusqu'alors, aucun d'eux n'avait aperçu, s'avança et, s'adressant aux combattants, leur dit d'un ton piteux :

— Hélas ! mes chers officiers, je suis un pauvre menuisier sans ouvrage et père de famille.

— Eh ! mon brave homme, retirez-vous ! s'écrie l'un des témoins ; nous n'avons pas le temps de vous faire l'aumône : vous voyez bien que l'on va se couper la gorge.

— C'est pour cela, mes braves officiers, que je viens vous demander la préférence.

— Quelle préférence ?

— Celle de faire les cercueils de ces deux messieurs ; je suis un pauvre menuisier, père de famille, sans ouvrage.

A ces mots, les deux adversaires se regardèrent immobiles et indécis. Un éclat de rire leur échappa en même temps ; ils se tendirent la main et s'embrassèrent ; puis chacun des assistants ayant contribué à secourir le pauvre menuisier, on alla terminer le différend, la fourchette à la main, chez Gillet, restaurateur à la porte Maillot, l'un des plus grands pacificateurs des temps modernes.

Napoléon ne sut rien de cette affaire ; mais, à quelques jours de là, un officier des Dragons de l'Impératrice, bien que n'ayant pas une grande réputation de bravoure, n'en eut pas moins un duel avec un de ses camarades qui le blessa dangereusement d'un coup de pistolet. Le grand maréchal en apprit la nouvelle à l'Empereur, en lui disant.

— Sire, ce pauvre *** a une balle dans le ventre.

— Lui ! une balle dans le ventre ! répliqua Napoléon en souriant, allons donc, c'est impossible ! à moins cependant qu'il ne l'ait avalée.

Dans la Garde, les maîtres d'armes ne ressemblaient pas à ces prétendus professeurs d'escrime, d'ordinaire mauvaises têtes et fort mauvais soldats sur le champ de bataille ; ils étaient, au contraire, d'une douceur exemplaire et d'une bravoure éprouvée. Les leçons qu'ils donnaient aux jeunes vélites, avaient plutôt pour but de déployer leur force et leur agilité que de les initier aux mystères des *bottes secrètes*.

Si Napoléon se montrait plus sévère à l'égard de l'officier de sa Garde qui commettait une faute, ou même une infraction à la discipline, qu'à l'égard d'un officier de l'armée, au moins cette sévérité était-elle toujours en sens direct de la hauteur du grade et de la considération personnelle dont cet officier jouissait au corps.

— Si je n'avais besoin dans ma Garde que d'hommes intrépides, disait l'Empereur, je pourrais prendre au hasard les premiers soldats venus de mon armée pour en faire des grenadiers; mais je veux plus que cela : je veux de la conduite, de la moralité et de l'obéissance : voilà pourquoi je choisis et je me montre difficile.

Ces paroles étaient si bien connues et si souvent commentées dans les régiments de la Garde, que soldats et sous-officiers ne se mettaient que rarement dans le cas de recevoir des reproches de leurs supérieurs. D'ailleurs Napoléon se faisait instruire de tout. Chaque mois, les majors des régiments lui mettaient sous les yeux le livre des punitions. Il le parcourait avec soin et faisait des remarques au crayon sur le genre ou la durée de la peine infligée aux soldats et aux sous-officiers. Quand par hasard un officier avait été puni par son chef, l'Empereur le savait immédiatement par un rapport spécial qui lui était remis *à l'ordre* (c'est-à-dire au moment où on venait prendre le mot d'ordre qu'il donnait lui-même chaque soir). L'Empereur approuvait toujours la punition, car il avait pour maxime : « Obéir d'abord, réclamer ensuite, s'il y a lieu. » L'officier subissait donc la punition; mais si par hasard elle lui avait été infligée injustement, Napoléon savait le dédommager, soit par des grâces, soit par des paroles obligeantes qui valaient à elles seules une pleine satisfaction. Cette discipline austère à laquelle était soumise la Garde, sans distinction de grades, faisait la force et la considération de ce corps d'élite. Les moindres fautes étaient punies plus sévèrement que dans les régiments de ligne. Ainsi, pour en donner une idée, nous dirons que le manque à l'appel du matin était puni de deux jours de salle de police; le manque à l'appel du soir, de quatre jours de salle de police et de huit jours de consigne. Pour découcher sans permission, quinze jours de salle de police et un mois de consigne. Enfin, l'ivresse et l'insubordination entraînaient le cachot, et la récidive le renvoi du corps. La discipline de la Garde suivait même les soldats hors de la caserne : il leur était défendu de se promener avec des femmes suspectes, de hanter les mauvais lieux et les cabarets; la promenade du Palais-Royal leur était formellement interdite; les soldats pouvaient, de jour, traverser le jardin sans s'y arrêter, si c'était leur chemin; mais de nuit, jamais. Toute sévère qu'était cette mesure, les sous-officiers et les soldats s'y soumettaient avec résignation, car ils comprenaient que chacun d'eux était dépositaire de l'honneur du corps.

Les délassements, les amusements de ces braves quand ils sortaient ou quand ils obtenaient des permissions de vingt-quatre heures étaient aussi simples qu'innocents. Les plus jeunes allaient dans l'après-dîner danser au bal du *Salon de Flore*, devenu si célèbre au temps de l'Empire par la fréquentation des militaires de la Garde impériale; les plus âgés se promenaient aux Champs-Elysées, sur les boulevards extérieurs, deux à deux comme de bons bourgeois; d'autres allaient hors des barrières jouer aux boules, au tonneau ou au petit palet. Toujours tranquilles, toujours polis, ce qu'on est convenu d'appeler *les grognards* étaient, au milieu de la population turbulente de la capitale, des modèles de mansuétude et de dignité militaire. L'excès même de cette retenue attachait les hommes au drapeau. Dans l'espace de quatorze années, on ne vit pas un seul officier supérieur ou subalterne offrir sa démission à l'Empereur. Quant aux soldats, ils ne cherchaient pas, même pour un avancement certain, à quitter leur corps; les vélites eux-mêmes, qui, après un certain laps de temps, passaient officiers dans les régiments de ligne, n'abandonnaient pas sans peine leurs casernes, où l'esprit de famille était strictement uni à l'esprit de corps. Napoléon jouissait de cet attachement général au foyer de la Garde et disait au maréchal Davoust:

— Mes *anciens* aiment mieux manger un morceau de pain près de moi, qu'un poulet à cent lieues de ma personne. Il est vrai que s'ils ne peuvent se passer de moi, j'aurais grand'peine à me priver d'eux.

Cette sorte de tendresse que Napoléon manifestait en tout temps et en toute circonstance pour sa Garde valut à celle-ci, lors de la première Restauration, des déboires sans nombre. On ne pouvait pardonner à ces braves leur dévouement à la patrie; aussi les abreuva-t-on d'humiliations. On envoya d'abord la Garde tenir garnison à cent lieues de Paris, ce qui décelait assez la crainte que ses souvenirs inspiraient; puis on chercha à lui enlever un à un les priviléges qu'elle avait acquis au prix de son sang. Les événements de 1815 arrivèrent, et la Garde, qui avait encore combattu jusqu'au dernier moment autour de son Empereur dans les champs de Waterloo, fut de nouveau persécutée : ses officiers furent traqués comme des malfaiteurs et stygmatisés du nom de *brigands de la Loire*. Cependant cette Garde si calomniée avait, jusqu'au dernier jour de son licenciement, donné des gages de l'excellence de sa discipline, de sa résignation et de son amour de l'ordre. Nous avons sous les yeux et nous reproduisons ces deux dépêches télégraphiques qui sont relatives au licenciement de la Garde.

« Le régiment des ex-chasseurs à cheval de la vieille Garde, au
« nombre duquel sont les mameloucks, vient d'être licencié avec *la*
« *plus parfaite tranquillité*. Quelques-uns de ces hommes ayant
« désiré faire partie de la nouvelle Garde royale, on s'occupe d'en
« former des compagnies.

« Le licenciement des régiments de grenadiers à pied de l'ex-Garde
« a eu lieu hier; on n'a qu'à se louer de la discipline maintenue par
« les officiers de ce corps dans leurs troupes. »

Ainsi ces braves soldats se vengeaient des injustes préventions qu'on avait contre eux et des calomnies dont ils avaient été les victimes par une prompte et complète obéissance aux volontés royales. Disons pour l'honneur du gouvernement de la Restauration que les soldats, sous-officiers et officiers ayant appartenu à l'ex-Garde impériale et qui consentirent à entrer dans la nouvelle Garde royale furent plus tard l'objet des prévenances des princes de la maison de Bourbon et des généraux auxquels le roi confia le commandement des diverses brigades de sa nouvelle Garde. Il faut dire aussi que, d'un autre côté, beaucoup d'officiers, de sous-officiers et de soldats de l'ex-Garde, ne se souciant pas de servir le nouvel ordre de choses, se retirèrent dans leurs foyers ou passèrent en pays étrangers. Et, chose admirable, ces hommes trouvèrent même chez les peuples qu'ils avaient vaincus sur les champs de bataille, un accueil cordial, des secours de toute espèce, une hospitalité généreuse, en un mot, les sympathies qu'ils avaient en vain cherchées dans leur pays. Les Prussiens, les Russes, les Autrichiens rivalisèrent de soins fraternels pour ces terribles soldats que naguère encore ils redoutaient tant sur le champ de bataille et qu'ils traitèrent, dès lors, comme des frères : les Anglais eux-mêmes payèrent à ces infortunes héroïques, que nous pourrions comparer à celles de Bélisaire, un large et bienveillant tribut.

Quelques-uns de ces braves, forcés de s'expatrier pour échapper aux persécutions d'un gouvernement soupçonneux, traversèrent l'Atlantique et allèrent fonder au bout du monde, sur un petit coin de terre, une colonie à l'exemple des soldats de Tibère et d'Adrien. Au milieu de peuplades sauvages, l'aigle d'Austerlitz fut inaugurée dans un temple de verdure ; là, ces nobles armes qui firent pendant un quart de siècle trembler l'Europe, se groupèrent en trophées et figurèrent aux yeux des pauvres exilés le symbole de la patrie absente. La colonie du Texas ne dura pas longtemps, et telles sont les aberrations de l'esprit de parti, qu'on parvint à rendre ridicule, sinon fabuleux, *ce champ d'asile*, où tant de blessures se cicatrisèrent, où tant de gloires s'éteignirent[*]. Par bonheur pour la France, tous ses nobles enfants n'abandonnèrent point son sein. Lorsqu'en 1840 les cendres de Napoléon furent ramenées triomphalement dans la capitale, on vit accourir autour du char funèbre les débris encore vivants de son invincible Garde. Grenadiers, chasseurs, mamelucks, dragons, lanciers, artilleurs et marins s'empressèrent pour former autour du catafalque un cortége d'honneur ; et ces braves, déjà courbés sous le faix des ans, purent dire aux mânes du grand capitaine, comme jadis les gladiateurs romains : « César, ceux qui vont mourir te saluent ! » Car, quelques années encore, il ne restera peut-être plus un homme de cette garde immortelle dont l'épée fut d'un si grand poids dans les balances de la victoire ; il ne restera pas un étendard, pas un uniforme de ces cohortes valeureuses qui se dispersèrent sur toutes les plages, sur toutes les terres où s'était déployé pour la gloire de la France l'oriflamme de la patrie.

La Garde impériale, telle qu'elle était instituée autrefois, ne pourrait plus exister aujourd'hui, même sous une autre dénomination. Nos mœurs, nos lois, nos habitudes et jusqu'à nos modes s'opposeraient à son rétablissement. Sous le point de vue moral, il serait, sinon impossible, du moins bien difficile de faire plier maintenant sous le joug d'une discipline toute spartiate ces jeunes hommes, toujours intrépides

---

[*] Voir au LIVRE XV de notre ouvrage le chapitre intitulé *le Champ d'asile*, consacré tout entier aux exilés du Texas.

sans doute, mais qui n'ont plus au fond du cœur ni croyance politique, ni croyance religieuse. Nous ne voulons pas dire par là que la vieille Garde impériale eût une piété de capucin; mais nous entendons, par *croyance religieuse*, la foi au serment; et par croyance politique, le dévouement sans bornes au chef de l'Etat, qui est la patrie incarnée et qui, au temps de Napoléon, était la France faite homme. A présent nos soldats sont ce qu'ils ont toujours été, braves et généreux; mais ils semblent supporter impatiemment les entraves d'une discipline beaucoup moins sévère cependant que du temps de l'Empire. Ils raisonnent, et, il nous faut encore le dire ici, ce n'est point avec des raisonnements qu'on gagne des batailles et qu'on opère des prodiges à la guerre; c'est avec des soldats dont la logique, la philosophie et l'éclectisme se trouvent résumés dans les plis d'un drapeau. Voilà les vrais héros, et ce fut avec de tels hommes que Napoléon général, consul et empereur, gagna les batailles de Montebello, des Pyramides, de Marengo, d'Austerlitz, d'Iéna, de Friedland, de Wagram et de la Moskowa. Ensuite cette tenue admirable, cet uniforme sévère qui concouraient à faire de la Garde impériale un corps à part, ne pourraient plus être repris. L'armement n'est plus le même; on l'a, pour ainsi dire, relégué avec les framées de Charlemagne. Quant au bonnet de poil d'oursin, le jour où la garde nationale parisienne s'en affubla pour venir parader sur le Carrousel, le talisman attaché à cette coiffure s'évanouit sans retour. Les soldats étrangers, qu'ils fussent autrichiens, espagnols, prussiens ou russes, tremblaient autrefois à l'aspect de ces *gros bonnets* redoutés, et fuyaient en les voyant apparaître, car, nous ne saurions trop le répéter, à la guerre l'effet moral d'un corps est tout. Pendant quinze ans la garde impériale n'a peut-être pas donné quinze fois dans les grandes batailles de Napoléon, mais elle était là, l'ennemi ne l'ignorait pas : cela suffisait.

La Garde impériale n'existera donc plus. Elle s'est ensevelie avec ses drapeaux éclatants, avec ses uniformes magnifiques, avec ses armes étincelantes, avec ses traditions, sa gloire et ses trophées, dans le même sépulcre où s'est couché l'Empire, renversé par la jalousie des rois de l'Europe plus encore que par la volonté des peuples. Les plaines de la Belgique ont vu luire le dernier jour de la Garde impériale, et cette incomparable phalange a été renversée aux lieux mêmes où vingt ans auparavant, la France inaugurait, par ses premiers triomphes républicains, l'indépendance des nations.

Mais si la Garde impériale a éprouvé le sort de toutes les grandes institutions humaines, si ses armes enfouies dans les sillons de l'Europe dorment pour ne plus scintiller aux rayons d'un soleil de victoire, son souvenir, un souvenir impérissable et glorieux, durera autant que le monde; il vivra éternellement dans la mémoire des hommes de tous les pays et de tous les âges. La postérité élèvera un jour à la Garde impériale un monument digne d'elle; elle ne cessera pas d'être pour la France et pour ses armées, le symbole vénéré de l'obéissance, de l'héroïsme et du dévouement! Et ses traditions, invoquées par nos soldats, au jour du péril, suffiront encore pour gagner des batailles, comme autrefois sa seule présence suffisait pour décider la victoire.

Officier de la garde de la Convention et Soldat de la garde du Directoire (à cheval).

GARDE IMPÉRIALE.

LIVRE DEUXIÈME.

ORIGINE DE LA GARDE IMPÉRIALE.

GARDE DE LA CONVENTION ET DU DIRECTOIRE.

De fructidor an III de la République à vendémiaire an VIII.
(De septembre 1795 à octobre 1799.)

Au mois de septembre 1792, le *Comité de salut public* ayant considéré que, dans l'intérêt des membres de la *représentation nationale*, il était urgent de créer une force armée spécialement consacrée à leur défense, présenta à la *Convention* un projet de décret pour former un corps de troupes qui porterait le titre de GARDE DE LA CONVENTION. La Convention nationale ratifia le projet du Comité, et, par délibération du 14 mars 1793, décréta que : « un corps d'infanterie serait organisé à Paris pour la sûreté de la représentation nationale. » Une commission, composée de cinq membres parmi lesquels se trouvaient Dubarreau, Aubry (depuis ministre de la guerre) et Barras, qui plus tard devint membre du Directoire et dont l'influence politique créa Bonaparte, fut chargée de la formation des cadres de ce nouveau corps.

La commission travailla si vite et si bien que, six semaines après, le corps d'officiers de cette Garde nouvelle parut à la barre de la Convention et prêta, entre les mains du président de la séance, serment de fidélité à la *république française une et indivisible*. La Garde conventionnelle releva immédiatement les postes jusqu'alors occupés par la garde nationale parisienne, et commença son service auprès de la Convention, dans le local ordinaire de ses séances aux Tuileries. Les bâtiments de l'ancien couvent des Petits-Pères furent assignés pour caserne à ce corps qui se composait de quatre compagnies réunies en un seul bataillon, avec sapeurs, tambours et corps de musique. L'effectif du corps se montait à cinq cents hommes, état-major et officiers compris ; l'uniforme était bleu de roi, avec parements et passe-poils rouges ; culotte blanche, guêtres noires : les boutons de l'habit portaient un faisceau surmonté d'un bonnet de liberté, avec ces mots écrits alentour : *Garde de la Convention nationale*.

La précipitation avec laquelle ce corps privilégié avait été organisé, n'avait pas permis de choisir les hommes les plus propres à honorer et à faire honorer une troupe d'élite. Cependant un grand nombre d'anciens *gardes de la prévôté de l'hôtel* * avaient été désignés pour en faire partie, et beaucoup d'entre eux y entrèrent ; mais pour grossir les rangs, on admit aussi des déserteurs et de *mauvais sujets*, pour nous servir de l'expression consacrée. La plupart des emplois d'officiers furent donnés à la faveur beaucoup plus qu'au mérite ; cependant il serait injuste d'étendre cet ostracisme sur tous les officiers indistinctement : la plupart d'entre eux prouvèrent plus tard qu'ils étaient dignes de commander à d'autres hommes, puisque Murat, qui devint roi de Naples, Lefebvre, qui fut élevé à la dignité de maréchal de France, Guisard, Hardouin, Monnet et vingt autres montèrent par la suite aux plus hauts grades de la hiérarchie militaire.

Mais avant d'aller plus loin, disons quelques mots des *Gardes de la prévôté de l'hôtel*, dont nous parlions tout à l'heure.

* Cette compagnie avait été licenciée cinq ans auparavant.

L'origine de cette compagnie était fort ancienne, puisqu'elle existait déjà au temps de Saint-Louis. Cette petite troupe, commandée par un capitaine, remplissait près de la personne de nos rois des fonctions tout à fait distinctes des autres corps qui formaient ce qu'on appela plus tard la *maison militaire*. Les Gardes de la Prévôté faisaient la police dans la partie extérieure du palais, c'est-à-dire dans les cours, péristyles, parcs et jardins annexes des résidences royales. Le jour ils se tenaient, armés d'une pertuisane ou d'un mousquet, devant les portes principales; la nuit ils faisaient de fréquentes patrouilles dans les environs. Leur uniforme consistait en un habit bleu de roi galonné sur les coutures comme les uniformes des autres corps; d'une culotte, d'une veste rouge et d'un chapeau à cornes de forme plate également galonné. Lorsque le roi sortait de son palais, les Gardes de la Prévôté exerçaient une attentive surveillance sur le chemin que le souverain parcourait. Dans les cérémonies publiques, ils précédaient le grand-maître de la maison du roi, etc.

Les Gardes de l'hôtel de la Prévôté étaient presque tous choisis parmi les meilleurs soldats de l'armée qui pouvaient prouver une affiliation quelconque à un fief ou à une famille noble. Leur paie, sous Charles VII, était de 16 deniers par jour, ce qui équivalait à 24 sous de notre monnaie d'aujourd'hui. Sous Charles IX, ils donnèrent une preuve de leur courage, lorsque, par les ordres de Catherine de Médicis, le maréchal de Tavannes vint leur ordonner, le 24 août 1572, de sortir de leur corps de garde du Louvre pour faire main-basse sur les Huguenots — ce 24 août était le jour de la Saint-Barthélemy; — le colonel M. de Saint-Afrique, qui était leur capitaine, répondit à M. de Tavannes :

— Monsieur le maréchal, que le roi nous emploie à tout ce qu'il voudra pour son service, nous sommes prêts à obéir; mais pour ce qui est de tuer traîtreusement gens sans défense et qui au fond sont aussi bons français et aussi fidèles sujets de Sa Majesté que vous et moi, voilà ce que ni moi, ni ma troupe ne feront.

Le maréchal ayant menacé Saint-Afrique du courroux de la reine-mère, le fier capitaine répliqua :

— Monsieur le maréchal, vous pouvez me faire retirer mon office; mais vous ne me ferez jamais concourir à un acte qui n'est ni celui d'un chrétien, ni celui d'un brave soldat.

Pendant le règne d'Henri IV, les Gardes de l'hôtel de la Prévôté furent grandement considérés. Le bon roi aimait à s'en faire accompagner lorsqu'il allait en coche par la ville. Le jour qu'il fut assassiné, rue de la Ferronnerie, en allant chez le duc de Sully qui demeurait à l'Arsenal, il voulut se faire escorter par une escouade de garde de la Prévôté : « à cause, dit-il, des embarras du quartier des halles dont ses Gardes le garantissaient. » Le duc d'Epernon, qui accompagnait le roi, l'en dissuada : sans doute il avait ses raisons ; toujours est-il que la présence de cette Garde aurait retenu le bras de Ravaillac ; mais cela n'aurait pas fait l'affaire de M. d'Epernon.

Pendant le règne de Louis XIV si fécond en grandes actions militaires, la Garde de la Prévôté suivait le monarque en campagne et gardait, conjointement avec les Gardes du corps et les Gardes de la porte, les logis que le roi habitait. On montrait encore à Valenciennes, il y a quelques années, une vieille maison attenante à l'hôtel que Louis XIV avait habité après la prise de cette ville, et qu'on appelait *l'hôtel des gardes de la Prévôté*.

Sous Louis XV et sous Louis XVI cette compagnie continua à fleurir ; mais en 1787, le comte de Saint-Germain, ministre de la guerre, eut la malheureuse idée de licencier, par des motifs d'économie, la maison militaire du roi *, qui donnait au trône un éclat et un prestige qu'une bonne politique doit entretenir dans l'intérêt du monarque. La compagnie des Gardes de la Prévôté, qui se composait alors de *cent soixante hommes*, fut dissoute, et les soldats furent placés en qualité de *bas* officiers, comme on disait alors, dans les divers régiments de l'armée. Ainsi disparut cette compagnie qui comptait

* Ce qu'on appelait alors la *maison militaire du roi* se composait de quatre compagnies de gardes du corps ; de la compagnie des gardes de la porte ; de deux compagnies de mousquetaires ; les *gris* et les *noirs* ; d'une compagnie de chevau-légers et d'une compagnie de gendarmes. On appelait ces quatre dernières compagnies, où la jeune noblesse faisait ses premières armes, la *maison rouge* du roi, à cause de la couleur de leurs habits. Sous Louis XVI, il y avait, indépendamment de ces compagnies, une compagnie dite des *gentilshommes au bec de corbin*, ainsi nommés, parce qu'ils marchaient devant le roi tenant à la main droite une canne dont la pomme d'or avait la forme d'un bec de corbeau. Le fameux duc de Lauzun, mari *in partibus* de la célèbre *Mademoiselle*, était commandant de cette compagnie. Sous Louis XIV, la maison militaire du roi formait un effectif de 13,000 hommes environ. Sous Louis XVI et avant le ministère du comte de Saint-Germain, cet effectif ne s'élevait pas à plus de 8,000 hommes.

plus de cinq cent cinquante ans d'existence et qui avait vu à sa tête les noms des plus nobles familles de la monarchie, tels que les Lahire, les Clairvaux, les Montmorency, les Roquelaure, les Noailles, etc. *.

Revenons à la Garde de la Convention.

Les fonctions de cette troupe se bornaient à occuper les divers postes du château des Tuileries où, comme nous l'avons dit, cette assemblée délibérante tenait ses séances. Ces postes, au nombre de quatre, étaient situés, le premier, au coin de la rue de l'Echelle qui débouchait à cette époque sur la place du Carrousel, beaucoup moins vaste qu'elle ne l'est aujourd'hui; le second, sur le quai d'Orsay, contre la berge du fleuve; le troisième, au Louvre; le quatrième avait été établi sur la place de la Révolution à l'angle de la rue Royale et du Garde-Meubles. Ces quatre postes exigeaient à peine une vingtaine d'hommes par jour et se relevaient à dix heures du matin au son des fifres et des tambours. Le commandant en chef venait chaque jour prendre les ordres du président de la Convention : le drapeau restait constamment dans le salon des séances du comité de salut public.

Robespierre, Couthon, Saint-Just et quelques autres membres dominateurs de l'assemblée, avaient un grand nombre de créatures dans cette Garde. La Convention ne l'ignorait pas, et c'est ce qui explique le peu d'ardeur qu'elle mit à faire marcher ces troupes vers la commune, dans la fameuse nuit du 9 thermidor. En effet, Tallien ainsi que les *inspecteurs* de la salle (on appelle aujourd'hui les députés qui remplissent les mêmes fonctions des *questeurs*) avaient annoncé à la tribune qu'il régnait une grande incertitude dans la contenance de la Garde conventionnelle. La Convention, après avoir prononcé tout

---

* Lors de la première Restauration, en 1814, Louis XVIII voulut exhumer l'ancienne maison militaire de ses ancêtres. Les *compagnies rouges* furent rétablies, ainsi que celles des Gardes de la Prévôté. Cette dernière fut composée des anciens militaires qui avaient été relâchés des pontons anglais depuis la signature de la paix. Plusieurs de ces hommes étaient prisonniers depuis l'expédition d'Egypte. Nous en avons connu deux qui avaient été pris lors du siège de Saint-Jean-d'Acre par Bonaparte, et qui n'avaient dû la vie qu'à l'intervention du commodore Sidney Smith, qui les avait déclarés prisonniers de guerre de la Grande-Bretagne. Cette compagnie était dévouée au monarque dont le retour avait brisé les fers. Les événements de 1815 la firent licencier une seconde fois et probablement pour toujours. Cependant une partie de ces Gardes suivirent le roi à Gand; et, au retour de Louis XVIII à Paris, et en récompense de leur fidélité, ils furent répartis dans les rangs de la nouvelle garde royale, en qualité de sous-officiers.

d'une voix la mise hors la loi de Robespierre et de ses complices, et s'être déclarée en permanence, avait envoyé plusieurs de ses membres dans les quarante-huit quartiers de Paris pour faire un appel aux sections. Cet appel avait été entendu, et plusieurs sections de la Garde nationale vinrent se grouper autour de la représentation nationale, pour de là se porter, sous le commandement de Bourdon de l'Oise, vers la commune (l'hôtel de ville) où Robespierre et ses amis s'étaient réfugiés. On sait ce qui arriva : la Garde de la Convention ne prit qu'une très-médiocre part à cette expédition où deux de ses compagnies seulement marchèrent vers la Grève. Les sections et la gendarmerie de Paris firent toute la besogne.

Après le règne de Robespierre, la Convention sentit le besoin d'épurer les rangs de sa Garde. Barras, Bourdon (de l'Oise), et Lecointre (de Versailles), opérèrent ces épurations, qui étaient dirigées par le Comité de salut public. Elles furent sévères : on purgea ce corps de tous les mauvais sujets qui s'y étaient glissés sous l'égide de Marat, de Couthon et de Saint-Just. La Garde de la Convention, ainsi débarrassée de ses membres indignes, prit une attitude plus guerrière. Aussi Bonaparte, à qui la Convention confia sa défense pendant la journée du 13 vendémiaire, trouva-t-il dans cette Garde des soldats obéissants et aguerris. La Garde de la Convention formait tête de colonne lorsque Bonaparte déboucha dans la rue Saint-Honoré par l'impasse du Dauphin, et sa conduite lui mérita les éloges des représentants du peuple. La compagnie de grenadiers, entre autres, se fit remarquer par son intrépidité en même temps que par son humanité, après que l'artillerie, pointée sur les marches de Saint-Roch, eut mis en déroute les sectionnaires rebelles. On vit ces soldats secourir les blessés du parti opposé et sauver des femmes et des enfants que la curiosité avait attirés au milieu du théâtre de cette guerre civile. Il est beau de voir des guerriers se dépouiller de la rudesse des armes pour venir en aide à leurs frères égarés, et épargner ainsi au vainqueur des regrets éternels.

Bonaparte cita dans son rapport à la Convention les noms des grenadiers Brossart, Laudier, Goubert, Flackmann et Auberger, « qui, disait-il, n'avaient point oublié qu'ils avaient à combattre des Français plus insensés que coupables. »

Si la Convention avait compris qu'un gouvernement oligarchique avait besoin, aussi bien qu'un gouvernement monarchique, d'une Garde exclusive, brave et dévouée; si cette réunion d'hommes forts, ne reculant devant aucune nécessité politique, ne s'était persuadée qu'un pouvoir, quel qu'il soit, ne pouvait se passer d'une légion capable de le défendre et de le faire respecter par le prestige d'un attirail militaire ; si, disons nous, la Convention avait senti l'urgence de cette mesure, le Directoire, qui succéda à cette dictature terrible, pouvait également comprendre qu'une Garde spécialement réservée aux cinq chefs du gouvernement, devenait une exigence politique, un élément de conservation et de dignité nationale.

L'art. 166 de la constitution de l'an III disait textuellement : « Le « Directoire exécutif aura sa Garde habituelle, soldée aux frais de la « république ; cette Garde sera composée de *cent vingt hommes à* « *pied et de cent vingt hommes à cheval.*

« Le Directoire exécutif sera constamment accompagné de sa Garde « dans les cérémonies et marches publiques : celle-ci aura toujours « le premier rang.

« Chaque membre du Directoire exécutif se fera précéder et suivre « au dehors de deux gardes, etc. »

En conséquence, le 6 brumaire an IV (27 novembre 1795), la Garde du Corps-Législatif, c'est-à-dire de la Convention, prit le titre de *Garde*

du Directoire exécutif, et passa, pour ainsi dire sans remaniement, sans secousses, et seulement en changeant l'inscription de ses boutons d'uniforme, au service du nouveau gouvernement.

Nous avons dit qu'une épuration sévère avait changé les rangs de la Garde de la Convention dans les derniers temps de son règne; le Directoire continua avec prudence cette œuvre de régénération. Par ses soins, les vétérans des armées du Rhin, de Sambre-et-Meuse, des Pyrénées et d'Italie, prirent place dans sa Garde. Des officiers éprouvés et capables, des enrôlés volontaires des divers départements furent admis à y servir; et une discipline exacte, une science manœuvrière inconnue à sa devancière, la placèrent bientôt à la tête des régiments de l'armée. Le Directoire, sans le vouloir et sans le savoir, préparait ainsi la Garde consulaire et la Garde impériale, dont tant de gloire devait un jour illustrer les drapeaux de la France républicaine et les aigles de la France impériale !

Déjà un arrêté du 13 vendémiaire an v (4 octobre 1796) avait donné à la nouvelle Garde du Directoire l'organisation suivante, savoir :

1 Officier général commandant en chef.
1 Commandant en second.
2 Aides-de-camp.
4 Adjudants.
1 Quartier-maître trésorier.
1 Chirurgien-major.
1 Tambour-major.
1 Maître-tailleur.
1 Maître-cordonnier bottier.
1 Maître-armurier.
1 Maître-sellier.
1 Maître-éperonnier.
2 Compagnies de garde à pied.
2 Compagnies de garde à cheval.

Et ces *quatre* compagnies furent ainsi composées, savoir :

GARDE A PIED.

ÉTAT-MAJOR.

Chef de bataillon . . . . 1 — Porte-drapeau 1

Première Compagnie.

Capitaine. 1	Report 11
Lieutenant 1	Tambours. 2
Sous-lieutenant 1	Gardes. 42
Sergent-major. 1	
Sergents 2	55
Caporal-fourrier. 1	La 2ᵉ compagnie, même composition. 55
Caporaux 4	Report de l'état-major. 2
A reporter 11	TOTAL. 112

GARDE A CHEVAL.

ÉTAT-MAJOR

Chef d'escadron	1	Porte-étendard	1

Première Compagnie.

Capitaine	1		
Lieutenant	1	Report	13
Sous-lieutenant	1	Maréchal-ferrant	1
Maréchal-des-logis chef	1	Gardes	41
Maréchaux-des-logis	2		
Brigadier-fourrier	1		55
Brigadiers	4	La 2ᵉ compagnie, même composition	55
Trompettes	2	Report de l'état-major	2
A reporter	13	TOTAL	112

RÉCAPITULATION :

Etat-major	4
Garde à pied	110
Garde à cheval	110
TOTAL	224

Un arrêté du 24 vendémiaire suivant (15 octobre), fixait ainsi les conditions d'admission dans cette garde :

« ART. 1ᵉʳ. Pour les *officiers* : taille de 5 pieds 3 pouces au moins, et vingt-cinq ans d'âge ; pour les *sous-officiers* et *gardes*, *tant à pied qu'à cheval*, taille de 5 pieds 6 pouces au moins, et même âge que pour les officiers. »

Ces hommes qui ne devaient pas avoir fait moins de deux campagnes de la guerre de la liberté, et avoir essuyé le feu de l'ennemi, devaient en outre savoir lire et écrire correctement.

« ART. 2. Pour la première formation, les militaires de tout grade, composant aujourd'hui la *Garde provisoire du Directoire exécutif*, dite *Garde constitutionnelle,* et comptant déjà six mois de service, pourront être compris dans la Garde du Directoire, à vingt-deux ans d'âge.

« ART. 3. Le général commandant en chef ladite Garde, fera tenir registre de tous les candidats qui, ayant les qualités ci-dessus prescrites, se présenteront pour en faire partie, et indiquera les sujets qu'il croira devoir choisir ; mais aucun de ceux-ci ne pourront être admis dans quelque grade que ce soit, que d'après un arrêté formel du

Directoire exécutif; de même aucun homme ne pourra être réformé ou renvoyé que par un semblable arrêté ou à la suite d'un jugement légal.

« Art. 4. Chaque officier, sous-officier et soldat, soit à pied, soit à cheval, sera tenu de fournir au général commandant en chef, soit en se présentant, soit dans le délai d'un mois de son admission, au plus tard, toutes les pièces légalisées propres à faire connaître la position de ses parents, jusqu'au moment de sa présentation, ses noms et prénoms, son âge, le lieu de sa naissance, et quelles ont été les fonctions civiles ou militaires qu'il a remplies. Il devra joindre à ces pièces un certificat de bonne conduite.

« Le général commandant en chef remettra un sommaire de tous ces renseignements au Directoire, et lui rendra compte, par écrit, le premier décadi de chaque trimestre, de la conduite de chacun des militaires placés sous ses ordres. Il joindra à ce rapport le contrôle nominal de la Garde.

« Art. 5. Les brevets d'officiers de la Garde du Directoire seront délivrés par le ministre de la guerre, comme à tous les autres officiers de l'armée dans laquelle ils continueront à tenir rang, suivant leur grade et leur ancienneté.

« Art. 6. Cette Garde entrera en activité de service le 11 brumaire prochain, anniversaire de l'installation du Directoire exécutif. »

Le 13 brumaire an v (3 novembre 1796), un arrêté régla le mode de service et les relations du commandant en chef de cette Garde avec le président du Directoire, en déterminant l'ordre des préséances dans les cérémonies publiques.

Le 20 brumaire suivant, il fut créé un adjudant sous-officier, chef des sous-officiers des deux armes, et le maître éperonnier fut supprimé : cette fonction fut remplie par le maître-armurier.

Le 8 frimaire an v (28 novembre 1796), le Directoire arrêta la nomination définitive des membres de sa Garde [*]; nous avons cru devoir donner les noms et prénoms de ces braves, qui plus tard formèrent le noyau de la *Garde consulaire*, puis enfin celui de cette fameuse *Garde impériale* qui, pendant dix années consécutives, fit l'admiration du monde. Nous avons dit que cette Garde fut entièrement composée

---

[*] Alors casernée dans les vastes bâtiments de l'ancien *couvent des Capucines*, rue Saint-Honoré.

d'hommes d'élite ; en effet, jamais choix ne fut à la fois plus équitable et plus sévère ; en voici la nomenclature exacte et complète ·

ÉTAT-MAJOR GÉNÉRAL.

KRIEG, *général de division*, commandant en chef.
JUBÉ, *général de brigade*, commandant en second.

Aides-de-camp du général commandant en chef.

LEFÈBVRE. — DUMOUSTIER.

Adjudants.

FUZY. — BERANGER. — WALKER.

MOREAU, *quartier-maître-trésorier*. — DUDONJON, *chirurgien-major*.

Ouvriers de l'état-major.

HANCHAR, *maître-tailleur*.
BONIVAL, *idem cordonnier-bottier*.
LERMIGNÉ fils, *maît.-armur.-éperonnier*.
LACOUR (François), *maître-sellier*.

GARDE A PIED.

DUBOIS (Antoine), *chef de bataillon*. — LEMAROIS (René), *porte-drapeau*.

	COMPAGNIES.	CAPITAINES.	LIEUTENANTS.	SOUS-LIEUTENANTS.
Officiers	1re	MAGNIÉ.	CHEVALLARD.	CASTILLE.
	2e	HUMBERT.	AUDOIN.	GRIMBERT.
		Sergents-Majors.	Sergents.	Caporaux.
Sous-Officiers	1re	ANCIAUX (Joseph).	CAULLIER (Louis). TOURNIER (Octave).	BEAULIEU (Christophe). DELAUZY (Louis). DESSIGUES (François). MALRAISON (Jean).
	2e	RAUBARDY (Pierre).	COLLOT (Étienne). MUNSCHY (Joseph).	AUBERT (Pierre). AUBRY (Victor). LAMBERT (François). TILLIER (Jean).

GARDES.

Première Compagnie.

Barbedienne (Jacques).
Baudry (Guillaume).
Baudry.
Botte (Pierre).
Bausseur (Martin).
Buire (Louis).
Bizot (Medan).
Carrière (Constant).
Cheval (Charles).
Crétien (Jacques).
Courtein (Jean).
Davial (Louis).
Dubanton (Joseph).
Dufour (Joseph).
Dunouvion (Baptiste).
Dusciller (Jacques).
François (Claude).
Gauthier (François).
Gueriaut (Joseph).
Herlet (Pierre).
Laissant (Charles).
Lassalle (François).
Laurie (Claude).
Leclere (Louis).
Lecerq (Baptiste).
Lessure (François).
Liebant (Pierre).
Merlin (Pierre).
Moutay (Jean).
Morel (Germain).
Mosa (Vincent).
Pesteau (Julien).
Reymond (Joseph).
Roy (Benoist).
Vaudin (Jean).
Voyer (Arnoud).

Deuxième Compagnie.

- Bailleul (Toussaint).
- Barbier (Adrien).
- Bauceron (Martin).
- Baudin (Pierre).
- Beridi (Joseph).
- Bodereau (Sylvain).
- Boheim (Jean).
- Champagne (Victor).
- Cornette (Etienne).
- Deboul (Bernard).
- Defiesme (Simon).
- Delatre (Baptiste).
- Demourant (Jean).
- Deinse (Nicolas).
- Drigny (Louis).
- Fleury (Pierre).
- Fossay (Louis).
- Gauchet (Gilles).
- Gaudin (Théodore).
- Gérard (Jean).
- Giblin (Philippe).
- Joannes (Gabrielle).
- Laforge (Etienne).
- Lambourg (Louis).
- Lefel (Martin).
- Legay (Charles).
- Lyonnay (Louis).
- Maisonneuve (Jean).
- Meunier (Pierre).
- Montalan (Guillaume).
- Olié (Claude).
- Poisson (Joseph).
- Gueuval (François).
- Reboul (Louis).
- Rousseau (Pierre).
- Thousin (Amable).
- Traite (Pierre).

Bonner (Martin), *tambour-major* *.

Tambours.

- Laurent (François).
- Lemaire (Louis).
- Robillard (François).
- Senot (Philippe).

Par arrêté du 6 nivose an v (26 décembre 1796), les musiciens de la ci-devant *légion de police*, provisoirement conservés, furent réduits à *seize*, y compris le *chef de musique*. Ces seize musiciens figurèrent sur les revues du commissaire des guerres comme *attachés à la Garde*

* Afin de ne plus revenir sur les différents *tambours-majors* qui se succédèrent, tant dans la *Garde du Directoire* que dans celle *des Consuls* et plus tard dans la *Garde impériale*, nous allons parler de quelques-uns de ceux qui figurèrent successivement dans ces divers corps, et qui se firent le plus remarquer par leurs qualités physiques, l'excellence de leur tenue et de leurs services.

Ce fut un nommé Lingué qui remplaça Bonner, dans la Garde du Directoire. A celui-ci, succéda Sénot, véritable tambour-major modèle, car indépendamment des qualités personnelles qui le distinguaient, c'était sans contredit l'homme de France le mieux fait, et par conséquent le plus beau militaire qu'on pût voir. Sénot, disons-nous, était capitaine au 8e de ligne (ancien régiment d'Austrasie), lors de la révolution. Il fit les guerres de la Vendée ; mais nos braves soldats étaient alors dans une situation si déplorable, que Sénot donna sa démission, et revint à Paris. Cependant il ne tarda pas à reprendre du service dans la Garde du Directoire, où il entra d'abord comme simple grenadier, puis ensuite passa tambour-major en remplacement de Lingué. Lors de la formation de la *Garde des Consuls*, Sénot, en sa qualité, fit partie de cette garde nouvelle, et enfin, en 1804, il entra, comme la plus grande partie de ces hommes d'élite, dans la *Garde impériale*. Ce fut comme tambour-major du 1er régiment de grenadiers à pied qu'il fit toutes les guerres de l'Empire. Napoléon avait pour lui une estime particulière : *Mon beau et brave Sénot !* disait-il en parlant de ce tambour-major. Sénot mourut en 1837, à Melun, où il s'était retiré avec la retraite de capitaine décoré. Deux de ses fils, également dans la Garde, le suivirent dans ses campagnes, et l'un d'eux, aujourd'hui capitaine retraité, était en 1813 lieutenant sous adjudant-major aux fusiliers-grenadiers dont le baron Flamant était major-commandant.

Denelle (Benjamin), remplaça Sénot au premier régiment des grenadiers, et occupa ce poste jusqu'au licenciement de la Garde. Denelle avait été décoré en 1807.

Le tambour-major du *deuxième* régiment des grenadiers de la vieille Garde, s'appelait Vercellana. Sa taille était de 1 mètre 97 centimètres, c'est-à-dire qu'il avait plus de 6 pieds ; il était maître-d'armes au régiment, et ne quitta le service qu'en 1815.

Le *troisième* régiment avait pour tambour-major un nommé Siliakus. C'était une espèce de géant (sa taille était de 2 mètres 2 centimètres). Né en Hollande, il mourut en Russie pendant la retraite. Il avait été décoré au début de cette campagne.

Il nous a été impossible, malgré nos minutieuses investigations, de savoir le nom du tambour-major du *premier* régiment des chasseurs à pied de la vieille Garde ; mais celui du *deuxième* s'appelait Lesecq : en sa qualité de tambour-major de l'ex-Garde, il entra en 1815, dans un des régiments d'infanterie de la Garde royale nouvellement formés.

du Directoire; mais le 13 ventose an v (3 mars 1797), le nombre de ces musiciens fut porté à *vingt-cinq* y compris le *chef de musique*, et le 24 du même mois furent nommés ceux dont les noms suivent, savoir :

Fairu-Guiardel, *première clarinette*, chef de musique.

Barley (Joseph), *première clarinette*.	Legros (Pierre), *deuxième cor*.
François (Aîné), idem.	Bannes (Aîné), *premier basson*.
Nieu (Pierre), idem.	Schminch (Adam), idem.
Chocuel (Charles), idem.	Legros (Nicolas), *deuxième basson*.
François (Cadet), *deuxième clarinette*.	Venderberg (Joseph), idem.
Charrier (Xavier), idem.	Minc (Laurent), *serpent.*
Sponheimer (Gollile), idem.	Kretly (Louis), *première petite flûte*.
Garreau, idem.	Letellier (Jacques), *deuxième idem*.
Michel (Joseph), idem.	Bannes (Jeune), *trompette*.
Louichard (Jean), *premier cor*.	Bannes (Matthieu), *trombonne*.
Blet (Pierre), idem.	Drapeau (Baptiste), *cimballier*.
Bannes (Cadet), *deuxième cor*.	Suret (Honoré), *grosse caisse*.

GARDE A CHEVAL.

AUBINEAU-DUPLESSIS, *chef d'escadron*. — TERREAU (Bernard), *porte-étendard*.

COMPAGNIES		CAPITAINES.	LIEUTENANTS.	SOUS-LIEUTENANTS.
Officiers	1re	DULAC (Joseph).	GUILLOTIN.	BOURDON.
	2^e	AUGÉ.	PAYEN.	COLLIN.
		Maréchaux-des-Logis Chefs.	**Maréchaux-des-Logis.**	**Brigadiers.**
Sous-Officiers	1re	PARRASSOL (Jérôme).	COQUILLON (Antoine). RUSIDANT (Jacques).	BRELLION (Valentin). LATILLE (Bernard). LEROY (Alexandre). LUCAS (Edme).
	2^e	LA BLANCHI (Antoine).	GLACHAUT (Félix). PIERRE (Laurent).	BERNARD (François). DENONCIN (Baptiste). LIÉTARD (Séraphin). PERRIN (Louis).

GARDES.
Première Compagnie.

Babœure (Benjamin).	Francaux (Baptiste).	Mont-Voisin (Michel).
Bigot (Antoine).	Grenier (Claude).	Paturel.
Billon.	Hardy (Philippe).	Plichon (Jean).
Boquillon (Joseph).	Henriot (Etienne).	Raymond (Louis).
Boquet.	Huyot (Michel).	Rayé (Louis).
Brugasse (Claude).	Joachim.	Sarleley (Etienne).
Cariche (Jean).	Joannes (Sylvestre).	Savard (Charles).
Carron (Pierre).	Lacroix (François).	Sergent (Joseph).
Cavalier.	Laurent.	Simon.
Classe (Procope).	Legrand (Nicolas).	Sombret (Isidore).
Cottart (Louis).	Leroy (Pierre).	Thirette (Henri).
Disten (Laurent).	Longchamps (Charles).	Vassagne (Jean).
Dupuis.	Milhomme (François).	Verry.

Deuxième Compagnie.

Barbier (Joseph).
Bassinet.
Bonnet.
Boquillon (Jean).
Breton.
Brocq (Louis).
Calmeau.
Couroble (Arnoud).
Decant.
Delambre.
Dommagne (Louis).
Dubuisson (Louis).
Duverchy.

Flamand (François).
Gendarme.
Gerard (Joseph).
Goze.
Hossenee (Baptiste).
Joly (Laurent).
Kermasson (François).
Kinelin.
Lacroix (Jean).
Lapierre.
Lefèbvre (Alexandre).
Lotiquet.
Malfusoz.

Martin (Alexis).
Michel.
Miquelet (Germain).
Moisy.
Mourey.
Patin (Georges).
Rouget.
Seenne (Pierre).
Soyer (Nicolas).
Tagny (Joseph).
Vamont.
Verlet (Pierre).
. . . .

Le 26 nivose précédent (15 janvier 1797), avaient été nommés *trompettes* dans la Garde du Directoire, les citoyens :

Audelin (Georges).
Bergeret (Christophe).
Louis (François)
Tissot (Valentin).

CONSEIL D'ADMINISTRATION.

Le Conseil d'administration de la Garde du Directoire était composé ainsi qu'il suit :

Le général commandant en chef,	*président.*
Le commandant en *second*,	*membre.*
L'adjudant du grade le plus élevé,	*idem.*
Le chef de bataillon,	*idem.*
Le chef d'escadron,	*idem.*
Le plus ancien capitaine de chaque arme,	*idem.*

Le quartier-maître remplissait les fonctions de *secrétaire greffier*.

Le membre du Conseil absent du corps, était remplacé par un officier du même grade et le plus ancien après lui, ou enfin par un officier du grade immédiatement inférieur.

Les séances ordinaires du Conseil avaient lieu le *nonidi* de chaque décade, et se tenaient chez le général commandant en chef.

A la dernière séance de chaque mois, les capitaines ou commandants des compagnies rendaient compte au Conseil de la comptabilité de leurs compagnies, ainsi que le quartier-maître-trésorier.

Le commandant en chef pouvait convoquer extraordinairement le Conseil, chaque fois que l'intérêt et le bien du service l'exigeaient.

Le commissaire des guerres, chargé de la police de la Garde du

Directoire, avait entrée au Conseil, toutes les fois qu'il y était requis, pour arrêter la comptabilité ou pour faire quelques communications ayant rapport au service ; mais il n'y avait pas voix délibérative, seulement il pouvait adresser au président les observations qu'il croyait convenables.

Toutes les lois et ordonnances relatives aux Conseils d'administration des divers corps des armées de la république, demeurèrent communes au Conseil d'administration de la Garde du Directoire.

I.

UNIFORMES.

Un arrêté du 9 brumaire an v (30 octobre 1796) prescrivait à la Garde du Directoire l'uniforme suivant, savoir :

« ART. 1er. Le général commandant en chef et les aides-de-camp porteront le même uniforme que ceux affectés à leurs grades et emplois dans les armées de la république, à la réserve des franges de leurs écharpes qui seront en or ; il en sera de même du commandant en second, s'il se trouve officier-général.

« ART. 2. Le commandant en second, s'il n'est pas officier-général, et les quatre adjudants porteront l'uniforme affecté aux adjudants-généraux de l'armée avec les épaulettes de leurs grades respectifs ; mais sans boutonnières brodées au collet. Il ajoutera un deuxième rang de broderie au collet et aux parements de son habit.

« Les quatre adjudants porteront une aiguillette en or sur l'épaule droite, au lieu d'épaulette ou de contre-épaulette.

« ART. 3. L'uniforme de la Garde à pied sera semblable à celui des grenadiers des demi-brigades d'infanterie des armées de la république, à l'exception du bouton, qui sera timbré d'un faisceau d'armes, portant ces mots écrits alentour en abrégé : *Garde du Directoire*, et des parements de l'habit qui, étant rouges, seront coupés et fermés par une patte blanche.

« Habit bleu de roi ; revers, parements et pattes écarlates avec liserés blancs ; doublure blanche avec liseré écarlate ; retroussis agrafés, garnis de grenades écarlates ; tour de poche (en travers) fermé d'un passe-poil écarlate.

« Veste et culotte blanche.

« Guêtres noires montant au-dessus du genou, avec bouton de cuivre jaune.

« Épaulettes et dragonne rouges.

« Chapeau uni avec une ganse blanche, une cocarde nationale, des marrons et un plumet rouge.

« Boutons blancs à l'habit, à la veste et au chapeau ; ce bouton empreint du faisceau de la république.

« Une grande grenade blanche sur la giberne. »

Les officiers portaient les épaulettes, la dragonne et les ornements du chapeau en argent, de même que les passants d'épaulettes et les grenades de l'habit, leurs bottes étaient à retroussis.

« Art. 4. L'uniforme de la Garde à cheval sera le même que celui de la garde à pied, avec cette différence seulement qu'au lieu d'épaulettes de grenadiers, il y aura des pattes rouges en trèfle, liserées de blanc.

« Culotte de peau blanche ou jaune.

« Manteau blanc avec retroussis pareils.

« Bottes à l'écuyère avec manchettes de bottes. Éperons jaunes.

« Porte-manteau de drap bleu, garni de galons jaunes.

« Art. 5. Le porte-drapeau et le porte-étendard auront le même uniforme que les autres officiers de leur arme respective, avec l'épaulette de leur grade placée à droite.

« Le drapeau ou l'étendard seront aux couleurs nationales, et porteront de chaque côté le chiffre de la république française, entouré d'une couronne de feuilles de chêne et de laurier, et en légende : *Garde du Directoire exécutif.*

« Le drapeau et l'étendard seront richement brodés, la cravate et la frange seront en *or pur*, les hampes et la lance seront seulement *dorées*.

MUSICIENS.

L'uniforme des musiciens consistait en un habit bleu national, sans revers, collet rouge renversé avec liseré blanc ; parements bleus avec galon d'or de neuf lignes de large. Doublure blanche, formant passe-poil ; tout le reste de l'uniforme était semblable à celui des grenadiers, sauf les épaulettes que les musiciens ne portaient pas.

Le chef de musique portait la marque distinctive de son grade au collet de l'habit.

Les musiciens se fournissaient d'instruments, et les entretenaient à leurs frais, à l'exception de la *grosse* et de la *petite caisse*, des *cimballes* et autres instruments qui n'étaient pas d'un usage ordinaire dans la musique des armées de la république.

Par arrêté du 25 ventose an v (15 mars 1797), il était dit :

« Le tambour-major de la Garde du Directoire aura deux uniformes complets, l'un pour le service ordinaire, l'autre pour les jours de parade.

« Le premier uniforme sera semblable à celui des grenadiers pour toutes les parties de l'habillement, ainsi que pour le sabre. Le second sera pareil, quant aux couleurs et à la coupe, avec les différences ci-après : collet, revers et parements de l'habit bordés d'un rang de galons d'or de neuf lignes de large ; deux contre-épaulettes en or. Chapeau bordé d'un galon d'or de quinze lignes de large, à grand feston, et surmonté d'un plumet aux couleurs nationales. Bottes ordinaires pour le petit uniforme, à retroussis pour le grand. Sabre à poignée dorée, dragonne de soie aux couleurs nationales, mêlée de fil d'or. Sur l'un et l'autre de ces uniformes, le tambour-major portera un collier en bandoulière sur lequel seront les marques distinctives de son emploi.

« Sa canne sera de jonc, à pomme d'argent, garnie dans toute sa longueur d'une double chaînette d'argent. »

Les tambours et les trompettes de la Garde du Directoire avaient sur le parement de l'habit un galon d'or de neuf lignes de large, pareil à celui du petit uniforme du tambour-major.

Les éperons des gardes à cheval étaient en acier bronzé, au lieu d'être de cuivre jaune.

ARMEMENT ET ÉQUIPEMENT.

Pour l'infanterie.

Fusil avec garniture de cuivre jaune ; bretelle et couvre platine blanches ; giberne avec bandoulière blanche. Sabre avec dragonne rouge et baudrier blanc.

Les officiers étaient armés d'une épée d'uniforme, en cuivre doré, avec ceinturon blanc, dont la plaque, *doré poli*, portait, en chiffre *doré mat*, les deux lettres R. F. La dragonne était en or.

Pour la Cavalerie.

Le mousqueton était garni en cuivre jaune ; bretelle et couvre-platine blancs. Pistolets d'arçon, garnis en cuivre. Giberne avec bandoulière blanche.

Porte-mousqueton blanc. Sabre avec dragonne rouge et ceinturon blanc avec plaque de cuivre poli.

Pour les officiers : un sabre dont la plaque était semblable à celle des officiers d'infanterie : la dragonne en or.

HARNACHEMENT DU CHEVAL.

Selle à la française, garnie de ses fontes ; housses et chaperon bleu national, galonné en jaune.

La bride et son filet à la française ; les boucles et le mors en cuivre.

II.

SOLDE.

La solde de la Garde du Directoire subit, à diverses époques, de notables changements. Nous nous bornerons à présenter le mode de payement et le détail de la solde de cette Garde telle qu'elle avait été fixée dès sa formation, comme ayant été le mode de payement le plus complet, en citant cependant quelques-uns des *arrêtés* qui déterminèrent la numération de cette solde. Ainsi, un arrêté du 9 nivose an v (29 décembre 1796) accordait une haute paye de *quinze sous* par jour aux 224 hommes composant la Garde du Directoire.

Un autre arrêté du 4 brumaire an vi (25 octobre 1797) disait :

« Art. 1er. La Garde habituelle du Directoire jouira provisoirement de la même solde que celle accordée au corps des grenadiers employés près la représentation nationale.

« Art. 2. Cette solde sera la même dans les grades correspondants tant pour les Gardes à pied que pour les Gardes à cheval.

« Art. 3. Les rations de vivres et de liquides seront délivrées à la Garde du Directoire, dans les mêmes proportions que celles délivrées à la Garde du corps législatif ; il en sera de même des frais d'entretien et autres dépenses allouées à ladite Garde.

« Art. 4. Ceux des officiers dont le grade ne correspondrait pas à celui des divers officiers de la Garde du corps législatif, ne jouiront que du traitement affecté aux officiers du même grade dans les armées de la république. »

D'après l'article 5 de l'arrêté du 6 nivose an v (26 décembre 1796), les musiciens étaient payés et traités, savoir : le chef de musique comme un sergent-major, et les musiciens comme les tambours.

Le 9 ventose an v (27 février 1797), la *garde à pied* prit la dénomination de *grenadiers à pied*, et la garde à cheval celle de *grenadiers à cheval*.

Enfin, le 14 pluviose an vi (2 février 1798), le Directoire arrêta que sa Garde conserverait son organisation, en présentant toujours un effectif de 240 hommes. Ce corps resta donc dans cet état jusqu'après la fameuse *journée du 18 brumaire* (9 novembre 1799).

Mais un corps armé ne peut avoir d'affection que pour un chef visible, permanent, reconnu toujours et en tous lieux. Les directeurs, aux termes de la Constitution, quittaient, après un laps de temps, les rênes du pouvoir pour faire place à d'autres. Voilà ce qui explique le Directoire n'ayant, au jour de sa défaite, ni un soldat, ni un drapeau ; voilà ce qui explique également Napoléon, au jour de sa déchéance, conservant encore une garde de vingt-cinq mille hommes qui voulaient le suivre et s'attacher à sa fortune. Le Directoire, aux yeux des soldats, était un mythe incompréhensible ; Bonaparte, unité de puissance, était un emblème vivant, une idée agissante, un pouvoir véritable. Aussi, lors des événements de brumaire, quand l'audacieux général en chef de l'armée d'Orient eut décidé le renversement du pouvoir directorial, et que, quittant sa petite maison de la rue de la Victoire il courut à Saint-Cloud briser les lois et élever sur leurs débris les faisceaux consulaires, se préoccupa-t-il peu des directeurs et de leur Garde. Et en effet, les rangs de cette milice n'étaient-ils pas remplis de vieux soldats d'Arcole et de Lodi ? n'avaient-ils pas inoculé à leurs jeunes camarades leurs sentiments et leurs affections pour le conquérant de l'Italie, pour le héros qui les avait conduits tant de fois à la victoire ? Le nom de Bonaparte résonnait bien à leur cœur, mais qu'y signifiaient les noms obscurs de l'abbé Syeïès, du général Moulin, de Roger-Ducos et de la Réveillère-Lépaux ? Ces noms ne disaient rien à l'imagination du soldat, et ceux qui les portaient devaient, malgré

7.

leur autorité politique, s'éclipser devant la couronne de laurier du César de la France.

La Garde du Directoire ne fit rien pour sauver ses patrons. Sans ordres, sans chefs et sans passion, elle attendit dans sa caserne et dans ses postes du Petit-Luxembourg — où demeuraient les directeurs — le dénoûment du drame qui se déroulait à Saint-Cloud. Le directeur Moulin tenta de rassembler cette Garde dans le jardin du Luxembourg pour la haranguer et la diriger ensuite sur Saint-Cloud; mais les efforts de Moulin, eussent-ils été couronnés de succès, la Garde du Directoire n'aurait pas tourné ses baïonnettes contre Bonaparte, et la preuve, c'est que le grenadier qui, à l'orageuse séance du Conseil des Cinq-Cents, lui fit un rempart de son corps pour le garantir du poignard de quelques députés furibonds, appartenait à cette même Garde.

Le 20 brumaire, Bonaparte, salué premier consul par le peuple de Paris, vint dans la place du Carrousel, à la tête d'un nombreux état-major, passer la revue des régiments qui formaient la garnison de Paris. La Garde du Directoire occupait la droite de la ligne de bataille. Bonaparte annonça au front de bandière de ce corps, qu'il prendrait désormais la dénomination de *Garde des Consuls*, et des cris de *vive le général Bonaparte!* retentirent aussitôt sur toute la ligne.. La Garde impériale était née!

Bonaparte, premier consul,
A MARENGO.

LIVRE TROISIÈME.

CHAPITRE PREMIER.

GARDE CONSULAIRE.

De brumaire an VIII de la République, à prairial an XII.
(De novembre 1799, à juin 1804.)

PREMIÈRE ORGANISATION.

Par la constitution de l'an VIII et l'établissement du Consulat, la *Garde du Directoire*, avait été appelée à former la *Garde Consulaire*. En conséquence, un arrêté des consuls daté du 7 frimaire an VIII (28 novembre 1799) fixa l'organisation de cette Garde de la manière suivante :

« Les consuls de la république », était-il dit dans le décret, « considérant la nécessité de donner à
« leur Garde une force et un état convenables à la dignité
« du gouvernement du peuple français, arrêtent que la Garde
« des consuls sera d'orénavant composée de cette manière, savoir :

« Art. 1ᵉʳ *Un* état-major général. »

Cet état-major devait être en même temps l'état-major de la place de Paris et celui du palais des consuls.

« *Une* compagnie d'infanterie légère * ;
« *Deux* bataillons de grenadiers à pied ;
« *Une* compagnie de chasseurs à cheval ** ,
« *Deux* escadrons de cavalerie *** ;
« *Une* compagnie d'artillerie légère dont *une* escouade montée.

ÉTAT-MAJOR GÉNÉRAL.

« Art. 2.

  1 Général de division commandant en chef et inspecteur.
  1 Général de brigade commandant en second.
  4 Aides-de-camp.
  1 Adjudant général particulièrement chargé de l'administration et du service.
  8 Adjudants supérieurs, dont *quatre* chefs de brigade et *quatre* chefs de bataillon ou d'escadron.
  6 Adjoints aux adjudants généraux.
  1 Commissaire ordonnateur.
  1 Commissaire des guerres.
  1 Quartier-maître-trésorier, chef de bataillon ou d'escadron.
50 Musiciens, dont un chef et un sous-chef, 25 à pied et 25 à cheval.
  2 Écrivains.

---

* Cette compagnie, qui devint le corps des *chasseurs à pied de la vieille garde*, ne fut formée que plus tard, quoique les officiers qui devaient la composer eussent été désignés déjà par le premier consul, et que ce dernier eût donné le commandement de cette compagnie au citoyen Schonbert ; ce capitaine avait pour lieutenant et sous-lieutenant les citoyens Caire et Bouzou.

** Au lieu d'*une* compagnie on créa *deux* escadrons composés chacun de *deux* compagnies. La plupart des hommes qui en firent partie furent recrutés parmi les anciens *guides* des armées d'Italie et d'Égypte. Voici quelle fut l'origine de ce régiment : après le passage du Mincio, en mai 1796, Bonaparte s'était arrêté dans un château situé sur la rive gauche. Souffrant de la tête, il prenait un bain, lorsqu'un détachement d'Autrichiens égaré en remontant la rivière, arriva jusqu'à cette habitation. Bonaparte s'y trouvait presque seul ; la sentinelle en faction à la porte n'eut que le temps de la fermer en criant *aux armes !* et le général en chef de l'armée d'Italie, à peine vêtu, fut contraint de s'évader au plus vite par les jardins. Le danger auquel il venait d'échapper, circonstance qui, dans sa manière d'opérer, pouvait se renouveler souvent, lui fit organiser un corps qui, sous la dénomination de *guides du général Bonaparte*, fut spécialement chargé de veiller à la garde de sa personne.

*** Les grenadiers à cheval, portés bientôt à *trois* escadrons composés chacun de *deux* compagnies.

En conséquence furent nommés pour composer *l'état-major général de la Garde des Consuls* :

Le général de division LANNES, commandant en chef.
Le général de brigade BESSIÈRES, commandant en second.

Aides-de-camp des généraux commandant la Garde :

RIVIÈRE. — BEAUMONT. — NOGUÈS. — DIDIER.

CASARELLI, *adjudant-général.*

BERANGER,
FUZY,
PONSARD,
BLANCHARD.
} *adjudants supérieurs, chefs de brigades.*

DUBOIS,
OELBERT,
HUMBERT,
AUGER,
} *adjudants supérieurs, chefs d'escadrons.*

Adjoints :

LEFEBVRE.
DUMOUSTIERS.
CLÉMENT.

REGNAULT.
LENOIR.
FREYRE.

DUBRETON, *commissaire ordonnateur.* — CHARAMOND, *commissaire des guerres.*
MOREAU, *quartier-maître-trésorier.*

Écrivains :

VERRY. — DIMAY.

« ART. 3. Il y aura pour les deux bataillons d'infanterie et la compagnie légère :

- 1 Chef de brigade.
- 2 Chefs de bataillon.
- 2 Adjudants-majors-capitaines.
- 2 Adjudants-sous-lieutenants.
- 2 Porte-drapeau.
- 2 Chirurgiens de première classe.

- 1 Maître armurier.
- 1 *Idem* tailleur.
- 1 *Idem* cordonnier.
- 1 *Idem* guêtrier.
- 1 Tambour-major.
- 2 Caporaux-tambours.

Et furent nommés :

FRÈRE, *chef de brigade.*

SOULÈS,
TORTEL,
} *chefs de bataillon.*

RABBE,
PIERRON,
} *adjudants-maj.-capitaines.*

FLAMAND,
FAUCON,
} *adjudants-sous-lieutenants.*

LÉON-AUNE,
MORLAY,
} *porte-drapeaux.*

Chirurgiens :

MARIGUES. — DUDOUJON.

« Art. 4. Chaque bataillon de grenadiers sera composé de six compagnies et chaque compagnie de :

1 Lieutenant.	1 Capitaine.
1 Sous-lieutenant.	1 Fourrier.
1 Sergent-major.	8 Caporaux.
4 Sergents.	80 Grenadiers.
	2 Tambours. »

Furent nommés pour la formation de ces deux bataillons :

Comp.	1er BATAILLON.			Comp.	2e BATAILLON.		
	CAPITAINES.	LIEUTENAN.	SOUS-LIEUT.		CAPITAINES.	LIEUTENAN.	SOUS-LIEUT.
1re	Charpentier.	Carré.	Bourdillet, Descombes.	1re	Ragois.	Dutrône.	Henry, Deneuilly.
2e	Lemarrois.	Davignon.	Brousse, Villemeureux.	2e	Parsis.	Guillemard.	Delvolvée, Lemaître.
3e	Magné.	Viel.	Redon, Demoulins.	3e	Bernelle.	Hasse.	Dunoyer, Pilate.
4e	Theure.	Guyon.	Fleurentin, Boutin.	4e	Richard.	Favez.	Blondeau, Aubert.
5e	Lajonquière.	Vézu.	Boudin, Ciron.	5e	Chéry.	Chautard.	Mellier, Bouhour.
6e	Leroy.	Larousse.	Basin, Dornier.	6e	Mayer.	Rouvoire.	Dufour, Laurede.

« Art. 5. La *compagnie d'infanterie légère* sera composée comme celle des grenadiers.

« Art. 6. L'état-major de la *Garde à cheval* sera composé de la manière suivante, savoir :

1 Chef de brigade.	1 Maître tailleur.
5 Chefs d'escadron.	1 *Idem* sellier.
1 Capitaine-adjudant-major.	1 *Idem* bottier.
1 Capitaine-quartier-maître-trésorier.	1 *Idem* armurier.
1 Capitaine-instructeur.	1 *Idem* éperonnier.
5 Adjudants.	1 *Idem* culottier.
5 Porte-étendards.	1 Trompette-major.
2 Chirurgiens.	1 Brigadier-trompette.

Et furent nommés :

Ordener, *chef de brigade.*

Oulié, Herbault, Guiton,	} *chefs d'escadron des grenadiers.*	Beauharnais, Hercule,	} *chefs d'escadron des chasseurs.*

PERROT, *capitaine* quartier-maître-trésorier.
DALMANN, *idem* adjudant-major.
PARISOT, *idem* instructeur.

DESMICHELS, CHASSIN, PERLUS, } *adjudants-sous-lieut. des grenadiers.* | RABUSSON, JOANNES, } *adjudants-sous-lieut. des chasseurs.*

Portes étendards : { COQUILLON, LATILLE, L'ÉVÊQUE, } *des grenadiers.* { LEGROS, GUIBERT, } *des chasseurs.*

DAVID, officier de santé de *première* classe.
DIÉCHÉ, *idem* de *deuxième* classe.

« ART. 7. Chaque escadron sera composé de *deux* compagnies, et chaque compagnie de :

1 Capitaine.

1 Lieutenant en premier.
1 Lieutenant en second.
1 Sous-lieutenant.
1 Maréchal-des-logis-chef.
4 Maréchaux-des-logis.

1 Fourrier.
8 Brigadiers.
96 Grenadiers à cheval.
1 Maréchal-ferrant.
2 Trompettes.

« ART. 8. La compagnie de chasseurs à cheval sera composée comme celle des grenadiers à cheval. »

Furent nommés dans les *grenadiers* et dans les *chasseurs* :

RÉGIM^{ts}.	ESCAD^s.	COMP^{ies}.	CAPITAINES.	1er LIEUTENANTS.	2e LIEUTENANTS.	SOUS-LIEUT^s.
Grenadiers.	1er	1er	DUBIGNON.	SEGAUVILLE.	LAJOIE.	RIGARDE.
		2^e	MONFROIS.	COLIN.	GAMBET.	DUVIVIER.
	2^e	3^e	BOURDON.	GUILLAUME.	DUJON.	BURGRAFF.
		4^e	CLÉMENT.	LAHUBERD ÈRE.	AUZONI.	GLACHAUT.
	3^e	5^e	ROSSIGNOL.	CLERC.	VICIEN.	CROISIER.
		6^e	HOLDRINET.	LIGIER.	MESSIER.	BOURDE.
Chasseurs.	1er	1er	BEURMANN.	MONTBRUN.	SCHMIT.	MARTIN.
		2^e	TRIAIRE.	REDOUT.	DAVRANGES.	COLONNIER.
	2^e	3^e	DELACROIX.	FRANCK.	GUYOT.	MUZI.
		4^e	DOMINIQUE.	BUREAU.	FOURNIER.	DUBOIS.

« ART. 9. La compagnie d'artillerie légère sera composée de :

1 Capitaine commandant.
2 Capitaines en second.
2 Lieutenants en premier.
1 Lieutenant en second.

1 Maréchal-des-logis.
40 Canonniers de *première* classe.
52 Canonniers de *deuxième* classe.
2 Trompettes. »

Et furent nommés

    Coin, *capitaine-commandant.*

Daugereau, } *capitaines en second.* | Chauveau, } *lieutenants en premier.*
Dijeon,   Marin,

    Berthier, *lieutenant en second.*

« Art. 10. La Garde des consuls sera donc composée, tant en infanterie qu'en cavalerie et artillerie, de :

1 État-major-général fort de	71 hommes.
1 État-major d'infanterie de	17 »
2 Bataillons de grenadiers de	1,188 »
1 Compagnie de chasseurs de	99 »
1 État-major de cavalerie de	19 »
2 Escadrons de grenadiers de	468 »
1 Compagnie de chasseurs à cheval de	117 »
1 *idem* d'Artillerie de	110 »
Total	2,089 hommes *.

CONSEIL D'ADMINISTRATION.

« Art. 11. Le conseil d'administration de la Garde des consuls sera composé du commandant en second, et, à son défaut, de l'adjudant-général plus particulièrement chargé de l'administration. D'*un* officier supérieur d'infanterie ; d'*un* officier supérieur de cavalerie ; d'*un* capitaine ou lieutenant d'infanterie ; d'*un* capitaine ou lieutenant de cavalerie ; d'*un* capitaine ou lieutenant d'artillerie, et de *trois* sous-officiers pris chacun dans une arme différente.

« Art. 12. Le commissaire ordonnateur ou le commissaire des guerres sera tenu d'assister au conseil d'administration pour y requérir l'exécution des lois et règlements ; mais il n'aura que voix consultative.

« Art. 13. Le quartier-maître trésorier de la cavalerie sera aussi chargé des détails de l'artillerie. Le chirurgien de la cavalerie sera de même chargé de soigner l'artillerie.

« Art. 14. La Garde des consuls ne sera recrutée que parmi les hommes qui se seront distingués sur les champs de bataille. »

---

* Ce chiffre n'est point exact ; il est de beaucoup au-dessous du nombre réel d'hommes qui firent successivement partie de la première organisation de la Garde des consuls. Néanmoins ce chiffre de 2,089 est tel qu'il avait été fixé dans l'arrêté des consuls ; nous ne le donnons ici que pour mémoire.

Grenadier à pied et Trompette des grenadiers à cheval de la Garde des Consuls

GARDE IMPÉRIALE.

UNIFORMES.

Grenadiers à Pied.

Lors de l'établissement du consulat, on adopta, pour l'uniforme de l'infanterie, celui qui, à peu de chose près, avait été porté jusqu'alors, par la Garde du Directoire.

Pour l'infanterie, l'habit de grenadiers (*grande tenue*) était bleu de roi; collet bleu, sans liseré; revers blancs taillés carrément, sans liseré; parements écarlate, sans liseré; pattes blanches, à trois pointes; doublure écarlate, sans liseré, retroussis, agrafés et garnis de quatre grenades en laine jaune brodées sur drap blanc; tours de poche en long, figurés par un passe-poil écarlate; boutons jaunes, empreints du faisceau de licteurs, avec cette légende tout au tour : *Garde des Consuls*.

Veste et culotte blanche; boutons de cuivre à la veste.

Guêtres noires montant au-dessus du genou; boutons jaunes.

Épaulettes et dragonnes rouges.

Bonnet d'oursin, garni d'une plaque portant une grenade; sur le sommet, une croix en galon de laine jaune, de douze lignes de large, sur un fonds écarlate; un cordon en laine jaune, à un seul gland; sur le devant du bonnet, un gland pendant au-dessus de la plaque.

Plumet rouge et cocarde nationale.

Sur la giberne, une seule grenade en cuivre.

Le fusil garni en fer.

OFFICIERS.

En *grande tenue* les officiers portaient l'habit semblable à celui des soldats : grenades brodées en paillettes d'or; épaulettes et dragonne à torsades en or; le corps de l'épaulette brodé sur rouge, en chevrons à paillettes; dans le demi-cercle, des cordons, une grenade en relief, brodée aussi en paillettes d'or.

Hausse-col doré, avec les insignes de la république en argent et en relief.

La plaque du bonnet dorée; cordon et croix en or.

Sabre d'infanterie, avec la tête du premier consul, en argent, sur la poignée; ceinturon blanc; gants blancs; bottes à retroussis.

La *petite tenue des officiers* consistait en un surtout bleu, avec neuf boutons sur le devant; collet et parements bleus; deux boutons aux manches; les basques comme celles de l'habit, c'est-à-dire doublées en écarlate, garnies de tours de poche, de boutons et de grenades.

En hiver, pantalon bleu, et, en été, pantalon de nankin; bottes dites *à la Souvarow*.

Chapeau garni de ganse nattée en or, coupée d'une ligne noire; un galon d'or de huit lignes de large, à bâton, placé dans le même sens, et haut en raison du chapeau; du côté opposé à la ganse, deux semblables galons; et, derrière le chapeau, deux galons de même hauteur; enfin en dedans, un bout de galon en travers, dominant sur la forme; glands en or à torsades à chaque coin; le chapeau bordé en galon de soie noire, à crête à bâton, d'une largeur de quinze lignes.

Le 25 messidor an X (14 juillet 1802), la *grande tenue d'été* fut changée pour les officiers et pour les soldats, qui prirent la veste, la culotte, et les guêtres de basin blanc.

Le cordon du bonnet, qui était de laine jaune, fut remplacé par un cordon en fil blanc, ainsi que la croix du haut du bonnet, qui, de galon jaune qu'elle était, devint blanche.

Les fusils furent garnis en cuivre.

Les sous-officiers et les sapeurs reçurent des cordons de bonnet mélangés or et laine rouge.

La *petite tenue des grenadiers* consistait en un surtout avec un chapeau à trois cornes : l'un et l'autre avaient la forme de ceux des officiers. Le chapeau garni de galon de laine jaune de six lignes, avec macarons rouges à chaque coin, et pompon rouge, en forme de pomme de pin; le surtout garni, au revers des basques, de quatre grenades en laine rouge; les passants en galon de laine rouge de six lignes de large.

Les galons des sous-officiers étaient d'or; les épaulettes des sergents-majors, rouges, bordées d'or; la frange recouverte en or; et les cordons en or.

Les sergents et les fourriers n'avaient pas de frange d'or à leurs épaulettes; mais la dragonne de leur sabre était en laine rouge mélangée d'or.

SOLDE.

L'article 2 de l'arrêté des consuls du 13 nivôse an VIII (3 janvier 1800), réglait la solde de leur Garde de la manière suivante:

DÉSIGNATION DES GRADES.	NOMBRE.	SOLDE individuelle par an.	TOTAL de la dépense.
ÉTAT-MAJOR GÉNÉRAL.			
Général-commandant en chef.	1	24,000	24,000
Aide-de-camp chef d'escadron.	1	6,000	6,000
Aide-de-camp capitaine.	1	4,000	4,000
Général de brigade commandant en second.	1	16,000	16,000
Aide-de-camp capitaine.	1	4,000	4,000
Adjudant-général.	1	10,000	10,000
Adjudant-capitaine.	4	4,000	16,000
Commissaire ordonnateur.	1	10,000	10,000
Commissaire des guerres.	1	6,000	6,000
Adjudant-supérieur chef de brigade.	2	7,500	15,000
Adjudant-supérieur chef de bataillon ou d'escadron.	4	6,000	24,000
Quartier maître chef de bataillon.	1	5,000	5,000
Ecrivain.	2	1,800	3,600
Chef de musique.	1	1,800	1,800
Sous-chef de musique.	1	1,200	1,200
Musicien.	48	800	38,400
TOTAL.	71		185,000
INFANTERIE.			
Chef de brigade.	1	9,000	9,000
Chef de bataillon.	2	5,000	10,000
Adjudant-major capitaine.	1	3,600	3,600
Adjudant-lieutenant.	1	2,700	2,700
Quartier-maître capitaine.	1	3,600	3,600
Porte-drapeau lieutenant.	2	1,800	3,600
Chirurgien de première classe.	1	3,600	3,600
Chirurgien de deuxième classe.	1	2,400	2,400
Maître-ouvrier.	4	800	3,200
Tambour-major.	1	900	900
Caporal-tambour.	2	600	1,200
Capitaine.	13	3,600	46,800
Lieutenant.	13	2,400	31,200
Sous-lieutenant.	13	1,800	33,400
Sergent-major.	13	960	12,480
Sergent.	52	800	41,600
Fourrier.	13	800	10,400
Caporal.	104	600	62,400
Grenadier et chasseur.	1,040	240	436,800
Tambour.	26	500	13,000
TOTAL.	1,304		871,140

DÉSIGNATION DES GARDES.	NOMBRE.	SOLDE individuelle par an.	TOTAL de la dépense.
CAVALERIE.			
Chef de brigade............	1	9,600	9,600
Chef d'escadron............	2	6,000	12,000
Adjudant-major............	1	4,000	4,000
Adjudant sous-lieutenant...	2	2,000	4,000
Capitaine instructeur.......	1	4,000	4,000
Quartier-maître capitaine...	1	4,000	4,000
Chirurgien de deuxième classe.	1	2,400	2,400
Porte-étendard............	2	2,000	4,000
Artiste vétérinaire.........	1	1,800	1,800
Maître-ouvrier............	5	800	4,000
Trompette-major..........	1	1,000	1,000
Brigadier trompette........	1	700	700
Capitaine.................	5	4,000	20,000
Lieutenant en premier......	5	2,700	13,000
Lieutenant en second.......	5	2,400	12,000
Sous-lieutenant............	5	2,000	10,000
Maréchal-des-logis chef.....	5	1,000	5,000
Maréchal des-logis.........	20	900	18,000
Fourrier..................	5	900	4,500
Brigadier.................	40	700	28,000
Grenadiers ou chasseurs.....	480	450	216,000
Maréchal-ferrant...........	5	650	3,350
Trompette................	10	650	6,500
TOTAL..........	604		388,250
ARTILLERIE.			
Capitaine-commandant.....	1	4,000	4,000
Capitaine en second........	1	3,000	3,000
Lieutenant en premier......	1	2,700	2,700
Lieutenant en second.......	2	2,400	4,800
Adjudant.................	1	1,200	1,200
Maréchal-des-logis chefs....	1	1,000	1,000
Maréchaux-des-logis.......	4	900	3,600
Fourrier..................	1	900	900
Brigadier.................	4	700	2,800
Canonnier de première classe	40	500	20,000
Canonnier de deuxième classe	52	460	23,900
Trompette................	2	650	1,300
TOTAL..........	110		69,200

RÉCAPITULATION GÉNÉRALE.	HOMMES.	FRANCS.
État-major général.........		
Infanterie.................	71	185,000
Cavalerie.................	1,304	721,940
Artillerie.................	604	388,258
	110	69,200
TOTAL GÉNÉRAL......	2,089	1,364,390

Cette solde était payée chaque mois par la trésorerie nationale à raison d'*un douzième*, et selon les formes prescrites par les lois pour les autres corps de l'armée.

L'article 16 du même arrêté disait : « Les appointements des « officiers seront payés à l'expiration de chaque mois, ainsi que l'in-« demnité de logement à ceux qui ne sont pas logés dans les bâtiments « nationaux.

« La solde de la troupe sera payée par *décade* [*]; il sera ajouté à « la dernière décade de *fructidor* les jours complémentaires.

« Les appointements ainsi que la solde seront réglés d'après le tarif « annexé au présent arrêté. »

MASSES.

Les masses désignées ci-après seront payées tous les mois, et par avance. Elles seront réglées dans les proportions ci-après, savoir :

Boulangerie.

« La masse de boulangerie à raison de 19 c. par journée de sous-officiers, gardes et enfants du corps de toutes armes, ou 68 fr. 40 c. par an.

Chauffage.

« La masse de chauffage à 8 c. par journée d'hiver, et à 4 c. par journée d'été ; les sous-officiers, fourriers, musiciens et chefs ouvriers seront payés double.

Corps-de-Garde.

« La masse de chauffage, luminaire et *entretien d'ustensiles de corps-de-garde*, à raison de 4 fr. 50 c. du 15 vendémiaire au 15 germinal (du 6 octobre au 4 avril), et 60 c. pendant les autres six mois de l'année.

« Le capitaine du génie, ou le commissaire des guerres, remettra l'état de ces masses tous les mois à l'inspecteur aux revues, pour en faire mention dans sa revue.

Fourrages.

« La masse de fourrage sera payée à raison de 1 fr. 39 c. par jour,

---

[*] C'est-à-dire tous les dix jours.

par cheval d'officier, de soldat et ceux des autres services, ou 500 fr. 40 c. par an.

Remontes.

« La masse de remonte sera payée à raison de 27 c. *trois quarts* par jour, par cheval, ou 100 fr. par an.

Ferrages et Médicaments.

« La masse de ferrage et médicaments, à raison de 8 c. *un quart* par jour, par cheval, de cavalier, ou 29 fr. 70 c. par an ; et 15 c. *deux tiers* par jour, par cheval du train, ou 60 fr. par an, non compris les chevaux des officiers qui sont assimilés aux autres pour cette masse. »

Le *conseil d'administration* de chaque corps était chargé de l'administration de ces *masses;* il ordonnait et réglait les achats de toute espèce ; la confection et l'entretien des effets d'habillement, et enfin l'emploi des fonds qui entraient dans la caisse du corps, d'après les principes établis dans l'arrêté du 8 floréal an VIII (28 avril 1800), sans se permettre aucune innovation ni changement dans l'uniforme, à moins d'un ordre écrit du premier consul.

Les conseils d'administration devaient passer des marchés, les plus économiques possibles, pour toutes les fournitures dont ils pouvaient avoir besoin, autres que celles désignées à l'article suivant. Ces marchés n'étaient jamais mis à exécution qu'après avoir reçu l'approbation du général commandant l'arme, ainsi que le *visa* de l'inspecteur aux revues et celui du commissaire des guerres.

« Les marchés pour la fourniture du pain, des liquides, du bois et des fourrages, seront passés par un *conseil d'administration spécial*, composé des généraux, de l'inspecteur aux revues, du commissaire des guerres et du président de chaque conseil d'administration, afin que ces fournitures soient de même qualité pour tous les corps de la Garde consulaire. »

Les conseils d'administration devaient arrêter provisoirement la comptabilité de leurs corps respectifs tous les mois ; *l'inspecteur aux revues* vérifiait cette comptabilité tous les trois mois en présence du général de l'arme, et devaient, en outre, chaque année, rendre le *compte général* de leur gestion à un *conseil d'administration* assemblé en vertu d'ordres émanés du premier consul.

« Nul individu appartenant aux corps de la Garde des consuls ne pourra réclamer le partage des fonds provenant des masses. Le conseil ne pourra disposer de ces fonds sans l'autorisation du premier consul; le *résidu* devra être porté en *recette* sur l'année suivante. »

Le *payeur du gouvernement* payait la *solde* et les *masses* que nous venons de mentionner conformément à l'article *habillement*, sur les *revues* ou *états* des conseils d'administration arrêtés par l'inspecteur aux revues. Il alimentait la caisse des fonds de celle du payeur-général de la guerre, en proportion des besoins de son service.

« Tous les officiers sans troupes, compris dans la présente organisation, seront payés tous les mois par le payeur du gouvernement d'après les états qui seront dressés par les chefs de chaque corps, et arrêtés par l'inspecteur aux revues.

« Toutes les sommes que le payeur comptera, soit en vertu des états des conseils d'administration, soit d'après les états des officiers sans troupes, soit enfin pour solder les extraits de revues, seront inscrites sur leurs livrets particuliers.

« Indépendamment de la *solde* et des *masses*, il sera alloué au *conseil d'administration des corps* le montant de *l'habillement, équipement, armement* et *harnachement* du cheval de chaque officier ou soldat nouvellement admis dans la Garde, et payé aux époques des revues du corps, dans les proportions suivantes, savoir :

	Officier.	Soldat.
Grenadier à pied	800	258
Chasseur à pied	800	258
Grenadier à cheval	1000	517
Chasseur à cheval et l'artillerie légère	1500	689

« Les officiers devront être montés, en entrant au corps, à raison de deux chevaux chacun, quel que soit leur grade ; ils participeront à la *masse de remonte*, en raison du nombre de chevaux attribués à leur grade. »

Il était alloué aux officiers supérieurs une somme de *six cents francs* pour chaque cheval d'augmentation ; mais cette augmentation ne pouvait avoir lieu que d'après l'autorisation du premier consul.

Dans ce cas, le conseil d'administration formait l'état du nombre de ces chevaux, et le montant à raison de *six cents francs* chacun ; cet état était visé de l'officier-général de la cavalerie et de l'inspecteur aux revues, et adressé au ministre de la guerre, qui en faisait son rapport au premier consul et en ordonnançait ensuite le remboursement.

Il était passé des marchés, comme nous avons dit, pour les distributions extraordinaires de vin, d'eau-de-vie, de vinaigre, que les généraux de la Garde jugeaient à propos d'ordonner. Les conseils d'administration formaient des états de ces fournitures tous les trimestres, appuyés des *reçus* des commandants de compagnies, qu'ils remettaient ensuite à la vérification du commissaire des guerres, puis au *visa* de l'inspecteur aux revues ; ces états étaient adressés au ministre de la guerre, qui en ordonnançait le remboursement aux conseils d'administration.

« Les officiers, sous-officiers et gardes qui ont obtenu des *brevets d'honneur*, ou qui pourront en obtenir, seront payés de leur récompense honorifique et de leur solde, suivant leur grade, à l'époque où ils les auront obtenus, et, pour cela, compris dans la revue de l'inspecteur. »

Les sommes qui pouvaient être dues pour *arriéré de solde* aux nouveaux admis dans la Garde consulaire, étaient réglées par l'inspecteur aux revues, sur les pièces qui lui étaient communiquées par les conseils d'administration respectifs : le montant de ces allocations était ajouté à celui des revues.

ANNÉE 1800.

I.

En quittant le Luxembourg pour venir habiter les Tuileries *, la première chose que fit le premier Consul fut de passer une revue de la Garde consulaire et des demi-brigades qui se trouvaient alors casernées à Paris. Il parcourut tous les rangs, adressa des paroles flatteuses aux chefs de corps, et vint ensuite se placer devant le pavillon de l'horloge, ayant Murat à sa droite, Lannes à sa gauche, et derrière lui un nombreux état-major de jeunes guerriers brunis par le soleil d'Italie et d'Égypte, et qui tous avaient pris part à plus de

* Le 30 pluviose an VII (19 février 1800).

combats qu'ils ne comptaient d'années. Quand Bonaparte vit passer devant lui les drapeaux des 96°, 43° et 30° demi-brigades, comme ces drapeaux ne présentaient plus qu'un bâton surmonté de quelques lambeaux criblés par la mitraille et noircis par la poudre, il ôta son chapeau et s'inclina en signe de respect. Chacun de ces hommages d'un grand capitaine à des enseignes mutilées sur le champ de bataille, fut salué par des milliers d'acclamations, et les troupes ayant achevé de défiler devant lui, le premier Consul monta d'un pied hardi le grand escalier des Tuileries pour prendre possession du palais qui naguère encore avait été habité par le descendant de Louis XIV.

A quelques jours de là, le gouvernement reçut la nouvelle de la mort de Washington qui était modestement décédé dans sa petite maison de campagne de la Virginie. Cette mort fut annoncée à la Garde des consuls par l'ordre du jour suivant :

« Washington est mort ! Ce grand homme a combattu la tyrannie
« et consolidé la liberté de sa patrie. Sa mémoire sera toujours chère
« au peuple français, comme à tous les hommes libres des deux mondes,
« et spécialement aux soldats français qui, de même que les soldats
« américains, se battent pour l'égalité et la liberté. En conséquence,
« le premier Consul ordonne que pendant dix jours des crêpes noirs
« seront suspendus aux drapeaux et guidons de la Garde des consuls. »

L'institution des *armes d'honneur* en faveur de ceux qui déjà avaient obtenu des *brevets d'honneur*, date à peu près de la même époque : c'était une préparation à la création de la *Légion d'honneur*.

Un sergent de grenadiers qui s'était fait remarquer par plusieurs actions d'éclat, ayant été compris dans la première distribution de ces armes (il avait reçu un sabre), écrivit directement au premier Consul la lettre suivante, pour le remercier de ce que, dans sa naïve modestie, ce brave appelait *une faveur*.

« *Léon Aune, sergent de grenadiers à la 32ᵉ demi-brigade,*
« *au citoyen Bonaparte, premier consul, à Paris.*

« Toulon, le 16 frimaire an VIII *.

« CITOYEN PREMIER CONSUL,

« Votre arrivée sur le territoire de la république a consolé toutes
« les âmes pures, principalement la mienne. N'ayant plus d'espoir
« qu'en vous, je viens à vous comme à mon Dieu tutélaire, pour vous
« prier de donner une place dans votre bon souvenir à Léon, que vous
« avez tant de fois comblé de faveurs sur les champs de bataille.

« N'ayant pu m'embarquer pour l'Égypte et y cueillir de nouveaux
« lauriers sous votre commandement, je me trouve au dépôt de la
« 32ᵉ demi-brigade en qualité de sergent. Ayant appris, par mes cama-
« rades, que vous aviez souvent parlé de moi en Égypte, je vous prie
« de ne pas m'abandonner, en me faisant connaître que vous vous
« souvenez de moi. Il est inutile de vous rappeler les affaires où je me
« suis montré comme un véritable républicain, et où j'ai mérité l'es-
« time de mes supérieurs ; néanmoins vous n'aurez pas oublié qu'à
« l'affaire de Montenotte je sauvai la vie au général Rampon et au
« chef de brigade Masse, comme ils vous l'ont certifié eux-mêmes. A
« l'affaire de Dego, je pris un drapeau à l'ingénieur en chef de l'armée
« ennemie ; à l'affaire de Lodi, je fus le premier à monter à l'assaut et
« j'ouvris les portes à nos frères d'armes ; à l'affaire de Borghetto, je
« passai un des premiers sur des pontons : le pont étant rompu, je
« fondis sur l'ennemi, et fis prisonnier le commandant de ce poste ;
« plus tard, fait prisonnier moi-même, je tuai le commandant ennemi,

* 7 décembre 1799.

« et par cette action, quatre cents hommes, prisonniers comme moi,
« purent rejoindre leurs corps respectifs. En outre, j'ai cinq blessures
« sur le corps; j'ose donc tout espérer de vous, et suis bien persuadé
« que vous aurez toujours égard aux braves qui ont si bien servi leur
« patrie.

« Salut et respect. « Léon AUNE. »

Bonaparte voulut répondre ostensiblement au sergent Aune; et, le 1ᵉʳ ventose de l'an VIII (20 février 1800), il dicta pour lui, à son secrétaire Bourrienne, la lettre suivante :

« J'ai reçu votre lettre, mon brave camarade, vous n'avez pas
« besoin de me parler de votre reconnaissance, vous êtes le plus brave
« grenadier de la république depuis la mort de l'intrépide Bénézete.
« Vous avez eu un de ces sabres que j'ai fait distribuer à l'armée. Tous
« les soldats vos camarades étaient d'accord que c'était vous qui le
« méritiez davantage. Je désire beaucoup vous voir; le ministre de la
« guerre vous envoie l'ordre de venir à Paris *.

« BONAPARTE. »

Cette lettre ne pouvait manquer de circuler dans l'armée. Un sergent que le premier Consul, que le plus grand capitaine des temps modernes appelait *mon brave camarade!* En fallait-il plus pour enthousiasmer l'armée? Mais dès ce moment, le corps privilégié de la Garde des consuls provoqua, de la part des autres régiments de l'armée, des murmures jaloux qui bientôt dégénérèrent en querelles et en provocations.

Un jour qu'un brigadier trompette des chasseurs à cheval de la Garde consulaire ** causait à la porte du quartier (la caserne Babylone) avec quelques-uns de ses camarades, sous-officiers comme lui, plusieurs maîtres d'armes appartenant aux troupes de ligne s'approchèrent en demandant à ce dernier, d'un ton arrogant, à parler à *ceux de leurs collègues* du régiment, c'est-à-dire aux maîtres d'armes des chasseurs à cheval.

---

* Aussitôt son arrivée dans la capitale, le sergent Aune fut, en qualité de lieutenant en 2ᵉ, incorporé dans les grenadiers à pied de la Garde consulaire.

** Le nommé Kretly.

— Ils sont morts en Égypte, leur répondit le trompette en les toisant d'un mauvais œil, car il avait jugé tout d'abord où ces férailleurs voulaient en venir.

— Mais, trompette, reprit l'un d'eux en retroussant sa moustache, vous devez, parmi vous, en avoir quelques-uns de reste?

Sur la réponse négative du brigadier-trompette, les maîtres d'armes laissèrent si clairement deviner l'intention qu'ils avaient d'engager une mauvaise querelle, que celui-ci, impatienté de leur ténacité, leur dit enfin :

— Eh bien! messieurs, entrez au quartier, bouchez-vous les yeux, mettez la main sur le premier venu d'entre nous, et vous trouverez un particulier qui vous prouvera que, si les maîtres et les prévôts du régiment sont restés en Égypte, toutes les bonnes lames n'y ont pas laissé leurs os !

— Alors je mets la main sur toi ! s'écria celui qui déjà l'avait interpellé.

— C'est ce qui pouvait vous arriver de plus flatteur, reprit le trompette d'un ton railleur. Marchons!

Chacun des maîtres d'armes ayant fait choix d'un champion, on se rendit sur le terrain où l'on mit le sabre à la main, et, en quelques minutes, quatre des maîtres d'armes provocateurs furent mis hors de combat.

Eugène Beauharnais, qui n'était encore que chef d'escadron des chasseurs à cheval de la Garde consulaire, ayant appris que le brigadier-trompette, son protégé, avait été un des principaux coryphées dans cette rencontre, le fit appeler et lui adressa de vifs reproches. Celui-ci chercha à se justifier en prouvant à son commandant que lui et ses camarades n'avaient fait que se maintenir dans les bornes d'une légitime défense.

— Je déteste les spadassins, interrompit Eugène, d'un ton qui n'admettait plus de réplique. Je ne veux pas que pareil scandale se renouvelle parmi vous; et, quant à toi, ajouta-t-il, si cela t'arrive encore, je fais mettre dans le fourreau de ton sabre une lame de bois.

Cette idée sembla originale au trompette, qui répondit en souriant :

— Mon commandant, il y aura encore moyen d'épousseter les habits de ceux qui cherchent des taches sur les nôtres.

A quelques jours de là, de nouvelles provocations étaient adressées aux chasseurs à cheval de la Garde consulaire : on les défiait d'oser se rendre au Champ-de-Mars. Malgré la défense expresse de leurs chefs, beaucoup d'entre eux répondirent au défi, et sans se donner le temps de s'expliquer, plus de cinquante hommes mirent de part et d'autre le sabre à la main et se battirent en ligne. Cette bataille rangée commençait à devenir des plus meurtrières pour les deux partis, lorsque tout à coup le général Lefebvre, commandant la place de Paris, et qui sans doute avait été prévenu, déboucha de l'hôtel-militaire à la tête d'un escadron de grenadiers à cheval qui se mit à charger indistinctement provocateurs et provoqués. Lefebvre n'avait pas cru trouver de meilleur moyen

pour rétablir l'ordre, et faire rentrer chacun dans le devoir. Plusieurs régiments quittèrent immédiatement Paris, et ces querelles de corps finirent faute de querelleurs ; cependant le brigadier-trompette des chasseurs faillit rallumer toutes ces collisions. Se trouvant attablé avec quelques camarades et le tambour-major d'un régiment de ligne nouvellement arrivé à Paris, dans une des guinguettes qui avoisinent l'École-Militaire, où, le verre à la main, on ratifiait le traité de paix juré, ce tambour-major, d'une taille colossale, avait déjà essayé, mais inutilement, de *tâter* le trompette, dont la réputation dans l'art de l'escrime était parvenue jusqu'à lui; mais ce dernier n'avait répondu aux provocations du maître d'armes que par des quolibets.

— Ma foi! trompette, lui avait dit le tambour-major, il est fort avantageux pour vous de n'être pas tombé sous ma main au Champ-de-Mars, parce que je vous eusse tué infailliblement, ce qui m'aurait causé un sensible déplaisir.

A ces mots, le trompette regarda fixement l'interlocuteur et lui répondit d'un air narquois :

— Allons donc, major! croyez-vous que j'eusse eu peur de vous?.. C'est moi au contraire qui vous eusse *descendu*, ce qui m'aurait fait tant soit peu de chagrin.... A votre santé, major!

Et le trompette présenta son verre.

— Toi! s'écria aussitôt le maître d'armes pâle de colère en posant son verre sur la table pour ne pas trinquer.

— Oui, moi! reprit le trompette avec calme. Voyez-vous, quoique vous soyez bien grand, je vous *flanquerais* dans cette bouteille, vous et votre canne.

A ces mots, le tambour-major exaspéré se dressa de toute sa hauteur; mais se ravisant tout à coup, il prit une bouteille, et la présentant au trompette toujours impassible :

— Eh bien! s'écria-t-il hors de lui, *flanque*-moi donc dans celle-là?

Le trompette, sans s'émouvoir, prit la bouteille, la leva jusqu'à la hauteur de l'œil, la pencha horizontalement et la remettant ensuite sur la table :

— Je ne veux pas, dit-il froidement; elle est vide et vous vous y ennuyeriez trop.... A votre santé, major!

Un éclat de rire accueillit ces paroles et mit fin à la provocation du maître d'armes, qui consentit, non sans peine, à trinquer avec le brigadier-trompette des chasseurs à cheval de la Garde consulaire. Ces détails paraîtront peut-être plus que puérils et bien au-dessous de la dignité de l'histoire; mais tout ce qui peut faire connaître les hommes et les choses de cette époque est digne de l'histoire, car tout ce qui peut instruire lui appartient.

II.

PRÉCIS DE LA CAMPAGNE DE LA GARDE CONSULAIRE EN ITALIE.

BATAILLE DE MARENGO

Livrée le 25 prairial an VIII (14 juin 1800).

L'ordre avait, en France, succédé à l'anarchie. Le commerce, l'industrie et l'agriculture renaissaient; mais la paix, cette paix si désirée de tous, ne pouvait être obtenue que par des victoires. Le premier consul s'était donc décidé à déposer un instant entre les mains de ses collègues, Cambacérès et Lebrun, les rênes du gouvernement, pour reprendre son épée de général.

L'armée d'Italie était retombée dans l'état de pénurie où Bonaparte l'avait trouvée quand il en prit le commandement en 1796. La France n'avait plus aucune possession en Italie. Pour pouvoir faire de cette contrée le théâtre d'une guerre nouvelle, il fallait porter une armée sur le Rhin, et toutes les forces de la république n'excédaient pas 150,000 hommes. Cependant, à la voix du consul, la France entière s'émeut et l'Italie aussi, car elle comprit qu'elle allait être délivrée encore une fois du joug des Autrichiens. Un décret des consuls avait ordonné la formation d'une armée dite *de réserve*, dont le général Alexandre Berthier fut nommé commandant en chef; mais Bonaparte se proposait d'en diriger seul les opérations; et, après avoir déclaré publiquement au Sénat et au Corps-Législatif que le point de réunion de cette nouvelle armée était à Dijon, après avoir envoyé dans cette vieille capitale de la Bourgogne un nombreux état-major, et avoir fait annoncer qu'il irait y passer la revue des troupes, on se borna à diriger sur cette ville de cinq à six mille conscrits et militaires retirés. La plupart de ces derniers étant estropiés, ou, par leur âge, hors d'état de faire un service actif, il arriva que cette armée de réserve ne tarda pas à devenir un objet de raillerie à Vienne, à Berlin, à Londres et même en Italie; on la considéra comme n'existant pas de fait, et on crut que le bruit qu'on en faisait à Paris n'était qu'une ruse pour faire diversion aux opérations de l'armée autrichienne qui bloquait Gênes . c'était justement ce que désirait le premier consul.

Cette armée n'existait pas, il est vrai, à Dijon; mais la véritable armée était en marche sur la Suisse, où elle devait concentrer ses corps, qui s'étaient formés en route. Les divisions s'étaient organisées séparément et sans bruit dans divers lieux de rendez-vous. Les troupes que la pacification de la Vendée laissait disponibles, la garnison de Paris, et mieux que tout cela, la nouvelle garde consulaire, en formaient le noyau. Cette armée sembla sortir de terre comme par enchantement et, si jamais armée ne fut plus française, jamais chef ne fut aussi plus populaire.

Vers le commencement de mai 1800, l'armée de réserve se trouva réunie au pied des Alpes. Elle était divisée en trois colonnes. La première, forte de trente-cinq mille hommes, y compris la Garde consulaire, avec laquelle marchait Bonaparte, devait franchir le grand Saint-Bernard; la seconde, de quatre mille hommes, commandée par le général Chabran, avait à passer le petit Saint-Bernard; la troisième, de deux mille hommes seulement, aux ordres du général Bethencourt, avait mission de se diriger sur Domo d'Ossola, en passant par le Simplon. En outre, et pour mieux cacher aux Autrichiens les mouvements de nos troupes, le premier Consul avait donné l'ordre au général Thureau de rassembler quatre à cinq mille hommes tirés des places du Dauphiné, et de déboucher sur Suze, par le mont Cénis et le mont Genèvre.

Le 13 mai, le premier consul passa la revue de ses troupes, et entra en conférence avec les officiers qu'il avait fait appeler près de lui pour lui rendre compte de ce qu'ils avaient fait, et pour recevoir de derniers ordres. Le général Marescot, chargé de la reconnaissance des Alpes, était celui que Bonaparte était le plus impatient d'entendre. Tous les passages comparés, c'était pour le Saint-Bernard que se prononça cet officier de génie, tout en regardant l'opération comme très-difficile.

— Difficile, soit, objecta le consul; mais est-elle possible?

— Je le crois, répondit Marescot, mais ce ne sera qu'avec des efforts extraordinaires.

— Eh bien! nous passerons par là! fut la seule réponse de Bonaparte.

L'avant Garde française commandée par le général Lannes, commença son mouvement le 17 mai : du bourg de Saint-Pierre, elle se porta sur le grand Saint-Bernard. On avait démonté les voitures de bagages et les caissons d'artillerie; les affûts et les roues étaient portés à dos de mulets; les canons, placés sur des espèces de traineaux, façonnés avec des troncs d'arbres creusés, se tiraient à bras. La grandeur de l'entreprise, la présence de Bonaparte, animait les troupes. C'était une armée de jeunes gens : Consul, généraux, soldats, tous avaient encore le feu, l'enthousiasme et la gaieté de la jeunesse. A de tels hommes rien n'était impossible. Cette escalade pénible était une marche joyeuse; aux chants patriotiques des soldats se mêlaient les accords de la musique guerrière des régiments; dans les endroits difficiles, les tambours, en battant la charge, redonnaient une nouvelle vigueur à ceux que la fatigue avaient affaiblis. Entouré des escadrons de service de la Garde consulaire, Bonaparte gravit le Saint-Bernard sur une belle mule qui appartenait à un riche propriétaire de la vallée; elle était conduite par un vigoureux paysan, dont il se plut à provoquer les confidences.

— Que te faudrait-il pour être heureux? lui demanda-t-il au moment d'atteindre le sommet de la montagne.

— Oh! fit le modeste villageois, ma fortune serait faite, si la mule que vous montez était à moi.

Le Consul se prit à rire et ne répondit pas; mais après la campagne, il ordonna qu'on achetât la plus belle mule qu'on pourrait trouver, qu'on y joignît une maisonnette avec quelques arpens de terre, et qu'on mît son guide en possession de cette petite fortune. Le jeune paysan qui, ne pensait déjà plus à son aventure, ne connut qu'alors celui qu'il avait guidé dans les défilés périlleux du Saint-Bernard.

Bonaparte avait pris les précautions les plus minutieuses pour maintenir l'ordre parmi les corps, et pour empêcher les hommes d'abandonner leurs colonnes pendant la marche pénible qu'ils auraient à faire à travers les Alpes. Indépendamment de ce que le soldat portait avec lui, il avait fait réunir des provisions considérables au monastère situé au sommet du grand Saint-Bernard. Chaque soldat recevait en passant, de la main des religieux, du pain, du fromage et une mesure de vin (la valeur d'une demi-bouteille). Le pain et le fromage étaient coupés, le vin ne se servait qu'au moment où les corps défilaient ; jamais distribution ne fut faite avec plus d'ordre. Chacun appréciant la prévoyance dont il était l'objet, personne ne quitta son rang, on ne vit pas un traînard. Plus tard le Consul témoigna sa reconnaissance aux religieux, en faisant donner 100,000 francs au monastère, en souvenir des services qu'ils avaient rendus.

Le 28 floréal an VIII (18 mai 1800), Bonaparte écrivit au ministre de l'intérieur la lettre suivante datée du quartier-général de Martigny, où il était arrivé la veille :

« Citoyen ministre, je suis parvenu au pied des grandes Alpes, au
« milieu du Valais. Le grand Saint-Bernard a offert bien des obstacles
« qui tous ont été surmontés avec ce courage héroïque qui distingue
« les troupes de la république dans toutes les circonstances. Le tiers
« de l'artillerie est déjà en Italie ; l'armée descend à force ; Berthier
« est en Piémont ; dans trois jours toute l'armée sera réunie.

« BONAPARTE. »

Par un de ces effets du hasard souvent si singulier, le général Desaix, qui devait fixer la victoire à Marengo, arriva à Toulon, de retour d'Égypte, le jour même où Bonaparte quittait Paris pour se rendre à Dijon. En débarquant, ce général avait écrit à Bourrienne, secrétaire intime du premier Consul, qu'il comptait partir de suite pour Paris. Bourrienne n'ayant reçu cette lettre qu'à Martigny, l'avait montrée à Bonaparte qui dit à son secrétaire :

— Ah ! bien oui à Paris ! écrivez à Desaix de se rendre sur le champ à mon quartier-général ; je pourrai avoir besoin de lui.

En conséquence, Desaix était arrivé à Stradella le 11 juin, où Bonaparte l'avait reçu avec la plus grande amitié ; mais ce ne fut qu'à Martigny qu'un ordre du jour fit connaître à l'armée la présence de Desaix, à qui le premier Consul donna le commandement d'une division.

Le passage du grand Saint-Bernard dura quatre jours (du 17 au 20 mai). Le froid était encore vif. La descente fut plus difficile pour les chevaux que ne l'avait été la montée ; néanmoins, à l'exception de quelques bêtes de somme, qui roulèrent avec leur charge dans les précipices, on eut peu d'accidents à regretter. Cependant un obstacle imprévu faillit arrêter l'armée au début de sa marche. Elle descendait la vallée en suivant le cours de la Doria, torrent au cours rapide et sinueux, lorsque arrivée devant le fort de Bard, situé dans une position inexpugnable, le passage lui fut tout à coup barré. La garnison, forte de quatre mille hommes, résista à toutes les sommations; une escalade que tenta le général Lannes n'eut pas plus de succès. Cependant la marche de l'armée continuant toujours, la vallée s'encombrait : il fallut passer outre. Bonaparte, à son arrivée, reconnut dans la montagne de gauche un petit sentier par lequel l'infanterie put tourner le fort en défilant homme à homme; ce véritable sentier de chèvre, élargi bientôt par les sapeurs du génie, servit au passage de la cavalerie; mais restaient les canons et les caissons : l'intelligence des officiers d'artillerie et l'audace des canonniers surmontèrent tous les obstacles. Nous étions maîtres de la ville que traverse la route dans une rue unique, enfilée par le canon du fort. On couvrit ce chemin d'herbes et de fumier, les roues des voitures furent entourées de paille, les canons couverts de feuilles et de branchages; et, pendant la nuit, les soldats s'attelant à la bricole traînèrent les pièces dans le plus grand silence, et passèrent ainsi à portée de fusil des batteries ennemis : ce passage périlleux dura deux nuits. Le fort fut pris quelques jours après.

Le général en chef autrichien n'avait pas compris les manœuvres de l'armée de réserve. En la voyant se diriger sur Genève, il s'était imaginé que Bonaparte ne voulait faire qu'une forte diversion dans le nord du Piémont pour dégager Gênes. Il crut donc suffisant de détacher d'abord un corps de sept mille hommes pour couvrir Turin, où il porta ensuite son quartier-général avec une seconde division, mais en laissant toujours le gros de ses forces devant Gênes. Pendant ce temps, Bonaparte avait établi son quartier-général à Yvrée; le général Thureau avait forcé le pas de Suze et s'était établi à Bossolino. Le général Bethencourt, après avoir triomphé d'obstacles plus grands que ceux que l'armée avait eus à surmonter au grand Saint-Bernard, s'était porté sur le fort Arena; le général Moncey, avec quinze mille hommes de l'armée d'Allemagne, descendait le Saint-Gothard et pénétrait dans les bailliages italiens. Le plan du Consul, si savamment combiné, se développait peu à peu et majestueusement, tandis que le général Mélas restait toujours dans l'ignorance de ces grands mouvements.

Bonaparte fit mine de vouloir passer le Pô pour marcher sur la capitale du Piémont; mais son but véritable était de manœuvrer sur Milan. La prise de cette capitale était une action d'éclat qui devait agir sur l'opinion des peuples d'Italie, ranimer l'audace des partisans de la république française, et répandre la stupéfaction dans l'armée ennemie. En conséquence, et tandis que Mélas faisait ses dispositions pour défendre le passage du Pô, Bonaparte donna l'ordre au général Lannes qui commandait l'avant-garde, devenue arrière-garde, de masquer son mouvement pour se diriger, par Verceil et Novare, sur le Tésin; et le 31 mai, la véritable avant-garde, commandée par Murat, forçait le passage de cette rivière à Turbigo, et culbutait sur tous les points les Autrichiens, qui, après avoir laissé dans le château de Milan une garnison de deux mille hommes, se replièrent jusque sur les bords du Mincio.

On se peindrait difficilement l'étonnement et l'enthousiasme des Milanais en voyant arriver les Français. Le bruit avait été répandu à Milan que Bonaparte était mort en Egypte, et que l'armée était commandée par un de ses frères. Le Consul, précédé d'une partie de la

Garde consulaire, marchait avec l'avant-garde de Murat; de sorte

qu'il fut un des premiers qui s'offrit aux regards des Milanais que la curiosité avait attirés au-devant de nos troupes. L'ivresse causée par sa présence se manifesta aussitôt avec cette vivacité que les Italiens mettent dans l'expression de leurs sentiments.

Bonaparte était entré à Milan le 2 juin. Pendant le court séjour qu'il fit dans cette ville, il ne fut occupé qu'à recevoir les députations et à se montrer au peuple. Le lendemain de son arrivée, un espion, qui l'avait très-bien servi pendant les premières campagnes d'Italie, s'étant fait annoncer, Bonaparte se souvint de lui et le fit entrer dans son cabinet.

— Te voilà, lui dit-il en souriant, tu n'as donc pas encore été fusillé?

— Général, répondit celui-ci, lorsque la guerre a recommencé, j'ai pris la résolution de servir les Autrichiens, parce que vous étiez loin de l'Europe ; je m'attache de préférence à ceux qui sont les plus heureux, et je m'en suis toujours bien trouvé ; cependant je commence à me lasser du métier, je veux en finir et achever ma petite fortune déjà commencée pour vivre tranquille. Envoyé dans vos lignes par le général Mélas, je puis vous rendre un grand service en vous donnant l'état exact de ses forces, de la position de ses corps ainsi que les noms de tous les chefs qui les commandent. Vous me connaissez, j'ai confiance en vous, et vous aurez confiance en moi, car je ne vous tromperai pas ; mais pour cela il me faut rapporter quelque chose à mon général. Vous êtes assez fort pour me communiquer quelques renseignements vrais dont je lui ferai part.

— Qu'à cela ne tienne, lui répondit le Consul, peu m'importe que M. de Mélas connaisse mes forces et ma position, pourvu que je connaisse bien les siennes et qu'il ignore mon projet. Tu seras content, mais ne me trompe pas. Tu me demandes mille louis, tu les auras, je t'en donne ma parole, si tu me sers bien.

Le secrétaire du premier consul écrivit alors sous la dictée de cet espion le nom des corps autrichiens et de leurs généraux, leur force, leur emplacement ; et Bonaparte marqua avec des épingles sur une carte tous les renseignements qui lui furent donnés sur les localités ; puis Berthier, qui avait résigné ses fonctions de commandant en chef pour prendre celles de major-général de l'armée, qu'il continua de remplir dans toutes les guerres de l'Empire, Berthier, disons-nous, fut autorisé à remettre à l'espion de Mélas, une note à peu près exacte sur notre position. Les renseignements donnés par cet homme se trouvèrent si exacts et servirent si bien Bonaparte, qu'à son retour de Marengo à Paris, il lui fit payer en or le prix qui avait été convenu entre eux.

Avant de quitter Milan, le premier Consul adressa, le 17 prairial (6 juin), à la Garde consulaire et à l'armée une proclamation conçue en ces termes :

« Soldats ! un de nos départements était au pouvoir de l'ennemi ;
« la consternation régnait dans tout le midi de la France ; la plus grande
« partie du territoire du peuple ligurien, le plus fidèle ami de la répu-
« blique, était envahie. La république cisalpine, anéantie dès la cam-
« pagne passée, était devenue le jouet du régime féodal. Vous avez
« marché, et déjà la joie et l'espérance succèdent, dans notre patrie et
« en Italie, à la consternation et à la crainte.

« Soldats ! vous rendrez la liberté et l'indépendance au peuple de
« Gênes, qui sera pour toujours délivré de ses éternels ennemis.

« Vous êtes dans la capitale de la Cisalpine ! L'ennemi épouvanté
« n'aspire plus qu'à regagner ses frontières ; vous lui avez enlevé ses
« magasins et ses parcs de réserve : Le premier acte de la campagne
« est terminé !

« Soldats ! des millions d'hommes, vous l'entendez tous les jours,
« vous adressent des paroles de reconnaissance. Aura-t-on donc impu-
« nément violé le territoire français ? Laisserez-vous retourner dans ses
« foyers l'armée qui a porté l'alarme dans vos familles ? Vous avez couru
« aux armes !... Eh bien ! maintenant, volez à la poursuite de nos
« ennemis, opposez-vous à leur retraite ; arrachez-leur les lauriers
« dont ils se sont parés.... Vous apprendrez ainsi au monde que la
« malédiction de Dieu est sur les insensés qui osent insulter le ter-
« ritoire du grand peuple.

« Soldats ! le résultat de nos efforts sera *gloire sans nuage et paix*
« *solide !*

« BONAPARTE. »

Cependant l'armée autrichienne se rassemblait dans les environs d'Alexandrie ; le Consul se mit en marche pour aller à sa rencontre. Dans le même temps, Masséna, après avoir soutenu avec une constance héroïque soixante jours de blocus rigoureux, et une famine horrible, avait été forcé de capituler ; Suchet, qui avait repris l'offensive sur le Var, et battu l'ennemi au col de Tende, arriva trop tard pour empêcher cette capitulation. Quant à Mélas, ayant enfin connaissance de la force de l'armée française en Lombardie, il avait donné l'ordre au général Ott de redescendre en Piémont, par le val de Tanart, pour défendre le passage du Pô ; mais il était arrivé trop tard : ce fleuve avait été passé, le 6 juin, sur deux points différents, à Nocetta, par Murat, et à Belgiososo, par Lannes. Ott s'avança jusqu'à Montebello, où il rencontra le corps de Lannes, qui n'avait avec lui que huit mille hommes, mais la division Victor n'était qu'à trois lieues. Ott, fier de sa supériorité numérique (ce corps autrichien était fort de trente bataillons, qui formaient dix-huit mille hommes, parmi lesquels étaient les grenadiers d'élite de l'armée autrichienne), se décida à commencer l'attaque. L'action fut des plus sanglantes ; Lannes s'y couvrit de gloire et ses troupes firent des prodiges de valeur ; le bourg de Casteggio, tête de la position, fut pris et repris plusieurs fois. Les Autrichiens se battaient en désespérés ; l'opiniâtreté de l'attaque égalait celle de la défense ; mais enfin l'ennemi fut successivement culbuté dans cinq positions différentes ; et, vers midi, l'arrivée de la division Victor décida la victoire. Tel fut ce célèbre combat de Montebello, qui plus tard devait donner à Lannes et à sa famille le titre glorieux qui la distingue parmi les familles françaises du temps de l'Empire : titre glorieux que des fils doivent être fiers de porter.

Après le combat, Ott avait jeté deux mille hommes dans la citadelle de Tortone, et s'était replié sur Alexandrie. Mais le résultat du beau fait d'armes de Montebello était de la plus haute importance au début de la campagne, en ce qu'il affaiblissait l'ennemi et exaltait le moral de l'armée française, quoique déjà bien décidée à vaincre.

Mélas, par l'occupation de la Lombardie et le passage de l'armée française sur la rive droite du Pô, se trouvait dès lors comme bloqué. Il n'avait d'autre ressource pour éviter une capitulation que de s'ouvrir un passage les armes à la main ; le nombre des troupes autrichiennes réunies à Alexandrie s'élevait à quarante-cinq mille hommes, tandis que l'armée française ne présentait en ligne que vingt-huit mille combattants. Le feld-maréchal Mélas était un officier de mérite et plein de bravoure ; il s'était fait remarquer aux batailles de la Trebia et de Novi ; il avait pris Coni, et battu Championnet à Genola ; et, s'il n'eût pas eu Bonaparte pour adversaire, il aurait sans doute conservé dans la postérité la réputation de grand général qu'il s'était acquise. Dans un conseil de guerre tenu à Alexanderie, il avait été décidé, après une longue discussion, que l'armée autrichienne livrerait bataille à l'armée républicaine, et tâcherait, par une victoire, de rouvrir ses communications avec l'Autriche. En conséquence, le 14 juin, à la pointe du jour, Mélas passa la Bormida sur trois ponts qu'il avait fait disposer, et l'armée autrichienne attaqua avec vigueur les troupes françaises. La division Gardanne, placée en face des têtes de ponts, fut obligée de battre en retraite et de se rallier à la division Chambarlhac, qui était en ligne entre Marengo et la Bormida, la gauche appuyée à la rivière. La droite et la réserve de l'ennemi, commandées par Haddick et Elsnitz, se déployèrent sur deux lignes, en face de la position de Victor. Le centre, aux ordres de Kaim, se posa obliquement à la droite ; Ott, avec la gauche, se jeta vers Castel-Cériolo.

Lannes avait pris position à la droite de Marengo, afin de contenir le centre de l'ennemi. Le Consul, après avoir envoyé l'ordre au général Desaix, qui se trouvait à une demi-marche en arrière, de revenir avec son corps à San Giuliano, se transporta sur le champ de bataille. Il y arriva à dix heures du matin. L'action était engagée avec désavantage pour l'armée française. Lannes soutenait l'effort du centre des Autrichiens ; mais, à gauche, après une défense opiniâtre, le village de Marengo avait été emporté, et la division Victor, qui l'avait défendu, était en pleine retraite ; ces soldats jetant le désordre dans les bataillons qui avaient conservé leurs rangs, Ott menaçait de nous déborder. Ce fut alors que Bonaparte donna l'ordre aux grenadiers à pied de la Garde consulaire de s'opposer à ce mouvement. Ces huit cents braves se formèrent dans la plaine, entre Villa-Nova et Castel-Cériolo, en un carré qui, pareil à une redoute inexpugnable, ou plutôt semblable à une colonne de granit, pour nous servir de la belle expression du

Consul dans la rédaction du bulletin de Marengo, soutint et brisa les efforts réitérés des escadrons autrichiens. Profitant de la glorieuse résistance de cette troupe d'élite, Bonaparte dirigea sur Castel-Ceriolo la brigade de réserve de Carra Saint-Cyr, tandis que lui avec le reste de la division Monnier se portait au secours de Lannes.

Cependant, à travers la fumée et la poussière, l'armée a reconnu Bonaparte, entouré de son État-Major et des chasseurs à cheval de la Garde consulaire ; ce seul aspect suffit pour rendre aux troupes l'espérance de la victoire ; la confiance renaît. Les fuyards se rallient à San-Juliano, derrière la gauche de Lannes, tandis que celui-ci, assailli par la majeure partie de l'armée ennemie, opère sa retraite au milieu de cette vaste plaine, avec un ordre et un sang-froid admirables. Son corps, exposé à un feu de mitraille entretenu par quatre-vingts pièces de canon, mit quatre heures à faire, en rétrogradant, trois quarts de lieues.

Il était trois heures de l'après-midi, tous les généraux regardaient la bataille comme perdue ; Mélas croyait la victoire si certaine que, accablé de fatigue et souffrant d'une chute de cheval, il avait repassé les ponts et était rentré à Alexandrie, laissant au général Zach, son chef d'état-major, le soin de nous poursuivre. — Bonaparte seul ne désespérait pas, il comptait sur l'arrivée de Desaix qui avait six mille hommes de troupes fraîches. Cette brave division arriva enfin : la position était des plus critiques.

— Vous voyez l'état des choses, dit Bonaparte à Desaix.

Ce général tira sa montre et, après avoir jeté les yeux dessus, répondit froidement :

— La bataille est perdue ; mais il n'est que trois heures, nous avons encore le temps de livrer une seconde bataille et, celle-ci, nous la gagnerons.

Aussitôt Desaix dispose ses troupes sur la chaussée, en avant de San-Giuliano. Victor avait rallié ses bataillons ; toute l'armée française était reformée en ligne, la droite à Castel-Ceriolo, la gauche à San-Giuliano. Bonaparte traverse les rangs, il est sûr de la victoire ; il s'adresse aux soldats :

— Français ! s'écrie-t-il, c'est avoir fait trop de pas en arrière ; le moment est venu de faire un pas décisif en avant; souvenez-vous que mon habitude est de coucher sur le champ de bataille!

Dans la persuasion où il était de la défaite assurée de l'armée française, Zach manœuvrait pour lui couper la retraite par la chaussée de Tortone. Il avait formé une colonne de six mille grenadiers, qu'il lança en avant pour tourner notre gauche; le reste de l'armée suivait en colonne, par échelons, fort éloignés les uns des autres. La tête de la colonne autrichienne arrive à la hauteur de San-Giuliano..... C'est le moment qu'attendait le Consul.

Aussitôt il donne l'ordre de marcher en avant; l'artillerie est démasquée; elle fait pendant dix minutes un feu épouvantable; l'ennemi étonné s'arrête; la charge est battue en même temps sur toute la ligne; et cet élan qui se communique comme la flamme aux cœurs des braves, ajoute encore à l'ardeur qu'inspire la présence d'un chef qui tant de fois les a conduits à la victoire. La division Desaix, qui n'avait pas encore combattu, aborde la première l'ennemi : elle semble fière de suivre un général dont le poste fut toujours celui du péril et de la gloire. Une légère élévation de terrain, couverte de vignes, dérobait à ce général une partie du terrain. Impatient, il s'élance pour la découvrir; l'intrépide 9ᵉ légère le suit au pas de course; la mêlée devient terrible, le carnage affreux; Desaix est abattu dès les premiers coups.... Étant à cheval derrière le 9ᵉ régiment, une balle lui traversa le cœur; il périt au moment où il décidait la victoire.

— Cachez ma mort, dit-il en exhalant le dernier soupir au général Boudet, car cela pourrait ébranler les troupes.....

Ces paroles furent les seules que Desaix prononça en mourant; mais cette précaution du héros était inutile; les soldats l'ont vu tomber et ceux-ci, comme ceux de Turenne, demandent à grands cris à venger leur chef : La 9ᵉ légère acquit ce jour-là le titre d'*incomparable* qu'elle porta jusqu'à la fin des guerres de l'Empire.

La division Desaix passée aux ordres du général Boudet, charge avec impétuosité l'ennemi, qui, malgré sa vive résistance, ne pouvant tenir contre nos baïonnettes, se renverse sur la colonne de grenadiers qui le suit, et qui déjà est arrivée à Gallina-Grassa, où elle attaque nos éclaireurs. Les Autrichiens, surpris, s'arrêtent ébranlés. C'est alors que se montrèrent dans tout leur jour l'habileté des dispositions précédemment faites par Bonaparte.

L'ennemi qui avait dépassé sur notre gauche la ferme de la Ventolina, et qui se croyait au moment de nous couper la retraite, est tourné lui-même par sa gauche ; les divisions qui s'étendent de Castel-Ceriolo à San-Giuliano prennent ses lignes en flanc ; ses bataillons entendant la fusillade de tous les côtés à la fois, commencent à exécuter leur retraite ; au même instant, le premier Consul ordonne à la cavalerie, qu'il avait conservée en arrière de la division Desaix, de passer au galop par les intervalles et de charger avec impétuosité cette formidable colonne de grenadiers. Cette manœuvre hardie s'exécute à l'instant avec autant de résolution que d'habileté. Le général Kellermann se porte hors des vignes, se déploie au galop sur le flanc gauche de la colonne ennemie, et, par un quart de conversion à gauche, lance sur elle la moitié de sa brigade, tandis qu'il laisse l'autre moitié en bataille pour contenir le corps de cavalerie ennemie, qu'il a en face, et lui masquer ce coup hardi. Pendant ce temps, les grenadiers et

les chasseurs de la Garde consulaire renversent sur la droite tout ce qui est devant eux. De son côté, le général Watrin attaque avec une nouvelle audace, et le général Carra Saint-Cyr envoie de Castel-Ceriolo des tirailleurs le long du ruisseau et des marais, jusqu'auprès de Marengo. Dans cette circonstance, l'armée française franchit en trois quarts d'heure le grand espace qu'elle avait défendu pendant quatre heures.

La cavalerie ennemie, pressée par le général Rivaud, se hâte d'accourir au secours de son infanterie; l'ennemi se rallie, et arrive à Marengo avec l'intention de garder ce village; mais la division Boudet, qui veut avoir la gloire de reprendre Marengo, fait une dernière attaque avec cette vigueur qui avait marqué la première. Forcé de renoncer à vaincre, l'ennemi veut au moins prouver qu'il en était digne, et montre, dans ce dernier combat, toute l'énergie que l'honneur peut donner; mais déjà la victoire s'était fixée dans nos rangs. Les Autrichiens, fatigués et affaiblis, durent céder, et nos troupes entrèrent pêle-mêle avec eux dans Marengo, qu'ils évacuèrent bientôt pour se porter sur la Bormida.

Pendant ce temps un corps de réserve de la cavalerie autrichienne se disposait à charger la droite de la division Boudet, lorsque le général Bessières, commandant en chef les grenadiers et les chasseurs à cheval de la Garde consulaire, saisit cette occasion de gloire, et, jaloux de donner à la troupe d'élite qu'il commande l'honneur de la dernière charge, prévient cette cavalerie, s'élance, la fait plier, la jette en désordre sur le ruisseau, et détermine ainsi la retraite générale en portant le trouble et l'effroi dans les rangs ennemis[*].

Le soir de la bataille, de retour à son quartier-général, le premier Consul, en présence des chefs de corps qui l'avaient accompagné, témoigna hautement les vifs regrets qu'il éprouvait de la perte de Desaix[**], puis s'adressant à Kellerman, il lui dit:

---

[*] A la tête des chasseurs à cheval de la Garde consulaire, le jeune Eugène de Beauharnais se fit remarquer par son sang-froid et son courage. Madame Bonaparte eut à cette occasion le plaisir, si doux pour une mère, de s'entendre dire par le premier consul lui-même : « Madame, votre fils marche rapidement à la postérité; il s'est couvert de gloire dans toutes les affaires que nous avons eues en Italie : il deviendra un des plus grands capitaines de l'Europe. »

[**] « Perdue jusqu'à trois heures de l'après-midi, la bataille de Marengo était complètement gagnée à six heures du soir. La colonne autrichienne dispersée, j'avais quitté la cavalerie du général Kellermann, et je venais rejoindre le général Desaix, lorsque le colonel du 9⁰ léger m'apprit qu'il n'existait plus. Je n'étais pas à cent pas du lieu où je l'avais laissé; j'y courus.... Je le trouvai par terre, au milieu des morts et déjà dépouillé; je le reconnus à sa volumineuse chevelure, de laquelle on n'avait pas

CHARGE DES GRENADIERS A CHEVAL DE LA GARDE CONSULAIRE A MARENGO.

— Général, vous avez donné bien à propos : la France vous doit beaucoup.

Et s'adressant ensuite à Bessières :

— Bessières, reprit-il d'un ton animé, la Garde des consuls que vous commandez s'est couverte de gloire.

Le lendemain, à la pointe du jour, nos grenadiers attaquaient déjà les avants-postes que l'ennemi avait laissés à la tête des ponts de la Bormida, lorsqu'un officier autrichien se présenta, et annonça que le général Mélas demandait à envoyer un parlementaire au premier Consul. Après les conférences préliminaires, Berthier reçut de Bonaparte des instructions pour traiter, et ce dernier écrivit à ses collègues à Paris, la lettre suivante :

« Au quartier-général de Torre-de Garofolo, le 27 prairial an VII
« (16 juin 1800).

« Le lendemain de la bataille de Marengo, citoyens consuls, le
« général Mélas a fait demander aux avant-postes qu'il lui fût permis
« de m'envoyer le général Sekal. On a arrêté, dans la journée, la con-
« vention dont vous trouverez ci-joint copie *. Elle a été signée dans
« la nuit, par le général Berthier et le général Mélas. J'espère que le
« peuple français sera content de son armée !

« BONAPARTE. »

Voici quelles étaient les principales dispositions de cette armistice : l'armée autrichienne devait se retirer derrière le Mincio ; elle conservait les places de Peschiera, de Mantoue et de Borgoforte, la Toscane et Ancone. Les Français demeuraient maîtres des pays compris entre la Chiesa, l'Oglio et le Pô. Tortone, Alexandrie, Milan, Turin,

encore ôté le ruban qui la liait. Je lui étais trop attaché pour le laisser là, où on l'aurait enterré, sans distinction, avec les cadavres qui gisaient autour de nous. Je pris à l'équipage d'un cheval, mort à côté de lui, un manteau qui était encore attaché à la selle ; j'enveloppai le corps de mon général dedans ; un hussard, égaré sur le champ de bataille, m'aida à remplir ce triste devoir. Ce hussard consentit à le charger sur son cheval, et à le conduire par la bride jusqu'à Gorofollo, pendant que j'irais apprendre ce malheur au premier consul, qui me dit de le suivre à Gorofollo, où il m'ordonna de faire porter le corps de Desaix à Milan, pour qu'il y fût embaumé. »
(Le duc de Rovigo, *Mémoires*, tom. 1, chap. XVII, p. 277.)

* C'était la fameuse capitulation dite d'*Alexandrie*.

Pizzighitone, Arona, Plaisance, Ceva, Coni, Savone, Gênes, et le fort Urbin, devaient leur être remis.

Dix jours après cette bataille, le général Suchet rentrait à Gênes; et les places du Piémont et de la Lombardie étaient successivement remises à l'armée française. L'armée autrichienne, conformément à la convention d'Alexandrie, fut dirigée par division sur Mantoue.

Le Consul était rentré à Milan, le 17 juin, pendant la nuit; il avait trouvé la ville illuminée et livrée à l'allégresse. La joie des Italiens était inexprimable; ils se voyaient rendus à la liberté sans avoir eu à supporter les horreurs d'une longue guerre, que les premières victoires des Français reportaient au delà de leurs frontières.

En France et à Paris surtout, la nouvelle de la victoire de Marengo parut incroyable. Le premier courrier qui avait apporté dans la capitale la nouvelle de la bataille était parti de l'armée vers le milieu du jour, au moment où l'issue de l'action inspirait de vives inquiétudes. La joie n'en fut que plus complète lorsqu'on apprit d'une manière certaine le nouveau triomphe de Bonaparte, et tout ce que ses suites avaient d'avantageux pour la république.

III.

ANNÉE 1801.

Dans un arrêté des consuls du 23 brumaire an x (14 novembre 1801), il était dit :

« Art. 1er. La Garde consulaire sera commandée par quatre officiers généraux.

« Art. 2. Ces généraux prendront tous les jours et directement l'ordre du premier consul.

« Art. 3. Il n'est rien changé, quant à présent, à l'artillerie de la Garde consulaire.

« Art. 4. Il y aura un gouverneur du palais du gouvernement, qui prendra directement l'ordre du premier consul*. Ce gouverneur aura

---

* Pour remplir ce poste important, Bonaparte fit choix du général Duroc, un de ses aides-de-camp. Lors de la création de l'Empire, le titre de *grand maréchal du palais* fut substitué à celui de Gouverneur.

sous ses ordres six adjudants supérieurs * et six adjudants capitaines **.

« Art. 5. Un des six adjudants supérieurs sera nommé commandant d'armes à Saint-Cloud, un autre, commandant d'armes de l'École-Militaire à Paris.

« Art. 6. L'un des quatre officiers généraux, commandant de la Garde consulaire, sera constamment de service auprès des consuls pendant une décade. Il assistera à la parade, fera l'inspection des troupes, et ordonnera le *défilé*.

« Art. 7. La distribution des postes, les consignes et les rapports relatifs au service et à la police du palais du gouvernement, seront dans les attributions du gouverneur du palais. »

En conséquence, furent nommés commandants en chef de la Garde consulaire :

Le général Davoust, pour les grenadiers à pied.

Le général Soult, pour les chasseurs à pied.

Le général Bessières, pour la cavalerie.

Le général Mortier, pour l'artillerie et les matelots ***.

D'après ces nominations, le général Lannes perdit le commandement en chef de la Garde consulaire, que Bonaparte lui avait donné à son retour de la campagne de Marengo, en récompense des prodiges de valeur qu'il avait faits, notamment au combat de Montebello.

Thibaudeau **** prétend que Lannes perdit son commandement à cause d'un mécompte dans la caisse. « Le général, ajoute l'historien, critiquait amèrement la marche du gouvernement du premier Consul, et parlait quelquefois trop librement à Bonaparte. »

Il est de fait que Lannes administrait la caisse de la Garde consulaire avec une prodigalité d'autant plus dans ses instincts, que le premier consul, pour nous servir d'une expression vulgaire, lui avait donné *carte blanche* sur cet article. Un hôtel richement défrayé servait

---

* Fuzy, Tortel, Dupas, Laplanche Mortières, Dériot et Macon, choisis parmi les officiers de la Garde consulaire. Bonaparte les nomma, en même temps, tous les six chefs de brigade.

** Reynaud, Ragois, Ségur, Clément, Dumoustiers et Auger. Ces six adjudants faisaient également partie de la Garde consulaire.

*** Ce corps ne fut formé que plus tard.

**** Dans son *Histoire de France et de Napoléon Bonaparte ; consulat*, tom. 3, an X, chap. XXVIII, pag. 761.

à l'état-major; Lannes y tenait table ouverte pour tous ses camarades; et là, dans des dîners un peu soldatesques, on se répandait quelquefois en sarcasmes et en critiques contre la marche du nouveau gouvernement. Napoléon n'avait point à craindre que le dévouement de ses soldats, oisifs depuis le retour de Marengo, en fût altéré à son égard. Au premier signal il était sûr de les trouver tous, et Lannes, plus qu'aucun autre. Cependant il était dangereux de laisser aller plus loin ces jeunes têtes et ce langage inconsidéré : il manda donc Lannes aux Tuileries. Celui-ci, habitué à une grande familiarité avec son ancien général en chef, se laissa aller à quelques emportements bientôt réprimés par la tranquille supériorité du premier Consul; mais toujours est-il que, dans un mouvement d'honorable susceptibilité, il voulut payer les dépenses qui avaient pesé sur la caisse de la Garde. Mais alors, ce général, qui avait tant fait la guerre en Italie, ne possédait rien. Augereau, tout aussi frondeur, lui prêta la somme nécessaire en lui disant :

— Tiens ! prends cet argent, va trouver l'ingrat pour lequel nous avons versé notre sang, rends-lui ce qui est dû à la caisse et ne soyons plus ses obligés.

Le Consul, qui ne voulait pas permettre à ses anciens compagnons d'armes de s'affranchir de leurs affections envers lui, crut devoir les éloigner les uns des autres. Lannes fut envoyé en embassade, et Augereau reçut l'ordre de retourner à son armée.

Le fait suivant qui nous est garanti par un homme dont le caractère honorable et la véracité ne sauraient être mis en doute*, viendrait à l'appui de cette assertion.

A l'époque dont nous parlons, les habitudes toutes militaires, les mœurs toutes républicaines, inspirées par l'esprit d'égalité, avaient autorisé des libertés devenues désormais incompatibles avec la dignité du premier Consul et le respect dû à son autorité; aussi dut-il renoncer à l'espèce de camaraderie qui existait entre lui et ses premiers lieutenants parce qu'elle dégénérait quelquefois en licence; ainsi un jour que Napoléon avait fait venir dans la cour de la Malmaison des chevaux barbes qui lui avaient été envoyés en présent, le général

---

* M. le baron de Méneval, secrétaire du cabinet particulier de l'Empereur.

Lannes lui ayant proposé d'en jouer un au billard contre le prix qu'il pouvait valoir, le Consul accepta. Il voulait et devait perdre : en effet son adversaire gagna la partie.

— Je t'ai gagné, dit Lannes à Napoléon, qu'il avait gardé l'habitude de tutoyer, donc j'ai le droit de choisir.

Et sans attendre une autorisation qu'il ne demanda pas, le général courut examiner les chevaux, fit choix du plus beau, le fit seller, brider, le monta et partit au galop, en disant :

— Adieu, Bonaparte, je ne dînerai pas ici aujourd'hui, parce que si je restais, tu serais capable de reprendre ton cheval.

Napoléon n'eut pas le temps de lui répondre, parce qu'il était déjà loin. Pour prévenir le retour de pareilles scènes, il sentit le besoin d'éloigner de lui, temporairement, le général Lannes, mais en lui confiant un poste d'une haute distinction : il le nomma ambassadeur à Lisbonne, sans que son estime et son amitié pour cet officier général en fussent diminuées.

CHAPITRE II.

NOUVELLE ORGANISATION DE LA GARDE CONSULAIRE.

I.

ANNÉES 1802, 1803,

Et six premiers mois de l'Année 1804

Déjà la Garde consulaire était magnifique. Il fallait la voir dans la cour des Tuileries lorsque Napoléon à cheval, le corps amaigri, et portant un uniforme dont la simplicité servait encore à le mieux faire distinguer, il fallait le voir, disons-nous, suivant d'un œil attentif les redoutables bataillons qui se développaient majestueusement devant lui. A ses côtés était le groupe de ses jeunes aides-de-camp, parmi lesquels on distinguait Junot, dans son brillant costume de hussard; Savary et Rapp, à la figure si grave; Duroc, élégant comme un gentilhomme; Marmont, toujours triste comme si sur son visage eût été écrite la triste destinée que les événements politiques lui réservaient un jour; puis, devant le Consul, les quatre généraux commandant en chef la Garde consulaire; et, parmi eux, le jeune Eugène de Beauharnais, colonel des guides. Cependant le Consul ne trouvant pas que sa Garde fût ni assez splendide, ni assez nombreuse, par un nouvel arrêté du 17 ventose an x (8 mars 1802), il en compléta l'organisation définitive. Cet arrêté était ainsi conçu :

« ART. 1er. A l'avenir la Garde consulaire sera composée de la manière suivante; savoir :

Quatre officiers généraux.
Un inspecteur aux revues *.
Un capitaine du génie.
Un commissaire des guerres.

---

* Chargé spécialement de constater le nombre d'hommes présents sous les drapeaux, et d'empêcher ainsi que le Trésor ne paye des soldats inutiles ou même n'existant pas.

Un corps de grenadiers et un corps de chasseurs à pied, composés chacun d'un état-major, avec *deux* bataillons ; et chaque bataillon, de *huit* compagnies.

Un régiment de grenadiers à cheval, composé d'un état-major avec *quatre* escadrons de *deux* compagnies chacun.

Un régiment de chasseurs à cheval, composé provisoirement de deux escadrons, de deux compagnies chacun, avec son état-major.

Un escadron d'artillerie à cheval, avec un état-major et une compagnie d'artillerie à pied.

« Art. 2.

INFANTERIE.

État-Major des Grenadiers à pied.

- 1 Chef de brigade.
- 2 Chefs de bataillon.
- 2 Adjudants-majors.
- 1 Quartier-maître-payeur.
- 2 Adjudants sous-lieutenants.
- 2 Porte-drapeau sous-lieutenants.
- 2 Officiers de santé.
- 1 Élève en chirurgie.
- 1 Vaguemestre sergent-major.
- 1 Tambour-major.
- 2 Caporaux-tambours
- 1 Chef de musique.
- 45 Musiciens.
- 4 Chefs ouvriers.

Compagnie de Grenadiers à pied.

- 1 Capitaine.
- 1 Lieutenant.
- 2 Sous-lieutenants.
- 1 Sergent-major.
- 2 Sapeurs, dont un sergent et un caporal sur tout le corps.
- 2 Tambours.
- 4 Sergents.
- 1 Fourrier.
- 8 Caporaux.
- 80 Grenadiers.
- 2 Enfants de corps à demi solde.

« Art. 3.

État-Major des Chasseurs à pied.

Même composition que l'état-major et les compagnies de grenadiers à pied.

« Art. 4.

ARTILLERIE, PARC ET TRAIN *.

État-Major.

1 Chef d'escadron.

- 1 Adjudant-major.
- 1 Adjudant sous-officier.
- 1 Quartier-maître.
- 1 Lieutenant-instructeur.
- 1 Porte-étendard.
- 1 Officier de santé.
- 1 Professeur de mathématiques.
- 1 Artiste vétérinaire.
- 1 Brigadier-trompette.
- 5 Maîtres ouvriers.

* Jusqu'alors les voitures d'artillerie avaient été traînées par des charretiers qui, appartenant à des compagnies particulières de transport, n'étaient point retenus par le sentiment de l'honneur comme les

Compagnie d'Artillerie à cheval.

1 Capitaine en premier.
1 Capitaine en second.
1 Lieutenant en premier.
1 Lieutenant en second.
1 Maréchal-des-logis-chef.
4 Maréchaux-des-logis.
1 Fourrier.

4 Brigadiers.
4 Artificiers.
32 Canonniers de 1re classe.
36 Canonniers de 2e classe.
1 Maréchal-ferrant.
2 Trompettes.
2 Enfants de troupe à demi solde.

Ouvriers.

1 Lieutenant.
1 Sergent.
1 Caporal.

4 Ouvriers de 1re classe.
6 Ouvriers de 2e classe.
10 Apprentis.

Employés du parc.

1 Garde d'artillerie. — 1 Sous-Garde. — 1 Conducteur.

« Art. 5.

TRAIN D'ARTILLERIE.

Compagnie.

1 Capitaine-commandant.

2 Lieutenants.
1 Maréchal-des-logis-chef.
8 Maréchaux-des-logis.
1 Fourrier.
8 Brigadiers.

2 Maréchaux-ferrants.
2 Bourreliers.
80 Soldats.
2 Trompettes.
2 Enfants à la demi solde.

Il sera attaché à cette compagnie 120 chevaux, non compris ceux des officiers.

« Art. 6.

CAVALERIE.

État-Major des Grenadiers à cheval.

1 Chef de brigade.
4 Chefs d'escadron.
1 Capitaine instructeur.
1 Adjudant-major.
1 Sous-instructeur.
1 Quartier-maître-payeur.
2 Adjudants-sous-lieutenants.
4 Porte-étendard-sous-lieutenants.

2 Officiers de santé.
1 Vaguemestre-maréchal-des-logis-chef.
1 Artiste-vétérinaire.
1 Trompette-major.
2 Brigadiers-trompettes.
1 Timballier.
7 Maîtres ouvriers.
1 Aide-artiste-vétérinaire.

autres soldats. Ces charretiers, au premier danger, coupaient les traits de leurs chevaux, s'enfuyaient et abandonnaient ainsi leurs canons. Le premier consul pensa donc que le conducteur chargé d'amener la pièce au lieu du combat, rendait un service aussi grand que le canonnier chargé de servir cette pièce ; « Puisqu'il court le même danger, dit-il à cette occasion, il a besoin du même mobile moral, c'est-à-dire l'honneur. » Le premier consul, disons-nous, convertit donc les charretiers d'artillerie en soldats, les vêtit de l'uniforme et leur fit faire partie de cette arme. C'étaient des cavaliers de plus qui devaient apporter autant de zèle à conduire leurs pièces devant l'ennemi, ou à les enlever rapidement que les canonniers en mettaient à les charger, à les pointer et à les tirer.

Compagnie des Grenadiers à cheval.

1 Capitaine.	1 Fourier.
1 Lieutenant en premier.	8 Brigadiers.
1 Lieutenant en second.	96 Grenadiers.
1 Sous-lieutenant.	3 Trompettes.
1 Maréchal-des-logis-chef.	1 Maréchal-ferrant.
4 Maréchaux-des-logis.	2 Enfants de corps à demi solde.

« Art. 7.

État-Major des Chasseurs à cheval.

Même composition que l'état-major et les compagnies de grenadiers à cheval.

Toutefois, le premier Consul se réserve de nommer le chef de brigade, les chefs d'escadron, l'adjudant-major, le quartier-maître, l'adjudant sous-lieutenant et les officiers de santé qui manqueraient encore à l'état-major, lorsqu'il jugera à propos de porter ce régiment au complet.

« Art. 8. Fixe le nombre de chevaux des officiers, sous-officiers et soldats.

« Art. 9. Il y aura une compagnie de vétérans, formée des officiers, sous-officiers et garde qui auront servi trois ans dans la Garde consulaire, et seront jugés hors d'état de continuer de faire un service actif; leur solde sera la même que celle des grenadiers à pied.

La force de cette compagnie n'excédera pas le nombre fixé ci-après, savoir :

1 Capitaine.	1 Fourier.
2 Lieutenants.	8 Caporaux.
2 Sous-lieutenants.	140 Vétérans.
1 Sergent-major.	2 Tambours.
4 Sergents.	2 Enfants de corps à demi solde.

« Art. 10.

ADMISSION AUX INVALIDES.

Les officiers et vétérans qui composent actuellement les compagnies de la Garde y demeureront jusqu'à ce que leur âge, leurs blessures ou leurs infirmités ne leur permettent plus de faire de service actif dans le corps; alors ils seront admis aux Invalides, sur la demande que l'officier-général commandant l'infanterie de la Garde consulaire en fera au ministre de la guerre.

« Art. 11.

ADMINISTRATION DE L'HOPITAL MILITAIRE
Dit du Gros-Caillou.

L'hôpital militaire établi au Gros-Caillou continuera d'être affecté aux corps de la Garde des consuls, et administré par un conseil d'administration composé d'officiers des différents corps, choisis parmi les membres des conseils d'administration respectifs, savoir :

Le chef de brigade du corps des grenadiers à pied, *président*.
Un capitaine de grenadiers à cheval.
Un lieutenant de chasseurs à pied.
Un sous-lieutenant de chasseurs à cheval.
Un sous-officier de l'artillerie.

« Art. 12. Le conseil ci-dessus sera installé par l'inspecteur aux revues; il sera renouvelé, chaque trimestre, par des membres des mêmes grades, mais choisis dans d'autres corps, de manière à ce que chacun des corps dont se compose la Garde consulaire fournisse tour à tour les membres de ce conseil.

Le conseil d'administration tiendra ses séances dans l'enceinte de l'hôpital; il arrêtera les comptes des dépenses tous les mois et provisoirement; l'inspecteur aux revues les vérifiera et les arrêtera tous les trois mois, en présence d'un des officiers généraux du corps.

La liste des employés subalternes sera en proportion du besoin du service, et soumise à l'approbation des généraux commandant les différents corps de la Garde consulaire; cette liste sera renouvelée ensuite tous les ans.

« Art. 13. Les officiers de santé, pour le service de l'hôpital du corps, seront fixés au nombre suivant, savoir :

1 Médecin en chef.	3 Chirurgiens de troisième classe.
1 Chirurgien en chef.	1 Pharmacien de deuxième classe.
1 Pharmacien en chef.	1 Pharmacien de troisième classe.
1 Chirurgien de deuxième classe.	1 Econome.

« Art. 14. Les trois officiers de santé en chef seront invités, par le président du conseil d'administration, à se trouver aux séances où ils n'auront que voix consultative.

Le commissaire des guerres du corps sera secrétaire rapporteur du conseil.

« Art. 15. Au moyen des dispositions ci-dessus, la force de la Garde des consuls sera ainsi fixée, savoir :

État-Major et administration	22
Infanterie	4,594
Cavalerie	2,400
Artillerie	240
Service de santé	10
Total	7,266 hommes *.

« Art. 33.

RECRUTEMENT.

Les militaires de toutes armes sont appelés à faire partie de la Garde des consuls ; leur admission dans ce corps est la récompense de la bravoure et de la conduite.

Le militaire destiné à faire partie de la Garde consulaire doit remplir les conditions suivantes, savoir :

Être en activité de service.

Avoir fait au moins quatre campagnes, avoir obtenu des récompenses accordées aux braves pour faits d'armes ou action d'éclat, ou avoir été blessé.

Avoir la taille d'un mètre 8 décimètres (5 pieds 6 pouces) au moins pour les grenadiers, et un mètre 7 décimètres (5 pieds 4 pouces) au moins pour les chasseurs.

Et avoir toujours tenu une conduite irréprochable.

« Art. 34. Le ministre de la guerre, sur la demande d'un des officiers généraux, expédiera les ordres nécessaires afin de faire passer les militaires qui auront été choisis dans les divers corps de l'armée, pour être incorporés dans la Garde consulaire, selon l'arme ou le corps où ces hommes devront entrer. »

---

* Il faut remarquer ici que ce chiffre de 7,266 n'est pas le chiffre arrêté pour les cadres des différentes armes de la Garde consulaire. Le chiffre réel de l'effectif des hommes présents aux corps fut toujours moindre, malgré les nombreuses recrues de chacun de ces corps. Neuf mois après la promulgation de cet arrêté, c'est-à-dire dans la dernière quinzaine de l'année 1802 et d'après les états de revues que nous avons eus sous les yeux, la Garde consulaire ne comportait en tout, état-major et administration, infanterie, cavalerie, artillerie, vétérans et service de santé de l'hôpital compris, que 5,324 hommes, c'est-à-dire près d'un quart en moins. La force de cette Garde ne dépassa guère ce dernier chiffre dans le courant des deux années qui suivirent.

Deux grenadiers de la Garde consulaire s'étant suicidés, le premier Consul fit mettre à l'ordre du jour la note suivante * :

« Le grenadier Gaubin s'est suicidé par des raisons d'amour. C'était
« d'ailleurs un très-bon sujet; c'est le second événement de cette na-
« ture qui arrive au corps depuis un mois. Le premier Consul ordonne
« qu'il soit mis à l'ordre de la Garde, qu'un soldat doit savoir vaincre
« la douleur et la mélancolie des passions; qu'il y a autant de vrai cou-
« rage à souffrir avec constance les peines de l'âme qu'à rester fixe et
« immobile sous la mitraille d'une batterie. S'abandonner au chagrin
« sans résister, se tuer pour s'y soustraire, c'est abandonner le champ
« de bataille avant d'avoir vaincu. »

II.

Maintenant, nous croyons ne pouvoir mieux faire que de mettre sous les yeux du lecteur un tableau synoptique, exact et complet de l'état-major général et de tous les corps distincts dont se composait, dès la fin de mars 1803, la Garde consulaire, infanterie, artillerie et service de santé par grade et par nature d'emploi, en observant la hiérarchie militaire. Cette Garde, ainsi organisée pour la seconde fois, ne subit aucun changement, aucune modification sensible jusqu'à la fin de mai 1804, époque à laquelle Napoléon, devenu Empereur, métamorphosa la Garde consulaire en *Garde impériale*.

---

* *Ordre du jour du 22 floréal an* X (12 *mai* 1802):

Par un arrêté des consuls du 10 floréal an XI (30 avril 1803), contenant des modifications à l'organisation de l'artillerie de la Garde des consuls, le titre de *chef de brigade* fut changé en celui de colonel. Cette réforme s'étendit bientôt à tous les corps de l'armée.

Le ministre de la guerre ayant rendu une ordonnance qui apportait quelques changements dans l'uniforme de l'état-major de la Garde consulaire, Napoléon lui écrivit, en date du 16 thermidor an XI (4 août 1803):

« Je ne conçois pas que vous vouliez ôter le panache et le baudrier aux généraux de
« brigade, ce dont ils ont le plus besoin; que vous ayez cru devoir donner un uniforme
« particulier au lieutenant-général qui n'est pas un grade; que vous ayez changé la
« couleur de l'uniforme des aides-de-camp, libre à vous. Cependant, à quoi aboutis-
« sent ces changements, si ce n'est à mettre dans un état de gêne des hommes qui
« avaient des uniformes tout faits? Quant à la Garde des consuls, plus spécialement,
« j'entends qu'excepté moi, personne ne se mêle de ce qui peut être à tort ou à raison
« une amélioration dans sa tenue ou dans son bien-être.

« BONAPARTE. »

ÉTAT-MAJOR ET ADMINISTRATION.

Davoust, *commandant les grenadiers à pied.*
Soult, id. *les chasseurs* id.
Bessières, id. *la cavalerie.*
Songis, id. *l'artillerie.*

Chadelas, *inspecteur aux revues.*
Charamond, *commis. des guerres.*

Aides-de-Camp.

Davoust jeune, Francesky, Daugereau aîné, Barbanègre, Berge, } *chefs d'escadron.*

Falcon, Lachaud, Durelle, Lefebvre (Xavier), Lebrun, } *capitaines.* *lieutenants.*

Larrey, *chirurgien en chef.*
Verry, *bibliothécaire.*

ÉTAT-MAJOR DES GRENADIERS A PIED.

Hulin, *chef de brigade*, colonel.

Lajonquierre, Edighoffen, } *chefs de bataillon.* | Pierron, Flamand, } *capit.-adj.-majors.*

Reant, *capitaine-quartier-maitre*, trésorier.

Faucon, Chicot, } *adjud.-lieutenants.* | Morlay, Ritter, } *porte-drapeau.*

Dudaujon, *chirurgien de première classe*, attaché au premier bataillon.
Chappe, id. attaché au deuxième bataillon.
Braise, *officier de santé de troisième classe.*

ÉTAT-MAJOR DES CHASSEURS A PIED.

Soulès, *chef de brigade*, colonel.

Ponzet, Meunier, } *chefs de bataillon.* | Rouvier, Fleurentin, } *capit.-adj.-majors.*

Moreau, *capitaine-quartier-maitre*, trésorier.

Lefebvre, Rignon, } *sous-adjud.-lieut.* | Faure, Second, } *porte-drapeau.*

Verges, *chirurgien de première classe*, attaché au premier bataillon.
Lachaise, id. attaché aux deuxième bataillon.
Maugras, *élève chirurgien.*

13

INFANTERIE.

Régim^{ts}.	Bat^{ons}.	Comp^{es}.	CAPITAINES.	LIEUTENANTS.	SOUS-LIEUTENANTS.	
Grenadiers à pied.	1er	1re	Lechos.	Hasse.	Aubert.	Triaire.
		2^e	Richard.	Bourdillet.	Boisgerard.	Dethan.
		3^e	Nicolas.	Vieil.	Caron.	Nollot.
		4^e	Leroy.	Aune (Léon).	Cirou.	Belcourt.
		5^e	Pourailly.	Guillemard.	Pilloud.	Mirabel.
		6^e	Dutrône.	Chapuzet.	Hornier.	Deleuse.
		7^e	Parsis.	Mellier.	Boudin.	Bremont.
		8^e	Chautard.	Rogezy.	Villemeureux.	Dingremont.
	2^e	1re	Beruelle.	Vezu.	Bouhour.	Mège.
		2^e	Peyre.	Delvolvé.	Deneuilly.	Lambert.
		3^e	Chéry.	Favey.	Deblais.	Letoublon.
		4^e	Meyer.	Laurede.	Lemaître.	Castagnier.
		5^e	Lemarois.	Lemaur.	Bassin.	Parvy.
		6^e	Carré.	Aversène.	Desmoulins.	Montenoise.
		7^e	Theuré.	Brousse.	Descombes.	Delcas.
		8^e	Renard.	Audrans.	Pilate.	Faure.
Chasseurs à pied.		1re	Edighoffen.	Blondeau.	Labusquette.	Mallet.
		2^e	Ramaud.	Kessel.	Galté.	Puech.
		3^e	Teulet.	Olagnier.	Bié.	Mathieu.
		4^e	Lambinet.	Dufour.	Divat.	Laverny.
		5^e	Barbanègre.	Rampon.	Petit.	Metzer.
		6^e	Lactousse.	Boucher.	Grenier.	Soulès J^e.
		7^e	Bellaton.	Rozet.	Charrau.	Finat.
		8^e	Denoyers.	Henry.	Morin.	Rateau.
	2^e	1re	Lefebvre.	Félix	Gimont.	Boursier.
		2^e	Mole.	Castanier.	Prelier.	Villaret.
		3^e	Schobert.	Pieron.	Steinback.	Vincent.
		4^e	Caire.	Redon.	Roux.	Simonnin.
		5^e	Bigarré.	Beurmann.	Ozeré.	Ceppier.
		6^e	Davignon	Martenot.	Colomban.	Lacaze.
		7^e	Bert.	Cerepy.	Barral.	Rattier.
		8^e	Jeanin.	Magne.	Menecuin.	Dumenil.

CAVALERIE.

ÉTAT-MAJOR DES GRENADIERS A CHEVAL.

Ordener, *chef de brigade*, colonel.

Oulié,
Guiton,
Herbault,
Perrot, quart.-maître,
} *chefs d'escadron.*

L'Évêque,
Latille,
Messager,
Jacob,
} *sous-lieutenants porte-étendard.*

Parisot, *capitaine instructeur.*

Sabattier,
Carré,
} *adj. sous-lieutenants.*

Diéché, *officier de santé de 1re classe.*
Diéché, *élève chirurgien.*

ÉTAT-MAJOR DES CHASSEURS A CHEVAL.

Eugène Beauharnais, *chef de brigade*, colonel.

Morland,
Dahlmann,
Beurmann,
Hercule,
} *chefs d'escadron.*

Guibert,
Peyrot,
Paillès,
Adet,
} *sous-lieutenants porte-étendard.*

Clerc, *capitaine-quartier-maître.*
Nager, *capitaine-instructeur.*

Rabusson,
Hypolite,
} *adjudants.*

Assaligny, *officier de santé* de 1re classe.
David, *idem.* de 2e classe.

Régim^{ts}.	Escad^{ns}.	Comp^{es}.	CAPITAINES.	LIEUTENANTS		SOUS-LIEUT^{ts}.
				EN PREMIER.	EN SECOND.	
Grenadiers à cheval.	1re	1^e	Dubignon Guillotin.	Feyt.	Lajoie.	Imbert.
		5^e	Rossignol.	Messier.	Rigarde.	Delaporte.
	2^e	2^e	Maufroy.	Colin.	Gambert.	Contencin.
		6^e	Holdrinet.	Licier.	Ring.	Dupety.
	3^e	3^e	Bourdon.	Guillaume	Glachaud.	Burckoff.
		7^e	Duclaux.	Lahuberdiere.	Duvivier.	Varmont.
	4^e	4^e	Clément.	Dujon.	Auzony.	Pertus.
		8^e	Segauville.	Chassin.	Croisier.	Beaugeois.
Chasseurs à cheval.	1er	1^e	Mourriès.	Schnéit.	Desmichel.	Parisot.
		5^e	Delacroix.	Martin.	Fournier.	Dupont.
	2^e	2^e	Thevenet.	Boé.	Poviet.	Perrier.
		6^e	Daumesnil.	Thervay.	Muzy.	Barbanègre.
	3^e	3^e	Guyot.	Callory.	Joannès.	Maziaux.
		7^e	Clerc.	Guiod.	Charroy.	Colomier.
	4^e	4^e	Triaire.	Bureau.	Legros.	Davoust J^e.
		8^e	Francq.	Cavrois.	Delassus.	Lebrasseur.

COMPAGNIE DES VÉTÉRANS.
État-Major.

CHARPENTIER, *chef de bataillon.*

MAGNÉ, *capitaine.*

GUYON,
REBOUR, } *lieutenants.*

COQUILLON,
MARTIN, } *sous-lieutenants.*

ARTILLERIE ET PARC.
État-Major.

COIN, *chef d'escadron.*

DOGUREAU, *premier capitaine.*
CHAUVEAU,
MARIN, } *premiers lieutenants.*

DIJEON, *deuxième capitaine.*
BERTHIER,
SANDRAS, } *deuxièmes lieutenants.*

TRAIN D'ARTILLERIE.

DAVARENNE, *capitaine.*

Lieutenants.

FODOI. — LEBLANC.

HOSPICE DE LA GARDE DES CONSULS.

SÜE, *médecin en chef.*
LARREY, *chirurgien en chef.*
VINCENT, *chirurgien de deuxième classe.*
MOUTON,
POIRÇON,
JACOB,
FERLUT, } *chirurgiens de troisième classe.*

SUREAU, *pharmacien en chef.*
RENAULT, *chirurgien de deuxième classe.*
ALYON, *pharmacien de deuxième classe.*
LAGARDE,
FOURCY,
BARBES, } *pharmaciens de troisième classe.*
MARTIQUE, *économe.*

MONTESSUY, *entrepreneur fournisseur.*

Tel était le cadre des officiers de cette célèbre Garde consulaire dont Napoléon sut obtenir tout d'abord l'obéissance la plus profonde, l'abnégation la plus complète et le dévouement le plus absolu. Aucun des officiers de la Garde consulaire n'eût osé résister à un ordre émané de lui, parce que sa parole inspirait toujours une sorte d'admiration : sa gaieté faisait la joie de tous, sa tristesse était un deuil. Ce que nous en disons ici, c'est que plusieurs écrivains ont parlé de l'opposition que ne craignirent pas de manifester quelques-uns des officiers généraux qui commandaient la Garde des consuls. Nous pouvons certifier que ces petites oppositions, si toute fois elles ont existé, n'allèrent jamais jusqu'à la résistance. La supériorité du premier Consul était si bien admise, qu'il fallait obéir avant tout et sans réflexions. Quand même, il n'aurait jamais permis qu'on raisonnât l'obéissance. Il lui arrivait quelquefois d'être familier avec les officiers de sa Garde et de préférence avec les soldats : il souriait aux uns, tirait légèrement l'oreille aux autres, et à tous distribuait des paroles de satisfaction, de blâme ou d'encouragement recueillies comme la voix de Dieu par ses serviteurs ; mais jamais, nous le répétons, il ne permit aux officiers de la Garde consulaire, quelle que fût l'éminence de leur grade, la moindre réflexion à une mesure qu'il avait prise. Napoléon se croyait assez fort devant ses contemporains, comme devant l'histoire, pour supporter la responsabilité tout entière de ses actes. C'était chez lui l'orgueil de son intelligence et de son génie, car, seul peut-être, il savait tout ce qu'il valait.

Napoléon, empereur.

GARDE IMPÉRIALE.

LIVRE QUATRIÈME.

GARDE IMPÉRIALE.

CHAPITRE PREMIER.

Six derniers mois de l'année 1804.

De juin, à fin de décembre (de messidor an XII, à nivôse an XIII)

I.

DÉCRET D'ORGANISATION.

On pourrait aujourd'hui comparer l'ancienne Garde impériale à ces magnifiques monuments du moyen âge qui acquièrent en vieillissant de nouveaux titres à l'admiration des hommes. Trente ans à peine se sont écoulés depuis que cette phalange héroïque n'existe plus, et cependant, elle est encore présente à nos yeux, à nos souvenirs avec toute sa gloire et toute sa renommée, avec ses drapeaux brûlés par les feux du soleil et de la mitraille, avec ses aigles d'or et ses étoiles scintillantes.

Quelques historiens ont prétendu que Napoléon, dès son avénement à l'empire, avait songé à créer des *compagnies de Gardes du corps*, spécialement attachées à la garde de sa personne. C'est une erreur : jamais il ne conçut une idée semblable ; il aurait craint, avec raison, que l'institution par trop monarchique de ces corps privilégiés ne blessât au cœur cette fidèle Garde consulaire, susceptible comme une maîtresse, et à laquelle revenait de droit le titre pompeux de Garde impériale.

En effet, cette métamorphose ne se fit pas attendre ; elle s'opéra naturellement au moyen d'un décret du 10 thermidor an XII (29 juillet 1804), dans lequel il était dit textuellement : « La *Garde consulaire* « prendra à l'avenir la qualification de *Garde impériale;* elle conti- « nuera d'être spécialement attachée au service de ma personne, et « recevra la nouvelle organisation suivante, savoir :

DISPOSITIONS GÉNÉRALES.

« ART. 1ᵉʳ. La Garde impériale sera composée pour l'an XII et l'an XIII de la manière suivante :

- 1 Etat-major général.
- 1 Régiment de grenadiers à pied.
- 1 Régiment de chasseurs à pied.
- 1 Régiment de grenadiers à cheval.
- 1 Régiment de chasseurs à cheval.
- 1 Corps d'artillerie.
- 1 Légion d'élite de gendarmerie.
- 1 Bataillon de matelots.

Il sera attaché à chaque régiment d'infanterie un bataillon de vélites, et à celui des chasseurs à cheval une compagnie de mamelucks.

Il y aura aussi une compagnie de vétérans de la Garde.

« ART. 2. L'état-major sera composé de quatre colonels-généraux, qui commanderont :

- 1 Les grenadiers à pied.
- 1 Les chasseurs à pied.
- 1 L'artillerie et les marins.
- 1 La cavalerie.
- 1 Inspecteur aux revues.
- 1 Commissaire des guerres.
- 12 Aides-de-camp.
- 1 Chef de bataillon du génie.
- 1 Bibliothécaire.

Les colonels-généraux recevront immédiatement les ordres de l'Empereur.

INFANTERIE.

« ART. 3. Chaque régiment d'infanterie sera composé d'un état-

Officier porte-drapeau des Grenadiers à pied, et Grenadier à pied, grande tenue.

GARDE IMPÉRIALE.

major, de deux bataillons de grenadiers et chasseurs, et d'un bataillon de vélites pour chacun de ces régiments.

Les bataillons de grenadiers et de chasseurs auront l'un et l'autre *huit* compagnies, et ceux des vélites *cinq*.

« Art. 4. L'état-major d'un régiment d'infanterie sera composé de la manière suivante, savoir :

1 Colonel.	1 Vaguemestre sergent-major.
1 Major.	1 Tambour-major.
3 Chefs de bataillon, dont 1 p^r les vélites.	3 Caporaux-tambours.
1 Quartier-maître trésorier.	1 Chef de musique, rang de serg.-major.
3 Adjud.-majors, dont 1 pour les vélites.	46 Musiciens.
3 Sous-adjud.-maj., dont 1 p^r les vélites.	1 Maître tailleur.
2 Porte-drapeau.	1 Maître cordonnier.
3 Officiers de santé, dont 1 p^r les vélites.	2 Armuriers, dont 1 pour les vélites.
1 Élève chirurgien.	1 Guêtrier.

« Art. 5. Chaque compagnie de grenadiers ou chasseur à pied sera composée de :

1 Capitaine.	1 Fourrier.
1 Lieutenant en premier.	8 Caporaux.
2 Lieutenants en second.	2 Sapeurs, rang de caporal.
1 Sergent-major.	80 Grenadiers.
4 Sergents.	2 Tambours.

« Art. 6. Chaque compagnie de vélites sera composée de la manière suivante, savoir :

1 Capitaine.

1 Lieutenant.	1 Fourrier.
1 Lieutenant en second.	8 Caporaux.
1 Sergent-major.	172 Vélites.
4 Sergents.	2 Tambours.

« Art. 7. Les officiers et sous-officiers des compagnies de vélites seront fournies par les régiments de grenadiers et de chasseurs auxquels elles sont attachées ; ils y serviront, par piquet, durant un an, excepté ceux portés à l'état-major, et les sergents-majors et fourriers des compagnies qui y resteront définitivement.

Il y aura de plus et par la suite, dans chaque compagnie, 2 sergents et 4 caporaux choisis parmi les vélites qui auront plus d'un an de service dans le corps.

« Art. 8. L'Empereur règlera le nombre des maîtres de lecture, d'arithmétique, de dessin et de gymnastique militaire qu'il jugera convenable d'attacher à chaque bataillon de vélites, ainsi que le traitement dont ces maîtres devront jouir.

Chaque corps de vélites aura un manége; une compagnie sera commandée par des officiers de cavalerie.

CAVALERIE.

« ART. 9. Chaque régiment de grenadiers et de chasseurs à cheval sera composé d'un état-major et de quatre escadrons de deux compagnies chacun.

« ART. 10. L'état-major d'un régiment de cavalerie de grenadiers ou de chasseurs sera composé de la manière suivante, savoir :

1 Colonel.
- 1 Major.
- 4 Chefs d'escadron.
- 1 Quartier-maître trésorier.
- 1 Capitaine instructeur.
- 1 Adjudant-major.
- 2 Sous-adjudants-majors.
- 4 Porte-étendard.
- 1 Aide artiste vétérinaire.
- 1 Trompette major.
- 2 Brigadiers-trompettes.
- 1 Timbalier.
- 1 Maître tailleur.
- 1 Maître culottier.
- 1 Maître bottier.
- 3 Officiers de santé, dont 1 élève.
- 1 Sous-instruct., maréc.-des-logis chef.
- 1 Vaguemestre, maréch.-des-logis chef.
- 1 Artiste vétérinaire.
- 1 Maître armurier.
- 1 Maître sellier.
- 1 Maître éperonnier.
- 1 Maréchal ferrant.

« ART. 11. Chaque compagnie de grenadiers ou de chasseurs à cheval sera composée ainsi, savoir :

- 1 Capitaine.
- 2 Lieutenants en premier.
- 2 Lieutenants en second.
- 1 Maréchal-des-logis chef.
- 6 Maréchaux-des-logis.
- 1 Fourrier.
- 10 Brigadiers.
- 96 Grenadiers ou chasseurs.
- 3 Trompettes.
- 1 Maréchal ferrant.

Les colonels de chaque régiment à pied ou à cheval pourront être généraux de brigade, et, dans ce cas, ils jouiront des appointements affectés à leur grade.

Les *gros-majors* de chaque régiment à pied ou à cheval auront rang de colonel dans la ligne; ils pourront également avoir celui de colonel dans la Garde.

Mamelucks.

« ART. 12. La compagnie de Mamelucks sera attachée au régiment des chasseurs à cheval, et composée ainsi qu'il suit, savoir :

Chasseur à pied, grande tenue d'hiver, et Officier des grenadiers à pied en petite tenue.

GARDE IMPÉRIALE.

État-Major français.

1 Capitaine commandant.

1 Officier de santé.	1 Artiste vétérinaire.
1 Adjudant sous-lieutenant.	1 Maître sellier.
1 Maréchal-des-logis chef.	1 Maître tailleur.
1 Fourrier.	1 Maître cordonnier.

Mamelucks.

2 Capitaines.

2 Lieutenants en premier.	10 Brigadiers, dont 2 français.
2 Lieutenants en second.	2 Trompettes.
2 Sous-lieutenants.	85 Mamelucks.
8 Maréchaux-des-logis, dont 2 français.	2 Maréchaux ferrants.

« Art. 13. Les vieillards, femmes et enfants de la même nation réfugiés près de cette compagnie recevront, sur la revue de l'inspecteur, les secours qui leur ont été accordés, et dont l'état nominatif sera arrêté par l'Empereur.

ARTILLERIE.

« Art. 14. Le corps de l'artillerie se composera d'un état-major, d'*un* escadron d'artillerie légère, d'*une* section d'ouvriers, et de *quatre* compagnies du train.

« Art. 15. État-major de l'artillerie :

1 Colonel.

2 Chefs d'escadrons commandant une compagnie chacun.	1 adjudant sous-officier pour le train.
1 Quartier-maître.	1 Artiste vétérinaire.
1 Adjudant-major.	1 Aide artiste vétérinaire.
2 Sous-adjudants-majors lieutenants ou sous-lieut., dont un pour le train.	1 Brigadier trompette.
	1 Vaguemestre maréchal-des-logis.
1 Lieutenant instructeur.	1 Maître tailleur.
1 Porte-étendard.	1 Maître culottier.
2 Officiers de santé.	1 Maître bottier.
1 Professeur de mathématiques.	1 Maître sellier bourrelier.
	1 Maître armurier éperonnier.

« Art. 16. Chaque compagnie d'artillerie sera composée de la manière suivante, savoir :

1 Chef d'escadron.

1 Capitaine en second.	6 Brigadiers.
1 Lieutenant en premier.	4 Artificiers, dont 1 brig. sur les 2 comp.
1 Lieutenant en second.	34 Canonniers de 1re classe.
1 Maréchal-des-logis chef.	38 Canonniers de 2e classe.
6 Maréchaux-des-logis.	3 Trompettes.
1 Fourrier.	1 Maréchal ferrant.

« Art. 17. La section d'ouvriers d'artillerie se composera de :

1 Capitaine en second.
1 Sergent.
1 Caporal.
4 Ouvriers de 1re classe.
6 Ouvriers de 2e classe.
6 Apprentis.

« Art. 18. Les employés du parc seront au nombre de neuf.

1 Garde d'artillerie. — 4 Sous-gardes. — 4 Conducteurs.

« Art. 19. Les 4 compagnies du train seront commandées par un capitaine-commandant, et chaque compagnie sera composée de la manière suivante, savoir :

1 Lieutenant ou sous-lieutenant.
1 Maréchal-des-logis chef.
4 Maréchaux-des-logis.
1 Fourrier.
6 Brigadiers.
26 Soldats de 1re classe.
72 Soldats de 2e classe.
2 Bourreliers.
2 Trompettes.
2 Maréchaux ferrants.

LÉGION D'ÉLITE DE LA GENDARMERIE.

« Art. 20. La légion de gendarmerie sera composée ainsi qu'il est prescrit par l'arrêté du 28 ventose an x (19 mars 1802), d'*un état-major*, de *deux* escadrons de chacun *deux* compagnies, et d'*un demi* bataillon formé de deux compagnies.

« Art. 21. L'état-major de la légion d'élite sera composé de la manière suivante, savoir :

1 Colonel, chef de légion.
1 Major.
2 Chefs d'escad., dont 1 pour l'infanterie.
1 Quartier-Maître.
1 Adjudant-major.
2 Sous-adjud.-majors, 1 pour l'infanterie.
2 Officiers de santé.
2 Porte-étendard.
1 Porte-drapeau.
1 Artiste vétérinaire.
12 Musiciens.
1 Maître tailleur guêtrier.
1 Maître sellier.
1 Maître culottier.
1 Maître bottier.
1 Maître armurier-éperonnier.

« Art. 22. Chaque corps sera composé de :

1 Capitaine.

2 Lieutenants en premier.
1 Maréchal-des-logis chef.
3 Maréchaux-des-logis.
1 Fourrier.
6 Brigadiers.
72 Gendarmes.
2 Trompettes.
1 Maréchal ferrant.

« Art. 23. Chaque compagnie de gendarmes à pied sera de :

1 Capitaine.
2 Lieutenants.
1 Maréchal-des-logis chef.
5 Maréchaux-des-logis.
1 Fourrier.
10 Brigadiers.
100 Gendarmes.
2 Tambours.

Tambour-Major et Tambour des Grenadiers à pied
GARDE IMPÉRIALE.

MATELOTS*.

« Art. 24. Le bataillon de matelots comprendra *un* état-major et *cinq* équipages.

« Art. 25. L'état-major sera composé de :

1 Capit. de vaisseau comm. le bataillon.	1 Quartier-maître trésorier.
1 Adjudant-major.	1 Officier de santé.

« Art. 26. Chaque équipage de matelots sera composé de :

1 Capitaine de frégate ou commande vaisseau.	5 Contre-maîtres.
	5 Quartiers-maîtres.
5 Lieutenants ou enseignes.	125 Matelots de 1re, 2e, 3e et 4e classes.
5 Maîtres.	1 Clairon ou tambour.

« Art. 27. Il sera formé à Paris un dépôt de marins, destinés à tenir constamment au complet les cinq équipages de matelots.

Ce dépôt sera composé de :

1 Maître.	3 Quartiers-maîtres.
2 Contre-maîtres.	60 Matelots.

« Art. 28. Les marins de la Garde seront levés dans les différents quartiers des classes, mais en majeure partie, pour la première formation, dans ceux du Midi de la France et dans l'île de Corse.

« Art. 29. Les officiers, mariniers et matelots composant le dépôt, seront soumis à la même discipline, et jouiront des mêmes avantages que ceux des équipages du bataillon des marins de la Garde.

« Art. 30. Il sera alloué, par chaque individu composant le bataillon des matelots, 12 francs par homme par an, pour sa masse d'entretien.

« Art. 31. Il sera attaché à chaque équipage un officier de plus, pris parmi les lieutenants de vaisseau.

« Art. 32. Le bataillon des matelots aura :

1 Maître cordonnier. — 1 Maître tailleur. — 1 Maître armurier.

« Art. 33. Les officiers composant le bataillon des marins recevront la même indemnité de logement que celle accordée aux autres officiers de la Garde.

---

* Voir pour les divers changements apportés successivement dans le *corps des matelots* l'article spécial intitulé *les Marins de la Garde*, placé au commencement du Livre VIII de notre ouvrage.

VÉTÉRANS.

« Art. 34. Il y aura une compagnie de vétérans composée d'officiers, sous-officiers et soldats de toutes armes de la Garde, que leur ancienneté, leurs blessures ou leurs infirmités rendront hors d'état de continuer un service actif dans les corps; toutefois on n'admettra dans cette compagnie que les hommes qui, étant dans ce cas, auront déjà servi cinq ans au moins, soit dans la Garde consulaire, soit dans la Garde impériale.

« Art. 35. La composition de la compagnie de vétérans sera la même que celle d'une compagnie de grenadiers à pied, à la tête de laquelle il y aura un chef de bataillon, qui rendra compte directement au colonel commandant les grenadiers à pied.

« Art. 36. La solde et les masses seront les mêmes que celles du régiment des grenadiers à pied; l'administration de cette compagnie sera faite par le conseil dudit régiment.

HÔPITAL DE LA GARDE.

« Art. 37. L'hôpital du Gros-Caillou continuera d'être spécialement affecté aux corps de la Garde impériale, sous la surveillance des colonels-généraux, et plus particulièrement sous celle des commissaires des guerres; ceux-ci régleront l'administration dudit hôpital de la manière la plus convenable au bien-être des malades, et à l'intérêt de la *masse* destinée à ce service.

« Art. 38. Le nombre des officiers de santé restera le même que celui fixé par l'arrêté du 17 ventose an x (8 mars 1802). »

L'Empereur nommait à toutes les places d'officiers de santé de la Garde, sur la présentation du colonel-général de l'armée, et à celle des officiers de santé de l'hôpital, sur la présentation de quatre colonels-généraux.

Les officiers de santé attachés aux différents corps de la Garde n'étaient point sous les ordres du médecin ou du chirurgien en chef de l'hôpital, mais bien sous ceux des colonels-généraux des différents corps de la Garde auxquels ils appartenaient déjà. Cependant, lorsque le cas l'exigeait et qu'on avait besoin d'eux, les colonels-généraux donnaient des ordres en conséquence.

Grenadier à pied (sous-officier), petite tenue d'été. — Musicien des grenadiers à pied, grande tenue

GARDE IMPÉRIALE.

Les officiers de santé de l'hôpital ne devaient accorder aucune permission ni de convalescence, ni de sortie de l'hôpital, à aucun malade, sans l'approbation du colonel du corps auquel ce malade appartenait. Cette permission devait toujours être approuvée par le colonel-général de l'arme.

RECRUTEMENT.

Il était fait par chaque régiment d'infanterie, de cavalerie, d'artillerie à pied et à cheval de l'arme, et par chaque bataillon du train, une liste de *six* sous-officiers ou soldats susceptibles d'être appelés à faire partie de la Garde, au fur et à mesure des besoins que les corps éprouvaient.

Les conditions à remplir pour être compris dans ces listes étaient :

Pour les régiments de dragons et de chasseurs, six ans de service au moins, et deux campagnes : taille d'un mètre 733 millimètres (5 pieds 4 pouces).

Pour les régiments de hussards, même temps de service et taille d'un mètre 705 millimètres (5 pieds 3 pouces).

Pour les régiments de carabiniers, cuirassiers, artillerie à pied et à cheval, même temps de service, et taille d'un mètre 760 millimètres (5 pieds 5 pouces).

Pour les régiments d'infanterie de ligne et d'infanterie légère, cinq ans de service et deux campagnes : taille d'un mètre 760 millimètres (5 pieds 5 pouces).

Pour les bataillons du train, même temps de service, et taille d'un mètre 678 millimètres au moins (5 pieds 2 pouces).

Les sujets devaient s'être constamment distingués par leur conduite morale et militaire.

La formation de ces listes appartenait aux chefs de corps ; leur choix devait porter sur tous les hommes, qu'ils fussent présents au corps ou qu'ils en fussent détachés. « Aucun chef de corps, disait le décret, ne « pourra se refuser à porter des sous-officiers sur cette liste, sous « prétexte qu'en entrant dans la Garde, ils sont obligés de renoncer à « leur grade, parce que, si ces sous-officiers sont dans le cas d'en « faire momentanément le sacrifice, ils auront bientôt obtenu dans « cette troupe d'élite, s'ils s'y conduisent bien, un avancement qui « les en dédommagera. »

Conformément aux intentions de l'Empereur, on présentait ces listes aux inspecteurs-généraux d'armes, et, à leur défaut, aux généraux commandant les départements, chargés de passer la revue des hommes désignés, et d'approuver définitivement les listes sur lesquelles ils étaient portés, en certifiant, sur le rapport des chefs, à l'égard des candidats qui appartenaient aux bataillons ou aux escadrons éloignés, qu'ils avaient toutes les qualités requises.

Ces listes étaient formées en double expédition; elles indiquaient les noms et prénoms des sujets, leur grade, âge, taille, lieu de naissance et le département; le domicile et la profession qu'ils exerçaient avant d'entrer au service, et enfin la profession de leurs parents : ces listes contenaient, en outre, le détail des services et campagnes des candidats.

Après qu'elles avaient été approuvées par les inspecteurs-généraux de l'armée, ou par les généraux commandant les départements, on expédiait ces listes au ministre de la guerre, et on lui adressait ensuite, dans un bref délai, l'état des mutations qui pouvaient être survenues parmi les hommes désignés.

Les militaires choisis pour entrer dans la Garde restaient à leurs corps, où ils continuaient leur service jusqu'à ce que le ministre de la guerre prescrivit de les diriger sur Paris pour y être enrégimentés.

II.

UNIFORMES ET ARMEMENT
Des divers corps de la Garde impériale.

« Etant à Tilsitt avec l'empereur Alexandre et le roi de Prusse,
« disait Napoléon à Sainte-Hélène, j'étais le plus ignorant en fait d'uni-
« formes militaires. Ces deux souverains, le roi de Prusse surtout,
« étaient parfaitement au fait du nombre de boutons que devait avoir
« un habit, devant et derrière; comment les revers, les parements et
« le collet devaient être taillés. Pas un tailleur de l'armée ne savait
« mieux que le roi Guillaume combien il fallait de drap pour faire une
« capote ou une paire de guêtres. Enfin, » ajouta-t-il en riant, « je ne
« pouvais lutter avec eux. On me tourmentait continuellement de ques-
« tions auxquelles je ne comprenais pas un mot, quoique pour n'offenser

Grenadier à cheval, soldat, grande tenue, et Officier, petite tenue.

GARDE IMPÉRIALE.

« personne, je répondisse aussi gravement que si le sort d'une armée
« eût dépendu de la coupe d'une veste. La première fois que j'allai voir
« le roi de Prusse, je trouvai chez lui, au lieu d'une bibliothèque,
« une grande chambre, espèce d'arsenal, garnie de tablettes et de che-

« villes auxquelles étaient pendues cinquante à soixante uniformes de
« diverses façons, c'était sa garde robe ; chaque jour, il changeait de
« costume et mettait un habit différent de celui de la veille. Il paraissait
« attacher autant de prix à la coupe de l'habit d'un dragon ou d'un
« hussard, qu'il n'en eût mis au salut de son royaume.

« A Iéna, l'armée prussienne, je dois l'avouer, dit encore l'Em-
« pereur, exécuta les plus brillantes manœuvres du monde ; mais bien-
« tôt, je lui fis connaître la différence qu'il y avait entre exécuter de
« belles manœuvres, porter de riches uniformes et savoir se battre.
« Si, ajouta Napoléon en terminant, l'armée française eût été com-
« mandée ce jour là par un tailleur, elle aurait certainement remporté
« la victoire ; mais comme le succès, en ces sortes d'affaires, dépend
« plutôt de l'habileté du général qui commande, que du tailleur qui
« coupe les habits, l'armée prussienne fut complétement battue. »

On aurait tort cependant de prendre à la lettre ce que disait Napoléon au sujet des uniformes de son armée ; et tout en raillant le roi de
Prusse de sa manie, personne plus que l'Empereur ne voulait que les
officiers de sa Garde se distinguassent des autres officiers de l'armée
par la magnificence de l'uniforme. Ceux des divers corps de la Garde

impériale étaient remarquables non-seulement par la sévérité et la richesse des ornements, mais encore par une propreté et une variété de nuances ignorée jusqu'alors dans les armées françaises. Nous donnerons ici une minutieuse description de l'habillement et de l'armement de chaque régiment de la Garde, en indiquant leurs différentes tenues (comme *grande* et *petite* ; *tenue d'hiver* et *tenue d'été*), ainsi que les objets de luxe qui leur étaient assignés par les règlements.

INFANTERIE.

Grenadiers à pied.

A la formation de la Garde impériale, une plaque de bonnet en cuivre jaune représentant en relief un aigle couronné tenant une foudre dans ses serres, avec deux petites grenades à chaque angle du bas de cette plaque, remplaça celle de la Garde des consuls sur laquelle était le faisceau républicain. Les boutons en cuivre jaune portaient aussi un aigle couronné. La giberne était ornée d'un grand aigle semblable à celui de la plaque du bonnet, et à chaque angle du bas était une petite grenade, la flamme tournée en dedans.

La *petite tenue d'hiver* des grenadiers à pied était ordinairement un pantalon de drap bleu collant avec des bottes à la Souvarow.

Une culotte de nankin, le bas de coton blanc avec le soulier à boucles d'argent ovales et les gants blancs de tricot, formaient la *petite tenue d'été*. Ces derniers objets étaient fournis aux frais des grenadiers.

Quant à la capote, elle était de drap bleu, à deux rangs de boutons, collet droit agrafé.

Sapeurs.

Habit de grenadiers : sur chaque bras une double hache en croix, brodée en or sur rouge ; épaulettes et dragonne de sergent, passants et grenades en or. Bonnet sans plaque ; sabre à large lame, poignée à tête de coq[*]. Hache à manche noir avec garniture en cuivre. Tablier blanc comme tout le reste de la buffleterie.

---

[*] La création des sapeurs ne date que du règne de Louis XIV. On trouve la première indication de cette troupe dans les états de régiment de 1674. Comme en ce temps-là les sapeurs étaient, en leur qualité d'anciens soldats, spécialement préposés à la garde du camp, on orna la poignée de leurs sabres d'une tête de coq, comme symbole de la vigilance.

Chasseurs à cheval (les Guides), petite et grande tenue

GARDE IMPÉRIALE.

Tambour-Major.

Le *grand uniforme* du tambour-major était l'habit de grenadier, galonné sur toutes les coutures en galon d'or, à lames et à crêtes de 15 lignes de largeur; collet, revers et parements bordés du même galon; tours de poche galonnés de même; grenades d'or brodées sur blanc; brandebourgs d'or à gros bouillons, aux boutons des revers et à ceux des poches; gallons de sergent-major sur les manches.

Épaulettes à gros bouillons; le corps en galons à bâton.

Dragonne de même frange à la poignée du sabre.

Veste blanche galonnée en or. Pantalon blanc à la hongroise, galonné en même galon sur les côtés, avec le nœud hongrois en or.

Brodequins noirs, bordés en franges à grosses torsades et ne montant pas plus haut que le dessus de la cheville du pied.

Chapeau garni intérieurement de plumes rouges et blanches, bordé d'un galon d'or de 18 lignes, à lames et à crêtes; les ganses comme à ceux des officiers, en galons de 10 lignes; glands à gros bouillons; plumet blanc flottant, orné au bas de trois plumes d'autruche blanches.

Collier brodé en feuilles de chêne sur velours écarlate, bordé de franges comme les brandebourgs, à gros bouillons, orné par devant d'une branche de chêne en or; au-dessous de cette branche, une plaque carrée, dorée, portant deux petites baguettes de bois d'ébène, garnies en ivoire, et jointes par une chaînette d'argent; au-dessus de cette plaque, une grenade brodée en paillettes d'or; le derrière du collier, semé de petites grenades d'or.

Sabre d'officier d'infanterie; ceinturon rouge brodé de feuilles de chêne en or.

Canne à pomme d'argent, ornée de faisceaux et d'étoiles en or; une double chaîne d'argent tournant autour, du haut en bas, le bout de cette canne en argent.

Le *petit uniforme* du tambour-major consistait en un surtout dont le collet et les parements seulement étaient bordés d'un double galon d'or de 12 lignes, doublures écarlates et tours de poches garnis du même galon; épaulettes à franges simples; dragonne et glands de chapeau, de même. Simple plumet rouge. Pantalon blanc; bottes à la Souvarow, unies.

Tambours.

Grand uniforme : Habits de grenadiers; galon d'or mélangé de laine rouge de 10 lignes, bordant les collet, revers, parements et doublures de basques; galon de 6 lignes aux pattes de manches; losange en or aux plis; brandebourgs or et rouge aux revers et aux tours de poches; grenades en or.

Petit uniforme : Surtout galonné en or de 10 lignes, au collet, aux parements et aux tours de poches seulement.

Tout le reste du grand et du petit uniforme comme les grenadiers.

Collier garni de la plaque du porte-baguettes et d'une grenade, le tout en cuivre jaune.

La caisse garnie de grenades de cuivre jaunes sur des cercles bleus de ciel, et trois grenades en cuivre sur le fût. Baguettes de tambour en ébène garnies en cuivre en haut.

MUSICIENS [*].

Grand uniforme : Habit bleu de roi, de même coupe que ceux des grenadiers; revers, pattes, parements, collet, passe-poil et doublure cramoisis; collet, parements, revers et pattes de manches bordés en galons d'or de 10 lignes, à bâton simple; doublures des basques de l'habit bordées de même; brandebourgs en or à franges simples, aux revers, aux plis et aux boutons de poches. Trèfle en or sur cramoisi en place d'épaulettes.

Veste et culotte blanches; bottes à retroussis.

Epée et ceinturon blanc, avec dragonne d'or mélangé de soie rouge.

Chapeau bordé en galon d'or, à bâton et à crêtes, orné de ganses;

---

[*] Parmi les musiciens des grenadiers à pied de la Garde, nous citerons entre autres : MM. Guébeaur, *chef de musique;* Blangie, *sous-chef;* Letopès, *première clarinette;* Caussades, *idem;* Jassinte, *clarinette;* Drapeau, *idem;* Fouquet, *hautbois;* Waguener, *idem;* Dubois, *petite flûte;* Guébeaur (cadet), *basson;* Féval, *idem;* Mangin, *trombonne;* Evrard, *premier cor;* Mazeau, *cor,* etc., etc.

Et parmi ceux des chasseurs à pied : MM. Martin, *chef de musique;* Petit, *sous-chef;* Pelport, *première clarinette;* Bergeret, *clarinette;* Cassignol, *idem;* Michel, *idem;* Bertolin, *idem;* Wermann, *idem;* Tribert, *idem;* Dechaps, *clarinette;* Blanc, *idem;* Gauthier, *premier cor;* Mathieu, *cor;* Laurent, *hautbois;* Persillié, *idem;* Leclaire, *trompette;* Klett, *idem;* Masconcau, *basson;* Chérié, *idem;* Kircoff, *petite flûte;* Mauclair, *trombonne,* etc., etc.

Gendarme d'élite et Sapeur des grenadiers à pied.

GARDE IMPÉRIALE.

simple galon d'or de 6 lignes à crêtes; glands à franges d'or, intérieur garni de plumes rouges et blanches. Plumet blanc.

Petit uniforme : Surtout de grenadier galonné en or, au collet, aux parements et à la doublure rouge; le tour des poches en galons; losange d'or aux plis.

En hiver : pantalon bleu et bottes à la souvarow. *En été :* pantalon de nankin et bottes pareilles.

Chapeau uni, avec la ganse de cocarde et les marrons en or; plumet rouge. Épée avec ceinturon blanc.

CAVALERIE.

Grenadiers à cheval.

Habit entièrement semblable à celui des grenadiers à pied. Veste blanche, culotte de peau blanche, bottes à l'écuyère.

Deux contre-épaulettes, aiguillettes à droite et dragonne de sabre en buffle blanc.

Bonnet d'oursin sans plaque, avec jugulaires en cuivre jaune, cocarde nationale, cordon de laine jaune, au sommet une grenade en laine jaune sur fond rouge, plumet rouge.

Giberne ornée d'une aigle en cuivre. Sabre droit; mousqueton et deux pistolets. Ceinturon blanc avec plaque de cuivre, portant un aigle.

Gants de peau blanche; manteau blanc avec brandebourgs jaunes, et doublure rouge sur le devant.

Toute la passementerie était d'or pour les officiers.

Le *petit uniforme* des grenadiers à cheval consistait en un surtout; culotte de nankin; bas de coton blanc, souliers à boucles d'argent, gants de peau de daim ou de tricot blanc.

Le chapeau était semblable à celui des grenadiers à pied.

Harnachement du cheval.

Selle à la dragonne; housse en drap bleu de roi, bordé d'un double galon de laine jaune, et ornée de couronnes aux angles postérieurs. Chaperons à triple étage en même drap, bordés de même galon. Bride de grosse cavalerie et mors à bossettes portant une grenade. Filet en laine jaune. Rosettes de tête et de queue en laine rouge, avec gland de fil blanc, ornés de ferrets. Frontal en laine rouge.

Porte-manteau de drap bleu, ayant à ses extrémités une grenade entourée d'un double galon de laine jaune.

Chasseurs à cheval.

Grand uniforme : Dolman de drap vert garni de galon de tresses et de franges en laine jaune, collet vert, parements rouges.

Pantalon de peau jaune, de daim, collant; bottes à la hongroise bordées d'un galon jaune et ornées d'un gland de laine jaune.

Pelisse écarlate avec galons, ganse, olives et tresses en laine jaune. Le collet de la pelisse et les parements des manches en fourrure noire. Gilet rouge avec ganse et galons jaunes.

Ceinture à nœuds, en laine verte et rouge. Sabredache fond vert, représentant les armes de l'Empire brodées en couleur, avec un aigle en cuivre, et bordée d'un large galon jaune.

Sabre courbé à fourreau de cuivre.

Colbach à flamme rouge, avec ganse et gland jaunes, jugulaire en chaînons de cuivre. Plumet vert et rouge au sommet.

Petit uniforme : Habit long en drap vert; revers en pointes, doublure de même drap; collet et parements rouges en pointes, pattes d'oie vertes dans les plis, lisérées de rouge (pas de poches figurées), les retroussis ornés de cors de chasse en laine jaune. Trèfles et aiguillettes à gauche, en laine jaune. Gilet rouge avec galons et ganses jaunes, boutons à la hussarde.

Chapeau comme celui des chasseurs à pied; plumet rouge et vert.

En été, un pantalon de nankin.

Même uniforme pour les officiers; seulement la passementerie et les ornements étaient en or. En grande tenue la bottine de maroquin rouge.

Harnachement du cheval.

Selle à la hussarde, garnie de cuivre à l'extrémité postérieure. Schabraque en drap vert bouteille, avec galon jaune et couronne dans les angles. Porte-manteau rond, en drap vert, avec galon jaune aux extrémités; poitrail portant un cœur en cuivre; bride ornée de cuivre et mors sans bossettes *.

---

* Tous les autres régiments de cavalerie légère de la Garde eurent par la suite le même harnachement qui ne variait que par la couleur du drap ou par celle des galons, suivant l'uniforme affecté au corps.

Officier, porte-étendard des Mamelucks, et Trompette des Chasseurs à cheval

GARDE IMPÉRIALE.

Mamelucks.

L'uniforme des mamelucks était un riche costume turc. Il variait pour les différentes tenues, selon le goût et le caprice de leur commandant. Les mamelucks portaient ordinairement le turban bleu à calotte rouge surmonté d'un croissant en cuivre jaune ; la veste couleur bleu de ciel taillée à la mode orientale avec olives, galons et passementerie noire. Le gilet était rouge sans passementerie, et la ceinture semblable à celle des chasseurs à cheval. Le pantalon rouge extrêmement large dit *à la mameluck*, et les bottines jaunes.

Les mamelucks étaient armés d'un sabre à la turque, d'une espingole qu'ils portaient comme la carabine, de deux pistolets et d'un poignard à manche d'ivoire passé dans la ceinture. Ils avaient, en outre, une petite giberne ornée d'un aigle en cuivre jaune suspendue à un baudrier de cuir noir verni.

Toutes les garnitures d'armes, et celles du harnachement du cheval ainsi que les éperons étaient de cuivre jaune.

Le harnachement était semblable à celui des chasseurs à cheval, à l'exception de la selle qui était à haut paumon et à dossier ; les étriers étaient à la turque.

L'été, les mamelucks portaient le pantalon blanc de toile avec le turban de mousseline blanche.

L'étendard était de forme turque : une queue de cheval noire, surmonté d'une boule de cuivre dorée.

Pour les officiers, les ornements et broderies étaient en or et les bottines en maroquin bleu.

Gendarmerie d'élite.

Même coupe d'habit que ceux des grenadiers à cheval, bleu de roi ; revers, parements et retroussis rouges ; poches figurées en travers ; grenades blanches sur les retroussis ; boutons blancs. Veste et culotte de peau jaune ; bottes à l'écuyère. Trèfles et aiguillettes à gauche, blancs.

Bonnet d'oursin à visière en cuir verni, jugulaires blanches, cordon blanc ; au sommet du bonnet une grenade blanche sur fond rouge ; plumet rouge et très-court.

Giberne garnie d'un aigle en cuivre. Porte-giberne et ceinturon jaunes, bordés d'un galon blanc; plaque de ceinturon blanche, ornée d'un aigle en cuivre.

Sabre comme ceux des grenadiers à cheval.

Gants jaunes. Les marques distinctives des grades en argent.

ARTILLERIE A PIED.

L'uniforme des grenadiers à pied, avec revers et collet bleu liserés de rouge.

Parements rouges avec pattes bleues; retroussis rouges, avec grenades bleues; épaulettes et dragonne rouges, veste et culotte bleues.

Guêtres noires montant au-dessus du genou.

Bonnet d'oursin sans plaque, avec cordon et plumet rouge, jugulaires en cuivre jaune.

Au sommet du bonnet, une grenade jaune sur rouge.

Equipement et armement comme les grenadiers.

Sur la giberne, deux canons croisés surmontés d'un aigle.

Capote bleue de roi.

ARTILLERIE A CHEVAL, dite *artillerie légère*.

La même coupe d'uniforme que les chasseurs à cheval. Dolman, pelisse et pantalon collant de drap bleu de roi, ornés de galons, ganses, cordonnets et olives en laine rouge. Parements rouges au dolman. Gilet bleu, ganses et tresses rouges.

Bottes à la hongroise, bordées et ornées d'un gland rouge. Ceinture bleue et rouge. Sabredache fond bleu, portant un aigle sur deux canons croisés, et bordée d'un large galon rouge. Porte-manteau rond en drap bleu. Colback à flamme rouge, plumet rouge.

Le *petit uniforme* de l'artillerie était semblable à celui des chasseurs à cheval, mais bleu et orné de ganses rouges. En été un pantalon de nankin.

Train d'Artillerie.

Habit veste, en drap bleu de ciel; collet, revers droits et carrés, parements ronds; pattes de manches à trois pointes, en drap bleu de roi, liseré rouge; doublure des basques en drap bleu de roi, liseré rouge; passe-poil des poches figurées en drap écarlate, retroussis

Canonnier à pied et Officier d'artillerie légère

GARDE IMPÉRIALE.

garnis de grenades en drap écarlate; petits boutons blancs à l'aigle. Epaulettes et dragonne rouge.

Gilet bleu de ciel caché par l'habit. Pantalon collant de même drap, garni de ganses rouges, à la hussarde. Manteau bleu de ciel. Schako comme ceux des régiments de ligne, garni autour du haut d'un galon de laine rouge; cordon rouge; grand aigle couronné avec jugulaires en cuivre et chaînons de cuivre; visière garnie d'un cercle de même métal; plumet rouge.

Bottes à la russe, avec cordonnet et gland en laine rouge.

Giberne garnie d'un aigle sur deux canons. Sabre briquet d'infanterie.

MATELOTS.

Veste de drap bleu ornée de tresses en laine jaune, collet bleu, parements de drap rouge. Gilet de drap rouge. Pantalon large de drap bleu avec un galon de laine jaune sur les coutures, et une tresse à la hongroise sur le devant. La capote en drap bleu. Boutons de cuivre jaune.

Schako bordé d'une ganse jaune, en laine, surmonté d'un pompon et d'un plumet rouge. Demi-bottes sous le pantalon.

Les maîtres, contre-maîtres et quartiers-maîtres portaient les mêmes insignes que les sous-officiers de la Garde auxquels étaient assimilés, savoir :

Pour les *maîtres* : le maréchal-des-logis chef.

Pour les *contre-maîtres* : le maréchal-des-logis.

Pour les *quartiers-maîtres* : le brigadier.

L'habillement des clairons et tambours était le même que ceux des corps de l'infanterie de la Garde.

Les officiers portaient les ornements, les épaulettes et les aiguillettes en or.

L'armement du bataillon des matelots était de trois espèces :

Un tiers, armé de sabres.

Un tiers, armé de haches.

Un tiers, armé de piques.

Tous portaient des pistolets à la ceinture.

Plus tard, tous les marins de la Garde furent armés indistinctement d'un fusil et d'un sabre. On supprima les pistolets, la pique et la hache.

III.

COIFFURE.

Vers les derniers temps du consulat quelques *chauves* novateurs du grand état-major-général avaient tâché de persuader le premier Consul que rien n'était plus disparate à l'œil que les tresses et les queues énormes de l'infanterie et de la cavalerie de la ligne; tandis que l'infanterie et la cavalerie de la Garde consulaire portaient comparativement les cheveux courts. Napoléon qui, d'ordinaire, n'apportait pas une grande attention aux observations souvent puériles de ces messieurs, finit cependant, soit lassitude de leur entendre toujours répéter la même chose, soit conviction, par être de leur avis.

A quelque temps de là (au mois de juillet 1804, étant alors Empereur), Napoléon passa dans la cour des Tuileries une revue de toute la garnison de Paris. Ce jour-là, qui était un dimanche, la chaleur avait été extrême et une violente pluie d'orage était survenue pendant les manœuvres. De retour au palais, et tandis que les chefs de corps qui l'avaient accompagné faisaient cercle autour de lui dans la salle des maréchaux :

— Décidément, Messieurs, leur dit Napoléon, je ne veux plus que les troupes soient coiffées de chapeaux. De quelque manière qu'il soit posé sur la tête, il y a toujours une corne qui fait gouttière. C'est aussi disgracieux à la vue que nuisible à la santé du soldat. Et puis n'est-ce pas chose ridicule que de voir, un jour de pluie ou de grande chaleur, comme aujourd'hui que nous avons eu l'un et l'autre à la fois, un soldat avec le collet de son habit couvert d'une pâte blanchâtre, ses cheveux mal contenus dans un ruban équivoque, le front, les joues ruisselant d'une eau laiteuse, et tout cela recouvert d'un feutre étriqué, mal retapé, qui ne préserve le visage ni de la pluie ni du soleil? C'était en Italie et en Égypte qu'il fallait les voir les pauvres diables ! en vérité je souffrais pour eux.

— Sire, que faire à cela? objecta un des chefs de corps, c'est l'ordonnance.

— L'ordonnance! l'ordonnance! répliqua Napoléon, ce n'est pas de cela qu'il s'agit, mais de la tenue, et plus encore de la santé du soldat. Rien de plus facile à tenir propres que des cheveux coupés ras;

rien n'est plus avantageux qu'un schako ou un bonnet de grenadiers même pour la cavalerie; mais ce qui m'embarrasse le plus, ce n'est pas de faire adopter au reste de l'armée comme à ma Garde une coiffure uniforme, c'est de faire abattre toutes ces tresses et toutes ces queues inutiles.

— Comment! Sire, dit le même officier, Votre Majesté voudrait faire tondre tout le monde indistinctement!

— Oui, Monsieur, comme des moutons.

— Sire, Votre Majesté ferait couper même aux officiers supérieurs ces belles tresses qui vont si bien à leur visage?

— C'est justement par eux que je veux qu'on commence.

— Peut-être est-il des officiers qui n'y consentiront pas, ne craignit pas de dire un vieux colonel qui datait de la République, et dont la queue était d'un volume monstrueux.

— Je voudrais bien voir cela, monsieur le colonel! s'écria Napoléon en jetant un regard de feu sur ce dernier. Je voudrais bien voir que des hommes qui ne doivent qu'à moi ce qu'ils sont aujourd'hui, que mes soldats, en un mot, s'avisassent de faire la moindre réflexion! Ne suffit-il pas que je le veuille! Est-ce que ma Garde s'est avisée de souffler mot lorsque j'ai exigé de tous qu'ils coupassent leurs cheveux?

Et Napoléon, passant avec vivacité la main sur sa tête, ajouta :

— Est-ce que je porte une queue, moi! N'ai-je pas les cheveux coupés ras?

A ces mots, Junot, qui jusqu'alors s'était abstenu de donner son avis, se prit à dire gaiement :

— Aussi les soldats de la Garde, Sire, n'appellent-ils plus Votre Majesté autrement que *le Petit-Tondu*.

A ce propos de son aide-de-camp, Napoléon sourit comme malgré lui.

— Eh bien! raison de plus! reprit-il; un soldat doit suivre en tout l'exemple de son chef. Je sais bien que quelques *godelureaux*, quelques adonis de l'état-major ne se montreront pas très-satisfaits; mais alors ceux qui ne seront pas contents.....

Et sans achever sa phrase, Napoléon se croisa les mains sur le dos et commença de se promener au milieu du cercle d'officiers qui l'entourait. Après un silence que nul se gardait d'interrompre, il reprit :

— D'ailleurs j'en parlerai à Bessières et à Murat. Je commencerai par exiger de Murat le sacrifice de cette chevelure à la Louis XIV, qui n'est que ridicule avec nos habitudes et notre costume militaire. C'est aux chefs de l'armée à montrer l'exemple de l'obéissance : je ne veux ni tresses, ni queues, ni poudre, ni pommade. Grâce à Dieu, nous ne sommes plus au temps où les soldats portaient le catogan et les maréchaux de France des perruques.

Ayant dit, Napoléon congédia tous ceux qui étaient présents.

Le soir du même jour, Murat, qui avait assisté à la revue du matin, vint le soir au palais, en sa qualité de gouverneur de Paris, pour prendre les ordres de l'Empereur.

— Sire, lui dit-il, oserais-je demander à Votre Majesté si elle a été contente du défilé de la cavalerie, à la tête de laquelle elle m'a fait l'honneur de me placer?

— Très-content, mon cher maréchal; mais, ajouta Napoléon en arrêtant avec intention ses regards sur la chevelure longue et bouclée de son beau-frère, si vous m'aviez fait rogner toutes les tresses et toutes les queues de vos cavaliers, j'aurais été encore plus satisfait.

Murat préjugeant que l'Empereur n'était pas aussi content qu'il voulait bien le dire, et sachant mieux que personne qu'il n'y avait rien à répondre, s'inclina et se perdit dans la foule des officiers-généraux qui commençaient d'encombrer la grande galerie du palais. Avec son tact ordinaire, il avait compris que le règne des queues allait passer sans retour et que Napoléon venait de rayer à tout jamais de l'empire de la mode militaire, celle illustrée naguère encore par les hussards de Berchini et la Garde constitutionnelle de Louis XVI, dont lui même avait fait partie jadis. A l'extrémité de la galerie, il rencontre le maréchal Bessières, l'un des colonels-généraux de la Garde, dont la queue formidable était devenue populaire dans l'armée.

— Eh bien! mon cher, lui dit-il en l'abordant d'un ton à la fois triste et goguenard, tu as entendu tout à l'heure les paroles de l'Empereur : plus de queues!.... Accepte d'avance mes compliments de condoléance sur la chute prochaine de la tienne.

— Mon cher, répondit froidement le jeune maréchal, la racine des queues semblables à la mienne va jusqu'au cœur, et l'Empereur, avec toute sa puissance, ne pourrait venir à bout de la faire couper. Je souhaite, ajouta Bessières en appuyant sur ces mots, que nos vieux camarades d'Italie et d'Egypte soient moins récalcitrants que moi sur ce chapitre-là.

On voit que Bessières connaissait bien l'espèce d'idolâtrie et de tendresse enfantine que les vieux soldats portaient à leur queue. Au reste, cet attachement que les militaires d'alors montraient pour leurs cheveux n'était pas chose nouvelle. Tacite, dans son *Histoire des Germains*, et Jules César, dans ses *Commentaires*, nous apprennent que les Germains et les Gaulois, leurs frères, estimaient surtout dans leur parure guerrière de *longs cheveux* et des *moustaches fournies;* et que nuls de ces guerriers n'eussent survécu à la honte de se voir couper les uns, ou raser les autres. Mais Napoléon avait entrevu tout le bien qui devait résulter d'une telle mesure : il en parla encore le lendemain à Murat qui, intérieurement, était de l'avis de Bessières, mais qui n'osa pas ou ne voulut pas manifester un sentiment contraire à celui du maître. L'Empereur lui dit fort laconiquement :

— Ma Garde seule portera la queue ; encore ne devra-t-elle pas avoir plus de deux pouces : telle sera l'ordonnance *.

La plupart des jeunes officiers-généraux adoptèrent avec enthousiasme le projet de Napoléon et firent afficher, dans les quartiers et dans les casernes, un ordre du jour dans lequel, après avoir fait ressortir les avantages qu'il y avait à porter les cheveux courts, il était dit que les soldats de la Garde qui voudraient couper leur queue à la mesure de la nouvelle ordonnance et supprimer leurs tresses feraient une chose utile pour eux-mêmes et agréable à leur colonel ; mais le nom de l'Empereur ne figura en aucune manière dans cette pièce. Le jour même de cette publication, les perruquiers de l'École Militaire, du quartier Bonaparte, des Célestins, de Vincennes, de Courbevoie et de Ruel, où étaient casernés les différents régiments, infanterie et

---

* En effet, un règlement daté du Pont-de-Brique (Boulogne), du 8 fructidor an XII (26 août 1804), adressé aux chefs de corps, disait que les six corps de la Garde impériale, désignés comme il suit, porteraient seuls la queue, à savoir :

1° Les grenadiers à pied ; 2° Les chasseurs à pied ; 3° Les grenadiers à cheval ; 4° Les chasseurs à cheval ; 5° L'artillerie et le train d'artillerie ; 6° Les gendarmes d'élite.

Les vétérans, les mamelucks et les matelots, bien que faisant également partie de la Garde, devaient avoir les cheveux courts.

cavalerie de la Garde, abattirent plus de *deux mille* queues, mais dans la même soirée il y eut plus de vingt duels, et cela parce qu'un

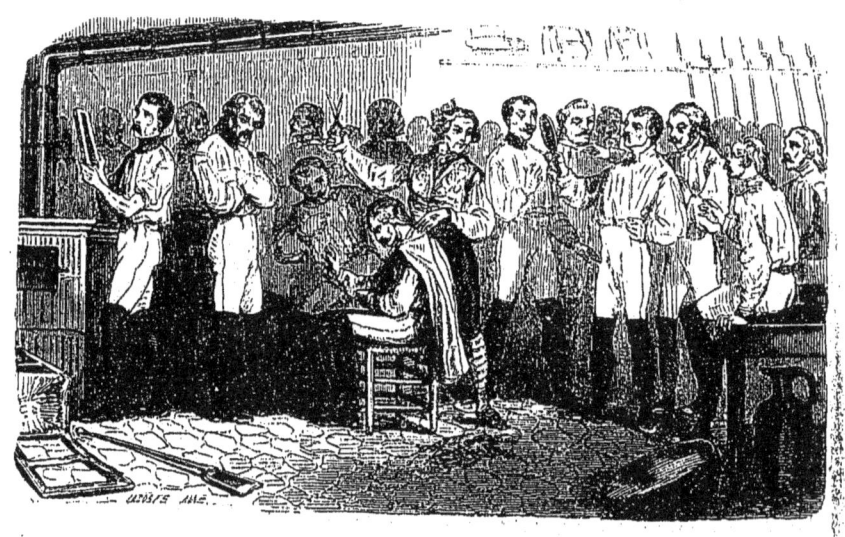

soldat qui buvait dans un cabaret de la barrière avec un camarade qui s'était fait tondre le matin, l'avait appelé *caniche*. Le camarade lui avait répondu :

— J'aime encore mieux ressembler à un caniche qu'à une tête à perruque comme toi.

Des mots, on en était passé aux menaces. Les deux soldats s'étaient battus, les camarades avaient pris fait et cause pour l'un et pour l'autre : cette querelle de cabaret eût dégénéré en affaire de corps si les chefs ne se fussent empressés d'intervenir.

Napoléon eut connaissance de cette collision par les rapports particuliers qui lui furent adressés à Aix-la-Chapelle où il était alors. Il en écrivit au maréchal Bessières, en lui disant entre autres choses, dans une lettre, datée du 23 fructidor an XII (10 septembre 1804) : « qu'il fallait faire en sorte que personne ne *s'insurgeât*, et que pour cela, il ne s'agissait que de convaincre. » Il l'engageait aussi à dire aux chefs de corps que : « Ils n'employassent pas ce qu'ils appelaient des *façons prussiennes*, » et terminait par cette phrase : « Persuadez vos hommes, rien ne doit être tenté par la force. » Le maréchal Bessières adressa à l'Empereur le détail des faits tels qu'ils s'étaient passés, en lui faisant observer que dans une garnison aussi nombreuse que celle de Paris, il était impossible d'espérer, en songeant surtout à l'esprit de corps qui animait tous les régiments de la Garde, qu'un changement aussi complet dans la tenue habituelle du soldat s'opérât subitement et sans opposition. « Il est encore heureux, ajoutait-il, que la réforme ordonnée n'ait point occasionné plus de désordre. » Enfin le maréchal terminait son rapport en disant qu'on ne pouvait faire exécuter cette mesure que petit à petit, mais qu'au surplus, il répondait de son entière exécution.

En effet, pour arriver à ce but, le brave maréchal, bien qu'il ne fût nullement partisan de la mesure (et ceci est si vrai, qu'il garda sa queue jusqu'au dernier jour de sa vie)*, ne négligea rien, et alla lui-même à l'Ecole Militaire, parla aux sous-officiers qui se montraient les plus entêtés à repousser le changement de coiffure ; car ce sont toujours ceux-là qui sont les *farauds* des régiments. Or, au commencement de l'Empire, la coutume *faraude* consistait principalement dans une queue bien tamponnée, pommadée, poudrée et ornée d'un ruban noir qui formait une espèce de rosette *bouillonnée*. Plus cette queue était colossale, plus le fantassin se montrait fier de cette parure naturelle ; quant au cavalier (les chasseurs de la Garde surtout, autrement dit les guides), il se faisait remarquer par des tresses nattées de la largeur de trois doigts et tombant perpendiculairement jusque sur la poitrine, au moyen de petites bandes de plomb, attachées aux extrémités. Cependant, peu à peu les queues et les tresses des plus récalcitrants tombèrent sous les ciseaux des perruquiers des régiments, et bientôt après, les retardataires furent les premiers à vanter l'excellence de la nouvelle coiffure.

* Au Livre XIII de notre ouvrage, c'est-à-dire à l'année 1808, nous dirons la mort de cet illustre maréchal.

CHAPITRE II.

SOLDE ET INDEMNITÉS.

Un arrêté des consuls du 25 nivose an XII (16 janvier 1804), accorda un traitement annuel de 24,000 francs sur les fonds nationaux, aux quatre colonels-généraux de la Garde consulaire et, aux aides-de-camp du premier Consul, 6,000 francs.

Cinq mois plus tard, un traitement annuel de 6,000 francs fut accordé sur les fonds de la couronne aux colonels commandant les différents corps de la Garde impériale, et une gratification d'un *mois de solde* aux officiers au-dessous du grade de major, le jour de la saint Napoléon de chaque année. Les officiers avaient donné à cette gratification le nom de : *mois Napoléon*.

Tous les sous-officiers de la Garde recevaient, lorsqu'ils étaient nommés officiers dans la gendarmerie, 1,000 francs comme première masse pour la monture d'un cheval.

Les troupes de la Garde, détachées pour faire le service près de la personne de l'Empereur, dans les résidences impériales, recevaient le même traitement qu'à Paris *.

---

* Il existait encore deux dispositions relatives à la solde et aux indemnités dues aux militaires de la Garde placés dans des cas exceptionnels, et dont nous avons cru inutile de donner le texte dans notre ouvrage. Nous rappelons seulement l'esprit de ces deux dispositions et leur date.

1º Du 24 messidor an XII (13 juillet 1804). Décret impérial relatif à la *haute paye* accordée aux caporaux et soldats de la Garde, pour ancienneté de service.

2º Du 4 décembre 1806. Instruction du ministre de la guerre sur l'exécution du décret impérial du 26 août 1806, concernant le traitement des militaires de la Garde ou arrêtés, ou détenus près les Conseils de guerre.

ÉTAT-MAJOR GÉNÉRAL.

DESIGNATION des GRADES ET EMPLOIS.	SOLDE par MOIS.	SOLDE par JOUR.	INDEMNITÉ DE LOGEMENT par jour.	CHAUFFAGE* par jour.	FRAIS de bureau** par jour.	FOURRAGE*** par jour et par cheval.	REMONTE**** par jour et par cheval.	FERRAGE**** par jour et par cheval.	Nombre de chevaux.
Colonel-général	2000 »	66 66	16 66	20 »	16 66	1 30	» 27	» 08	24
Général de brigade, commandant les dépôts de la Garde.	800 »	26 66	5 »	» »	» »	Idem.	Idem.	Idem.	10
Colonel commandant d'armes du quartier Napoléon. . .	800 »	26 26	5 »	» »	3 33	Idem.	Idem.	Idem.	10
Adjoints. { Chef de bataill. ou d'escad.	500 »	16 66	2 50	» »	» »	Idem.	Idem.	Idem.	5
Capitaine	333 33	11 11	1 33	» »	» »	Idem.	Idem.	Idem.	4
Lieutenant en premier. .	225 »	7 50	1 »	» »	» »	Idem.	Idem.	Idem.	3
Lieutenant en deuxième .	200 »	6 66	1 »	» »	» »	Idem.	Idem.	Idem.	3
Off. de Génie. { Commandant	800 »	26 66	5 »	» »	» »	Idem.	Idem.	Idem.	10
Major.	650 »	21 66	3 33	» »	» »	Idem.	Idem.	Idem.	6
Chef de bataillon. . . .	500 »	16 66	2 50	» »	» »	Idem.	Idem.	Idem.	3
Capitaine	333 33	11 11	1 33	» »	» »	Idem.	Idem.	Idem.	2
Lieutenant.	216 66	7 22	1 »	» »	» »	Idem.	Idem.	Idem.	1
Bibliothécaire	100 »	3 33	1 »	» »	» »	Idem	Idem.	Idem.	»

* L'indemnité de chauffage était payable pour les journées passées à l'intérieur seulement.
** L'indemnité des frais de bureau était accordée tant dans l'intérieur qu'en campagne ; les deux indemnités ci-dessus n'étaient payables que par mois.
*** L'indemnité de fourrage n'était due que pour les journées passées dans l'intérieur seulement.
**** Les indemnités de remonte et de ferrage s'allouaient dans l'intérieur et en campagne.
Nota. Ces trois dernières indemnités étaient payables pour tous les jours de l'année.

ADMINISTRATION.

DÉSIGNATION des GRADES ET EMPLOIS.	SOLDE par mois.	SOLDE par jour.	INDEMNITÉS DE logement par jour.	chauffage par jour.	frais de bureau par jour.	NOMBRE de CHEVAUX.
Inspecteur aux revues	1333 33	44 44	8 33	10 »	33 33	6
Sous-inspecteur aux revues	1000 »	33 33	5 »	5 »	8 33	4
Adjoint aux sous-inspecteurs aux revues.	500 »	16 66	3 33	5 »	8 33	4
Commissaire ordonnateur.	1333 33	44 44	8 33	10 »	16 16	6
Commissaire des guerres de 1re classe. .	500 »	16 66	3 33	5 »	8 33	4
Idem de 2e classe. .	416 66	13 88	3 33	5 »	6 66	3
Adjoint aux commissaires des guerres. .	200 »	6 66	1 66	» 83	1 66	2

GRENADIERS, CHASSEURS ET VÉTÉRANS (Infanterie).

DESIGNATION DES GRADES.	SOLDE DE PRÉSENCE		SOLDE D'ABSENCE		INDEMNITÉS		NOMBRE DE CHEVAUX.
	par mois	par jour.	en congé de semestre, par jour.	à l'hôpital et aux armées, par jour.	de logement par jour.	d'habillement par jour *.	
Grand État-Major.							
Colonel	750 »	25 »	12 50	22 »	5 »	2 77	
Colonel en second	666 66	22 22	11 11	19 22	5 »	2 77	
Adjudant-général	583 33	19 44	9 72	16 44	5 »	2 77	6
Major	516 66	17 22	8 61	14 22	4 16	2 08	
Chef de bataillon	416 66	13 88	6 94	10 88	2 50	1 66	3
Quartier-maître							
Adjudant-major	300 »	10 »	5 »	8 »	1 33	1 11	2
Sous-adjud.-maj. { Lieut. en premier .	200 »	6 66	3 33	5 16	1 »	1 11	
{ Lieut. en second .	175 »	5 83	2 91	4 33	1 »	1 11	1
Adjudant d'habill. et des vivres, lieut. solde suivant sa classe	» »	» »	» »	» »	1 »	1 11	»
Porte-aigle. { Lieutenant en premier .	200 »	6 66	3 33	5 16	1 »	1 11	»
{ Lieutenant en second .	175 »	5 83	2 91	4 33	1 »	1 11	»
Officier de santé de 1re classe . . .	300 »	10 »	5 »	8 40	2 50	1 11	
Idem de 2e classe . . .	200 »	6 66	3 33	5 46	1 33	1 11	1
Idem de 3e classe . . .	133 33	4 44	2 22	3 44	1 »	1 11	
Petit État-Major.							
Vaguemestre	» »	2 97	1 48	» 99	» »	» »	»
Tambour-major	» »	2 66	1 33	» 88	» »	» »	»
Tambour-maître-sergent . . .	» »	2 22	1 11	» 74	» »	» »	»
Caporal-tambour	» »	1 66	» 83	» 55	» »	» »	»
Chef de musique	» »	5 »	2 50	1 66	» »	» »	»
Musicien	» »	2 22	1 11	» 74	» »	» »	»
Maître-ouvrier	» »	2 22	1 11	» 74	» »	» »	»
Sergent de sapeurs	» »	2 22	1 11	» 74	» »	» »	»
Caporal de sapeurs	» »	1 94	» 97	» 64	» »	» »	»
Sapeur	» »	1 66	» 83	» 55	» »	» »	»
Compagnies							
Capitaine	300 »	10 »	5 »	8 »	1 33	1 11	**
Lieutenant en premier	200 »	6 66	3 33	5 16	1 »	1 11	»
Lieutenant en second	175 »	5 83	2 91	4 33	1 »	1 11	»
Sergent-major	» »	2 66	1 33	» 88	» »	» »	»
Sergent et fourrier	» »	2 22	1 11	» 74	» »	» »	»
Caporal	» »	1 66	» 83	» 55	» »	» »	»
Grenadier ou chasseur	» »	1 16	» 58	» 38	» »	» »	»
Tambour	» »	1 38	» 69	» 46	» »	» »	»
Élève tambour, traité en tout comme enfant du corps	» »	» »	» »	» »	» »	» »	»

* L'indemnité d'habillement était payable par mois aux officiers tant dans l'intérieur qu'aux armées.

** Les deux plus anciens capitaines de l'arme des grenadiers et des chasseurs avaient droit à un cheval chacun, tant à l'intérieur qu'aux armées.

GRENADIERS, CHASSEURS, MAMELUCKS et GENDARMERIE D'ÉLITE (Cavalerie).

Grades et Emplois.	Solde par an.
Colonel	9,600 f.
Chef d'escadron	6,000
Adjudant-major	4,000
Capitaine quartier-maître	4,000
Capitaine d'habillement	4,000
Capitaine instructeur	4,000
Capitaine	4,000
Officier de santé de 1re classe	3,600
Lieutenant instructeur	2,700
Lieutenant en 1er	2,700
Lieutenant en 2e	2,400
Chirurgien de 2e classe	2,400
Adjudant sous-lieutenant	2,000
Officier porte-étendard	2,000
Sous-lieutenant	2,000
Chef de musique	1,800
Artiste vétérinaire	1,800
Adjudant sous-officier	1,200
Sous-chef de musique	1,200 f.
Vaguemestre	1,170
Sous-officier instructeur	1,000
Maréchal-des-logis chef	1,000
Élève chirurgien	1,000
Trompette-major	1,000
Fourrier	900
Maréchal des-logis	900
Aide-artiste vétérinaire	900
Maître armurier	800
Musicien gagiste	800
Brigadier	700
Timballier	700
Brigadier trompette	700
Trompette	650
Maréchal ferrant	650
Grenad., chass. et mamelucks	450
Enfant du corps	225

ARTILLERIE, PARC et TRAIN.

ARTILLEURS.

Grades et Emplois.	Solde par an.
Chef d'escadron	6,600 f.
Adjudant-major	4,300
Capitaine en 1er	4,300
Capitaine en 2e	3,500
Quart.-maît., suiv. son grade	2,900
Lieutenant en 1er	2,900
Lieutenant instructeur	2,900
Officier porte-étendard	2,600
Lieutenant en 2e	2,600
Officier de santé de 2e classe	2,400
Professeur de mathématiq.	2,000
Artiste vétérinaire	1,800
Adjudant sous-officier	1,300
Maréchal-des-logis chef	1,000
Maréchal-des-logis	900
Fourrier	900
Sergent	850
Maître ouvrier	800
Brigadier	700
Brigadier trompette	700
Maréchal ferrant	650

ARTILLEURS.

Grades et Emplois.	Solde par an.
Caporal	650 f.
Trompette	600
Artificier	530
Canonnier de 1re classe	500
Canonnier de 2e classe	450
Ouvrier de 1re classe	450
Ouvrier de 2e classe	400
Ouvrier apprenti	300

PARC.

Grades et Emplois.	Solde par an.
Garde d'artillerie	2,000
Sous-garde	1,500
Conducteur	1,500

TRAIN.

Grades et Emplois.	Solde par an.
Capitaine commandant	3,800
Lieutenant	2,600
Maréchal-des-logis chef	800
Maréch.-des-logis ou fourrier	600
Brigadier	500
Maréchal ferrant	450
Bourrelier	450
Trompette	450
Soldat	400
Enfant du corps	200

BATAILLON DES MATELOTS.

DÉSIGNATION DES GRADES ET EMPLOIS.	SOLDE		
	de mer par mois.	de la Garde par mois.	TOTAL par mois.
Capitaine de vaisseau, commandant *	400 »	800 »	1200 »
Capitaine de frégate, commandant d'équipage	233 »	500 »	733 »
Lieutenant de vaisseau, commandant d'équipage	133 »	333 »	466 66
Capitaine-adjudant-major et quartier-maître-trésorier	133 »	133 »	466 66
Lieutenant de vaisseau commandant d'escouade	133 »	225 »	358 »
Enseigne de vaiss. et lieut. d'artill. command. d'escouade.	100 »	200 »	300 »
Maître	90 »	83 »	173 »
Contre-maître	54 »	75 »	129 »
Quartier-maître	40 »	58 »	98 »
Matelots de première classe	30 »	37 50	67 50
Matelots de deuxième classe	27 »	37 50	64 50
Matelots de troisième classe	24 »	37 50	61 50
Matelots de quatrième classe	21 »	37 50	58 50
Trompettes ou tambours	23 80	54 »	77 80

* Le capitaine de vaisseau commandant pouvait, à la mer, recevoir un traitement extraordinaire, et ses officiers leurs frais de table.

HOPITAL DE LA GARDE dit du Gros-Caillou.

DÉSIGNATION DES GRADES ET EMPLOIS.	SOLDE		INDEMNITÉ de LOGEMENT par jour.	NOMBRE DE CHEVAUX.
	par mois.	par jour.		
Médecin en chef				
Chirurgien en chef	500 »	16 66	3 33	3
Pharmacien en chef				
Médecin adjoint de première classe	333 33	11 11	2 50	2
Chirurgien de première classe	333 03	11 11	2 50	1
Pharmacien de première classe				
Chirurgien de deuxième classe	200 »	6 66	1 33	1
Pharmacien de deuxième classe				
Chirurgien de troisième classe	133 33	4 44	1 »	1
Pharmacien de troisième classe				

La comptabilité de chacun des corps de la Garde était tenue séparément. Les *acquits de payement* indiquaient la nature de l'arme à laquelle ces dépenses étaient imputables. Pour les paiements faits aux militaires sortis de la troupe de ligne et incorporés dans la Garde, ces acquits faisaient connaître les régiments auxquels avaient appartenu ces militaires, et celui de la Garde dans lequel ils étaient admis.

Pour l'exécution de ces mesures, les inspecteurs aux revues recevaient des tarifs de solde, d'indemnités, d'appointements et de traitements particuliers de tous les corps qui faisaient partie de la Garde.

CHAPITRE III.

I.

RANG DES MILITAIRES DE LA GARDE DANS L'ARMÉE.

Dans le décret impérial, daté de Saint-Cloud, le troisième jour complémentaire de l'an XIII (20 septembre 1805), il était dit :

« Art. 1ᵉʳ. Tout soldat faisant partie de la Garde impériale, y compris les vélites incorporés dans ladite Garde, auront le rang de sergents ou de maréchaux-des-logis, selon l'arme dans laquelle ils serviront, pourvu qu'ils aient déjà cinq ans de service révolus, soit dans la Garde impériale, soit dans le corps de troupes de ligne où ils auront servi auparavant.

« Tous les caporaux et brigadiers de la Garde auront rang de sergent-major ou de maréchal-des-logis-chef.

« Tous les fourriers, sergents et maréchaux-des-logis de la Garde auront rang d'adjudant sous-officier.

« Tous les sergents-majors et maréchaux-des-logis-chefs de la Garde auront rang de sous-lieutenant.

« Art. 2. Il n'est rien innové, par le présent décret, à la solde, aux masses et au traitement des différents corps et des différents grades de la Garde ; les règlements de discipline et de subordination qui existaient déjà restent les mêmes.

« Art. 3. Les soldats et cavaliers de la Garde seront commandés par tous les sergents et maréchaux-des-logis, et ceux-ci commanderont à tous les caporaux et brigadiers.

« Les caporaux et brigadiers de la Garde seront commandés par tous les sergents-majors et maréchaux-des-logis-chefs, mais ceux-ci commanderont à tous les sergents et maréchaux-des-logis.

« Les sergents et les maréchaux-des-logis de la Garde seront commandés par tous les adjudants-sous-officiers, mais ils commanderont à tous les sergents-majors et maréchaux-des-logis-chefs.

« Les sergents-majors et les maréchaux-des-logis-chefs de la Garde seront commandés par tous les sous-lieutenants, mais ils commanderont à tous les adjudants-sous-officiers et à tous les sergents-majors et maréchaux-des-logis-chefs.

« Art. 4. Pour constater le rang accordé par le présent décret aux différents grades de la Garde, il sera délivré à chaque individu qui en fait partie des commissions desdits rangs, signées par les colonels-généraux de la Garde, chacun pour le corps dont il est commandant. »

II.

DISCIPLINE.

« La discipline dans une armée, dit le chevalier de Folard, dans
« ses Commentaires sur Polybe, peut être comparée au cœur dans le
« corps humain. Si le cœur est affecté et gâté, le reste de la machine
« tend à la désorganisation et à la mort. Soyez convaincus, une fois
« pour toutes, que les armées qui gagnent les batailles sont celles où
« la discipline est en même temps la plus sage et la plus inflexible. »

Ces judicieuses réflexions du chevalier de Folard ont trouvé une rigoureuse application dans le corps illustre auquel nous avons consacré notre ouvrage. La Garde impériale, telle que Napoléon l'avait créée, était un modèle et un type de la discipline militaire la plus exacte et la plus austère. L'Empereur avait senti, mieux qu'aucun souverain de l'Europe, que plus un corps jouissait de priviléges et de prérogatives, plus, aussi, il devait mériter, par sa conduite, les suffrages et les sympathies du reste de l'armée, qui n'aurait pas pardonné une faveur jetée à des soldats qui s'en seraient rendus indignes par leur insubordination. « Si un corps privilégié, disait l'Empereur au gé-
« néral Hullin (colonel des grenadiers de la Garde), ne se comporte
« pas avec sagesse et mesure, il faut le dissoudre. Je veux avoir des
« soldats aguerris dans ma Garde, mais je ne veux pas de soldats
« indisciplinés; quel que fût leur uniforme, ces hommes ne seraient
« à mes yeux que des janissaires ou des prétoriens. Or, n'étant pas un

« Empereur du Bas-Empire, je ne veux être ni inquiété, ni déposé
« par les soldats que j'attache à ma personne. »

La discipline militaire considérée en garnison, et surtout dans une ville conquise, a une immense importance. Croirait-on, par exemple, que notre Garde impériale eût laissé de si beaux souvenirs dans toutes les capitales de l'Europe qu'elle a successivement occupées, si sa conduite, au milieu des populations soumises, n'avait été exempte du plus léger blâme? Croirait-on que dans les villes de l'intérieur de la France, où ils tenaient leur garnison habituelle, il eussent été l'objet de l'estime de leurs concitoyens, s'ils eussent porté la moindre atteinte à la tranquillité publique, s'ils se fussent montrés, au milieu de nos rues, insolents ou querelleurs?

Si la discipline est d'une grande importance dans la garnison des villes amies, alliées ou même ennemies, parce qu'elle tend à concilier aux militaires les sympathies des populations, elle est d'un avantage bien plus grand encore en campagne, et surtout en présence de l'ennemi. Les batailles de Malplaquet et de Rosbach furent perdues par la faiblesse des chefs qui ne savaient pas maintenir la discipline dans l'armée française. Souvent un simple manquement aux lois militaires suffit pour compromettre le succès d'une manœuvre, d'une bataille ou d'une retraite. Combien, en campagne, de grandes catastrophes n'ont-elles pas surgi qui n'avaient pour cause que l'oubli ou la négligence de la discipline, soit que cet oubli ou cette négligence vînt des généraux, soit qu'elle vînt des soldats? Il est hors de doute, cependant, que ce mépris des prescriptions militaires doit être puni plus sévèrement dans un chef de corps que dans un soldat. La discipline triple le nombre et le courage des combattants : c'est tout à la fois un glaive et un bouclier qui se jouent des efforts de l'ennemi. Avec la discipline, on peut être écrasé, mais non battu, et tous ceux qui ont le cœur militaire savent bien que ces deux mots *écrasé* et *battu* n'ont rien de synonyme entre eux.

La différence qui existait entre la discipline de la Garde impériale et celle des autres corps de l'armée était peu importante; mais les règlements intérieurs des régiments de la Garde étaient plus multipliés, plus sévères, plus préventifs; il y avait, pour ainsi dire, de la part des subordonnés, plus de religion, plus d'observance que dans les autres corps de l'armée. Cela se conçoit parfaitement : chaque soldat de la Garde tenait à honneur de faire respecter l'uniforme qu'il portait, et il n'ignorait pas que toutes les entraves imposées à son libre arbitre étaient faites pour augmenter la réputation de l'arme, et conserver son influence sur les autres régiments de l'armée.

Grâce à cette espèce de ciment qui nivelait tous les corps de la Garde impériale, grâce à la sagesse des décrets et des ordonnances qui la régissaient, grâce enfin à cette discipline qui faisait agir et marcher cinquante mille soldats comme un seul homme, la paix publique n'était jamais troublée, et, dans leurs relations avec la bourgeoisie, les soldats de la Garde se montraient toujours affables, polis et bienveillants. La confiance allait même si loin pour cette milice admirable, qu'il arrivait souvent que des bourgeois, qui avaient dans les lieux publics des querelles avec d'autres bourgeois, n'hésitaient pas à solliciter des soldats de la Garde d'être *témoins* dans leurs duels. Ces militaires ne refusaient jamais ce témoignage de confiance qu'on leur donnait; mais, arrivés sur le lieu du combat, ils parvenaient presque toujours à arranger l'affaire par leurs exhortations, leurs sages avis et leurs conseils. On s'en rapportait à eux, car l'autorité de ces hommes, en matière d'honneur et de bravoure, était incontestable; et quand un soldat de la Garde décidait qu'on ne devait pas se couper la gorge pour un regard, une parole ou un geste mal interprétés, il fallait bien en passer par là.

En 1805, des ouvriers charpentiers qui hantaient une guinguette voisine de l'École-Militaire, se prennent de querelle. Ils se provoquent; le sang va couler dans une lutte, lorsque deux grenadiers de la Garde, qui causaient paisiblement, attablés dans un coin de cette guinguette, se lèvent, quittent leur place, s'avancent vers ces ouvriers échauffés par le vin, et parviennent, d'abord par leur fermeté, ensuite à l'aide de paroles de concorde, à ramener le calme et à renouer parmi les disputeurs une amitié évanouie. Mais de pareils faits étaient si nombreux et se renouvelaient si souvent, qu'on ne les enregistrait pas.

Le vol était tout à fait inconnu dans les régiments de la Garde. Les chambrées étaient aussi sûres que des corps-de-garde; ce qui faisait dire au général Dorsenne, qui commandait le corps des grenadiers de la vieille Garde : « Si j'avais de l'or plein un fourgon, je le mettrais dans « une chambrée de mes grenadiers, il y serait plus en sûreté que dans « un coffre-fort. »

Cette exquise probité des soldats se révéla d'une manière merveilleuse, surtout dans la funeste retraite de Moskow. Les cosaques harcelaient l'état-major de l'armée; les équipages de l'Empereur, où se trouvait son trésor particulier, manquèrent d'être pris en sortant de Smolensk. M. Beaudœuf, alors payeur de la Garde, eut l'idée de faire porter aux soldats de ce corps toutes les valeurs en or : il y en avait pour deux millions. On distribua donc cet or à chaque homme, qui le mit dans son sac, et qui continua sa route. Arrivé de l'autre côté de la Bérésina, et le danger étant passé, M. Beaudœuf revendiqua son or. La somme toute

entière — deux millions — se retrouva, moins soixante-dix pièces de 20 francs qui avaient été perdues en traversant cette rivière....., le grenadier qui les portait s'étant noyé ! Telle était la moralité de ces soldats.

Lorsque un bijou, une montre, un portefeuille étaient perdus dans les quartiers de la Garde, ils étaient rapportés chez l'adjudant-major de service, parfois même avant que celui qui les avait perdus s'en fût aperçu. En 1814, le baron Harlet, qui avait été major commandant du 2ᵉ régiment de grenadiers à pied, nous raconta chez sa belle-mère, madame Letourneur de La Manche, femme de l'ancien membre du Directoire, qu'un jour il avait laissé tomber, dans la grande cour de Courbevoie, sa bourse contenant une soixantaine de francs. Cette perte s'était faite la nuit. Le lendemain, à son réveil, il fut très-étonné de voir un sergent-major entrer dans sa chambre une bourse à la main : c'était la sienne qui avait été trouvée par un tambour de ronde. Le général Harlet fit venir cet homme, et voulut lui donner au moins de quoi boire à sa santé; mais le tambour refusa avec opiniâtreté.

L'ivresse était sévèrement punie, et il y avait peu d'exemples dans la Garde d'une infraction aussi flagrante à la sobriété. Cependant quand le fait arrivait, quand un soldat de la Garde avait eu le malheur de se mettre dans cet état, et apparaissait dans une rue de Paris — ce qui était, nous le répétons, excessivement rare — aussitôt sortaient comme de dessous terre deux ou trois soldats de la Garde, n'importe de quelle arme, qui s'emparaient du délinquant, le faisaient monter dans un fiacre, et le reconduisaient à la caserne, où souvent on parvenait à déguiser son ivresse à l'adjudant de service. Mais s'il échappait à la punition, il ne pouvait échapper aux quolibets de ses camarades. Voilà quelle était sa punition la plus sensible. Aussi l'ivrogne renonçait-il bientôt à ce vice d'intempérance.

Les soldats de la vieille Garde étaient si bien pénétrés de la sainteté de la discipline, que lorsqu'ils avaient encouru une punition, ils se rendaient d'eux-mêmes à la salle de police, avant même que l'ordre en eût été signifié officiellement par le supérieur immédiat. A ce propos, on citait un grenadier nommé Petit-Jean, qui, durant vingt ans de service effectif, n'avait jamais mis le pied dans une salle de police, bien qu'avant d'entrer dans la Garde impériale il eût fait, pour nous servir de l'expression consacrée, plusieurs régiments. Il passa comme instructeur au bataillon d'instruction de la jeune Garde à Fontainebleau, et là, tout instructeur qu'il était, il se trouve puni de six heures de salle de police. Il va trouver son capitaine, et le supplie de vouloir bien lui infliger une autre punition, la consigne, par exemple. Le capitaine reste inflexible.

— Alors, ajoute-t-il, faites-moi donc fusiller, mon capitaine : j'aime mieux ça.

L'officier se met à rire, et persiste. Petit-Jean remonte dans sa chambre, prend son fusil et se fait sauter la cervelle, après avoir dit à ses camarades :

— Je n'ai jamais été puni, et je ne le serai pas.

Le suicide de Vatel, le désespoir de ce célèbre maître-d'hôtel n'est-il pas risible au prix de ce meurtre volontaire d'un brave soldat?

Jamais officiers et sous-officiers ne furent obéis avec plus de promptitude et d'abnégation que dans la Garde. Les soldats avaient surnommé le maréchal Lobau (le général Mouton qui fut longtemps aide-de-camp de l'Empereur) le *mouton-lion*, à cause sans doute de sa brillante valeur sur le champ de bataille et de la douceur de son caractère dans les relations ordinaires de la vie. Ce sobriquet aurait pu être également appliqué à tous les soldats de la Garde, car ces hommes qui, dans les plaines d'Austerlitz, d'Eylau, d'Iéna, de Wagram et de la Moskowa, firent trembler la terre sous leurs pas, étaient dans leurs casernes les hommes le plus faciles à diriger.

C'est qu'aussi ces intrépides soldats savaient que, les premiers de l'armée par les prérogatives et par le courage, ils devaient donner à cette armée, dont ils étaient la quintessence, l'exemple de toutes les vertus guerrières. Or, quelle est la première vertu du soldat, si ce n'est la discipline, qui prévient, qui punit et qui tue quelquefois, mais dont le fouet ne déshonore jamais, l'uniforme étant là comme un palliatif pour ennoblir tout, tout absolument, excepté le parjure et la désertion à l'ennemi, car la trahison en uniforme est la pire de toutes les trahisons?

III.

CASERNEMENT.

Ce ne fut qu'en 1630, sous Louis XIII et au commencement du ministère du cardinal de Richelieu, que l'on vit s'élever à Paris les premières casernes, encore ne furent-elles construites qu'à l'extrémité des faubourgs de la ville et en dehors des murailles. Louis XIV acheva ce que Louis XIII et Richelieu avaient commencé. Par son ordre, quatre casernes spacieuses furent bâties dans l'intérieur des faubourgs : une pour les gardes françaises, une pour le régiment des gardes suisses, une troisième destinée aux régiments de passage, et une quatrième enfin pour la maréchaussée; mais ce ne fut qu'à dater du règne de Louis XV que datent toutes ces spacieuses casernes que l'on voit aujourd'hui dans l'intérieur de Paris. Louis XV fut le premier de nos rois qui songea sérieusement à la commodité et à l'aisance du soldat, en même temps qu'il déchargeait les habitants de la capitale d'une corvée et d'une contribution aussi gênante qu'onéreuse : celle de loger les gens de guerre. A présent les bonnes intentions de son successeur apparaissent dans tout leur lustre. Louis XVI, à l'imitation de son aïeul, fit une large part à ce qui devait assurer le bien-être du soldat. Les casernes qui s'élevèrent sous son règne témoignent de l'importance que le monarque attachait à ces constructions utiles, où les défenseurs de la patrie doivent trouver tout ce qui peut entretenir l'attachement au drapeau, le dévouement et l'obéissance au prince.

Le gouvernement révolutionnaire et le Directoire ne firent rien pour le casernement des soldats de la république ; ils leur octroyèrent seulement des églises et des monastères qu'ils métamorphosèrent en quartiers d'infanterie ou de cavalerie, comme cela se rencontrait, mais sans y apporter les moindres améliorations, sans essayer même d'y opérer les changements que semblait exiger cette nouvelle destination. La cavalerie, l'artillerie, l'infanterie, le génie, toutes ces armes étaient empilées pêle-mêle dans ces établissements, sans que l'autorité fît d'autres dépenses pour achever la métamorphose, que de tracer en grosses lettres rouges sur la porte gothique de l'église : *Caserne nationale.*

Les interminables guerres de l'Empire ne laissèrent pas à Napoléon le loisir de consacrer ses soins au grand œuvre de régénération militaire. L'Empereur fit construire peu de casernes à Paris ; cependant celle qu'il fit élever sur le quai d'Orsay, sauf l'exiguité de l'emplacement, qui est loin de répondre aux exigences d'une telle construction, mais qu'on ne pourrait ni corriger ni augmenter, est tracée selon toutes les règles de l'architecture militaire. Les chambrées sont bien aérées et parfaitement distribuées ; les cours sont régulières ; les écuries, les cuisines, les cantines, etc., sont à la place qu'elles doivent occuper, en un mot l'édifice, vu du quai, a même un aspect monumental : ce grand nombre de croisées, cette porte ornée d'une architecture simple, mais sévère, impriment à cette caserne un caractère tout à fait analogue à sa destination.

On rapporte que Napoléon alla visiter la caserne du quai d'Orsay quelques jours après qu'elle avait été terminée. Le bataillon des grenadiers à pied de service y était déjà installé, et l'Empereur, en parcourant les parties de l'édifice, adressa la parole à quelques-uns de ses anciens compagnons d'Italie et d'Egypte. Comme ce jour-là il était en train de causer, il avisa un vieux grenadier qui, malgré la chaleur du soleil (on était au mois de juillet), s'était tranquillement assis en plein midi sur l'une des poutres circulaires qui forment les bancs de la cour principale.

— Eh bien! lui dit Napoléon, j'espère que vous devez être contents, je vous ai fait bâtir une belle caserne où vous vivrez comme des coqs en pâte.

— C'est vrai, mon Empereur, répondit le grenadier en se levant aussitôt et en portant la main à son bonnet, le quartier n'est pas maladroitement confectionné; le maître-maçon qui l'a organisé n'est pas manchot; mais il manque pourtant deux ustensiles de première nécessité à cette caserne.....

— Quels ustensiles? interrompit Napoléon.

— Des arbres dans cette cour pour nous garantir du soleil, et des gouttières aux toits pour nous empêcher, quand il pleut, de barbotter comme des canards.

Napoléon eut peine à réprimer un sourire; mais il reconnut la justesse de la critique du grenadier.

— Bah! bah! lui répondit-il en le tirant par la moustache, vous n'êtes jamais contents, vous autres; vous êtes des petits maîtres : si on vous écoutait, il faudrait vous mettre dans du coton.

— Possible! mon Empereur, repartit le soldat avec un flegme imperturbable; mais c'est que quelquefois nous avons dans la cantine de la boue jusqu'aux jarrets.

Quoi qu'il en soit, le lendemain de cette visite Napoléon fit appeler, à son lever, l'architecte qui avait construit la caserne du quai d'Orsay. Celui-ci se rendit aussitôt aux ordres de l'Empereur, qui, malheureusement pour lui, se trouvait dans un de ces moments de crise ou d'excitation qui jetaient parfois dans son caractère, d'ordinaire si affectueux et si bon, un peu d'âpreté et de brusquerie.

— Monsieur, lui dit-il tout d'abord, vous êtes de l'Institut, et vous avez une expérience de trente années dans les bâtiments civils...

— Oui, Sire, répondit celui-ci.

— Eh bien! monsieur, je suis fâché d'être forcé de vous dire que vous ne savez pas votre métier.

Le moderne Vitruve tomba de son haut à ce singulier compliment, et ne put que balbutier des mots inintelligibles. Napoléon eut pitié de son embarras, et prenant peu à peu un ton de bienveillance, il ajouta :

— Dans la caserne de ma Garde, celle du quai d'Orsay, vous avez oublié les gouttières; rien que cela, monsieur.

— Ah ! Sire, Votre Majesté a raison, repartit aussitôt l'architecte que le sourire qui effleurait les lèvres impériales avait tout à fait rassuré; mais je croyais que vos grenadiers ne craignaient pas plus l'eau que le feu.

Ce trait d'esprit et d'à-propos acheva de désarmer Napoléon, qui se prit à rire en disant à l'architecte :

— Mes soldats ne craignent ni l'eau ni le feu, c'est vrai; mais il est urgent cependant de placer des gouttières aux toits des bâtiments. Je compte que vous réparerez au plus tôt cet oubli.

Quelques jours après, des gouttières étaient posées partout, et le grenadier qui avait prévenu Napoléon de cet oubli disait à ses camarades :

— Le petit caporal a suivi mon conseil, il a fait poser des gouttières au quartier; aussi à l'avenir ne serons-nous pas obligés, comme les soldats du pape, de prendre des parapluies pour traverser la cour quand le temps sera de mauvaise humeur.

Indépendamment des escadrons de service de la Garde (infanterie et cavalerie) qui logeaient temporairement au *Quartier Bonaparte* du quai d'Orsay, le corps des grenadiers à pied occupa, dès la fin de 1804 jusqu'au commencement de l'année 1814, la belle caserne de Courbevoie.

Le 3ᵉ régiment de grenadiers (Hollandais) fut caserné à Versailles, ainsi que les vétérans de la Garde et les flanqueurs.

Les chasseurs à pied logeaient à Ruel, dans cette antique résidence du cardinal de Richelieu.

Les régiments de fusiliers, de tirailleurs, de voltigeurs et de flanqueurs furent toujours en campagne; mais leurs dépôts étaient aux casernes de Courbevoie, de Panthemont, à Ruel et à l'École-Militaire.

Les sapeurs du génie furent casernés rue du Mont-Blanc, aujourd'hui caserne dite *de Clichy*.

Les marins, à l'École-Militaire.

L'artillerie à pied et à cheval occupa le château de Vincennes.

Les grenadiers et chasseurs à cheval étaient distribués dans les vastes bâtiments de l'École-Militaire.

La compagnie des mamelucks tint garnison à Melun.

Les dragons de l'Impératrice furent casernés au quartier de la rue de Grenelle-Saint-Germain, dit *Panthemont*.

Les lanciers polonais à Chantilly.

Et la gendarmerie d'élite aux Célestins.

Il faut le dire cependant, au temps du Consulat, et même au commencement de l'Empire, les corps-de-garde et les postes occupés par la Garde n'avaient aucun point de ressemblance avec les corps-de-garde hollandais, si pittoresquement retracés sur la toile par Wouvermans et Vandermeulen. Quatre murailles lézardées, recouvertes de devises, de noms, de dates et de grossières figures dessinées au charbon; un poêle de tôle à tuyau biscornu, un râtelier d'armes vermoulu; une table boiteuse, qui servait tout à la fois à ranger les gamelles et à écrire le rapport de chaque jour; un lit de camp noir et poli comme l'ébène, mais assez semblable au lit fabuleux de Procuste, tant il était court; une longue tablette enfumée destinée à placer le bidon, la caisse du tambour et les capotes, roulées en énormes boudins; des hommes de garde; deux ou trois bancs en bois de chêne; quatre chaises pareilles aux chaises d'église, pour les sous-officiers, et un vieux fauteuil recouvert de peau, à clous de cuivre, pour l'officier commandant le poste, formaient l'ameublement de ce repaire enfumé, digne plutôt d'une bande de truands que d'une escouade de braves soldats. Mais ces soldats étaient de la Garde impériale; leurs figures martiales exerçaient un tel prestige, que peu s'en fallait qu'en passant devant un de leurs corps-de-garde on ne les saluât, comme autrefois les citoyens de Rome s'inclinaient devant le temple de Jupiter Stator, confié à la garde des légions de César.

Ce ne fut qu'en 1806 que ces corps-de-garde, ceux surtout attenant aux palais et aux résidences impériales situés hors de Paris, furent améliorés. D'abord les alentours du bâtiment furent assainis; les murs recrépis et badigeonnés; puis ensuite le mobilier fut changé et augmenté, et défense expresse fut faite aux soldats de tracer ou d'incruster quoi que ce soit sur les murs, sur les tables ou sur les bancs.

Intérieur d'un poste de Grenadiers.
GARDE IMPÉRIALE.

L'officier commandant le poste, ainsi que les sous-officiers, eurent une chambre séparée de l'intérieur du corps-de-garde, et chacun d'eux un lit de camp particulier; enfin, plus tard, l'établissement d'une fontaine d'eau vive, placée à proximité du poste, vint encore augmenter ces diverses améliorations.

IV.

SERVICE.

Chacun des corps des grenadiers et des chasseurs à pied, des grenadiers et des chasseurs à cheval de la garde, fournissait un bataillon et un escadron pour faire le service de la résidence impériale où se trouvait l'Empereur. Ce bataillon et cet escadron étaient relevés tous les trois mois; ils avaient avec eux, pour défiler la parade, les sapeurs et la musique de leur corps, qui accompagnaient tous les jours la garde montante.

Chacun des corps d'infanterie était de service pendant une semaine alternativement : ils se relevaient le dimanche.

Le bataillon de grenadiers de service était logé, seulement pendant la durée de ce service, au *Quartier Bonaparte*, quai d'Orsay; celui des chasseurs à Panthemont, rue de Grenelle Saint-Germain. En 1814, les chasseurs abandonnèrent cette caserne aux grenadiers, et furent logés à l'École-Militaire.

Dans l'été, la garde montante défilait la parade à neuf heures du matin, dans la cour du palais habité par l'Empereur, et, dans l'hiver, à midi.

L'escadron des grenadiers et celui des chasseurs à cheval de service étaient également casernés au *Quartier Bonaparte*.

Par décret impérial, daté de Saint-Cloud le 24 messidor an XII (13 juillet 1804), Napoléon fixa de la manière suivante les obligations de service que la Garde impériale aurait à remplir auprès de sa personne, comme auprès de celle des membres de sa famille et des grands dignitaires de l'Empire.

« Art. 1er. Partout où les troupes de la Garde impériale se trouvent réunies avec celles de la ligne, le poste d'honneur leur est déféré.

« Art. 2. Les officiers et sous-officiers de la Garde impériale ont, à grade égal, le commandement sur les officiers et sous-officiers des corps de ligne, lorsqu'ils se trouvent réunis dans un poste pour le même service.

« ART. 3. Lorsque l'Empereur accorde à quelque corps de la ligne l'honneur de participer à la garde de sa personne, les troupes de la Garde impériale conservent toujours la droite, et sont placées dans les postes qui se rapprochent le plus de Sa Majesté.

« ART. 4. Lorsqu'un corps ou un détachement de la Garde impériale voyage et qu'il rencontre un autre corps ou un détachement de troupes de ligne, ce dernier se met en bataille et porte les armes; les drapeaux saluent et les tambours battent aux champs jusqu'à ce que les troupes de la Garde soient passées.

« Les colonels et commandants des détachements se saluent réciproquement.

« Dans ce cas, le corps de la Garde impériale rend les mêmes honneurs qu'il reçoit du corps de la troupe de ligne, mais il ne s'arrête pas dans sa marche.

« ART. 5. Lorsqu'un corps ou un détachement de la Garde impériale est dans une place de guerre ou en campagne, le commandant de ce corps ou de ce détachement fournit seulement l'état de situation en hommes et en chevaux au commandant de la place ou au major-général de l'armée; mais si c'est dans une place assiégée, les corps ou détachements de la Garde impériale qui s'y trouvent, reçoivent, comme les autres corps de la garnison, du commandant supérieur de cette place les ordres de service pour contribuer à la défense générale.

« Lorsque l'Empereur traverse une rivière, ou qu'étant dans un port de mer il va se promener dans le port ou en rade, les marins de la Garde impériale ont exclusivement la garde du bateau qui porte Sa Majesté.

« Hors du palais, la Garde impériale présente les armes et borde la haie pour l'Empereur et l'Impératrice; elle porte également les armes et se met en bataille pour les princes et princesses de la famille impériale; alors les tambours battent *aux champs*. Elle prend de même les armes et les porte pour les colonels-généraux de la Garde, mais alors les tambours ne battent que le *rappel*.

« Lorsque l'Empereur est en campagne, les postes fournis par la Garde impériale prennent les armes et les portent pour les maréchaux de l'Empire ; ils sortent du poste, sans armes, pour les autres généraux, mais les tambours ne battent pas.

« Lorsque l'Empereur n'est pas en campagne, les postes fournis par la Garde impériale rendent aux généraux les mêmes honneurs que leur rendrait la troupe de ligne.

« Les postes fournis par la Garde impériale, hors du palais de Sa Majesté ou en campagne, ou enfin en l'absence de l'Empereur, rendent aux maréchaux de l'Empire les mêmes honneurs que ceux attribués à Sa Majesté elle-même.

« A l'armée, les corps doivent des visites de corps aux aides-de-camp de service de l'Empereur.

« Il ne peut entrer dans le palais que l'Empereur habite aucune troupe que celle commandée pour le service du jour, sans que le colonel-général de service en soit instruit. Dans ce cas, il doit l'être avant l'exécution de l'ordre qui a fait avancer cette troupe ; mais si le colonel-général n'est pas prévenu, ou s'il ignore le motif de l'arrivée de ladite troupe, il doit, de son autorité privée, faire retirer cette troupe. »

CHAPITRE IV.

ÉTATS NOMINATIFS [1].

MAISON MILITAIRE DE L'EMPEREUR.

ÉTAT-MAJOR GÉNÉRAL.

Colonels généraux de la Garde, maréchaux de l'Empire.

DAVOUST (G. D. ✵), commandant les grenadiers à pied.
SOULT (G. D. ✵),   id.   les chasseurs   id.
BESSIÈRES (G. D. ✵),   id.   la cavalerie.
MORTIER (G. D. ✵),   id.   l'artillerie et les marins.

Aides-de-Camp de l'Empereur.

CAFFARELLI (C. ✵), }
LAURISTON (C. ✵),   } génér. de divis.
SAVARY (C. ✵),   }

LEMARROIS (C. ✵),   }
RAPP (C. ✵),   } génér. de brigad.
LE BRUN (C. ✵), colonel.

Aides-de-Camp des colonels-généraux de la Garde.

A. DAVOUST (O. ✵), }
GOURET (O. ✵),   }
BARBANÈGRE (O. ✵), } chefs d'escadr.
LACHAU (O. ✵),   }
BILLARD (O. ✵),   }

FALCON ✵,   }
LAPOINTE ✵,   } capitaines.
LE BRUN ✵,   }
LAMETH ✵,   }
LAPEYRIÈRE ✵,   } lieutenants.

Administration de la Garde.

CHANDELAS ✵, inspecteur aux revues.
CHARAMOND, commissaire des guerres de première classe.
LARREY (O. ✵), chirurgien major en chef.
VERRY, bibliothécaire.

---

[1] Les noms des officiers de la Garde décorés de l'ordre de la Légion-d'Honneur seront toujours indiqués dans nos états nominatifs de la manière suivante, savoir :
    Le Grand Aigle (G. A. ✵),
    Le Grand Dignitaire (G. D. ✵),
    Le Grand Officier (G. O. ✵),
    Le Commandant (C. ✵),
    L'Officier (O. ✵),
    Le Chevalier (✵).
La différence entre le Grand Aigle, le Grand Dignitaire et le Grand Officier de la Légion-d'Honneur, ne consistait que dans la dotation affectée à chacune de ces dignités : les insignes de la décoration étaient les mêmes.

DAVOUST, maréchal de l'Empire,

Colonel-général, commandant les Grenadiers à pied.

CORPS DES GRENADIERS A PIED.

État-Major.

Le général de brigade HULIN (C. ✽), *colonel.*

D'ORSENNE (O. ✽), *major.*

POURAILLY (O. ✽),
NICOLAS (O. ✽), } *chefs de bataillon.*

REAUT ✽, *capitaine quartier-maître.*

| PIERRON ✽, FLAMAND ✽, | } *capit. adjud.-majors.* | MORLAY ✽, RITTER ✽, | } *lieuten. porte-drap.* |
| FAUCON ✽, CHICOT ✽, | } *lieut. sous-adj.-maj.* | DUDONJON ✽, CHAPPE ✽, | } *offic. de santé de 1re cl.* |

BARÈGES, *capitaine à la suite.*

Bataill.	Comp.	CAPITAINES	LIEUTENANTS EN PREMIER		EN SECOND	
1er	1	Joré ✽	Audran ✽	Bazin ✽	Micheler ✽
	2	Meyer ✽	Poret ✽	Triaire ✽	Hollier ✽
	3	Luneau ✽	Mellier ✽	Deneuilly ✽	Dethan ✽
	4	Carré ✽	Pilloud ✽	Mège ✽	Dingremont ✽
	5	Richard ✽	Delvolvé ✽	Lemaître ✽	Belcourt ✽
	6	Renard ✽	Bouhour ✽	Mirabel ✽	Galois ✽
	7	Peyre ✽	Leroy (cadet) ✽	Villemeureux ✽	Deleuze ✽
	8	Aversene ✽	Descombes ✽	Bremont ✽	Naulin ✽
2e	1	Lemarrois (René) ✽	Guillemard ✽	Boudin ✽	Delgas ✽
	2	Duthône ✽	Michel ✽	Caron ✽	Nollot ✽
	3	Theuré ✽	Bourdille ✽	Cirou ✽	Lambert ✽
	4	Chautard ✽	Aubert ✽	Lethoublon ✽	Faure ✽
	5	Metzinger ✽	Laurède ✽	Desmoulins ✽	Castagnier ✽
	6	Rogery ✽	Deblais ✽	Parvy ✽	Rouiller ✽
	7	Leroy (Aîné) ✽	Chapuzet ✽	Pilate ✽	Montenoise ✽
	8	Brousse ✽	. . . . .	Bureau ✽	. . . . .

CORPS DES CHASSEURS A PIED.

État-Major.

Le général de brigade SOULÈS (C. ✸), *colonel.*

GROS (C. ✸), *major.*

Les lieutenants-colonels { BARBANÈGRE (O. ✸), JEANIN (O. ✸), } *chefs de bataillon.*

LARRONY (✸), *capitaine quartier-maître.*

ROUVIER ✸,
FLEURENTIN ✸, } *capit. adjud.-maj.*
LEFEBVRE ✸,
CHAPELLE ✸, } *lieut. sous-adj.-maj.*

FAURE ✸,
SECOND ✸, } *s.-lieut. porte-drap.*
VERGÈS,
LACHAISE, } *of. de santé de 1re cl.*

NUMÉROS DES		CAPITAINES.	LIEUTENANTS	
Bataill.	Comp.		EN PREMIER.	EN SECOND.
1er	1	DESMAROUX ✸	BLONDEAU ✸	METZGER ✸	MALLET ✸
	2	RAMAND ✸	LAPLANE ✸	MÉNÉGUIN ✸	PUÈCH ✸
	3	BERLIER ✸	OLAGNIER ✸	RATTIER ✸	CHARRAU ✸
	4	LAMBINET ✸	DUFOUR ✸	DIVAT ✸	POTIER ✸
	5	DUPIN ✸	GALTÉ ✸	COLOMBAN ✸	SOULES ✸
	6	LAROUSSE ✸	MAHIEU ✸	BIÉ ✸	NICOLAS ✸
	7	BELLATON ✸	ROZET ✸	BOURSIER ✸	FINAT ✸
	8	CASTANIER ✸	LABUSQUETTE ✸	MORIN ✸	HENRY ✸
2e	1	BOUCHER ✸	FÉLIX ✸	VILLARET ✸	DUMENIL ✸
	2	KESSEL ✸	GIMONT ✸	PRESLIER ✸	GUERDIN ✸
	3	RAMPON ✸	PIERON ✸	STINBACK ✸	VINCENT ✸
	4	CAIRE ✸	REDON ✸	ROUX ✸	SIMONIN ✸
	5	BIGARRÉ ✸	BEURMANN ✸	COPPIER ✸	OZERÉ ✸
	6	DAVIGNON ✸	MARTENOT ✸	LAVERNY ✸	LAGUILLERMIE ✸
	7	BERT ✸	CREPY ✸	BARRAL ✸	BEAUCHARD ✸
	8	GARNIER ✸	MAGNE ✸	RATTEAU ✸	PIGEARD ✸

VÉLITES A PIED.

État-Major.

Grenadiers.

CHEZY (O. ✻), *chef de bataillon.*
VEZU ✻, *capitaine adjudant-major.*
DELAIRE ✻, *lieut. sous adjud.-major.*
BRAISE, *officier à la suite.*

Chasseurs.

DENOYERS (O. ✻), *lieutenant-colonel.*
RIGNON ✻, *capitaine adjudant-major.*
HERLOBIG ✻, *sous lieut. s.-adj.-major.*
MAUGRAS, *officier de santé.*

COMPAGNIE DE VÉTÉRANS.

CHARPENTIER (O. ✻), *chef de bataillon.*
MAGNÉ ✻, *capitaine.*

GUYON ✻, REBOUR ✻, *lieutenants en 1er.*
COQUILLON ✻, MARTIN ✻, *lieutenants en 2e.*

BATAILLON DES MATELOTS.

État-Major.

DAUGIER (C. ✻), *capitaine de vaisseau commandant.*
PRINGET ✻, *adjudant-major.*
MAHOUDEAU ✻, *quartier-maître.*
LAURENT ✻, *lieutenant d'artillerie chargé de l'habillement.*
TAILLEFER, *chirurgien-major.*

ÉQUIPAGES.	CAPITAINES DE FRÉGATE commandants.	LIEUTENANTS DE VAISSEAU command^ts. d'escouades.	ENSEIGNES.
1	LEBAS SAINTE-CROIX ✻	MONTFORT ✻ CHEVALIER ✻ THONARON ✻	CRETET ✻ LEROY ✻
2	WATTIER ✻	ROQUEBERT ✻ ETCHÉGARAY ✻ BONIFACE ✻	GAULTIER ✻ GERODIAS ✻
3	BASTE ✻	SAIZIEU ✻ LEHENAFF ✻ BOUVIER ✻	PIRON ✻ JACQUELOT ✻
4	ROQUEBERT ✻	COTELLE ✻ GERDY ✻ SERVAL ✻	MASSON ✻ ROUGOEUIL ✻
5	LECOAT KERVÉGUEN ✻	GRIVELLE ✻ KERAUDREN ✻ BARBEZI ✻	THEISSIER MARGUERITE ✻ LEGOFF ✻

CORPS DES GRENADIERS A CHEVAL.

État-Major.

Le général de brigade ORDENER (C. ✯), colonel.
LEPICQ (O. ✯), major.

MOURIÉ (O. ✯),
BOURDON (O. ✯),
CLÉMENT (O. ✯), } chefs d'escadron.
JOLIVET (O. ✯),
PERROT (O. ✯), chef d'escad. quart.-m.
LAHUBERDIÈRE ✯, capit. adjud.-maj.
PARISOT ✯, capitaine instructeur.
CARRÉ ✯, adjudant-lieutenant.

JACOB ✯,
PICQUENET ✯,
WALTER ✯, } lieut. porte-étend.
PICARD ✯,
SABATTIER ✯, adjud. lieuten. en 2°.
DIÉCHÉ ✯, offic. de santé de 1re classe.
CASSEL, officier de santé de 2e classe.
DIÉCHÉ (jeune), chirurgien de 3e classe.

| NUMÉROS DES | | CAPITAINES. | LIEUTENANTS | | | |
Escad.	Comp.		EN PREMIER.		EN SECOND.	
1	1	MANFROY ✯	COLIN ✯	BOURDE ✯	CAMPARIOL ✯	MENY ✯
	5	DUCLAUX ✯	CROIZIER ✯	HARDY ✯	DELAPORTE ✯	TASCHÈRE ✯
2	2	BLANCARD ✯	FEYT ✯	DESMONT ✯	PERTUS ✯	DUPETY ✯
	6	SEGANVILLE ✯	AUZONY ✯	LAJOYE ✯	VARNOUT ✯	BORDE ✯
3	3	ROSSIGNOL ✯	LIGIER ✯	BURGRAFF ✯	IMBERT ✯	BUFEQUIN ✯
	7	DUJON ✯	CHASSIN ✯	RING ✯	MESSAGER ✯	LHUILLIER ✯
4	4	HOLDRINET ✯	GUILLAUME ✯	DUVIER ✯	BEAUGEOIS ✯	MELINE ✯
	8	DIETTMANN ✯	MESSIER ✯	VERRIÈRE ✯	ROLLET ✯	BUYCK ✯

CORPS DES CHASSEURS A CHEVAL.

État-Major.

Le général de brigade EUGÈNE BEAUHARNAIS (G. D. ✯), colonel.
MORLAND (C. ✯), major.

DAHLMANN (O. ✯),
BEURMANN (O. ✯),
BOURBIER (O. ✯), } chefs d'escadron.
GUYOT (O. ✯),
CLERC ✯, capitaine adjudant-major.
NAGER ✯,   id.   instructeur.
THERVAY ✯, id.   adjudant-major.

DOMANGÉ ✯,
MEKNER ✯, } adjudants-lieuten.
GUIBERT ✯,
PEYROT ✯,
SÈVE ✯, } Porte-étend. lieut.
VIALA ✯,
ASSALIGNY, officier de santé de 1re classe.

| NUMÉROS DES | | CAPITAINES. | LIEUTENANTS | | | |
Escad.	Comp.		EN PREMIER.		EN SECOND.	
1	1	BUHU ✯	SCHMIT ✯	DESMICHEL ✯	PARISOT ✯	SAUSOT ✯
	5	CLERC ✯	POIRET ✯	DUVERNOY ✯	DUPONT ✯	DOUCHERY ✯
2	2	ROMIEUX ✯	BUREAU ✯	RABUSSON ✯	PERRIER ✯	JOLY ✯
	6	FRANCQ ✯	. . . . .	MUZY ✯	BARBANÈGRE ✯	HIPOLITE ✯
3	3	DELACROIX ✯	CALLORY ✯	JOANNÈS ✯	PIBOUT ✯	MAZIAUX ✯
	7	CAVROIS ✯	GUION ✯	ROUGEOT ✯	COLOMIER ✯	PAILLÉS ✯
4	4	DAUMESNIL ✯	FOURNIER ✯	LEGROS ✯	THOMASSIN ✯	ADET ✯
	8	MARTIN ✯	MONNIER ✯	DELASSUS ✯	BAYEUX ✯	BRASSEUR ✯

Le Prince EUGÈNE, colonel-général, commandant en chef les chasseurs à cheval (les Guides).

GARDE IMPÉRIALE.

COMPAGNIE DE MAMELUCKS.
État-Major.

Delaître ✻, capitaine-commandant.
Rouyer ✻, adjudant-lieutenant.
Mauban ✻, chirurgien-major.

Hibrahim ✻, Souroube ✻, } capitaines.
Renno ✻, Dahoud ✻, } lieutenants en 1er.

Elias ✻, Chaim ✻, Soliman ✻, Abdhalla ✻, } lieutenants en 2e.

GENDARMERIE D'ÉLITE
État-Major.

Savary (C. ✻), général de brigade, colonel.
Jacquin (O. ✻), major.
Renault ✻, officier de santé de 1re classe.

Henry (O. ✻), Dautancourt (O. ✻), } chefs d'escad.
Meckenem ✻, capit. adjud.-major.

Colin ✻, capitaine quartier-maître.
Pelet ✻, Rochereuil ✻, } adjud. s.-lieuten.

DÉSIGNATION DE L'ARME.	COMPAGNIES.	CAPITAINES.	LIEUTENANTS.	
Infanterie, 1 bat..	1	Montmarie ✻	Drohault ✻	Ledoux ✻
	2	Dualmont ✻	Bellanger ✻	Verneuil ✻
Cavalerie, 2 escad.	1	Bloump ✻	Gery ✻	Besançon ✻
	3	Oger ✻	Bourgeois ✻	Noireau ✻
	2	Lenoir ✻	Pinon ✻	Moreau ✻
	4	Roise ✻	Jeanin ✻	Dancourt ✻

ARTILLERIE.
État-Major.

Couin (C. ✻), colonel.

Doguereau cadet (O. ✻), Digeon (O. ✻), } ch. d'escad.
Grenier ✻, adjudant-major.
Robert ✻, lieutenant quart.-maître.
Sandras ✻, instructeur.

Sauvage ✻, lieut. en 2e, porte-étend.
Boisselier (✻), id. adjudant.
Therin, officier de santé de 1re classe.
Souchotte, id. de 2e id.
Thirion, professeur de mathématiques.

Compagnies d'Artillerie légère.

NUMÉROS.	CAPITAINES EN SECOND.	LIEUTENANTS	
		en premier.	en second.
1	Chauveau ✻	Eichhornn ✻	Lafond ✻
2	Dubuard ✻	Berthier ✻	Couin jeune ✻

PARC D'ARTILLERIE.

POMMEREUIL (✻), *capitaine en 2⁰ d'ouvriers.*
CUNY (✻), *lieutenant en 2ᵉ, garde du parc.*

GUETTMANN (✻), *garde d'ouvriers.*

MONIN,
LABARRE,
DEVEAU,
HUGO.
} *sous-gardes.*

PETIT,
BERTRAND,
BERTIN,
GUILLEMINAULT,
MAUPREVEZ.
} *conducteurs.*

TRAIN.

DEVARENNES (✻), *capitaine-commandant.*
LEROY (✻), *lieutenant-adjudant-major.*

Compagnies. {
1. FODAY ✻,
2. LE BLANC ✻,
3. THIBERGE ✻,
4. PERRON ✻,
} *lieutenants.*

GÉNIE.

État-Major.

BOISSONNET (O. ✻), *chef de bataillon.*
EMOND ✻, *capitaine.*

SERVICE DE SANTÉ.

Hôpital de la Garde, dit du Gros-Caillou.

SÜE, *médecin en chef.*
LARREY (O. ✻), *chirurgien en chef.*
SUREAU, *pharmacien en chef.*
PAULET ✻, *chirurgien de 1ʳᵉ classe.*

ZINCK ✻,
POIRÇON,
} *chirurgiens de 2ᵉ classe.*

VERGES,
FERLUT,
} *id   de 3ᵉ id.*

ALYON, *pharmacien de 1ʳᵉ classe.*
LAGARDE, *id.   de 2ᵉ   id.*
FOURCY,
BARBÈS,
} *id.   de 3ᵉ   id.*

CHAPITRE V.

DISTRIBUTION DES CROIX DE LA LÉGION-D'HONNEUR.

CAMP DE BOULOGNE.

Après l'avénement de Napoléon à l'Empire, la nouvelle Garde impériale avait prêté serment au chef qu'elle avait élevé sur le pavois* ; mais lui voulut réveiller l'esprit du soldat en invoquant l'enthousiasme des vieilles légions de Rome, et, comme le vainqueur des Gaules, leur adresser quelques-unes de ces paroles qui savent remuer les âmes.

Déjà l'organisation de la Légion-d'Honneur avait été complétée. La qualité de membre de la Légion-d'Honneur se perdait, ainsi que l'exercice des droits qui y étaient attachés, par les mêmes causes qui faisaient perdre la qualité de citoyen français. Aucun jugement emportant peine infamante ne pouvait être exécuté contre un membre de la Légion-d'Honneur avant qu'il n'eût été dégradé. Pour cette dégradation, le président prononçait, immédiatement après la lecture du jugement, cette formule : *Vous avez manqué à l'honneur ; je déclare, au nom de la Légion-d'Honneur, que vous avez cessé d'en être membre.* La cassation d'un officier, d'un sous-officier, d'un soldat légionnaire, ne pouvait avoir lieu que d'après l'autorisation du ministre de la guerre, qui ne la donnait qu'après en avoir informé le grand-chancelier, qui en référait à l'Empereur**.

---

* Réponse de l'Empereur à la députation de la Garde impériale, qui lui fut présentée le 25 messidor an XII (15 juin 1804), par le maréchal Bessières :

« Je connais les sentiments de la Garde pour ma personne ; ma confiance dans la
« bravoure et dans la fidélité des corps qui la composent est entière. Je vois constam-
« ment avec le plus grand plaisir mes compagnons d'armes échappés à tant de dangers,
« et couverts de tant d'honorables blessures, et j'éprouve un sentiment de parfaite
« satisfaction lorsque je puis me dire, en les considérant sous leurs drapeaux, qu'il
« n'est pas une des batailles, pas un des combats livrés pendant ces quinze dernières
« années, et dans les quatre parties du monde, qui n'ait eu parmi eux des témoins et
« des acteurs. » (*Moniteur.*)

** Arrêté du 22 messidor an XII (11 juillet 1804.)

Les étrangers nommés membres de la Légion-d'Honneur étaient *admis* et non *reçus*. Ils portaient la décoration et ne prêtaient point de serment; ils ne comptaient pas dans le nombre fixé pour chaque grade; ils ne jouissaient pas des droits politiques attribués aux légionnaires.

La décoration de la Légion consistait dans une étoile à cinq rayons doubles. Le centre de l'étoile, entouré d'une couronne de chêne et de laurier, présentait la tête de l'Empereur, avec cette légende : *Napoléon, Empereur des Français*, et, de l'autre, l'aigle français tenant la foudre, avec cette légende : *Honneur et patrie*. La décoration était émaillée de blanc; en or pour les grands-officiers, commandants et officiers, et en argent pour les légionnaires. On la portait à la boutonnière de l'habit, attachée à un ruban rouge moiré. Les membres de la Légion devaient toujours porter leur décoration[*].

La *fête de la Conquête de la Liberté* et celle *de la Fondation de la République*, maintenues par la loi du 3 nivose an VIII (24 décembre 1799), étaient tombées en désuétude. Le 14 juillet 1804 fut choisi par Napoléon pour faire l'inauguration de la Légion-d'Honneur, recevoir le serment des membres, et leur en distribuer lui-même les décorations.

Ce jour-là, la nouvelle Garde impériale défila devant l'Empereur, aux Tuileries, puis vint border la haie depuis le palais jusqu'aux Invalides. L'Impératrice Joséphine traversa le jardin dans une voiture à huit chevaux, accompagnée des princesses, sœurs et belles-sœurs de l'Empereur. Au bruit d'une salve d'artillerie, Napoléon partit à cheval du palais, précédé par les maréchaux, et suivi des colonels-généraux de sa Garde, de ses aides-de-camp. La marche était ouverte par les chasseurs à cheval de la Garde, et fermée par les grenadiers. Le canon des Invalides annonça son arrivée. Le gouverneur (le maréchal Serrurier) vint recevoir Napoléon en dehors de la grille de l'hôtel, et lui en présenter les clefs. Les ministres et ceux des grands officiers de l'Empire qui n'étaient pas venus à cheval, se réunirent sur l'esplanade de l'hôtel, et prirent rang dans le cortége.

Le cardinal archevêque de Paris reçut l'Empereur à la porte de l'église, et lui présenta l'encens et l'eau bénite; ensuite le clergé le

---

[*] Décret du 24 messidor an XII (13 juillet 1804.)

conduisit processionnellement, sous le dais, jusqu'au trône impérial, au bruit d'une marche militaire. Il s'y plaça, et chacun prit son rang autour de lui, suivant la loi de l'étiquette.

Un immense amphithéâtre était occupé par sept cents invalides et cent élèves de l'École polytechnique. Les grands officiers, les commandants, les officiers et les membres de la Légion étaient rangés dans la nef.

Le cardinal commença la messe. Après l'Évangile, le grand-chancelier de la Légion-d'Honneur prononça un discours. Rappelant les souvenirs du 14 juillet 1789, il dit que tout ce que cette mémorable journée avait établi était inébranlable, et que rien de ce qu'elle avait détruit ne pouvait reparaître; il appela ensuite successivement les grands-officiers, qui s'approchèrent du trône pour prêter le serment prescrit.

Alors Napoléon se couvrit, et d'une voix forte et accentuée prononça la formule de ce serment, en interpellant les commandants, les officiers et les légionnaires. Tous, debout, la main levée, répétèrent à la fois : *Je le jure!*

La messe finie, les décorations furent déposées au pied du trône, dans un bassin d'or. Celle de l'Empereur, après être passée des mains

du grand-maître des cérémonies, arriva au prince Louis, qui l'attacha lui-même à l'habit de Napoléon. Puis le grand chancelier appela successivement les membres de la légion dans l'ordre de leurs grades, pour recevoir la décoration des mains de l'Empereur. Là se trouvaient mêlés le soldat de la Garde, le général, le pontife, le magistrat, l'administrateur, le savant et l'artiste. La cérémonie se termina par un *Te Deum*. Le retour aux Tuileries se fit dans le même ordre que le départ. Le soir, il y eut illumination aux Tuileries, concert sur la terrasse du palais, et feu d'artifice sur le Pont-Neuf.

Cette solennité fut majestueuse et imposante; la vive émotion qu'elle avait excitée à plusieurs reprises dans l'église des Invalides s'était manifestée davantage encore à la sortie du temple, et longtemps après le départ de Napoléon les cours de l'hôtel réservé aux martyrs des batailles retentirent des cris de : *Vive l'Empereur* * !

A quelques jours de là, Napoléon partit pour Boulogne. Il voulait se montrer aux troupes des camps. L'expédition d'Angleterre se préparait avec un grand déploiement d'énergie; 150,000 hommes salueraient leur Empereur sur le rivage de la Manche. Napoléon avait distribué la Légion-d'Honneur à sa Garde aux Invalides, il voulut répéter la grandeur de cette solennité au camp de Boulogne. En visitant ses braves légions, l'Empereur devait récompenser tant de dévouement à sa personne et à son service; sa présence encouragerait les travaux; les soldats s'accoutumeraient à voir César sous la tente. Il arriva donc à Boulogne avec l'impératrice Joséphine, qui semblait le dominer comme une destinée mystérieuse, et se trouva bientôt au milieu des régiments massés sur une vaste étendue du littoral. Puis il annonça à la grande armée *, par un ordre du jour, que, dans la fête militaire du lendemain,

---

* Pour prouver que Napoléon ne prodiguait pas la croix de la Légion-d'Honneur, il nous suffira de citer un seul fait.

Veyrat, inspecteur-général de la police militaire, avait rendu de nombreux services, notamment dans toutes les tentatives qui avaient été faites contre la vie de Napoléon sous le consulat, et principalement dans l'affaire Mallet, en 1812, puisque c'est lui qui, en arrêtant ce dernier chez le général Hulin, gouverneur de Paris, fit en quelque sorte avorter cette incroyable conspiration. Veyrat n'avait qu'une seule ambition : celle de voir sa boutonnière ornée du ruban rouge. Nombre de hauts fonctionnaires qui s'intéressaient à lui en avaient fait la demande à l'Empereur sans pouvoir jamais réussir. Un jour que le duc de Rovigo, qui avait succédé à Fouché au ministère de la police, énumérait les droits qu'il croyait que Veyrat avait à cette distinction, Napoléon l'ayant laissé parler sans l'interrompre, lui dit enfin : —Vous avez raison, Savary, je conviens de tout cela, je suis très-content de Veyrat, il me sert bien et depuis longtemps; je lui donnerai de l'argent tant qu'il voudra, mais la croix... jamais ! dites-le lui une fois pour toutes, et qu'on ne m'en reparle plus.

il distribuerait les croix de la Légion-d'Honneur aux plus méritants de l'armée ; tous devaient la recevoir de sa main, comme pour en garder un souvenir plus puissant. Sur une hauteur, là où les dunes forment un grand amphithéâtre, la Garde impériale et l'armée se rangèrent en colonnes serrées ; au-devant de la ligne, d'innombrables navires de la flottille, par des évolutions répétées, semblaient se réjouir de la présence de leur Empereur, comme les dauphins de la fable autour de Neptune. De nombreuses salves d'artillerie, le son d'une musique militaire qui retentissait d'écho en écho, les fanfares des trompettes bruyantes, le roulement de trois cents tambours, se firent entendre lorsque Napoléon parut. Il se plaça au centre de cet amphithéâtre ; il était assis, en guise de trône, sur le vieux siége en fer des rois de la première race, tenant en sa main les attributs impériaux ; derrière lui était le bouclier de Bayard, et dans le casque de Duguesclin les croix de l'ordre glorieux qu'il allait distribuer aux dignes enfants de la France. Les maréchaux se groupaient à ses côtés ; le maréchal Berthier lisait les noms de chaque soldat ou officier qui recevait la noble distinction de tant de services ; puis chacun s'avançait près de l'Empereur, qui disait à tous une parole bienveillante en leur remettant l'insigne de l'honneur. Aux plus anciens soldats, il rappelait l'Egypte, l'Italie, et de grosses larmes roulaient dans leurs yeux brillants du souvenir de Montenotte, des Pyramides ou de Marengo ; glorieux pêle-mêle de héros, qui tous s'approchaient avec respect de celui qui les avait faits tels. Cette cérémonie dut laisser dans le cœur de tous d'indicibles souvenirs. Nous les retrouverons, aux jours des batailles et même aux époques de décadence, toujours les mêmes, et tressaillant au seul nom de leur Empereur !

* Ce fut à l'époque des premières dispositions prises à Boulogne pour opérer la descente en Angleterre, que Napoléon (qui n'était encore que Consul à vie) ordonna la formation d'une grande armée divisée en six corps principaux et distincts. Berthier, alors ministre de la guerre, joignit à ces fonctions celles de major-général de cette armée. Il était facile de deviner qui devait en être le chef suprême. Après avoir arrêté toutes les bases de cette vaste organisation, le Consul, dans une lettre au major général, en date du 25 prairial an XI (14 juin 1803), désigna les régiments des différentes armes qui devaient former les six corps de cette armée sans pareille. Telle fut l'origine de la *grande armée*, dont l'organisation définitive ne fut cependant complète que sous l'Empire, et qui concentra, sous le commandement de Napoléon seul, toutes les forces militaires de la France. Dès ce moment la Garde impériale fit partie indispensable de la grande armée, et en devint en quelque sorte le pivot et le moteur.

Cette solennité ne dura qu'une journée; et, dès le lendemain, Napoléon accomplit son œuvre de visite solennelle dans les camps; il voulut tout voir, comme la première fois qu'il avait visité Boulogne. Il travaillait successivement avec le ministre de la guerre et avec celui de la marine. L'homme de guerre qu'il consulta le plus fut sans contredit le maréchal Soult. Puis, montant sur un navire au milieu de la mer houleuse, il fit exécuter des manœuvres devant lui. Le vent de l'Océan soufflait avec violence; il put juger combien serait périlleuse une semblable expédition; mais les troupes de terre durent s'habituer aux roulis des tempêtes, si fréquentes sur les côtes du nord de la France. Quelques divisions de la flottille abordèrent au port, et Napoléon bondit de joie au spectacle que lui avait préparé l'amiral Werhuel, entrant avec une division de chaloupes hollandaises au moment même où il distribuait les récompenses si légitimement dues au courage et à l'intrépidité; car, il faut le dire, ce n'était que dans les camps et entouré de sa Garde, que Napoléon se trouvait heureux; c'était là l'élément de sa glorieuse vie; il comprenait le langage de ses soldats, et se faisait comprendre de ces hommes fiers d'avoir un tel chef à leur tête.

COMPOSITION ET FORCE NUMÉRIQUE DE LA GARDE
PENDANT LES SIX DERNIERS MOIS DE L'ANNÉE 1804.

État-major et administration			26

Infanterie.

Grenadiers à pied	1 régiment	1,716	
Vélites grenadiers	1 bataillon	955	
Chasseurs à pied	1 régiment	1,716	
Vélites chasseurs	1 bataillon	955	
Vétérans	1 compagnie	102	
Matelots	4 bataillons	806	
		6,250	6,250

Cavalerie.

Grenadiers à cheval	1 régiment	1,018	
Chasseurs à cheval	1 régiment	1,018	
Mamelucks	1 compagnie	124	
Gendarmerie d'élite	1 batail. 2 escad.	632	
		2,792	2,792

Artillerie. 1 escadron d'artillerie légère, 1 section d'ouvriers, 1 compagnie du train... 712

Hôpital dit du Gros-Caillou 18

Total 9,798

LIVRE CINQUIÈME.

ANNÉE 1805.

Du 11 nivose an XIII, au 10 nivose an XIV ; (du 1er janvier au 31 décembre 1805).

CHAPITRE PREMIER.

I.

ADMISSION DES MILITAIRES DE LA GARDE
A l'Hôtel impérial des Invalides.

Pourvoir à la subsistance, au logement et à l'entretien convenables d'un grand nombre d'officiers, de sous-officiers et de soldats que leur courage et leurs services ont mis dans le cas d'entrer aux Invalides, et que leur peu de fortune a réduits à la nécessité d'avoir besoin de ce secours, fut la pensée de Louis XIV. Napoléon continua l'œuvre sublime du grand roi, et l'on sait que, sous son règne, l'Hôtel impérial des Invalides recouvra toute la splendeur, tout le confortable qu'il avait au XVIIe siècle, et dont les gouvernements révolutionnaires précédents s'étaient fait un jeu de le dépouiller.

Au temps de Louis XIV, de Louis XV et de Louis XVI, les corps privilégiés de l'armée française fournissaient peu de sujets aux Invalides. Les soldats des *gardes françaises* et les *gardes suisses*, seuls, pouvaient briguer l'avantage d'entrer dans cet établissement, parce que les corps de la maison militaire du roi n'étaient composés que d'officiers, tels que les *gardes du corps*, les *gardes de la porte*, les *gendarmes* et les *mousquetaires*, qui se retiraient presque tous avec des pensions qui suffisaient, en ce temps, à leurs besoins. Les Suisses, après leur congé, étaient admis dans les emplois subalternes de la maison civile du roi en qualité de gardiens des jardins ou de suisses du château; et les gardes françaises, dont les soldats exerçaient presque tous des industries lucratives, s'établissaient dans Paris avec la petite somme d'argent qu'ils tenaient de la libéralité du roi. Les soldats de ces corps privilégiés étaient donc en fort petit nombre à l'hôtel, et proportionnellement il s'y trouvait plus d'officiers de la maison bleue * (les gardes du corps, les gardes de la porte et les gendarmes), que de gardes françaises et de gardes suisses.

Les traditions militaires vivent et se perpétuent malgré les révolutions. Les soldats de la Garde impériale comprenaient instinctivement qu'ils avaient une paie assez haute, ou une pension assez forte, quand ils se retiraient du service (et ce revenu était presque doublé quand ils y ajoutaient la dotation de leur croix d'honneur), pour se créer, dans leurs vieux jours, une position indépendante. En outre ceux qui savaient lire et écrire pouvaient demander à l'Empereur des emplois, soit dans les contributions indirectes, soit dans les domaines impériaux, soit enfin dans l'administration des forêts**. Ils étaient presque toujours sûrs de réussir dans leurs demandes, car Napoléon aimait par-dessus tout à savoir heureux et satisfaits les vieux compagnons de ses cam-

---

* Les officiers de *la maison bleue* (parce que leur uniforme était bleu) étaient nobles aussi bien que ceux de *la maison rouge*, mais moins riches; quelques-uns même étaient très-pauvres. Les gardes du corps et les gardes de la porte se voyaient souvent forcés, quand l'âge de la retraite arrivait pour eux, d'entrer aux Invalides; mais là, du moins, ils étaient noblement traités jusqu'à leurs derniers jours. Ils préféraient cette existence à la vie qu'ils auraient menée dans leurs provinces avec une chétive pension.

** Il est de notoriété administrative qu'après la campagne d'Austerlitz, Napoléon distribua aux congédiés de sa Garde plus de cent emplois civils. C'était agir à la manière de César qui, lui aussi, plaçait ses soldats dans les provinces acquises à la domination romaine.

pagnes, *les ouvriers de sa gloire,* comme il le disait lui-même dans
ce langage poétique qu'il savait employer si à propos.

Les soldats de la Garde avaient d'ailleurs une transition naturelle à
franchir ; quand, par leur âge, leurs blessures ou leurs infirmités, ils
étaient rayés des contrôles des bataillons actifs, ils avaient la facilité
d'entrer dans la compagnie des vétérans de la Garde ; c'était aussi un
service actif, mais fort doux et fort bénin, qui se bornait à monter une
garde de six heures une fois tous les huit jours dans leur garnison. Ces
vétérans de la Garde étaient si bien traités, si choyés, si exempts de
soucis, que les autres soldats les appelaient les *chanoines de l'armée.*
L'Empereur les ayant fait venir un jour à une grande parade dans la
cour des Tuileries, s'arrêta devant eux et dit :

— Quel est celui de vous qui compte le moins de services comme
étant le plus jeune ?

— Sire, c'est moi ! répondit une voix dans les rangs.

— Et combien comptes-tu d'années de service ? poursuivit Napoléon.

— Trente-six ans, Sire, répondit la même voix.

— Diable ! mais alors combien compte donc de service le plus vieux
d'entre vous ?

— Cinquante-trois ans, mon Empereur, en comptant mes campagnes, repartit un autre soldat dont la figure fraîche et épanouie était
rehaussée par une énorme paire de moustaches blanches.

— Tout cela est très-bien, fit Napoléon au soldat qui n'avait que
trente-six ans de service ; mais toi, tu n'es qu'un conscrit en comparaison de ton camarade. Cependant tout jeune que tu es encore, je te
fais sergent ainsi que ton *ancien*, et j'espère que dans l'occasion vous
saurez bien encore l'un et l'autre brûler quelques cartouches.

Puis se retournant vers le général Bertrand, le même qui plus tard
fut grand maréchal du palais, mais qui n'était encore qu'un de ses
aides-de-camp :

— Voyez donc, Bertrand, tous ces gaillards-là, lui dit-il, comme
ils se portent bien : ils ont des faces de Bernardins *.

---

* C'était une des expressions de Napoléon pour peindre un homme qui avait une
grosse figure bien réjouie. On sait que les Bernardins étaient des moines fort riches
qui avaient une table splendidement servie et dont l'embonpoint naturel était devenu
proverbial.

Il arrivait pourtant quelquefois que des soldats de la Garde demandaient leur admission à l'Hôtel des Invalides. Quand les titres des candidats étaient légalement établis, le ministre de la guerre s'empressait de faire droit à leurs réclamations, et ils entraient, *de plano*, à l'Hôtel avec le grade de sous-officiers, c'est-à-dire de sergent pour l'infanterie, et de maréchal-des-logis pour la cavalerie et l'artillerie. Cette admission était presque toujours accompagnée d'une gratification que l'Empereur avait ordonnée, une fois pour toutes, de prélever sur la masse noire du corps. Cette gratification allait de 40 à 120 francs, selon le mérite de l'individu, et l'on comprendra tout ce que cette petite somme avait de gracieux pour un soldat, surtout lorsqu'il avait par devers lui quelques économies.

Aux Invalides même, les militaires de la Garde étaient l'objet des déférences de leurs camarades. Dans cet asile consacré à la valeur brisée par l'âge, les petites jalousies, les rivalités de corps n'existaient plus; et le brave soldat, quel qu'il fût, rendait un hommage sincère au soldat brave comme lui.

Aujourd'hui encore, on compte à l'Hôtel des Invalides plusieurs anciens soldats de la vieille Garde. Il est beau de voir nos mutilés de l'armée d'Afrique se grouper autour de ces Nestor de l'ancienne armée, de ces maîtres en fait de vertus militaires, et les écouter raconter les grandes et terribles journées de l'empire. Les lauriers des Pyramides et de Marengo semblent s'unir aux palmes de l'Atlas et d'Isly; aussi est-on fier de voir ces deux générations de guerriers égaux en intrépidité, en dévouement et en patriotisme.

Un décret impérial, daté du palais des Tuileries, le 9 pluviose an XIII (29 janvier 1805), prescrivit donc les dispositions suivantes pour l'admission des militaires de la Garde à l'Hôtel impérial des Invalides.

« ART. 1er. Lorsque l'âge, les blessures ou des infirmités ne permettront plus aux militaires de la Garde impériale de continuer leur service, ils seront admis aux Invalides ou à la solde de retraite, sur la demande que les colonels-généraux en feront au ministre.

« ART. 2. Les soldes de retraite seront fixées sur les mêmes bases que celles arrêtées pour l'armée, mais elles seront augmentées de moitié.

« Art. 3. Ceux qui obtiendront leur entrée à l'Hôtel impérial des Invalides, y jouiront des prérogatives et traitements des grades supérieurs à ceux qu'ils occupaient dans la Garde.

« Le simple garde sera traité comme caporal ou brigadier.

« Le caporal ou brigadier, comme sergent ou maréchal-des-logis.

« Le sergent ou maréchal-des-logis, comme sous-lieutenant.

« L'officier jouira de tous les avantages accordés au grade supérieur à celui qu'il occupait dans la Garde.

« Art. 4. Si le militaire de la Garde, après son admission à l'Hôtel impérial des Invalides, préfère la pension représentative de l'Hôtel, cette pension lui sera accordée après avoir été fixée d'après les principes de l'art. 2 ci-dessus, et pour le grade qu'il occupait dans la Garde. »

II.

CRÉATION DES VÉLITES A CHEVAL, DANS LA GARDE.

Un second décret, daté du palais de Saint-Cloud, le 30 fructidor an XIII (17 septembre 1805), était ainsi conçu :

« Art. 1er. Il sera formé un corps de vélites à cheval de huit cents hommes.

« Art. 2. Ce corps sera composé de conscrits des trois dernières années, à raison de *six* par département, pris parmi ceux qui s'offriront volontairement, ou, à défaut, désignés par le préfet.

« Art. 3. Parmi les *six* vélites fournis par chaque département, *trois* devront avoir la taille de 5 pieds 4 pouces, et trois la taille de 5 pieds 5 pouces et au-dessus.

« Art. 4. Les vélites devront être bien constitués et avoir, par eux-mêmes ou par leurs parents, un revenu assuré de 300 francs par an.

« Art. 5. Si, dans la réserve des années XI, XII, XIII (1803, 1804 et 1805), il ne se trouvait pas un nombre suffisant d'hommes réunissant les qualités requises pour être admis dans ce nouveau corps, on pourra y recevoir ceux qui ayant dix-huit ans révolus, réuniront les qualités requises et se présenteront de bonne volonté.

« Art. 6. Le corps des vélites à cheval sera divisé en huit compagnies.

« Chacune de ces compagnies sera composée ainsi qu'il suit, savoir :

1 Capitaine.

1 Lieutenant en premier.
1 Lieutenant en second.
1 Maréchal-des-logis-chef.
4 Maréchaux-des-logis.

1 Fourrier.
8 Brigadiers.
100 Vélites.
2 Trompettes.

« Il y aura de plus et par la suite, deux maréchaux-des-logis et quatre brigadiers nommés parmi les vélites qui auront plus d'un an de service dans le corps.

« Art. 7. Il sera attaché à ce corps :

2 Chefs d'escadron.
2 Adjudants-majors.

2 Adjudants-sous-officiers.
1 Armurier.

« Les chefs d'escadrons, les capitaines, les lieutenants en premier, les lieutenants en second, les adjudants-majors, l'adjudant et les sous-officiers seront fournis, moitié par le régiment des grenadiers, et moitié par le régiment des chasseurs à cheval de la Garde.

« Art. 8. La comptabilité des quatre compagnies de vélites commandées par les officiers de grenadiers à cheval, sera gérée par le Conseil d'administration de ce régiment. La comptabilité des quatre compagnies de vélites commandées par les officiers de chasseurs à cheval, sera gérée par le Conseil d'administration de ce régiment.

« Art. 9. La solde, les masses et la première mise des quatre compagnies de vélites attachées au régiment de grenadiers, seront les mêmes que celles des grenadiers à cheval de la Garde. La solde, les masses et la première mise des quatre compagnies attachées au régiment de chasseurs, seront les mêmes que celles des chasseurs à cheval de la Garde.

« Art. 10. Les conscrits qui seront admis dans le corps des vélites à cheval, ou leurs parents, verseront, dans la caisse du corps, tous les trois mois et à l'avance, le quart de la somme de 300 francs prescrite par l'art. 4.

« Art. 11. Chaque vélite devra, à l'époque de son admission, se pourvoir, à ses frais, d'une culotte de peau de daim, d'une paire de bottes et d'une paire de gants d'uniforme.

« Art. 12. Ceux des vélites qui se seront distingués par leur conduite, leur aptitude et leur tenue, pourront être admis dans la Garde impériale avant d'avoir atteint l'âge et le nombre d'années de service exigés pour faire partie de ladite Garde.

« ART. 13. Les vélites pourront recevoir leur congé lorsqu'ils auront fait le nombre d'années de service exigé par les lois relatives à la conscription. »

Il était attaché à chaque corps de vélites et aux frais du gouvernement, des maîtres de lecture, d'écriture, d'arithmétique et de gymnastique nécessaires à leur instruction; il y avait aussi des maîtres de mathématiques et de dessin, dont le traitement était payé en partie par l'État, et en partie par ceux des vélites qui prenaient des leçons particulières.

ÉTAT-MAJOR DES VÉLITES A CHEVAL.

Grenadiers.

CLEMENT (O. ✳), *chef d'escadron.*
COMPARIOL ✳, *adjudant-major.*
LEPOT ✳, *lieutenant en second.*

Chasseurs.

CLERC jeune (O. ✳), *chef d'escadron.*
FOURNIER ✳, *capitaine-adjudant-major.*
SAULNIER ✳, *adj. lieutenant en second.*

CHAPITRE II.

LA GARDE, PENDANT LA CAMPAGNE D'AUTRICHE, EN 1805.

I.

BATAILLE D'AUSTERLITZ.

L'Angleterre n'avait pas vu sans une profonde inquiétude les dispositions menaçantes prises par Napoléon, au camp de Boulogne, pour effectuer sur ses côtes une descente qui eût infailliblement consommé sa ruine. L'Angleterre, disons-nous, eut donc recours à son système ordinaire, c'est-à-dire aux intrigues et à son or, qui, tant de fois, avaient rompu l'harmonie qui régnait entre la France et les autres puissances du continent.

La Russie fut la première qui céda à son influence, et conclut un traité que l'Autriche ratifia en se joignant à elle. l'Empereur d'Autriche, par suite de cet arrangement, rassembla deux cent mille hommes qui devaient attendre l'arrivée des Russes; mais les circonstances ayant forcé l'Autriche à commencer les hostilités, ses troupes envahirent la Bavière, et forcèrent l'Electeur à chercher un refuge hors de ses Etats.

Aussitôt que Napoléon eut connaissance du mouvement des Autrichiens, il suspendit son expédition maritime si bien combinée, leva le camp de Boulogne, fit partir la Garde en poste pour l'Allemagne, passa le Rhin à Kelh, et vint lui-même se mettre à la tête de son armée, qui se trouva en présence de l'ennemi stupéfait de la rapidité avec laquelle elle avait franchi un si grand espace.

Les premiers engagements qui eurent lieu entre nous et les Autrichiens furent constamment à notre avantage. Le 10 octobre 1805, le maréchal Bessières, à la tête des grenadiers et des chasseurs à cheval de la Garde, fit son entrée à Augsbourg; il en repartit le 11, pour marcher sur Burgau, où il devait attendre Napoléon qui y arriva bientôt. Le 21, l'intrépide colonel Morland, à la tête des chasseurs à cheval de la Garde, se distingua particulièrement au combat de Nurembourg, où ses chasseurs, après avoir taillé en pièces les cuirassiers

du général Mack, s'emparèrent d'un parc d'artillerie. Le même jour, un bataillon des grenadiers à pied de la Garde entra à Augsbourg. Le 28, Napoléon, placé sur les hauteurs d'Ulm, et entouré de sa Garde, vit défiler depuis deux heures jusqu'à six heures du soir, comme prisonniers de guerre, vingt-cinq mille Autrichiens qui formaient la garnison de cette place : l'infanterie jeta ses fusils sur les revers du fossé; la cavalerie mit pied à terre, se désarma et livra ses chevaux à nos cavaliers. Ces soldats, en se dépouillant de leurs armes, criaient *vive l'Empereur Napoléon!*

Les corps de la Garde impériale, au début de cette campagne, furent rarement engagés, à leur grand regret, car il ne fallait rien moins que l'autorité des chefs pour calmer l'ardeur qu'ils manifestaient, en demandant à grands cris à prendre part à des actions qui se passaient pour ainsi dire sous leurs yeux.

Par suite des opérations militaires qui suivirent la reddition d'Ulm, les Russes, après avoir été battus à Crems et à Hollabrume, parvinrent, le 18 novembre, à faire leur jonction avec un nouveau corps d'armée venu de Russie; ce qui porta l'armée russe à soixante-douze mille hommes, sous les ordres du général Kutusow. L'armée française, qui n'était forte que de quarante-deux mille hommes, les attendait dans la position de Brünn. Six mille hommes de cavalerie russe voulurent lui disputer les approches d'Olmutz; mais le général Walther, secondé par quatre escadrons de la Garde, commandés par le maréchal Bessières, fit sur les Russes une charge si brillante, qu'ils forcèrent ceux-ci, non sans éprouver une vive résistance, à battre en retraite. Rien ne contrastait comme le silence qui régnait dans nos rangs et les hurlements que les Russes poussaient dans les leurs.

En effet, elle était silencieuse cette armée campée entre Brünn et Olmultz; mais elle était belle, dévouée et pleine d'enthousiasme. L'histoire ne présentera jamais une masse d'hommes plus instruits, plus exercés, et commandés par un état-major plus éminent. Lorsque Napoléon avait traversé la plaine d'Austerlitz en marchant sur Vitchau, il avait dit à ses généraux avec sa parole brève :

— Messieurs, étudiez bien ce terrain, vous y aurez à faire bientôt.

Le 1ᵉʳ décembre au matin, les masses russes et autrichiennes commencèrent leur mouvement en avant avec ordre et précision. Quant à Napoléon, il adressa à sa Garde et à l'armée la proclamation suivante, datée de son bivouac d'Austerlitz :

« Soldats! disait-il, l'armée russe se présente devant vous pour
« venger l'armée autrichienne d'Ulm. Ce sont ces mêmes bataillons que
« vous avez vaincus à Ebersberg, à Amstetten, à Krems, à Hollabrunn,
« et que depuis vous avez constamment poursuivis jusqu'ici.

« Soldats! je dirigerai moi-même vos bataillons, je me tiendrai loin
« du feu si, avec votre bravoure accoutumée, vous portez la mort et
« l'effroi dans les rangs ennemis; mais si la victoire devenait un mo-
« ment incertaine, vous verriez votre Empereur s'exposer aux premiers
« coups; car la victoire ne saurait hésiter dans cette journée surtout
« où il y va de l'honneur de l'infanterie française qui importe tant à
« l'honneur de toute la nation.

« Que, sous prétexte d'amener les blessés, on ne dégarnisse pas les
« rangs, et que chacun soit bien pénétré de cette pensée, qu'il faut
« vaincre ces stipendiés de l'Angleterre qui sont animés d'une si grande
« haine contre nous.

« Cette victoire finira notre campagne ; nous pourrons reprendre
« nos quartiers l'hiver, et la paix que je ferai sera digne de mon peuple,
« de vous et de moi !

« NAPOLÉON. »

Dans cette belle proclamation, il n'y avait ni fanfaronnades, ni promesses menteuses. Napoléon excitait le soldat sans atténuer les périls, il ne se séparait pas du sort de l'armée dont il annonçait vouloir partager les dangers. Aussi, le soir, chaque capitaine de la Garde, entouré de sa compagnie, lut, à la lueur des flambeaux, comme un ordre du camp, cette proclamation d'Austerlitz, marquée à l'antique comme tout ce que dictait Napoléon. Puis une fête de nuit fut improvisée. Le lendemain était l'anniversaire du couronnement de leur Empereur, les soldats de la Garde élevèrent des fanaux pour le célébrer d'avance ; des cris de joie et d'impatience se firent entendre sur toutes les lignes. Alors Napoléon se promena seul de bivouac en bivouac au milieu de sa Garde rassemblée autour de sa baraque ; il alla de grenadier en grenadier, et leur parla comme il avait coutume de le faire dans les grandes occasions. A leur tour, ceux-ci lui firent entendre de sublimes paroles ; les uns disaient : « Tu n'auras pas besoin de t'exposer demain, nous t'apporterons les canons et les drapeaux de cette armée ; » les autres : « Nous te promettons la victoire pour célébrer l'anniversaire de ton couronnement ! » Ainsi les vieux prétoriens parlaient à César. Le danger commun, la grandeur du service qu'on allait rendre, l'égalité du tombeau pour tous, autorisaient cette familiarité du soldat avec son empereur bien-aimé.

En rentrant à sa baraque, Napoléon paraissait assuré du succès de la journée du lendemain. Tandis que les chefs de corps attendaient ses ordres, lui, les yeux fixés sur une immense carte éclairée par la flamme de quelques fagots, et assis sur une chaise de paille, les jambes écartées, les bras et la tête appuyés sur le dos de cette chaise, il s'endormit profondément. Quels songes durent passer à travers cette imagination colossale ? Personne ne le sut ; mais cette veille d'Austerlitz a laissé de profonds souvenirs chez tous ceux qui assistèrent à cette scène sublime.

Le soleil du 2 décembre dissipa peu à peu les brouillards du matin et parut sur l'horizon comme un globe ensanglanté. Dans la nuit, Napoléon avait pris toutes ses dispositions, la gauche de son armée avait été confiée au maréchal Lannes; la droite, au maréchal Soult; le centre, à Bernadotte; toute la cavalerie avait été donnée à Murat. L'Empereur s'était placé au centre de la réserve, à ses côtés Bessières et Rapp, exécuteurs fidèles de ses volontés; puis Junot, arrivé l'avant-veille de Lisbonne à franc étrier. Junot était à la tête de dix bataillons de la Garde, dix autres bataillons de grenadiers obéissaient aux ordres d'Oudinot et de Duroc. Rien n'était comparable à cette réserve d'hommes au teint basané, aux épaisses moustaches; à elle seule, elle valait une armée, car elle comptait dans ses rangs les soldats d'Italie, d'Égypte et de Marengo. Là se trouvait massée, sous les ordres de Bessières et de Rapp, comme nous venons de le dire, toute la cavalerie de la Garde, les chasseurs à cheval dont Napoléon portait l'uniforme, les grenadiers et les mamelucks. Cette magnifique réserve était rangée sur deux lignes et par escadrons. Quarante pièces de canon servies par l'artillerie légère de la Garde devaient se porter partout où le péril demanderait la présence d'un secours prompt et rapide. Pour donner ses ordres, Napoléon attendit que l'astre brillant se fût élevé tout à fait; alors il parcourut les fronts de bandière, en jetant çà et là aux soldats des paroles ardentes : « Il faut finir cette campagne par un coup de tonnerre, » leur dit-il. Au même instant un coup de canon se fit entendre; un long cri de *Vive l'Empereur!* répondit à ce signal. « C'est la bataille qui commence! » tel fut le mot qui circula dans tous les rangs. Aussitôt l'armée française s'ébranla.

L'infanterie de la Garde, qui, depuis l'ouverture de la campagne, n'avait presque pas donné, pleurait pour ainsi dire de rage et demanda absolument à marcher contre l'ennemi. Napoléon lui dit : « Vous devriez, au contraire, vous réjouir de ne rien faire, vous ne devez donner qu'en réserve; tant mieux si je n'ai pas besoin de vous. » Il n'en fut pas de même de la cavalerie, partout elle fut obligée de donner et rendit d'importants services.

Un bataillon du 4ᵉ de ligne, chargé par la Garde impériale russe à cheval, fut culbuté. Napoléon, qui s'aperçut du mouvement, ordonna aussitôt à Bessières de se porter en avant pour aller au secours de ce bataillon, et protéger la droite de l'armée qui aurait pu se trouver compromise. Le brave maréchal partit au galop avec ses invincibles, et bientôt les deux Gardes impériales furent aux prises ; mais bientôt aussi toute résistance de la part des Russes devint inutile.

La cavalerie autrichienne, voulant couvrir la retraite de l'infanterie russe entraînée par sa cavalerie entre les villages de Tellenitz et de Menitz, fut écrasée par la mitraille de l'artillerie légère de la Garde. Deux escadrons des chasseurs de la Garde et une division de dragons, commandée par le général Gardanne, soutinrent l'artillerie légère avec l'infanterie de la Garde et le corps du maréchal Soult.

La feu de cette artillerie avait été si vif et si bien entretenu, que Russes et Autrichiens essuyèrent une perte immense en hommes, en chevaux et même en caissons, dont la plupart sautèrent. De quatre-vingt-douze bataillons, huit mille hommes seulement purent échapper par la route de Stalschau ; et, de cent cinquante pièces de canon qu'ils avaient avec eux, ils ne purent en sauver une seule. Tel fut le coup de tonnerre qui termina cette prestigieuse campagne.

Au milieu de ce combat gigantesque, quand tout était si beau, il y eut des traits de courage individuels que l'histoire s'empressa de recueillir : le général Saint-Hilaire, grièvement blessé, se maintint à cheval toute la journée. Le général Walhubert, la cuisse emportée par un boulet, rappela aux soldats, qui voulaient l'enlever du champ de bataille, la proclamation de l'Empereur qui défendait de quitter ses rangs. Le général Friant eut quatre chevaux tués sous lui. Les généraux Thiébault, Sébastiani et Compans furent également blessés. Le général Rapp, à la tête des grenadiers à cheval de la Garde, fit prisonnier le prince Repnin, commandant de la garde impériale russe. Le colonel Morland, des chasseurs de la Garde, fut tué en chargeant l'artillerie de la garde impériale russe.

La générosité de l'Empereur envers les troupes qui avaient combattu à Austerlitz fut grande comme la victoire. Des pensions furent accordées aux veuves des généraux, des officiers, sous-officiers et soldats qui moururent sur le champ de bataille. Napoléon adopta leurs enfants, se chargea de leur éducation ainsi que de la dot de leurs filles. Tous ceux qui furent blessés reçurent une gratification de trois mois de solde ; ceux qui s'étaient le plus distingués furent décorés, ou au moins promus à un grade supérieur.

Le soir de cette grande journée, Napoléon put ombrager son bivouac des drapeaux pris à l'ennemi, parmi lesquels se trouvaient quelques étendards de la garde impériale russe. Cette bataille restera dans la mémoire du soldat comme le plus beau fait d'armes des temps modernes, en ce qu'il fut le résultat de savantes manœuvres stratégiques toutes calculées d'avance et exécutées merveilleusement. En un mot cette victoire sera comme un de ces arcs de triomphe grandioses qui restent debout alors que les monuments de pierre sont devenus poussière.

II.

A PROPOS DES VÉLITES DE LA GARDE.
UNE HALTE DE L'EMPEREUR.

A la formation du corps des vélites à cheval de la Garde comme nous l'avons dit au commencement de ce livre V [*], on les admit dans les régiments de grenadiers et de chasseurs, et l'année suivante dans les dragons de l'Impératrice; dès lors ces jeunes soldats firent partie intégrante des corps de la Garde auxquels ils appartenaient. A leur arrivée à Paris, les vélites à cheval se présentaient chez le colonel Fusil, commandant d'armes de l'Ecole militaire; et, suivant leur taille, cet officier supérieur désignait le régiment dans lequel ils devaient être incorporés, soit grenadiers, soit chasseurs. Ils formaient un escadron (le 5ᵉ) composé de deux compagnies (nᵒˢ 9 et 10), fortes chacune d'environ cent à cent dix hommes, officiers et sous-officiers compris [**]. Plus tard, ces compagnies furent considérées comme faisant partie de la *vieille Garde*, parce qu'elles en touchaient la solde; elles en faisaient le service, sans toutefois que les simples vélites pussent y obtenir de l'avancement la première année. Tous les soldats vélites passaient, au bout de trois ou cinq ans, sous-lieutenants dans les régiments de cavalerie de ligne. En campagne, ils étaient répartis dans les compagnies *d'anciens*, et faisaient le service auprès de la personne de l'Empereur. Ce ne fut qu'à partir de l'année 1811 qu'on n'admit plus de vélites dans

---

[*] Voir le texte du décret y relatif du 30 fructidor an XIII (17 septembre 1805).
[**] Ce ne fut que plus tard que le corps des vélites à cheval fut composé de deux escadrons de quatre compagnies chacun.

la cavalerie de la vieille Garde. Dès 1807 les vélites à pied avaient été supprimés dans l'infanterie et incorporés dans les régiments de la jeune Garde en qualité de sous-officiers. Quant aux vélites à cheval, ils passèrent tous, ou à peu d'exception près, dans les chevau-légers lanciers en qualité de sous-officiers, et d'officiers dans les régiments de cavalerie de la ligne. Au reste, l'épisode historique qu'on va lire donnera une idée complète du mode de recrutement, de la discipline, de la nature du service et de l'avancement auxquels étaient soumis les vélites à cheval de la Garde impériale.

« Le jeune Guyot Desherbiers appartenait à une des familles les plus riches et les plus considérées de sa province. Il avait dix-huit ans, et était fils unique. A peine avait-il terminé ses études au lycée de Tours que tout à coup sa jeune imagination s'enflamma à la lecture des bulletins de la campagne d'Austerlitz : il voulut se faire soldat. Ni les supplications d'une mère qui l'idolâtrait, ni les sages observations de son père, qui, ne voulant pas non plus se séparer de lui, avait résolu de lui *acheter* un homme, bien que déjà les *remplaçants* fussent rares, aucune considération ne put le faire changer d'idée. En désespoir de cause, M. Desherbiers père alla trouver son ami, le général Delarue qui commandait le département d'Indre-et-Loire, et lui demanda, pour son fils, une lettre de recommandation à l'aide de laquelle il pût entrer dans les vélites. Cette faveur lui ayant été accordée sans peine, le jeune Desherbiers partit immédiatement pour la capitale, et, dès le lendemain de son arrivée, il était incorporé dans les chasseurs à cheval de la Garde en qualité de vélite.

A peine fut-il habillé, que le jeune homme s'empressa d'aller rendre visite à une jolie cousine qu'il avait à Paris. Celle-ci le trouve charmant sous l'uniforme, et lui prédit mille succès. Les louanges féminines flattèrent si agréablement le cœur du chérubin en pantalon collant de daim et en colbach, qu'il oublia l'heure de l'appel. De retour au quartier de l'Ecole militaire, le brigadier de chambrée, vieux troupier aux longues moustaches rousses, lui ordonne de quitter sa grande tenue, de revêtir la veste d'écurie avec le pantalon de toile, et d'aller coucher à la salle de police.

* Cet article nous a été communiqué par un ancien vélite des chasseurs à cheval de la Garde, aujourd'hui directeur d'un de nos haras les plus considérables.

Le lendemain, le capitaine Fournier fait appeler M. Desherbiers et lui dit :

— Vélite, pourquoi avez-vous manqué à l'appel hier au soir ?

— Mon capitaine, répond le jeune Desherbiers d'un ton soumis, ayez la bonté de m'excuser, j'étais allé voir une de mes cousines, et...

— Jeune homme, interrompit le capitaine, à Paris il faut se méfier des parents en général, et des cousines en particulier : elles sont plus à craindre que les dragons de la garde russe, car c'est droit au cœur qu'elles frappent. Pour vous mettre à même de parer leurs coups, demain matin, après le pansement, vous partirez pour Versailles, où les instructeurs du régiment s'occuperont de votre éducation militaire.

Après quatre mois d'apprentissage, on jugea le vélite assez instruit pour paraître à une grande revue de l'Empereur. Toute la Garde impériale à cheval était réunie dans le Carrousel. Napoléon y arriva, accompagné de son brillant état-major, passa devant les lignes au galop, puis après fit exécuter le défilé. Il était facile de voir qu'une grande pensée préoccupait Napoléon à cette revue. En effet, dès le lendemain, l'infanterie de la Garde se dirigeait en poste sur la Prusse, la cavalerie et l'artillerie la suivaient à marches forcées.

Le 14 octobre, Napoléon rencontra l'armée prussienne à Jéna, et lui livra bataille comme nous le dirons plus tard. Dans cette journée, les enfants de la France vengèrent noblement leurs grands-pères des désastres de Rosbach. Cependant la cavalerie de la Garde n'eut pas l'honneur d'assister à cette bataille : elle était encore à deux jours de marche en arrière. A cette glorieuse époque, la victoire allait si vite, qu'il n'était pas facile de la suivre. Napoléon fit son entrée à Berlin.

Le jeune Desherbiers avait bien supporté la fatigue des marches, il commençait même à se donner des airs en faisant résonner les molettes de ses éperons sur le pavé, en portant son bonnet de police coquettement posé sur l'oreille droite, et les Berlinoises, qui avaient remarqué sa jolie tête blonde, lui eurent bientôt appris à walser. Les vieux sous-officiers de son escadron avaient pris en affection le jeune vélite, parce que celui-ci écoutait avec déférence leurs longues histoires de guerre, et aussi parce qu'il était le secrétaire de la plupart de ces messieurs dont il n'avait jamais révélé les secrets de famille ou de sentiments.

Bientôt on apprit que les Russes venaient au secours du roi Guillaume. L'Empereur, voulant leur éviter la moitié du chemin, quitta Berlin et transporta son quartier-général à Varsovie. Il quitta cette ville le 23 décembre, et, le lendemain 24, un vif combat eut lieu au passage du Bug. Ce fut à cette journée que, pour la première fois, Desherbiers entendit tonner sérieusement le canon; le champ de bataille lui causa une profonde émotion; mais quand il vit une batterie d'artillerie légère traverser la plaine au grand galop, broyant les cadavres sous les roues de ses caissons, alors les cheveux lui dressèrent sur la tête, et la guerre lui parut une horrible chose. Il était livré à ces pénibles impressions, lorsque Murat parut devant le front de l'escadron, et, s'adressant au petit groupe d'officiers qui tenait la droite, leur cria presque gaiement :

— Messieurs, j'ai besoin de vous !

Les vélites s'ébranlèrent aussitôt, et quelques minutes après ils étaient sous le feu d'une batterie russe; les boulets se succédaient rapidement dans les rangs : un camarade fut tué à côté de Desherbiers. Le brigadier placé à sa gauche, et qui s'était aperçu de l'effet que produisait ce spectacle sur le héros novice, lui dit tout bas, en lui tendant sa gourde :

— Tiens, petit, bois une goutte, c'est le pur remède à la maladie.

La potion venait d'être prise quand la voix éclatante de Murat fit entendre ces mots :

— Trompettes ! sonnez la charge !

Aussitôt le régiment tout entier se lança avec la rapidité de l'éclair sur la batterie ennemie; deux régiments de cavalerie russe accourent pour la soutenir : une mêlée générale a lieu. Mais qui aurait pu résister aux chasseurs de la Garde conduits par Murat ? Les Russes furent sabrés, culbutés, et quatre pièces de canon restèrent au pouvoir des vainqueurs.

Cependant cette campagne d'hiver, si pénible, si meurtrière, se continuait avec des chances diverses. L'Empereur montait à cheval tous les matins avant le jour, il se rendait aux avant-postes, suivi de l'escadron de service, et l'infanterie de la Garde continuait sa marche. Avant midi, Napoléon descendait de cheval, les chasseurs allumaient un grand feu sur un monticule et lui faisaient un abri avec de la paille et des branches d'arbre. C'était là qu'il recevait le rapport de ses lieutenants et qu'il leur donnait de nouveaux ordres. Le mameluck Roustan préparait le déjeuner et le moka bouillant au feu du bivouac, dans une petite cafetière d'argent. L'Empereur, pendant ses haltes, avait constamment autour de lui une douzaine de chasseurs ou vélites armés de leur carabine, baïonnette au bout du canon. Ces cavaliers formaient le cercle pour empêcher qu'on arrivât jusqu'à lui. Un jour que dans ces haltes habituelles il déjeunait, comme il en avait l'habitude, ses regards tombèrent sur un vélite posté en face de lui. Sa jolie tournure frappa Napoléon qui le fit approcher et lui demanda un peu brusquement :

— Qui t'a mis dans ma Garde ?
— C'est Votre Majesté elle-même, répond Desherbiers.
— Explique-toi; je ne te comprends pas.
— Sire, d'après le décret de Votre Majesté qui permet aux jeunes gens de famille de servir dans votre Garde; ayant réuni les conditions imposées, je suis à mon poste.
— Tu es bien petit, fit Napoléon en hochant la tête.
— Sire, je fais mon service de même que le plus grand du régiment.
— As-tu déjà été au feu ?
— Oui, Sire, j'étais au passage du Bug.
— Il y faisait chaud !... tu as dû avoir bien peur ?.... Ah ! ah ! tu rougis et tu ne réponds pas; est-ce que j'aurais dit vrai ?
— Oui, Sire, je l'avoue, j'ai eu peur; mais cela n'a duré qu'un moment.
— Console-toi, va ! il y en a bien d'autres que toi qui ont eu peur et auxquels cela a duré plus longtemps. Puis après un silence : Allons, reprit-il, tu es un bon jeune homme; comme tout le monde tu as payé le tribut. Tu vas déjeuner avec moi; cela te fera-t-il plaisir ?
— Certainement, Sire ! s'écria le vélite avec l'exaltation de la joie qu'un tel honneur lui causait.

Et après avoir déposé sa carabine près de lui, il s'assit en face de l'Empereur.

Alors Roustan, avec toute la déférence qu'il aurait eue pour un officier général, servit au jeune vélite, sur une petite assiette d'argent,

HALTE DE NAPOLÉON EN CAMPAGNE.
Jeune Vélite de la Garde.

une tranche de jambon. Desherbiers la mangea avec l'appétit de son âge, aiguillonné encore par quelques jours d'abstinence ; et, lorsque le mameluck lui versa le chambertin dans une timbale de vermeil, Napoléon lui dit en souriant :

— Ah, ah ! garçon, tu es bien aise d'être servi dans un gobelet, parce qu'on ne voit pas ce que tu bois : je parie que tu l'as fait emplir ?

— Jusqu'au bord, Sire, pour mieux boire à la santé de Votre Majesté.

Pendant le peu de temps que dura ce repas impromptu, Napoléon lutina constamment son jeune convive qui répondit toujours avec esprit et convenance. Après le café, l'Empereur lui demanda son nom.

— Guyot Desherbiers, Sire, lui fut-il répondu.

— Guyot Desherbiers ! répéta Napoléon en fixant ses yeux au ciel comme pour rappeler un souvenir. J'ai connu jadis à Paris, ajouta-t-il, un honorable jurisconsulte de ce nom-là, et qui, par parenthèse, demeurait dans un vilain quartier, rue des Noyers, je crois. Seriez-vous un de ses parents ? Sur la réponse négative du jeune vélite, Napoléon répliqua : Eh bien ! M. Guyot Desherbiers, voilà la connaissance faite entre nous. Conduisez vous bien, j'aurai soin de votre avancement... quand le temps sera venu, bien entendu ; allons, au revoir.

Le vélite fit le salut militaire, reprit sa carabine et continua sa faction.

Cette campagne se termina par la bataille de Friedland, qui amena le glorieux traité de Tilsitt. La Garde revint à Paris. Napoléon étant allé chasser aux environs de Trianon, voulut voir les vélites qui depuis avaient été séparés des chasseurs de la vieille Garde, et tenaient garnison à Versailles. Quand il s'approcha de l'escadron, il dit au commandant Martin :

— Faites sortir des rangs le vélite Guyot Desherbiers avec qui j'ai déjeuné en Pologne.

— Sire, répondit cet officier supérieur, Votre Majesté l'a fait passer dans un régiment de hussards qui est actuellement en Espagne.

— Pourquoi l'a-t-on présenté ? ce n'était encore qu'un enfant.

— Sire, à cause de sa belle conduite à Friedland. Il avait tué de sa main deux grenadiers russes, à la vue de tout l'escadron.

— C'est différent : on a bien fait et lui aussi.

Le brave jeune homme ne devait jamais revoir l'Empereur. Il eut le malheur de tomber vivant entre les mains de guérillas qui le firent mourir dans d'horribles tortures. Il les supporta toutes avec un courage héroïque, et avant de rendre le dernier soupir, il ne prononça que deux noms : celui de l'Empereur et celui de sa cousine de Paris.

COMPOSITION ET FORCE NUMÉRIQUE DE LA GARDE, EN 1805.

Etat-major général et administration. 21

Infanterie.

Grenadiers à pied.	1 régiment	1,716
Vélites grenadiers.	2 bataillons.	1,755
Chasseurs à pied.	1 régiment	1,716
Vélites chasseurs.	2 bataillons.	1,755
Vétérans.	1 compagnie . . .	102
Matelots.	1 bataillon	806
		7,850 7,850

Cavalerie.

Grenadiers à cheval.	1 régiment	1,018
Vélites grenadiers.	4 compagnies. . . .	400
Chasseurs à cheval	1 régiment	1,018
Vélites chasseurs.	4 compagnies. . . .	400
Mamelucks.	1 compagnie . . .	124
Gendarmes d'élite.	1 bataill. 2 escad. . .	632
		3,592 3,592

Artillerie 712

Hôpital de la Garde 12

12,187

LIVRE SIXIÈME.

ANNÉE 1806 *.

CHAPITRE PREMIER.

NOUVELLE ORGANISATION DE LA GARDE.

I.

Malgré les succès de la campagne d'Austerlitz, malgré la sécurité que devait inspirer à la France le traité de Presbourg, dès le commencement de l'année 1806 Napoléon ne songea qu'à deux choses : fortifier son organisation militaire, augmenter sa Garde. Une nouvelle coalition pouvait se former contre lui, plus menaçante et plus à craindre que celle qu'il venait de briser ; la pensée gouvernementale de l'Empereur se dirigea donc entièrement vers les batailles..... Ses prévisions ne devaient pas

* Par décret impérial, daté du palais de Saint-Cloud, le 24 fructidor an XIII (11 septembre 1805), il était dit qu'à partir du 11 nivose prochain (1er janvier 1806), le calendrier grégorien serait mis en usage dans tout l'empire français.

tarder à se réaliser. Il avait créé un grand Empire dont les bases reposaient sur des constitutions et sur un Code émané du pouvoir civil; mais lui, l'homme des camps, né de la guerre au sein d'un vaste mouvement belliqueux, devait se préoccuper de préférence d'institutions qui portassent l'esprit de la nouvelle génération vers les conquêtes. Avec le culte dû à l'Empereur, ce que l'on enseignait à la jeunesse, c'était qu'elle devait mourir pour lui. L'Université impériale était donc chargée de façonner la pensée de l'écolier : on l'élevait au bruit du tambour, il faisait tous les jours l'exercice comme un soldat; chaque lycée de Paris était un véritable régiment où les enfants recevaient des fusils et des grades. Du lycée, le jeune homme passait soit à l'Ecole spéciale de La Flèche, soit à celle de Fontainebleau, ou enfin à l'Ecole polytechnique, pour, de là, se rendre en poste sur un champ de bataille. Le service militaire était la condition essentielle de la vie politique; aussi tout, dans la société, avait une allure soldatesque : on ne rencontrait dans les rues de la capitale que des uniformes, il n'y avait de succès dans les salons que pour quiconque chaussait l'éperon ou ceignait l'épée. Et cette Garde impériale, qui déjà exerçait sur l'armée française et sur l'Europe une domination si puissante, allait encore augmenter ses cadres.

Dès l'origine (1804), cette troupe d'élite ne comptait en infanterie qu'un seul régiment de grenadiers et un de chasseurs. La cavalerie ne se composait que d'un régiment de grenadiers et d'un régiment de chasseurs appelé les *Guides*, avec deux escadrons de gendarmes d'élite et deux compagnies d'artillerie légère, formant en totalité un effectif de neuf mille sept cent quatre-vingt-dix-huit hommes. Cette Garde, disons-nous, après avoir été augmentée de deux mille trois cent quatre-vingt-neuf hommes en 1805, sera portée en 1806 à quinze mille six cent cinquante-six hommes, parce que ses cadres s'augmenteront d'un deuxième régiment de grenadiers, d'un deuxième régiment de chasseurs à pied, de deux bataillons de vélites, et de deux nouveaux régiments d'infanterie, sous le nom de *fusiliers-grenadiers* et de *fusiliers-chasseurs de la Garde*. La cavalerie aura un régiment de dragons, sous la dénomination de *dragons de l'Impératrice ;* l'artillerie sera augmentée d'un *bataillon du train des équipages;* enfin, il ne sera pas jusqu'à l'état-major général et à l'administration de la Garde dont le nombre des officiers et des emplois sera triplé et porté à soixante-dix-huit de vingt-un qu'il était dans l'origine.

C'est à partir de 1806 que la Garde impériale formera ce noyau admirable quand il s'agira de décider du sort d'une bataille, comme à Marengo, comme à Austerlitz. Réunis en corps, on appellera ces régiments la *vieille Garde*, et cette valeureuse phalange aura une confiance si grande en elle et dans les chefs qui la commandent, qu'elle se croira invincible. Belle foi du soldat français! Dorénavant, partout où la *vieille Garde* se portera, quel que soit l'obstacle qu'on lui oppose, elle fera trouée et assurera la victoire. Aucun des braves qui la composent ne courbera la tête devant un boulet ou en présence de la mitraille; tous marcheront droit au feu la face découverte, l'œil fixe, et lorsque Prussiens, Espagnols, Anglais, Autrichiens et Russes verront de loin s'ébranler ces têtes couvertes de cicatrices, lorsque ces bonnets à poils agiteront leurs courts plumets comme le vent du nord agite les jeunes sapins sur la montagne, un indicible effroi se répandra chez l'ennemi, qui fuira à leur approche sans pouvoir se rendre compte du sentiment instinctif qui le fascine et le maîtrise tout à la fois.

Un décret, daté du palais de Saint-Cloud le 15 avril 1806, fit donc subir à la Garde impériale la nouvelle organisation suivante, savoir :

TITRE PREMIER.

Dispositions générales.

« Art. 1ᵉʳ. La Garde impériale sera composée de :

- 1 Major général.
- 4 Bataillons de grenadiers à pied formant 2 régiments.
- 4 Bataillons de chasseurs à pied formant également 2 régiments.
- 1 Régim. de grenad. à cheval de 4 escad.
- 1 Régim. de chass. à cheval de 4 escad.
- 1 Compagnie de mamelucks attachée aux chasseurs à cheval.
- 1 Régiment de dragons de 4 escadrons.
- 1 Régiment d'artillerie de 3 escadrons.
- 1 Légion de gendarmerie d'élite.
- 1 Bataillon de matelots.
- 1 Compagnie de vétérans.

« Il sera attaché à chaque corps d'infanterie *deux* bataillons de vélites, et à chaque régiment de cavalerie *un* escadron de vélites seulement.

« Art. 2. L'état-major général sera composé de quatre colonels-généraux, dont :

- 1 Commandant les grenadiers à pied.
- 1 Commandant les chasseurs à pied.
- 1 Commandant la cavalerie.
- 1 Commandant l'artillerie et les matelots.
- 4 Aides-de-camp colonels.
- 20 Aides-de-camp du grade de chef-d'escadron, de capitaine et de lieutenant.
- 1 Chef de bataillon du génie.
- 2 Capitaines du génie.
- 1 Adjoint du génie.
- 1 Bibliothécaire.

« Les colonels-généraux, pour tout ce qui aura rapport au service de la Garde, recevront directement les ordres de l'Empereur.

TITRE SECOND.

Infanterie.

« Art. 3. Chaque corps d'infanterie sera composé de :

4 Bataillons de grenadiers ou chasseurs. — 2 Bataillons de vélites.

« Les bataillons de vieux soldats seront composés de quatre compagnies fortes de cent vingt hommes chaque.

« Ces bataillons seront composés de quatre cent quatre-vingts hommes chacun, et la totalité du corps de mille neuf cent vingt hommes, tous soldats ayant au moins dix ans de service dans la ligne.

« Art. 4. Chaque corps d'infanterie formera *trois* régiments, dont *deux* régiments de Garde et *un* de vélites ; tous trois auront la même administration et seront placés sous le même commandement.

« Chaque régiment sera commandé par un major.

« L'état-major de chaque corps sera composé de la manière suivante, savoir :

- 1 Colonel commandant.
- 3 Majors, dont 1 pour chaque régiment et 1 pour les vélites.
- 6 Chefs de bataillon, dont 1 pour les vélites.
- 1 Quartier-maître trésorier.
- 6 Adjudants-majors, dont 2 pour les vélites.
- 6 Sous-adjudants-majors, dont 2 pour les vélites.
- 4 Porte-drapeau.
- 6 Officiers de santé, dont 3 de 1re classe et 3 de 2e ou de 3e classe.
- 1 Adjudant-lieut. pour l'habillement.
- 1 Adjudant-lieutenant pour les vivres.
- 1 Vaguemestre (rang de sergent-major).
- 1 Tambour-major.
- 6 Caporaux-tambours.
- 1 Chef de musique (rang de sergent-major).
- 40 Musiciens.
- 1 Maître tailleur.
- 1 Maître cordonnier.
- 3 Maîtres armuriers dont 1 pour les vélites.
- 1 Maître guêtrier.

« Art. 5. Chaque compagnie de grenadiers ou de chasseurs à pied sera composée de :

1 Capitaine.	1 Fourrier.
1 Lieutenant en premier.	8 Caporaux.
1 Lieutenant en second.	2 Sapeurs (rang de caporaux).
1 Sergent-major.	102 Grenadiers ou chasseurs.
4 Sergents.	2 Tambours.

« Art. 6. Chaque compagnie de vélites sera composée de :

1 Capitaine.

1 Lieutenant en premier.	1 Fourrier.
2 Lieutenants en second.	8 Caporaux.
1 Sergent-major.	150 Vélites.
4 Sergents.	2 Tambours.

« Art. 7. Les officiers cesseront d'être fournis par détachement comme ils l'étaient précédemment par les grenadiers et les chasseurs; ils feront partie de ces corps et seront nommés par l'Empereur. Le rang d'ancienneté pour tous grades et pour tous individus appartenant à la Garde impériale sera réglé d'après l'ancienneté de service dans la Garde.

« Les sous-officiers seront choisis parmi les plus anciens caporaux de grenadiers et de chasseurs; les fourriers et les caporaux, partie parmi les plus anciens vélites, et partie parmi les plus anciens grenadiers ou chasseurs.

« Art. 8. L'Empereur fixera le nombre de maîtres de lecture, d'écriture, d'arithmétique et de gymnastique qu'il jugera convenable d'attacher à chaque bataillon.

« Art. 9. En cas de guerre, et la Garde faisant campagne, deux compagnies de vélites marcheront avec chaque bataillon.

« Chacune de ces compagnies sera composée de cent trente-cinq hommes, ce qui portera la force de chaque bataillon à sept cent cinquante hommes.

« Au moment du départ, toutes les compagnies du bataillon seront sur-le-champ composées de cent vingt-cinq hommes, dont quatre-vingts vieux soldats et quarante-cinq vélites.

« Chaque bataillon de vieux soldats laissera en dépôt, à Paris, vingt hommes et quinze vélites par compagnie, ce qui fera, pour chaque corps d'infanterie, deux cent dix hommes, et pour les deux corps quatre cent vingt hommes.

« L'effectif total de l'infanterie de la Garde sera, par ce moyen, de six mille quatre cent vingt hommes, dont six mille à l'armée et quatre mille au dépôt.

« Quand l'infanterie de la Garde recevra l'ordre de fournir un détachement pour découcher plusieurs jours, ou pour un voyage, il sera détaché deux compagnies par bataillon de vélites, ce qui portera les bataillons de la Garde à six compagnies. Les vélites seront distribués par égales portions dans les compagnies du bataillon, et le bataillon détaché sera de sept cent cinquante hommes.

TITRE TROISIÈME.

Cavalerie.

« ART. 10. Les régiments de grenadiers, de chasseurs et de dragons sont composés de :

4 Escadrons de 2 compagnies chaque. — 1 Escadron de vélites.

« ART. 11. L'état-major d'un régiment de grenadiers, de chasseurs ou de dragons sera composé de :

- 1 Colonel commandant.
- 2 Majors.
- 5 Chefs-d'escad., dont 1 p^r les vélites.
- 1 Chef-d'escadron instructeur.
- 1 Quartier-maître trésorier.
- 1 Capitaine instructeur.
- 2 Adjud.-majors, dont 1 p^r les vélites.
- 5 Sous-adjudants-majors, dont 1 pour les vélites.
- 4 Porte-étendard.
- 1 Adjudant-lieutenant pour les vivres.
- 1 Adjudant-lieut. pour les fourrages.
- 1 Adjudant-lieut. pour l'habillement.
- 5 Offic. de santé, dont 2 de 1re classe et 3 de 2e et 3e classe.
- 1 Sous-instructeur (rang de maréchal-des-logis-chef).
- 1 Vaguemestre (r. de maréch.-des-l.-chef).
- 2 Artistes vétérin., dont 1 p^r les vélites.
- 4 Aides-vétérinaires.
- 1 Trompette-major.
- 3 Brigad.-tromp., dont 1 p^r les vélites.
- 1 Timballier.
- 1 Maître tailleur.
- 1 Maître culottier.
- 1 Maître bottier.
- 1 Maître armurier.
- 1 Maître sellier.
- 1 Maître éperonnier.
- 2 Maîtres maréchaux-ferrants.

« ART. 12. Chaque compagnie sera composée de :

- 1 Capitaine.
- 2 Lieutenants en premier.
- 2 Lieutenants en second.
- 1 Maréchal-des-logis-chef.
- 6 Maréchaux-des-logis.
- 1 Fourrier.
- 10 Brigadiers.
- 96 Grenadiers, chasseurs ou dragons.
- 3 Trompettes.
- 2 Maréchaux-ferrants.

« ART. 13. Il y aura une compagnie de mamelucks attachée au régiment des chasseurs à cheval de la Garde.

« Les réfugiés mamelucks qui sont à Melun seront envoyés à Marseille, où ils jouiront des mêmes avantages et seront payés de la même manière que par le passé.

« Cette compagnie de mamelucks sera composée de :

1 Chef-d'escadron commandant.	2 Capitaines.
1 Capitaine-instructeur *français*.	2 Lieutenants en premier.
1 Adjud.-lieutenant en second *français*.	4 Lieutenants en second.
1 Porte-étend., lieut. en second, *franç*.	1 Maréchal-des-logis-chef *français*.
1 Chirurgien-major *français*.	8 Maréchaux-des-logis, dont 2 *français*.
1 Artiste-vétérinaire *français*.	1 Fourrier *français*
1 Maître sellier *français*.	4 Porte-queues.
1 Maître armurier *français*.	12 Brigadiers, dont 2 *français*.
1 Maître bottier *français*.	109 Mamelucks.
1 Maître tailleur *français*.	4 Trompettes *français*.
1 Brigadier-trompette *français*.	2 Maréchaux-ferrants *français*.

« Art. 14. Il y aura, par régiment de cavalerie de la Garde, un escadron de vélites.

« Chaque escadron de vélites sera composé de deux compagnies de cent vingt-cinq hommes chacune, non compris les officiers et sous-officiers.

« Les officiers, les sous-officiers et les brigadiers seront fournis par les régiments de grenadiers et de chasseurs à cheval.

« Art. 15. Lorsqu'un escadron de la Garde marchera, pour quelque espèce de service que ce soit, et que cet escadron devra découcher plusieurs jours de suite, il sera porté à deux cent cinquante hommes par l'incorporation de cinquante vélites par escadron, de manière que, si les quatre escadrons marchaient, ils formeraient un total de mille hommes, dont huit cents vieux soldats et deux cents vélites.

« Le dépôt de chaque régiment, à Paris, restera composé de quarante-huit vieux soldats et de cinquante vélites, en tout quatre-vingt-dix-huit hommes.

« Art. 16. En campagne, chaque régiment de grenadiers, de chasseurs ou de dragons formera deux régiments.

« Chaque régiment sera composé de deux escadrons, et chaque escadron divisé en *deux compagnies* dites *de manœuvres*.

« Chaque régiment sera commandé par un major sous les ordres des deux colonels commandants.

« Il n'y aura qu'une seule administration par corps distinct de cavalerie.

« Les grenadiers, les chasseurs et les dragons auront la même organisation.

Dragons.

« ART. 17. Il est créé un régiment de dragons de la Garde.

« Ce régiment sera organisé comme les grenadiers et les chasseurs.

« ART. 18. A cet effet, chacun des régiments de dragons de la ligne fournira, cette année, pour la formation des dragons de la Garde, 12 hommes ayant au moins dix ans de service. L'Empereur nommera les officiers : les sous-officiers et brigadiers seront fournis par les régiments de grenadiers et de chasseurs.

« Les officiers du régiment de dragons seront fournis par tiers ; les deux premiers tiers, par les régiments de grenadiers et de chasseurs de la Garde; l'autre tiers, par les trente régiments de dragons de la ligne.

« Les régiments de dragons désigneront un lieutenant par escadron pour être proposé comme candidat.

ART. 19. Il ne sera organisé, cette année, que *deux* escadrons de dragons; l'année prochaine il sera fait un nouvel appel de dix hommes pour former les deux autres escadrons *.

ART. 20. L'organisation définitive du régiment de dragons de la Garde n'aura lieu qu'à dater du 1ᵉʳ juillet prochain, hormis l'escadron de vélites et l'état-major, qui seront formés immédiatement.

« ART. 21. Le régiment de dragons sera monté en chevaux noirs.

« ART. 22. Tous les régiments de cavalerie de la Garde devront être complétés, en vieux soldats, à dater du 1ᵉʳ juillet prochain.

« ART. 23. Les sous-officiers et brigadiers, attachés en ce moment aux deux escadrons de vélites des chasseurs et aux deux escadrons de vélites des grenadiers, seront répartis, par portion égale, dans chacun des escadrons de vélites attachés, par la présente organisation, à chaque régiment de cavalerie de la Garde; l'excédant sera réincorporé dans le régiment de dragons, ainsi que les officiers supérieurs des deux régiments de grenadiers et de chasseurs qui ne seraient pas compris dans la présente organisation.

---

* Le régiment de dragons fut formé en entier avant la fin de la même année.

TITRE QUATRIÈME.

Gendarmerie d'élite.

« ART. 24. Les quatre compagnies de gendarmerie d'élite auront la même organisation et seront de la même force que la compagnie d'un régiment de la cavalerie de la Garde.

TITRE CINQUIÈME.

Artillerie.

« ART. 25. Il sera créé un régiment d'artillerie à cheval.

« Ce régiment sera composé de :

1 État-major. — 3 Escadrons de chacun 2 compagnies.

« L'état-major sera composé de :

- 1 Colonel commandant.
- 1 Major.
- 3 Chefs-d'escadron.
- 1 Quartier-maître.
- 1 Adjudant-major.
- 3 Sous-adj.-maj., lieut. en 1ᵉʳ ou en 2ᵉ.
- 1 Instructeur capitaine ou lieutenant.
- 3 Porte-étendards.
- 3 Officiers de santé, dont 1 de 1ʳᵉ classe et 2 de 2ᵉ ou de 3ᵉ classe.
- 1 Adjudant pour les vivres.
- 1 Adjudant pour l'habillement.
- 1 Adjudant pour les fourrages.
- 1 Professeur de mathématiques.
- 1 Vaguemestre (rang de maréchal-des-logis-chef).
- 1 Artiste vétérinaire.
- 3 Aides-artistes vétérinaires.
- 1 Trompette-major.
- 1 Brigadier-trompette.
- 1 Maître tailleur.
- 1 Maître cordonnier.
- 1 Maître culottier.
- 1 Maître bottier.
- 1 Maître sellier-bourrelier.
- 1 Maître armurier-éperonnier.

« ART. 26. Chaque compagnie d'artillerie légère sera composée de :

- 1 Capitaine commandant.
- 1 Capitaine en second.
- 1 Lieutenant en premier.
- 2 Lieutenants en second.
- 1 Maréchal-des-logis-chef.
- 4 Maréchaux-des-logis.
- 1 Fourrier.
- 6 Brigadiers.
- 25 Canonniers de 1ʳᵉ classe.
- 25 Canonniers de 2ᵉ classe.
- 25 Vélites.
- 3 Trompettes.
- 2 Maréchaux-ferrants.

« Ainsi l'escadron sera de cent vieux canonniers et de vingt-cinq vélites.

« ART. 27. Les six capitaines en deuxième seront détachés au parc.

« ART. 28. En temps de paix, les trois escadrons seront divisés en deux escadrons de vieux canonniers et un escadron de vélites.

« ART. 29. Le régiment d'artillerie à cheval n'aura, en temps de paix, que trois cents chevaux, mais tous les hommes seront également exercés au manége.

« Il y aura une compagnie d'ouvriers qui sera composée de :

1 Capitaine en second.
1 Lieutenant.
2 Sergents.
2 Caporaux.
12 Ouvriers de 1ʳᵉ classe.
12 Ouvriers de 2ᵉ classe.
6 Apprentis.

« Art. 30. Les employés du parc seront au nombre de *onze* :

1 Garde d'artillerie. — 4 Sous-gardes. — 6 Conducteurs.

TITRE SIXIÈME.

Train.

« Art. 31. Il y aura un bataillon du train composé de six compagnies.

« Art. 32. L'état-major du bataillon du train sera composé de :

1 Capitaine commandant.
1 Lieutenant-adjudant major.
1 Sous-lieutenant quartier-maître.
1 Adjudant-sous-officier.
1 Artiste-vétérinaire.
1 Maître sellier, bourrelier et bâtier.
1 Maître cordonnier bottier.
1 Maître tailleur.

« Et chaque compagnie de :

1 Lieutenant.
1 Sous-lieutenant.
1 Maréchal-des-logis chef.
4 Maréchaux-des-logis.
1 Fourrier.
5 Brigadiers.
66 Soldats.
2 Maréchaux-ferrants.
2 Bourreliers ou bâtiers.
2 Trompettes.

Chevaux du train.

« Art. 33. Le nombre des chevaux du train est fixé à deux cent vingt pour tout le bataillon, en temps de paix, et à mille en temps de guerre.

Officier d'ordonnance de l'Empereur

GARDE IMPÉRIALE.

TITRE SEPTIÈME.

Administration.

« Art. 35. Il y aura toujours dans la Garde :

1 Inspecteur aux revues.
1 Commissaire-ordonnateur.
1 Sous-inspecteur aux revues.
1 Commissaire des guerres pour l'inf.
1 Commiss. des guerres pour la caval.
2 Commissaires des guerres pour le service extraordinaire, dont 1 spécialement chargé de l'ambulance.
2 Adjoints aux commiss. des guerres.
1 Quartier-maître trésorier.
1 Adjudant pour les vivres.
1 Adjudant pour l'habillement.
1 Adjudant pour les fourrages.
1 Adjudant pour l'hôpital.
30 Boulangers.

« Ces quatre adjudants seront lieutenants ou sous-lieutenants ; ils seront choisis parmi d'anciens militaires d'une probité reconnue.

« Ils feront le service en temps de paix, afin qu'en temps de guerre ils aient l'habitude de tous les détails que comporte leur emploi.

« Art. 36. Il sera construit des fours portatifs pour que, en temps de paix comme en temps de guerre, l'administration et tout ce qui en dépend soit promptement et complétement organisée.

« Art. 37. La forme d'administration, la solde, les masses, les premiers mois, les remontes, enfin tout ce qui n'est pas compris dans le présent décret, restera, pour toute la Garde, tel qu'il a été fixé par la première organisation de l'an XIII.

« Art. 38. Chaque corps de la Garde aura ses fourgons, ses charretiers et ses chevaux de train toujours en état et prêts à marcher au premier ordre.

« L'ambulance sera de même toujours en état.

« Les officiers de santé attachés à l'ambulance feront, en temps de paix, le service à l'hôpital de la Garde, dit *du Gros-Caillou*. Il y aura un médecin en chef attaché à cet hôpital.

II.

CRÉATION DES OFFICIERS D'ORDONNANCE.

Un second décret, daté du palais de Saint-Cloud, le 19 septembre 1806, prescrivit les dispositions suivantes, savoir :

« Art. 1ᵉʳ. Il y aura près de nous *douze* officiers d'ordonnance qui nous serviront à la guerre et dans nos camps pour transmettre nos ordres.

« Art. 2. Ces officiers d'ordonnance seront sous les ordres de notre grand-écuyer.

« Art. 3. Les officiers d'ordonnance seront comptés à la suite de la cavalerie de la Garde, pour en recevoir la solde et la quantité de rations de fourrages attribuées aux capitaines de cavalerie. Indépendamment de cette solde, ils recevront un traitement annuel de quatre mille francs sur notre trésor *. »

Un troisième décret daté également de Saint-Cloud, le 24 du même mois de la même année, prescrivit la création de compagnies de boulangers, de bouchers, de botteleurs, d'infirmiers et de train des ambulances, ainsi que la forme du conseil d'administration relatif auxdites compagnies.

---

* Ce ne fut cependant qu'au mois de janvier 1809 que l'Empereur arrêta, par un décret en date du 31, les dispositions qui réglaient définitivement le rang, les prérogatives, la solde, l'uniforme et la nature du service de ses officiers d'ordonnance, quoiqu'une décision, prise seulement quelques jours auparavant, le 11 janvier (voir à cet effet le Livre IX de notre ouvrage), déclarât qu'à partir du 1ᵉʳ janvier de cette année, MM. les officiers d'ordonnance ne feraient plus partie de la Garde impériale.

Voici les dispositions du décret du 31 janvier 1809, daté du palais des Tuileries :

« Art. 1ᵉʳ. L'Empereur a *douze* officiers d'ordonnance, du grade de capitaine, lieutenant ou sous-lieutenant. Ils prennent rang entre eux, indépendamment de leur grade, par leur ancienneté de service auprès de l'Empereur. Lorsqu'ils parviennent à un grade supérieur, ils cessent d'être officiers d'ordonnance.

« Art. 2. Les officiers d'ordonnance sont dans les attributions du grand-écuyer, qui règle leur service : il y en a toujours un de service au palais. Celui qui est de service remet, tous les matins, à l'aide-de-camp de service, la liste des officiers d'ordonnance, avec l'indication du lieu où chacun d'eux se trouve.

« Art. 3. En campagne, l'officier ou les officiers d'ordonnance de service doivent toujours avoir un cheval sellé, pour pouvoir être à même de remplir les commissions que l'Empereur voudrait leur donner.

« Art. 4. Les officiers d'ordonnance de service, à la guerre, montent à cheval et suivent Sa Majesté toutes les fois qu'elle sort, soit à cheval, soit en voiture. Ils placent leurs chevaux en relais, comme ceux de Sa Majesté, si cela est nécessaire, pour qu'ils puissent la suivre ; ou le grand-écuyer les distribue de manière à ce qu'il y en ait toujours auprès de l'Empereur un nombre égal à celui de ceux qui doivent être de service.

« Art. 5. Les officiers d'ordonnance doivent connaître les manœuvres de l'infanterie et de la cavalerie.

« Art. 6. Les officiers d'ordonnance portent pour uniforme un frac à la hussarde, drap bleu barbeau ; parements, collet, revers et doublure de même ; collet, parements et revers brodés en argent ; épaulettes et aiguillettes en argent ; gilet écarlate et pantalon bleu barbeau, tréflé en argent ; bottes à la hussarde ; chapeau à cornes, avec garniture en argent.

« L'équipage de leurs chevaux sera à la hussarde, avec chabraque en peau de tigre ou en peau d'ours, bordure écarlate.

« Il n'y aura qu'un seul uniforme.

« Art. 7. Chaque officier d'ordonnance doit avoir au moins quatre chevaux à monter et quatre chevaux de suite, avec autant de domestiques ou palefreniers. Ils

Un quatrième décret, encore daté de Saint-Cloud, le 19 septembre suivant, prescrivait, entre autres choses, les dispositions suivantes; savoir:

« Le premier bataillon de grenadiers vélites, et le premier bataillon de chasseurs vélites, formeront un régiment sous le titre de régiment des vélites de la Garde [*]. Tous les vélites seront incorporés dans ce régiment; les grenadiers vélites formeront le premier bataillon et les chasseurs, le second.

« Les officiers, sous-officiers et caporaux du deuxième bataillon de vélites-grenadiers; et ceux du deuxième bataillon de vélites-chasseurs formeront le cadre d'un deuxième régiment qui portera le nom de *fusiliers de la Garde*. Ce régiment sera entièrement composé de conscrits et aura la même formation que le régiment des vélites, conformément au décret du 15 avril dernier.

doivent avoir, sur chacun de leurs chevaux de suite, un porte-manteau avec les effets d'habillement et de linge pour se changer.

« ART. 8. Afin de subvenir à ces dépenses d'équipement et d'entretien, chaque officier d'ordonnance doit avoir de sa famille un revenu de 6,000 fr. par an. Ils reçoivent de l'Empereur un traitement de 6,000 fr., et, indépendamment de cela, le ministre de la guerre les fait traiter, quel que soit leur grade, comme capitaines de cavalerie de première classe de la Garde pour solde, indemnité de logement, fourrages, etc.

« ART. 9. En campagne, les officiers d'ordonnance reçoivent huit rations de fourrages.

« ART. 10. Les officiers d'ordonnance n'ont pas le rang d'officiers de la maison militaire de l'Empereur; mais ils mangent à la même table que les officiers de garde. »

L'Empereur a eu successivement, depuis 1806 jusqu'à 1815, beaucoup d'officiers d'ordonnance indépendamment des *douze* qui datent de la formation, et dont nous donnons les noms au tableau nominatif *Maison militaire de l'Empereur*, état-major général de la Garde (voir le chapitre II de ce livre); ceux dont les noms suivent firent partie de la Garde jusqu'à la fin de 1808. Ce furent:

MM. Baffron, Clapowski, Constantin, de Vence, d'Epinay, Duchand (Auguste), Fodoas, Gillot, Labiffe, La Bourdonnaie (Arthur), Marbœuf, de Monaco, Montesquiou (Anatole), le prince de Salm, Savoie-Carignan, Talhouet, de Watteville et Zaepfell.

Devinrent officiers d'ordonnance après le 11 janvier 1809, mais ne furent pas considérés comme faisant partie de la Garde:

MM. Athalin, Beranger, Caraman, Chabrillant, Chateignier, Christin, Gourgault, d'Hautpoul, Lamesan, Montaigu, de Mortemart, Pailhou, Pretet, Galz de Malvirade, Lauriston et Tintignies; ces trois derniers avaient été à tour de rôle *premier page* de l'Empereur.

Furent nommés en 1815, par décrets des 12 mars et 22 avril:

MM. Amillet, Dumoulin, Lannoy, Lariboissière, Planat, Ressigny, Saint-Jacques et Saint-Yon.

[*] Ce régiment n'a pas été organisé.

« Le régiment des fusiliers sera formé sur-le-champ par un appel fait sur les compagnies de réserve des départements, et conformément au tableau. Il sera pris en outre, sur le contingent que chaque département doit fournir, en vertu du décret du 3 août dernier, sept hommes par département, savoir : deux qui seront pris dans le contingent destiné aux cuirassiers, et cinq dans celui destiné à l'artillerie. Ce choix sera fait par le conseil de recrutement; il donnera la préférence aux sujets les plus propres au service de l'infanterie. Ces hommes seront de suite dirigés sur Paris. Lorsque les fusiliers de la Garde auront fait une campagne avec la Garde, ils seront susceptibles d'être admis dans l'un des corps de la Garde, et dès lors seront traités comme elle. »

Enfin, le 15 décembre 1806, il fut créé un second régiment de fusiliers qui fut composé et organisé de même que le premier; de sorte que l'infanterie de la Garde, dès la fin de 1806, deux nouveaux régiments : l'un de *fusiliers-grenadiers*, l'autre de *fusiliers-chasseurs* : telle fut l'origine de ce qu'on appela plus tard la *jeune Garde*.

II.

UNIFORMES ET ARMEMENT.

Fusiliers-Grenadiers.

Même uniforme que les grenadiers à pied. Epaulettes blanches, le corps coupé de deux lignes rouges perpendiculaires. Le bonnet à poils était remplacé par un shako orné sur le devant d'une plaque avec un aigle, sur les côtés un chevron figurant un V de galon de fil blanc de douze lignes de large, d'un cordon blanc et d'un plumet rouge.

La capote était couleur gris de fer.

Le fusil à capucine de fer : le sabre de même modèle que ceux de la ligne.

Fusiliers-Chasseurs.

Même uniforme que les chasseurs à pied [*]. Shako et épaulettes

---

[*] Le grand uniforme des chasseurs à pied de la Garde était semblable, pour la coupe et les couleurs, à celui des grenadiers à pied ; les revers étaient, ainsi que les parements, taillés en pointes ; les parements étaient lisérés de blanc.

Les retroussis garnis d'une grenade et d'un cor de chasse en laine jaune brodée sur bleu.

Les épaulettes à franges rouges et cor vert.

Le bonnet d'oursin sans plaque par devant et sans sommet, était orné de cordons blancs à deux glands. Le plumet rouge, et vert en bas.

Fusilier-Grenadier et Tirailleur-Grenadier (premier régiment)

GARDE IMPÉRIALE.

semblables à ceux des fusiliers grenadiers, seulement les lignes transversales au lieu d'être rouges étaient vertes.

La capote était bleue : même armement que pour les fusiliers grenadiers.

Dragons.

L'habillement, l'armement et le harnachement du cheval de ce corps étaient les mêmes que ceux des grenadiers à cheval. Seulement tout ce qui était bleu chez ces derniers était vert pour les dragons ; puis, à la place du bonnet à poil, les dragons portaient le casque de cuivre jaune à crinière noire pendante, orné d'un plumet rouge.

Même manteau que les grenadiers.

La *petite tenue* des dragons consistait en un pantalon de nankin avec le chapeau pareil à celui des grenadiers.

Bottes à la Suwarow.

La housse du cheval des dragons ne différait de celle des grenadiers que par la couleur du drap qui était vert.

Quant à l'armement, le sabre comme celui des grenadiers, la carabine dite fusil de dragon d'après l'ordonnance, pistolets d'arçon.

Train des équipages.

Habit-veste semblable, pour la coupe, à celui du train d'artillerie ; fond bleu de ciel ; revers, collet, parements et pattes de manches du même drap ; liserés bleu de roi.

Gilet bleu de ciel caché par l'habit ; pantalon collant bleu de ciel uni ; bottes à la russe.

Shako ordinaire orné d'un aigle couronné et de jugulaires en métal blanc ; pompon en boule.

Manteau bleu de ciel.

Sabre briquet d'infanterie.

Sur la giberne un aigle couronné.
Les officiers de chasseurs avaient la même tenue que ceux des officiers des grenadiers, sauf les différences mentionnées ci-dessus.
Le chapeau, en petite tenue, était garni de doubles cordonnets, à la place des galons que portaient les grenadiers.
Les chefs de corps ajoutèrent, aux frais des chasseurs, divers objets de petite tenue, tels que pantalon collant de drap bleu et bottes à la Suwarow pour l'hiver ; culotte de nankin, bas de coton blanc, et souliers à boucles d'argent ovales pour l'été.
Capote de drap bleu à deux rangs de boutons ; collet droit agrafé.

SOLDE.

RÉGIMENT DES FUSILIERS-GRENADIERS ET DES FUSILIERS-CHASSEURS.

DÉSIGNATION DES GRADES.	SOLDE DE PRÉSENCE			SOLDE D'ABSENCE		INDEMNITÉS		NOMBRE DE CHEVAUX.
	par mois.	par jour.	en marche, par jour.	en semestre, par jour.	à l'hôpital et aux armées, par jour.	de logement par jour.	d'habillement par jour.	
Adjudant-général	» »	» »	» »	» »	» »	» »	» »	»
État-Major.								
Major	516 66	17 22	» »	8 61	14 22	4 16	2 08	6
Chef de bataillon.	416 66	13 88	» »	6 94	10 88	2 50	1 66	3
Adjudant-Major	300 »	10 »	» »	5 »	8 »	1 33	1 11	2
Sous-adjud.-maj. { Lieut. en 1er.	200 »	6 66	» »	3 33	5 16	1 »	1 11	1
{ Lieut. en 2e.	175 »	5 83	» »	2 91	4 33	1 »	1 11	1
Officiers de santé de 1re classe .	300 »	10 »	» »	5 »	8 40	2 50	1 11	»
Idem de 2e classe .	200 »	6 66	» »	3 33	5 46	1 33	1 11	»
Idem de 3e classe .	133 33	4 44	» »	2 22	3 46	1 »	1 11	»
Maîtres de dessin.	125 »	4 16	» »	2 08	2 91	» »	» »	»
Idem d'écriture	150 »	5 »	» »	2 50	3 75	» »	» »	»
Petit État-Major.								
Caporal-tambour.	» »	1 66	» »	» 83	» 55	» »	» »	»
Maître-ouvrier	» »	2 22	» »	1 11	» 74	» »	» »	»
Compagnie.								
Capitaine	300 »	10 »	» »	5 »	8 »	1 33	1 11	»
Lieutenant en premier. . . .	200 »	6 66	» »	3 33	5 16	1 »	1 11	»
Lieutenant en second. . . .	175 »	5 83	» »	2 91	4 33	1 »	1 11	»
Sergent-major	» »	2 66	» »	1 33	» 88	» »	» »	»
Sergent et fourrier	» »	2 22	» »	1 11	» 74	» »	» »	»
Caporal.	» »	1 66	» »	» 83	» 55	» »	» »	»
Fusilier	» »	» 60	» 70	» 30	» 20	» »	» »	»
Tambour	» »	1 38	» »	» 69	» 46	» »	» »	»
Élève tambour traité en tout comme tirailleur	» »	» »	» »	» »	» »	» »	» »	»

SOULT, maréchal de l'Empire.

Colonel-général, commandant les Chasseurs à pied

GARDE IMPÉRIALE.

CHAPITRE II.

ÉTATS NOMINATIFS.

MAISON MILITAIRE DE L'EMPEREUR.

ÉTAT-MAJOR GÉNÉRAL.

Les maréchaux.
- Davoust (G. D. ✻), *commandant les chasseurs à pied.*
- Soult (G. D. ✻), *idem les grenadiers à pied.*
- Bessières (G. D. ✻), *idem la cavalerie.*
- Mortier (G. D. ✻), *idem l'artillerie et les matelots.*

Aides-de-Camp de l'Empereur.

Les généraux de brigade.
- Junot (G. D. ✻).
- Caffarelli (G. D. ✻).
- Lauriston (C. ✻).
- Savary (G. O. ✻).
- Lemarrois (C. ✻).

Les généraux de brigade.
- Rapp (C. ✻).
- Mouton (O. ✻).
- Bertrand (O. ✻).
- Le Brun (C. ✻).
- Reille (C. ✻).

Aides-de-Camp des colonels-généraux de la Garde.

Picard (C. ✻), *général de brigade.*

Barre (C. ✻), Simon (O. ✻), } *adjudants commandants.*

A. Davoust (C. ✻), Gouret (O. ✻), } *colonels.*

Lapointe ✻, Hulot ✻, Falcon ✻, Leisteinchneider ✻, Segauville ✻, } *chefs d'escadron.*

Soulages, *chef de bataillon du génie.*

Saint-Chamans, Lameth ✻, } *chefs de bataillon.*

Lapeyrière ✻, Waldner ✻, Bourreand ✻, Brun, Detrobiant, } *capitaines.*

Debaumetz, *lieutenant.*

Officiers d'ordonnance de l'Empereur.

Castilly.   Falkouwski.   Scherb.   Berthemy.
Demontesquiou (Eug.)   Deponthon.   Bongard.   Maulnois.
De Turenne (Amed.)   Lamarche.   Tascher (Louis.)   Parrain.

Aides-de-Camp adjoints à l'état-major général de la Garde.

Vautrin ✻, *chef d'escadron.*

Quesnel, Quandalle, } *chefs de bataillon.*

Baron ✻, Bottex ✻, Laforet ✻, } *capitaines.*

Poncet, *lieutenant.*

Administration générale de la Garde.

Chadelas ✻, *inspecteur aux revues.*
Daru (Martial) ✻, *sous-inspecteur aux revues.*
Dufour (G. J. B.) ✻, *commissaire ordonnateur des guerres.*

BRIGADE DU CORPS DES GRENADIERS A PIED.

État-Major.

Le général de brigade HULIN (C. ✱), colonel.
Le général de brigade DORSENNE (O ✱), major colonel.

LONCHAMPS,	} chefs	
DARQUIER,	} de bataillon.	
FLAMAND,		
BODELIN ✱,		
RÉANT ✱, capit. quart.-mait. trésorier.		
BUCHEL ✱,	} aides-de-camp	
LEGENTIL,	} du général HULIN.	
CASTELLON,	} aides-de-camp	
PAILHÈS ✱,	} du gén. DORSENNE.	
VEZU ✱,		
LENOIR ✱,	} adjudants-majors.	
FAUCON ✱,		
PIERON (O ✱),		

DESCOMBES ✱,	} sous-adjudants-	
CHICOT ✱,	} majors.	
RITTER ✱,		
DELAIRE ✱,		
MORLAY ✱,	} porte-drapeau.	
MOULIN ✱,		
DUDANJON ✱,		
CHAPPE ✱,	} officiers de santé	
MOUTON,	} de première classe.	
BRAIZE,	} officiers de santé	
VERGÉ,	} de deuxième classe.	
CAIN, officier de santé de troisième classe.		
. . . ., élève chirurgien.		

NUMÉROS DES			CAPITAINES.	LIEUTENANTS	
Régim.	Batail.	Comp.		EN PREMIER.	EN SECOND.
1er Régiment.	1er	1	LEMARROIS (O. ✱)	MELLIER ✱	DIACREMONT ✱	DAIX ✱
		2	HENNEQUIN (O. ✱)	VILLEUMEUREUX ✱	MASSOL ✱	PÉLÉE ✱
		3	ROGERY (O. ✱)	DEBLAIS	FOUGÈRES ✱	COUTURIER ✱
		4	RAMBLY	BRÉMONT ✱	GOUCHERON ✱	VILLENEUVE
	2e	1	CARRÉ ✱	PILLOUD ✱	GALOIS ✱	ROBERT
		2	LAUREDE ✱	CARON ✱	LABARRIÈRE (O. ✱)	CHAILLOUX
		3	LUNEAU ✱	CONDÉ ✱	PONSARD ✱	MAIGROL
		4	MASSON	BELCOURT ✱	MICHEL (A.)	BOIS-THIERRY
2e Régiment.	1er	1	DUTRÔNE ✱	DELVOLVÉ ✱	MICHELER ✱	BERNARD
		2	JARDIN ✱	CIRON ✱	TAILHAUT	GAILLARD
		3	METZINGER (O. ✱)	LAMBERT ✱	BOURCHETTE	VILLIERS
		4	LEGLISE ✱	DETHAN ✱	THIERRY	ROUILLARD
	2e	1	AVERSENNE (O. ✱)	MICHEL (O. ✱)	LAPERSONNE ✱	PINCEMAILLE ✱
		2	PORRET ✱	MIRABEL ✱	LIBERAL (O. ✱)	LACASE
		3	HARLET ✱	PELET ✱	GAVARDY ✱	LECLERC
		4	VIONNET (O. ✱)	HOLLIER ✱	DELORT	COGNE ✱

HISTOIRE DE LA GARDE IMPÉRIALE.

BRIGADE DU CORPS DES CHASSEURS A PIED.

État-Major.

Le général de brigade SOULÈS (C. ✻), *commandant.*
GROS (C. ✻), *colonel-major.*

LANABERT ✻,
DUPIN (O. ✻), } *chefs*
GRUYER (O. ✻), } *de bataillon.*
ROUVIER ✻,
LARRONY ✻, *capitaine quartier-maître.*
BARBOT ✻, *capit.,* } *aides-de-camp*
LANEL ✻, *lieut,* } *du génér.* SOULÈS.

FLEURENTIN ✻,
SOULÈS (jeune) ✻, } *adjudants-majors.*
BOUCHER ✻,
RIGNON ✻,
RATTIER ✻, *sous-adjudant major.*
FAURE ✻, } *porte-drapeau.*
SECOND ✻,

VERGEZ ✻, } *chirurgiens-majors.*
COTHENET ✻,

JOURDA, *chirurgien de deuxième classe.*
LAPEYRE, *idem de troisième classe.*

| NUMÉROS DES | | | CAPITAINES. | LIEUTENANTS | |
Régim.	Batail.	Comp.		EN PREMIER.	EN SECOND.
1er Régiment.	1er	1	KESSEL.	ROZET ✻	GUERDIN ✻	BARBAS ✻
		2	SOYE (O. ✻)	DESCHAMPS (O. ✻)	GILLET ✻	DUBOIS ✻
		3	VEZAN (Aud.) ✻	LABUSQUETTE ✻	HARDY ✻	BERNELLE ✻
		4	POMPEJAC ✻	DIVAT ✻	MALLET ✻	AUDRY
	2e	1	CASTAGNIER ✻	BLONDEAU ✻	LAPEYRE ✻	BEAU ✻
		2	GOUIN ✻	BIGOT	PUECH ✻	GENTHON ✻
		3	ROUSSEAU ✻	BEURMANN ✻	POITTIER ✻	BILLE ✻
		4	JULIEN	BIÉ ✻	FINAT ✻	NOEL
2e Régiment.	1er	1	RAMPON ✻	PION ✻	HERAUD ✻	MIROFFE ✻
		2	PINGUERN	PRESLIER ✻	CLEMENT ✻	RIVET
		3	GUYOT ✻	GALTÉ ✻	BOURICER ✻	MICHEL
		4	DESHAYES ✻	GALAND	PARADIS (O. ✻)	CHAMPFROY ✻
	2d	1	DUFOUR ✻	LAPLANE ✻	BOSQUET	HALLÉ ✻
		2	SECRETAN ✻	BARRAL ✻	NICOLAS ✻	BROUSSON ✻
		3	HENRION ✻	MATHIEU ✻	CHARRAUD ✻	COULON ✻
		4	BERTON ✻	AZEM ✻	GOMBERT	TRUFFET ✻

FUSILIERS-GRENADIERS.

État-Major.

FRIEDERICHS (O. ✶), colonel, major commandant.

HARLET ✶, lieutenant colonel,
HENNEQUIN (O. ✶), idem } chefs de bataillon.

MARTENOT ✶, } capitaines
LEROY ✶, } adjudants-majors.
MAIGROT, } lieutenants
DELAITRE ✶, } sous-adjud. majors.

VILLEMEUREUX ✶, lieut. quart.-maître.
GOSSERAT, lieut. deuxième porte-drap.
MOUTON, chirurgien de première classe.
CUIN, idem de troisième classe.

MOSNIER ✶, capitaine,
ROUILLIER ✶, lieutenant en premier, } à la suite.

Numéros des Bataill.	Comp.	CAPITAINES.	LIEUTENANTS EN PREMIER.		EN SECOND.	
1er	1	LAMOTTE ✶	DELEAGE ✶	DELEUZE ✶	GUY	
	2	BABAIGE ✶	DESMOULINS ✶	COURTIN ✶	POULMANT ✶	
	3	JORÉ ✶	LEROY ✶	FOLLEY ✶	MORIOUX	
	4	GILLET ✶	CASTANIER ✶	VAUDE ✶	TAQUET ✶	
2e	1	LEROY ✶	BOUHOUR ✶	BUREAU ✶	BARROIS	
	2	CICÉRON	GUILLEMAIN (O. ✶)	GAUTHIER ✶	VAILLANT	
	3	BROUSSE ✶	DENKUILLY ✶	MAZAS	PIETTE ✶	
	4	TRAPPIER	LACROIX ✶	CROUSSE	EPAILLY	

FUSILIERS-CHASSEURS.

État-Major.

BOYER (O. ✶), colonel major commandant.

BELLATON (O. ✶),
VRIGNY (O. ✶), } chefs de bataillon.
BARCANTEL (O. ✶),
LEFÈVRE ✶,
BIÉ ✶, } adjudants-majors.
REMEISE, lieutenant quartier-maître.
LE BEAU, officier d'habillement.

BARUTEAU ✶, sous-adjudant major.
PARROD ✶, lieut. en second, porte-drap.
JOURDA, chirurgien de deuxième classe.
JUVILLE, idem de troisième classe.
SCHRAMM ✶, } capitaines
POUDAVIGNE, } à la suite.
PETIT ✶, lieuten. en premier à la suite.

Numéros des Bataill.	Comp.	CAPITAINES.	LIEUTENANTS EN PREMIER.		EN SECOND.	
1er	1	DODE ✶	RASEAU ✶	HANUCHE ✶	AGNÈS ✶	
	2	BERTH ✶	BARRAL ✶	DHERVILLY ✶	DULIN ✶	
	3	GARNIER (O. ✶)	ROUX ✶	DUMÉNIL ✶	BAUCHARD ✶	
	4	LAROUSSE ✶	COLOMBAU ✶	OZERE ✶	PICHARD ✶	
2e	1	SIGARD (O. ✶)	STERBACK ✶	VILLARET ✶	LAGUILLERMIE ✶	
	2	ROMAND (O. ✶)	MORIN ✶	VINCENT ✶	SAINT-MARTIN ✶	
	3	DESMAROUX (O. ✶)	CREPI ✶	LEBEAU ✶	ALBERT ✶	
	4	LAMBINET (O. ✶)	HENNEQUIN ✶	BELLATON ✶	AZEM ✶	

HISTOIRE DE LA GARDE IMPÉRIALE.

CORPS DES GRENADIERS A CHEVAL.

État-Major.

Le général de division ORDENER (C. ✸), colonel.
LEPICQ (O. ✸), major colonel.
CHASTEL (O. ✸), major en second.
PERROT (O. ✸), chef d'escadron quartier-maître.

JOLIVET (O. ✸),
DUCLAUX (O. ✸),
ROSSIGNOL (O. ✸), } chefs d'escadron.
BLANCARD ✸,
TREUILLE (O. ✸),
CHAMORIN (O. ✸),
ORDENER (fils) ✸, } lieut. en 2ᵉ, aides-de-
GERMANOWSKI ✸, } camp du gʲ ORDENER.
SABATIER (O. ✸), capit. adjudant-major.

HARDY ✸, capitaine instructeur.
SCRIBE ✸, } Lieut. en second,
SCHMIDT ✸, } adjudants.
PICARD ✸,
JACOB ✸, } lieut. en second,
HARDY (B.) ✸, } porte-étendards.
PIEDFORT ✸,
DIÈCHE ✸, officier de santé de 1ʳᵉ classe.
CASTEL, idem de 2ᵉ classe.

NUMÉROS DES		CAPITAINES.	LIEUTENANTS			
Escad.	Comp.		EN PREMIER.		EN SECOND.	
1	1	MAUFROY (O. ✸)	BOURDE (O. ✸)	BEAUGEOIS ✸	SERANNE ✸	GOURET ✸
	5	AUZOUY ✸	DESMONTS O. ✸	DELAPORTE ✸	MARIE ✸	. . . . .
2	2	LAROCHE (O. ✸)	BURGRAFFE ✸	MESSAGER ✸	TASCHER ✸	OLLIVIER ✸
	6	SEGANVILLE ✸	LAJOIE ✸	BORDE ✸	SIMIIUGUE ✸	PERNET ✸
3	3	MESSIER ✸	LIGIER ✸	GAUTRAN ✸	BUFEQUIN ✸	BARTHON ✸
	7	GRANDJEAN ✸	WALTER ✸	CHASSIN ✸	LHUILLIER ✸	RICHARD ✸
4	4	HOLDRINET O ✸	DUVIVIER ✸	MELINE ✸	TUCFERT ✸	BOURGEOIS ✸
	8	DIETMANN ✸	VENIÈRE ✸	VARNOUST ✸	BUYCK ✸	ALEXANDRE ✸

VÉLITES, formant les 5ᵉ et 6ᵉ escadrons.

État-major. { CLÉMENT (O ✸), chef d'escadron.
COMPARIOL ✸, adjudant major.
LEPOT ✸, adjudant, lieutenant en second.

NUMÉROS DES		CAPITAINES.	LIEUTENANTS	
Escad.	Comp.		EN PREMIER.	EN SECOND.
1	1	LAHUBERDIÈRE ✸	ROLLET ✸	DUPETIT ✸
	3	COLIN ✸	RING ✸	. . . . .
2	2	DUJON ✸	. . . . .	MENY ✸
	4	GUILLAUME ✸	JUBERT ✸	. . . . .

CORPS DES CHASSEURS A CHEVAL.

État-Major.

Le prince EUGÈNE, colonel-général commandant en chef.
DAHLMANN (O. ✵), colonel commandant en second.
GUYOT (O. ✵), colonel-major.

BOHN (O. ✵),
CHARPENTIER (O. ✵),
THIERY (O. ✵),
DAUMESNIL (O. ✵),
FRANCQ (O. ✵),
CAVROIS (O. ✵),
} chefs d'escad.

MARTIN ✵, adjudant-major
CLERC (aîné) ✵, quart.-mait.
NAGER ✵, instructeur.
} capit.

DOMENGÉ ✵, adjud.-lieut. en premier.
SÈVE (jeune) ✵, adjud.-lieut. en second.
GUYBERT ✵,
PEYROT ✵,
KRETLY ✵,
BAUCHEUX ✵,
} lieut. porte-étendard.

ASSALIGNY, officier de santé de 1re classe.
BOCKENHEIMER ✵, off. de santé de 2e cl.
PERGOT, chirurgien de 3e classe.

NUMÉROS DES		CAPITAINES.	LIEUTENANTS			
Escad.	Comp.		EN PREMIER.		EN SECOND.	
1	1	THUMELAIRE ✵	PARISOT ✵	PAILHÈS ✵	GARNIER ✵	BOURGEOIS ✵
	5	GEIST ✵	DUVERNOIS ✵	ADET ✵	DUPONT ✵	DONCHERY ✵
2	2	ROMIEUX ✵	RABUSSON ✵	THOMASSIN ✵	VIALA ✵	LAMBERT ✵
	6	GHIOD ✵	MUZY ✵	SOLARD ✵	GREFFE ✵	DUMOULIN ✵
3	3	MONNIER ✵	JOUANNES ✵	PERRIER ✵	PIBOUT ✵	. . . . .
	7	MUSQUIER ✵	ROUGEOT ✵	BARBANÈGRE ✵	COLOMIER ✵	ROULE ✵
4	4	POIRET ✵	LEGROS ✵	LEBRASSEUR ✵	SÈVE (aîné) ✵	COUTARD ✵
	8	CORBINEAU ✵	DELASSUS ✵	THOMAS ✵	THERVAY ✵	BASSE ✵

VÉLITES, formant les 5e et 6e escadrons.

État-major. {
CLERC jeune (O. ✵), chef d'escadron.
FOURNIER ✵, capitaine adjudant-major.
SAULNIER ✵, adjudant-lieutenant en second.
}

NUMÉROS DES		CAPITAINES.	LIEUTENANTS	
Escad.	Comp.		EN PREMIER.	EN SECOND.
1	1	BUREAU ✵	JOLLY ✵	MEXNER ✵
	3	CALLORY ✵	SANSOT ✵	CHARREL ✵
2	2	SCHNEYT ✵	BAVEUX ✵	ACHYNTE ✵
	4	DESMICHELS (O. ✵)	MAZIAUX (O. ✵)	LEVASSEUR

COMPAGNIE DE MAMELUCKS

État-major.
- Delaître (O. ✻), chef d'escadron commandant.
- Rouyer ✻, adjudant lieutenant en second.
- Merat ✻, porte-étendard lieutenant en second.
- Mauban ✻, chirurgien-major.

Hibrahim ✻, Souboube ✻, } capitaines.
Renno (O. ✻), Dahoud ✻, } lieutenants en premier.

Élias ✻, Chaim (O. ✻), Soliman ✻, Abdalla ✻, } lieutenants en second.

GENDARMERIE D'ÉLITE.

État-Major.

Le général de division Savary (C. ✻), colonel.
Jacquin (O. ✻), colonel-major.
Weber ✻, capitaine à la suite.

Henry (O. ✻), Dauthencourt (O. ✻), Meckenem (O. ✻), } chefs d'escad.
Oger ✻, adjud.-major.
Colin ✻, quart.-maît.
Hallouin ✻, sous-adj.-maj. pour la cav.

Bourchette, sous-adj. maj. pour l'inf.
Bousignon, porte-drapeau.
Perollet ✻, Patrin, } porte-étendard.
Renoult ✻, chirurgien-major.
Desplace, aide-major.

DÉSIGNATION	Comp.	CAPITAINES.	LIEUTENANTS	
			EN PREMIER.	EN SECOND.
Infanterie un bataillon.	1	Jardin ✻	Pelet ✻	Coste ✻
			. . . . . .	Deprieck ✻
	2	Bourgeois ✻	Pion ✻	Gillet Jⁿᵉ ✻
			. . . . . .	Ricquart
Cavalerie 2 escadrons. 1	1	Bloume ✻	Frapillon ✻	Labbé ✻
			Besençon ✻	Lelarge ✻
	3	Pinon ✻	Noirot ✻	Chaudel ✻
			Compagnon ✻	Verjus ✻
2	2	Lenoir ✻	Moreau ✻	Pidoux ✻
			Borne ✻	Maubranche
	4	Roize ✻	Janin ✻	Garbé ✻
			Duncœur ✻	Gillet Aîné ✻

DRAGONS.

État-Major.

ARRIGHI (C. ✻), *général-colonel.*
FITEAU (C. ✻), *colonel-major.*
LETORT ✻, *major.*

JOLIVET (O. ✻),
ROSSIGNOL (O. ✻),
MARTHOD ✻,
BOUQUEROT ✻,
PICARD ✻,
DESIRAT ✻,
} *chefs-d'escadron.*

GRANDJEAN ✻,
BERRURIER,
DUVERNOY ✻,
JOLY ✻,
} *capit adj.-maj.*

COLOMMIER ✻,
ALEXANDRE ✻,
CHATRY-LAFOSSE ✻,
TIERCE ✻,
LANCESTRE.
} *lieut. en 1er, sous-adj.-maj.*

DANGLOT, *adj.-lieut. pour l'habillement.*

HUNOLD ✻,
DUBOURG ✻,
LANDRY ✻,
GENCY ✻,
} *lieut. en 2e, porte-étendards.*

REIFFER ✻,
GORSSE ✻,
} *officiers de santé de 1re classe.*

POIRSON, *officier de santé de 2e classe.*
BLONDY, *officier de santé de 3e classe.*

| NUMÉROS DES || CAPITAINES. | LIEUTENANTS ||
Escad.	Comp.		EN PREMIER.		EN SECOND.	
1	1	BUREAU DE PUSSY ✻	PERNEL ✻	MAILLARD	CROSNIER ✻	LATASCHE
	5	LERIVIN ✻	PATUREL ✻	DESPIERRES ✻	BZUNDSAUX	PISLER
2	2	MESSIER ✻	RAQUET (O✻)	CHAMORIN	LE POMMIER ✻	CONDÉ
	6	LOUP ✻	DEMONTABRY	AGNY	DORTU ✻	GROISSET
3	3	THIERRY	MEUNIER ✻	DELAMARRE	CHABRAND	JOMARD
	7	LIGIER	PILAY	CAUMONT	LAPIERRE ✻	FOUET
4	4	MACE ✻	DUPUY	JANSON	CARRÉ ✻	CACHELEU
	8	PICTET ✻	VERDIÈRES	DUBREUIL	FOUET	HEID

VÉLITES-DRAGONS, formant le 5e escadron.

| COMPAG. | CAPITAINES. | LIEUTENANTS ||||
		EN PREMIER.		EN SECOND.	
1	PUCHEN ✻	CHASSIN ✻	BELOT LADIGUE ✻	FRANÇOIS	. . . . .
2	HAFFMAYER ✻	MEYRONNET	ROBERT	COSTALIN ✻	THIERSONNIER.

ARTILLERIE A CHEVAL.

État-Major.

LARIBOISSIÈRE (G. ✻), *général de division commandant.*
COUIN (C. ✻), *général de brigade colonel.*
DOGUEREAU (C. ✻), *colonel-major.*

DIJEON (O. ✻), *maj. direct. du parc d'art.*
GREINER ✻,
CHAUVEAU ✻, } *chefs d'escadron.*
BOULARD (O. ✻),
EICHBORN ✻, *capitaine adjud.-major.*
JOFFRENOT, *capit. en second, instruct.*
ROBERT ✻, *capit. en second, quart.-maît.*
EUVRARD ✻, } *premiers lieutenants*
BONNAFOS ✻, } *sous-adj.-maj.*
HOUSSELIN ✻, *deux. lieut. sous-adj.-maj.*

TRIPARD ✻,
DUMONT ✻, } *porte-étendard.*
MUNEREAU ✻,
GALLERIN, *adjudant pour les vivres.*
LAGUERNAY, *adjud. pour l'habillement.*
GAVARIN, *adjudant pour le fourrage.*
THEZIN ✻, *officier de santé de 1re classe.*
SOUCHOTTE, } *off. de santé de 2e cl.*
FABAR,
THIRION, *professeur de mathématiques.*

NUMÉROS DES		CAPITAINES		LIEUTENANTS		
Escad.	Comp.	EN PREMIER.	EN SECOND.	EN PREMIER.	EN SECOND.	
1	1	MARIN ✻	BOISSELIER ✻	SAUVAGE ✻	ANDRIEUX	DESFRENNÉE ✻
	4	SANDRAS ✻	GEORGES	PERRET	RIEUSSEC	ALLAVENNE
2	2	POMMEREUL ✻	MARILHAC	FAIVRE	HERTEL ✻	MAILLARD
	5	LAFONT ✻	LALLEMAND	BOSC	LAGUETTE	PAUZAT ✻
3	3	BERTHIER ✻	FOUREY ✻	FRAMERY	CONSTARD	DURBACH
	6	COUIN (jeune)	SCHOULER	FOLLARD ✻	D'HAUTPOULT	LEFRANÇOIS

Ouvriers d'artillerie.

LEVAILLANT, *capitaine en second.*
GUETTEMANN ✻, *lieutenant en second.*

Parc d'artillerie.

CUNY ✻, *lieutenant en second.*

TRAIN D'ARTILLERIE.

État-Major.

LEROY ✻, *adjudant-major lieutenant.*
BULOTTE ✻, *adjudant-major lieutenant.*
MONNIN ✻, *quartier-maître sous-lieutenant.*

1re Comp. { FONDOY ✻, *lieutenant.*
           { BARON ✻, *sous-lieutenant.*
2e Comp. { LEBLANC ✻, *lieutenant.*
          { BRENIER ✻, *sous-lieut.*
3e Comp. { THIBERGE ✻, *lieutenant.*
          { CIRET ✻, *sous-lieutenant.*

4e Comp. { PERRON ✻, *lieutenant.*
          { FROSSARD ✻, *sous-lieut.*
5e Comp. { BEUDOT ✻, *lieutenant.*
          { SEUILLE ✻, *sous-lieut.*
6e Comp. { BLOCAILLE, *lieutenant.*
          { FROSSART (j.) ✻, *sous-lieut.*

CHAPITRE III.

LA GARDE PENDANT LA CAMPAGNE DE PRUSSE, EN 1806.

BATAILLE D'IÉNA.

Après la victoire d'Austerlitz et le traité de Presbourg, Napoléon eut un instant l'espérance fondée de voir la paix de l'Europe complétement assurée par une alliance sincère de l'Angleterre avec la France. La mort de William Pitt avait appelé à la tête du ministère anglais son rival, Georges Fox, qui n'avait point oublié les sentiments d'estime et d'affection qui le liaient au premier Consul. Un de ses premiers soins, lors de son entrée aux affaires, avait été de renouer avec l'Empereur des négociations entamées dans le but de rendre la tranquillité à son pays et le repos au monde. La mort, trop prompte, de cet illustre homme d'État, détruisit malheureusement l'espoir de voir le cabinet britannique consentir à la paix européenne.

La neutralité de la Prusse, pendant la troisième coalition, n'avait été de sa part qu'une arrière-pensée : cette puissance attendait, pour se déclarer, que les succès des coalisés lui permissent de le faire sans danger. Le roi Frédéric-Guillaume avait eu précédemment à Postdam, avec l'empereur Alexandre, devant le tombeau du grand Frédéric, une entrevue où il avait promis de joindre ses troupes à celles de l'Autriche et de la Russie. Seulement, avant de rompre ouvertement avec Napoléon, et comme pour mettre le bon droit de son côté, il lui avait demandé une réparation qu'il savait bien devoir lui être refusée, pour la prétendue violation du territoire prussien, lors du passage du maréchal Bernadotte dans la principauté d'Anspach. Ce fut à cette occasion que le prince d'Haugwitz était venu trouver Napoléon au bivouac d'Austerlitz. L'Empereur remit au lendemain de la bataille l'entretien que ce diplomate désirait avoir avec lui ; mais, après la victoire remportée à Austerlitz par les Français, il ne pouvait plus être question des réclamations menaçantes de la part de la Prusse : le prince d'Haugwitz était trop habile pour adresser au vainqueur autre chose que des compliments dont Napoléon ne fut pas dupe, car, après avoir reçu les félicitations menteuses du ministre prussien, il se retourna vers ses généraux, et leur dit en souriant :

— Voilà un compliment que la fortune a fait changer d'adresse.

Néanmoins il espéra rallier franchement le roi de Prusse à la cause de la France, en lui donnant une part dans les provinces conquises. Frédéric-Guillaume reçut en échange du petit territoire d'Auspach, qui fut donné à la Bavière, le bel électorat de Hanovre. En lui remettant ainsi les États héréditaires de la maison de Brunswick, Napoléon espérait élever entre les cours de Londres et de Berlin un sujet perpétuel de guerre. Il se trompa. La Prusse, qui fut au moment de combattre l'Angleterre, céda aux instigations du nouveau ministère anglais, et prit part à une quatrième coalition, où entrèrent également la Russie et la Suède. En conséquence, Frédéric-Guillaume, plein de confiance dans les armements nombreux qu'il avait réunis depuis quelques mois, ne craignit pas d'expédier à l'Empereur un ultimatum, dans lequel il exigeait, pour le 8 octobre, une satisfaction précise à tous ses griefs, et l'évacuation immédiate de toutes les troupes françaises de l'Allemagne.

— Maréchal, dit Napoléon au prince de Neufchâtel, en recevant cette sommation, on nous donne un rendez-vous d'honneur pour le 8 ; jamais un Français n'y a manqué ; mais, comme on prétend qu'il y a une belle reine qui veut être témoin du combat, soyons courtois, et marchons sans nous arrêter jusqu'en Saxe.

La reine était effectivement à l'armée, vêtue d'une amazone aux couleurs de l'uniforme du régiment de dragons qui portait son nom. « Il semble, disait le premier bulletin de la grande armée [*], voir « Armide, dans son égarement, mettant le feu à son propre palais. »

L'Empereur partit de Paris le 28 septembre 1806, et le 6 octobre il était à son quartier-général de Bamberg, où une partie de sa Garde et l'armée, forte d'environ cent quatre-vingt mille hommes, se trou-

---

[*] Daté de Bamberg le 8 octobre 1806.

vaient rassemblées. Là, il leur adressa, en date du même jour, la proclamation suivante :

« Soldats ! l'ordre pour votre rentrée en France était donné. Des
« fêtes triomphales vous attendaient dans la capitale.

« Mais lorsque nous nous abandonnions à cette confiante sécurité,
« de nouvelles trames s'ourdissaient sous le masque de l'amitié et de
« l'alliance. Des cris de guerre se faisaient entendre à Berlin ; et, de-
« puis deux mois, nous sommes provoqués tous les jours davantage.

« La même faction, le même esprit de vertige qui, à la faveur de nos
« discussions intestines, conduisit, il y a quatorze ans, les Prussiens
« au milieu des plaines de la Champagne, domine dans leurs conseils.
« Si ce n'est plus Paris qu'ils veulent brûler, c'est aujourd'hui leurs
« drapeaux qu'ils se vantent de planter dans les capitales de nos alliés ;
« c'est la Saxe qu'ils veulent obliger à renoncer, par une transaction
« honteuse, à son indépendance, en la rangeant au nombre de leurs
« provinces ; c'est enfin vos lauriers qu'ils veulent arracher de votre
« front. Ils exigent que nous évacuions l'Allemagne à l'aspect de leur
« armée ! les insensés ! qu'ils sachent donc qu'il serait mille fois plus
« facile de détruire notre grande capitale que de flétrir l'honneur de
« ses enfants !

« Soldats ! il n'est aucun de vous qui veuille retourner en France par
« un autre chemin que celui de l'honneur. Souvenez-vous que nous
« ne devons y rentrer que sous des arcs de triomphe !

« Marchons donc, puisque la modération n'a pu faire sortir la Prusse
« de son étonnante erreur. Que l'armée prussienne éprouve le même
« sort qu'elle éprouva il y a quatorze ans ! que ses soldats apprennent
« que, s'il est facile d'acquérir un accroissement de domaine et de puis-
« sance avec l'amitié du grand peuple, son inimitié est plus terrible que
« les tempêtes de l'Océan ! »

L'armée prussienne s'élevait à deux cent mille hommes. Les troupes de la Saxe et de la Hesse électorale s'y étaient réunies. En se mettant lui-même à la tête de ses troupes, le roi de Prusse avait exhumé tous les vieux généraux de la guerre de sept ans pour lui servir de guides. Le duc de Brunswick et Mollendorf devaient conduire les Prussiens à la victoire. Mais l'âge avait glacé, chez ces deux généraux, les qualités qui avaient fait jadis leur réputation. Quoi qu'il en soit, l'armée prussienne était belle, d'une tenue et d'une discipline admirables; l'artillerie excellente, la cavalerie brave et bien montée; enfin l'état-major était composé d'officiers jeunes, instruits et intrépides.

Les hostilités commencèrent par des succès que l'armée française obtint à Saalbourg, à Schleitz et à Géra, où Napoléon, avec sa Garde, était venu établir son quartier-général. Un des cousins de Frédéric-Guillaume, le prince Louis de Prusse, trouva la mort dans un de ces premiers combats, celui de Saalfeld. Ce prince avait été l'un des plus ardents provocateurs de cette guerre.

Le projet du roi de Prusse avait été de commencer les hostilités le 9 octobre, en débouchant sur Francfort par sa droite, sur Wurtzbourg par son centre, et sur Bamberg par sa gauche. Toutes les divisions de son armée étaient disposées pour exécuter ce plan; mais le mouvement de l'armée française sur Saalbourg, Schleitz et Géra ayant tourné sa gauche, il résolut de rappeler tous ses détachements, et nous offrit la bataille entre Capellendorf et Auerstaedt avec une armée forte de cent cinquante mille hommes.

Le 13 octobre, à deux heures après midi, Napoléon arriva à Iéna, et monta sur un petit plateau qu'occupait notre avant-garde. De là il aperçut les dispositions des Prussiens qui paraissaient manœuvrer pour

attaquer le lendemain. L'ennemi défendait en force, et par une position inexpugnable, la chaussée qui conduit d'Iéna à Weimar, et paraissait penser que les Français ne pourraient déboucher dans la plaine sans avoir forcé ce passage. Il semblait impossible en effet de faire monter de l'artillerie sur le plateau, qui, à la première vue, était si étroit que quelques bataillons auraient eu peine à s'y déployer. Napoléon en jugea différemment : il fit travailler toute la nuit à un chemin dans le roc, et l'on parvint ainsi à conduire l'artillerie sur cette hauteur. Puis ayant fait masser sur ce plateau, que l'ennemi avait négligé, tout le corps du maréchal Lannes, la Garde impériale s'y forma aussi en bataillons. L'Empereur bivouaqua au milieu de ces braves. La nuit offrait un spectacle remarquable, celui de deux armées dont l'une déployait son front sur six lieues d'étendue, et embrasait de ses feux l'atmosphère; l'autre dont les feux apparents étaient concentrés sur un petit point. Les bivouacs des deux camps étaient à une demi-portée de canon; les sentinelles se touchaient presque ; de part et d'autre il ne se faisait pas un mouvement qui ne fût vu, deviné ou entendu.

Le lendemain 14, un brouillard épais obscurcissait le jour. Napoléon passa devant les lignes de sa Garde et recommanda aux soldats de se tenir en garde contre la cavalerie prussienne qu'on peignait comme si redoutable. « Souvenez-vous, leur dit-il, qu'il y a un an à pareille « époque vous avez pris Ulm; l'armée prussienne, comme alors l'ar- « mée autrichienne, est aujourd'hui cernée ; elle a perdu sa ligne d'o- « pération, ses magasins ; elle ne se bat plus pour la gloire, mais pour « la retraite. Elle cherchera à faire une trouée sur différents points ; « les corps qui la laisseraient passer seraient perdus d'honneur et de « réputation. Je compte sur vous. » A ce discours animé, les soldats répondirent par le cri de : *Marchons!*

Des tirailleurs engagèrent l'action ; la fusillade devint vive. Quelque bonne que fût la position que les Prussiens occupaient, ils en furent débusqués, et notre armée, débouchant dans la plaine, commença à prendre son ordre de bataille.

De son côté le gros de l'armée ennemie, qui n'avait eu le projet d'attaquer que lorsque le brouillard serait dissipé, prit les armes. La gauche, forte de cinquante mille hommes, avait marché dès la veille pour couvrir les défilés de Naumbourg et s'emparer des débouchés de Kosen, où elle devait rencontrer le maréchal Davoust. Le centre et la droite, formant une force de quatre-vingt mille hommes, se portèrent au devant de l'armée française qui débouchait du plateau d'Iéna. Le brouillard couvrit les deux armées pendant trois heures ; mais enfin il fut dissipé par un magnifique soleil d'automne. Alors les deux armées s'aperçurent à petite portée de canon. Notre gauche, appuyée sur un village et sur des bois, était commandée par le maréchal Augereau. La Garde impériale la séparait du centre qu'occupait le corps du maréchal Lannes. La droite était formée par le corps du maréchal Soult ; le maréchal Ney n'avait sous ses ordres qu'un corps de trois mille hommes, seules troupes qui fussent encore arrivées de son corps d'armée.

L'armée prussienne, commandée par le prince de Hohenlohe, montrait une belle cavalerie. Ses manœuvres étaient exécutées avec précision et rapidité. Napoléon aurait désiré retarder encore d'une heure son attaque, afin d'attendre, dans la position qu'il avait prise, les troupes qui devaient le joindre, et surtout la cavalerie de la Garde, mais l'ardeur française l'emporta. Plusieurs bataillons s'étant engagés au village de Hollsted, il vit l'ennemi s'ébranler pour les en chasser. Dès lors le maréchal Lannes reçut l'ordre de marcher en échelons pour soutenir ce village ; le maréchal Soult dut attaquer un bois sur la droite, et l'ennemi ayant fait un mouvement sur notre gauche, le maréchal Augereau fut chargé de le repousser. En moins d'une heure, l'action devint générale ; de part et d'autre on manœuvra constamment comme à une revue. Parmi nos troupes, il n'y eut jamais le moindre désordre ; aussi la victoire ne fut-elle pas un moment incertaine. L'Empereur conserva toujours auprès de lui, indépendamment de sa Garde, un grand nombre de troupes de réserve pour pourvoir à tout accident imprévu.

Déjà, à dix heures du matin, les deux armées s'étaient chargées avec une égale intrépidité : infanterie et cavalerie avaient fait leur devoir. A onze heures, on vit poindre dans le lointain les réserves du maréchal Ney qui s'avançaient au pas de course ; quelques instants après, se déployaient les dragons et les cuirassiers de Murat arrivés sur le terrain au plus fort de la bataille.

Cette cavalerie exécuta bientôt des charges à fond sur les Prussiens, et, de même qu'à Austerlitz, il y eut des engagements corps à corps où chevaux et cavaliers tombaient refoulés les uns sur les autres. L'infanterie prussienne voulut soutenir sa vieille réputation du temps de

Frédéric : nos cuirassiers brisèrent ses rangs pressés, enfoncèrent ses carrés, et le vieux maréchal Mollendorf, qui commandait cette infanterie, fut obligé, tout blessé qu'il était, de courir de toute la vitesse de son cheval pour n'être pas pris dans une de nos charges de cavalerie.

La fatale nouvelle de cette retraite fut portée à deux heures par un officier prussien au quartier général de Frédéric-Guillaume qui, ignorant encore le résultat de la bataille, ordonna la retraite sur Weimar ; la ruine de son armée aurait été complète, si Bernadotte eût, comme il le pouvait, débouché de Combourg sur Sulza, pour attaquer les Prussiens dans leur fuite. Bernadotte préféra continuer sa marche sur Dombourg, en sorte qu'il n'arriva qu'à la nuit aux environs d'Apolda. Toutefois, son apparition inopinée sur ces hauteurs, qui flanquent la route de Weimar, et la rencontre des fuyards du corps de Hohenlohe, achevèrent de porter le désordre dans les troupes prussiennes, qui se débandèrent de tous côtés, et dès lors tout fut décidé.

Les trophées de la journée d'Iéna furent quarante mille prisonniers, soixante drapeaux et trois cents pièces de canon. L'armée prussienne, dont presque tous les généraux furent tués ou blessés, fut complétement détruite ou dispersée. Le roi de Prusse lui-même faillit être fait prisonnier. La reine, cette belle princesse qui avait contribué si puissamment à entraîner son époux dans cette guerre, n'eut que le temps de s'enfuir de Weimar, au moment où l'avant-garde française y arrivait poursuivant les fuyards.

Pendant la bataille, Napoléon s'était montré sur tous les points. Sa présence ranimait les courages et retrempait toutes les âmes. Au fort de la mêlée, voyant ses ailes menacées par la cavalerie ennemie, il se porta au galop pour ordonner des changements de front en carrés. En faisant exécuter ces divers mouvements, il fut souvent interrompu par les cris de : *Vive l'Empereur !* La Garde impériale à pied voyait, avec un dépit qu'elle ne pouvait dissimuler, son inaction, tandis que toute l'armée en était aux mains. Plusieurs voix firent entendre les mots : *En avant !*

— Qu'est-ce ! s'écria Napoléon ; ce ne peut être qu'un jeune homme sans expérience qui ose préjuger ce que je dois faire ; qu'il attende qu'il ait commandé dans trente batailles rangées avant de me donner des avis.

Les voix se turent. Ceux qui avaient parlé étaient effectivement de jeunes vélites de la Garde impatients de signaler leur courage.

Sept jours avaient suffi à Napoléon pour déjouer toutes les combinaisons des généraux du grand Frédéric ; une seule journée avait triomphé de l'armée prussienne ; il ne fallut à l'Empereur que sept semaines pour conquérir toutes les villes fortes de la Prusse, du Brandebourg et de la Silésie ; pour faire prisonniers les corps de réserve et les divisions détachées que la victoire d'Iéna avait laissés intacts ; enfin pour chasser de tous les Etats de Prusse et de Pologne le roi Frédéric-Guillaume lui-même, qui n'avait pas craint de lui prescrire, en termes offensants, d'avoir à évacuer l'Allemagne. Triste destinée des monarchies qui ne se maintiennent que par l'opinion qu'elles ont de leur armée !

CHAPITRE IV.

NAPOLÉON ET LA GARDE EN CAMPAGNE.

Les officiers de la maison civile de l'Empereur, pas plus que les officiers de sa maison militaire, ne savaient d'avance le jour où Napoléon quitterait la capitale pour aller prendre le commandement de ses troupes. Il fallait que tous fussent prêts à le suivre à l'instant même, car il n'avertissait ceux qu'il voulait emmener avec lui que quelques heures seulement avant le départ; et comme on ne connaissait pas davantage le lieu où l'on se rendait*, chacun attendait patiemment que le major-général de l'armée ou le grand maréchal eût transmis les ordres. Ces ordres une fois donnés, les préparatifs de voyage étaient bientôt faits : la Garde était toujours prête à suivre son Empereur au bout du monde, s'il l'avait ordonné.

Il partait de préférence de Saint-Cloud, au milieu de la nuit; une ou deux heures du matin était le moment qu'il choisissait. Il montait alors en voiture accompagné seulement du grand-maréchal ou du grand-écuyer et franchissait, avec la rapidité de l'éclair, un espace de cent lieues en moins de vingt-quatre heures. Aussi beaucoup de ceux qui devaient le rejoindre, ou même l'accompagner, restaient-ils en arrière, ou n'arrivaient-ils au grand quartier-général que le lendemain d'une victoire.

— Il est bien temps d'arriver, ma foi ! disait alors Napoléon au

---

* Les soldats et les officiers de la Garde ne connaissaient la véritable destination de leur régiment qu'arrivés à quelques lieues de la capitale, où de nouveaux ordres leur étaient expédiés. Les chefs de corps ne le savaient ordinairement qu'au moment même du départ. Nous nous rappelons que, en 1807, le colonel Dorsenne, qui commandait alors les grenadiers à pied de la vieille Garde, répondit à un de nos parents, qui lui demandait la destination de cette troupe d'élite (elle allait à Erfurth), où Napoléon avait donné rendez-vous à l'empereur Alexandre : « Vous me feriez plaisir, de me le dire, car je l'ignore complétement. Tout ce que je sais, c'est que nous devons sortir de Paris par la porte Saint-Martin. » La vieille Garde ne se mit pas moins en route le lendemain à la pointe du jour.

retardataire, heureusement, Monsieur, qu'on a pu se passer de vous.

Tout ce qui se faisait au quartier général s'exécutait également à l'improviste, et cependant tous ceux qui en faisaient partie devaient être sur-le-champ prêts à remplir la tâche qui pouvait leur être imposée par la nature de leurs emplois ou de leurs grades.

Il advenait aussi que la marche de la Garde était retardée de plusieurs heures, quelquefois même d'une demi-journée, parce que Napoléon travaillait avec l'intendant général de l'armée, ou qu'il dictait à ses secrétaires; mais à ces mots : « Allons! la voiture.... à cheval, Messieurs! » prononcés par l'Empereur d'un ton sec et bref, tout le monde se mettait en mouvement comme poussé par une puissance électrique, et ce n'était que dans cet instant que l'on avait connaissance du lieu où l'on devait séjourner.

Un des aides-de-camp de service se tenait à cheval à la portière gauche de la voiture, l'écuyer de service à la portière droite; les officiers d'ordonnance, les pages, les piqueurs, tenant en laisse des chevaux de main; le mameluck Roustan et les domestiques de la suite accompagnaient la voiture. Tout ce monde était immédiatement suivi d'une escorte de vingt-quatre chasseurs à cheval de la Garde (les

guides) commandée par un officier. On se précipitait ainsi comme un ouragan; on allait toujours au grand trot, la nuit comme le jour; on parcourait ainsi jusqu'à huit, dix et même douze lieues d'une seule traite.

Lorsque Napoléon s'arrêtait, toute la suite faisait de même et descendait de cheval, excepté les chasseurs de l'escorte qui restaient en selle. Si l'Empereur descendait de voiture, aussitôt une douzaine de guides mettaient pied à terre, accrochaient la baïonnette au bout de la carabine, présentaient les armes et se tenaient autour de lui dos à dos; mais aucun des officiers de la suite ne bougeait de place, à moins que l'Empereur ne le permît en disant : « Hors de selle, Messieurs! » Il sortait ordinairement de sa voiture lorsqu'il voulait respirer le grand air ou monter une côte à pied. Lorsqu'il voulait observer l'ennemi, à l'aide de sa lorgnette, le nombre de guides qui servaient de jalons était doublé. Le carré dans lequel Napoléon se tenait s'élargissait d'autant, et avançait avec lui selon ses mouvements, mais toujours à une distance de vingt-cinq ou trente pas. Lorsque les objets qu'il voulait reconnaître étaient par trop éloignés, le page de service, porteur de la longue vue, la lui présentait sur sa demande; l'Empereur la posait sur l'épaule de ce dernier, et faisait ses observations. Cette nouvelle espèce de chevalet ne conservait pas toujours toute l'immobilité désirable; aussi Napoléon disait-il à ce page d'un ton de gaieté mêlé cependant d'un peu d'impatience :

— Tiens-toi donc, ne bouge pas... Ah ça ! Monsieur, ne pourrez-vous donc rester un moment tranquille?

Et puis, lorsqu'il était las d'avoir fait poser son page, ou fatigué de regarder, parce que souvent il n'y avait rien à voir, il remettait sa longue vue aux mains du page, en lui donnant sur la joue un petit coup du revers de la main, comme pour le remercier de son obéissance et peut-être bien de la patience qu'il avait montrée.

Dans une circonstance semblable, ce fut, croyons-nous la veille, ou l'avant-veille de la bataille d'Iéna, Napoléon poussant une reconnaissance, croit remarquer, au loin, quelque chose qui lui paraît extraordinaire.

— Monsieur, dit-il à celui de ses pages qui était le plus près de lui, piquez des deux, allez reconnaître ce que je vois là-bas et revenez vite, je vous attends ici.

Aussitôt le page enfourche son cheval et le presse si vivement, que cavalier et monture roulent bientôt l'un sur l'autre. C'était, comme on sait, à la mi-octobre : le terrain était glissant. L'Empereur fait un *ah!* provoqué par la crainte que son page ne se soit tué; mais le voyant se remettre en selle aussitôt et courir de plus belle :

— Le petit diable! s'écrie-t-il, un autre se serait cassé bras et jambes; mais lui, bah! c'est une balle élastique.

Mais dix minutes s'étaient à peine écoulé, que le page était de retour; seulement il avait le visage, la poitrine et les bras tellement couverts de boue, que lui et son uniforme étaient méconnaissables. Il rend compte de sa mission : ce que Napoléon avait pris, de loin, pour un détachement de Prussiens au repos, n'était autre qu'un bouquet de bois que le vent agitait mollement. Un peu confus de sa méprise, il changea aussitôt de propos :

— Dans quel état, Monsieur, vous présentez-vous devant moi? dit Napoléon en tâchant de dissimuler le sourire que la tenue de son page avait provoqué sur ses lèvres.

— Sire, répondit le jeune homme encore tout froissé de sa chute, pour mieux exécuter les ordres de Votre Majesté, j'ai voulu pousser un peu mon cheval, les jambes de devant lui ont manqué et....

— Et *patatras!* interrompit Napoléon; vous êtes tombé comme un maladroit.... Je parie que c'est encore la faute du cheval?

— Sire, je puis assurer à Votre Majesté que tout à l'heure ce n'a pas été la mienne.

— J'en étais sûr! Si, Monsieur, c'est de la vôtre, parce que, cette fois, je ne vous avais pas dit d'aller *ventre à terre.*

Puis, laissant un libre cours à la gaieté que ce mauvais calembourg avait fait naître chez lui, il ajouta avec un ton de commisération et de bienveillance tout à la fois :

— Allons! cela ne sera rien, va te reposer, et demain nous n'y penserons ni l'un ni l'autre.

Le page alla se faire saigner, sur le conseil qu'on lui en donna, et force fut à lui de garder le lit pendant plusieurs jours, tant il s'était meurtri dans sa chute. En le voyant s'éloigner, l'Empereur hocha la tête, en disant au major général d'un ton un peu attendri :

— Mais voyez donc, Berthier, comme le pauvre enfant est fagoté! risquer de se tuer pour mieux exécuter mes ordres!... Tous sont de même ! C'est égal, j'ai bien fait de n'avoir pas l'air de m'apitoyer ; il ne faut pas gâter ces petits gaillards-là !

Et il répéta encore : *Pauvre enfant !* mais alors il y avait comme des larmes dans sa voix.

Lorsque Napoléon dispensait quelques faveurs à sa Garde, telles que grades, titres ou décorations, on devait s'attendre à quelque affaire sérieuse prochaine. Le prélude le plus certain d'une bataille était la revue des régiments de la Garde récemment arrivés, ou les harangues aux troupes. Toujours les paroles de Napoléon produisaient sur le soldat un effet magique ; mais de toutes les scènes bruyantes et dramatiques qui se passaient journellement en campagne, celle de la remise de l'aigle à un nouveau régiment de jeune Garde laissait dans les esprits une vive impression.

Le jour fixé pour cette solennité, où Napoléon allait en personne et comme en cérémonie donner le baptême du drapeau à de jeunes soldats ; ce jour-là, disons-nous, de grand matin, le régiment se rendait dans la plus belle tenue à l'endroit qui lui avait été désigné à proximité du quartier-général, se formait en trois colonnes serrées, les trois fronts tournés vers le centre, le quatrième devant être rempli par l'état-major général et la suite de l'Empereur. Aussitôt qu'il arrivait, le corps d'officiers se mettait en avant sur un seul rang, tandis que lui s'avançait seul, monté sur un de ses chevaux couleur chamois. De cette façon, il se faisait distinguer d'autant mieux, par la simplicité de sa mise, que tous ceux qui l'accompagnaient contrastaient singulièrement avec lui par leurs brillants uniformes bariolés de nombreuses décorations et largement brodés d'or ou d'argent. Après avoir pris les ordres de l'Empereur, le prince de Wagram, en sa qualité de major-général, mettait pied à terre et faisait déployer le drapeau, qu'à cet effet on sortait de son étui de peau, devant tous les officiers en ligne, le colonel à droite, et ainsi de suite selon les grades. Aussitôt les tambours battaient aux champs jusqu'à ce que Berthier eût pris l'aigle des mains de l'officier, et se fût approché de quelques pas devant l'Empereur. Alors Napoléon, se découvrant, saluait le drapeau, ôtait son gant, élevait la main droite vers l'aigle, et, d'une voix solennelle et accentuée, il prononçait ces paroles sacramentelles : « Soldats, je vous « confie l'aigle français ! je le confie à votre valeur et à votre patrio-

« tisme ! il vous servira de guide et de point de ralliement ! Vous jurez
« de ne l'abandonner jamais ? vous jurez de préférer la mort au déshon-
« neur de le voir arracher de vos mains ? vous le jurez tous ?.. » Et
Napoléon appuyait surtout sur ces derniers mots : *Vous le jurez !* avec
un ton tellement énergique, qu'il devenait en quelque sorte un signal
auquel tous les officiers, agitant en l'air leurs épées, et tous les soldats,
avec un ensemble parfait, s'écriaient :

— Oui ! oui ! nous le jurons !

Après quoi, Berthier remettait l'aigle aux mains du porte-drapeau
du régiment qui se formait en colonne, serrait les rangs et défilait
devant Napoléon au bruit de la musique et des cris de *Vive l'Empereur !*
répétés avec une sorte de frénésie. Le même jour le colonel invitait à
sa table tous les officiers; double ration de vivres et de liquides étaient
distribuées à chaque homme du régiment. Inutile de dire que le soir les
trois quarts des soldats étaient ivres d'enthousiasme et un peu aussi
d'eau-de-vie, tant ils avaient poussé de *vivat* et bu à la santé de l'Empereur.

Nous devons ajouter à l'esquisse que nous venons de donner de la
manière de vivre de Napoléon en campagne, que, familier avec le soldat, bienveillant pour l'officier, il était accessible à tous. Le soldat de
la Garde était autorisé à présenter lui-même sa demande verbalement
ou par écrit; elle était accueillie et suivie d'une décision instantanée.
Si l'objet de la demande était de nature à être refusé, le soldat en apprenait le motif, toujours expliqué avec bonté; et, souvent, ce refus
était compensé par une autre faveur. Si un officier avait quelque con-
fidence à faire, il était écouté paternellement. Du reste, livré à une
continuelle activité, l'empereur employait le temps qu'il ne passait pas
à cheval à expédier les affaires militaires et à étudier ses cartes.

Lorsque Napoléon portait son quartier-général d'un lieu à un autre,
avant de se mettre en route on servait assez souvent aux officiers de
la Garde qui faisaient leur service au quartier-général une immense
terrine remplie d'une soupe préparée avec soin et dont l'Empereur
prenait quelquefois sa part. Il ne s'arrêtait jamais dans une habitation
pour y déjeuner; les provisions de bouche étaient étalées au pied
d'un arbre, et chacun, quel que fût son grade, était admis à prendre
part à ce repas en plein air. Durant ses campagnes, partout où il

s'arrêtait, partout où il était logé, le séjour de l'Empereur n'était à charge à personne. Tout était payé ou fourni par les divers services de sa maison. Quand il quittait un séjour, il ne manquait jamais d'y laisser des marques de sa libéralité.

COMPOSITION ET FORCE NUMÉRIQUE DE LA GARDE, EN 1806.

État-major général et administration. 78

Infanterie.

Grenadiers (vieille Garde).	2 régiments	1,920
Vélites grenadiers.	1 bataillon.	950
Chasseurs (vieille Garde).	2 régiments.	1,920
Vélites chasseurs.	1 bataillon.	950
Vétérans (vieille Garde).	1 compagnie.	102
Matelots (idem)	1 bataillon.	806
Fusiliers grenadiers (jeune Garde).	1 régiment.	1,920
Fusiliers chasseurs (idem) . .	1 régiment.	1,920
		10,488

10,488

Cavalerie.

Grenadiers (vieille Garde.	1 régiment.	968
Vélites grenadiers.	2 escadrons	342
Chasseurs (vieille Garde).	1 régiment.	968
Vélites chasseurs.	2 escadrons.	342
Mamelucks (vieille Garde).	1 compagnie.	102
Gendarmerie d'élite (idem). . . .	1 légion	456
Dragons (idem).	1 régiment.	968
Vélites dragons.	1 escadron.	171
		4,317

4,317

Artillerie. . . . . . . 1 régiment. 758
Hôpital de la Garde 15

15,656

Officier des Chevau-légers lanciers (premier régiment), grande tenue, et Dragon de l'Impératrice, grande tenue.

GARDE IMPÉRIALE.

LIVRE SEPTIÈME.

ANNÉE 1807.

CHAPITRE PREMIER.

CRÉATION DU RÉGIMENT DES LANCIERS POLONAIS.

I.

Lorsque au mois de décembre 1806, Napoléon et la Garde étaient entrés pour la première fois à Varsovie, une garde d'honneur polonaise, commandée par le comte Oginski, fut aussitôt destinée au service particulier de sa personne, et dut, conjointement avec les escadrons de la Garde impériale française, veiller à sa sûreté tant qu'il séjournerait en Pologne. Cette garde, peu nombreuse, mais dont la tenue et le zèle ne se ralentit pas un seul instant, fit naître à l'Empereur l'idée d'attacher à sa Garde un corps de cavalerie entièrement composé de Polonais. Aussi, quelques mois plus tard, le 2 mars de l'année suivante (1807), ordonna-t-il, par un décret daté de son quartier-général d'Osterode, qu'il serait formé à Varsovie même un pulk de cavalerie légère polonaise composé de quatre escadrons qui seraient incorporés dans la cavalerie de la vieille Garde.

« Chaque Polonais, disait ce décret, pourra entrer dans ce régiment : le noble, le bourgeois et l'habitant de la campagne y auront un libre accès. Les défauts corporels, le manque d'éducation, les mauvaises mœurs, pourront seuls les en exclure. Cependant, tout Polonais qui voudrait entrer dans ce corps devra être, autant que possible, domicilié en Pologne ou avoir un garant de sa moralité et de sa fidélité. »

Dans ce corps d'élite, qui fut tout à fait formé un mois après, c'est-à-dire en avril, un grand nombre de Polonais de marque prirent du service, les uns mus par un sentiment patriotique, les autres dans l'espoir de contribuer d'une manière plus immédiate au rétablissement de leur nationalité. On sait combien tous partagèrent, pendant la campagne de Russie, la gloire et les vicissitudes de la Garde impériale : l'histoire est là ; elle leur a tenu compte de leur dévouement et de leurs sacrifices.

Postérieurement à ce décret, une décision prise par l'Empereur, en date du 15 janvier 1807, prescrivait que les attelages des fourgons de la vieille Garde seraient doublés : on en accorda *huit* à chacun des régiments de grenadiers et de chasseurs.

Un autre décret, daté du château de Finkeinstein (Pologne), le 12 avril, porta à deux cents hommes la compagnie des vétérans de la Garde.

Enfin, le 29 juillet de la même année, l'Ecole impériale d'artillerie de La Fère fut, par une décision prise à Saint-Cloud, spécialement affectée à l'artillerie de la Garde.

II.

UNIFORME ET ARMEMENT DES LANCIERS POLONAIS.

Kurka bleu de roi ; collet, revers, parements et retroussis cramoisis, bordés d'un galon d'argent ; passe-poil cramoisi sur toutes les coutures de l'habit ; épaulettes et aiguillettes en fil blanc.

Pantalon descendant sur les bottes, en drap cramoisi, avec bandes de drap bleu ; boutons blancs

HISTOIRE DE LA GARDE IMPÉRIALE.

Giberne portant un aigle. Lance à fanion cramoisi et blanc. Sabre à la hussarde, avec ceinturon blanc attaché sur l'habit par une plaque portant un aigle.

Schapski carré, cramoisi et cannelé, avec un soleil en cuivre portant au centre un N couronné. Visière garnie d'un cercle de cuivre; chaîneton en cuivre et cordonnet de fil blanc; plumet blanc.

Porte manteau bleu et rond.

III.

ÉTATS NOMINATIFS.

RÉGIMENT DES CHEVAU-LÉGERS LANCIERS, dits LANCIERS POLONAIS.

État-Major.

Le comte KRASINSKI (O. ✻), colonel.

DELAITRE (O. ✻),
DAUTANCOURT (O. ✻), } *majors.*
Le Cte LUBEINSKY (O. ✻),
Le Cte KOZIETULOKI ✻,
STOKIWSKI ✻, } *chefs d'escad.*
DEPARE ✻,
DUVIVIER ✻,
MOREAU ✻, } *capit. adjud.-majors.*
RAULET ✻, *lieut. en premier, quart.-maît.*
PFEISSER, *lieut. en premier, adj. d'habill.*

DESHAYES, *lieut. en premier,*
COULON, *idem,* } *sous-adj.-majors.*
VIANNEY, *lieut. en second,*
ZELASKOWSKY, *idem,*
Le Cte JORDAIN, *porte-aigle, lieut. en 2e.*
LADROITE ✻, *instructeur, lieut. en 2e.*
DESPLACES,
GIRARDOT, } *chirurgiens de 1re classe.*
GADOWSKY,
COURTIADE, } *chirurgiens de 2e classe.*

NUMÉROS DES		CAPITAINES.	LIEUTENANTS			
Escad.	Comp.		EN PREMIER.		EN SECOND.	
1	1	LUBIENSKI	JANKOWSKI	OLSZEWSKI	SLIWOSKI	HOFFMANN
	5	SZEHTISKI	ZALUSKI	HEYMAN	KORYCKI	MIERZELEWSKI
2	2	JERMANOWSKI	GIEDROYE	WIBICKI	DOBILCKI	MALINOWSKI
	6	RADZIMINSKI	PRASMOWSKI	LUSZEZEWSKI	VANDERNOT	BALINSKI
3	3	ROSTWOROUWSKI	JAUKOWSKI	NIEGOLEWSKI	TEDWEN	ROMAN
	7	KRAZINSKI	MIKULOUWSKI	ZALUNKA	JARACZEWSKI	GUTARLOWSKI
4	4	FREDRO	ZAYONCHLK	SKRZYNSKI	JASINSKI	HEMPEL
	8	TREZINSKI	JORDAN	BROSKI	KRUSZEWSKI	GNALOWSKI

COMPAGNIE DE VÉTÉRANS.

État-Major.

CHARPENTIER (O. ✻), *chef de bataillon commandant.*

MAGNÉ ✻, *capitaine.*
GUYON ✻,
REBOUR ✻, } *lieuten. en premier.*
COLLETIER ✻,

BOUDIN ✻,
COQUILLON ✻, } *lieuten. en second.*
PIQUENET ✻,
PARVY ✻,

CHAPITRE II.

LA GARDE, PENDANT LES DEUX CAMPAGNES DE POLOGNE, EN 1807.

BATAILLES D'EYLAU ET DE FRIEDLAND.

I.

Tandis que les lieutenants de Napoléon achevaient la conquête de la Prusse, il était à Berlin avec sa Garde. Cette capitale était un centre d'où il dirigeait tous les mouvements de son armée. Cependant l'Empereur quitta Berlin le 25 novembre 1806, pour se rendre à Posen, où fut conclue une suspension d'armes que le roi de Prusse, rassuré par l'approche de l'armée russe, refusa de ratifier. Napoléon prit donc position sur la Vistule pour y attendre les nouveaux ennemis qu'il allait avoir à combattre.

Ces nouveaux ennemis n'étaient autres que l'empereur Alexandre. La domination des Français dans la plus grande partie de l'Allemagne ne pouvait être tolérée par le cabinet de Saint-Pétersbourg. Aussi, dès le 20 du même mois, le czar déclara-t-il la guerre à Napoléon ; mais à peine cette déclaration fut-elle connue, que la Russie se trouva menacée par la Pologne tout entière : cela devait être. Cet héroïque pays, vaincu, divisé, morcelé, rayé pour ainsi dire du rang des nations, n'avait trouvé d'asile, pour ses généreux enfants, que dans notre armée républicaine. Ils avaient combattu en Italie, en Égypte, à côté des soldats de Rivoli et des Pyramides. Les Polonais, quoique soumis à un joug étranger, étaient habitués à tourner un regard d'espérance vers nous, c'est de nous qu'ils attendaient leur salut et leur liberté. Aucune déception n'avait encore trompé leur confiance ; la présence de nos troupes en Pologne excita donc chez eux un enthousiasme général. Le dévouement dont ils s'empressaient de donner des preuves au maréchal Davoust, entré le premier sur leur territoire, augmenta encore lorsque Napoléon vint établir son quartier-général à Posen. Les partisans de l'ancienne indépendance se portèrent en foule au devant de celui qu'ils regardaient comme leur libérateur. Sans doute Napoléon nourrissait au fond de son cœur la pensée de rendre une patrie à ces opprimés. Deux fois il parut en avoir la possibilité, en 1807 et en 1812, et deux fois de fatales circonstances, des difficultés imprévues, des considérations de haute politique, le forcèrent d'ajourner l'exécution de ce généreux projet. Mais en 1807, l'espérance que les Polonais avaient conçue de voir enfin renaître l'indépendance de leur patrie suffit pour les exciter à seconder Napoléon. Ils prirent les armes, et formèrent, sous la direction du général Dombrouski, depuis longtemps admis dans nos rangs, des régiments qui rendirent, par la suite, d'importants services en rehaussant la gloire française.

Nos troupes entrèrent donc à Varsovie. En apprenant l'occupation de la capitale de la Pologne, Napoléon adressa (le 2 décembre) cette proclamation à son armée :

« Soldats ! il y a aujourd'hui un an, à cette heure même, que vous
« étiez sur le champ mémorable d'Austerlitz. Les bataillons russes,
« épouvantés, fuyaient en déroute, ou, enveloppés, rendaient les armes
« à leurs vainqueurs. Le lendemain ils firent entendre des paroles de
« paix ; mais elles étaient trompeuses. A peine échappés, par l'effet
« d'une générosité peut-être condamnable, aux désastres de la troi-
« sième coalition, ils en ont ourdi une quatrième. Mais l'allié sur lequel
« ils fondaient leurs principales espérances n'est déjà plus. Ses places
« fortes, ses capitales, ses magasins, ses arsenaux, deux cent quatre
« vingts drapeaux, sept cents pièces de bataille, sont en notre pouvoir.
« Les déserts de la Pologne, les mauvais temps de la saison, n'ont pu
« nous arrêter un moment. Vous avez tout bravé, tout surmonté, et tout
« a fui à votre approche.

« C'est en vain que les Russes ont voulu défendre la capitale de cette
« ancienne et illustre Pologne : l'aigle française plane sur la Vistule.
« Les braves et infortunés Polonais, en vous voyant, croient revoir les
« légions de Sobieski de retour de leurs mémorables expéditions.

« Soldats ! nous ne déposerons point les armes que la paix générale
« n'ait affermi et assuré la puissance de nos alliés. Qui donnerait le
« droit de faire espérer aux Russes de balancer les destins ? Ne sommes-
« nous pas les soldats d'Austerlitz ? »

L'empereur Alexandre avait apporté une grande activité à réparer les pertes de la bataille d'Austerlitz. L'armée destinée à agir en Pologne, de concert avec l'armée prussienne, présentait un total de plus de cent mille combattants, y compris la Garde impériale russe, placée sous les ordres du prince Constantin. Beningsen commandait en chef cette armée; mais, d'après l'ordre d'Alexandre, il remit le commandement au feld-maréchal Ramenski, vieillard octogénaire qui, dans les guerres de l'Impératrice Catherine, avait montré de l'énergie et de la vigueur, qualités que son grand âge lui avait fait perdre.

Plusieurs combats partiels eurent lieu dès l'ouverture de cette courte campagne. Les Russes y éprouvèrent des pertes notables; mais ils furent sauvés d'une ruine infaillible par les boues, qui étaient si épaisses, que notre artillerie y restait enfoncée. Des soldats de la Garde y périrent, sans pouvoir s'en tirer. Au surplus, dans ces marches pénibles, leur courage et leur patience à toute épreuve ne les abandonnèrent pas. La vue de leur Empereur, marchant au milieu de leurs rangs, dans des chemins entièrement défoncés, les consolait. Souvent un mot plaisant, échappé d'un peloton, courait de rang en rang, et excitait une hilarité générale.

Napoléon suivait l'ennemi de si près, que, lorsqu'il arriva à Nasielle, où le colonel Philippe de Ségur, porteur d'un ordre de l'Empereur, venait d'être pris après s'être vaillamment défendu, les Russes évacuèrent cette ville. Il y entra pendant qu'on achevait de nettoyer la cabane dans laquelle il devait passer la nuit : un cadavre y était resté caché sous la paille ; on l'en retira presque sous ses yeux.

Les alternatives de neige, de gelée et de dégel, rendant la marche des troupes impossible, Napoléon revint à Varsovie et y passa tout le mois de janvier 1807.

Les deux armées restèrent donc près d'un mois dans une complète inaction ; cependant, vers la fin de décembre, les généraux russes ayant résolu de reprendre l'offensive, ils songèrent à couper la ligne française, qui s'étendait de Varsovie au delà de l'Elbing, et, par une trouée sur la Vistule, de séparer ses deux ailes. Le 23 décembre, ils s'étaient donc mis en mouvement et avaient attaqué les cantonnements de Bernadotte ; mais Napoléon, ayant deviné leur projet, avait ordonné au maréchal de faire une marche rétrograde vers la Vistule, afin d'attirer l'ennemi sur le fleuve. Ces divers mouvements ayant parfaitement réussi, Napoléon partit de Varsovie le 30 janvier, concentra ses troupes, et laissant le cinquième corps sous les ordres du général Savary, pour défendre le haut Bug et la Narew, se porta sur l'armée russe avec toute sa Garde et les corps des maréchaux Davoust, Ney et Augereau.

Les Russes n'avaient point de temps à perdre : l'aile droite de leur armée, déjà débordée par les corps sous les ordres immédiats de Napoléon, était sur le point d'être jetée sur la Vistule. L'Empereur s'apercevant que l'ennemi avait changé ses dispositions, ne voulut pas lui donner le temps d'asseoir une autre base d'opérations, et le poussa vigoureusement. Rejetés ainsi hors de leur ligne, les Russes se retirèrent dans la direction de Kœnigsberg. Mais enfin, le 7 février, ils arrêtèrent leur marche rétrograde et prirent position en arrière de la ville d'Eylau, décidés cette fois à engager une affaire générale.

Le même jour, leur arrière-garde, qui s'était établie en avant de ce bourg, en fut dépostée après un combat sanglant, digne prélude de la bataille du lendemain. Le choc ne fut pas moins rude dans Eylau : le général Barclay de Tolly, soutenu par la division du prince Gallitzin, y rentra deux fois au milieu des ténèbres, et ne céda cette position, la troisième fois, qu'à la vigueur de la division Legrand, qui occupa enfin Eylau à dix heures du soir. Murat s'établit en face de l'ennemi, et annonça à l'Empereur que les Russes battaient en retraite. La prise d'Eylau rendait cette supposition plausible. Napoléon y ajouta foi, et s'endormit excédé de fatigue. Depuis son départ de Varsovie, il marchait ou travaillait vingt heures par jour.

L'armée marchait aussi depuis huit jours au milieu des glaces et des neiges; nos troupes ayant, la nuit, emporté Eylau de vive force, le pillage d'une ville ainsi prise ne peut guère s'éviter. La moitié des régiments s'était dispersée dans les maisons. Leur réveil fut terrible. L'Empereur, levé avant le jour, était déjà occupé à passer sa Garde en revue lorsque la canonnade commença.

Le général russe, décidé à livrer une bataille décisive, avait compris qu'il devait tout tenter pour reprendre Eylau. Napoléon plaça la Garde impériale dans le cimetière, et envoya à Davoust l'ordre de rabattre à gauche pour se mettre en ligne, et à Ney celui de revenir à droite. La division Saint-Hilaire, du corps de Soult, qui occupait, elle aussi, ce cimetière, soutint seule avec vigueur le premier effort de l'ennemi : il fallait les braves d'Austerlitz pour résister à un pareil choc. Les troupes du maréchal Soult avaient considérablement souffert, lorsque le 7ᵉ corps (Augereau) déboucha pour former le centre de l'armée française et attaquer celui de l'ennemi. La neige tombait alors à gros flocons, l'air était obscurci, on ne se voyait pas à dix pas.

Le général russe fit avancer sa réserve pour s'opposer de front à Augereau, tandis qu'une de ses divisions manœuvra pour le prendre en flanc. Malheureusement le corps d'Augereau, égaré par l'obscurité, s'engagea entre cette réserve et cette division russes; le maréchal ne s'en aperçut que lorsque les escadrons ennemis l'attaquèrent. Il ordonna de former les carrés, mais il n'était plus temps. Les fusils trempés ne faisaient pas feu, et nos troupes, assaillies de toutes parts, battues par quarante pièces de position, devinrent victimes de la funeste erreur du maréchal, que l'on emporta du champ de bataille grièvement blessé d'un coup de feu au visage.

L'Empereur, pour dégager le corps d'armée d'Augereau, ordonna au grand duc de Berg (Murat) de charger avec la réserve de cavalerie de la Garde sur le centre ennemi, qui fut enfoncé. Dans son choc impétueux, la cavalerie française perça les deux premières lignes et arriva jusqu'à la troisième, adossée à un bois. Ici l'infanterie russe

LA GARDE IMPÉRIALE A EYLAU.

« Les grenadiers ne veulent charger les Russes qu'à la bayonnette. »

montra le plus grand courage : disposée à se laisser hacher plutôt qu'à se rendre, elle resserrait les rangs aussitôt que nos escadrons l'avaient rompue et dépassée. Chargés à leur tour par des troupes fraîches, nos braves cavaliers se virent forcés de revenir sur leurs pas. Les généraux Corbineau, aide-de-camp de l'Empereur, d'Hautpoult, et plusieurs autres chefs de corps tout aussi distingués, étaient restés sur le champ de bataille. Le retour ne fut pas moins difficile que l'attaque, les Russes reformés avaient fait face en arrière ; ce ne fut qu'en chargeant de nouveau avec la plus grande résolution que la cavalerie de la Garde s'ouvrit enfin un passage.

Cependant une des colonnes russes qui avaient repoussé Augereau était arrivée, en longeant la grande rue occidentale d'Eylau, jusqu'auprès du cimetière, où l'Empereur se trouvait avec une batterie d'artillerie, et non loin de six bataillons de sa vieille Garde, qui formaient une dernière réserve. Napoléon ordonna à l'escadron de service auprès de sa personne de charger le front de cette colonne, pour comprimer son élan et donner le temps à ses grenadiers d'arriver ; puis, faisant prendre au général Dorsenne un de ces six bataillons de vieille Garde, cette troupe d'élite marcha l'arme au bras à la rencontre de la colonne russe. Son apparition produisit sur cette colonne un si terrible effet, qu'elle s'arrêta court. Dorsenne ayant donné l'ordre à ses grenadiers de faire feu, ceux-ci, par un mouvement spontané, répondirent qu'ils ne voulaient charger les Russes qu'à la baïonnette, ce qu'ils exécutèrent à l'instant ; puis, cette même colonne, après avoir souffert le choc terrible de ce bataillon invincible, fut chargée de nouveau par l'escadron de service. Au fort de l'action, d'autres escadrons de la Garde traversèrent deux fois l'armée ennemie. Par ce coup d'audace, l'armée russe fut rompue et l'artillerie enlevée. Au milieu du carnage, le général Dahlmann, commandant les chasseurs à cheval de la Garde, trouva une mort glorieuse partagée par un grand nombre de ses intrépides soldats, mais les Russes furent enfoncés et sabrés. La destruction de ce corps était un noble équivalent à l'échec d'Augereau.

Cependant la division Saint-Hilaire combattait à chances balancées contre la gauche de l'ennemi. Le succès de la bataille était compromis, l'Empereur attendait avec impatience que Davoust débouchât sur la droite, comme il en avait reçu l'ordre ; ce mouvement seul pouvait ramener la victoire. Enfin, à une heure, ce maréchal arriva sur les hauteurs, poussant devant lui les brigades russes qui lui étaient opposées. Le général ennemi apprenant que son flanc gauche, débordé, pliait de toutes parts, y porta une division de troupes fraîches ; mais Davoust, secondé par les dragons du général Milhaud, culbuta cette division sans s'arrêter, et toute la gauche russe fut repoussée jusqu'à Kutschiten. Beningsen, profitant de l'avantage qu'il avait obtenu au centre contre Augereau, envoya successivement toutes les troupes disponibles pour soutenir sa gauche compromise. Tant de forces réunies arrêtèrent enfin Davoust. Dans ce moment, et comme pour ajouter à l'embarras du maréchal, le corps prussien de Lestocq, s'étant soustrait à la poursuite de Ney, arriva sur le champ de bataille sans être poursuivi, et passant par derrière les lignes russes, porta à leur gauche un surcroît de secours. Davoust fut obligé d'évacuer Kutschiten, et de prendre position en arrière sur les hauteurs d'Anklapen. Il se trouvait en présence de plus de la moitié de l'armée ennemie. Heureusement que Ney, auquel les Prussiens avaient dérobé leur mouvement, apprit par hasard que la bataille se livrait ; car il n'avait ni entendu le canon, ni reçu l'ordre de l'Empereur. Il se décida à rabattre sur Schmoditten pour se rallier à l'aile gauche de notre armée. La nuit allait mettre fin au combat sans résultat marqué, lorsque son arrivée en arrière du flanc droit des Russes les décida à abandonner le champ de bataille et à battre en retraite.

Le lendemain, Napoléon parcourut successivement toutes les positions qu'avaient occupées, pendant l'action, les différents corps français et russes. La campagne était couverte d'une couche épaisse de neige, que perçaient çà et là les morts, les blessés et les débris de toute espèce ; partout de larges traces de sang souillaient la blancheur passagère du sol. Les endroits où avaient eu lieu les charges de cavalerie de la Garde se faisaient remarquer par la quantité de chevaux morts et abandonnés. Des détachements de soldats français et de prisonniers russes parcouraient en tous sens ce vaste champ de carnage, et enlevaient les blessés pour les porter aux ambulances. C'était un horrible spectacle à voir.

L'Empereur s'arrêtait à chaque pas, faisait questionner les blessés, leur donnait des consolations et des secours. On pansait ces malheureux; les chasseurs de la Garde les transportaient sur leurs chevaux, les officiers de sa maison s'empressaient d'exécuter ses ordres dictés par l'humanité.

Cette lugubre visite avait sensiblement affecté Napoléon. L'homme dominait le général, le cœur parlait plus haut que la tête. Un de ses généraux, le voyant si affligé de la perte de tant de vieux soldats qui lui avaient donné, dans tous les temps, les plus constantes preuves d'attachement et d'intrépidité, lui fit l'observation que ce malheur avait été exagéré, et cherchait à faire valoir, pour le lui faire oublier, la gloire nouvelle que la journée d'Eylau lui donnerait : « Un père qui « vient de perdre ses enfants, lui répondit Napoléon, ne goûte aucun « des charmes de la victoire; quand le cœur parle, la gloire même « n'a plus d'illusions. » Nobles et touchantes paroles qui expriment un sentiment vrai et profond. Le bulletin de l'armée offrit, d'ailleurs, la trace des pénibles pensées qui déchiraient le cœur du vainqueur.

La bataille d'Eylau, où l'armée française perdit seize généraux, tués ou qui moururent plus tard des suites de leurs blessures, est, eu égard au nombre des combattants, la plus sanglante qui ait eu lieu sous l'Empire. Un seul fait pourra donner une idée du carnage effroyable qui eut lieu à Eylau : le capitaine Hugo, aujourd'hui maréchal de camp en retraite et oncle de notre poëte national, Victor Hugo, commandait dans le cimetière une compagnie de grenadiers du 55ᵉ de ligne, qui fut exposé au premier feu de l'artillerie russe et qui perdit quatre-vingt-un hommes sur quatre-vingt-cinq. Tous les officiers furent tués, excepté le capitaine Hugo, qui cependant, atteint d'un biscaïen, reçut une blessure si grave, que sa guérison dura dix-huit mois.

Napoléon regretta vivement la perte de son aide-de-camp, Corbineau aîné, enlevé par un boulet russe tandis qu'il portait un ordre. Cet officier avait eu, la veille, un vague pressentiment que la journée du lendemain lui serait funeste.

Quelques instants avant que le général Dahlmann périt de la mort des braves, il était tombé blessé à cinquante pas des Russes. A peine le chasseur Brice aperçoit-il son général sous les baïonnettes ennemies, qu'il court à lui à toute bride, met pied à terre, et, sous le feu le plus vif, relève Dahlmann et le replace sur son cheval. Entouré presque aussitôt de hussards russes, Brice reçoit plusieurs coups de sabre, dont un lui désarticule le bras gauche ; il est sur le point d'être écrasé par le nombre, lorsqu'un de ses camarades, le chasseur Dufour, de son

escadron, voyant la position dans laquelle il se trouve, pénètre jusqu'à lui et l'aide à se faire jour à travers les hussards. L'intrépidité de ces deux braves servit à ramener le général Dahlmann près de nos lignes, en lui épargnant ainsi, lui vivant, la honte d'être fait prisonnier.

Tous les chefs de corps de la Garde, ainsi que leurs soldats, méritèrent et obtinrent de Napoléon les plus grands éloges.

Le lieutenant Morlay, porte-drapeau du 1er bataillon du 1er régiment de grenadiers à pied, eut la hampe de son drapeau brisée au-dessus et au-dessous du bras, par les éclats d'un obus qui tua à côté de lui un officier et blessa cinq sous-officiers qui étaient à sa garde ; sans s'étonner, Morlay relève son drapeau, l'élève au bout d'un fusil et reprend tranquillement sa place de bataille.

Auzoni, capitaine des grenadiers à cheval de la Garde, blessé à mort, était gisant sur la neige. Ses camarades veulent l'enlever et le porter à l'ambulance. Il ne recouvre ses esprits que pour leur dire : « Laissez-« moi, mes amis, je suis content puisque nous avons la victoire, et « que je meurs sur le champ de bataille. Dites à l'Empereur que je n'ai « qu'un regret, celui de ne pouvoir plus rien pour son service et pour « la gloire de la France !... à elle mon dernier soupir. »

Dans les deux armées on chercha à dissimuler les pertes de la journée ; mais, d'après la durée de l'action, l'acharnement du combat, le nombre des pièces d'artillerie mises en batterie, la perte pour les Russes ne peut avoir été moindre de trente mille hommes tués ou blessés; de notre côté, nous avons eu seize mille hommes mis hors de combat.

Au résumé, la bataille d'Eylau ne fut qu'une grande tuerie sans résultat, car le gain de la journée ne fut acquis à personne; mais quels hommes et quelle troupe que cette Garde impériale française !

II.

En se retirant, les Russes avaient tout ravagé sur leur passage; un dégel complet succédant encore une fois à un froid rigoureux, abîmait les routes et rendait impossible l'arrivée des convois de vivres et de munitions. Napoléon se décida donc à se rapprocher de la Vistule, et remit à un autre temps une nouvelle attaque contre l'armée russe; la nôtre revint sur la Passarge, où elle prit de fortes positions. En portant son quartier-général à Ostrolenka, Napoléon annonça en ces termes à ses troupes le repos momentané qu'elles allaient avoir :

« Soldats ! nous commençons à prendre un peu de repos dans nos
« quartiers d'hiver, lorsque l'ennemi a attaqué le premier corps et s'est
« présenté sur la Basse-Vistule. Nous avons marché à lui. Nous l'avons
« poursuivi l'épée dans les reins pendant l'espace de quatre-vingts
« lieues. Il s'est réfugié sous les remparts de ses places, et a repassé
« la Pregel. Nous lui avons enlevé, aux combats de Bergfried, de
« Deppen, de Hoff et à la bataille d'Eylau, soixante pièces de canon,
« seize drapeaux, et tué, blessé ou pris plus de quarante mille hommes.
« Les braves qui, de notre côté, sont restés sur le champ d'honneur,
« sont morts d'une mort glorieuse : c'est la mort des vrais soldats.
« Leurs familles auront des droits constants à notre sollicitude et à nos
« bienfaits.

« Ayant ainsi déjoué tous les projets de l'ennemi, nous allons nous
« rapprocher de la Vistule et rentrer dans nos cantonnements. Qui
« osera en troubler le repos s'en repentira; car, au delà de la Vistule
« comme au delà du Danube, nous serons toujours les soldats fran-
« çais de la grande armée ! »

Quatre mois s'écoulèrent en négociations pour arriver à une pacification générale que les puissances coalisées ne désiraient pas sincèrement; mais ce délai était nécessaire à la Russie pour réparer les pertes essuyées à Eylau, et à l'Angleterre pour réunir les soixante mille hommes de contingent qu'elle avait promis d'envoyer en Poméranie, afin de prendre à dos l'armée française pendant que les Russes et les Prussiens réunis l'attaqueraient de front.

Le traité de paix que la diplomatie n'avait pu formuler en quatre mois, Napoléon devait le dicter au bout d'une campagne de dix jours.

Le 4 juin, les hostilités recommencèrent. Les Russes attaquèrent à l'improviste nos avant-postes, et furent battus. Chaque jour pour eux fut marqué par un échec, et pour l'armée française par un triomphe. Le 5, pendant que le prince de Ponte-Corvo (Bernadotte) battait l'ennemi à Spanden, le maréchal Soult culbutait deux fortes divisions russes à Smitten. Le lendemain 6, ce fut le tour du maréchal Ney, qui, attaqué dans sa position sur la Passarge à Deppen, repoussa l'ennemi, et lui tua ou blessa plus de cinq mille hommes. Napoléon dirigeait en personne tous les mouvements de son armée. Un corps ennemi, fort de vingt-cinq mille hommes, dont dix mille d'excellente cavalerie, voulut arrêter la marche de nos troupes, qui se dirigeaient sur Heilsberg; mais Murat, qui commandait l'avant-garde, formée de la cavalerie de réserve, chassa successivement les Russes de toutes leurs positions, et s'empara de Guttstadt, après un combat où les régiments de cavalerie de la garde impériale russe furent très-maltraités.

Napoléon laissa en observation, à Guttstadt, le corps du maréchal Davoust, et, par la rive gauche de l'Alle, suivit l'ennemi avec le reste de l'armée. Le 10 juin, vers midi, notre avant-garde atteignit, en avant d'Heilsberg, son arrière-garde, commandée par le prince Bagration, et la repoussa. Heilsberg renfermant une partie des magasins de l'armée ennemie, était couvert par des retranchements garnis d'une nombreuse artillerie. Vers les deux heures, le corps du maréchal Soult se trouvant formé, débusqua l'ennemi d'un bois qui couvrait une partie de son front, et se porta sur les retranchements. L'armée française, arrivant successivement, marcha sur la ville et força les alliés à se replier dans leurs lignes. Celles-ci furent alors attaquées. Les fusiliers-chasseurs de la jeune Garde, commandés par le général Savary, furent mis en mouvement pour soutenir la division Saint-Hilaire;

ceux-ci firent des prodiges en combattant avec une intrépidité qui les fit remarquer de toute l'armée. Le général Roussel, chef de l'état-major de la Garde, qui se trouvait au milieu d'eux, eut la tête emportée par un boulet. Le général Curial, colonel des fusiliers-chasseurs de la jeune Garde, fut grièvement blessé en combattant à la tête de ce régiment avec son courage accoutumé. La nuit mit fin à un combat glorieux, et les troupes bivouaquèrent dans leurs position d'attaque. Mais tout annonçait pour le lendemain une de ces batailles qui décident du sort d'une campagne.

Napoléon resta la journée du 11 sur le terrain; il y passa en revue les régiments qui avaient le plus souffert, leur distribua d'honorables récompenses militaires, et disposa les différents corps de son armée pour la bataille qu'il comptait livrer. L'armée alliée ne sortit pas de ses lignes; elle semblait comprendre que cette barrière était nécessaire pour la sauver d'une défaite. Voyant que le général russe refusait de prendre l'offensive, Napoléon donna l'ordre au maréchal Davoust de faire un mouvement qui interceptât la route d'Eylau, et fit ses préparatifs pour attaquer lui-même le lendemain les retranchements d'Heilsberg. A l'aspect de ces préparatifs, les Russes commencèrent à passer sur la rive droite de l'Alle, abandonnant à nos troupes Heilsberg, et laissant en notre pouvoir les blessés, les magasins et les redoutes fortifiées, ouvrage de quatre mois d'un travail long et pénible. Aussi, le 12, à la pointe du jour, lorsque la grande armée s'ébranla, son étonnement fut-il grand de n'éprouver aucune résistance dans ses marches sur les lignes ennemies.

Le général russe s'était dirigé sur Friedland, où il voulait repasser l'Alle, pour arriver à Kœnigsberg avant l'armée française; mais il était trop tard. Déjà Napoléon y avait envoyé deux de ses corps d'armée (Soult et Davoust) et la réserve de cavalerie (Murat); avec le reste de son armée, l'Empereur poursuivait les Russes, afin de les forcer à livrer cette bataille décisive qu'ils avaient refusée à Heilsberg.

Ce fut à Friedland même que le général Beningsen, se voyant pressé par les troupes françaises, résolut de combattre. Le 14 juin, à trois heures du matin, les grenadiers réunis, commandés par le général Oudinot (du corps du maréchal Lannes), débouchèrent du village de Posthenen et commencèrent l'attaque. Napoléon, entendant le canon, s'écria avec l'accent de la joie : « C'est un jour de bonheur, c'est l'anniversaire de Marengo ! » Dans le même moment, le maréchal Mortier, appuyé au village d'Heinrichsdorf, attaquait vivement la droite des Russes.

En arrivant sur le champ de bataille, Napoléon reconnut les positions de l'ennemi. Sa gauche, composée de quatre divisions, sous le prince Bagration, s'appuyait d'un côté sur l'Alle, un peu au-dessus de Friedland, et de l'autre sur un ruisseau qui traverse la plaine et qui séparait cette aile de la droite. Celle-ci, forte de trois divisions, aux ordres du prince Gortschakof, et d'une nombreuse cavalerie, s'étendait dans la plaine, en face d'Heinrichsdorf. L'ennemi, pour faciliter ses communications, avait jeté trois ponts sur l'Alle, immédiatement à côté de la ville et près de son aile gauche. Napoléon vit tout d'abord que, pour frapper un coup décisif, il fallait culbuter cette aile gauche, afin de s'emparer de Friedland et des ponts; et ensuite détruire l'aile droite qui se trouvait acculée à l'Alle. Pour exécuter ce mouvement important, des ordres furent aussitôt donnés au maréchal Ney.

En conséquence, vers cinq heures du soir, ce maréchal, protégé par la forêt de Sortlack, et précédé d'une batterie de vingt pièces de canon, s'ébranla et marcha à l'ennemi ; il fut au même instant débordé par la cavalerie russe ; mais le général Latour-Maubourg la repoussa, et Ney continua son mouvement. Pendant ce temps, le général Sénarmont portait, à quatre cents pas en avant de la ligne, une batterie de trente pièces, et, par un feu à mitraille, écrasait les masses ennemies. L'aile gauche russe, ainsi attaquée de front et par le flanc, fit un mouvement offensif sur la droite de Ney; mais, pressée par nos baïonnettes, elle se réfugia sous Friedland, après une grande perte d'hommes dont une partie fut précipitée dans la rivière. Le maréchal, voyant l'ennemi fuir sur Friedland, ordonna un quart de conversion à son aile gauche et la porta sur un ravin qui entourait cette ville. La garde impériale russe était embusquée sur ce point ; dès qu'elle vit nos colonnes s'approcher, elle déboucha avec intrépidité et fit une charge qui ébranla un moment nos soldats, mais la division Dupont, de la réserve, s'avança immédiatement sur la garde russe, l'enfonça et en fit un horrible carnage.

Le but que s'était proposé l'Empereur était atteint. L'aile gauche des Russes était acculée sur Friedland, resserrée dans un espace étroit, entre l'Alle et le ruisseau dont nous avons parlé. Mitraillé de tous côtés, et ne pouvant, même sur ce terrain défavorable, utiliser sa bravoure, l'ennemi fut obligé de chercher son salut dans la fuite. Friedland fut emporté par nos braves bataillons; les rues étaient jonchées de morts, et les Russes repassèrent la rivière, abandonnant leur artillerie et un grand nombre de prisonniers.

La destruction de l'aile gauche des Russes laissait l'aile droite sans appui au milieu de la plaine; aussitôt que le général Gortschakof, qui la commandait, en eut connaissance, il arrêta ses attaques et se mit en retraite sur Friedland, croyant y trouver une arrière-garde chargée de lui garder le passage; mais, en fuyant, les Russes avaient brûlé les ponts. L'incendie s'était même communiqué à la ville, dont le maréchal Ney défendait les approches. Gortschakof, pressé de tous côtés, se vit au moment de mettre bas les armes. Heureusement pour lui qu'il découvrit un gué, et que ses divisions purent passer l'Alle; mais ce passage fut si précipité, que la moitié de son corps d'armée se noya, fut pris ou tué. Quelques pièces d'artillerie seulement purent être sauvées, le reste demeura sur la rive gauche et tomba en notre pouvoir. Il était onze heures du soir : la nuit n'était éclairée que par les flammes qui s'élevaient au-dessus de Friedland; mais la victoire était complète : dix-sept mille morts russes ou prussiens couvraient le champ de bataille; soixante-dix pièces de canon, un grand nombre de caissons, plusieurs drapeaux et vingt mille prisonniers furent les trophées de la journée.

L'ennemi, après la bataille, se retira en hâte sur le Niémen. Sa retraite présentait l'aspect de la déroute la plus complète : à chaque pas, les vainqueurs recueillaient des prisonniers, des caissons, des armes et des bagages.

L'armée française coucha dans la position où elle avait combattu. Napoléon passa la nuit au bivouac entouré de sa vieille Garde qui, pour se servir de l'expression un peu pittoresque d'un de ses plus intrépides chefs*, « s'était *embêtée* à rester les bras croisés toute la journée; » mais le lendemain, à la pointe du jour, il était à cheval parcourant les lignes de ses troupes dont les soldats dormaient encore. Il défendit

---

* Le général Gros, colonel-major des chasseurs à pied de la vieille Garde.

qu'on les éveillât pour lui rendre les honneurs, ainsi que cela était d'usage. Il parcourut ensuite le champ de bataille des Russes qui offrait un affreux spectacle. On pouvait suivre l'ordre des bataillons par la ligne des monceaux de leurs cadavres. Un philosophe aurait dit avec raison, à la vue de ce vaste champ de morts, qu'il fallait que les souverains eussent de bien grands intérêts à démêler en faveur de leurs peuples pour nécessiter une semblable boucherie d'hommes. Mais l'armée russe, quoique complétement battue dans cette journée, n'en eut pas moins sa part de gloire. Les Russes semblaient avoir grandi dans ces deux campagnes de Pologne ; de là sans doute cette tendance de Napoléon et d'Alexandre à se rapprocher, à Tilsitt.

CHAPITRE III.

FÊTES DONNÉES A LA GARDE IMPÉRIALE,

A SON RETOUR DES CAMPAGNES DE PRUSSE ET DE POLOGNE, EN NOVEMBRE 1807,

PAR LA VILLE DE PARIS ET PAR LE SÉNAT.

I.

Paris ne devait plus rien avoir à envier aux plus glorieux souvenirs de l'ancienne capitale du monde; Paris, comme la Rome des Césars, devait assister au spectacle d'un de ses grands triomphes militaires. La fête donnée par *la ville*, le 25 novembre 1807, à l'élite de la grande armée, à son retour des campagnes de Prusse et de Pologne, offrit le tableau imposant de ces antiques solennités.

Le conseil municipal avait voté des couronnes d'or à la Garde impériale; Napoléon avait approuvé cette expression tout à la fois noble et délicate de l'admiration et de la reconnaissance des Parisiens; l'offre de ces couronnes était l'objet principal de la fête.

En dehors de la barrière de la Villette, par laquelle devaient entrer les dix mille soldats de la Garde impériale, on avait élevé un arc de triomphe d'une colossale proportion : vingt hommes pouvaient y passer de front.

A la naissance de la voûte, on voyait à l'extérieur de grandes Renommées présentant des couronnes de laurier. Un quadrige doré surmontait tout le monument. Sur chacune des faces on lisait des inscriptions composées tout exprès par des membres de l'Institut [*]. Le principal caractère de ce monument, quoiqu'on n'y eût employé aucun de ces

---

[*] Ceux de la troisième classe (*Histoire et Littérature ancienne*).

ornements dont l'architecture moderne est trop souvent prodigue, était la grandeur unie à la simplicité.

De vastes tribunes, en forme d'amphithéâtre, avaient été ménagées, à droite et à gauche, dans l'intérieur de l'arc de triomphe. L'une était destinée à un nombreux orchestre, l'autre au corps municipal de Paris. Plusieurs tribunes particulières, placées près des amphithéâtres, étaient occupées par les ministres, les grands fonctionnaires de l'Etat et par des dames richement parées*.

Dès neuf heures du matin, le mercredi 25 novembre 1807, malgré un temps sombre et pluvieux, une foule immense se pressait aux abords de l'arc de triomphe; elle attendait la Garde impériale dont les acclamations de l'enthousiasme annoncèrent bientôt l'approche. A quelque distance en avant, les aigles des différents corps se réunirent et ne formèrent plus qu'un groupe qui précéda la Garde. Alors le corps municipal fit quelques pas en avant, et le préfet, M. Frochot, adressa au maréchal Bessières, sous les ordres duquel marchait cette troupe d'élite, le discours suivant :

« Monsieur le maréchal, et vous généraux et soldats, qui composez
« cette garde fidèle dont les rangs impénétrables environnent le trône;
« vous tous, l'honneur de la France et l'admiration de l'Europe, sus-
« pendez pour un instant votre marche triomphale, et, avant de courir
« vous jeter dans les bras de vos mères et de vos épouses, recevez, si
« je puis m'exprimer ainsi, les embrassements de la cité toute entière.

« Combien la bonne ville de Paris aime à vous revoir, après tout ce
« que la Renommée a publié de vous! avec quel orgueil elle se plaît
« à rechercher dans vos rangs ceux de ses enfants qui ont été dignes
« d'elle, et avec quel enthousiasme elle contemple en vous cette
« héroïque armée dont vous êtes l'élite!

« Héros d'Iéna, d'Eylau et de Friedland, conquérants de la paix,
« grâces immortelles vous soient rendues!... C'est pour la patrie que
« vous avez vaincu; la patrie éternisera le souvenir de vos triomphes;
« vos noms, incrustés sur le bronze et le marbre, seront légués, par
« elle, à la postérité, et le récit de vos exploits, enflammant le courage

---

* Ce monument, construit en moins de quinze jours, était l'ouvrage de l'architecte Chalgrin, membre de la quatrième classe de l'Institut.

« de nos derniers descendants, longtemps encore après vous, votre
« exemple, protégera ce vaste empire si glorieusement défendu par
« votre valeur.

« Braves guerriers, ici même un arc triomphal dédié à notre belle
« armée s'élève sur votre passage ; il vous attend. Venez recevoir sous
« ses voûtes la part qui vous est due des lauriers votés par la capitale.
« Venez, et que ces couronnes, tressées par la reconnaissance publique,
« planent sur vos têtes glorieuses.

« Salut, aigles belliqueuses, symbole de la puissance de notre ma-
« gnanime Empereur; portez sur toute la terre, avec son grand nom,
« la gloire du nom français !.... Mais c'est trop retenir vos pas, géné-
« reux guerriers, quand tous les cœurs vous appellent; entrez donc
« dans nos murs enorgueillis de vous recevoir; entrez-y au milieu des
« chants d'allégresse et de triomphe, et que la mémoire de ce beau
« jour vive à jamais dans les annales de la cité et dans les fastes de
« l'Empire ! »

Le maréchal Bessières répondit en ces termes, à ce discours :

« Monsieur le préfet, et vous Messieurs les membres du conseil
« municipal, ces couronnes dont vous décorez nos aigles, cet arc de
« triomphe, toute cette pompe brillante pour célébrer le retour de la
« Garde impériale, sont une nouvelle preuve de votre affection pour
« l'Empereur, et un hommage éclatant rendu à son armée.

« Les aînés de cette grande famille militaire vont se retrouver avec
« ravissement dans le sein d'une cité dont les habitants ont constam-
« ment rivalisé avec eux d'amour, de dévouement et de fidélité pour
« notre glorieux monarque. Animés des mêmes sentiments, la plus
« parfaite harmonie existera toujours entre les habitants de la bonne
« ville de Paris et les soldats de la Garde impériale.

« Tels sont, Messieurs, les sentiments qui animent la Garde impé-
« riale ; je m'estime heureux de vous les exprimer en son nom. »

Ces quelques paroles du maréchal Bessières furent accueillies par
des cris de *Vive l'Empereur!* mille fois répétés par le peuple et les
soldats. Alors le préfet attacha les couronnes d'or, votées par la ville
de Paris, aux aigles de la Garde impériale, au milieu du cercle formé
par son état-major général ; puis, le corps municipal s'étant placé sous

l'arc triomphal, l'orchestre exécuta ce chant dont les paroles étaient d'Arnault, et la musique de Méhul :

CHOEUR.

« Les voici ! réunissez-vous ;
Heureuses femmes, tendres mères !
Ces vainqueurs, ce sont vos époux,
Ce sont vos enfants ou vos frères.

Quand ces intrépides soldats,
Triomphant d'abord de vos larmes,
Au premier signal des combats,
Se sont élancés sur leurs armes,
Vous leur disiez, dans un transport
Que leur valeur n'a pas dû croire :
Français, vous courez à la mort !...
Français, ils volaient à la gloire !

CHOEUR.

Les voici ! etc.

Voyez-vous ce peuple empressé
Dont la foule les environne ;
Sa reconnaissance a tressé
Le rameau d'or qui les couronne.
Ah ! qu'on suspende à leurs drapeaux
Ces prix de leurs nobles services ;
Placés sur le front des héros,
Ils cacheraient leurs cicatrices.

CHOEUR.

Les voici ! etc. »

REPAS DONNÉ PAR LA VILLE DE PARIS

à la Garde Impériale à son retour des campagnes de Prusse et de Pologne en 1807.

La musique de ce chant fut une des plus heureuses inspirations de Méhul ; les voix n'étant soutenues que par des cors et des harpes, cet accompagnement produisit un effet divin.

A peine les chants eurent-ils cessé, que la Garde commença de défiler dans l'ordre suivant :

Les grenadiers et les chasseurs à pied de la vieille Garde ;

Les chasseurs à cheval suivis des mamelucks ;

Les grenadiers à cheval, les dragons et la gendarmerie d'élite.

Chacun de ces régiments était précédé des officiers composant l'état-major du corps. A la suite de la Garde impériale marchait, accompagné lui aussi de son état-major, le général Hullin, commandant la place de Paris ; il était suivi du corps municipal et de son cortége.

Une population innombrable formait partout la haie sur le passage de la Garde qui arriva dans la cour des Tuileries, en passant sous l'arc triomphal qui, du côté du Carrousel, forme l'entrée principale de ce palais où elle déposa ses aigles ; de là, traversant le jardin des Tuileries, elle y laissa ses armes, pour se rendre aux Champs-Élysées et prendre place au banquet qui lui était préparé ; dix mille couverts avaient été disposés ; le corps municipal faisait les honneurs du festin.

Les tables étaient dressées sous des tentes placées de droite et de gauche dans les contre-allées des Champs-Élysées, sur toute la longueur de la grande avenue, depuis la place de la Concorde jusqu'à la barrière de l'Etoile.

En haut de la table de chaque régiment il y avait une tente particulière pour les officiers ; la tente de l'état-major général était placée au rond-point des Champs-Élysées.

Les corps de la Garde de Paris avaient été chargés de la police, et se promenaient autour des tables.

Les toasts furent portés dans l'ordre suivant :

Par le préfet de la Seine : *à S. M. l'Empereur et Roi.*

Par le maréchal Bessières : *à la ville de Paris.*

Par le préfet de la Seine : *à la grande armée.*

Ces toast partis de la tente du rond-point des Champs-Élysées où était attablé l'état-major-général de la Garde, étaient répétés simultanément à toutes les tables et suivis des acclamations de vive l'Empereur !

A la même heure qu'était donné le repas de la Garde impériale, des distributions de vin et des loteries de comestibles étaient faites dans les principales places de la capitale ; sur chacune de ces places s'élevait aussi un orchestre.

A huit heures du soir, un feu d'artifice tiré sur cette chaussée qui borde les Tuileries, appelée *le bord de l'eau*, annonça la fin de cette fête, à laquelle la population tout entière de Paris avait pris part.

Malheureusement le temps ne favorisa pas cette fête splendide et nuisit singulièrement à l'éclat de ses armes et à la tenue de cette troupe d'élite. Vers les deux heures, une pluie abondante continua de tomber, sans cependant éloigner la foule qui s'était portée aux Champs-Elysées et sur tous les points par où la Garde devait passer. Trois jours après, la fête donnée par le Sénat aux officiers de la Garde impériale, ne fut pas moins remarquable par le bon goût et la magnificence qui en réglèrent les dispositions ; elle eut lieu le 28.

En face du palais du Luxembourg s'élevait un temple dédié à *la Victoire*, au centre duquel était la statue de Napoléon. Dans toutes les parties du palais, des trophées militaires, liés par des guirlandes de laurier, rappelaient par des inscriptions commémoratives les faits principaux des glorieuses campagnes de 1806 et de 1807. Dans le jardin on avait pour ainsi dire improvisé des salles de danse, aux extrémités desquelles de nombreux orchestres et d'immenses buffets avaient été dressés.

A une heure après midi, des tambours et des trompettes, sortis du palais, parcoururent le quartier, en sonnant des fanfares. Rentrés par la porte de la grande cour, ils se placèrent sur les deux terrasses, qui flanquent le dôme, et y firent entendre des fanfares nouvelles.

A deux heures, les officiers de la Garde furent reçus au Luxembourg ainsi que les personnes invitées par les sénateurs réunis : c'étaient les princes grands dignitaires de l'Empire, les ministres, les maréchaux, les grands officiers de l'Empire, les conseillers d'Etat, les membres principaux des autorités civiles, administratives et judiciaires, les généraux et officiers attachés au gouvernement de Paris, etc., etc.

En recevant la Garde impériale, M. de Lacepède, président du Sénat, prononça le discours suivant :

« Monsieur le maréchal et vous Messieurs les officiers de cette in-

« vincible Garde impériale, le Sénat vient au devant de vous. Il aime
« à voir les représentants de l'armée remplir ses portiques. Il se plait
« à se voir entouré de ces braves, de ces favoris de la victoire, de ces
« enfants chéris du génie qui préside aux batailles.

« Cette enceinte doit vous plaire, invincible Garde impériale, car
« ces voûtes ont bien souvent retenti des acclamations provoquées par
« vos immortels faits d'armes et vos trophées décorent nos murailles.
« Représentants de la première armée du monde, recevez par notre
« organe, les vœux du bon et grand peuple dont l'admiration et l'amour
« vous présagent ceux de la postérité. Vive l'Empereur ! »

Un banquet magnifique avait été préparé dans la belle galerie des tableaux ; il fut ouvert à trois heures, au bruit d'une éclatante musique militaire.

Pendant le repas, on chanta divers morceaux lyriques, parmi lesquels furent remarqués ces vers dus à la verve de M. Cauchy, secrétaire-archiviste du Sénat :

> « Généreux fils de la Victoire,
> Brillante élite de héros,
> Qui par tant d'exploits et de gloire
> Avez honoré nos drapeaux,
> Venez, au sein de la patrie,
> Jouir du fruit de vos succès ;
> Venez, de tous les cœurs français
> Remplissez l'attente chérie :
> Revoyez vos amis, rentrez dans vos foyers ;
> Le repos vous attend à l'ombre des lauriers. »

Après le banquet, le bal commença dans les salons. La nuit, le palais et les jardins furent illuminés, cette fête qui se prolongea jusqu'à la naissance du jour, fit honneur à la magnificence du Sénat.

Témoin de ces hommages rendus à l'élite de l'armée, le peuple s'y associa par ses acclamations ; cette unanimité des sympathies populaires pour la Garde impériale s'exprima avec vivacité, et le peuple est resté fidèle à la mémoire de la Garde impériale comme à celle de Napoléon le premier de ses chefs !

II.

A PROPOS D'UN FAIT DE CONTREBANDE, COMMIS PAR UN OFFICIER GÉNÉRAL DE LA GARDE.

Un des chapitres sur lesquels l'Empereur n'entendait pas raillerie, était celui des douanes. Pour tout ce qui était contrebande, il se montrait d'une sévérité inflexible, et c'était à ce point, qu'un jour M. Soyris, directeur des douanes à Verceil (en Piémont), ayant fait saisir un ballot contenant dix-huit cachemires expédiés de Constantinople à l'Impératrice Joséphine, Napoléon ordonna le maintien de la saisie, et les cachemires furent vendus au profit de l'État. En pareille circonstance, Napoléon disait : « Comment un souverain ferait-il respecter les lois s'il ne commençait pas par les respecter lui-même ? » Il y eut cependant une occasion, et peut-être ce fut la seule, où il passa condamnation sur une infraction aux droits de la douane, et pourtant cette fois il ne s'agissait pas d'un acte de contrebande ordinaire.

Les chasseurs à pied de la vieille Garde, sous les ordres du général Soulès, étaient revenus en France, comme tous les autres corps de la Garde, après la paix de Tilsitt. Arrivés à Mayence, les douaniers veulent faire leur devoir, et par conséquent visiter les fourgons de la Garde, et principalement ceux du général Soulès. Toutefois, le directeur des douanes cherche à mettre des procédés à sa mission : il va prévenir ce chef de corps de la nécessité qui le contraint à faire exécuter les lois et les intentions bien explicites de l'Empereur à ce sujet.

La réponse de Soulès à cette ouverture courtoise est simple et énergique :

— Si un seul de vos gabelous ose porter la main sur les caissons de mes vieux lapins, je les fais tous f..... dans le Rhin comme des petits chats.

Le directeur hésite ; les douaniers, sont en grand nombre et résolus à avoir recours à la force pour procéder à la visite ; mais le général fait former son régiment en carré, la baïonnette croisée et les fourgons au milieu. Le directeur, n'osant alors passer outre, se retire, et adresse à la direction générale des douanes, à Paris, un rapport qui est mis sous les yeux de l'Empereur, avant même l'arrivée de la Garde à Courbevoie, sa garnison ordinaire. En toute autre circonstance, le cas eût été des plus graves; mais Napoléon, de retour dans la capitale, avait été plus que jamais salué par les acclamations de tout un peuple enivré de sa puissance; mais cette vieille Garde revenait resplendissante de gloire : elle avait été si belle à Eylau!... ceux qui la commandaient y avaient cueilli tant de lauriers!... Tout cela se réunit pour faire tomber la colère de l'Empereur, et ne voulant pas punir, dès lors il n'avait plus qu'à récompenser; mais, pour cela, il ne fallait pas qu'il prît au sérieux l'infraction faite par menace à ses lois de douane; et Soulès, qu'il aimait beaucoup, est mandé à son lever le lendemain du jour où lui et les braves officiers sous ses ordres avaient assisté à la fête qui leur avait été donnée au Luxembourg par le Sénat.

Le général se présente. Napoléon le reçoit très-bien. Puis, après quelques propos relatifs à la comptabilité de la Garde, il ajoute :

— A propos, dis-moi donc, Soulès, tu en as fait de belles là-bas à Mayence? Comment! tu voulais jeter mes douaniers dans le Rhin! Franchement, est-ce que tu l'aurais fait?

— Oui, Sire, reprit Soulès avec son accent allemand.

— Allons! tu n'aurais pas osé.

— C'était une insulte faite à mes vieux chasseurs que de vouloir visiter leurs caissons. Sire, je l'aurais fait, je vous en donne ma parole d'honneur de général.

— Bah! tu plaisantes, ajoute l'Empereur avec beaucoup de gaieté. Je vois ce que c'est, tu as fait la contrebande.

— Moi, Sire!

— Oui, toi!... C'était parbleu bien la peine que je donnasse huit caissons de plus par régiment pour les faire servir à pareille chose *, ajouta Napoléon en souriant. Tu as acheté du linge en Hanovre pour monter ta maison, parce que tu as pensé que je te ferais sénateur.

— Sire....

— Tu ne t'es pas trompé; mais ne recommence pas la même plaisanterie une autre fois, car je te donne, moi aussi, ma parole d'Empereur que je te fais fusiller... Allons, va commander ton costume de sénateur.

* Voir la décision prise à cet effet au commencement de ce VII° Livre.

Et Napoléon avait prononcé ces derniers mots avec un accent et un regard qui firent perdre au général Soulès toute idée de contrebande pour l'avenir.

COMPOSITION ET FORCE NUMÉRIQUE DE LA GARDE EN 1807.

État-major général et administration.			78

Infanterie.

Grenadiers (vieille Garde).	2 régiments . . .	2,160	
Chasseurs idem.	2 régiments . . .	2,160	
Vétérans idem.	1 compagnie. . .	200	
Matelots idem.	1 bataillon. . . .	806	
Fusiliers grenadiers (jeune Garde).	1 régiment. . . .	1,920	
Fusiliers chasseurs idem.	1 régiment. . . .	1,920	
		9,166	9,166

Cavalerie.

Grenadiers.	1 régiment. . . .	968	
Vélites grenadiers.	2 escadrons . . .	342	
Chasseurs.	1 régiment. . . .	968	
Vélites chasseurs	2 escadrons . . .	342	
Mamelucks.	1 compagnie. . .	102	
Gendarmerie d'élite	1 légion.	456	
Dragons	1 régiment. . . .	968	
Vélites dragons.	1 escadron. . . .	226	
Lanciers polonais.	1 régiment. . . .	578	
		5,340	5,340

Artillerie.	1 régiment. . . .	. . .	758
Hôpital de la Garde			19
			15,361

Officier et Soldat des Marins, grande tenue

GARDE IMPÉRIALE.

LIVRE HUITIÈME.

ANNÉE 1808.

CHAPITRE PREMIER.

LES MARINS DE LA GARDE.

I.

Parmi les corps d'élite de la vieille Garde impériale, dit M. Henri Ducor, dans son ouvrage si palpitant d'intérêt[*], on remarquait une troupe, la moins nombreuse de toutes et la plus simplement vêtue : un pantalon bleu, un dolman de la même couleur avec des passements aurore ; un shako sans gourmettes et surmonté d'un plumet rouge, des contre-épaulettes de cuivre en forme d'écailles, un sabre large et légèrement recourbé était à peu près tout l'équipement de ce corps spécial. Les hommes qui le com-

[*] *Aventures d'un marin de la Garde, prisonnier de guerre sur les pontons espagnols dans l'île de Cabrera et en Russie.*

posaient n'étaient, pour la plupart, ni petits, ni grands de taille, quelques-uns même étaient un peu râblés ; presque tous avaient le teint hâlé, la figure mâle, les bras dégagés, la démarche libre, aisée, mais aussi un peu insolite. Ce n'étaient pas là des cavaliers, ce n'étaient pas là des fantassins non plus ; des soldats n'ont de coutume l'air ni si sérieux, ni si réfléchi. On se demandait donc ce que pouvaient être ces hommes, à quelle arme ils appartenaient... C'étaient les marins de la Garde !

« Créés au moment où, de son camp de Boulogne, Napoléon menaçait de fondre sur l'Angleterre, ajoute encore M. Henri Ducor, les marins de la Garde devaient faire sur mer le service auprès de la personne de l'Empereur, manœuvrer le navire qui le porterait au delà de la Manche, et former, pour la descente sous le commandement d'un contre-amiral, les équipages de cette escadrille de choix que monterait l'état-major de Napoléon. »

C'est que, malgré la lutte si disproportionnée (sous le rapport de la force numérique), soutenue par la marine française depuis 1789 jusqu'en 1805, quelques reflets d'illustration n'en avaient pas moins rejailli sur la marine française, qui devait être appréciée par l'Empereur suivant son mérite.

Ce fut en 1803, comme nous l'avons dit précédemment, que commença l'exécution du gigantesque projet qu'avait conçu Napoléon d'envahir l'Angleterre à l'aide d'une flottille qui, rassemblée à Boulogne, devait jeter sur les côtes de la Grande-Bretagne une armée formidable et aguerrie par quatorze ans de luttes et de triomphes contre l'Europe coalisée ! L'Empereur, mieux que personne, connaissait la puissance morale de ce qu'on appelle *l'esprit du corps;* il voulait que la Garde impériale, qui ne se composait encore que d'environ dix mille hommes de toutes armes, prît une part active à cette expédition en s'embarquant sur la flottille. Sans doute il eut aussi la pensée d'ouvrir aux officiers de notre marine une voie d'émulation, en prouvant que l'armée de terre n'avait pas seule le privilège de défendre sa personne et le pays ; il donna donc, en septembre 1803, l'ordre de créer *cinq* équipages de marins dont il confia le commandement au capitaine de vaisseau Daugier. Ce corps prit d'abord le titre de *matelots de la Garde consulaire*, puis ensuite celui de *marins de la Garde impériale*.

Ces cinq équipages se formèrent à Courbevoie ; et, au fur et à mesure de leur formation, ils étaient dirigés sur Boulogne et le Hâvre pour armer les bâtiments de la flottille sur lesquels la Garde impériale devait s'embarquer.

L'armée a été à même d'apprécier l'élan et le zèle que les marins de la Garde ont apporté dans leurs difficiles et périlleux services. Les canonnières de la Garde faisaient partie des lignes d'embossage ; plusieurs soutinrent de rudes combats, et jamais aucune de ces embarcations ne tomba aux mains des Anglais ; toutes rivalisèrent de courage et d'habileté, dans leurs manœuvres, avec les autres bâtiments de la flottille.

En 1805, une nouvelle coalition s'étant formée contre la France, et la Garde impériale ayant quitté Boulogne pour se rendre en Allemagne, un détachement de cent cinquante marins, commandé par le capitaine de frégate Roquebert, suivit la Garde et fit la campagne d'Austerlitz. Les autres demeurèrent à Boulogne ; mais l'année suivante (1806), la totalité du corps fut appelé à faire la campagne de Prusse.

Les marins de la Garde se trouvèrent donc aux journées d'Austerlitz et d'Iéna ; ils assistèrent au siége de Dantzick, à la prise de Stralaud, etc. Les équipages servirent fractionnés, ce qui faisait dire au maréchal Lefebvre : « Que les marins se multipliaient, puisqu'on les trouvait partout. » Puis, en voyant quelques-uns d'entre eux, quoique blessés déjà, se jeter tête baissée dans la mêlée et combattre jusqu'à ce qu'ils tombassent, il dit encore dans ce langage un peu tudesque, mais toujours énergique et si bien compris du soldat : « *Ché crois que ces brafes marins ont l'âme chefillée dans le fentre.* »

En 1807, après la campagne de Pologne, les marins de la Garde revinrent dans la capitale, où ils prirent part à la brillante réception qui fut faite à la Garde impériale par le corps municipal de la ville de Paris, qui voulut, comme nous l'avons dit dans un chapitre précédent, célébrer ses triomphes !...

En 1808, les cinq équipages, toujours sous le commandement du capitaine de vaisseau Daugier, partirent pour l'Espagne et assistèrent le 2 mai, à Madrid, à cette sanglante révolte de la population qui, tout entière, se rua contre les corps de l'armée française qui occupait cette métropole de l'Espagne. Les insurgés s'étaient portés sur l'hôpital de la ville dans le but de massacrer tous les malades, et déjà ils en avaient brisé les portes, lorsque deux officiers des marins de la Garde, MM. Grivel et Gérodias, lieutenants de vaisseau, que leur service avait appelés sur les lieux, repoussèrent ces forcenés aidés de ceux des malades qui eurent assez de force pour se servir des armes que l'on avait tirées, à la hâte, des magasins de l'établissement; ce qui prouverait que, en campagne, il est bon que les soldats, même en entrant à l'hôpital, ne soient jamais entièrement désarmés.

Après maintes affaires non moins glorieuses, les marins de la Garde firent partie du corps d'armée du général Dupont, à Baylen, où ils éprouvèrent de grandes pertes. Avant de se rendre au général Castagnos, les chefs des marins proposèrent au général Dupont de faire une nouvelle tentative sur l'armée ennemie : c'était de prendre la tête d'une colonne, et de s'ouvrir un passage à travers les lignes espagnoles. Le général Dupont répondit à la députation que : « déjà les « marins de la Garde avaient fait assez; qu'il appréciait leur patrio- « tisme et leur courage, mais qu'il n'avait plus de sacrifices à récla- « mer d'eux, parce qu'ayant demandé passage au général espagnol, à « qui il avait proposé d'évacuer l'Andalousie et de se retirer sur Madrid, « cette condition avait été acceptée par Castagnos comme base de la « convention. »

Les marins de la Garde furent donc compris dans cette déplorable capitulation qui ne tarda pas à être outrageusement violée. D'abord ils furent jetés sur des pontons espagnols, et ensuite envoyés dans l'île de Cabréra, où tant d'héroïques soldats, que le sort des batailles avait épargnés, trouvèrent la mort au milieu des privations et des tortures de toutes sortes.

Cependant quelques-uns de ces braves parvinrent à s'échapper avec le bâtiment qui apportait de Palma (île Mayorque) les vivres pour les prisonniers. Ils enlevèrent ce bâtiment, et rejoignirent l'armée en Catalogne. Ce fut alors que les officiers et le peu de marins qui restaient dans les Baléares furent conduits à Mahon et de là en Angleterre, où on les entassa sur les pontons anglais.

Toutefois, quelques marins de la Garde étaient restés à bord des pontons de Cadix. Un jour le capitaine Grivel enlève le mulet (petite embarcation portugaise) qui avait apporté les vivres à bord du ponton *la Castille*, traverse avec cette frêle barque la flottille espagnole et l'armée navale anglaise, et arrive, comme par miracle, à Sainte-Marie, en face de Cadix. Ce fut quelque temps après cette évasion, exécutée avec autant d'audace que de bonheur, que, par un coup de vent de sudouest des plus violents, les pontons *la Castille* et *l'Argonaute* coupèrent leurs câbles et vinrent, en dérive, à la côte occupée par l'armée française, malgré la violence de la canonnade des bâtiments ennemis. Dans cette périlleuse circonstance, le dévouement que le capitaine Grivel montra envers ses malheureux compagnons de captivité fut hors de tout éloge; aussi, à cette occasion, le maréchal Victor publia-t-il à son quartier-général de Chiclana, le 1er juin 1810, un ordre du jour dans lequel il rendait un éclatant hommage à l'intrépidité du capitaine Grivel, en même temps qu'il citait le nom de ceux des marins de la Garde et des autres militaires qui avaient partagé ses périls *.

* Ce furent MM. Lecomte, *officier de marine*; Laporte, *maître*; Vellon, *contremaître*; Manzand, Gravillon, Guérin, Pibaille, Cocheteux et Rabigot, *matelots*; Lavenue et Boquigny, *contre-maîtres*; Régio, Baudoin, Vaillant, Frelet, Gestin, Martin (ce dernier avait été tué). Pillier, Fouchar, Le Gall, Copin, Bardaraque, Dessaye et Danigo, *matelots*; Lapoirte, *maître*; Jausseaume et Sarrasin, *quartiersmaîtres*; Hurré, Marre, Passelet et Cové, *matelots*; ces derniers s'étaient particulièrement distingués, et tous faisaient partie du corps des marins de la Garde impériale.

MM. Clouet, *chef de bataillon*; Bompart et Merlis, *capitaines du génie*; Vernon, *capitaine de sapeurs*; Arancourt et Grégoire, *sergents*; Tonas et Ponce, *caporaux*; Bombard et Clément, *maîtres ouvriers*; Muliez, Bourry, Audaire, Laullure, Allios, Amériot, Vaudin, Dumas et Nattin, *sapeurs*; tous appartenant au corps impérial du génie.

MM. Flormer et Marco, *capitaines-adjudants d'artillerie*; Forget, faisant fonctions d'aide-de-camp du général commandant l'artillerie.

MM. Kiffer, *capitaine*; Noël, *premier lieutenant*; Flechet, *sergent major*; Deguilhem et Fatio, *sergents*; Girardin, *caporal*; tous artilleurs.

MM. Didier, Jacquemin, Marché, Mattar, Gabriel, Nusbaum, Lantarolo, Krebes et Schemith, *pontonniers*.

MM. Prévieux, *sergent-major à la 8e compagnie des ouvriers d'artillerie*; Herben, *sergent*; Tugon et Dechambres, *caporaux*; Brisset et Rouet, *artificiers*; Clément, *canonnier*; tous les six du 6e régiment d'artillerie à pied.

MM. Jaubert, *officier d'état-major*; Royer, *sergent*; Paumaret, Fillioux, Belmond, Petit, Andrivan, Bourgoin, Crussi, Michaux, Lonchaux et Chapon, *chasseurs*; Vatremez, *trompette*; Bouillot, Rassinot et Faucon, *voltigeurs*; tous du 16e régiment d'infanterie légère.

MM. Raymond, Roussette et Angelis, *sergents*; Robert, *caporal*; Heinter, Caveaux, Flamand, Desselair, Vadet et Jorise, *fusiliers*; tous appartenant au 45e régiment de ligne.

II.

Par décret impérial daté du palais de Saint-Cloud, le 16 septembre 1810, le corps des marins de la Garde fut porté à mille cent trente-six hommes, y compris l'état-major, qui fut composé de la manière suivante, savoir :

État-Major.

Capitaine de vaisseau commandant........................	1
Capitaine de frégate faisant fonctions de major...........	1
Lieutenant de vaisseau, adjud.-major......................	1
Quartier-maître trésorier..................................	1
Chirurgien-major...	1
Armurier...	1
Tailleur..	1
Cordonnier...	1
Total........	8

Composition des Compagnies

1 Lieutenant de vaisseau, capitaine, pour chacune des huit compagnies...			8
1 Enseigne de vaisseau, lieutenant,.....	idem.		8
1 Second maître de manœuvres,.....	idem.		8
3 { 1 Second maître canonnier, 2 Contre-maîtres de manœuvres, } contre-maîtres de compagnie,	idem.		24
1 Aide-timonier, quartier-maître écrivain,...	idem.		8
6 Quartier-maîtres,......	idem.		46
54 Matelots de 1re classe,......	idem.		432
72 Matelots de 2e classe,......	idem.		576
1 Trompette,......	idem.		8
Total de l'équipage........			1,118

Le 27 janvier 1814, une nouvelle organisation des marins eut lieu, en six compagnies, auxquelles deux autres compagnies furent ajoutées plus tard, de sorte que l'état-major fut ainsi composé, savoir :

Capitaine de vaisseau commandant... Le comte BASTE.
Capitaine de frégate, major....... VATTIER (Antoine).
Lieutenant de vaisseau, adjudant major. SERVAL (Charles), auquel succéda le lieutenant de vaisseau Gérodias.
Quartier maître trésorier........ GOBERT
Chirurgien-major............ TAILLEFER.

Première Compagnie.

Lieutenant de vaisseau, capitaine.... THANARON (Pierre-Paul).
Enseigne de vaisseau, lieut. en premier. PERROT (Pierre).
Enseigne de vaisseau, lieut. en second.. FERRAND (Raphaël).

Deuxième Compagnie.

Lieutenant de vaisseau, capitaine. . . .	ETCHÉGARAY (Michel)
Enseigne de vaisseau, lieut. en premier.	POIDELONE (Charles).
Enseigne de vaisseau, lieut. en second. .	ALLARY (César).

Troisième Compagnie.

Lieutenant de vaisseau, capitaine. . . .	GRIVEL (Jean-Baptiste).
Enseigne de vaisseau, lieut. en premier.	GUEYDAU (Gabriel).
Enseigne de vaisseau, lieut. en second. .	DENUELLE (Jean).

Quatrième Compagnie.

Lieutenant de vaisseau, capitaine. . . .	MARGUERITTE (Eugène).
Enseigne de vaisseau, lieut. en premier.	PRÉAUX (Maurice).
Enseigne de vaisseau, lieut. en second. .	GALLOIS (Thomas).

Cinquième Compagnie.

Lieutenant de vaisseau, capitaine . . .	LE ROY (Jean).
Enseigne de vaisseau, lieut. en premier.	LOMEL (Pierre).
Enseigne de vaisseau, lieut. en second. .	ALLÈGRE (Baptiste).

Sixième Compagnie.

Lieutenant de vaisseau, capitaine. . . .	DE RIGNY (Henri).
Enseigne de vaisseau, lieut. en premier.	GAUTTIER (Maximilien).
Enseigne de vaisseau, lieut. en second. .	OLIVIER (Théodore).

La même année, l'amiral Gantheaume fut nommé colonel du corps des marins de la Garde, ayant le capitaine de vaisseau Mottard pour commandant en second. Quelques compagnies restèrent en Espagne, d'autres furent envoyées dans les ports de Brest, de Toulon et d'Anvers, pour former le noyau de nouvelles compagnies destinées à être embarquées sur les vaisseaux amiraux.

La 1re et la 5e compagnie étaient à Toulon sous les ordres des lieutenants de vaisseau Thanaron et Le Roy. Elles furent réparties dans quatre compagnies, sur les vaisseaux *le Majestueux*, *l'Austerlitz*, *le Wagram* et *le Commerce de Paris*.

En 1812, il y avait, en outre de ces deux compagnies, un détachement de marins de la Garde, qui partit pour faire la campagne de Russie, sous le commandement de l'adjudant-major lieutenant de vaisseau Gérodias.

Les 2e et 4e compagnies, commandées par les lieutenants de vaisseau

Bouvier-Destouches et Boniface *, furent plus tard également envoyées en Russie, où elles tombèrent au pouvoir de l'ennemi.

En 1813, les débris des compagnies qui avaient été à Moskow, joints à un détachement revenu d'Espagne, firent la campagne de Saxe; et, l'année suivante (1814), tout ce qu'on put rassembler du corps des marins de la Garde fit la campagne de France. Le maréchal Magdonald, les généraux Sébastiani, Excelmans, Compans, et tous les officiers-généraux de la Garde, se sont plu à vanter les services rendus par les marins dans cette campagne. C'est à leur dévouement à l'affaire d'Arcis-sur-Aube, le 20 mars, que la cavalerie de la Garde put effectuer sa retraite devant des forces ennemies plus que décuples qui la chargeaient en la ramenant. Le général polonais Krazinski proclama hautement, dans la suite, que « c'était à l'excellente contenance des marins que ses lanciers polonais durent de n'avoir pas été écharpés. »

Au mois d'avril 1814, les marins de la Garde furent licenciés dans la cour de Fontainebleau. Tous avaient demandé la faveur de suivre l'Empereur dans son exil à l'île d'Elbe; mais il ne fut permis à Napoléon d'amener avec lui qu'un détachement de trente-deux hommes appartenant à ce corps; d'autres marins furent ensuite rejoindre ceux-là, et se vouèrent au service particulier de l'Empereur. Ils coopérèrent puissamment à son retour en France, et l'accompagnèrent de Cannes jusqu'à Paris en mars 1815. Ceux qui avaient été licenciés précédemment à Fontainebleau, revinrent d'eux-mêmes, sans qu'il fût besoin de faire un appel à leur patriotisme.

Un décret impérial, daté du palais de l'Élysée le 19 mai 1815, créa un seul équipage des marins de la Garde, et l'assimila en tout, à l'artillerie à pied de la vieille Garde. Voici le texte de ce décret :

« ART. 1ᵉʳ. Les officiers, sous-officiers et marins de notre Garde seront considérés comme appartenant à la *vieille Garde,* et jouiront des prérogatives attachées à ce corps.

« ART. 2. Pour être admis dans les marins de la Garde, il faudra

---

* Les lieutenants de ces compagnies étaient MM. Olivier, Préaux, Pondelone et Gallois, tous quatre *lieutenants de vaisseau;* Allègre et Perrot, *enseignes.* Les lieutenants de vaisseau Gérodias et Marguerite rejoignirent le corps à la bataille de la Moskowa. Ces deux derniers moururent dans la retraite de Russie. Les lieutenants de vaisseau Gerdy, Gallois et Préaux restèrent prisonniers.

réunir les conditions exigées pour entrer dans l'artillerie à pied de la vieille Garde, par notre décret du 3 avril dernier.

« Art. 3. Les officiers, sous-officiers et soldats jouiront de la solde et des masses accordées, par notre décret du 8 avril dernier, à l'artillerie à pied de la Garde.

« Art. 4. Les quatre-vingt-quatorze matelots de l'équipage seront partagés en deux classes ; le nombre de chaque classe devra être fixé par notre ministre de la marine. »

Le commandement supérieur de cette troupe reconstituée de nouveau fut confié à M. Taillade qui, comme nous le dirons plus tard, était revenu de l'île d'Elbe avec l'Empereur ; cet officier fut élevé au grade de capitaine de frégate. M. Préaux, chef de bataillon, commandait une compagnie ayant sous ses ordres MM. Guettard, Bougeuil et Bruix en qualité de lieutenants.

Cet équipage bientôt augmenté et porté à cent cinquante hommes, était sous les ordres immédiats du lieutenant-général Haxo, commandant les troupes du génie.

Le 15 juin 1815, les marins marchaient en tête de la Garde, lorsque celle-ci partit de Beaumont. Ils furent cernés ; mais à dix heures du matin, ils parvinrent à enlever la position de Charleroi, et prirent part aux batailles de Fleurus, de Ligny et de Waterloo, où ils éprouvèrent de grandes pertes. Cependant ils n'en opérèrent pas moins leur retraite sur Paris avec la Garde. L'équipage s'étant reformé à l'Ecole Militaire, il reçut l'ordre de défendre et de tenir le plus longtemps possible dans le village d'Aubervilliers (ou des Vertus), en dehors des ouvrages avancés qui couvraient Paris de ce côté. Cette défense fut opiniâtre : elle est restée gravée dans le souvenir des habitants de la capitale. Le village d'Aubervilliers ne fut évacué qu'après l'abdication de l'Empereur, et ce fut avec peine que les marins abandonnèrent la partie, décidés qu'ils étaient à s'enfermer dans l'église du village comme dans un donjon et à s'y ensevelir sous ses décombres. Mais le général Meunier vint donner l'ordre au commandant Préaux de se retirer dans les lignes de défense ; et, il faut le dire, la mission pacifique de cet officier-général fut mal accueillie. L'équipage fut ensuite dirigé au delà de la Loire, sur Chateauroux, avec le reste de l'armée ; là, il fut licencié. Chacun se résigna à sa nouvelle fortune ; mais le souvenir des belles actions de ce corps spécial, ses liens d'affection avec toutes les armes, les ordres du jour adressés à la Garde impériale, entre-autres le bulletin de l'armée du 16 juin 1815, qui mentionne l'entrée des marins de la Garde à Charleroi, fait l'éloge de cet acte de témérité.

Après le licenciement des marins de la Garde, la subordination ne cessa pas de régner dans ce corps, qui, dans tous les temps et en tous lieux, n'avait cessé de donner l'exemple du courage, de la discipline et du plus désintéressé patriotisme.

Au résumé, pendant les guerres de l'Empire, les marins de la Garde partagèrent les travaux, la gloire et les dangers de la vieille Garde impériale.

« A la voix de Napoléon, dit encore M. Henri Ducor, et selon la nécessité, ces soldats amphibies étaient propres à tout : tour à tour, matelots, pontonniers, artilleurs, fantassins, il n'y avait pas d'emploi dans lequel on ne trouvât moyen de les utiliser, pas de métamorphose à laquelle ils ne se prêtassent avec succès. »

En effet, depuis la campagne d'Austerlitz (1805) jusqu'à celle de Saxe (1813), ils aidèrent à construire presque tous les ponts pour le passage des rivières et des fleuves, soit en avant, soit en retraite.

En Prusse, leur audace accéléra la reddition de Dantzick et de Kœnisberg; et, dans la Poméranie Suédoise, la prise de l'île de Rughen ne fut due qu'à leur brillante valeur.

A Baylen, en Espagne, leur bataillon combattit en ligne avec une intrépidité sans égale jusqu'au moment où, comme nous l'avons dit plus haut, fut signée la capitulation qui devait les livrer à l'ennemi.

En Russie, du Niémen à Moskow et de Moskow à la Bérésina, leur activité et leur courage furent infatigables.

A Leipsick, ils défendirent vaillamment le pont qui sauta trop tôt; et, quand par suite de nos revers, le théâtre des hostilités eut été reporté en France, à Brienne, à Saint-Dizier, partout ils se dévouèrent pour repousser le dernier affront de l'étranger; mais la campagne de France acheva de les anéantir, et ces braves qui, après la reddition de Paris, pleurèrent de rage et brisèrent la crosse de leurs mousquets, assistèrent, le front caché dans leurs mains, aux douloureux adieux de Fontainebleau.

Les plaines de Waterloo virent encore combattre leurs glorieux débris; et, devant les murs de Paris attaqués, ils auraient su mourir ou faire remonter le manteau impérial au faîte du bronze immortel d'où la trahison l'avait fait descendre.... mais on les conjura de se disperser; ils crurent entendre la voix du pays, et l'âme navrée ils se séparèrent résignés.

Enfin la victoire du peuple, en 1830, fit luire le jour de l'apothéose du grand homme; la statue de Napoléon mort, se releva sur sa base de trophées, et là, au milieu d'un peuple immense qui se pressait à cette solennité, on vit de vieux grenadiers et d'anciens marins de la Garde pleurer de joie, et se dire les uns aux autres : « Maintenant, frères, nous pouvons mourir, car nous avons revu notre Empereur à la place triomphale que sa gloire et nos travaux lui avaient assignée ! »

CHAPITRE II.

I.

L'ARTILLERIE DE LA GARDE AUGMENTÉE;

Les deux régiments des Grenadiers de la vieille Garde réunis en un seul.

Un décret impérial, daté du château de Marac, le 17 avril 1808, fit subir à l'artillerie une nouvelle organisation en même temps qu'elle augmenta la force numérique de ce corps.

Ce fut en 1808 que Napoléon introduisit, pour la première fois, l'*artillerie à pied* dans sa Garde. Plus tard, le nombre des compagnies d'artillerie à pied fut porté à huit; elles furent placées sous les ordres immédiats du major Drouot.

En 1812, ces mêmes compagnies (dont la force numérique avait été augmentée précédemment d'un neuvième) furent organisées en régiment.

En 1813, et comme nous le dirons au livre XIII de notre ouvrage, on créa un *second régiment d'artillerie à pied*, spécialement attaché à la *jeune Garde*.

Lors de l'introduction de l'artillerie à pied dans la vieille Garde, le régiment d'artillerie à cheval fut réduit à *quatre* compagnies.

Le nombre de bouches à feu servies par le corps de l'artillerie tant à pied qu'à cheval de la Garde, en 1812 et en 1813, ne dépassa jamais le chiffre de *cent quatre-vingt-dix-huit pièces*, réparties en vingt-six batteries.

Un autre décret, daté d'Erfurth, le 1ᵉʳ octobre de la même année, réunit le *deuxième régiment de grenadiers* au *premier* de cette arme, et doubla ainsi la force des compagnies qui restèrent au nombre de *huit, en deux bataillons*. De cette manière ce régiment présenta un effectif de deux mille hommes.

Le cadre du *deuxième régiment de grenadiers* fut détaché au *dépôt* et mis à la suite de ce corps.

Officiers supérieurs du génie et d'artillerie et Soldat du train d'artillerie.

GARDE IMPÉRIALE.

II.

ÉTATS NOMINATIFS.

CORPS DES GRENADIERS A PIED.

État-Major.

Le baron MICHEL (O. ✻), Colonel, major commandant.

HARLET (O. ✻), LAUREDE (O. ✻), } chefs de bataillon.
BELCOURT ✻, DESCOMBES ✻, } capit adjud.-maj.
HAILLECOURT ✻, lieut en 1er, RITTER (O. ✻), idem. } sous-adj maj.
EGRET ✻, CHANEY ✻, } lieut. en 2e, porte-drap.

DUDANJON ✻, chirurgien-major. — BRAISE, aide-major.

NUMÉROS DES		CAPITAINES.	LIEUTENANTS	
Bataill.	Comp.		EN PREMIER.	EN SECOND.
1er	1	LEMARROIS (O. ✻)	SICARD ✻	PICOT ✻	BRASSEUR ✻
	2	TRAPPIER ✻	DAIS ✻	PICQ ✻	HOUARNE ✻
	3	DUPRÉ ✻	DUBIEZ ✻	PLÉE ✻	GABILLOT ✻
	4	GULZIO ✻	ROUILLARD ✻	BRESSON ✻	DUMONT ✻
2e	1	LAVIGNE (O. ✻)	VESSILIER ✻	BOURDIN ✻	LAC ✻
	2	PAILHÈS (O. ✻)	TAILHAN ✻	GAVIGNET ✻	PLAFAIT ✻
	3	ALBERT (O. ✻)	CHAILLOU ✻	OUSSOT ✻	LYON ✻
	4	HIGONNET ✻	JOUETTE ✻	DARD ✻	GREMION ✻

SERVICE DE SANTÉ (Hôpital de la Garde, dit du Gros-Caillou).

SÜE, médecin en chef.
CASTEL, médecin adjoint.
LARREY (C. ✻), chirurgien en chef.
SUREAU, pharmacien en chef.

PAULET ✻, chirurgien de 1re classe. | CHAMPION,
ALYON, pharmacien de 1re classe. | GAUTHIER,
FERLUT, ZINCK ✻, } chirurg. de 2e classe. | DIECHE, LECOMTE, } chirurg. de 3e classe.
LAGARDE, pharmacien de 2e classe. | BELLOC,
MONDET, LARREY (Alexis), FRIZACK, } chirurg. de 3e classe. | FOURCY, BARBÈS, DELFOUR, } pharm. de 3e classe.

ARTILLERIE.

État-Major.

LARIBOISSIÈRE (G. ✻), *général de division, colonel.*
DROUOT ✻, *major de l'artillerie à pied.*
D'ABOVILLE, Auguste (O. ✻), *major de l'artillerie à cheval.*
DIJEON (O. ✻), *major directeur du parc.*

GRENIER ✻,
CHAUVEAU ✻, } *chefs d'escadron.*

BOULARD (O. ✻),
MARIN, } *chefs de bataillon.*

GEORGES ✻,
HENRION (O ✻), } *capit. adjud.-maj.*

BÉCU ✻, *capitaine quartier maître.*

EVEN,
PANZAT,
LEGUERNAY, } *lieut. sous-adjud.-majors.*

THERIN ✻, *officier de santé de 1re classe.*
SOUCHOTTE,
FABAR, } *offic. de santé de 2e classe.*
THIRION, *professeur de mathématiques.*

	Escadrons et bataill.	Comp^{es}.	CAPITAINES commandants.	CAPITAINES en 2e.	LIEUTEN^{ts}. en 1er.	LIEUTEN^{ts} en 2e.
Artillerie à cheval.	1er	1	EICHHORN ✻	BOISSELIER ✻	SAUVAGE ✻	HOUSSELIN ✻
		2	POMMEREUIL ✻	SCHOULER ✻	ENVRARD ✻	ANDRIEUX
	2e	3	SANDRAS ✻	MONTLEBERT ✻	BOSC	D'HAUTPOUL
		4	LAFOND ✻	BONNAFOS ✻	FOLARD ✻	DURBACH
Artillerie à pied.	1er	1	COTTIN ✻	MARTIN ✻	HERLET ✻	CONSTARD
		2	BISARD	PION ✻	LEFRANÇOIS	TRIPART ✻
	2e	3	FOURCY ✻	PERRET	ALLAVESNE	DUMONT ✻
		4	LALLEMAND ✻	MABRU ✻	LAGUETTE	MUNEREAU ✻
	3e	5	BERTHIER ✻	AUBERT	DEFRESNES ✻	SALLERIN
		6	COUIN ✻	FRAMERY	MAILLARD	CUNY ✻

Capitaines d'artillerie à pied à la suite :
SAVARIN. — FAIVRE.

PONTONNIERS – OUVRIERS.

Capitaines { *en premier,* VAILLANT.
{ *en second,* LECLERC.

Lieuten. { *en premier,* VION.
{ *en second,* GUTTEMANN ✻.

TRAIN D'ARTILLERIE.

État-Major.

LEDOUX ✻, *capitaine commandant.*
VALERY, *lieutenant, quartier-maître.*
BULOTTE, *lieutenant, adjudant-major.*

	COMPAGNIES.					
GRADES.	1re	2e	3e	4e	5e	6e
Lieutenants..	FONDOY ✻	LEBLANC ✻	THIBERGE ✻	PERRON ✻	BOUDOT ✻	BLOCAILLE ✻
Sous-Lieut..	BARON ✻	BRENIER ✻	CIRET ✻	FROSSART ✻	SENILLE ✻	FROSSARD J^e ✻

III.

LA GARDE, PENDANT LA CAMPAGNE D'ESPAGNE, EN 1808.

A la fin de l'année 1807, une armée française sous les ordres du général Junot avait traversé l'Espagne pour aller s'emparer du Portugal. La maison de Bragance avait cessé de régner. D'un autre côté, la politique du cabinet de Madrid, des divisions de famille scandaleuses, des intrigues et les faiblesses royales rendaient facile, pour Napoléon, l'avénement de son frère, Joseph Bonaparte, au trône du petit-fils de Louis XIV. Le vieux roi d'Espagne, Charles IV, la reine sa femme, le prince des Asturies leur fils et le prince de la Paix, semblaient avoir juré, en conspirant les uns contre les autres, de mettre fin à un règne sans nom, sans dignité et sans pouvoir. Aussi, un peu plus tard, Charles IV et le prince des Asturies, constitués prisonniers en France, déposèrent-ils aux pieds de Napoléon la couronne de Philippe V, et, de même que la maison de Bragance, la maison de Bourbon ne régna plus en Espagne.

Mais ce grand événement politique ne s'accomplit pas sans qu'une lutte affreuse, une lutte d'extermination, au fond de laquelle s'agita la colère des Anglais, vint arroser de sang la Péninsule tout entière. Chaque goutte de ce sang alla raviver dans tous les cœurs espagnols l'amour de la liberté et la haine du nom français. Le fanatisme du peuple se montra inflexible; les représailles furent épouvantables, les femmes elles-mêmes ne craignirent pas de braver la colère des vainqueurs. Dans un tel état de choses, Napoléon dut prendre le commandement des armées qu'il avait jetées en Espagne. Il arriva donc à Bayonne avec la rapidité d'un trait [*], et, dès ce moment, se prépara à prendre l'offensive d'une manière sérieuse.

A cette nouvelle : « l'Empereur est au camp! » un mouvement général de retraite fut ordonné sur toute la ligne ennemie. L'armée anglaise n'étant pas sur la ligne d'opération, Napoléon n'y songea pas encore. Il lui fallait avant tout refouler les premiers obstacles, et pour

---

[*] Le 4 novembre 1808.

cela il s'était réservé le corps du maréchal Soult, et surtout la cavalerie de la Garde, commandée par Bessières. Napoléon fit le trajet de Bayonne à Vittoria à cheval, en deux courses; de là il se transporta à Burgos, où les troupes le rejoignirent. C'est de cette ville qu'il ordonna de commencer le siége de Sarragosse, et qu'il fit avancer son infanterie par la route d'Aranda-del-Duero, pendant que sa cavalerie prenait le chemin de la plaine par Valladolid. Lui-même, toujours à cheval et entouré de son état-major, suivit, avec toute sa Garde, la même route que l'armée, et arriva ainsi à Aranda. Le lendemain il s'approcha jusqu'à l'entrée de la gorge de la Somo-Sierra, à un lieu nommé Boceguillas, où il campa au milieu de ses grenadiers.

Le jour suivant, de très-bonne heure, il fut rejoint par le corps du maréchal Victor, qui avait d'abord été envoyé pour appuyer le maréchal Lannes, mais que l'on avait rappelé avant de partir d'Aranda, parce qu'on avait appris la brillante affaire de Tudela. Napoléon fit de suite pénétrer le corps de Victor par la vallée. On était à la fin de novembre 1808, et comme cette vallée est bordée de montagnes très-escarpées, dont le sommet est pour ainsi dire caché dans les nuages, les Espagnols qui s'y étaient postés nous y attendaient. Ils avaient avec eux quinze pièces de canon qui, si nous avions été aperçus de plus loin, nous auraient fait payer cher la hardiesse avec laquelle elles furent enlevées. Mais l'Empereur était là; il fit former en colonne le régiment des lanciers polonais, et ceux-ci montèrent ainsi au pas jusqu'à ce que la batterie eût commencé à tirer; puis après que ce régiment eut essuyé cette première pluie de mitraille, Napoléon s'adressant aux officiers de l'état-major du régiment, leur dit:

— Allons, enlevez-moi cela vite, au galop, ventre à terre et sans vous arrêter.

A ce commandement, cette élite de la nation polonaise, sans songer au danger, sans rien voir, se précipita ventre à terre et enleva la batterie avant même d'avoir reçu une seconde volée de canon.

Cette audacieuse entreprise était commandée par le général Montbrun, qui, après avoir forcé le passage, continua le galop jusqu'à Buitrago, où l'Empereur vint coucher le même soir. Le lendemain, il vint à Saint-Augustin, qui est le second relais de poste en partant de Madrid par cette route-là. Il attendit dans cette position le reste de l'armée qui n'avait pu le suivre, il y fut également rejoint par son frère le roi Joseph.

La marche de Napoléon avait été si rapide, que pas un des grands d'Espagne qui, après avoir prêté serment de fidélité au roi Joseph, l'avaient abandonné avec l'intention de se joindre aux insurgés, n'avait eu le temps de faire leurs dispositions. L'inquiétude commença à s'emparer d'eux; ils ne voyaient point de moyen de résistance au dedans, et se regardaient comme perdus s'ils ne parvenaient à désarmer la vengeance d'un vainqueur irrité. Ils songèrent donc à employer leur influence pour lui faire ouvrir les portes de Madrid, de laquelle on ne se serait point rendu maître sans que des torrents de sang n'eussent été répandus. Malgré cela, on n'obtenait rien, et chaque fois que l'on approchait ou de la muraille ou d'une porte de cette capitale, on y était reçu à coups de fusil. Enfin Napoléon se détermina à faire brèche sur trois ou quatre points de la muraille, mais à une assez grande distance des premières maisons de Madrid pour pouvoir y rassembler ses troupes. Il choisit, entre autres, le côté extérieur du jardin du Retiro, dont les murs en briques furent démolis à coups de canon. Les trois grandes rues qui aboutissent de la ville à la promenade du Prado étaient défendues par des coupures, derrière lesquelles il y avait un bon parapet. Dans le premier moment, il partit un feu de mousqueterie très-vif des croisées des maisons qui se trouvent à l'entrée de ces rues, particulièrement de l'hôtel Medina-Celi; mais on riposta si vivement qu'on fit taire ce feu; et, comme les gens de l'hôtel avaient eu l'imprudence de laisser la grande porte ouverte, nos soldats y entrèrent, tuèrent tout ce qu'ils trouvèrent ayant les armes à la main, et l'hôtel fut mis au pillage. Cette circonstance fit ouvrir les yeux aux membres de la junte, qui ne voulurent pas exposer Madrid à un saccage inévitable si une fois les troupes se répandaient dans les rues. Ils envoyèrent donc au camp de l'Empereur des parlementaires avec des pleins pouvoirs pour traiter de la reddition de Madrid, qui se soumit et reconnut le roi Joseph; mais, comme nous n'avions pu entourer la ville, à cause de son grand développement, il y eut une émigration considérable la nuit suivante. La population, ainsi que les milices andalouses qui composaient la garnison, sortirent par la porte d'Aranjuez et se rendirent, par toutes les directions, vers Valence, la Manche et l'Estramadure.

Les troupes françaises entrèrent à Madrid; mais Napoléon ne s'y établit point; il resta avec toute sa garde à Chamartin, distant de la ville d'environ deux lieues. Le roi Joseph n'entra pas non plus dans sa capitale; il demeura au Prado, château des rois d'Espagne situé à une lieue de Madrid, parce que, de là, il pouvait commander et organiser l'administration.

Pendant ce temps, deux fusiliers-chasseurs de la Garde impériale, coupables de pillage et de violences odieuses commises envers des habitants, étaient condamnés par un conseil de guerre à être passés par les armes. La grâce de ces soldats, en faveur desquels on fit valoir leur bonne conduite précédente, fut refusée par l'Empereur. Leur exécution était un sacrifice exigé par la nécessité de maintenir la discipline. Nous ne pouvons nous empêcher, à l'occasion de cet acte de sévère justice, de relever l'accusation, si souvent portée contre Napoléon, de tolérer ces désordres par une sorte de transaction tacite entre lui et les soldats de sa Garde, qui, comme les hordes indisciplinées du moyen âge, auraient servi leurs chefs en raison de la tolérance qui leur était accordée. Ceux qui ont suivi les corps de la Garde ont pu juger du soin qu'apportait Napoléon à réprimer le pillage. S'il apprenait que, sur les derrières de l'armée, des maraudeurs commettaient des désordres, il ordonnait la formation de colonnes mobiles pour leur donner la chasse, et rendait responsables de leurs délits les commandants de place, et ceux des postes chargés de protéger les communications. Ses ordres du jour prescrivaient le plus grand respect pour les propriétés, et flétrissaient ceux qui toléraient les désordres. Vienne, Berlin, Madrid, etc., ont été témoins des condamnations ordonnées contres des soldats appartenant à la Garde impériale comme aux autres corps de l'armée, qui avaient été convaincus de pillage ou de violences.

L'Empereur resta à Chamartin jusque vers la fin de décembre; il était en quête de l'armée anglaise, persuadé qu'en se dirigeant sur Madrid il la trouverait, lorsque le général qui commandait à Valladolid lui envoya trois Français faits prisonniers à Baylen avec le corps du général Dupont, et que la misère avait forcés à prendre du service dans les corps francs que faisait lever l'Angleterre. Ils avaient déserté aussitôt qu'ils avaient su que nos troupes étaient à Valladolid, et venaient donner avis que toute l'armée anglaise était à Salamanque, ayant son avant-garde à Zamora, mais qu'elle ne songeait nullement à se retirer. Ces soldats parlaient si clairement de tout ce qu'ils avaient vu, que Napoléon ajouta foi à leur rapport. Il les fit récompenser; mais il prit de l'humeur de n'avoir appris ces détails que par le zèle de ces trois pauvres diables, tandis qu'il avait dans les environs de Valladolid plus de dix régiments de cavalerie dont les chefs ne lui donnaient aucune nouvelle.

Napoléon fit partir la Garde le jour même pour traverser la chaîne de montagnes qui sépare la province de Madrid de celle de Ségovie, en se dirigeant par le Guadorama, c'est-à-dire par la route de Madrid, au couvent de l'Escurial. L'empereur partit le lendemain matin, veille de Noël; il faisait beau en partant; mais, arrivé au pied de la montagne, on trouva la route remplie d'une profonde colonne d'infanterie qui gravissait lentement cette montagne, assez élevée pour conserver de la neige jusqu'au mois de juin. Il y avait en avant de cette infanterie un convoi d'artillerie qui rétrogradait, parce qu'un ouragan de neige, accompagné d'un vent effroyable, rendait le passage dangereux; il faisait obscur comme à la fin du jour. Les paysans espagnols prévinrent nos troupes qu'elles avaient à craindre d'être ensevelies sous la neige, comme cela était arrivé quelquefois. Les soldats ne se rappelaient pas d'avoir eu aussi froid, même en Pologne; cependant Napoléon, pressé de faire passer ce défilé à sa Garde, qui s'accumulait peu à peu au pied de la montagne, donna l'ordre qu'on le suivît et se mit lui-même à la tête de la colonne. Effectivement, il passa avec le régiment de chasseurs à cheval de la Garde à travers les rangs de l'infanterie; il fit ensuite former ce régiment en colonne serrée, occupant toute la largeur du chemin; puis ayant fait mettre pied à terre à ces chasseurs, il se plaça lui-même et à pied derrière le premier peloton et fit commencer la marche. Les chasseurs marchaient pêle-mêle avec leurs chevaux, dont la masse rendait l'ouragan nul pour ceux qui les suivaient, et en même temps ils foulaient la neige de manière à indiquer une trace bien marquée à l'infanterie qui venait ensuite. Il n'y avait que le peloton de la tête qui souffrait beaucoup. L'Empereur était bien fatigué, mais il n'y avait aucune possibilité de se tenir à cheval. Il avait le projet d'aller ce soir-là jusqu'à Villa-Castin, mais il trouva tout le monde si épuisé et le froid si excessif, qu'il s'arrêta dans la maison de poste, située au pied de la montagne. Tel était le zèle avec lequel chacun le servait, que, dans cette mauvaise bicoque, on fit arriver le

mulet qui portait la cantine; de sorte qu'il eut un bon feu, un lit et un souper passable. Nous l'avons déjà dit, dans ces sortes d'occasions, Napoléon n'était pas égoïste; il partageait son souper et son feu avec tout ce qui avait pu le suivre; il allait jusqu'à forcer à manger ceux qu'il croyait en avoir besoin, et qui souvent étaient retenus par la discrétion ou par l'étiquette. Cependant on passa dans cette maison une triste nuit. Des grenadiers périrent même de froid, mais enfin l'exemple que Napoléon avait donné lui-même fit passer tout le monde par un défilé qui aurait demandé deux jours pour tout autre que pour lui.

Ce fut à Tordesillas que Napoléon apprit que l'armée anglaise était partie de Salamanque pour suivre sa route vers le royaume de Léon. Il était d'une impatience sans pareille de ne point voir venir son infanterie. Le corps du maréchal Ney étant arrivé le premier, il partit lui-même avec lui et se rendit par un temps affreux, à Valderas, où il eut connaissance de l'arrivée, à Léon, d'un corps qu'il y avait fait venir de Burgos. Il s'arrêta à Valderas pour attendre des nouvelles de tout ce qui le suivait, et envoyer des reconnaissances dans toutes les directions; on commençait déjà à s'apercevoir qu'on approchait de l'armée anglaise. Les paysans répondaient, lorsqu'on leur faisait des questions sur ces troupes, qu'elles avaient passé il y avait tant d'heures, et suivaient le chemin de Benavente. L'empereur pressait tant qu'il pouvait, mais les boues étaient épouvantables, et l'artillerie ne pouvait le suivre; les autres troupes étaient obligées de l'attendre; cela donna quelque avance à l'armée anglaise. Enfin brûlant d'impatience il envoya en avant les chasseurs à cheval de la Garde, pour atteindre l'arrière-Garde de cette armée. Le général Lefèvre Desnouettes qui commandait ce régiment, désireux d'en venir aux prises, se lança sans précaution, et arriva aux bords de l'Exla, au moment même où les Anglais venaient de rompre le pont sur lequel ils avaient passé cette rivière. Lefèvre Desnouettes voit la cavalerie ennemie à l'autre bord, et forme de suite le hardi projet d'aller la culbuter. Il cherche un gué dans les eaux considérablement enflées par la neige et les pluies; il en trouve un, et passe avec quatre escadrons de ses chasseurs, à la tête desquels il marche à la cavalerie anglaise qui était de l'autre côté. Il est bientôt assailli par le nombre, et ramené battant jusqu'au bord de la rivière, où tous auraient été pris sans l'adresse des chasseurs qui la repassèrent promptement; mais Lefèvre Desnouettes ayant voulu, en brave soldat qu'il était, ne repasser que le dernier, fut fait prisonnier avec soixante chasseurs de son régiment.

Napoléon reçut cette nouvelle à Valderas; elle lui fit beaucoup de peine, parce qu'il aimait les chasseurs de la Garde par-dessus tout. Cependant il ne condamna pas la détermination courageuse de leur colonel, qu'il aurait voulu voir plus prudent.

Il partit lui-même de Valderas aussitôt que la cavalerie y arriva, et se porta avec elle sur Benavente, ordonnant à l'infanterie de le suivre. Les pluies avaient encore augmenté la rivière de l'Exla au point que l'on ne pouvait plus passer au même gué qui avait favorisé les chasseurs. Il fallut en chercher un autre; on ne le trouva que très-tard au dessous du pont; on y fit passer toute la cavalerie; l'Empereur y passa lui-même, et on marcha de suite sur Benavente, en suivant le chemin d'Astorga. On trouva dans la ville de Benavente des matériaux pour raccommoder le pont de l'Exla, sur lequel l'infanterie passa la nuit suivante.

Napoléon suivait les Anglais de près, mais ils ne nous abandonnaient rien. On trouvait beaucoup de chevaux de leur cavalerie morts sur le chemin ; chacun remarqua qu'il leur manquait à tous un pied. On sut plus tard que le cavalier anglais qui perdait son cheval était obligé d'en apporter le pied à son capitaine pour lui prouver qu'il était mort ; autrement on l'eût suspecté de l'avoir vendu.

L'Empereur était si impatient de joindre les Anglais, qu'il quitta Benavente pour suivre le chemin de la Corogne ; il allait au grand galop, lorsqu'un officier, parti de Benavente une heure seulement après lui, vint le prévenir de l'arrivée d'un courrier de Paris. Napoléon s'arrêta, mit pied à terre, et fit établir un feu de bivouac sur le chemin, où il resta, par une neige très-épaisse, jusqu'à l'arrivée du courrier qui lui était annoncé. Le prince de Neufchâtel ouvrit la valise du courrier, et lui remit les lettres qui lui étaient adressées. Napoléon les lut, ne dit pas un mot, remonta à cheval et courut jusqu'à Astorga. Là, il ne parla plus d'aller à la Corogne. Il y attendit les différents corps de la Garde à mesure qu'ils arrivaient. Puis il donna le commandement de l'armée au maréchal Soult, en le prévenant qu'il allait rester encore un jour ou deux à Astorga, mais qu'il en demeurerait davantage à Benavente.

Napoléon était encore à Benavente lorsqu'il apprit l'entrée de nos troupes dans Lugo, et, peu de jours après, il eut avis de l'arrivée à la Corogne des transports destinés à embarquer l'armée anglaise. Il vit dès lors que rien n'empêcherait cette armée d'arriver en Angleterre, et il ne songea plus qu'à gagner Valladolid ; il ramena toute la Garde à pied et à cheval dans cette ville, et envoya, de là, le maréchal Lannes commander le siége de Sarragosse.

Ce fut pendant qu'il était à Valladolid que Napoléon apprit du ministre de la guerre l'arrivée, à Toulon, des généraux Dupont et Marescot, les mêmes qui avaient signé la capitulation de Baylen. Il donna des ordres sévères à leur égard. On sut aussi à Valladolid que le courrier de Paris, dont Napoléon avait lu les dépêches sur le grand chemin de Benavente, était expédié par le ministre des relations extérieures, M. de Champagny. En outre, le prince de Neufchâtel avait reçu une lettre du roi de Bavière qui le prévenait de dire à l'Empereur qu'il eût à se mettre en mesure vis-à-vis de l'Autriche, qui armait et mettait à contribution toutes les ressources de la monarchie, puisque c'était la première fois qu'elle levait la landwehr. Il lui envoyait en même temps copie de la dépêche que lui avait adressée à ce sujet son ministre à Vienne.

Napoléon donna ses instructions sur la marche qu'il voulait que l'on suivît pour les opérations militaires, tant en Navarre qu'en Aragon et en Catalogne, et fit partir la Garde pour Burgos, où elle devait rester jusqu'à nouvel ordre.

Il fit mettre ses chevaux de selle en relais sur le chemin de Valladolid à Burgos, avec un piquet de chasseurs à cheval de la Garde, pour n'avoir que trois ou quatre lieues d'un relais à l'autre. Puis il partit de Valladolid de grand matin, par une belle gelée, et vint au grand galop de chasse jusqu'à Burgos. Il y arriva en six heures : jamais souverain n'avait fait aussi rapidement autant de chemin à cheval.

Il avait aussi fait placer des relais d'attelage depuis Burgos jusqu'à Bayonne, en sorte qu'il n'arrêta qu'un moment à Burgos, et arriva à Bayonne sans être sorti de sa voiture. Il ne resta dans cette ville qu'un instant et repartit de suite pour Paris, afin d'être à portée de marcher sur l'Allemagne, où les dispositions de l'Autriche devenaient de plus en plus menaçantes.

La guerre d'Espagne ne pouvant offrir à la Garde impériale que peu d'occasions de se distinguer, l'Empereur en rappela donc la majeure partie près de lui à Paris, pour l'envoyer en Allemagne, où de nouveaux triomphes l'attendaient. Tant que Napoléon et la Garde impériale seraient restés en Espagne, ils auraient bien certainement vaincu les Espagnols dans cinquante batailles, si elles avaient eu lieu; mais jamais ils ne les auraient soumis. Ce patriotisme aveugle qui les animait, joint à cette rage populaire dont ils étaient enivrés, provoqua chez les deux peuples d'épouvantables représailles; mais, il faut le dire, ces horribles excès n'arrêtèrent jamais chez le soldat français, et plus particulièrement dans les régiments de la Garde, cet élan de généreuse pitié qui, dans toutes nos guerres, fit distinguer si parfaitement le caractère, les mœurs et les instincts de ce corps d'élite : l'épisode suivant peut fournir, sous ce rapport, la preuve de notre assertion.

III.

UNE HALTE EN ESPAGNE *.

Un escadron de dragons de la Garde, détaché du régiment et arrivé depuis peu en Espagne, était depuis vingt-quatre heures cantonné à Vittoria, dans la province de Biscaye, où il devait attendre de nouveaux ordres. Le lendemain, à neuf heures du soir, le commandant de cet escadron est appelé chez le général français qui commandait la province, et là il reçoit, avec des instructions, l'ordre de partir sur-le-champ avec son escadron pour Bilbao, où des bandes d'insurgés espagnols s'étaient montrées.

Le commandant des dragons fait observer au général que ses soldats sont exténués de fatigue, qu'aucune distribution régulière de vivres ne leur a encore été faite, et que les chevaux n'ont même pas eu de fourrage la veille à leur arrivée.

— Monsieur le commandant, répond d'un ton d'humeur le général, qui sans doute avait bien dîné, je n'admets pas le besoin de subsistances; je vous donne un ordre, il faut l'exécuter.

— Mais, permettez, mon général, reprit celui-ci, mes hommes et leurs chevaux.....

— Commandant, je vous le répète, interrompit le général, depuis tout à l'heure vingt ans que je fais la guerre, je ne me suis jamais inquiété ni des hommes, ni des chevaux; d'ailleurs je n'aime pas les observations.

Il fallait obéir; l'escadron de dragons partit donc à dix heures du soir.

Le commandant avait parlé de subsistances, parce que, depuis qu'il avait quitté le quartier-général avec son escadron, lui et ses dragons n'avaient vécu que d'oignons crus et de cigarettes, ce qui n'est pas très nutritif, et qu'il n'aurait pas été fâché de faire un bon souper chez quelque alcade du voisinage, tandis qu'il ne soupa pas du tout.

Des guérillas s'étaient embusqués aux environs de Vittoria. A peine l'escadron avait-il fait trois quarts de lieue, que les hommes furent brusquement réveillés de dessus leurs chevaux par une fusillade assez

---

* Article communiqué.

vive. Du milieu des buissons, des fentes de rochers qui bordaient la route, les balles sifflaient au-dessus et à côté de leurs casques. A de courts intervalles, ils voyaient dans l'obscurité luire un éclair, puis un dragon tombait : une demi-douzaine d'entre eux restèrent ainsi en chemin. Cette terrible sérénade ne cessa que vers le point du jour. Accablé de fatigue, et quoique mourant de faim, un des jeunes vélites commençait à s'assoupir sur son cheval, lorsque des cris et des éclats de rire l'éveillèrent tout à fait.

— Bravo! criait un camarade, c'est un coup d'œil magnifique !

— Les habitants sont enterrés, la marmite et les logements sont encore enfoncés ! répétait un vieux maréchal-des-logis. Tiens, regarde donc, mauvais cavalier?

Ces derniers mots s'adressaient à un autre vélite couché sur l'arçon de sa selle, les pieds d'aplomb dans les étriers, et tenant d'une main une poignée de crins. Le jeune camarade ne répondit pas ; une balle espagnole l'avait frappé droit au cœur : il était mort.

Les vélites n'en crièrent pas moins :

— Eh! les habitants sont enterrés, la marmite est renversée!

Alors ceux qui ne dormaient point virent devant eux une masse noire, irrégulière, semblable à la carcasse brûlée d'un grand feu d'artifice : c'était Torquemada, jolie petite ville de la province, traversée par la rivière de la Celada.

— Pays de malheur! dit le vieux maréchal-des-logis ; l'endroit a déjà été incendié une fois, et celle-ci fait deux. Apparemment qu'il était habité par le grand inquisiteur, car ça sent diablement le roussi.

Cependant les dragons approchaient. Auprès du pont, des palissades brisées et quelques cadavres çà et là, dépouillés et verdâtres, témoignaient que les Espagnols avaient défendu le passage ; mais alors on eût dit que la paix était faite, car le calme régnait dans la ville. Aux sons des trompettes de l'escadron qui sonnaient le défilé, point d'Espagnols aux balcons pour saluer, à coups d'escopettes, l'arrivée des dragons ; personne dans les rues : la population avait battu en retraite.

Le lieutenant des vélites entra au hasard dans une habitation qu'il croyait déserte. Cependant, à en juger par quelques inscriptions charbonnées sur les murs et à un tableau de la Vierge avec des moustaches et une pipe à la bouche, il était probable que nos fantassins avaient déjà bivouaqué dans cette maison. Mais en pénétrant dans une salle basse (la cuisine, car il y avait une cheminée, seule chose qui indique une cuisine en Espagne), quelle ne fut pas la surprise du lieutenant de trouver deux vieillards et un jeune garçon d'environ dix ou douze ans, accroupis devant le feu! Au bruit du sabre de l'officier traînant sur les dalles, l'enfant retourna la tête, fit un signe de croix, comme s'il eût vu le Diable, et se glissa derrière un grand fauteuil de bois placé au-dessous d'une madone. L'un des deux hommes regarda fièrement l'officier, et, sans même ôter son chapeau, lui dit :

— Seigneur Français, je me nomme Antonio Nuñez; voici l'ancien alcade de cette ville, mon frère aîné. Trop vieux pour suivre nos compatriotes, il a voulu mourir dans sa demeure. Je suis resté pour le soigner; quant à ce petit garçon, c'est lui qui nous sert.

— Pourquoi les autres habitants ne sont-ils pas restés comme vous? lui demanda le lieutenant.

— Je ne sais; ils aiment la montagne quand les nuits sont belles.

A ces mots, un sourire diabolique vint animer la face jaune et maigre du vieillard. Au même moment, une grande rumeur se fit au dehors. Le lieutenant sortit et vit sur la place, au milieu d'un groupe de dragons, un capucin à cheval, jurant en bon français et damnant l'Espagne et les Espagnols en termes fort peu catholiques. Son capuchon cachait un aide-de-camp du général ***. Le lieutenant le conduisit au commandant qu'ils trouvèrent déjà endormi sur un lit de paille. Après quelques questions à l'aide-de-camp :

— Le diable emporte l'Espagne et le Portugal! s'écria le commandant; voilà qu'on a besoin de nous : à cheval donc! Un maréchal-des-logis restera ici avec six dragons pour le service des estafettes.

Le maréchal-des-logis fit une grimace diabolique : c'était justement celui qui n'aimait pas les villes brûlées.

— Pays de malheur! grommela-t-il en retroussant sa moustache rousse; pas seulement d'eau à boire!

Et il montrait du doigt au lieutenant les bords desséchés de la Celada « dont les satanés Espagnols, prétendait-il encore, avaient emporté l'eau pour les faire crever de faim. »

Le lieutenant lui indiqua la maison de l'alcade, et se hâta de rejoindre l'escadron, guidé par le bruit lointain d'une fusillade; les chevaux marchaient aussi vite que lorsqu'ils avaient passé sous les espingoles des guérillas. L'escadron arriva trop tard ; l'affaire était à peu près terminée ; seulement, vers la gauche, un régiment d'infanterie espagnole, formé en carré, tenait encore bon. Les dragons pensèrent que le choc serait rude ; mais, à la première charge, toutes ces barbes noires se débandèrent sans combat, et se mirent à fuir à toutes jambes.

Un fait cependant réhabilita un peu les Espagnols aux yeux de nos soldats : un jeune tambour qui n'avait pu courir aussi vite que les autres, sentant la pointe du sabre d'un dragon, s'arrêta, et, pour demander grâce de la vie, agita en l'air son shako, en criant : *Viva Napoléon!* A cette exclamation, un officier de son régiment qui était à cheval sur un petit mur, et pour ainsi dire hors de danger, redescend du même côté, s'élance sur le jeune tambour et lui passe son épée à travers le corps, en s'écriant à son tour avec indignation et les yeux flamboyants : *Muera el traydor!* (meure le traître!) et tombe lui-même percé de coups. Tel était ce peuple : parfois un de leurs régiments ne valait pas un homme, et un de leurs hommes valait tout un régiment. Mais les dragons de la Garde devaient bientôt avoir une autre occasion de vérifier quelle force d'âme, quel mépris de la vie peut montrer un Espagnol isolé et agissant pour son propre compte.

Le lendemain, lorsque l'escadron revint à Torquemada, le vieux maréchal-des-logis n'y était plus. Le commandant le croyant parti en avant, avec ses six hommes, alla se coucher. Le lieutenant des vélites entra dans la maison de l'alcade auquel il avait parlé la veille.

— Où sont donc nos dragons? lui demanda-t-il.

— Bien loin, tous ensemble, lui répondit Nuñez d'un ton emphatique. Et, comme pour éviter de nouvelles questions, il se hâta d'ajouter, selon la formule espagnole : « Toute la maison est à votre disposition ; mais il n'y a rien dans la maison. »

Heureusement que les dragons sont doués d'un instinct merveilleux pour trouver quelque chose dans ces maisons où il n'y a rien. Ils s'étaient déjà répandus comme une nuée de fourmis dans tous les coins de la ville, explorant caves et greniers, découvrant les plus secrètes cachettes. De la cuisine où il se tenait, le lieutenant les voyait dans le jardin, fureter, sonder le terrain avec la baguette de leur fusil. Tout à coup, dans un angle de ce jardin, où la terre semblait fraîchement remuée :

— Un trésor! crie un dragon; c'est moi qui l'ai trouvé!

Aussitôt les autres d'accourir, de se ranger en demi-cercle et de creuser à l'aide de leurs bayonnettes. Bientôt un des travailleurs rencontre un obstacle; tous s'élancent à la fois, et le plus heureux serre dans sa main..... une main froide!.... puis un bras sort, puis une tête, puis un dragon tout entier, deux, trois, quatre, le détachement complet, y compris le maréchal-des-logis. Ils y étaient tous les sept ensemble; l'Espagnol avait dit vrai: tous, mais la gorge coupée.

Qu'on s'imagine la stupeur, la rage de nos soldats! Le lieutenant examine la figure de ses hôtes. Nuñez fumait tranquillement une cigaretta, en regardant cette scène avec l'indifférence d'un fossoyeur qui déjeune dans le cimetière. Le petit garçon attisait le feu; et, sur un banc de pierre, l'alcade au teint mauresque, muet et immobile semblait une vieille statue de bois enfumé.

En un instant la maison se remplit de dragons; elle retentit de malédictions et de menaces. Sans le lieutenant, l'alcade, son frère et l'enfant étaient enterrés tout vivants. Celui-ci eut peine à les protéger jusqu'à ce qu'on eût été réveiller le commandant. Alors, dans la cuisine même, en présence de ces sept cadavres, une cour martiale improvisée commença le procès des Espagnols.

— Qui a égorgé mes dragons? demanda le commandant d'une voix terrible.

— Quand je jurerais que ce n'est pas moi, dit Nuñez avec calme, vous ne me croiriez pas; alors c'est moi.

— Toi seul?.... c'est impossible!

— Pardonnez-moi, seigneur général; les Français ont trouvé une outre d'eau-de-vie, avec laquelle ils se sont enivrés hier soir. Cet enfant les voyant tous endormis, ici, dans cette salle, vint m'en prévenir: je leur coupai le cou à tous, et ce matin il m'a aidé à les enterrer; mais tandis qu'avec ce couteau (et il tira de sa poche un navaja dont la lame avait un pied et demi de long), je vengeais ma patrie, Perico (c'était le nom du petit garçon) était là-haut auprès de mon frère. S'il y a crime, c'est moi seul qui l'ai commis.

— Frère! s'écria sévèrement le vieil alcade, tu n'as agi que par mon ordre. Puis se levant avec effort: « Tuez-nous tous les deux, ajouta-t-il, et que tout véritable Espagnol nous imite. »

— Alcade, fit le commandant, vous serez pendus, vous et votre frère.
— Je m'y attends bien, dit froidement Nuñez.

De l'autre côté du village, il y avait une grande croix entourée d'un bouquet d'arbres : ce fut le lieu du supplice. Au milieu d'une escorte de vingt dragons, l'alcade marchait la tête haute et d'un pas assez ferme, malgré son grand âge. Nuñez le soutenait, et Perico, servant ses maîtres jusqu'à la fin, portait une petite échelle et un paquet de cordes. Arrivé au pied de la croix, l'alcade se mit à genoux. Pendant qu'il priait, Nuñez s'approcha de l'adjudant chargé de présider à l'exécution :

— C'est mon frère aîné, c'est l'alcade de cette ville, lui dit-il; à ce double titre, je lui dois respect et honneur. Empêchez, je vous prie, qu'aucun de vos hommes ne porte la main sur José de Quintana : je me charge de lui, moi.

— Arrangez-vous comme vous voudrez, lui répondit l'adjudant; mais dépêchons, parce que je n'aime pas ces sortes d'expéditions.

Nuñez embrassa son frère, et le pendit lestement. Mais pour pendre Nuñez, ce fut une autre affaire. Aucun des dragons, si furieux qu'ils étaient auparavant, ne voulut servir d'exécuteur.

Pendant la discussion, Nuñez attendait au haut de l'échelle, et interprétant mal les scrupules des dragons, il leur cria :

— N'ayez pas peur! je ne remuerai même pas.

Puis, s'étant passé lui-même la corde au cou, il appela Perico qui monta à l'échelle, accrocha la corde au clou et le lança, comme on dit, dans l'éternité.

Il y avait là de braves soldats, mais pas un bourreau. L'escorte se remit en route, triste et silencieuse. Perico la suivit en rapportant l'échelle.

— A quoi bon te fatiguer ? lui dit l'adjudant d'un ton d'humeur; laisse là cette échelle, on ne veut pas te pendre, toi.

— Ah! reprit tranquillement le jeune garçon, je croyais que c'était à mon tour; c'est comme il plaira à Dieu et à vous.

Il revint avec les dragons à Torquemada où il aida à remettre dans le trou le vieux maréchal-des-logis flanqué de ses six camarades, et le lendemain, avant le jour, Perico avait pris la fuite, emportant avec lui le couteau de Nuñez.

Le caractère du peuple Espagnol, pendant l'occupation de la Péninsale par nos troupes, peut se résumer tout entier dans le caractère de Nuñez et dans celui de son frère, l'alcade.

COMPOSITION ET FORCE NUMÉRIQUE DE LA GARDE EN 1808.

État-major général et administration 78

Infanterie.

Grenadiers (vieille Garde).	1 régiment.	2,000
Chasseurs (*idem*)	2 régiments	2,160
Vétérans (*idem*)	1 compagnie. . . .	200
Matelots (*idem*)	1 bataillon.	806
Fusiliers grenadiers (jeune Garde) . . .	1 régiment.	1,920
Fusiliers chasseurs (*idem*) . . .	1 régiment.	1,920
		9,006 9006

Cavalerie.

Grenadiers	1 régiment.	968
Vélites grenadiers	2 escadrons	312
Chasseurs.	1 régiment.	968
Vélites chasseurs.	2 escadrons	312
Mamelucks	1 compagnie. . . .	102
Gendarmerie d'élite.	1 légion.	456
Dragons	1 régiment.	968
Vélites dragons	1 escadrons	226
Lanciers polonais.	1 régiment.	968
		5,340 5,340

Artillerie.	1 régim. à pied, 1 régim. à chev.	948
Hôpital de la Garde		20
		15,392

CH. VERNIER

LIVRE NEUVIÈME.

ANNÉE 1809.

CHAPITRE PREMIER.

CRÉATION DE NOUVEAUX RÉGIMENTS D'INFANTERIE DITS DE JEUNE GARDE.

I.

Après Austerlitz, Iéna, Eylau et Friedland, Napoléon comprit qu'il fallait agrandir le cercle des réserves de son armée par des troupes d'élite. Il avait eu en face de sa vieille Garde, la garde impériale de Russie, celle d'Autriche et la garde royale de Prusse; il connaissait la puissance de ces masses d'hommes de choix qui se précipitent tête baissée à travers le fer et le feu pour décider d'une bataille. Napoléon augmenta donc les cadres de l'infanterie de sa Garde de huit nouveaux régiments, savoir : *deux régiments de tirailleurs grenadiers*, *deux* régiments de *tirailleurs chasseurs*, *deux* régiments de *conscrits grenadiers*, *deux* régiments de *conscrits chasseurs*, qui formèrent un corps de jeune Garde fort de seize mille hommes. Quant à la vieille Garde proprement dite, il ne fut rien changé à son organisation. Son aspect martial rappelait toujours les beaux temps de la République et du Consulat ; seulement sur presque toutes les poitrines brillait l'étoile de la Légion d'honneur, car des rangs entiers de cette troupe d'élite avaient mérité cette belle distinction sur le champ de bataille même.

L'infanterie de la Garde, en 1809, forma donc un corps formidable, et lorsque les régiments de jeune Garde s'avançaient, la bayonnette au bout du fusil, avec l'aplomb des vieux soldats, nulle armée n'aurait pu résister. Puis tout avait été prévoyance dans l'organisation de cette jeune garde ; elle avait un vaste personnel d'ambulance, un service complet de chirurgiens à la tête duquel avait été placé un homme de cœur et de talent, un de ces vétérans de l'armée d'Égypte, Larrey, en un mot, dont le souvenir se rattachait à ceux de Kléber et de Desaix, dans ces batailles du Nil que le peintre Gros a su reproduire sur la toile avec tant de vérité et de bonheur.

Une décision de l'Empereur, du 14 janvier 1809, prise à Valladolid, disait que : « A partir du 1er janvier de cette année, les aides-de-camp
« des maréchaux, colonels-généraux de la Garde, des généraux aides-
« de-camp de l'Empereur et des généraux chefs de corps dans la
« Garde ne feront plus partie de la Garde impériale. »

Par décret impérial daté également de Valladolid, le 16 janvier suivant, un régiment de *tirailleurs grenadiers* et un régiment de *tirailleurs chasseurs* furent créés.

Un autre décret daté de l'Élysée-Bourbon, à Paris, le 27 mars de la même année, organisa en un seul équipage le corps des marins de la Garde.

Deux autres décrets des 29 et 31 du même mois, créèrent, dans la Garde, un régiment de *conscrits chasseurs* et un régiment de *conscrits grenadiers*.

« Chacun de ces régiments, disait le premier décret, sera commandé
« par un major. »

Le second décret ordonnait la formation d'un 2e régiment de *conscrits grenadiers* et d'un 2e régiment de *conscrits chasseurs*.

Le 25 avril, création d'un 2ᵉ régiment de tirailleurs grenadiers et d'un 2ᵉ régiment de tirailleurs chasseurs, organisés et traités en tout comme les régiments de la jeune Garde.

Par décision du 9 juin il était dit : « Il sera attaché à chacune des « brigades de fusiliers, de tirailleurs et des conscrits de la jeune Garde, « une compagnie d'artillerie.

« Ces trois compagnies seront composées de conscrits, mais les offi- « ciers et les sous-officiers feront partie de la vieille Garde et seront « traités comme tels. »

Trois tambours furent accordés à chacune des compagnies d'infanterie de la jeune Garde.

Un adjudant major, capitaine appartenant à la vieille Garde, fut ajouté à l'état-major de chacun des régiments de *tirailleurs* et *conscrits* de la jeune Garde.

Le 24 octobre suivant, trois nouvelles compagnies du train d'artillerie destinées aux attelages des trois nouvelles compagnies d'artillerie attachées aux régiments de fusiliers, tirailleurs et conscrits de la Garde furent créés à La Fère.

II.

UNIFORMES ET ARMEMENT.

Tirailleurs-Grenadiers *.

Habit-veste de drap bleu de roi, coupée comme l'uniforme de l'in-

* En 1813, on ajouta des jugulaires aux shakos.
Les régiments de tirailleurs étaient distingués par la forme et la couleur de leurs pompons ; ceux du 1ᵉʳ étaient en boule divisés horizontalement en deux parties égales, celle du haut rouge et celle du bas blanche ; le 2ᵉ, semblable pour la forme, était au contraire blanc en haut et rouge en bas ; le 3ᵉ avait un pompon en lentille rouge, avec une mouche blanche au milieu ; le 4ᵉ, lentille blanche avec mouche rouge ; le 5ᵉ, lentille blanche avec mouche bleue ; le 6ᵉ, lentille bleue avec mouche blanche.
Le 1ᵉʳ régiment porta, pendant quelque temps, des plumets, au compte du corps ; ils étaient, comme les pompons, de deux couleurs : rouge et blanc.
Les 2ᵉ et 3ᵉ régiments portèrent quelque temps des plumets rouges, au compte des hommes.
Après le 8 avril 1813, l'uniforme des tirailleurs subit quelques changements.
Les revers qui, jusqu'alors, avaient été coupés en pointes, comme ceux des chasseurs, furent remplacés par des revers carrés.
Les shakos à ganse et cordons furent remplacés par des shakos ordinaires, or-

fanterie légère ; revers de même drap en pointes, liseré blanc, avec sept petits boutons.

Collet rouge avec liseré bleu; parements rouges en pointes, liseré blanc, avec deux boutons.

Doublure des basques en serge écarlate, liseré blanc ; passe-poils des poches blancs, avec trois gros boutons. Pattes d'oie bleues, liseré blanc, prenant naissance dans les plis, et attaché par les deux boutons à la taille.

Sur les retroussis, quatre aigles en drap blanc ; pattes d'oie pour épaulettes, en drap écarlate, liseré blanc.

Veste et pantalon blancs.

Guêtres noires en forme de bottes à la russe, boutons de cuivre.

Baudrier et porte-giberne unis. Giberne garnie d'un petit aigle couronné. Sabre-briquet du modèle de ceux de la ligne. Fusil à capucines en fer.

Shako orné de chevrons en V, en galon blanc, et garni d'un cordon rouge.

Les sergents-majors, sergents et fourriers portaient des shakos à ganse en V, de galons rouges, coupé de deux lignes liserées d'or, à deux lignes de chaque bord ; un cordon or et laine rouge ; le pompon affecté à chaque régiment, ornait le shako.

---

nés seulement d'un aigle découpé, de jugulaires, et d'un pompon rouge en boule pour toute l'armée indistinctement.

Les sabres furent également supprimés pour l'infanterie de la jeune Garde.

En 1815, l'uniforme était semblable à celui de l'ancienne formation, à la seule exception qu'au lieu de pattes d'épaulettes en drap, les tirailleurs avaient les épaulettes rouges comme les grenadiers.

Les shakos des sous-officiers n'avaient plus, comme à la première formation, des ganses rouges et or, ils avaient seulement des galons de velours noir autour du haut et du bas ; les adjudants-sous-officiers seuls avaient un galon d'or à bâton, de 12 lignes, au haut du shako. Au surplus l'uniforme des sous-officiers était en tout semblable à celui des soldats, seulement leurs retroussis étaient garnis de grenades en or.

Ils portaient les mêmes épaulettes, dans chaque grade, que les sous-officiers de grenadiers.

Leurs galons, ceux des fourriers exceptés, étaient en pointe, d'après la forme des parements.

En 1815, ils reprirent l'uniforme de la création.

Tirailleur-Chasseur et Flanqueur-Chasseur.

GARDE IMPÉRIALE.

Tirailleurs-Chasseurs.

Habit comme les tirailleurs grenadiers, avec les seules différences suivantes :

Retroussis garnis d'aigles en drap vert, et pattes d'oie pour épaulettes en drap vert, liseré de rouge.

Veste, pantalon, guêtres, équipement et armement pareils à celui des tirailleurs-grenadiers.

Shako garni seulement d'un aigle couronné, d'un cordon blanc et d'un pompon en boule.

(Voir, pour les autres détails, l'article des tirailleurs-grenadiers.)

Les sous-officiers de la jeune Garde attachés au corps des chasseurs portaient le même uniforme que les soldats, les galons en pointe, comme les parements, excepté ceux des fourriers.

Dans tous les temps, les shakos des tirailleurs-chasseurs furent garnis de jugulaires et de cercles en cuivre à la visière et de cordons d'or laine vert; galon d'or de douze lignes au haut du shako des sergents; les sergents-majors ajoutaient un galon de six lignes au-dessous de ce premier galon.

Les sous-officiers portaient les épaulettes entièrement vertes, mais garnies en or pour les marques distinctives de chaque grade, comme chez les chasseurs de la vieille Garde.

CONSCRITS-GRENADIERS *.

Habit bleu de roi, coupé comme l'uniforme des grenadiers, mais plus court, et par cela même appelé *habit-veste;* collet bleu uni; revers carrés en drap bleu uni, avec sept boutons; parements rouges, sans liseré, et petites pattes de manche blanches, avec trois boutons.

Doublure des basques blanche, avec liseré écarlate, passe-poil des poches écarlate, garni de trois gros boutons; deux gros boutons aux plis de la taille.

Retroussis garnis de quatre aigles en drap écarlate. Pattes d'oie pour paulettes en drap bleu, liseré écarlate.

---

* Devenus tirailleurs en 1810.

Shakos semblables à ceux des fusiliers-grenadiers, avec cordon rouge.

Veste et pantalon blancs.

Guêtres comme les tirailleurs.

Équipement et armement comme la jeune Garde.

En 1810, cet uniforme disparut, parce que ces deux régiments de conscrits devinrent les 3° et 4° régiments de tirailleurs.

CONSCRITS-CHASSEURS *.

Habit coupé comme celui des tirailleurs-chasseurs, et ne différant de cet uniforme que par la seule doublure des basques, qui étaient en serge bleue, ornée de cors de chasse verts.

Veste et pantalon bleus.

Guêtres noires en forme de bottes.

Équipements et armements comme les tirailleurs-chasseurs; même shako, pompon vert en poire.

En 1810, ces deux régiments, ayant pris les numéros 3 et 4 de voltigeurs, prirent l'uniforme de cette arme, et le collet rouge fut remplacé par le collet jaune chamois, liseré bleu adapté à l'arme des voltigeurs.

* Devenus voltigeurs en 1810.

CHAPITRE II.

ÉTATS NOMINATIFS.

PREMIER RÉGIMENT DE TIRAILLEURS-GRENADIERS (Jeune Garde).

État-Major.

LONCHAMP (C. ✻), *major commandant.*

PORRET ✻, VAUTRAIN ✻, } *chefs de bataillon.*
FAUCON ✻, CHICOT ✻, } *capit. adjud.-majors.*
DELAIRE ✻, *lieut. en 1ᵉʳ,*
TARDIEU ✻, *lieu. en 2ᵉ,* } *sous adj.-maj.*
SERRARIS, *sous-lieuten., officier-payeur.*
CHAPPE (O. ✻), *chirurgien-major.*
VERCÉ, *aide-major.*

NUMÉROS DES		CAPITAINES.	LIEUTENANTS		
Bataill.	Comp.		EN PREMIER.	EN SECOND.	
1ᵉʳ	1	DUTHÔNE ✻	DUBOIS-THIERRY ✻	LAVOINE ✻	FOUCHER ✻
	2	DAMBLAY (O. ✻)	MASSOL ✻	ROBINET ✻	CRÉTAL ✻
	3	LOURS ✻	MICHEL (V.) ✻	DUFOUR ✻	BORNE ✻
	4	LEGLISE (O. ✻)	ROYERE ✻	GOSSERET	
2ᵉ	1	CICERON (O. ✻)	GAUCHERON	COLOMB	LAMOUREUX ✻
	2	MASSON ✻		MAUPAS	CARRÉ ✻
	3	RANCHON (O. ✻)	LACASE ✻	GERMAIN	LANDEAU ✻
	4	FOLLEY ✻	BOURCHETTE ✻	DALAUT ✻	SIMONNOT ✻

DEUXIÈME RÉGIMENT DE TIRAILLEURS-GRENADIERS.

État-Major.

FLAMAND (O. ✻), *major commandant.*

DORSENNE ✻, VESU ✻, } *chefs de bataillon.*
BREMONT ✻, *capitaine, adjud.-major.*
GUILLAUME, BOUILLET, } *sous-lieut., adj.-maj.*
MARIS, CHABROL, } *sous-lieut., sous-adj.-maj.*
BONNET, *sous-lieutenant, offic.-payeur.*
LE ROUX, *chirurgien-major.*
LECOMTE, *sous-aide.*

BATAILLONS.	COMPAGNIES.	CAPITAINES.	SOUS-LIEUTENANTS.	
1ᵉʳ	1	GODET ✻	GRANDCHAMP.	LEFROTEUR.
	2	MORLAY ✻	LAUTHIER.	HARAN.
	3	MERUER ✻	GROSSARDI.	ROUX.
	4	DELCAGE ✻	BEAUJEU.	D'HAUTEVILLE.
2ᵉ	1	TEMPLIER	ROCLANTS.	KARTH.
	2	CASTANIER ✻	RICCARDI.	HEBANT.
	3	LAFARGUE ✻	GOSSINET.	VIANNA.
	4	GALOIS ✻	GARDE.	TASSARD.

PREMIER RÉGIMENT DES CONSCRITS-GRENADIERS (Jeune Garde).

État-Major.

DARQUIER (O. ✻), *major commandant.*

MOSNIER (O. ✻),
CARRÉ ✻, } *chefs de bataillon.*
MICHELET ✻, *capitaine, adjud.-major.*
RULLIÈRE,
ARNAUD, } *sous-lieut., adj.-majors.*

DUPUIS,
TRONETTE, } *sous-lieut., sous-adj.-maj.*
BREART, *sous-lieutenant, officier-payeur.*
CHARRIÈRE ✻, *chirurgien-major.*
HEROUARD, *sous-aide-major.*

BATAILLONS.	COMPAGNIES.	CAPITAINES.	SOUS-LIEUTENANTS.	
1er	1	ROZÉ ✻	DUTHEILLER.	GODEBERT.
	2	CONDE ✻	LEMAIRE.	LABOLLE.
	3	CARON ✻	CHIRAC.	BALLON.
	4	DETHAN ✻	DELISLE.	BOURDON.
2e	1	GAVARDIE ✻	MORAND.	CAUPENNE.
	2	MIRABEL ✻	CAIROCHE.	DELAGARDE.
	3	BUREAU ✻	MASSE.	NOLIVOS.
	4	FOUGÈRE ✻	DUPUIS.	BASSET.

DEUXIÈME RÉGIMENT DES CONSCRITS-GRENADIERS (Jeune Garde).

État-Major.

ROBERT ✻, *major commandant.*

ROGERY (O. ✻),
LENOIR ✻, } *chefs de bataillon.*
GUILLEMAIN (O. ✻), *capit., adj.-major.*
PASQUY,
MALASSAGNE, } *sous-lieut., adj.-maj.*

PAILLARD ✻,
VIGNEAUX, } *sous-lieut., s.-adj.-maj.*
DEVREZ, *sous-lieutenant, officier-payeur.*
LAGNEAU ✻, *chirurgien-major.*
PATUEL, *sous-aide-major.*

BATAILLONS.	COMPAGNIES.	CAPITAINES.	SOUS-LIEUTENANTS.	
1er	1	DELAUNAY ✻	CANIVET.	RICHARD.
	2	ROUILLÉ ✻	TOURASSE.	CUGNAC.
	3	CIROU ✻	DELSOL.	GOUPILLAN.
	4	MICHEL (R.) (O. ✻)	GRANGENEUVE.	DUREGE.
2e	1	BOUHOURS ✻	TURCQ.	LACHAPELLE.
	2	PELLET.	UBACHS.	BIGORNE.
	3	DENEUILLY ✻	BELATE.	RIVALS.
	4	DELEUZE ✻	FAYS.	DEMOUCHY.

Officier de Chasseurs à pied, grande tenue; Fusilier-Chasseur, tenue de route, et Conscrit, grande tenue.

GARDE IMPÉRIALE.

CORPS DES CHASSEURS A PIED DE LA VIEILLE GARDE.

État-Major général du corps.

Le baron CURIAL (C. ✻), *général de division, colonel commandant.*
Le baron DUMOUSTIER (C. ✻), *général de brigade, colonel en second.*
  LARROUY ✻, *capitaine, quartier-maître-trésorier.*
  DIVAT ✻, } *capitaines adjudants d'habillement.*
  PUECH, }
  CHAMPFROID ✻, *lieutenant en premier, adjudant aux vivres.*

ÉTAT-MAJOR DU RÉGIMENT DES CHASSEURS A PIED.

Le baron GROS (C. ✻), *général de brigade, major commandant.*

DUPIN (O. ✻), } *chefs de bataillon.*   SEVERIN ✻, *lieut. en second, porte drap.*
SICARD (O. ✻), }   COTHENET ✻, *chirurgien major.*
BOUCHER (O. ✻), } *capit., adjud.-maj.*   DIÈCHE, *aide-major.*
RIGNON (O. ✻), }   ROUX ✻, }
RENAUDIN ✻, } *lieut. en premier,*   LEVÉ ✻, } *lieut. en prem. à la suite.*
MUCHELER ✻, } *sous-adj.-maj.*   COUTRET ✻, }

NUMÉROS DES		CAPITAINES.	LIEUTENANTS		
Bataill.	Comp.		EN PREMIER.	EN SECOND.	
1er	1	LAMBINET (O. ✻)	LACHAPELLE ✻	GOUILLARD ✻	LARDIER ✻
	2	RAMPON (O. ✻)	PARADIS ✻	AUDUUY ✻	GRIES.
	3	JULIEN (O. ✻)	HALLÉ ✻	CHALLE ✻	LEFRANC ✻
	4	ROSET ✻	MIROFFLE ✻	CHARLOT ✻	BULLE ✻
2e	1	PINCERN ✻	LAGUILLERMIE ✻	MICHEL ✻	NOEL ✻
	2	CASTANÉ ✻	DUMESNIL ✻	JULIEN ✻	CRETTE ✻
	3	LA ROUSSE ✻	BROUSSON ✻	AUBRY ✻	MESSAUGNY ✻
	4	DUFOUR ✻	AGNÈS ✻	RIVIÈRE ✻	DIVAT ✻

PREMIER RÉGIMENT DES TIRAILLEURS-CHASSEURS (Jeune Garde).

État-Major.

Rosey (O. ✻), *major commandant.*

Mallet ✻,
Cambronne (O. ✻), } *chefs de bataill.*
Galié ✻, *capitaine, adjudant-major.*
Martin ✻, *lieut. en second, porte-drap.*
. . . . *officier-payeur.*

Bosquet ✻,
Chartraud ✻, } *sous-adjud.-majors.*
Monnier ✻,
Maugras ✻, *chirurgien major.*
Maguin, *aide-major.*

NUMÉROS DES		CAPITAINES.	LIEUTENANTS		
Batail.	Comp.		EN PREMIER.	EN SECOND.	
1er	1	Blondeau ✻	Godefroy ✻	Penot ✻	Rivet ✻
	2	Crepy ✻	Caillot ✻	Lyon ✻	Genisson ✻
	3	Teyssere.	Chassey ✻	Grimprey ✻	Ranourel ✻
	4	Saulnier.	Keller ✻	Ruchard ✻	Carteret ✻
2e	1	Mallet (J.) ✻	Levêque ✻	Heuillet ✻	Donnet ✻
	2	Bigot ✻	Beau ✻	Guyot ✻	Gomion ✻
	3	Bère ✻	Michel ✻	Lamouret ✻	Tournier ✻
	4	Petit ✻	Baruteau ✻	Coulon ✻	Coste ✻

DEUXIÈME RÉGIMENT DE TIRAILLEURS-CHASSEURS.

État-Major.

Deshayes (O. ✻), *major commandant.*

Pompejac ✻, } *chefs de bataillon.*
Secrétan ✻,
Chaussy ✻, *capitaine, adjud.-major.*
Delabiche ✻, *sous-lieut., adj.-major.*

Vincent, } *sous-lieut., adjud.-major.*
Forestier,
Lemercier, *sous-lieut., officier-payeur.*
Rollin, *chirurgien major.*

La Serre, *sous-aide-major.*

BATAILLONS.	COMPAGNIES.	CAPITAINES.	SOUS-LIEUTENANTS.	
1er	1	Garnier ✻	Colinet.	Mousarrat.
	2	Hubert ✻	Burtz.	Hourdier.
	3	Hurel ✻	Prieur.	. . . .
	4	Villaret ✻	Lafitte.	Perrin.
2e	1	Masse ✻	Bayle.	Prevost.
	2	Albert ✻	Dubreucq.	Dupeyron.
	3	Barral ✻	Favier.	Domeujoux.
	4	Cabanel ✻	Lachapelle.	Vigier.

PREMIER RÉGIMENT DES CONSCRITS-CHASSEURS (Jeune Garde).

État-Major.

VRIGNY (O. ✯), *major commandant.*

BERT ✯, \
RAMAND (O. ✯), } *chefs de bataillon.*
SUISSE, *capitaine, adjudant-major.*
..... *officier payeur.*

BABILLY, \
FONCHIER, \
HUET, } *sous-lieut., sous-adj.-maj.*
BONNET,

ZINCH, *chirurgien-major.*
..... *sous-aide-major.*

BATAILLONS.	COMPAGNIES.	CAPITAINES.	SOUS – LIEUTENANTS.	
1er	1	PRELIER ✯	MURET.	REGNAULT.
	2	LEBOURCIER ✯	PONS.	DAUDIER.
	3	DESCHAMPS ✯	ANCIAUME.	DUCHESNES.
	4	LAPEYRE ✯	POUDEROUX.	PRISSE.
2e	1	RATTIER ✯	MONTALDI.	BABUT.
	2	CHARRAUD ✯	BLANC.	DESGUYOT.
	3	GALLAND ✯	BENEZECH	GUILLIER.
	4	HANUCHE ✯	GAILLANT.	GIRAULT.

DEUXIÈME RÉGIMENT DES CONSCRITS-CHASSEURS (Jeune Garde).

État-Major.

Le baron DUVERNET (O. ✯), *major commandant.*

KESSEL ✯, \
MAILLARD ✯, } *chefs de bataillon.*
DUPARD, *capitaine, adjudant-major.*
..... *officier-payeur.*

BACQUET, \
PHILIP, \
GEMEAUX, } *sous-lieut., adjud.-majors.*
DECOLUET,

MANDON, *chirurgien-major.*
MORIN, *sous-aide-major.*

BATAILLONS.	COMPAGNIES.	CAPITAINES.	SOUS – LIEUTENANTS.	
1er	1	COLOMBAN ✯	SAVY.	DELAPLANCHE.
	2	LE BEAU	DEPAIGNES.	DENESLE.
	3	FINAT ✯	NAYRAC.	DROUAS.
	4	D'HERVILLY ✯	GAUBERT.	
2e	1	GUERDIN ✯	MOREL.	DAST.
	2	NICOLAS ✯	GOUPILLAU.	DROUIN.
	3	SAINT-MARTIN ✯	VALAT.	BOISGELIN.
	4	AZEM ✯	FAUDY.	AUREZ.

CHAPITRE III.

LA GARDE, PENDANT LA CAMPAGNE D'AUTRICHE, EN 1809.

Nous avons dit précédemment que Napoléon était revenu en toute hâte d'Espagne à Paris afin d'être prêt à tout événement. En effet, l'Autriche, dès le commencement de 1809, cessant de couver en secret les vieux ressentiments qui remontaient au traité de Presbourg et voyant la mauvaise tournure que prenaient nos affaires d'Espagne, avait cru le moment favorable pour déchirer ce traité.

Le 12 avril, Napoléon ayant appris à Saint-Cloud l'invasion de la Bavière qui avait eu lieu le 10 par les troupes autrichiennes, quitta cette résidence le 12 du même mois, arriva le 16 à Louisbourg, où il eut une entrevue avec le roi de Wurtemberg, et continua le jour même sa route en se dirigeant sur Dilligen où le roi de Bavière l'attendait. Le lendemain l'Empereur avait rejoint son quartier général à Donawerth : la Garde impériale avait ordre de s'y porter à marche forcée.

L'armée française avec les contingents bavarois et wurtembergeois, ne réunissait que quatre-vingts mille combattants. Encore trop faible (du côté du nombre) pour résister à l'ennemi qui présentait une masse offensive de cent cinquante mille soldats, elle s'était repliée successivement vers le cœur de la Bavière. Napoléon, dès son arrivée sur le Danube, sachant que son armée, forcée à un mouvement rétrograde, paraissait inquiète de l'avenir de la campagne, adressa à sa Garde ainsi qu'aux autres troupes une de ces proclamations qui furent toujours des oracles infaillibles.

« Soldats! leur dit-il, le territoire de la confédération du Rhin a
« été violé. Le général autrichien veut que nous fuyions à l'aspect de
« ses armes et que nous lui abandonnions nos alliés. J'arrive avec la
« rapidité de l'éclair. Soldats! j'étais entouré de vous lorsque l'Em-
« pereur d'Autriche vint à mon bivouac de Moravie; vous l'avez entendu

« implorer ma clémence et me jurer une amitié éternelle. Vainqueurs
« dans trois guerres avec l'Autriche, cette puissance ne devait tout
« qu'à notre générosité : trois fois elle a été parjure. Nos succès passés
« nous sont un sûr garant de la victoire qui nous attend. Marchons
« donc, et qu'à notre aspect l'ennemi reconnaisse son vainqueur. »

L'arrivée de Napoléon et de la Garde impériale se révéla bientôt à l'ennemi dont la marche progressive fut soudain arrêtée. Nos maréchaux avaient reçu leurs instructions, les soldats n'avaient pas besoin de les connaître. Napoléon n'était-il pas avec eux ? Pouvaient-ils craindre quelque chose ? N'étaient-ils pas sûrs de vaincre ? Les combats et les succès commencèrent.

Le 19 avril, tandis que le général Oudinot, parti d'Augsbourg, atteignait et culbutait l'ennemi à Pfaffenhoffen, le maréchal Davoust quittait Ratisbonne pour se rapprocher d'Ingolstadt où le quartier-général de l'Empereur, toujours accompagné de sa garde, avait été transféré, le but de Napoléon étant de manœuvrer sur l'ennemi qui avait débouché de Landshut et de l'attaquer dans le moment même où, croyant prendre l'initiative, il s'avançait sur Ratisbonne que Davoust venait, lui aussi, de quitter.

Ce maréchal marchait sur deux colonnes. Les divisions Gudin et Morand formaient sa droite, celles de Friant et de Saint-Hilaire, sa gauche. Arrivé à la hauteur de Pessing, le général Saint-Hilaire fut attaqué par l'ennemi, plus fort en nombre, mais bien inférieur en bravoure, et là s'ouvrit la campagne par un combat glorieux pour nos armes.

A la faveur de ce premier avantage, le corps de Davoust opéra sa jonction avec les troupes bavaroises : Napoléon résolut de profiter de cet accroissement de forces pour attaquer et détruire la gauche de l'armée autrichienne. En conséquence, il donna ordre à Davoust de tenir en respect la droite de l'ennemi, et se porta, le 20, avec une partie de sa garde sur Abensberg, où se trouvait le corps de l'archiduc. Les deux divisions Morand et Gudin, les Bavarois et les Wurtembergeois devaient attaquer de front l'armée autrichienne que Masséna, passant par Feying, devait prendre à dos.

Les divisions Morand et Gudin furent placées sous les ordres du maréchal Lannes et formèrent la gauche de l'armée française. L'Empereur s'était décidé à combattre à la tête des Bavarois et des Wurtembergeois ; mais avant d'engager l'action, il fit réunir en cercle les officiers de ces deux nations et leur parla longtemps. Le prince royal de Bavière traduisait en allemand ce que Napoléon disait en français. Puis il donna le signal du combat.

Le général de Wrède, officier bavarois d'un grand mérite attaqua de front les divisions autrichiennes qui lui étaient opposées. Vandamme avec les Wurtembergeois déborda la droite de l'ennemi. Le maréchal Lefebvre, avec la division du prince royal de Bavière et celle du général Deroy, manœuvra pour couper la grande route d'Abensberg à Landshuts. Le maréchal Lannes, avec ses deux divisions, força l'extrême gauche ; ces attaques sur tous les points obtinrent un égal succès. L'ennemi, déconcerté, ne résista qu'une heure avant d'être forcé à la retraite. Huit drapeaux, douze pièces de canon, dix-huit mille prisonniers, furent le résultat de cette bataille, qui coûta peu de monde à l'armée française.

De Landshut, Napoléon et la Garde revinrent sur leur pas. L'archiduc Charles avait réuni à Eckmühl quatre des corps principaux de son armée, déjà battue à Thann, à Rosemberg, à Kollowrath et à Lichtenstein. Napoléon, disons-nous, et la Garde impériale arrivèrent devant Eckmühl à deux heures après midi, et le combat s'engagea aussitôt. Electrisés par trois jours de victoires, nos soldats coururent à l'ennemi avec cette confiance que donne la certitude du succès. Le duc de Montebello (Lannes), à la tête de la division Gudin, déborda promptement la gauche de l'armée autrichienne, tandis que les autres divisions l'attaquaient de front. Davoust et Lefebvre débouchèrent à leur tour ; le 10ᵉ régiment d'infanterie légère, de la division Saint-Hilaire, s'élança au devant des autrichiens, et, pendant une demi-heure, soutint seul tout l'effort de leur aile droite, tandis que le général Montbrun, avec sa cavalerie, les attaqua opiniâtrément de flanc et de front. On vit alors un des plus beaux spectacles que la guerre puisse offrir, une armée de cent dix mille hommes, attaquée par moins de soixante-dix mille, tournée par sa gauche, successivement chassée de toutes ses positions, et, enfin, obligée de fuir dans le plus grand désordre.

Deux carrés de grenadiers hongrois tenaient encore dans la plaine : c'était la réserve commandée par l'archiduc Charles en personne. Nansouty se porta sur l'un, le rompit, et le fit prisonnier en entier. Saint-Sulpice se précipita sur l'autre, l'enfonça, et mit le reste en fuite. L'archiduc Charles, qui se trouvait dans ce carré, ne dut son salut qu'à la vitesse de son cheval. Dès ce moment, l'armée autrichienne cessa de résister, et effectua sa retraite; une grande partie de son artillerie, quinze drapeaux et seize mille hommes, restèrent en notre pouvoir.

L'armée ennemie, concentrée autour de Ratisbonne, était encore forte de plus de quatre-vingt mille combattants; Napoléon n'en avait pas autant : cependant le prince Charles n'osa pas risquer une nouvelle bataille. Ayant le Danube à dos, il se décida à repasser le fleuve et à rentrer en Bohême, espérant sans doute, par une marche forcée sur la rive gauche, revenir se placer sur la rive droite assez à temps et dans une position assez favorable pour couvrir la capitale de l'empire autrichien, sur laquelle il prévoyait bien que l'armée française allait se diriger.

Le passage du Danube par l'armée autrichienne s'effectua sous le feu de nos batteries, pendant que le maréchal Lannes s'emparait de vive force de Ratisbonne, et en chassait l'arrière garde autrichienne.

A l'attaque de cette ville, l'Empereur reçut au talon une blessure légère qu'il fit panser sur le champ de bataille, entouré des chasseurs de sa Garde; mais cette blessure ne l'empêcha pas de remonter immédiatement à cheval pour diriger le mouvement des troupes.

Ces cinq jours de combat avaient été marqués par des succès brillants. Le combat de Thann livré au centre de l'armée de l'archiduc, la

bataille d'Abensberg qui isola sa gauche, l'affaire de Landshut qui acheva de la mettre hors de combat, la bataille d'Eckmühl livrée de nouveau contre le centre de cette armée, enfin le combat de Ratisbonne qui la rompit, forment une série d'événements glorieux dont l'histoire n'offre pas d'exemple. Ce fut principalement dans le début de la campagne de 1809 que l'influence de l'Empereur sur son siècle se fit principalement remarquer.

« Durant le cours de sa prospérité, a dit le général Pelet *, la force magique de la présence de Napoléon ne s'est peut-être jamais manifestée si vivement que dans les événements de cette campagne. L'armée autrichienne, pleine de confiance, s'avançait en masse avec des projets offensifs préparés depuis longtemps; une partie de l'Allemagne était prête à se soulever; l'Europe guettait le moment favorable pour tomber sur la France. Notre armée, éparpillée sur le Danube, restait exposée aux plus grands dangers. L'Empereur paraît; la situation morale des deux armées, l'esprit des peuples et des cours, la face de l'Europe, en un mot, tout change subitement. »

Cependant, sans se laisser éblouir par le succès, Napoléon, fidèle à cette maxime « Tant qu'il reste quelque chose à faire, il n'y a rien de fait, » donna ses instructions pour que l'armée se mît immédiatement en marche sur Vienne. Mais avant de quitter Ratisbonne, il crut devoir adresser à la Garde et à ses troupes cette proclamation si remarquable.

« Soldats! disait-il, vous avez justifié mon attente : vous avez sup-
« pléé au nombre par votre bravoure; vous avez glorieusement marqué
« la différence qui existe entre les soldats de César et les cohues armées
« de Xercès.

« En peu de jours, nous avons triomphé dans trois batailles et dans
« six combats Cent pièces de canon, quarante drapeaux, cinquante
« mille prisonniers, tous les bagages et toutes les caisses des régiments
« autrichiens, voilà le résultat de la rapidité de vos marches et de votre
« courage. »

« L'ennemi, enivré par un cabinet parjure, paraissait ne plus conser-

---

* Aujourd'hui directeur du dépôt de la guerre et pair de France, dans son remarquable ouvrage sur la campagne de 1809.

« ver aucun souvenir de vous ; son réveil a été prompt : vous lui avez
« apparu plus terribles que jamais ; maintenant il fuit en désordre ;
« déjà mon avant-garde a passé l'Inn ; avant un mois nous serons à
« Vienne. »

En effet, cette marche fut rapide, et nos troupes, comme Napoléon le leur avait promis, arrivèrent sous les murs de Vienne.

L'archiduc Maximilien, avec un corps de seize mille hommes, occupait cette capitale. Sa présence, et la pensée que l'archiduc Charles s'avançait à marches forcées pour secourir la ville, inspirèrent aux Viennois le désir de se défendre. Les faubourgs furent occupés sans difficultés par l'avant-garde française. Mais quand nos troupes s'avancèrent sur l'esplanade qui sépare les faubourgs de la cité, elles furent accueillies par un feu de mitraille parti des remparts ; un colonel français, envoyé en parlementaire, faillit être tué. L'Empereur, avant de recourir à des mesures de rigueur, chargea le major général Berthier d'écrire à l'archiduc Maximilien, et voulut que cette lettre lui fût portée par une députation des habitants des faubourgs.

Le feu des remparts, qui recommença, fut la seule réponse de l'archiduc. Alors Napoléon donna ses ordres ; mais ce ne fut qu'en gémissant des calamités qui allaient fondre sur une population à laquelle il s'intéressait. La ville était investie de trois côtés ; une batterie de vingt obusiers s'éleva sur l'emplacement même où les Turcs avaient ouvert la tranchée lors du siège de 1783. A neuf heures du soir, le bombardement commença. En peu de temps dix-huit cents obus furent lancés sur la ville ; plusieurs hôtels et de grands établissements devinrent la proie des flammes. L'incendie jeta la terreur parmi les habitants, dont la résolution commença à faiblir. Sur ces entrefaites, un parlementaire se présenta pour annoncer à l'empereur que l'archiduchesse Marie-Louise, alors malade, était restée dans le palais impérial, exposée au feu de l'artillerie française. Napoléon, qui était loin de prévoir le lien qui devait, l'année suivante, l'unir à cette princesse, ordonna, par égard pour elle, de changer la direction des batteries.

Cependant l'archiduc, avait tenté une sortie ; il s'était assuré que toute communication directe avec la rive gauche du Danube allait lui être interdite ; il se décida donc à évacuer sur-le-champ la ville, et profita de la nuit pour effectuer sa retraite. Il partit, et coupa le pont aussitôt qu'il l'eut passé. Le général qu'il avait laissé dans Vienne, avec la triste mission de signer la capitulation, envoya, dès la pointe du jour, une députation à l'Empereur, pour annoncer qu'il était prêt à lui remettre la ville. Les articles de cette capitulation furent signés le 12 mai, et le général Oudinot occupa la capitale de l'Autriche dès le lendemain.

Napoléon, comme en 1806, établit son quartier-général à Schœnbrunn, où une partie de la Garde fut cantonnée; et, de ce château, il adressa la proclamation suivante à l'armée :

« Soldats! un mois après que l'ennemi a passé l'Inn, au même jour,
« à la même heure, nous sommes entrés dans Vienne. Les landwehrs,
« ses levées en masse, les remparts créés par la rage impuissante de la
« maison de Lorraine, n'ont pu soutenir vos regards. Les princes de
« cette famille ont abandonné leur capitale, non comme des soldats
« d'honneur qui cèdent aux circonstances et aux revers de la guerre,
« mais comme des parjures que poursuivent leurs propres remords. En
« fuyant de Vienne, leurs adieux à ses habitants ont été le meurtre et
« l'incendie : comme Médée, ils ont de leurs propres mains égorgé
« leurs enfants.

« Soldats! le peuple de Vienne, délaissé, abandonné et malheu-
« reux, sera l'objet de vos égards. Je prends ses bons habitants sous
« ma protection. Quant aux hommes turbulents, j'en ferai une justice
« exemplaire. Soldats! soyons bons pour les pauvres paysans, qui ont
« tant de droits à notre estime ; ne conservons aucun orgueil de nos
« succès : nous ne devons y voir qu'une preuve éclatante de la justice
« divine, qui punit toujours l'ingrat et le parjure. »

Un des chirurgiens-majors de la Garde avait été logé dans la banlieue de Vienne, chez une chanoinesse âgée, et proche parente du prince Jean de Lichstensteim, dont elle portait le nom. Les exigences de cet officier de santé furent excessives et outre-passèrent les demandes d'usage. Dans un moment où le vin de Hongrie avait sans doute un peu dérangé sa raison, il eut la malheureuse idée d'écrire à madame de Lichstensteim, son hôtesse, une lettre conçue en des termes si extravagants et en même temps si injurieux, que cette dame se crut obligée de recourir à la protection du général Andreossy, que Napoléon avait nommé gouverneur de Vienne, afin d'être débarrassée d'un hôte aussi fâcheux. Pour appuyer sa demande, elle envoya la lettre qui lui avait été écrite par l'officier de santé dont nous ne voulons pas rappeler le nom. Cette lettre commençait ainsi :

« Si le maréchal duc de Dantzick, de glorieuse mémoire, était logé chez vous, Madame, il vous dirait : *Princillon*, etc., etc. »

Le reste de l'épître était digne de l'exorde. De façon qu'en insultant une princesse respectable, il injuriait en même temps le maréchal Lefèbvre, en se servant de son nom comme d'une autorité pour multiplier ses outrages. Le général Andréossy fit parvenir cette lettre au prince de Neufchâtel avec celle que lui avait écrite madame de Lichstenstein. Toutes deux furent mises sous les yeux de Napoléon, qui fit donner l'ordre à M*** (le chirurgien-major en question) de se rendre le lendemain matin à la parade.

Ce jour-là l'Empereur descendit rapidement le grand escalier du château, le visage enflammé, ne parlant à personne et tenant à la main la lettre de l'officier de santé.

— Faites venir M*** ? dit-il en élevant la voix.

Celui-ci se présenta :

— Monsieur, est-ce vous qui avez écrit et signé cette lettre infâme ? lui demanda-t-il en lui présentant le papier.

— Grâce ! Sire ; j'étais dans un moment d'ivresse et je ne savais ce que je faisais.

— Malheureux ! outrager un de mes plus braves lieutenants, et en même temps une chanoinesse digne de respect et déjà assez à plaindre d'avoir à supporter une partie des malheurs de la guerre. Je n'admets point votre excuse. Je vous dégrade de la Légion d'honneur, vous êtes indigne d'en porter l'insigne vénéré. Général Dorsenne ! ajouta-t-il en s'adressant à ce chef de corps, faites exécuter cet ordre..... Insulter une vieille femme ! reprit encore Napoléon ; moi ! je respecte une vieille femme comme si elle était ma mère.

Telles furent les paroles de l'Empereur que tous ceux qui étaient présents purent entendre*.

Ce chirurgien-major était cependant un homme doux, honnête et estimé dans la Garde autant par ses talents que par sa bonne conduite. Ces considérations influèrent probablement sur le pardon qui lui fut

---

* M. de Beausset, préfet du palais. *Mémoires*, tome 1ᵉʳ, page 362.

accordé plus tard, à la sollicitation de tous les généraux de la Garde. Le premier moment passé, Napoléon revenait facilement sur le compte des individus qui le servaient avec zèle et fidélité, surtout lorsque ceux-ci n'avaient été qu'égarés.

L'armée française était maîtresse de la rive droite du Danube et de Vienne ; mais la grande armée autrichienne, commandée par le prince Charles, était campée de l'autre côté du fleuve, dans la plaine de Marckfeld. Cette position permettait à l'ennemi de concentrer ses forces et de recommencer une lutte que l'insurrection du Tyrol aurait pu rendre fatale à nos troupes. Telles furent les raisons qui décidèrent Napoléon à continuer ses opérations offensives et à passer le Danube pour livrer aux Autrichiens une bataille décisive.

A deux lieues au-dessous de Vienne, vis-à-vis Ebersdorff, deux îles séparent en trois branches les eaux du Danube. D'après l'ordre de Napoléon, ce point fut choisi pour y établir les ponts. Dès le 18 mai, les matériaux nécessaires ayant été réunis, la division du général Molitor passa, avec des bateaux, dans l'île Lobau ; le lendemain, deux ponts sur le premier et le second bras furent achevés. Le 20, un troisième pont joignit l'île Lobau à la rive gauche, et les divisions Molitor, La Salle et Boudet en profitèrent, pendant la nuit, pour traverser le fleuve et prendre position dans les villages d'Essling et de Gross-Aspern, qui, construits en pierres, offraient des avantages pour protéger le passage du reste de l'armée.

L'ennemi, jusque-là, n'avait inquiété ni nos travaux, ni le passage du dernier bras du fleuve. Placé à une lieue au-dessus de nos ponts, il ne s'était pas encore montré. Cette inaction, recommandée par le prince Charles, avait été résolue dans un conseil de guerre auquel avait assisté l'élite des généraux autrichiens. Il avait été arrêté qu'on n'attaquerait nos divisions que lorsqu'une forte partie de l'armée française se trouverait compromise sur la rive gauche, l'archiduc ayant fait secrètement préparer des moyens pour détruire les ponts qui établissaient les communications entre les deux rives opposées.

Vers les quatre heures du soir, le général autrichien, jugeant le moment favorable, donna ses ordres, et ses colonnes se mirent en mouvement.

Notre avant-garde, la droite placée au village d'Essling et la gauche à celui de Gross-Aspern, fut aussitôt attaquée : quatre-vingt-dix mille Autrichiens et deux cents pièces de canon heurtèrent en même temps toute notre ligne forte seulement de trente-cinq mille hommes. On combattit vivement de part et d'autre ; la cavalerie française fit plusieurs belles charges et prit quatorze pièces de canon. Malgré leur immense supériorité numérique et la vigueur de leurs attaques, les Autrichiens ne purent pas gagner de terrain. Le maréchal Masséna défendait le village d'Aspern, le maréchal Lannes celui d'Essling ; ils se maintinrent chacun dans leurs positions et conservèrent intact le champ de bataille. L'obscurité seule interrompit le combat.

Les deux armées bivouaquèrent en présence. Les troupes françaises qui étaient dans l'île Lobau continuèrent à passer pendant la nuit et portèrent nos forces réunies à environ cinquante mille hommes.

Au mois de mai, les nuits sont courtes. Aussi le 22, dès trois heures du matin, de nouvelles attaques furent dirigées sur Essling et sur Gross-Aspern qui furent successivement pris et repris. A quatre heures, l'armée autrichienne tout entière s'ébranla et attaqua de nouveau les lignes françaises, en cherchant à se prévaloir de sa supériorité numérique pour étendre ses ailes afin de les déborder. Alors Napoléon résolut de profiter de ce mouvement de l'ennemi, parce qu'en affaiblissant son centre, il donnait la possibilité de le percer. Le maréchal Lannes, à la tête des grenadiers réunis, commandés par Oudinot, et des divisions Saint-Hilaire et Boudet, reçut l'ordre de quitter la défensive et de tomber sur les Autrichiens. Bessières, avec toute la cavalerie de la Garde, devait appuyer cette attaque ; Davoust, déboucher par Essling sur la gauche de l'ennemi, et Masséna, assaillir la droite par Aspern. Ce choc terrible arrêta un moment l'ennemi sur ses ailes et fit plier son centre. Il perdit du terrain et bientôt son mouvement rétrograde prit l'aspect d'une retraite ; un effort de plus, et cette retraite pouvait se changer en une déroute complète, lorsque, tout à coup, un fatal événement vient arrêter nos succès : l'armée manque de cartouches et de boulets ; le corps de Davoust n'a pas pu passer le Danube ; nos ponts sont rompus, toute communication avec l'île Lobau est coupée à nos troupes qui vont se trouver sans vivres et sans munitions.

Le prince Charles, sur la rive gauche, avait fait préparer de gros bateaux chargés de pierres et de nombreux brûlots ; malgré le rapprochement des lieux, la barrière du Danube avait suffi pour que ces préparatifs fussent restés inconnus à Napoléon. Aucune estacade n'ayant été placée pour préserver les approches des ponts, le choc de ces masses énormes, que l'archiduc avait fait lâcher au gré du courant grossi par les pluies, avait rompu les deux ponts qui joignaient l'île Lobau à la rive droite. La situation de notre armée était devenue dès ce moment des plus critiques; mais l'attitude calme de son chef soutint la confiance de nos braves. Toutes les attaques des Autrichiens vinrent se briser contre leur héroïque valeur. Plusieurs fois attaqués, les villages d'Essling et de Gross-Aspern, encombrés de cadavres autrichiens, restèrent toujours en notre pouvoir; enfin, à neuf heures, le feu de l'ennemi cessa, le nôtre était éteint depuis longtemps : nos soldats ne combattaient plus qu'à l'arme blanche.

Cette bataille avait duré trente heures consécutives, la suspension qui avait eu lieu dans la nuit du 21 au 22 pouvant à peine être comptée. Des deux côtés la perte fut considérable. Les Autrichiens eurent de huit à neuf mille hommes tués ou blessés. Ils perdirent quelques pièces de canon, quatre drapeaux, un officier général et mille à onze cents hommes faits prisonniers. L'armée française n'eut pas un nombre moindre de tués et de blessés. Plusieurs généraux restèrent sur le champ de bataille; elle regretta principalement le général d'Espagne, tué dans une charge glorieuse, et le général Saint-Hilaire, qui mourut des suites de sa blessure; mais la perte la plus douloureuse pour Napoléon, fut celle du maréchal Lannes, qui, le 22 au soir, eut les deux cuisses emportées par un boulet. En apprenant cette nouvelle, l'Empereur s'écria :

— Il fallait que, dans cette journée, mon cœur fût frappé par un coup aussi terrible pour que je pusse m'abandonner à d'autres soins que ceux de mon armée.

Il s'agissait, après cette bataille sanglante (où toutefois l'honneur français avait été sauvé), de tirer l'armée de la dangereuse position où elle se trouvait. Un pont de pontons fut établi pour communiquer avec l'île Lobau. Il fut convenu que la retraite commencerait à la nuit, et que les troupes, rentrant dans l'île, y attendraient, sans repasser le Danube, que des préparatifs suffisants fussent faits pour reprendre l'offensive et ressaisir la victoire qu'un accident imprévu leur avait seul enlevée.

Ce mouvement rétrograde de nos soldats se fit avec un ordre admirablé et sans que l'ennemi osât y apporter aucun obstacle. Quand l'artillerie eut repassé, on replia le pont, et l'armée se trouva comme bloquée dans l'île Lobau, les ponts qui devaient assurer ses communications avec Vienne ayant été emportés comme ceux qui lui avaient servi à atteindre l'ennemi. L'Empereur, sur un frêle batelet, avait regagné la rive droite du fleuve, afin d'être à portée de donner des ordres à tous les corps de son armée qui n'avaient pas pris part à la bataille, et aussi pour accélérer l'envoi des munitions de toute espèce dont les braves combattants d'Essling avaient un si grand besoin.

La sollicitude de Napoléon fut bientôt couronnée de succès, et l'abondance régna parmi les troupes auxquelles les grands travaux qu'elles exécutèrent en faisaient une nécessité. L'île Lobau devint bientôt une véritable place forte par les immenses ouvrages qui y furent construits. Ces travaux durèrent plus d'un mois. Pendant ce temps, l'armée d'Italie, victorieuse de l'archiduc Jean, fit sa jonction avec la grande armée, après avoir gagné la bataille de Raab. Cette armée avait été saluée, à son arrivée en Autriche, par l'admirable proclamation de l'Empereur, qui commençait ainsi :

« Soldats de l'armée d'Italie ! vous avez glorieusement atteint le but
« que je vous avais marqué ; soyez les bienvenus ! Je suis content de
« vous, etc. »

Napoléon, qui avait continué d'habiter le château de Schœnbrunn, transporta son quartier-général dans l'île de Lobau même, aussitôt qu'il eût jugé que le moment d'agir était venu. Sa présence redoubla la confiance et l'ardeur de tous ; son premier soin fut de visiter les soldats de la Garde dans leurs bivouacs. Il les trouva qui prenaient leur repas :

— Eh bien ! mes amis, dit-il à un groupe devant lequel il s'était arrêté, comment trouvez-vous le vin ?

— Il ne nous grisera pas, Sire, répondit un grenadier en montrant le Danube, car voilà notre cave.

L'Empereur, qui avait ordonné la distribution d'une bouteille de vin par homme, fut surpris de voir ses intentions si mal exécutées, et manda le prince de Neufchâtel ; celui-ci fit prendre des informations, et l'on découvrit que les employés aux vivres, chargés de ce service, avaient vendu, à leur profit, le vin destiné à la Garde impériale. Ces misérables furent aussitôt arrêtés, livrés à une commission militaire, condamnés à mort et exécutés.

La possession de l'Allemagne devait se décider dans la plaine de la Morava (Marschfeld). Le temps employé aux préparatifs pour assurer le nouveau passage du Danube, donna à Napoléon celui de concentrer toutes les forces qu'il avait de disponibles. Son armée s'accrut jusqu'à cent cinquante mille hommes. Le matériel de l'artillerie fut porté à quatre cents bouches à feu. Tous les préparatifs étant faits dans l'île Lobau, à la faveur des bois et des canaux que forment les îles secondaires, Napoléon n'attendit plus que l'arrivée des munitions nécessaires pour donner l'ordre d'effectuer le passage. Ce passage commença le 30 juin sur le point où le fleuve avait été franchi la première fois le 21 mai. Un pont de pontons fut jeté en une heure et demie sous la protection de l'artillerie. Une brigade passa et culbuta les Autrichiens; tout se préparait pour jeter un pont de pilotis à l'abri des moyens de destruction de l'ennemi : ce pont fut improvisé, par les marins de la Garde, plus rapidement que ceux de bateaux l'avaient été auparavant.

Le 4 juillet au soir, les troupes étant rassemblées dans la partie orientale de l'île Lobau, quelques bataillons passèrent le fleuve en bateaux. Un troisième pont fut établi en deux heures, et Oudinot y défila avec célérité. Cent pièces en batterie sur le front de l'île Lobau, tonnant sur toute la ligne, répandaient l'effroi et facilitaient l'opération, en partageant l'attention de l'ennemi, et en protégeant les troupes déjà passées et les travaux qui se poursuivaient avec une promptitude miraculeuse. Pendant ce temps, un orage terrible grondait dans le ciel : la foudre confondait ses éclats avec les retentissements de l'artillerie qu'elle ne pouvait pas couvrir. La nuit était obscure; la pluie, chassée par un vent violent, tombait à torrents, et l'incendie d'Enzersdorf, embrasé par nos batteries, éclairait cette scène terrible.

Une journée magnifique succéda à cette nuit affreuse, et laissa voir, aux Autrichiens étonnés, l'armée française se déployant comme par enchantement dans la plaine et derrière les lignes qu'ils avaient élevées pour empêcher le passage du fleuve, que les habiles combinaisons de Napoléon avaient su rendre inutiles.

L'action, néanmoins, ne put pas s'engager le 5, quelque célérité que les colonnes françaises missent dans leur marche. Cependant, une première attaque du plateau de Nieuzedel eut lieu le soir par l'armée française; mais elle fut sans résultat.

Le lendemain, l'archiduc commença l'action par un mouvement qui avait pour but de rejeter la gauche de notre armée sur la pointe de l'île Lobau, tandis qu'une vive attaque devait occuper la droite. L'Empereur, sur ces entrefaites, donna l'ordre à Masséna d'attaquer Aderklau, où les Autrichiens étaient en force, avant que leur droite, descendant du Bisamberg, n'arrivât sur notre gauche. Masséna avait été blessé la veille par la chute de son cheval, et, comme Maurice à Fontenoy, il était forcé de diriger ses troupes en calèche. Il se jeta sur le village à la suite de ses colonnes, qu'il ne pouvait y conduire lui-même, et Aderklau fut enlevé.

Pendant ce temps, la droite des Autrichiens, forte de cinquante mille hommes, continue de s'avancer sur Aspern. Masséna n'a pas une minute à perdre pour se former devant elle, et lui barrer l'accès de l'île Lobau : il vole sur le chemin d'Aspern avec ses trois divisions qui viennent déjà de donner, et rencontre l'ennemi près de Neuwirtshaus. La division Boudet, arrivée dès le matin à Aspern, débouchait de ce point : elle reçut le choc de l'ennemi.

Ce mouvement des Autrichiens était hardi, mais imprudent; ils se plaçaient ainsi volontairement entre le Danube et une armée brave et aguerrie. Aussi Napoléon ordonna-t-il au prince Eugène, qui s'avançait entre Wagram et Baumersdorf, de venir prendre, par un changement de direction à gauche, la place où Masséna avait combattu, et de s'y faire suivre par Marmont et les Bavarois. Afin de donner le temps d'exécuter ces dispositions, une charge de la cavalerie de la Garde, exécutée par Bessières, contint un instant l'ennemi : mais ce maréchal ayant été blessé, l'attaque de sa colonne faiblit, et les Autrichiens continuèrent à marcher sur le point de notre ligne dégarnie par le mouvement de Masséna.

Pendant ces manœuvres, Davoust avait reçu l'ordre de déborder la gauche des Autrichiens. Un combat terrible s'engage autour de Nieusedel; la vigueur de la résistance égale celle de l'attaque; Davoust guide ses bataillons; les divisions Friant et Morand font des prodiges de valeur.

Au même instant, Oudinot, qui avait reçu l'ordre de se borner à contenir les divisions ennemies, est entraîné par son ardeur. Se voyant de tous côtés entouré de feux, il frémit de son inaction et se décide à enlever les passages du Russbach et à gravir le plateau. Ses premières brigades sont ramenées; mais il se met à la tête de ses troupes et renverse tout devant lui. Le mouvement prescrit par Napoléon à la droite de son armée est accompli. La gauche de l'ennemi est forcée et débordée : Nieusedel et le plateau sont en notre pouvoir.

Cependant, à la faveur de ces attaques et du dévouement de nos canonniers, Eugène avait exécuté son mouvement. Napoléon forme aussitôt une masse formidable à la tête de laquelle il place Macdonald avec huit bataillons de la jeune Garde; douze autres se forment en colonnes serrées sur leurs deux ailes, et derrière eux s'échelonnent Wrède et Serras; la cavalerie légère et les cuirassiers Nansouty couvrent les flancs. Pendant ce temps, la vieille Garde va se placer derrière ces masses formidables, comme réserve. Cette habile manœuvre devait décider la victoire. Aussitôt l'ordre de se porter en avant est donné. Il a pour but de couper en deux l'armée autrichienne et de marcher droit sur Lussenbrunn, où se trouve l'archiduc Charles. Coup d'œil, instinct, bravoure, activité, rien ne manquera à l'archiduc pour parer le coup qui le menace, mais ses efforts seront inutiles.

Napoléon dit à chaque colonel de cavalerie qui passe devant lui :

— Allons! de la vigueur, et quand il en sera temps, chargez à fond.

Puis il parcourt au galop la ligne de bataille et demande à haute voix Drouot et les batteries de la Garde, parce qu'il faut, à tout prix, soutenir la colonne de Macdonald et la jeune Garde. Drouot arrive :

— Dix mille boulets, lui dit-il, et écrasez les masses autrichiennes qui sont devant vous.

Puis Napoléon court se placer au milieu du danger.

Cependant Macdonald pousse tout devant lui jusqu'à Sussenbrunn; mais là, arrêté en tête et en flanc par les grenadiers hongrois et par le corps de Hollovrath, sa troupe, réduite à deux ou trois mille hommes, est forcée de faire halte. Napoléon, qui suit ce mouvement, ordonne à la cavalerie de Nansouty de charger pour dégager Macdonald, et fait avancer, à droite et à gauche, les divisions Durutte et Pacthod pour le seconder. Les Bavarois entrent en ligne à leur tour, et la jeune Garde marche pour les remplacer comme réserve. Les fusiliers et les tirailleurs, pleins d'intrépidité, rétablissent le combat. Ce vigoureux effort décide tout. Macdonald et les corps qui le suivent reprennent l'impulsion de la victoire. L'opiniâtreté et le désespoir ne peuvent rien contre l'impétuosité des Français. L'infanterie et la cavalerie autrichiennes sont culbutées et rejetées au delà de Gerarsdorf.

Sur la gauche, Masséna, jugeant le moment favorable, a repris à son tour l'offensive : il attaque vigoureusement la droite des Autrichiens et les chasse jusqu'à Léopoldau ; sa cavalerie, commandée par La Salle, la suit avec ardeur. Les Autrichiens se forment en carré dans la plaine, font volte-face et veulent tenir encore ; La Salle se précipite sur eux, et meurt frappé d'une balle au front ; mais l'ennemi est enfoncé et poursuivi jusqu'au pied du Bisamberg.

Cette grande bataille se livrait en vue de Vienne, dont tous les édifices élevés étaient couronnés par de nombreux spectateurs. La victoire fut si complète, que les débris de l'armée autrichienne ne purent pas opérer leur retraite par la même route. Les combats d'Hollabrün et de Schongraben, et la bataille de Znaïm achevèrent la campagne et obligèrent l'archiduc à demander un armistice que Napoléon eut la générosité d'accorder.

« Nos pertes ont été considérables, » dit le 25ᵉ bulletin, daté de Wolkersdorff, le 8 juillet 1809 ; « le duc d'Istrie (Bessières), au moment où il disposait l'attaque avec la cavalerie de la Garde, a eu son cheval emporté d'un coup de canon ; ce boulet lui a occasionné une forte contusion à la cuisse. Les majors de la Garde, Daumesnil et Corbineau, ont été blessés dangereusement. »

Le 26ᵉ bulletin disait encore :

« L'artillerie de la Garde s'est couverte de gloire. Le major d'Aboville qui la commandait a été blessé » (l'Empereur le fit général de brigade) ; « un chef d'escadron d'artillerie a eu le bras emporté. Nos intrépides canonniers ont montré toute la puissance de cette arme terrible.

« Les chasseurs à cheval de la Garde ont chargé, le jour de la bataille de Wagram, trois carrés d'infanterie qu'ils ont enfoncés. Ils ont pris quatre pièces de canon. Les lanciers polonais ont chargé un régiment de lanciers autrichiens et ont fait prisonnier le prince d'Anesperg qui commandait ce régiment, auquel ils ont pris deux pièces de canon, etc. »

La victoire de Wagram, il faut le dire, avait été acquise par d'énormes sacrifices ; aussi Napoléon comprit-il qu'il fallait relever le moral de sa Garde et de l'armée par de grandes récompenses. Il se réserva de les rendre officielles ; et, le 15 août suivant, jour de la Saint-Napoléon, sa fête, il créa trois princes : Berthier d'abord, qui fut fait prince de Wagram ; quant aux deux autres, ils empruntèrent leur titre aux lieux mêmes témoins de leur bravoure. A Essling, Masséna avait été un héros, le véritable sauveur de l'armée : il reçut celui de *prince d'Essling*. Davoust s'était admirablement comporté à Eckmuhl : comme son frère d'armes, le maréchal Masséna, il joignit à son titre de duc d'Auerstadt celui de *prince d'Eckmuhl*. Trois nouveaux maréchaux furent également créés à la suite de ces combats de géants : ce furent Macdonald, Oudinot et Marmont.

Ces hautes promotions eurent lieu sur le champ de bataille même de Wagram, avec tout l'éclat et toute la pompe militaire. Ces scènes splendides donnèrent une impulsion nouvelle au moral des soldats qui s'étaient si bien dévoués pour la gloire de la France et de leur Empereur.

Quelques temps après, la paix fut signée à Vienne, paix glorieuse pour la France, mais fatale à l'Autriche, et dont quelques-unes des conditions, portant ombrage aux susceptibilités du cabinet de Saint-Pétersbourg, devaient servir de prétexte, trois ans plus tard, à la guerre de Russie, mêlée de tant de gloire pour la Garde impériale, mais aussi de trop de revers pour ses dignes chefs !

CHAPITRE IV.

TYPES DES DIFFÉRENTS CORPS DE LA GARDE.

Lorsque Napoléon passait en revue, dans la cour des Tuileries, la Garde impériale, soit au retour d'une campagne glorieuse, soit qu'elle dût quitter la France pour aller donner une nouvelle leçon à ses ennemis, c'était toujours un imposant spectacle que cette cérémonie militaire, qui avait ordinairement pour témoin une foule immense accourue aussi pour contempler l'homme qui semblait avoir fait pacte avec la victoire. En voyant défiler ces soldats aux sévères et splendides uniformes, dont la diversité présentait un magnifique tableau, il eût été difficile de ne pas reconnaître que, sauf quelques exceptions, tous ces braves appartenaient à la grande famille française. Les étrangers même (ils étaient en petit nombre), adoptés par la France et qui avaient mérité de combattre sous ses drapeaux, s'étaient en quelque sorte identifiés avec leur nouvelle patrie. Les nuances de physionomie, de tournure, disparaissaient dans cette simultanéité fraternelle de discipline et de dévouement à leur supérieur; mais chaque régiment de la Garde, examiné à part, avait pour ainsi dire l'originalité de sa figure particulière. Aux yeux de l'observateur exercé, un soldat appartenant à ce corps d'élite portait son titre sur son visage; il y avait dans l'ensemble de sa personne quelque chose de spécial et de distinctif qui annonçait, mieux que son uniforme, le corps de la Garde auquel il appartenait.

Comment expliquer cette diversité de types propres à chaque régiment en particulier? Comment des hommes parlant la même langue, soumis au même régime et toujours réunis, comment, disons-nous, des soldats qui avaient la même religion politique, se séparaient-ils ainsi par des dissidences et des contrastes? En un mot, pourquoi le grenadier à pied ne paraissait-il plus le frère du grenadier à cheval? Pourquoi, entre le gendarme d'élite et le dragon, surtout si, déposant un moment l'uniforme, l'un et l'autre revêtaient l'habit bourgeois, reconnaissait-on cette opposition si nettement tranchée, qui permettait d'assigner à chacun le corps de la Garde auquel il appartenait? Ce n'était cependant pas le choix des chefs qui avait déterminé ce caractère de physionomie chez le soldat; les *gros majors* ne recrutaient pas leur régiment de *sujets* qui pouvaient offrir cette condition de rapports physiques. C'eût été d'ailleurs une tâche trop difficile, et la première condition d'admission dans la vieille Garde était un certificat tout à la fois de bravoure et de conduite irréprochable. Napoléon n'aurait pas voulu que les régiments de sa vieille Garde fussent formés comme le grand Frédéric avait composé son fameux régiment de grenadiers, où le plus mauvais soldat pouvait être admis, pourvu qu'il eût une taille de six pieds.

D'un autre côté faut-il mettre sur le compte du hasard cette singularité tout exceptionnelle qui signalait la Garde impériale? Nous ne le croyons pas : le hasard ne produit pas de tels résultats; mais plutôt faut-il supposer que, si des soldats ont pu se trouver rassemblés dans un même corps par une certaine conformité de goûts, par l'instinct d'une prédilection naturelle, et aussi par la réunion des qualités spéciales exigées, l'influence de l'association militaire a pu trouver sa part dans cette assimilation générale d'hommes composant un même régiment, et faire passer le niveau sur les oppositions et les différences qui pouvaient exister entre eux.

Quelle qu'ait pu être la cause de l'air de famille qui caractérisait les soldats de chacun des corps de la Garde, il suffit de l'établir, de le constater comme un fait extraordinaire qu'on ne saurait nier. Nous en appelons aux souvenirs de la génération qui a pu admirer la Garde impériale aux jours de sa splendeur : son témoignage confirmera complétement ce que nous avons été si souvent à même de juger par nos yeux.

Mais ce type particulier de chaque régiment de la Garde existe encore; il a survécu à cette élite de la grande armée, et c'est à peine s'il a été altéré par le malheur et la vieillesse. Le temps semble avoir respecté ce monument d'un âge héroïque. Allez visiter l'Hôtel des Invalides, parcourez du regard les rangs des vieux soldats qui peuplent cette retraite réservée aux martyrs des batailles : parmi eux vous reconnaitrez facilement l'ancien soldat de la Garde au milieu des autres; vous n'aurez pas besoin de l'interroger, d'écouter le récit de ses campagnes (d'ailleurs sa modestie ne les prodigue pas); vous nommerez, en le voyant, le chasseur à pied ou le grenadier à cheval ; vous direz, en considérant cette tête qui semble encore se redresser sous le bonnet à poil, cette figure empreinte de sévérité et d'énergie, ses larges et blancs sourcils sous lesquels brille toujours un œil plein de feu, vous direz : « Voilà un ancien soldat de la Garde impériale. »

Maintenant reportons-nous au temps de l'empire, et essayons d'esquisser les traits distinctifs de ces physionomies dont l'originalité ressort si complétement au milieu de ce grand tableau militaire.

Quel est d'abord ce soldat qui traverse le jardin des Tuileries? Son chapeau à trois cornes, sa culotte de nankin, ses bas de coton blanc,

ses souliers ornés de boucles d'argent, tout annonce qu'il est en *petite tenue d'été*, et qu'il a quitté sa caserne pour jouir d'un moment de liberté en vertu d'une permission dont il n'abusera pas. Son uniforme est celui de la vieille Garde. Ce soldat est d'une taille avantageuse, c'est-à-dire qu'il a 5 pieds 5 ou 6 pouces; il a le front haut, les épaules carrées, la poitrine développée; son teint basané, ses joues un peu creuses, son nez aquilin, donnent à l'ensemble de sa figure un air de gravité qui impose à la première vue. Il marche avec aisance; mais il conserve, même en se promenant, quelque chose qui rappelle l'habitude du pas régulier; tout, dans son allure, indique le sentiment d'une supériorité acquise sur les champs de bataille; mais ce maintien, cette assurance, sont sans orgueil, sans affectation. Cet homme se souvient seulement qu'en sa qualité de grenadier à pied de la vieille Garde, il appartient à un corps dont ceux qui le composent n'ont point de rivaux.

Aujourd'hui que sont-ils devenus? De loin en loin on en découvre un sur le sol de la France, et si c'est dans un village, il en est l'habitant qui a la conduite la plus exemplaire et la raison la plus éclairée. Les vieillards, les femmes et les enfants le saluent avec respect; les jeunes filles lui font la révérence avec un sourire qui semble provoquer de la part du vieux soldat une paternelle caresse. Tous l'admirent et l'envient!... C'est que cet homme a vu l'Empereur, et que Napoléon lui a parlé. Aussi l'écoutent-ils comme un oracle; et, quand par hasard un voyageur vient à passer, chacun lui parle de *l'ancien* qui fait honneur à l'endroit; car il a vu du pays, lui! il peut causer de tout : point de fleuve qu'il n'ait franchi, depuis le Tibre jusqu'au Nil, depuis le Tage jusqu'au Boristhène. Il a fait son entrée triomphale dans toutes les capitales de l'Europe; il sait la route de Vienne comme celle de Berlin; et, au besoin, il enseignerait encore l'une et l'autre à qui voudrait le suivre. Mais depuis trente ans l'Europe est au repos, et depuis qu'on ne se bat plus, l'ancien travaille, on dit même qu'il *s'y entend*. Sa demeure est la plus propre et la plus confortable, son champ est le mieux cultivé; il fait apprendre à lire à ses enfants, et dans la tendre soumission que ceux-ci portent à l'autorité de leur père, il y a quelque chose de la subordination militaire.

Le paysan appelle ce vieux soldat *M. le grenadier*. Pourtant ses cheveux ont blanchi, il s'est cassé; mais tout courbé qu'il est déjà, il n'entre pas chez le voisin sans être obligé de se baisser. Il est encore, au dire des commères, le plus bel homme du pays. C'est pour tous une ruine superbe; c'est une relique de l'Empire, comme pour lui cette aigle qui jadis ornait la plaque de son bonnet de grenadier, et à laquelle il a élevé un autel au chevet de son lit, entre un brevet d'honneur et la grossière enluminure d'un portrait de Napoléon. Voilà désormais le culte de cet homme, voilà son dieu et ses idoles jusqu'à ce que la mort, dont il n'a jamais eu peur, vienne le chercher. Et quand elle arrive, il l'accueille, calme et résigné comme tous ceux qui ont fait parti de cette prestigieuse et magnifique Garde impériale.

Loin des Tuileries, sur le boulevart extérieur, voici venir un homme de petite taille et un peu trapu; son col très-court se perd presque dans ses épaules. Ses jambes sont singulièrement arquées, sa tête est grosse, son teint est cuivré; d'énormes moustaches garnissent sa lèvre supérieure ; à ses oreilles se balancent de larges anneaux d'argent ; son

nez est presque écrasé quoique ses narines soient ouvertes comme celles du cheval qui hennit. C'est que ce soldat est un des meilleurs cavaliers de la Garde, c'est l'homme-cheval, c'est un de ces guides d'Italie et d'Égypte, un de ces intrépides ou plutôt, pour nous servir de l'expression vulgairement consacrée, un de ces *durs à cuire* qui ont formé le noyau du régiment des chasseurs à cheval de la vieille Garde. Il a aidé, avec ses camarades d'Arcole, d'Aboukir et de Marengo, à créer ce régiment ; il a été le véritable chasseur modèle, et tous les soldats qui font partie de ce corps reproduisent, à quelques exceptions près, ces signes caractéristiques qui lui appartiennent et le distinguent d'une manière toute particulière.

Le chasseur à pied se rapprochait un peu du chasseur à cheval. Il avait la même taille que lui, mais il était plus dégagé, plus leste dans sa désinvolture ; on devinait, en le voyant, qu'il devait combattre à pied, car ses jambes maigres semblaient faites pour la course ; mais chez lui le défaut d'embonpoint était une preuve de sa vigueur ; ses traits n'avaient point la gravité qui distingue ceux du grenadier son frère d'armes ; ils annonçaient même une sorte d'enjouement.

Le chasseur à pied avait les mouvements brusques, le geste prompt ;

il parlait avec vivacité, et durant la discussion, il s'échauffait facilement. Il marchait vite, alors même que rien ne le pressait ; on eût dit qu'il se croyait en campagne.

Au grenadier à cheval de la vieille Garde appartenait le privilége exclusif de cette figure et de cet aplomb qui le faisait remarquer entre tous les autres cavaliers de l'armée. Il était de haute stature et portait, comme une coiffure légère, le lourd bonnet d'oursin qui, lorsqu'il était à cheval, semblait ajouter encore à ce que sa taille avait d'imposant. L'expression générale de sa figure était la froideur. Lorsqu'il était à pied, cet homme conservait ses habitudes de gravité. Il existait dans

son maintien une sorte de raideur ; il avait dans sa tenue (hors de service) moins de coquetterie que les autres soldats de la Garde : il semblait laisser à sa dignité personnelle le soin de le louer. Rarement surprenait-on sur cette figure, toujours impassible, le passage d'un sourire ; on aurait pu croire que l'orgueil de sa qualité n'était pas étranger à cette disposition particulière, et que le grenadier à cheval affectait cette prétention à la suprématie qu'il voulait faire sentir,.... mais qu'on se détrompe, ce soldat n'était que l'homme de son régiment ; tout chez lui était l'effet d'une communauté de sentiments et de traditions : *il avait l'honneur d'être grenadier à cheval de la vieille Garde*, et voilà tout.

Moins raide dans sa tournure, le dragon était plus svelte dans ses formes physiques. Il s'étudiait à concilier la sévérité de la tenue avec l'élégance des manières. Il savait que, dans un jour d'aimable galanterie, Napoléon avait placé les dragons de sa Garde sous le patronage de Joséphine, et que par conséquent ils étaient les *dragons de l'Impératrice*, ainsi que le peuple se plaisait toujours à les nommer. En cette qualité, ils avaient une obligation de plus à remplir, celle de justifier

leur titre qui rappelait un hommage de l'ancienne chevalerie. Le
dragon de l'Impératrice était donc soumis à cette influence qui lui prêtait une distinction toute particulière sans affaiblir ses qualités militaires; aussi, comme il savait faire valoir les avantages de son élégant uniforme!

Le gendarme d'élite, considéré isolément, et abstraction faite de sa position dans la Garde, pouvait être confondu avec le grenadier à cheval; c'était à peu de chose près la même figure, la même gravité; cependant sous cette visière de cuir vernis qui s'abaissait de son bonnet à poil sur ses sourcils, on voyait luire le regard pénétrant du soldat investi d'une mission de confiance; il y avait quelque chose d'inquisitorial et de soupçonneux dans ce regard incessamment inquiet. Il semblait observer toujours, et sa vigilance était rarement en défaut. C'est qu'il était spécialement chargé de veiller à la sûreté de la personne de l'Empereur; c'était le soldat obligé des résidences impériales; c'était lui qui faisait respecter et exécuter les ordonnances du souverain et qui appréhendait au corps, quel que fût leur grade ou leur position dans l'armée, ceux des délinquants qui encouraient la sévérité ou la disgrâce du maître. Quoique le gendarme d'élite fût un peu l'homme de police du grand quartier général, sur le champ de

bataille, il n'en combattait pas moins dans les rangs de la vieille Garde.

Au seul nom de lancier polonais se réveillent les idées de bravoure et de fidélité militaire!... Il y avait dans la personne et dans les manières du lancier polonais une sorte d'étrangeté difficile à analyser. Sa haute taille, ses moustaches blondes, ses petits yeux, son nez épaté, ses cheveux coupés ras, le faisaient prendre de prime abord pour allemand; mais à la vivacité de ses mouvements, à sa pétulance instinctive, on reconnaissait celui qu'on a si justement surnommé le *Français du nord*. Quoique le lancier polonais adoptât facilement le langage et

les habitudes de sa nouvelle patrie, il ne pouvait cependant faire oublier tout à fait le fils de l'héroïque Pologne. A côté de lui brillait son frère d'armes, son émule, le lancier français, ce fameux *lancier rouge* dont l'uniforme éclatant était la terreur de l'ennemi. Il s'était tellement identifié avec son modèle, qu'il fallait une certaine pénétration pour découvrir les nuances qui existaient entre le régiment des lanciers polonais et celui des lanciers français, plus connu sous la dénomination de *chevau-légers*. Ces derniers avaient pour la plupart la chevelure et les moustaches blondes lorsqu'elles n'étaient point rousses, et sur le visage quelques traits qui rappellent l'homme du nord. Cette similitude était d'autant moins étonnante, que les lanciers français, ou pour mieux dire les chevau-légers, étaient généralement originaires de l'Alsace, de la Lorraine et des provinces françaises qui touchaient à l'Allemagne, et où l'habitant des campagnes naît en quelque sorte cavalier.

Ainsi que le lancier polonais, le lancier français se faisait remarquer par sa tournure dégagée; mais le regard de ce dernier était plus doux et les teintes de son origine tempéraient, sur sa physionomie, la rudesse militaire de la figure du premier. Aussi brave que le lancier polonais, le lancier français était d'une humeur plus enjouée; il était plus sobre surtout dans sa façon de *vivre*, tandis que l'intempérance du polonais était devenue proverbiale dans l'armée.

L'artilleur à pied était grand et sec; il avait le dos légèrement voûté comme tous les hommes qui se livrent à des manœuvres de force. Sa figure était aussi sévère que son uniforme; il parlait peu, et son air méditatif, bien qu'il ne fût que simple soldat, faisait deviner bientôt qu'il appartenait à une arme savante, à un corps spécial que Napoléon, dans ses préférences plus ou moins motivées, plaçait au-dessus de tous les autres, sans en excepter même celui du génie.

En voyant l'artilleur de la vieille Garde, on eût dit que ses cheveux et son visage avaient été noircis par la fumée du canon. Sa démarche était un peu pesante, et de ce côté il était loin de ressembler à son frère d'arme, l'artilleur à cheval. Celui-ci, sous plus d'un rapport, réunissait les types du chasseur à cheval dont il portait l'uniforme, sauf la couleur. Il était alerte dans ses mouvements, et semblait ne pouvoir tenir en place. Hors du service ce n'était plus le même homme; dès qu'il ne voyait plus ni son cheval, ni ses pièces, il semblait triste; il ne savait pas jouir des loisirs de la garnison; il lui fallait les fatigues et le bruit

de la vie des camps. Il avait cela de commun avec l'artilleur à pied.

Chez le sapeur du génie, tout était méthodique et régulier. C'était

en quelque sorte un homme tout d'une pièce. Il avait une gravité qui ne se démentait jamais. Sa figure flegmatique reflétait les occupations de son métier et le genre de courage qu'il exigeait. L'ensemble de sa personne, sa tenue, son langage, annonçaient ce qu'il était. Placé en dehors des grands mouvements militaires, cette situation contribuait sans doute à lui donner ce cachet de calme et d'impassibilité qui le caractérisait essentiellement. Le sapeur du génie était le philosophe de la Garde impériale.

Quant au soldat du train, ce n'était pas un charretier d'artillerie ; il

avait mérité sa nouvelle qualification et conquis sa place parmi les soldats de la vieille Garde, en sachant ennoblir, sur le champ de bataille, son infime condition et la simplicité de son uniforme. C'était un homme, il est vrai, à la figure vulgaire, au nez camard, à la forte carrure et à l'organe rauque. Habitué à mêler sa voix aux fracas de l'artillerie, au bruissement des caissons, pour exciter ses chevaux, il avait un enrouement continuel dont vingt ans de paix ne l'eussent pas guéri. On retrouve encore quelques-uns de ces vieux soldats du train, bourreliers ou maréchaux-ferrants, à la Chapelle-Saint-Denis ou à Vaugirard ; mais sous le tablier de cuir il est toujours reconnaissable : cet homme a conservé son enrouement, ses formes communes et son langage un peu brutal.

Parmi ces hommes de fer et ces soldats d'élite se faisait remarquer un corps spécial qui fut constamment le moins nombreux de tous ; nous voulons parler des *matelots*, c'est-à-dire des marins de la Garde.

Roulant constamment dans sa bouche une énorme *chique* de tabac, le marin était bref dans son langage comme dans ses manières, et vivait seul. Pour lui point de communications familières avec des soldats des autres corps, comme s'il eût craint de n'être pas compris par eux. Accoutumé à la vie de bord, il semblait regretter les limites de son vaisseau et les tourments de l'Océan ; mais aux jours de bataille, il n'en combattait pas moins sur la terre ferme avec le sang-froid et la bravoure qui caractérisaient si éminemment nos vieux grenadiers.

Aujourd'hui le marin de la Garde, devenu invalide, n'a pas renoncé pour cela aux travaux de son ancien métier : on le retrouve encore employé dans la navigation à la vapeur du Hâvre à Paris ; l'un d'eux [*] a même employé ses loisirs à publier des *mémoires* destinés à montrer jusqu'où pouvaient aller l'intrépidité, l'audace et la constance des soldats de notre ancienne armée.

Tels étaient les types principaux des différents corps de la vieille Garde impériale. Si dans ce simple tableau nous avons omis d'esquisser les autres corps qui firent également partie de la Garde, tels que les *tirailleurs*, les *voltigeurs*, les *flanqueurs*, les *pupilles*, les *gardes d'honneur*, les *éclaireurs*, etc., etc., c'est que cette nomenclature de régiments, désignée sous la qualification de *jeune Garde*, serait trop longue à énumérer ici. La vieille Garde impériale qui, dans l'origine, ne s'élevait en tout qu'à neuf mille hommes, état-major, administration, infanterie, cavalerie, artillerie compris, fut successivement portée jusqu'à cent mille hommes ; en 1814, elle avait même atteint le chiffre énorme de cent douze mille cinq cents hommes d'effectif, à l'aide de ces régiments de jeune Garde dont nous parlions tout à l'heure ; mais cette jeune Garde n'eut qu'une courte durée d'existence et ne se trouva jamais placée, comparativement à *la vieille*, que dans des positions secondaires. Quoi qu'il en soit, ceux qui firent partie de celle-ci s'en

---

[*] M. Henri Ducor, dont nous avons parlé précédemment dans notre chapitre spécial intitulé : *Les marins de la Garde*.

vont tous les jours comme les autres, et bientôt ce type d'une génération extraordinaire aura disparu tout à fait, en ne laissant qu'un souvenir confus dans la mémoire des générations à venir !

COMPOSITION ET FORCE NUMÉRIQUE DE LA GARDE EN 1809.

Etat-major général et administration. 48

Infanterie.

Grenadiers.	1 régiment. . . .	2,000
Vétérans.	1 compagnie. . .	200
Fusiliers grenadiers	1 régiment. . . .	1,920
Tirailleurs grenadiers	2 régiments . . .	4,000
Conscrits grenadiers.	2 régiments . . .	4,000
Chasseurs	1 régiment. . . .	2,000
Fusiliers chasseurs.	1 régiment. . . .	1,920
Tirailleurs chasseurs.	2 régiments . . .	4,000
Conscrits chasseurs	2 régiments . . .	4,000
Matelots.	1 bataillon. . . .	806
		24,846

24,846

Cavalerie.

Grenadiers.	1 régiment. . . .	968
Vélites grenadiers.	2 escadrons . . .	342
Chasseurs.	1 régiment. . . .	968
Vélites chasseurs	2 escadrons . . .	342
Mamelucks.	1 compagnie. . .	102
Gendarmerie d'élite	1 légion.	456
Dragons	1 régiment. . . .	968
Vélites dragons.	1 escadron. . . .	226
Lanciers polonais.	1 régiment. . . .	968
		5,340

5,340

Artillerie. . . . . 1 régim. 3 comp. 948

Hôpital de la Garde 21

31,203

LIVRE DIXIÈME.

ANNÉE 1810.

CHAPITRE PREMIER.

AUGMENTATION DE LA GARDE IMPÉRIALE.

I.

L'année 1810 fut peut-être l'époque la plus glorieuse et la plus prospère du règne de Napoléon. Par suite du traité de Vienne, les confins de l'empire français avaient été reculés, d'un côté, jusqu'aux bouches de l'Elbe, et de l'autre, jusqu'aux rivages du Tibre. Rome était devenue la seconde ville de l'empire, et Amsterdam la troisième, par le fait de la réunion du royaume de Hollande à la France. Un frère de l'Empereur (Joseph Bonaparte) régnait en Espagne; un autre (Jérôme) en Westphalie; le beau-frère de l'Empereur, Murat, était roi de Naples; Napoléon lui-même, roi d'Italie, était en outre médiateur de la confédération suisse, et protecteur de la confédération du Rhin ; la domination française, par suite de la gloire de ses armes, atteignait donc quarante-quatre millions d'hommes, et le patronage de l'Empereur des Français s'étendait sur cent millions d'Européens. L'Autriche, la Prusse, la Russie, la Suède, le Danemarck, la Bavière et le Wurtemberg s'honoraient de notre alliance ; il n'y avait que l'Angleterre, cette vieille ennemie, cette rivale éternelle de notre grandeur et de notre prospérité, qui conservât seule ses sentiments de haine jalouse pour le nom français.

Ce temps de gloire fut aussi marqué dans la vie de Napoléon par le plus grand événement qui ait intéressé ses affections domestiques : son divorce avec l'impératrice Joséphine et son mariage avec l'archiduchesse d'Autriche Marie-Louise. Mais si l'Empereur profita des loisirs que lui laissait la tranquillité apparente des cabinets de l'Europe pour donner un puissant essor à l'agriculture, aux sciences, aux lettres, aux arts, au commerce et à l'industrie, il ne perdit cependant pas de vue sa Garde, dont les chances de la dernière guerre avec l'Autriche lui avaient démontré plus que jamais la nécessité d'augmenter et la force numérique et la prépondérance dans l'armée. Aussi crut-il devoir la renforcer d'un régiment dit de *garde nationale*, d'un second régiment de chevau-légers lanciers, et d'une compagnie de sapeurs du génie spécialement destinée à faire le service des pompes dans les palais impériaux.

Puis, par suite des événements politiques survenus en Hollande, il incorpora dans sa vieille Garde, les grenadiers de la garde hollandaise, qu'il avait appelée en France ; il créa en outre des corps de musique pour les huit régiments de la jeune Garde qui existaient déjà, et enfin il doubla presque le nombre des officiers de santé attachés au service de l'hôpital militaire du Gros-Caillou ; de sorte que la Garde, dont l'effectif ne se montait en 1808 qu'à quinze mille deux cent deux hommes, atteignit, en 1810 et successivement, le chiffre de trente-deux mille cent cinquante et un hommes, c'est-à-dire plus du double, au moyen de décrets et d'arrêtés dont nous allons donner le texte, ou du moins indiquer la teneur.

Dans le premier décret, daté du palais des Tuileries, le 1er janvier 1810, il était dit :

« L'Empereur, voulant donner une preuve de satisfaction aux gardes nationales des départements du nord, ordonne qu'il sera ajouté aux régiments d'infanterie de la Garde un régiment de quatre bataillons, composé d'hommes de bonne volonté, tirés des compagnies de gardes nationales qui ont concouru à la défense des côtes de Flandre et de la Manche; chaque bataillon sera composé de *quatre* compagnies organisées et traitées en tout comme les tirailleurs de la jeune Garde. »

Ce régiment reçut la dénomination de *régiment des gardes nationales de la Garde*, et fut organisé à Lille.

Un autre décret, daté de Compiègne, le 20 mars, ordonna la formation d'un *deuxième* régiment de chevau-légers lanciers.

Le même décret prescrivait la création de corps de musique pour les huit régiments de la jeune Garde, vingt-quatre musiciens par arme, ou douze musiciens par régiment.

Le 16 juillet 1810, création d'une compagnie de sapeurs du génie, qui fut attachée à la vieille Garde, et qui, en cette qualité, dut faire le service des pompes dans les résidences impériales [1].

Le 13 septembre, les grenadiers hollandais furent incorporés dans la vieille Garde impériale.

II.

UNIFORME ET ARMEMENT.

A l'époque du mariage de Napoléon avec Marie-Louise, en avril

---

[1] Voici à quelle occasion cette compagnie fut créée :

Il y avait au palais de Saint-Cloud un corps-de-garde placé sous le grand vestibule. Une nuit que les soldats de ce poste avaient fait du feu outre mesure, tandis que l'Empereur habitait cette résidence, le poêle devint si brûlant, qu'un vieux fauteuil, qui se trouvait adossé à l'une des bouches qui chauffait un salon intérieur, prit feu, et la flamme se communiqua promptement à tous les meubles. L'officier du poste, s'en étant aperçu, prévint aussitôt M. Charvet, concierge du château, qui courut au logement du grand maréchal du palais, Duroc, qu'il réveilla. Celui-ci se leva en toute hâte, recommanda le plus grand silence, et organisa aussitôt une chaîne. Duroc ainsi que Charvet se placèrent dans le bassin même qui est dans la cour d'honneur, et passèrent les seaux d'eau aux soldats. Une heure après, le feu, qui déjà avait dévoré le meuble du salon, était éteint. Ce ne fut que le lendemain matin que les hôtes du palais apprirent l'événement. Pour prévenir de pareils accidents, Napoléon organisa une garde de nuit. Toutes les résidences impériales en eurent successivement une semblable. Cette garde, composée de sapeurs du génie, fut appelée *chambre de veille*.

1840, l'uniforme des musiciens et des sapeurs des grenadiers à pied de la vieille Garde subit quelques modifications, qui ne firent cependant que rehausser la richesse de leurs costumes. Ainsi, toutes les parties de l'habit de grande tenue des musiciens, jusqu'alors de couleur cramoisie, devinrent écarlate. On ne changea rien aux passementeries d'or; mais le pantalon et les bottes à la suvarow remplacèrent la culotte et les bottes à retroussis.

Les petites ganses du chapeau furent supprimées. Le haut du plumet resta blanc, mais le bas de ce plumet fut rouge écarlate.

Quant aux sapeurs, ils reçurent un habit de grand uniforme garni sur toutes les coutures de galon or et laine de dix lignes; le collet, les parements, les revers et la doublure des basques de l'habit furent bordés du même galon, ainsi que les tours de poche. Des brandebourgs or et laine furent ajoutés à tous les boutons; des grenades et deux haches brodées en or furent posées en croix sur le haut de la manche de l'habit. Aux épaulettes or et laine rouge furent ajoutés des cordons en or, et le corps de l'épaulette fut coupé de raies d'or en travers. Il ne fut rien changé ni au reste de l'uniforme, ni à l'armement.

Gardes Nationales *.

Habit coupé comme l'uniforme des tirailleurs chasseurs, fond bleu; collet et parements (en pointes) en drap écarlate, liseré blanc; revers blancs en pointe, liserés écarlates; doublure des basques en serge blanche, liseré écarlate; passe-poil des poches figurées écarlate; retroussis garnis d'aigles en drap bleu; pattes d'oie pour épaulettes en drap bleu, liseré rouge, boutons jaunes.

Veste et pantalon blanc; petites guêtres noires; capote grise.

Équipement et armement comme les tirailleurs chasseurs.

Shako garni d'un aigle couronné, en cuivre, d'un cordon blanc et d'un pompon à lentille surmonté d'une flamme de couleurs différentes pour chaque compagnie.

Comme les régiments de ligne, le régiment des gardes nationales avait une compagnie de grenadiers et une compagnie de voltigeurs à chaque bataillon.

* Ce régiment devint 7e de voltigeurs en 1813.

Officier de voltigeurs et Garde national, grande tenue.

GARDE IMPÉRIALE.

Les grenadiers avaient, pour marque distinctive, des épaulettes, une dragonne, des cordons au shako avec un pompon et des grenades au retroussis, le tout de couleur rouge.

Les voltigeurs avaient : épaulettes, dragonne, cordon de shako, pompon et cors de chasse aux retroussis de couleur verte.

Grenadiers Hollandais.

Lors de la réunion de la Hollande à la France (en 1810), la garde royale hollandaise devint 2ᵉ régiment des grenadiers de la Garde impériale, et conserva son uniforme, sauf les signes du gouvernement hollandais, qui furent remplacés par ceux du gouvernement impérial.

Un habit blanc, collet, revers et parements cramoisis; doublure et passe-poil de poches de même couleur, grenades jaunes. Boutons à l'aigle à l'habit et à la veste blanche, ainsi que la culotte.

Guêtres noires longues avec boutons de cuivre; épaulettes et dragonne rouges.

Bonnet sans plaque, cordon blanc à double gland; au haut du bonnet, une croix en fil blanc sur un fond cramoisi. Plumet rouge.

Même garniture de giberne que les grenadiers du 1ᵉʳ régiment.

Fusil garni en cuivre.

Le petit uniforme consistait en un surtout blanc avec collet, parements et doublures cramoisis; basques sans tours de poches, garnies de grenades jaunes.

Chapeau avec une simple ganse jaune; les marrons et le pompon rouges en pomme de pin.

La grande tenue d'été pour les officiers et les soldats était une veste, une culotte et des guêtres de basin blanc.

Les épaulettes et dragonnes des officiers, semblables à celles des officiers de grenadiers du 1ᵉʳ régiment.

Les musiciens avaient des habits bleu de ciel; collet, revers et parements jaunes, galonnés en argent; brandebourgs à torsades en argent à tous les boutons des revers; des plis et des tours de poches en long. Doublure de basques jaune, bordée d'un galon; boutons blancs à l'aigle. Trèfles en argent.

Colbaks à flammes jaunes, galons et glands d'argent, plumet blanc et bleu en bas.

Veste et pantalon blancs unis; bottes à la russe, avec bord et glands en argent.

Le tambour-major portait le même habit que les musiciens, mais il était galonné sur toutes les coutures et autour des poches; deux grosses épaulettes en argent, un collier rouge, brodé en argent et garni d'une plaque, avec les deux petites baguettes; un aigle couronné et des grenades. Ce collier était, dans toute sa longueur, bordé d'une torsade en argent.

Colback en flamme jaune, galon et gland d'argent. Plumet blanc et bleu par le bas, entouré de trois plumes d'autruche blanches.

Veste et pantalon blancs, galonnés.

Brodequins noirs bordés en torsades.

Les tambours portaient le même uniforme que les soldats; il était galonné au collet, aux revers et aux parements.

Ces brillants uniformes disparurent après la campagne de Russie.

Chevau-Légers lanciers.

Kurka, collet, revers, parements et retroussis bleu de roi; passe-poil bleu sur toutes les coutures.

Deux épaulettes jaunes; aiguillettes à gauche. Boutons jaunes.

Pantalon par-dessus les bottes, comme les marins, en drap écarlate, bordé d'une bande de drap bleu.

Giberne portant un aigle.

Lance à fanion rouge et blanc; sabre à la hussarde avec ceinturon blanc, attaché sur l'habit par une plaque portant un aigle.

Schapski carré, rouge camelé, avec un N couronné rayonnant, et un cordonnet de fil blanc; plumet blanc; visière bordée en cuivre, jugulaires en chaînetons de cuivre.

Porte-manteau rond.

Sur les schabraques des chevau-légers, il y avait un N couronné à la place de la couronne des autres régiments de cavalerie.

Sapeurs du Génie.

L'uniforme semblable, pour la coupe, à celui des grenadiers à

Chevau-Légers lanciers (deuxième régiment), et Tartares lithuaniens, attachés comme éclaireurs au régiment de chevau-légers lanciers.

GARDE IMPÉRIALE.

Sapeur du génie, grande tenue et tenue de tranchée

GARDE IMPÉRIALE.

pied, habit bleu de roi, revers, collet et parements en velours noir liseré de rouge, retroussis et passe-poil de poche rouges.

Veste et culotte bleu de roi.

Un casque de fer poli, garni d'ornements et d'un aigle déployé, en cuivre jaune; crinière noire, plumet rouge.

Epaulettes et dragonne rouges. Capotte bleu de roi. Equipement et armement comme les régiments de vieille Garde. Un aigle sur la giberne.

CHAPITRE II.

ÉTATS NOMINATIFS.

MAISON MILITAIRE DE L'EMPEREUR.

ÉTAT-MAJOR GÉNÉRAL.

Colonels-Généraux de la Garde.

les Maréchaux
- le duc d'Auerstaed (Davout) (G. D. ✳), *commandant les grenadiers à pied.*
- le duc de Dalmatie (Soult) (G. D. ✳), *idem les chasseurs à pied.*
- le duc d'Istrie (Bessières) (G. D. ✳), *idem la cavalerie.*
- le duc de Trévise (Mortier) (G. D. ✳), *idem l'artill. et les matelots.*

Aides-de-Camp de l'Empereur (*classé par ordre d'ancienneté d'emploi*).

les Génér. de div.
- le Cte Lemarrois (C. ✳).
- le Cte Law de Lauriston (C. ✳).
- le Cte Caffarelli (G. D. ✳).
- le Cte Rapp (C. ✳).
- le Duc de Rovigo (G. D. ✳).
- Le Cte Le Brun (C. ✳), *génér. de brigade.*
- Le Cte Bertrand (C. ✳), } *génér. de div.*
- Le Cte Mouton (C. ✳), }
- Gardanne (C. ✳), *général de brigade.*
- Le Cte Reille (C. ✳), *génér. de division.*

Capitaines, officiers d'ordonnance de l'Empereur.

Tascher.	Lespinay.	Gillot.	Zopffel.
Talhouet.	Constantin.	Carignan.	Baffron.
Salm-Kyrbourg.	Faudoas.	Vence.	Marboeuf.

Aides-de-Camp des Maréchaux, colonels-généraux de la Garde.

- Simon (O. ✳),
- Le Bon Bercke (C. ✳), } *adj. command.*
- Le Bon A. Davout (C. ✳),
- Gouret (O. ✳),
- Segauvelle ✳, } *colonels.*
- Hulot ✳,
- Lapointe ✳,
- Falcon ✳,
- Leisteinchneider ✳, } *chefs d'escadr.*
- Saint-Chamans,

- Soulages, *chef de bataillon du génie.*
- Clapowski ✳,
- Lapeyrière ✳,
- Waldner ✳,
- Bourreau ✳, } *capitaines*
- Tholozé,
- Brun,
- Trobriant,
- Beaumetz, } *lieutenants.*
- Authome,

Aides-de-Camps adjoints à l'état-Major général.

- Vautrin ✳, *chef d'escadron.*
- Quesnel, } *chefs de bataillon.*
- Quandalle,
- Baron ✳,
- Bottex ✳, } *capitaines.*
- Laforêt ✳,

Administration générale de la Garde.

- Felix (O. ✳), *inspecteur aux revues.*
- Daru (Martial) (O. ✳), *idem.*
- Clarac ✳, *sous-inspecteur aux revues.*
- Dufour (J.-B.) ✳, *commiss. ordonnateur.*

Commissaires des guerres de première classe.

Charamond ✳. — Daunon. — Daugeny.

Commissaires de guerres de deuxième classe.

Odier. — Toulgoet. — Perceval.

Adjoints aux Commissaires des guerres.

Menoir. — Froment.

Lieutenants-Adjudants d'administration.

| Pellehet. | Bellaguet ✳. | Lapierre. |
| Simonin ✳. | Picard ✳. | Lostin, *quartier-maître.* |

BESSIÈRES, maréchal de l'Empire,

Colonel-général, commandant la Cavalerie.

GARDE IMPÉRIALE.

ÉTAT-MAJOR GÉNÉRAL DU CORPS DES GRENADIERS A PIED.

Le Cte DORSENNE (C. ✻), *général de division, colonel commandant.*
Le Bon ROGUET (C. ✻), *général de brigade, colonel en second.*
Le Cher RÉANT ✻, *capitaine, quartier-maître trésorier du 1er régiment.*
LE GRAS, *idem du 2e idem.*

Officiers à la suite du corps.

Le Bon CHRISTIANI ✻, COUCOURT, } *majors.*
ROQUE, *chef de bataillon.*
DHIM, *capitaine.*

Lieutenants en premier.

CHAILLOU ✻. — JOUETTE ✻. — TARAYRE. — ANDRIVON.

Lieutenants en second.

HEYERMANS. — MAUGET. — DECOURT. — DOCQUIERT. — STOLLER.

État-major du 1er régiment.

Le Bon MICHEL (O. ✻), *colon. maj. comm.*
Le Bon HARLET (O. ✻), Le Cher LANRÈDE (O. ✻) } *chefs de bataill.*
BELCOURT ✻, Le Cher DESCOMBES ✻, } *capit adj.-maj.*
Le Cher AVERSÈNE (O. ✻), *cap adj. d'hab.*
LAMBERT ✻, *capit. adj. aux vivres.*
RITTER (O. ✻), } *lieuten. en premier,*
HAILLECOURT ✻, } *sous-adjud.-maj.*
EGRET ✻, } *lieuten. en second,*
CHAUVEY ✻, } *porte-drapeau.*
DUDANJON ✻, *chirurgien-major.*
BRAISE, *aide-major.*

État-major du 2e régiment.

R.-D. TINDAL, *colonel, major command.*
GEORGE, DUIRING, } *chefs de bataillon.*
B.-G. TINDAL, DE QUAY, } *capit. adjud.-majors.*
VAN BRANKHORST, } *lieut. en premier,*
REICHARDT, } *sous-adj.-maj.*
PYMAN, *capit., adjudant d'habillement.*
WAGENAAR, *lieut. en 1er, adj. aux vivres.*
VAN DEN BROCK, } *lieut. en premier,*
ROELVINCK, } *porte drapeau.*
JEANNIER, *chirurgien-major.*
SCHNEIDER, *aide-major.*

Régim.	Batail.	Comp	CAPITAINES.	LIEUTENts EN 1er.	LIEUTENANTS EN 2e.	
1er	1er	1	le cher LEMARROIS O. ✻	SICARD ✻	BRASSEUR ✻	. . . .
		2	le cher TRAPPIER ✻	DAIX ✻	PICQ ✻	HOUARNE ✻
		3	DUPRÉ ✻	DUBIEZ ✻	PLÉE ✻	GABILLOT ✻
		4	GOLZIO ✻	ROEILLARD ✻	BRESSON ✻	DUMONT ✻
	2e	1	LAVIGNE (O. ✻)	VESSILIER	BOURDIN ✻	LAC ✻
		2	PAILHÈS ✻	TAILHAN ✻	GAVIGNET ✻	PLAFAIT
		3	le cher ALBERT (O. ✻	GODARD ✻	OUSSOT ✻	LION ✻
		4	HIGONNET ✻	DURYE ✻	DARD ✻	GREMION ✻
2e	1er	1	DE KOCK	JOUY	HYGENS	VANDER MONDE
		2	VAN DEN BERG	AMBOS	CARTERET	KRONENBERGER
		3	DE GROUT	SAVANGE	LINDEN	VAN SPRANG
		4	KNYCK	DESTUERS	PFEIFFER	SPENGLER
	2e	1	MONGEL	BOELLAARD	BAGGELAAR	VAN BEESTEN
		2	BOEBEL	NINABER	DOLHMAN	CORBELYN
		3	DE SONNAVILLE	PAETS	VANHAETEN	UMBGROVE
		4	BRADE	KNOLL	OVERREITH	MIELIEFF

RÉGIMENT DES GARDES NATIONALES.

État-Major.

Le baron COULOUMY ✶, *major commandant.*
BALTHAZARD ✶, *major en second.*

Le B⁰ⁿ ZAEPFFEL ✶,
Le Ch⁰ʳ JOUAN ✶, } *chefs de bataill.*
JOLAIN ✶,
BROUSSOUZE ✶, } *capit. adj.-maj.*
COUSIN, *lieutenant quartier-maître.*
PINGET, *sous-lieutenant, offic.-payeur.*

GENTIL, *porte-aigle.*
BELLENAND, *chirurgien-major.*
BESSE, *aide-major.*
HARSENS,
ZANDEYCK, } *sous-aides-majors.*
LANGRIS, *sous-lieutenant à la suite.*

Bataillons.	Compagnies.	CAPITAINES.	LIEUTENANTS.	SOUS-LIEUTENANTS.
1ᵉʳ	Grenad.	COPPENS	DAVID	MARC
	1	LECORPS ✶	HAGRE	DE GUIZELIN
	2	CACMONT	BUN	MEURIZET
	3	ZEVORT	MAQUEREL DE PLEINE SELVE	SERVATIUS
	4	CAQUERAY DE FRILEUSE	LEBAHIER	GUILLAUMET
	Voltig.	DAUPHIN	DE GIVERVILLE	LINARD ✶
2ᵉ	Grenad.	DESFONTAINES	DESBUFFARDS	GUILLAUME
	1	DE BUCY	HANS	SUPLY
	2	DUPUIS	RENART	BEISSAC
	3	DE CRETOT	DHENNEZEL	LAURENT
	4	MAILLARD	GALLOIS	HEROGUELLE
	Voltig.	LEPESANT-LAMAZURE	DUQUESNOY	LE METAIR

COMPAGNIE DE SAPEURS-POMPIERS.

PROVENCE ✶, *capitaine.*

GAUCHER, *lieutenant en premier.* — DUGUET, *lieutenant en second.*

COMPAGNIES D'OUVRIERS attachés à l'Administration générale.

État-Major.

GABERT, *capitaine.*

BELLAGUET ✶, *lieut. en 1ᵉʳ, adj.-maj.* — PELLECHET ✶, *lieut. en 1ᵉʳ, quart.-maît.*

1ʳᵉ Comp.	HUGON ✶,	*lieutenant en premier.*	LAPAREILLE,	*lieutenant en second.*
2ᵉ	—	BEGES ✶,	*idem.*	FORMIER,	*idem.*
3ᵉ	—	PICARD ✶,	*idem.*	LONIC,	*idem.*
4ᵉ	—	TOCHE,	*idem.*	DURENDET,	*idem.*
5ᵉ	—	ROCA,	*idem.*	VAVASSEUR,	*idem.*

CORPS DES GRENADIERS A CHEVAL.

État-Major.

Le comte Walther (G. A. ✻), *général de division, colonel commandant.*

Le baron Lepic (C. ✻), *général de brigade, major.*

Le baron Chastel (O. ✻), *major.*

Hardy ✻, *chef d'escadron, instructeur.*

Perrot (O. ✻), *chef d'escadron, quartier-maître trésorier.*

Clément (O. ✻), Mesmer (O. ✻), Remy (O. ✻), Maufroy (O. ✻), Dujon (O. ✻), *chefs d'escadron.*

Ring ✻, *capitaine instructeur.*

Pernet (O. ✻), Dufour ✻, *capit. adj. majors.*

Lajoie ✻, *capitaine*, Varnout ✻, Messager ✻, *lieuten. en 1er*, *adj. d'administ.*

Scribe ✻, Schmidt ✻, Lepot ✻, Haremberg ✻, *sous-adjud.-majors, lieut. en premier.*

Spennel ✻, *sous-adj.-maj., lieut. en 1er.*

Piedfort ✻, Grosselin ✻, Lapersonne ✻, Bergeret, *porte étendard, lieutenants en second.*

Dièche ✻, Valet ✻, *chirurgiens-majors.*

Liberon, Descot, Gauthier, *aides-majors.*

Officiers à la suite.

Juncker ✻, *capitaine.*

Leclerc ✻, Richard ✻, Billot ✻, *lieuten. en premier.*

Numéros des Escad.	Numéros des Comp.	CAPITAINES.	LIEUTENANTS EN PREMIER.		LIEUTENANTS EN SECOND.	
1	1	Morin O. ✻	Tnefferd ✻	Berthon ✻	Hoblot ✻	Almayer ✻
	5	Burgraff ✻	Bouvier ✻	Destouches ✻	Pastre	Verdier ✻
2	2	Jubert ✻	Rollet ✻	Poncet ✻	Moreau	Verpillat ✻
	6	Guillaume O. ✻	Borde ✻	Franquin ✻	Panier	Teissert ✻
3	3	Desmonts O. ✻	Busquin ✻	Goubet O. ✻	Destrez	Coffinhal
	7	Campariol O. ✻	Walter (A.) ✻	Bellaudel ✻	Legrand	. . . . .
4	4	Delaporte ✻	Berger ✻	Javary ✻	Dessoffi	Yunck ✻
	8	Venière ✻	Buyck ✻	Audeval ✻	Lignot	Mahy ✻
Vélit.	9	Olivier. ✻	Lemaire ✻	Seranne ✻	Buchouat	Lecat ✻
	10	Gautron ✻	Dupety ✻	Lacoste ✻	Paturier	Gaudinot ✻

ÉTAT-MAJOR DU CORPS DES CHASSEURS A CHEVAL.

Le comte LEFEBVRE-DESNOUETTES (C. ✷), *général de division, colonel commandant.*
Le baron GUYOT (O. ✷), *général de brigade, colonel commandant en second.*

Le baron DAUMESNIL (O. ✷),
Le baron CORBINEAU (O. ✷), } *majors.*
Le baron LYON (O. ✷),

Le Ch MARTIN (O. ✷),
DESMICHELS (O. ✷),
MUSQUIER (O. ✷), } *chefs d'escadr.*
SCHNEIT (O. ✷),
LEFÈVRE ✷,

GUYOT ✷, *quart.-mait.,*
NAGER ✷, *instructeur,* } *capitaines.*

BAYEUX ✷,
MAZIAUX (O. ✷), } *capit. adjud.-majors.*

DOMANGÉ ✷,
SÈVE (jeune) ✷, } *lieuten. en premier,*
ASSAUT ✷, *sous-adj.-majors.*

KERVAL ✷,
VAZILLIER ✷, } *lieutenant en second, sous adj.-maj.*

LEBRASSEUR ✷, *p. l'habillem.*,
DONCHERY (O. ✷), *p. les vivres,* } *adjud.*
DELOR ✷, *p. les fourrages,*
ALLIÉ ✷,
PELISSIER ✷,
BAYARD ✷, } *porte-étendard.*
LEPAPE ✷,
LACHOME ✷,
FERRUS ✷, } *chirurgiens majors.*
BOCKENHEIM ✷,
PERGOT ✷, } *aides-majors.*
SORLIN,

Capitaines à la suite.

BILBEBEAU ✷. | BUREAU (O. ✷).
ROUGEOT ✷. | THOMAS ✷.

NUMÉROS DES		CAPITAINES	LIEUTENANTS			
Escad.	Comp.		EN PREMIER.		EN SECOND.	
1	1	JOANNÈS ✷	PARISOT ✷	CHAREL O. ✷	ENJUBAULT ✷	SCHPERIÈRE ✷
	5	GEEIST O. ✷	ROBIN ✷	PAPIGNY ✷	LEMAIRE ✷	DEVILLE ✷
2	2	CALORY ✷	SCHMIDT ✷	LAMBERT O. ✷	PICHON ✷	BRICE ✷
	6	VIEITH ✷	PASSERIEU ✷	TERVAY ✷	GAY ✷	CABART ✷
3	3	RABUSSON O. ✷	PERRIER O. ✷	BASSE ✷	PIQUEMAL ✷	DIEUDONNÉ ✷
	7	GREFF O. ✷	DUPONT ✷	LEVASSEUR ✷	ROUL ✷	MACÉ ✷
4	4	POIRÉ ✷	SÈVE ✷	GARNIER O. ✷	BOURDON ✷	DURANT ✷
	8	VARÉLIAUD O. ✷	VIALA ✷	MOYSSANT ✷	ARMAGNAC ✷	FAURÈS ✷
Vélit.	1	THUMELAIRE ✷	BARBANÈGRE O. ✷	PIBOUT ✷	HELSON ✷	RUDELLE ✷
	2	CAIRE ✷	ACHINTE ✷	BOURGEOIS ✷	BUGAT ✷	ROLLIN ✷

COMPAGNIE DE MAMELUCKS.

État-major. {
KIRMANN (O. ✷), *chef d'escadron commandant.*
SOURDIS, *capitaine instructeur.*
ROUYER ✷, *adjudant, lieutenant en second.*
MERAT ✷, *porte-étendard,* *idem.*
MAUBAN ✷, *chirurgien-major.*
}

RENNO (O. ✷),
DAHOUD ✷, } *capitaines.*

CHAIM (O. ✷),
ELIAS ✷, } *lieutenants en premier.*

SOLIMAN ✷,
ABDALLA ✷,
GEORGES ✷, } *lieutenants en second.*
. . . .

DEUXIÈME RÉGIMENT DE CHEVAU-LÉGERS-LANCIERS.

État-Major.

Le baron COLBERT (C. ✻), *général de brigade, colonel.*
DUBOIS, *colonel major.*
VANHASSELT, *major en second.*

DE TIECKEN,
HOEYNAAR ✻,
COTÉ,
Le B^{on} DE VATTEVILLE ✻, } *chefs d'escad.*

ROYEU,
DEFALLOT,
DESTUERS,
HESHUSINS, } *lieutenants en premier, sous adjud.-majors.*

DUFOUR, *capit. quart.-mait. trésorier.*
VAN BELVEREN, *capitaine instructeur.*
COURBE ✻,
DELAFARGUE, } *capit. adjud.-majors.*

VERHAAGEN, *lieut. en prem., porte-aigle.*
MERGEL, *chirurgien-major.*
HENNIGE,
STUTERHEIM, } *chirurg. aides-majors.*

Lieutenants en second à la suite.
SPIES, J.-C. — SPIES, J.-W. — SPIES, J.-F. — BREDENBACK.

NUMÉROS DES		CAPITAINES.	LIEUTENANTS	
Escad.	Comp		EN PREMIER.	EN SECOND.
1	1	VAN-DER-MEULEN	MANHEIM	TENBRINCH-WARTS	BREPOELS.
	5	STERKE	BOCHER	LEUTNER	VAN-DOORN
2	2	POST	CHOMEL	FRANCK	GUNBELS
	6	DUMONCEAU	MASCHECK	DE WACKERWAUZON	ZIEGLER
3	3	CALKOEN	VAN-ZUYLEN-VAN-NYEVELL	PAATS-VAN-WYCHGEL	DE BELLEFROID
	7	TULLEKEN	VERMAESEN	DAS	DE IONGH
4	4	SCHNEITR	VAN-HAERSATE	VAN-DER-LINDEN	VAN-OMPHAL
	8	WERNER	VAN-HEYDEN	DELAIZEMENT	WILLICH

SERVICE DE SANTÉ. (Hôpital de la Garde, dit du Gros-Caillou.)

SUE ✻, *médecin en chef.*
CASTEL, *médecin adjoint.*
LARREY (C. ✻), *chirurgien en chef.*
SUREAU, *pharmacien en chef.*
PAULET (O. ✻), *chirurgien de 1re classe.*

Chirurgiens de deuxième classe.
CHAMPION. — GAUTHIER-CHAMBRY.

Chirurgiens de troisième classe.

DEGENSAC.	FONDON DU SORBIER.	BOULAY (Pierre).
HERY.	MASSÉNA.	BUISSON (Bertrand).
TANNARON.	BROU.	SUE-MONDET.
VALENTIN.	AUVETY.	LASSUS.

Pharmaciens de première classe.   **Pharmaciens de deuxième classe.**
ALYON. — LAGARDE.   FOURCY. — BARBÈS.

Pharmaciens de troisième classe.

| TOUSSAINT. | BERTHÉ. | AUBRY. |
| NACHET. | BASTON. | VIGOUREUX. |

SOLDE DU RÉGIMENT DE GARDES NATIONALES.

DESIGNATION DES GRADES.	SOLDE DE PRÉSENCE des OFFICIERS.		SOLDE DE PRÉSENCE de la troupe par jour.		SOLDE D'ABSENCE par jour.		INDEMNITÉ DE LOGEMENT par jour **.	SUPPLÉMENT DE SOLDE dans Paris par jour.
	Par mois.	Par jour avec vivres de campagne.	En station sans vivres de campagne.	En marche avec le pain.	En semestre.	À l'hôpital.		
État-Major.								
Major-commandant	516 66	Traité en tout comme les maj. d'inf. de la vieille Garde.						
Chef de bataillon	300 »	10 »	10 »	14 »	5 »	7 »	1 33	2 »
Adjudant-major	166 66	5 55	5 55	8 55	2 77	3 55	» 60	1 38
Quartier-maître trésorier. . . .	100 »	3 33	3 33	5 83	1 66	1 83	» 60 / » 40	1 11
Officier payeur								
Porte-aigle	104 16	3 47	3 47	5 97	1 73	1 97	» 40	1 15
Chirurgien-major *	166 66	5 55	5 55	8 55	2 77	3 95	» 60	1 38
Aide-major *	125 »	4 16	4 16	6 66	1 08	2 96	» 40	1 38
Sous-aide-major *	66 66	2 22	2 22	4 72	1 11	1 22	» 30	1 11
Compagnies.								
Capitaine de 1re classe. . . .	200 »	6 66	6 66	9 66	3 33	4 66	» 60	1 66
Idem de 2e classe	166 66	5 55	5 55	8 55	2 77	3 55	» 60	1 38
Idem de 3e classe	150 »	5 »	5 »	8 »	2 50	3 »	» 60	1 25
Lieutenant de 1re classe. . . .	104 16	3 47	3 47	5 97	1 73	1 97	» 40	1 15
Idem de 2e classe	91 66	3 05	3 05	5 55	1 51	1 55	» 40	1 01
Sous-lieutenant	83 33	2 77	2 77	5 27	1 38	1 52	» 40	1 92
Petit État-Major.								
Adjudant-sous-officier	» »	1 60	1 75	2 60	» 80	» 53	» »	» 54
Vaguemestre, en guerre ** . . .	» »	1 66	» »	» »	» »	» »	» »	» »
Tambour-major	» »	» 80	» 95	1 20	» 40	» 10	» »	» 22
Caporal-tambour.	» »	» 55	» 70	» 80	» 32	» 20	» »	» 12
Musicien.	» »	» 55	» 70	» 80	» 27	» 10	» »	» 17
Maître-ouvrier	» »	» 33	» 45	» 55	» 15	» 10	» »	» 05
Compagnie d'élite.								
Sergent-major.	» »	» 85	» »	1 25	» 42	» 10	» »	» 24
Sergent et fourrier	» »	» 72	1 87	1 07	» 36	» 10	» »	» 18
Caporal	» »	» 50	» 65	» 75	» 25	» 10	» »	» 15
Grenadier, voltigeur.	» »	» 35	» 50	» 60	» 17	» 10	» »	» 07
Tambour	» »	» 45	» 60	» 70	» 27	» 20	» »	» 07
Compagnie du centre.								
Sergent-major.	» »	» 80	» 95	1 20	» 40	» 10	» »	» 22
Sergent et fourrier	» »	» 62	» 77	» 97	» 31	» 10	» »	» 14
Caporal	» »	» 45	» 60	» 70	» 22	» 10	» »	» 12
Fusilier	» »	» 30	» 45	» 55	» 15	» 10	» »	» 05
Tambour	» »	» 40	» 55	» 65	» 25	» 20	» »	» 05
Enfant de troupe.	» »	» »	» 20	» 40	» »	» 10	» »	» 07

* En temps de guerre et aux armées actives, les officiers de santé reçoivent un supplément égal à la moitié de leurs appointements.

** L'indemnité de logement s'accroît de moitié pour les officiers en garnison à Paris. Le quartier-maître reçoit en outre pour l'emplacement de ses bureaux un supplément de dix francs par mois.

Grande revue.
GARDE IMPÉRIALE.

CHAPITRE III.

UNE GRANDE REVUE DANS LA COUR DES TUILERIES.

Dès le consulat, Napoléon avait déjà choisi le dimanche pour passer ses grandes revues, « parce qu'il ne voulait pas, avait-il dit, que les ouvriers perdissent une journée de leur semaine pour venir admirer le tambour-major de ses grenadiers. » Le temps perdu semblait à Napoléon une véritable calamité; et c'était par suite de cette économie systématique du temps, que les revues de la Garde n'étaient pas de vaines parades. Tantôt à pied, tantôt à cheval, l'Empereur avait constamment près de lui, indépendamment de son état-major, le ministre de la guerre, le général commandant la première division militaire, les commissaires ordonnateurs, les inspecteurs aux revues, etc., en un mot, toutes les personnes auxquelles un ordre pouvait être immédiatement transmis, dans le cas où, pendant sa minutieuse inspection, il trouverait à faire quelque changement ou quelque amélioration. De cette manière, tout s'exécutait avec la rapidité de sa volonté, car on savait que le chef de l'État appréciait la célérité autant que l'exactitude.

L'Empereur commençait par parcourir les rangs de sa Garde pour connaître les nouveaux officiers, et se faire connaître lui-même. Il entrait ensuite dans les moindres détails de l'équipement, de l'armement et de la manœuvre; il s'informait de tous les besoins, distribuait l'éloge et le blâme, les distinctions et les récompenses. Ces solennités excitaient une noble émulation. La nation s'enorgueillissait de cette troupe d'élite, l'étranger apprenait à la craindre.

Pendant ce temps, les grands appartements des Tuileries étaient encombrés par les hauts dignitaires de l'Empire, les sénateurs, les conseillers d'Etat et les agents diplomatiques de toutes les cours d'Europe, avides de voir Napoléon et d'attendre de lui la faveur d'une parole.

Ces grandes revues offraient encore à Napoléon l'occasion la plus favorable d'exposer aux yeux de tous un échantillon de son activité, de sa supériorité dans l'art militaire, et d'exercer sur la foule cet ascendant irrésistible du pouvoir, du génie et de la fortune réunis dans un seul homme.

Or, le dimanche 3 juin 1810, le soleil, qui d'abord s'était levé pâle et voilé, reprit peu à peu son éclat; et, de bonne heure, les salons des Tuileries étaient encombrés par la foule des courtisans. A l'issue de la messe, qui cette fois avait été dite à dix heures précises et *enlevée d'assaut*, selon l'expression du sceptique cardinal Maury, Napoléon entra dans les grands appartements, et donna audience : il était d'une humeur charmante.

Il avisa à quelques pas de lui, modestement caché derrière un petit groupe formé par les ambassadeurs d'Autriche et de Prusse, un chambellan de l'Empereur de Russie, le comte de Trawinsoff que le czar avait envoyé à Paris, sans y être accrédité autrement que chargé, prétendait-on, d'y enrôler une troupe de comédiens pour le théâtre impérial de Saint-Pétersbourg. Ce seigneur moskowite ayant été présenté aux Tuileries par M. de Czernischeff, aide-de-camp d'Alexandre [*], Napoléon lui fit signe de la main de venir à lui.

— M. le comte, lui dit-il, si vous êtes curieux d'assister à un beau spectacle, vous n'avez qu'à venir avec moi; tout à l'heure je vais passer la revue de ma Garde; vous me direz ensuite ce que vous en pensez?

M. de Trawinsoff, devinant l'intention qu'avait Napoléon de faire passer sous ses yeux les troupes qui à Austerlitz, à Eylau et à Friedland, avaient vaincu celles de l'Empereur son maître, crut esquiver l'invitation en répondant :

---

[*] A cette époque, il n'était question à la cour impériale et dans les salons de la capitale, que d'un aide-de-camp de l'empereur de Russie, M. de Czernischeff, qui, sous le prétexte de complimenter Napoléon de la part du czar son maître, ne venait à Paris que pour y remplir une mission de haut espionnage. On l'avait vu venir pour la première fois après l'entrevue d'Erfurth, et depuis lors, il avait été continuellement sur la route de Paris à Saint-Pétersbourg, ce qui faisait dire aux mauvais plaisants qu'il n'y avait probablement que lui qui fût en état d'en trouver le chemin. Quoi qu'il en soit, ayant fait le même voyage dix ou douze fois, on calcula que dans l'espace de moins de quatre ans, plus de dix mille lieues avaient été franchies par cet officier, ce qui équivalait à un voyage autour du monde qu'un vaisseau met ordinairement trois ans à accomplir.

— Sire, tout autre que moi serait heureux de l'honneur insigne que daigne me faire Votre Majesté; mais... elle le voit, ajouta-t-il, en montrant sa délicate chaussure et ses bas de soie, je n'ai pas de cheval.

— Qu'à cela ne tienne, reprit Napoléon qui s'apercevait bien qu'il avait été deviné, je vais à l'instant vous en faire donner un des miens. Monsieur de Trawinsoff, reprit-il avec un ton qui avait quelque chose de caressant, je vous prie de m'accompagner.

Cette prière équivalait à un ordre; aussi, pour toute réponse, le comte s'inclina respectueusement, et se mêla à l'état-major de Napoléon qui s'apprêtait à suivre le maître.

Longtemps avant que les différents corps de la Garde eussent commencé à prendre position dans la cour des Tuileries, une foule immense se pressait alentour; le cordon des sentinelles établi pour laisser un passage libre à l'Empereur avait beaucoup de peine à ne pas se laisser déborder. Un petit cheval blanc de race arabe, richement harnaché d'une selle de velour ponceau à torsades d'or, qu'un page tenait par la bride devant l'arcade du pavillon de l'horloge, piaffait en arrière des autres chevaux de main qui attendaient l'état-major : il était midi. Tout à coup, au bruit de l'horloge du château, succède un immense bourdonnement bientôt suivi du plus profond silence. Un cliquetis de fourreaux de sabres, un bruit de talons de bottes éperonnées retentit sous les dalles sonores du péristyle... Alors parut un petit homme au teint blafard, vêtu d'un simple uniforme vert, avec deux modestes épaulettes de colonel ; il avait sur la tête un petit chapeau à trois cornes tout uni. Les seuls insignes de la Légion d'honneur et de la couronne de fer brillaient sur sa poitrine. Il s'était arrêté, avait fait un geste de la main, et, quelques secondes après, on le vit entouré d'un groupe de militaires dont les uniformes étaient resplendissants de broderies d'or et d'argent. Tous tenaient leur chapeau à la main. Le chambellan de l'empereur de Russie était parmi eux. Aussitôt les tambours battent au champ dans toutes les directions; les cris de commandement se font entendre et se répètent, comme d'échos en échos, d'une extrémité de la ligne à l'autre ; les soldats, par un mouvement unanime et régulier, présentent les armes, les drapeaux s'inclinent, et un immense cri de *vive l'Empereur!* est poussé par la multitude enthousiaste.

Napoléon monte sur son cheval favori, *Marengo*, dont la tête toujours en mouvement exprime l'impatience, et se dirige vers le guichet du pont Royal pour commencer par se montrer à ses *anciens*. Au moment où il va pénétrer dans les rangs, un jeune homme de quinze à dix-huit ans parvient à se dégager de la foule ; sa figure est bouleversée, il agite un papier au-dessus de sa tête. Au même instant, un des grenadiers, qui n'a cessé de répéter : « En arrière ! » voit le mouvement, se précipite sur lui, le saisit au collet et veut le forcer à rentrer dans la foule ; mais le jeune homme résiste, en disant d'un ton suppliant :

— Je ne veux que lui remettre ma pétition, il s'agit de ma mère ! Je vous en prie, M. le grenadier, ne m'empêchez pas de passer...... Sire !.... Sire !.... s'écria-t-il d'une voix qui domine toutes les autres et en continuant d'agiter son papier.

— Laissez approcher ce jeune homme, dit froidement Napoléon ; ne voyez-vous pas qu'il veut me parler !

A ces mots le grenadier abandonne son prisonnier, présente les armes et demeure immobile. Le jeune homme s'élance et vient tomber à genoux à côté de *Marengo*, qui reste en arrêt, les deux jambes de devant écartées sur une même ligne, comme habitué à de tels incidents.

— Que me voulez-vous ? lui demanda Napoléon en se penchant sur l'arçon de sa selle pour prendre le papier que le solliciteur lui présente d'une main tremblante ; puisque vous aviez quelque chose à me demander, pourquoi ne pas m'avoir écrit ?

Le jeune homme ne dit rien ; mais il attache un regard suppliant sur Napoléon, de grosses larmes coulent de ses yeux.

— Voyons cela, reprend l'Empereur, en déchirant l'enveloppe de la pétition qu'il lit d'un bout à l'autre ; puis regardant le suppliant qui était resté dans la même posture, il ajoute avec un sentiment mêlé d'impatience :

— Levez-vous donc, Monsieur ! ce n'est que devant Dieu qu'on s'agenouille !... D'après ce que je vois, votre mère n'a jamais quitté la France ?

Le mot *jamais* sortit comme étouffé de la bouche du jeune homme.

Napoléon reporta les yeux sur la pétition en disant à voix basse : « On m'avait trompé en me disant que cette femme, après avoir émigré à l'étranger, se mêlait d'intrigues, tandis qu'il n'en était rien. » Puis élevant la voix : « Mon jeune ami, continua-t-il, annoncez à madame votre mère que dès à présent, elle a une pension de douze cents francs sur ma cassette.

En entendant de si consolantes paroles, la joie du jeune homme fut si subite et si forte, qu'il ne put la supporter : sa pâleur devint extrême, ses yeux se fermèrent, il tomba sur les genoux et sa tête heurta les jambes de *Marengo*. L'animal effrayé, recula et se cabra ; son cavalier allait peut-être vider les arçons, lorsqu'un aide-de-camp saisit l'animal par la bride, et d'une main ferme parvient à le contenir.

Pendant ce temps on avait entouré le solliciteur. On s'était empressé de lui porter secours ; et la foule, en voyant l'Empereur sur le point d'être démonté, avait poussé des cris de frayeur qui ne cessèrent que lorsqu'elle le vit descendre tranquillement de cheval et se diriger avec empressement vers le pétitionnaire qui gisait à quelques pas de là, pour lui porter, lui aussi, quelques secours. Alors tout le monde battit des mains, et il y eut de longues acclamations d'enthousiasme.

— Un chirurgien ! demanda un officier de l'état-major, n'y a-t-il pas ici un chirurgien ?

— Laissez, Monsieur, laissez, dit Napoléon à l'officieux personnage placé près de lui, un chirurgien est inutile, la joie n'est jamais funeste à cet âge ; il faut seulement un peu d'eau fraîche.

Un moment après, un des spectateurs faisait passer son chapeau, dont il s'était servi pour puiser de l'eau à la fontaine voisine du poste. Napoléon en jeta lui-même quelques gouttes sur le visage du jeune homme, qui reprit ses sens, ouvrit les yeux et s'empara d'une des mains de l'Empereur qu'il porta à ses lèvres avec transport.

Alors Napoléon s'adressant à ceux qui l'entouraient, leur dit :

— Eh bien ! n'avais-je pas raison ? Allons en selle, Messieurs, ajouta-t-il, et lui-même s'élança sur *Marengo*, qu'une petite correction avait rendu docile, pour passer entre les deux premières files de l'infanterie de la vieille Garde.

Pendant ce temps, une scène d'un genre tout différent s'était passée à l'autre extrémité de la cour des Tuileries : une reconnaissance d'un dramatique burlesque avait eu lieu entre un tambour, appelé Castagnet, qui depuis quelques jours seulement avait été incorporé dans le

1ᵉʳ régiment des chasseurs de la vieille Garde, et le général Gros, major-colonel de ce régiment. Tous deux avaient été quinze ans auparavant camarades de lit. Napoléon avait pour le général Gros une estime toute particulière. « Gros, disait-il, vit dans la poudre à canon comme le poisson dans l'eau : c'est son élément. » La manière originale dont cet officier avait été promu à un grade aussi élevé, ne saurait être passée sous silence ; mais nous devons nous hâter de dire qu'il eût été difficile de trouver un homme plus digne d'être placé à la tête du corps des chasseurs à pied de la vieille Garde ; tous ses hommes le chérissaient et disaient de lui : « C'est un troupier fini. » Nous ne croyons pas que les soldats d'alors pussent faire de leurs chefs un plus bel éloge, et le général Gros le méritait sous tous les rapports.

Il avait à peine quarante ans. Il était grand, bien fait ; sa figure était mâle et belle. A tous ces avantages, il joignait celui d'une voix forte et sonore, une excessive générosité et une valeur qui se plaisait au milieu du danger. Par malheur il était assez peu lettré : la manière dont il s'exprimait n'appartenait qu'à lui seul.

Gros, qui n'était encore que major des chasseurs à pied, se trouvait un matin à Saint-Cloud, seul, dans un des petits salons attenant au cabinet de l'Empereur. Là, ne sachant que faire, et attendant avec impatience que l'aide-de-camp de service vînt le chercher pour l'introduire auprès de Napoléon qui l'avait fait demander, Gros s'était posé devant une psyché dans laquelle il se mirait avec complaisance, haussant son col, ajustant ses épaulettes et s'extasiant sur la régularité de sa tenue. La satisfaction que lui causait cet examen l'entraîna peu à peu à s'adresser des compliments : « Ah ! mon *cadet*, se disait-il à lui-même avec un accent méridional très-prononcé et en se toisant de la tête aux pieds, il y en a peu de *ficelés* comme cela !... Quel dommage que tu n'aies pas *apprise* les *matémétiques*, comme l'exige l'Empereur ; tu serais général aujourd'hui. »

— Tu l'es ! lui dit tout à coup Napoléon en lui frappant sur l'épaule.

Pendant le court monologue de Gros, l'Empereur était entré dans le salon, sans bruit, sans être aperçu ; il l'avait entendu et avait saisi cette occasion pour le nommer major-colonel, c'est-à-dire général, d'autant mieux que c'était pour lui apprendre lui-même sa nomination qu'il l'avait fait venir à Saint-Cloud.

Le jour de la revue dont nous parlons, Castagnet, cet ancien camarade de Gros, se trouvait donc dans la cour des Tuileries, placé au premier rang des tambours des chasseurs de la Garde, dont la gauche était appuyée au guichet de la rue de l'Échelle. De l'aveu de ses collègues, MM. *les officiers de la peau*, Castagnet, tambour décoré, était en outre un *farceur très-aimable en société*. Castagnet, disons-nous, apprend que c'est le major-colonel de son nouveau régiment qui doit donner lui-même le *coup d'œil préparatoire d'inspection* avant que l'Empereur vienne donner celui du maître. Castagnet brûle du désir de revoir cet officier-général, avec lequel il a vécu jadis dans la plus grande familiarité. Dès que le tambour-major du régiment aperçoit le général Gros qui s'avance tranquillement au pas de son cheval, il en prévient Castagnet, puis se pose majestueusement devant le front de ses *subordonnés*, auxquels, en tournant la tête de droite et de gauche, sans remuer le torse, il parle comme un nourrisseur parlerait aux petits poussins qu'il élève : il les flatte, les cajole, et leur recommande surtout de l'*ensemble*, lorsque le moment de se faire entendre sera venu. Quant à Castagnet, son cœur bat avec violence, il a frisé les extrémités de ses longues moustaches rousses, il s'est affermi sur les jarrets, et de ses deux mains il a imprimé à ses baguettes un mouvement analogue à celui du moulinet que l'on fait fonctionner dans une chocolatière. De plus, il a composé un compliment pour son ancien camarade de lit devenu officier-général. Or, dès que le major-colonel se trouve en face de lui, il porte vivement la main au bonnet, et d'une voix de basse-taille le harangue en ces termes :

Eh ! *nom d'un nom !*... c'est vous, mon général !... Regardez-moi donc : je suis ce farceur de Castagnet avec lequel vous avez bu plus de *schnick* qu'il n'y a de bouillon dans la marmite des Invalides !... Comment va donc cette santé ? Est-ce que vous ne me reconnaissez pas, mon général ?

Aux premiers mots, et plus encore au timbre de voix du tambour, Gros avait reconnu son ancien camarade, volontaire comme lui dans le bataillon des patriotes de l'Aude. Il descend précipitamment de cheval, se jette dans les bras du tambour, l'embrasse avec effusion, et lui répond, en lui serrant la main de manière à lui briser les os :

— Très-bien! très-bien! mon vieux Castagnet, et toi?
— Toujours *rrroulant*, comme vous voyez.
— Viens me voir demain après l'appel du matin, lui dit Gros qui était remonté à cheval, tu verras que j'ai toujours à mon logement, pour les anciens amis, la *bouffarde* et le *laisse-toi-faire* de l'amitié.
— Je n'y manquerai pas, mon général, quoique ce que je vous récupère ne soit qu'histoire de rire, parce qu'à présent, grâce au petit brimborion que voilà, ajouta-t-il en montrant avec fierté l'étoile d'honneur qui brillait sur sa poitrine, la blague à tabac est toujours au grand complet, et on peut se gargariser instantanément, après la diane battue.

Pendant cette burlesque conversation, Napoléon, après avoir parcouru les premières files de grenadiers, s'apprêtait à déboucher dans le Carrousel par une des grilles latérales. En levant les yeux dans cette direction, il croit voir, à l'extrémité de la ligne, un officier général qui embrasse un soldat. Il donne de l'éperon dans les flancs de *Marengo*, qui part comme un trait et vient s'arrêter tout court devant le chef de la musique des chasseurs. Celui-ci, pris au dépourvu par cette brusque arrivée, s'empresse de donner à la grosse caisse le signal d'usage pour commencer la symphonie; mais d'un geste Napoléon lui fait signe d'attendre et élevant la voix :

— Qu'est-ce que cela signifie, général Gros?... s'écrie-t-il en fronçant le sourcil, se passe-t-il donc ici une scène de reconnaissance théâtrale?

Le général se découvre, et désignant à l'Empereur un tambour qui est devenu immobile à son rang, répond avec le franc-parler qui lui était ordinaire :

— Sire, c'est un ancien ami, un des plus braves soldats de l'armée. Je vous le donne pour un *troupier* solide et qui n'a jamais d'*engelures aux yeux* devant l'ennemi. Tel que vous le voyez, Sire, il a roulé sa caisse en Italie, en Egypte et par toute l'Allemagne. Il s'appelle Castagnet : c'est lui qui ne battit la charge que d'une main devant Saint-Jean d'Acre, parce qu'il avait eu l'autre traversée par la balle d'un Arabe dès le commencement du *tremblement*. C'est un fameux fait d'armes, Sire! il lui a valu une paire de baguettes d'honneur, et vous l'avez décoré à Boulogne, comme vous voyez.

Napoléon aimait la discipline, mais la bravoure encore davantage. Aussi, tandis que Gros parlait, il avait d'abord fixé des yeux sévères sur Castagnet, dont le cœur battait plus violemment encore; mais peu à peu son regard s'était adouci et avait fini par briller d'une expression toute bienveillante.

— Tout cela est bel et bon, reprit l'Empereur, mais le moment a été mal choisi pour ces sortes de reconnaissance. Puis, s'adressant à Castagnet, il ajouta avec cet accent dont on pouvait dire qu'il grisait ses soldats :

— C'est donc toi, mon brave, qui descendit le troisième dans le fossé de Saint-Jean-d'Acre?... je suis bien aise de te revoir.

Et en parlant ainsi, Napoléon porta la main à son chapeau qu'il souleva légèrement.

A ces mots, à ce geste de Napoléon, le visage du tambour devint pourpre; sa moustache se hérissa sur sa lèvre supérieure; il répondit en se dandinant :

— Et moi aussi, mon Empereur, j'en suis flatté.....

— C'est encore toi, si j'ai bonne mémoire, reprit Napoléon, qui fit preuve d'une présence d'esprit et d'un courage admirables au combat de Wertinguen en sauvant la vie à ton capitaine?

D'écarlate qu'elle était déjà, la face de Castagnet devint bleue. Ses yeux brillèrent comme deux escarboucles ; il répondit encore plus bas que la première fois :

Un peu, mon Empereur, *toujours du même tonneau !*

— Gros, ajouta Napoléon, si votre protégé continue à faire parler de lui en bien, vous le porterez sur le tableau d'avancement. Cet homme est digne d'un autre poste. Au revoir, mon brave, ajouta-t-il avec un signe de tête presque amical.

— A l'avantage, Sire, répondit celui-ci en portant respectueusement le revers de la main gauche à son bonnet.

Et Napoléon avait de nouveau lancé *Marengo*, et était entré dans le Carrousel. Après avoir passé en revue les escadrons de la Garde et ceux de la cavalerie légère qui y étaient rassemblés, il revint dans la cour des Tuileries, et alla se placer devant le pavillon de l'Horloge, en avant du petit escadron d'officiers-généraux qui composaient son état-major, et au milieu duquel figurait le chambellan de l'empereur de Russie, qui l'avait toujours accompagné.

Napoléon fait un signe : un officier d'ordonnance s'approche, se découvre, se penche vers l'Empereur, part au galop, parcourt rapidement tout le front de bataille, et revient à sa place. Un instant après, Napoléon fait avancer de quelques pas *Marengo*, dont les flancs sont haletants et les naseaux couverts d'écume. Il lève le bras, agite sa main au-dessus de sa tête, et aussitôt on entend un roulement de tambours qui grossit peu à peu comme un *crescendo* de tonnerre, puis cesse tout à coup. Un bruit régulier de fusils y succède en se prolongeant sur toute la ligne. Au commandement qu'une seule voix a jeté dans l'espace, tout s'ébranle. Alors la figure de l'Empereur, naguère si pâle, si impassible, s'anime et se colore. Il s'affaisse sur la selle de son cheval, appuie la main droite sur sa hanche, et jette un regard indicible au comte de Travensoff, qui semble absorbé dans la contemplation de ce magnifique tableau. C'est que Napoléon a remarqué l'ondulation imprimée aux aigles des drapeaux ; c'est qu'il a aperçu au loin ses *anciens* qui s'avancent lentement, mais dans un ordre admirable ; c'est qu'enfin le défilé de la vieille Garde impériale va commencer, et que ce spectacle était une véritable magie.

La vieille Garde approchait. Chaque vieux soldat représentait une des gloires de la France : c'étaient les grenadiers et les chasseurs à pied, les vainqueurs de Marengo, d'Austerlitz, d'Iéna, d'Eylau, de Friedland, de Wagram, les vainqueurs futurs de la Moskowa. Dès qu'ils avaient commencé à défiler, Napoléon s'était retourné vers le chambellan d'Alexandre, et lui avait fait signe de se placer plus près de lui. Celui-ci s'était empressé d'obéir, au grand étonnement de MM. les aides-de-camp groupés derrière l'Empereur, et qui ne devinent pas quel peut être le motif d'une telle distinction en faveur d'un Russe. Napoléon avait ses raisons. S'adressant à M. de Trawensoff :

— Monsieur le comte, lui dit-il avec bienveillance, restez ainsi près de moi, peut-être allez-vous revoir quelques anciennes connaissances parmi mes petits *relintintins;* ce sont eux qui viennent maintenant.

En effet, les régiments de ligne arrivaient au pas accéléré.

— C'est mon 45°, dit Napoléon au comte russe ; ce sont mes braves *enfants de Paris!*... Voyez-vous ces petits gringalets ? en campagne, ce sont des lions ; en paix, ce sont des vauriens qui ne tiennent aucun compte de la discipline, et ne songent qu'à faire l'amour, et, qui pis est, à se quereller avec MM. les bourgeois. Leur colonel n'a jamais pu obtenir qu'ils rentrassent au quartier à l'heure de la retraite. Mais en campagne, quel élan ! quelle intrépidité ! et surtout quelle gaieté !... Si jamais il arrivait qu'on *brouillât les cartes* entre mon frère de Russie et moi, je porterais l'effectif de mon 45° à six bataillons, et c'est à lui que sa garde impériale aurait affaire. Tenez, voilà cette dernière compagnie, elle ne pense seulement pas à conserver l'alignement. Puis, élevant la voix : « Capitaine du 45°, faites donc serrer les rangs !... » coudes à droite !... Et cependant c'est ce régiment qui s'est précipité sur les batteries russes à Austerlitz ; c'est un caporal de voltigeurs, un des petits lions que vous voyez courir là, le fusil sur l'épaule qui, se trouvant aux prises avec un officier des cuirassiers de Doctorow, s'élança en croupe derrière ce cavalier bardé de fer, et l'étrangla de ses mains, ne trouvant pas d'autre moyen de se débarrasser de lui. Que pensez-vous maintenant de *mes enfants de Paris?*...

Le chambellan de l'empereur Alexandre ayant répondu qu'un trait pareil était comparable aux plus beaux faits de l'antiquité, Napoléon le regarda malignement, et ajouta :

— Eh bien ! il n'existe pas, dans ma Garde, un régiment qui ne puisse citer cent faits plus admirables encore.

— Tenez, reprit-il, vous voyez bien ce lieutenant tout couvert de poussière, qui vient à nous au pas de course avec sa compagnie? Eh bien! c'est Robaglia, c'est mon cousin-germain. Malgré cela, ou, pour mieux dire, à cause de cela, il n'a point de faveur à espérer; il ne devra rien qu'à son mérite. Et cependant quel dévouement! quel empire j'exerce sur son esprit! Vous allez en juger.

En ce moment, le bataillon du lieutenant Robaglia était arrivé devant l'état-major général. Sur un signe de Napoléon, le jeune homme accourut, baissa la pointe de son épée et porta la main à son shako.

— Bonjour Robaglia, lui dit Napoléon d'un ton familier; comment te portes-tu? es-tu content?

— Sire, je suis bien heureux, en ce moment surtout.

— Dis-moi, à ta première affaire, tu n'as pas eu peur?

— Non, Sire; vous étiez avec nous.

— Bon! mais si tu croyais être tué, que ferais-tu?

— Sire, je ne reculerais pas pour cela d'une semelle.

— Eh bien, sois tranquille, il ne t'arrivera rien; c'est moi qui t'en réponds. Adieu, Robaglia, va rejoindre ton bataillon, et viens me voir demain; la première fois que je verrai ta mère, ma cousine, se hâta d'ajouter Napoléon, je lui dirai que je suis content de toi.

La cavalerie défila à son tour, et alors, à travers un tourbillon de poussière, on distingua les grenadiers à la tenue si sévère, puis les chasseurs de la Garde avec leurs colbacks à long poil, que le vent faisait ondoyer comme les épis d'un champ de blé. Puis la compagnie des mamelucks, au turban de mousseline blanche surmonté d'un croissant d'or; puis les dragons de la Garde au casque léger, commandés par Arrighi, lui aussi cousin de l'Empereur; puis les lanciers polonais, avec leurs élégants chamekas aux flammes panachées, conduits par le comte Krasinski; puis enfin l'artillerie de la Garde sous les ordres de Sorbier et de d'Aboville. Chaque régiment, chaque escadron, chaque batterie avait successivement poussé un houra de *rive l'Empereur!* Quand il ne resta plus à défiler que les équipages du train, que les soldats, dans leur langage épigrammatique, avaient baptisé du nom de *hussards à quatre roues*, Napoléon mit pied à terre, et adressa à la plupart des chefs de corps qui s'étaient groupé autour de lui, des compliments sur la belle tenue de leurs troupes. Le chambellan de l'empereur de Russie était toujours là. Napoléon lui ayant demandé ce qui l'avait le plus frappé parmi tout ce qu'il avait vu :

— Sire, répondit celui-ci, c'est la prodigieuse mémoire de votre majesté, c'est cette facilité à se souvenir, après un si long temps, des faits d'armes et du nom de tant de soldats.

— Monsieur le comte, c'est la mémoire du cœur, répliqua Napoléon ; c'est celle d'un amant qui se rappelle ses premières maîtresses : celle-là ne se perd jamais.

Enfin l'Empereur, qui paraissait très-fatigué, se disposait à remonter dans ses appartements, lorsqu'il fut arrêté au bas de l'escalier du grand vestibule par le général Gros :

— Voyons, que me veux-tu ? lui dit Napoléon avec une aimable brusquerie ; serait-ce encore un de tes amis de Sambre-et-Meuse que tu voudrais me présenter ? dépêche-toi, j'ai hâte de me reposer.

— Non, Sire, c'est au contraire un des vôtres... Vous savez bien..., votre *trouvé mal*.

— Je ne sais ce que tu veux dire, reprit Napoléon, qui déjà avait gravi les premières marches.

— Sire, c'est un jeune homme, une espèce de conscrit en habit noir, celui qui avait *effarouché Marengo*. Il est ici, il voudrait prendre du service, et se faire tuer le plus tôt possible pour Votre Majesté. Voilà ce qu'il m'a chargé de vous demander.

— Eh bien ! dis-lui de ma part que la meilleure manière de me servir et de me prouver sa reconnaissance, c'est de ne pas se faire tuer inutilement. Tu n'as qu'à le faire incorporer dans les fusiliers-chasseurs. Au revoir.

Et Napoléon monta rapidement le grand escalier. En retrouvant l'impératrice Marie-Louise toute radieuse, et qui s'était tenue au balcon du pavillon de l'Horloge avec ses dames, Napoléon lui dit gaiement en se frottant les mains :

— Cela a très-bien été, je suis très-content. Comme ma Garde est bien montée ! Comme c'était beau ! fit l'Empereur en aspirant une prise de tabac. Ah ! ah ! je ne conseille pas aux *autres* de venir s'y frotter.

— Eh mon Dieu ! Sire, qui songerait à faire la guerre à Votre Majesté, ou plutôt qui l'oserait ?

Qui ? répéta Napoléon en relevant la tête, non pas l'empereur ton père, ma bonne Louise, reprit-il, mais son voisin l'empereur Alexandre, celui qui se plaît à me nommer son frère; j'en ai maintenant la certitude. — Napoléon ne se trompait pas.

COMPOSITION ET FORCE NUMÉRIQUE DE LA GARDE, EN 1810.

État-major général.............................		48
Administration générale	1 état-major, 5 comp. d'ouvr.	270

Infanterie.

Grenadiers (vieille Garde)........	2 régiments.....	3,200	
Vétérans (*idem*).	1 compagnie.....	200	
Fusiliers grenadiers (jeune Garde)...	1 régiment.....	1,920	
Conscrits grenadiers (*idem*).	2 régiments.....	3,200	
Tirailleurs grenadiers (*idem*).	2 régiments.....	3,200	
Chasseurs (vieille Garde).........	2 régiments.....	1,600	
Fusiliers chasseurs (jeune Garde)....	1 régiment.....	1,920	
Conscrits chasseurs (*idem*).	2 régiments.....	3,200	
Tirailleurs chasseurs (*idem*).	2 régiments.....	3,200	
Matelots	8 compagnies....	1,136	
Gardes nationales..........	1 régiment.....	1,600	
		24,376	24,376

Cavalerie.

Grenadiers	1 régiment.....	1,000	
Vélites grenadiers..........	1 escadron.....	200	
Chasseurs.............	1 régiment.....	1,000	
Vélites chasseurs..........	1 escadron.....	200	
Mamelucks	1 compagnie.....	120	
Gendarmerie d'élite..........	2 escadrons.....	456	
Dragons	1 régiment.....	968	
Vélites dragons	1 escadron.....	226	
Lanciers polonais	1 régiment.....	968	
Chevau-légers lanciers	1 régiment.....	968	
		6,106	6,106

Artillerie.	{ 1 état-major, 4 comp. à pied, 4 comp. à cheval. 1 compagnie de pontonniers, 2 bataill. du train. }	1,200
Génie....	1 état-major, 1 compagnie..........	120
Hôpital de la Garde............		30
		32,150

Grenadier hollandais et Pupilles (grande tenue).

GARDE IMPÉRIALE.

LIVRE ONZIÈME.

ANNÉE 1811.

CHAPITRE PREMIER.

CRÉATION DE NOUVEAUX RÉGIMENTS : LES PUPILLES DE LA GARDE.

I.

'IVRESSE de la Garde impériale fut grande à la naissance de cet enfant que Napoléon salua le premier du titre de roi de Rome ! Il semblait que la paix de l'Europe allait se cimenter autour de ce berceau de pourpre et d'or : il n'en fut rien, et l'Empereur, toujours prévoyant, songea encore à augmenter la force numérique de sa Garde, cet espoir de ses grands projets, cette sécurité de sa glorieuse dynastie.

Par décret impérial, daté du palais des Tuileries, le 30 mars 1811, le régiment des *jeunes Hollandais*, formé précédemment à La Haie, par Louis Bonaparte, roi de Hollande, et qui, par le fait de l'abdication de ce frère de Napoléon, avait été appelé en France et caserné à Versailles, fut appelé à faire partie de la jeune Garde. Il ne devait être composé, dans l'origine, que de deux bataillons, et chaque bataillon de six compagnies; mais par un autre décret, en date du 30 août de la même année, ce régiment fut porté à *neuf* bataillons. Les huit premiers, de quatre compagnies de deux cents hommes chacune, et le neuvième, de huit compagnies, également de deux cents hommes; de sorte que l'effectif de ce corps était de huit mille hommes, officiers, sous-officiers et soldats compris, mais non compris le grand et le petit état-major *.

En 1813, le régiment des pupilles fut réduit à deux bataillons de huit cents hommes chacun. L'excédant aida à former les nouveaux régiments de tirailleurs grenadiers et de chasseurs voltigeurs de la Garde.

Postérieurement à la création de ce régiment en miniature, le 10 février 1811, un décret, daté du palais des Tuileries, avait ordonné la formation d'un *troisième* et d'un *quatrième* régiments de tirailleurs, ainsi que d'un *troisième* et d'un *quatrième* régiments de voltigeurs de la Garde.

Le 5 avril, il fut formé pour la Garde une école de tambours composée de quatre-vingt-seize élèves, savoir:

Seize à la suite du 1ᵉʳ régiment de grenadiers à pied de la vieille Garde; seize à la suite du régiment de chasseurs, *idem ;* seize à la suite du bataillon des fusiliers de la jeune Garde; et quarante-huit à la suite des tirailleurs et voltigeurs du même corps.

Le 20 avril, la compagnie des sapeurs du génie fut augmentée de vingt-deux hommes tirés du bataillon des mineurs.

Le 18 mai, un décret impérial, daté du château de Rambouillet, portait que le *premier* et le *deuxième* régiments de conscrits-grenadiers prendraient la dénomination de *troisième* et *quatrième* régiment de tirailleurs.

Ce décret ordonnait en outre la création d'un *deuxième* régiment

---

* Voir, pour de plus amples détails sur les pupilles de la Garde, aux pages 13, 14 et 15 de notre introduction placée au commencement de cet ouvrage.

de grenadiers à pied de la vieille Garde, et d'un *cinquième* et *sixième* régiments de tirailleurs de la jeune Garde.

En conséquence, le régiment de grenadiers hollandais, qui portait le n° 2, prit le n° 3.

Ce nouveau régiment de grenadiers fut formé des hommes tirés des régiments de fusiliers de la jeune Garde et des régiments de ligne. Il était composé de *deux* bataillons de *quatre* compagnies chacun, formant une force de seize cents hommes.

Le cadre de l'ancien 2ᵉ de grenadiers, dissous en 1808, en Espagne, et incorporé dans le 1ᵉʳ régiment de tirailleurs de la Garde, fut rappelé pour reprendre rang dans le nouveau régiment.

Le décret du 18 mai disait encore :

« Il sera créé un *deuxième* régiment de chasseurs de la vieille Garde avec le cadre du 1ᵉʳ régiment de tirailleurs et du 1ᵉʳ de voltigeurs, qui faisaient partie de la vieille Garde.

« Il sera créé un *cinquième* régiment de voltigeurs.

« On formera, dans le dépôt de Paris, un bataillon de marche appelé *deuxième bataillon de marche de la Garde en Espagne*. »

Un autre décret, daté de Trianon le 19 juillet, portait qu'il sera toujours désigné dix hommes par régiment d'infanterie de ligne et d'infanterie légère, pour le recrutement des grenadiers à pied de la vieille Garde, autant pour les chasseurs à pied, et dix hommes par régiment de cavalerie de ligne, pour la cavalerie de la Garde, ainsi que pour l'artillerie.

Le 21 juillet, autre décret, également daté de Trianon, qui nommait quatre adjudants généraux du grade de généraux de brigade, pour commander chacune des brigades de la jeune Garde.

Un décret, daté de Saint-Cloud le 1ᵉʳ août, portait à *cinq* le nombre des escadrons des trois régiments de grenadiers, chasseurs et dragons de la vieille Garde. Chaque escadron devait être de deux cent cinquante hommes.

« Il ne sera plus admis de vélites dans les troupes à cheval de la Garde, » disait le même décret.

« Les vélites qui se présenteront seront admis dans le 2ᵉ régiment de chevau-légers-lanciers.

« L'obligation relative au paiement de la pension et autres conditions d'admission continueront à être exigées comme ci-devant.

Le 24 août, le nombre des commissaires des guerres de la Garde fut augmenté d'un adjoint aux commissaires des guerres et d'un adjoint aux inspecteurs aux revues. Le nombre des officiers de santé fut aussi augmenté de *deux* chirurgiens de première classe, de *cinq* chirurgiens de deuxième classe, de *treize* chirurgiens de troisième classe, d'*un* pharmacien de deuxième classe, et de *quatre* pharmaciens de troisième classe.

Les corps de cavalerie de la Garde durent former eux-mêmes leurs trompettes : on les autorisa en conséquence à admettre comme élèves des jeunes gens qui n'avaient point encore atteint l'âge de la conscription.

Ces jeunes gens ne devaient recevoir que la demi-solde en attendant qu'ils pussent être placés comme trompettes en pied.

Un décret, daté de Trianon le 24 août 1811, ordonna la suppression des équipages à la suite des corps, et organisa un bataillon du *train des équipages militaires*, qui fut composé en tout et soldé, comme les bataillons de train de la ligne.

Un autre décret, du 28 du même mois, créa un *sixième* régiment de tirailleurs et un *sixième* régiment de voltigeurs de la Garde, qui furent organisés comme les autres de la même arme.

Le 30 du même mois, autre décret daté de Compiègne, qui arrête que le régiment des pupilles de la Garde sera porté à *neuf* bataillons ; les huit premiers composés de quatre compagnies de deux cents hommes, et le neuvième (de dépôt) de huit compagnies de deux cents hommes. L'effectif de ce régiment fut ainsi porté à huit mille hommes, officiers, sous-officiers et soldats compris ; mais non compris le grand et le petit état-major.

Tous les jeunes gens au-dessous de seize ans, et ayant la taille de quatre pieds neuf pouces, purent dès ce moment être admis dans le corps des pupilles de la Garde.

Le 4 septembre, création d'un régiment de *flanqueurs* de la Garde.

« Ce régiment, disait le décret, sera composé de fils de gardes généraux et de gardes forestiers. Il sera organisé et payé comme le sont les *cinquième* et *sixième* régiments de tirailleurs et de voltigeurs

Voltigeur et Flanqueur-Grenadier.

GARDE IMPÉRIALE.

de la jeune Garde, et administré par le conseil du régiment des chasseurs à pied de la vieille Garde.

Le 12 décembre, création d'une *quatrième* compagnie d'artillerie à pied de jeune Garde. « Elle portera le n° 4, disait le décret, et sera composée comme les trois premières.

« Chacune des compagnies d'artillerie à cheval sera augmentée de *deux* brigadiers et de *quatorze* canonniers. »

Le 21 décembre, le bataillon des ouvriers de l'administration fut porté à cent soixante-cinq boulangers, cinquante-cinq bouchers et botteleurs, et quatre-vingt-deux infirmiers : en tout, trois cent deux hommes.

Enfin, le 23 décembre, les vélites nommés caporaux, brigadiers et sous-officiers dans la cavalerie de la Garde, furent considérés comme incorporés du jour de leur nomination, et dispensés de payer la pension à partir de la même époque.

II.

UNIFORMES ET ARMEMENTS.

Pupilles.

Même coupe d'uniforme que celui des tirailleurs et des voltigeurs (revers carrés et droits).

L'habit fond vert, revers, collet et parements en pointes et verts ; liseré jaune, doublure de basques verte, liseré jaune, garni d'aigles jaunes ; passe-poil des poches jaune, pattes-d'oie dans les plis en drap vert, liseré jaune.

Veste et pantalon blancs, guêtres courtes de tricot noir.

Shakos comme ceux des tirailleurs, garnis d'un cordon vert ; pompon en boule jaune.

Equipement et armement comme ceux des tirailleurs.

Ce régiment n'a jamais porté de sabre.

Flanqueurs-Grenadiers.

Habit coupé comme celui des tirailleurs (revers carrés et droits), en drap vert, avec passe-poil jaune ; doublure écarlate, liseré jaune ; retroussis garnis de quatre aigles en drap blanc ; dans les plis de la taille, pattes d'oie en drap vert liseré de jaune.

Veste et pantalon blancs ; guêtres en forme de cœur, et ne montant qu'au-dessus du genou.

Équipement et armement semblables à ceux des tirailleurs.

Shakos comme ceux des fusiliers, avec ganse blanche en V ; un cordon rouge et un pompon en boule, rouge en haut et jaune en bas.

Ce régiment ne portait pas de sabre.

Train des Équipages.

Habit-veste, semblable pour la coupe à celui du train d'artillerie, fond bleu de ciel ; revers, collet, parements et pattes de manches du même drap liseré bleu de roi.

Doublures de basques bleu de roi, passe-poil de poches figurées bleu de roi ; retroussis garnis d'aigles rouges ; pattes d'épaulettes bleu de ciel, liserées de noir ; petits boutons, à l'aigle.

Gilet bleu de ciel caché par l'habit.

Pantalon collant, bleu de ciel uni. Bottes à la russe.

Shako ordinaire, orné d'un aigle couronné et de jugulaires en métal blanc ; pompon rouge.

Même uniforme que les chasseurs à pied ; manteau bleu.

Le bonnet à poil était remplacé par un shako, orné d'un aigle, de jugulaires et d'un cordon blanc.

Le plumet et les épaulettes semblables à ceux des chasseurs.

Sabre-briquet d'infanterie.

Bataillon des Ouvriers d'administration de la Garde.

Habit court en drap bleu céleste ; revers droits, carrés ; collet, parements et petites pattes à trois pointes, de même drap ; liseré écarlate ; passe-poil de poches figurées écarlate ; doublure des basques en serge écarlate, sans liseré ; ces retroussis ornés de quatre aigles en drap bleu céleste.

Pattes-d'oie pour épaulettes en drap bleu céleste, liseré rouge ; boutons de cuivre ; veste et pantalon bleu céleste ; petites guêtres noires.

Équipement comme la jeune Garde, c'est-à-dire fusil et sabre.

Shako garni d'un galon de laine jaune, de quinze lignes, en haut du shako, garni d'un cordon de même couleur, d'un aigle couronné en cuivre et d'un pompon à lentille rouge.

Vivandière, Soldat du train des équipages et Ouvrier d'administration.

GARDE IMPÉRIALE.

CHAPITRE II.

ÉTATS NOMINATIFS.

ÉTAT-MAJOR DU CORPS DES GRENADIERS A PIED.

Le Cte DORSENNE (G. ✶), *général de division, colonel commandant.*
Le Bon ROGNET (C. ✶),   *idem,   colonel en second.*
Le Bon BOYELDIEU (C. ✶),
Le Bon ROTTEMBOURG (O. ✶), } *généraux de brigade adjud.-généraux.*
Le Bon BERTHEZÈNE (C. ✶),
Le Ch^{er} RÉANT ✶, *capitaine quartier-maître trésorier.*
DINGREMONT ✶, *capitaine adjudant chargé de l'habillement.*
LAMBERT ✶, *capitaine adjudant chargé des vivres.*

PREMIER RÉGIMENT DE GRENADIERS.
État-Major.

Le Bon MICHEL (O. ✶), *général de brigade, colonel-major commandant.*

Le Ch^{er} LAURÈDE (O. ✶), } chefs | CHAUVEY ✶, *lieuten. en 1er, porte-aigle.*
Le Ch^{er} AVERSÈNE (O. ✶), } de bataillon. | DUDANJON ✶, *chirurgien major.*
BELCOURT ✶,   } capit. adjud.-majors. | BRAISE, *aide-major.*
RITTER (O. ✶),   } | VILLEMEUREUX ✶, *capitaine*
TARDIEU ✶, *lieut en 1er,* } s.-adj.-maj. | DESSIRIER, } *lieut. en 1er* } à la suite.
DEPERRON ✶, *lieut. en 2°,*   } | HUVÉ,   }

| NUMÉROS DES || CAPITAINES | LIEUTENANTS ||
Bataill.	Comp.		EN PREMIER.	EN SECOND.
1er	1	. . . . .	GREMION ✶	LALLEMAND (C.) ✶	ROUX ✶
	2	TAILHAN ✶	DUMONT ✶	HOUARNE ✶	BEDELLE ✶
	3	GOUTEFREY ✶	FARR ✶	PLATTÉ	LAIGNOUX
	4	. . . . .	KERMORIAL	BRESSON ✶	AURIOUD
2^e	1	CHAUD ✶	BRASSEUR ✶	LAC ✶	DEMONTQUERON
	2	CHAILLOU ✶	ANTHEAUME ✶	PORÉE ✶	. . . . .
	3	DURYE ✶	PIEG ✶	OTHENIN	. . . . .
	4	HIGONNET ✶	GOSSERET ✶	MONTPEZ	. . . . .

BATAILLON DU TRAIN DES ÉQUIPAGES.
État-Major.

GUBERT, *commandant.*

TANCHON, *adjudant-major.* | HUBERT-VALVILLE, *officier-payeur.*
VERY, *quartier-maître.* | TIBERGE, *chirurgien aide-major.*

| | COMPAGNIES. ||||||
GRADES.	1re	2^e	3^e	4^e	5^e	6^e
Lieutenants	HUGON ✶	SAVARY	CAYARD	BRELET	DELCAMBRE	. . . . .
Sous-Lieut.	DESMOUTILS	VAVASSEUR	DUSANDET	CHAUDÉ	GOUBLIN	CROSNIER

DEUXIÈME RÉGIMENT DE GRENADIERS.

État-Major.

Le Bon HARLET (O. ✲), *major commandant.*

Le Ch^{er} ALBERT (O. ✲), \
LAVIGNE (O. ✲), } *chefs de bataill.*

LEROY ✲, \
. . . . . . } *capit. adjud.-majors.*

FOUCHER ✲, \
GUIGNERET ✲, } *lieut. en second, sous-adjud.-majors.*

LEBEAU ✲, *lieut. en second, porte-aigle.* \
HÉRON, *chirurgien-major.* \
SUE, *aide-major.* \
IUNG, \
PHILIDOR ✲, } *lieutenants en premier à la suite.* \
GEOFFROY,

NUMÉROS DES		CAPITAINES.	LIEUTENANTS		
Bataill.	Comp.		EN PREMIER.	EN SECOND.	
1er	1	DÉBLAIS ✲	OUSSOT ✲	LALLEMAND (A.) ✲	. . . . .
	2	Le Bon HERVIEU ✲	CHRISTIANI ✲	SUSINI	PORCHET ✲
	3	SICART ✲	CRETAL ✲	BORNE ✲	. . . . .
	4	FANTIN DES ODOARDS ✲	DARD ✲	TARLÉ	HARLET (cadet)
2^e	1	JONETTE ✲	BOURDIN ✲	BOISSON ✲	. . . . .
	2	. . . . .	VAUDE ✲	TARDIEU	LOCQUENEUX
	3	GODARD ✲	ANDRIVON ✲	GERMAIN ✲	. . . . .
	4	BARTHÉLEMY ✲	LEVAUX ✲	. . . . .	. . . . .

TROISIÈME RÉGIMENT DE GRENADIERS.

État-Major.

R.-D. TINDAL, *général de brigade, major commandant.* \
CONCOURT, *major à la suite.*

GEORGES, \
DUURING, } *chefs de bataillon.*

FERRUS, *capitaine quartier-maître.*

B. G. TINDAL, \
DE QUAY, } *capit.-adjud.-majors.*

REYCHARDT, \
OVERREITH, } *lieut. en premier, sous-adjud.-majors.*

PYMANN, *capit. adjudant d'habillement.* \
WAGENAAR, *lieut. en 1er, adj. aux vivres.* \
ROELVINK, \
KRONENBERGER, } *lieuten. en premier, porte-drapeau.* \
JEARMIER, *chirurgien-major.* \
SCHNEIDLER, *aide-major.* \
JAUSSEN, *sous-aide-major.*

NUMÉROS DES		CAPITAINES.	LIEUTENANTS		
Bataill.	Comp.		EN PREMIER.	EN SECOND.	
1er	1	DEKOCK	JOUY	HUYGENS	. . . . .
	2	FAVAUGE	AMBOS	. . . . .	. . . . .
	3	DE GROOT	CARLEBET ✲	LINDEN	VAN-SPRANG
	4	KUYER	DE STUERS	. . . . .	. . . . .
2^e	1	MOUGEL	. . . . .	BAGGELAAR	. . . . .
	2	BOEBEL	NISABER	. . . . .	. . . . .
	3	DE SONNAVILLE	PAETS	VAN-HOUTEN	UMGROVE
	4	VAN-DEN-BROECH	KNOLL	MIELIEFF	. . . . .

HISTOIRE DE LA GARDE IMPÉRIALE.

PREMIER RÉGIMENT DE TIRAILLEURS.

État-Major.

Le Cher LENOIR ✻, *major commandant.*

Le Cher PORRET ✻, } *chefs de bataill.*
Le Cher VAUTRIN ✻, }
CHICOT ✻, *capitaine adjudant-major.*
SAVY, } *sous-lieut. sous-adj.-majors.*
SAVARD, }

LEVESQUES, *sous-lieut. officier-payeur.*
CHAPPE (O. ✻), *chirurgien-major.*
VERGÉ, *aide-major.*
DUTRONE ✻, } *capitaine à la suite.*
DHIM, }

Bataill.	Comp.	CAPITAINES.	LIEUTts EN 1er.	LIEUTENANTS.	SOUS-LIEUTENANTS.	
1er	d'élite	MASSOL ✻	VAILLANT	. . .	. . .	. . .
	1	RANCHON O. ✻	. . .	. . .	ROCHE	DUTERAIL
	2	Le Cher DAMBLY O.✻	. . .	. . .	REGNAULT	LANGLIÈRES
	3	LOURS ✻	. . .	. . .	POIGNE	CHAUSSIER
	4	BELLANGER ✻	. . .	. . .	RAPOULET	LAPORTE
2e	1	. . .	. . .	. . .	SCHMIT	LEGRAND
	2	. . .	. . .	. . .	GUIRGUY	CHARBONNIÈRES
	3	DURIEUX	. . .	. . .	KOELLER	GALLE
	4	FOLLEY ✻	. . .	. . .	QUINSAC	. . .

DEUXIÈME RÉGIMENT DE TIRAILLEURS.

État-Major.

Le Bon FLAMAND (O. ✻), *major commandant.*

Le Bon LEPAIGE-DORSENNE ✻ } *chefs*
Le Cer VESU ✻, } *de batail.*
GUILLAUME, } *lieuten. adjud.-majors.*
BOUILLET, }

CHABROL, *sous-lieut. sous-adjud.-major.*
BONNET, *sous-lieutenant officier-payeur.*
LEZOUX, *chirurgien-major.*
LECOMTE, *aide major.*

Sous-Lieutenants à la suite.

GILLET.	GUILLABERT.	DECOURT.
ISNARD.	DELATTRE.	BOON.
DESROCHES.	MAUGET.	STOLLER.

Bataill.	Comp.	CAPITAINES.	LIEUTt EN 1er.	LIEUTENANTS.	SOUS-LIEUTENANTS.	
1er	d'élite	LECLERC ✻	COURTIN	. . .	. . .	. . .
	1	VANDRAGT	. . .	TASSARD	LAUTHIER	. . .
	2	MORLAY ✻	. . .	ROCLAUTZ	KARTH	. . .
	3	Le Cher MERCIER ✻	. . .	HARAUT	D'HAUTEVILLE	NOGARET
	4	DÉLÉAGE ✻	. . .	GRANDCHAMP	GROSSARDI	. . .
2e	1	. . .	. . .	TARAYRE	BEAUJEU	PORTALÉS
	2	CASTANIER ✻	. . .	RICCARDI	ROUX	. . .
	3	LAFARGUE ✻	. . .	LEFROTTEUR	GARDE	. . .
	4	GALOIS ✻	. . .	. . .	. . .	. . .

TROISIÈME RÉGIMENT DE TIRAILLEURS.

État-Major.

Le Bon DARQUIER (O. ✻), *major commandant.*

Le Ch^er^ MOSNIER (O. ✻), } *chefs*
Le Ch^er^ MARTENOT (O. ✻), } *de bataill.*
MICHELER ✻, *capitaine adjud.-major.*
RULLIÈRE, } *lieutenant adjud.-majors.*
ARNAUD, }

TROUETTE, } *lieut. sous-adj.-majors.*
BALLON, }
BREARD, *lieutenant officier-payeur.*
CHARLIER ✻, *chirurgien-major.*
HEROUART, *aide-major.*

Officiers à la suite.

DE EEREUS, *chef de bataillon.* — PYPERS, *lieutenant.*

Sous-Lieutenants.

GUYONNET. — DEVASSAUX. — SÉPIÈRE. — STUTZER.

Bataill.	Comp.	CAPITAINES.	LIEUT EN 1er.	LIEUTENANTS.	SOUS-LIEUTENANTS.	
1er	d'élite.	COGNE ✻	LAVOINE	. . . . .	. . . . .	. . . .
	1	ROZÉ ✻	. . . . .	CAUPENNE	DU THEILLET	. . . .
	2	CONDÉ ✻	. . . . .	CHIRAC	GODEBERT	. . . .
	3	Le Ch^er^ CARON ✻	. . . . .	DELISLE	LABOLE	. . . .
	4	DETHAN ✻	. . . . .	MACÉ	BOURDON	. . . .
2^e^	1	GAVARDIE ✻	. . . . .	DUPUIS	MORAND	. . . .
	2	MIRABEL ✻	. . . . .	NOLIVOS ✻	DELAGARDE	. . . .
	3	BURBAU ✻	. . . . .	CHAMPAGNY	CAYROCHE ✻	. . . .
	4	FOUGÈRES ✻	. . . . .	DE VERNAUX	DUPUIS	. . . .

QUATRIÈME RÉGIMENT DE TIRAILLEURS.

État-Major.

Le Bon ROBERT (O. ✻), *major commandant.*

PAILHÈS ✻, } *chefs de bataillon.*
Le Ch^er^ FAUCON ✻, }
GUILLEMAIN (O. ✻), *capit. adjud.-major.*
PAILLARD ✻, } *lieuten. adjud.-majors.*
MALASSAGNE, }

VIGNEAUX ✻, *lieut. sous-adjud.-major.*
DESPRÈS, *lieutenant officier-payeur.*
LAGNEAUX ✻, *chirurgien-major*
PATUEL, *sous-aide major.*
DESTOMBES, *capitaine à la suite.*

Sous-Lieutenants à la suite.

DUBOURG.
GRISSOT.
BRUNEL.
AUDREOSSY.
LOMARIA-DUPARC.
FAYET
MEYER.
HEYEZMANS.
CLÉMENT DE BREUGEL.

Bataill.	Comp.	CAPITAINES.	LIEUT EN 1er.	LIEUTENANTS.	SOUS-LIEUTENANTS.	
1er	d'élite.	PELÉE ✻	POULMANT	. . . . .	. . . .	. . . .
	1	Le Ch^er^ DELAUNAY ✻	. . . . .	TOURASSE	CANIVET	. . . .
	2	ROUILLÉ ✻	. . . . .	DELSOL	. . . .	. . . .
	3	CIROU ✻	. . . . .	GOUPILLAUD	. . . .	. . . .
	4	BOURCHETTE ✻	. . . . .	RICHARD	GRANGENEUVE	DE BEAULIEU
2^e^	1	BONNOURE ✻	. . . . .	TURQ	. . . .	LACHAPELLE
	2	DEBOISTHIÉRY ✻	. . . . .	UBACHS	. . . .	BIGORNE
	3	DENEUILLY ✻	. . . . .	RIVALS	. . . .	BILATE
	4	DELEUZE ✻	. . . . .	DEMOUCHY	. . . .	FAYS

CINQUIÈME RÉGIMENT DE TIRAILLEURS. — État-Major.

Le Bon HENNEQUIN (O. ✻), major commandant.

Le Ch^er LEGLISE (O.✻), | chefs de bataill.
DUPRÉ ✻, |
HAILLECOURT ✻, capit. adjud.-major.
BOURGOING, sous-lieut. sous-adj.-major.

BRISSON, sous-lieut. sous-adjud.-major.
FOUCHER, sous-lieuten. officier-payeur.
POIRSON, chirurgien-major.
DANVERS, aide-major.

BATAILLONS.	COMPAGNIES.	CAPITAINES.	LIEUTENANTS.	SOUS-LIEUTENANTS.
1er	1	VESSILLIER ✻	CAHIER	FONTENAILLES
	2	LAVILLETTE ✻	ROUX-MONTAGNIÈRE	AUGROS
	3	THERY ✻	RODIN DE COULOGNE	VERGER
	4	LAIGRE ✻	BRUYÈRE DE LA MOTTE	RAMEAU
2^e	1	ROYÈRE ✻	CLAVAUX	DAUSSE
	2	EMOND ✻	POISSON DE GRANDPRAY	BLANCARD
	3	THOMAS	BROS	CRUVELLIER
	4	LEGLISE (A.)	AUBERT	TILLY

SIXIÈME RÉGIMENT DE TIRAILLEURS. — État-Major.

Le Ch^er CARRÉ ✻, major commandant.

MASSON ✻, | chefs de bataillon.
GOLZIO ✻, |
BAUDRY ✻, capitaine | adjud.-majors.
LABRUCHE, sous lieut. |

KREBS ✻, sous-lieut. sous-adjud.-major.
PASQUIER, sous-lieuten. officier-payeur.
. . . . . . chirurgien-major.
MAHIEU, aide-major.

BATAILLONS.	COMPAGNIES.	CAPITAINES.	LIEUTENANTS.	SOUS-LIEUTENANTS.
1er	1	. . . . .	DECOURT	LEBRE
	2	LAURENT ✻	DÉMANNY	FAYOLLE
	3	HENRY	CLEMENT	BESSON
	4	JEGU ✻	BECKERS	DUBANT
2^e	1	LIMONIER ✻	PILLION	BRUYNEEL
	2	ALLOZE ✻	GUILLEMOT	FOURNIER
	3	TOURET ✻	ROSSI	RENOUX
	4	. . . . .	LEDUC	RICARD

RÉGIMENT DES FLANQUEURS. — État-Major.

Le Ch^er POMPEJAC ✻, colonel major.

Le Ch^er GEUREL (O.✻), | chefs de bataill.
HOLTZ (O. ✻), |
GONICHON ✻, capitaine adjud.-major.
GIROT, lieutenant adjudant-major.

DAUDIER, lieutenant adjudant-major.
PERCHERON, sous-lieut. officier-payeur.
VICTRAC, chirurgien-major.
PAULIN, aide-major.

BATAILLONS.	COMPAGNIES.	CAPITAINES.	LIEUTENANTS.	SOUS-LIEUTENANTS.
1er	1	MOREAU	LACHAPELLE	FAVIER
	2	ISEU	BAILE	MALAPERT
	3	HOUTON	REGNAULT	BASSAGEL
	4	SAISSET	COUET-LORRY	CHOUVEROUX
2^e	1	ALLEMAND	GENTIL	TIBLEAU
	2	DARAN	LACRETELLE	LAVAISSE
	3	DELANOY	DEROUEN	BEAUPÈRE
	4	TRUGUET	GOBERT	VARLET

ÉTAT-MAJOR GÉNÉRAL DU CORPS DES CHASSEURS A PIED.

Le Bon CURIAL (C. ✵), *général de division, colonel commandant.*
Le Bon DUMOUSTIER (C. ✵), *idem, colonel en second.*
Le Bon LANABÈRE (C. ✵),
Le Bon DUVERNET (O. ✵),
Le Bon REBEVAL (O. ✵), } *généraux de brigade, adjudants généraux.*
Le Bon LANUSSE (O. ✵),
Le Ch^{er} LARROUY ✵, *capitaine quartier-maître trésorier.*
CHAMFROID ✵, *capitaine adjudant aux vivres.*
RIVIÈRE ✵, *lieutenant en premier, adjudant d'habillement.*

État-Major.

Du 1er régiment.

Le Bon GROS (C.✵), *gén. de brig. maj. com.*
Le Ch^{er} SECRETAN ✵,
Le Ch^{er} RESSEL ✵, } *chefs de bataill.*
CHARTRAND ✵,
FABRE ✵, } *capit adj. maj.*
DIVAT ✵,
DEBAY, } *lieut. en second sous-adj.-maj.*
WARO ✵, *lieut. en second, porte-aigle.*
COTHENET ✵, *chirurgien-major.*
DIÈCHE, *aide-major.*

Capitaines à la suite.

CONSTE ✵.- CHABRARD ✵.- CHEVERRY.
VERDURE, PUCHOIS, *lieut. en 2° à la suite.*

Du 2e régiment.

Le Bon ROSEY (O. ✵), *major commandant.*
Le Ch^{er} MAILLARD ✵,
Le Ch^{er} RIGNON (O. ✵), } *chefs de bataill.*
MARTHÉ,
PRELIER ✵, } *capit. adj.-majors.*
GROS (jeune),
GROUILLARD ✵, } *lieuten. en premier, sous-adj.-majors.*
MARTIN ✵, *lieut. en premier, porte-aigle.*
SOURDA ✵, *chirurgien-major.*
JUVELLE, *aide-major.*
RICHELET,
MONNIER, } *lieut. en premier à la suite*

NUMÉROS DES			CAPITAINES.	LIEUTENANTS		
Régim.	Bataill.	Comp.		EN PREMIER.	EN SECOND.	
1er	1er	1	GENTENOIRE ✵	FARNICOULT ✵	SORTEVAL ✵	BLANC
		2	MOUREZE ✵	DUCHANOIS ✵	ANDROUY ✵	GALMICHE
		3	MINVILLE ✵	BARBIER ✵	STAINVILLE ✵	
		4	CARDINAL ✵	LEFRANC ✵	AMIOT ✵	. . . .
	2^e	1	. . . .	HOGUILLET ✵	. . . .	. . . .
		2	CHABRIER	BLONDEAU ✵	CHEVALIER ✵	VILDIER
		3	ROSET	AUBRY ✵	DEFOSTANGE ✵	BERNARDI
		4	VERNADET ✵	FELIX ✵	THIBAUT ✵	DAMOUR ✵
2^e	1er	1	THIEBAUT ✵	ANGELET	REPSOMEN	DACHAUX
		2	BACQUET ✵	GOMON ✵	HERMAND	BEAUVAIS
		3	JAUBERT ✵	NOVEL ✵	LIONS ✵	TOURNIER ✵
		4	TURIN ✵	LEYMET	DEVELT	ROY
	2^e	1	MISSONNIER ✵	DEQUEUX	RENEUREL	PENOT
		2	ROYER ✵	VEN-DEN-HEUVEL ✵	GRIMPELT ✵	CARTERET
		3	BRAUN ✵	LARDIER ✵	DELARUE	PLITZ
		4	TABARDIN ✵	LAMOURETTE ✵	THEVENART	. . . .

PREMIER RÉGIMENT DE VOLTIGEURS.

État-Major.

Le Bon MALLET ✵, *major commandant.*

Le Ch^{er} SOULÈS (j.) ✵, } *chefs de bataill.*
Le Ch^{er} BLONDEAU ✵,
RATTIER ✵, *capitaine adjudant-major.*
RIVAL ✵, } *sous lieut. sous adj.-maj.*
CABANEL ✵,

WANGRAVE, *sous-lieut. officier-payeur.*
JACOB ✵, *chirurgien-major.*
BUISSON, *aide-major*
DUPETIT, *à la suite.*

Bataill.	Compag.	CAPITAINES.	LIEUTENANTS.	SOUS-LIEUTENANTS.	
1er	1	CONTRET ✵	. . . . . .	GUIGNET	GUÉRIN
	2	CHARVIN ✵	. . . . . .	CAILLET	BAILLON
	3	HEUZARD ✵	. . . . . .	TEISSIER	MONGET
	4	Le Ch^{er} SAULNIER ✵	. . . . . .	FABRE	PÉTION
2^e	1	Le Ch^{er} MALLET J^e ✵	. . . . . .	LANGLADE	PERRIN
	2	Le Ch^{er} BIGOT ✵	. . . . . .	CLÉMENT	GASQUETON
	3	Le Ch^{er} BÈRE ✵	. . . . . .	BORIER	KNAP
	4	Le Ch^{er} DUPONT	. . . . . .	MALLAT	DUMAS

DEUXIÈME RÉGIMENT DE VOLTIGEURS.

État-Major.

Le Bon DESHAYES (O. ✵), *major commandant*

Le Ch^{er} PEUGUERN ✵, } *chefs de bataill.*
Le Ch^{er} SCHRAMM ✵,
BOSQUET ✵, *capitaine adjudant-major.*
DELABICHE ✵, } *lieut. sous-adj.-maj.*
BONNET,

LEMERCIER, *lieutenant officier payeur.*
VINCENT, } *sous-lieut sous-adjud.-maj.*
SALOMON,
ROLLIN, *chirurgien major.*
LASSÈRE, *sous-aide-major.*

Bataill.	Compag.	CAPITAINES.	LIEUTENANTS.	SOUS-LIEUTENANTS.	
1er	1	Le Ch^{er} GARNIER ✵	GUILLIER	COLINET	. . . .
	2	Le Ch^{er} HUBERT	PRÉVOST	CHARLET	. . . .
	3	PARADIS (O. ✵)	MOUSARA	PRIEUR	HOURDIER
	4	Le Ch^{er} VILLARET ✵	LAFITTE	PERRIN	. . . .
2^e	1	Le Ch^{er} MASSE ✵	FORESTIER	HIRSQ	. . . .
	2	Le Ch^{er} ALBERT ✵	DUPEYRON	DUBREUCQ	FAVIER
	3	Le Ch^{er} BARRAL ✵	BURTZ	DOMEUJEUX	. . . .
	4	. . . . . .	. . . . . .	VIGIER	BOUTANT

TROISIÈME RÉGIMENT DE VOLTIGEURS.

État-Major.

Le Bon CAMBRONNE (O. ※), *major commandant.*

Le Ch^{er} BERT ※,
Le Ch^{er} DESALONS ※, } *chefs de bataill.*
BORNELLE ※, *capitaine adjud.-major.*
HUET,
DURAND, } *lieutenants adjud.-majors.*
LACRETELLE, *sous-lieut. sous-adj.-maj.*

CHANDELLIER, *officier-payeur.*
ZINCK, *chirurgien-major.*
LARREY jeune, *chirurgien aide-major.*
REVEU, *lieutenant*
MELCHIOR, *sous-lieutenant* } *à la suite.*
MOREL, *idem*

Bataill.	Compag.	CAPITAINES.	LIEUTENANTS.	SOUS-LIEUTENANTS.	
1er	1	. . . . . .	ANCIEAUME	PONS	. . . .
	2	CAMBOUR	BARDE	MONTALDI	. . . .
	3	Le Ch^{er} DESCHAMPS (O.※)	DESQUIOT	BARUT	. . . .
	4	Le Ch^{er} LAPEYRE ※	BOURGET	L'HÉRITIER	. . . .
2^e	1	VERGEZ ※	PRISSE	PONDEROUX	. . . .
	2	Le Ch^{er} CHARRAND (O.※)	REBILLY	MÉLISSANT	. . . .
	3	Le Ch^{er} GALLAUD ※	CHEVALIER	VICTOR	. . . .
	4	Le Ch^{er} HANUCHE ※	LINOIS	SÈNES	. . . .

QUATRIÈME RÉGIMENT DE VOLTIGEURS.

État-Major.

Le Bon NAGLE ※, *major commandant.*

Le Ch^{er} GALTÉ ※,
Le Ch^{er} TEYSSÈRE ※, } *chefs de bataill.*
Le Ch^{er} FINAT ※, *capitaine adj.-major.*
MONNIER, *lieutenant adjudant major.*
GEMEAU, *sous-lieut. sous-adjud.-major.*
SEUX ※, *sous-lieutenant officier-payeur.*

MANDON, *chirurgien-major.*
MORIN, *sous-aide-major.*
BARBAS ※, *capitaine*
BARUTEAU ※, *idem*
MATIVET, *sous-lieutenant* } *à la suite.*
TRAPPIER, *idem*

Bataill.	Compag.	CAPITAINES.	LIEUTENANTS.	SOUS-LIEUTENANTS.	
1er	1	Le Ch^{er} COLOMBAU ※	DUCHESNE	GAUFFRET	AUDÉ
	2	. . . . . .	DUHESME	TEGELAAR	CABIRO
	3	DUPART	BACQUET	GIRAUT	LASSONDER
	4	Le Ch^{er} D'HERVILLY ※	DAST	HOISING	DESPAIGNES
2^e	1	AREM ※	VALLAT	MOREL	WENDENBROCK
	2	Le Ch^{er} NICOLAS ※	DE BOISGELIN	GAILLANT	. . . .
	3	Le Ch^{er} SAINT-MARTIN ※	PHILIPPE	BENEZE II	DROUIN
	4	Le Ch^{er} LEBOURCIER ※	AUREZ	DE GERMY	DOCQUIER

CINQUIÈME RÉGIMENT DE VOLTIGEURS.

État-Major.

Le Bon SICARD (O. ✳), *major commandant.*

Le Ch^{er} BOUCHER (O ✳) } *chefs de bataill.*
Le Bon VARLET ✳, }
MUSTCHLER ✳, *capitaine adjud.-major.*
DUPUY, *sous-lieutenant officier-payeur.*

SEGALAS, } *sous-lieut. sous-adj.-maj.*
DEMASLES, }
CAUMETTE, *chirurgien-major.*
VALENTIN, *aide-major.*

Bataill.	Compag.	CAPITAINES.	LIEUTENANTS.	SOUS-LIEUTENANTS.	
1er	1	DEVAUX	. . . . . .	PRUDHOMME	DELÉE
	2	SEVERIN	. . . . . .	PREUVEZAUT	CLÉMENT
	3	MONTAZET	. . . . . .	LAFONTAINE	CHAUCHARD
	4	BAYEUX	. . . . . .	BERNARD	BORRIT
2^e	1	BEAU	. . . . . .	SPARRE	JACOB
	2	GODEFROY	. . . . . .	LEHEU	DELAVIGNE
	3	CAILLOT	. . . . . .	MENET	GALLERY
	4	CHASSEY	. . . . . .	BELOT	PEYRRANY

SIXIÈME RÉGIMENT DE VOLTIGEURS.

État-Major.

Le Ch^{er} ROUSSEAU, *major commandant.*

Le Ch^{er} PIOCHE ✳, } *chefs de bataill.*
Le Ch^{er} HUREL ✳, }
Le Ch^{er} GUERDIN ✳, *capit. adjud.-maj.*
ENJALZAN, } *sous-lieut. sous-adj.-maj.*
MOYSON, }
DESCHAMPS, *officier-payeur.*

BERTHEL, *chirurgien major.*
NIDARD, *chirurgien aide-major.*
CARPENTIER, }
LOMBARDEAU, } *capitaines à la suite.*
RABERAIN, }
PISSÈRE, }

Bataill.	Compag.	CAPITAINES.	LIEUTENANTS.	SOUS-LIEUTENANTS.	
1er	1	ROBY ✳	. . . . . .	. . . . . .	. . . .
	2	VERNÈRE ✳	. . . . . .	. . . . . .	. . . .
	3	DASQUE ✳	. . . . . .	BORIEN	. . . .
	4	. . . . . .	. . . . . .	SAINT-JUSTE	. . . .
2^e	1	SAME (O. ✳)	. . . . . .	AURIAS	. . . .
	2	. . . . . .	. . . . . .	CONNY	. . . .
	3	LINARD	. . . . . .	SOLLIER	. . . .
	4	. . . . . .	. . . . . .	. . . . . .	. . . .

RÉGIMENT DES PUPILLES.

ETAT-MAJOR.		Bataillons.	Compagnie.	CAPITAINES.	LIEUTENANTS.	SOUS-LIEUTENts.
BARDIN, *colonel.* DIBBETS, *major.* VANDEWOORDE, *cap. quart. maître.*		1	1 2 3 4	SCHIPHORST AUMONT ✸ KIRCHNER PLÉE ✸	REUTER CROES CARON ✸ STOHLMAN	BOSSONEY DUMOIS CLÉMENT BARBETTE
MAGNE WESTEMBERG L'HONNEUX ROCHELLE	Chefs de bataillon.	2	1 2 3 4	MINVIELLE GENISSON JEVIN LEGER ✸	STOCK LENTE DURAFORCE FOLLET ✸	BUCHNER SUTHERLAN ROUVILLE CARLES
BRADE TEIGNAGELL DEVASSY SAVAZIN LEFÈBRE		3	1 2 3 4	PADTBERG SEGUIN SCHANTZ ✸ DALAUT ✸	ALIZON THIEL BONNET WERNER	PUJOL VANDERLUGT CHARON PECH
VANDENBERG CHARLOT ✸ TROULOT ✸	Capitaines adjudants-majors.	4	1 2 3 4	DE L'ECHELLE LECLERC KESSLER LANDEAU	SCHINPF THEYSSEN BROUWERS VERDELET	IPENBURG VALKENBURG CRONILLEBOIS CREUSTER
FUSELIER ✸ BOELLAARD VAN BROUKHORFF LENOIR ✸ PLAFAIT		5	1 2 3 4	VANDER DUSSEN DUMESNIL ✸ DELAFARRE BOUCHER	DESCHAMPS SCHOLOSSER VELDKAMPS TEPPER	KLEIN BIDEAULT GARAVEL DUPAINS
LAMOUREUS ✸ CORNAGLIA KONNE ✸		6	1 2 3 4	MONHEMIUS MICHEL ✸ SIMONNOT ✸ LARGILIÈRE ✸	DEHU LUYKEL MARTIN RIETSTAP	VAN-DYK MOURAS DELAVA DUMAS
VANDERMONDEN PHYFFER DOLMAN DE BEESTEN SPENGLER	Lieut. adj.-majors.	7	1 2 3 4	CARBEN HUGONNET VUAILLE FAIVRE ✸	SENS BEMFFER LATOUR BIETZ	VANKRIEKEN GONODE MAURENTZ MAIGNÉ
SANDERS CORBELYN		8	1 2 3 4	GAUGE LACOUR WALDKIRCH MAYOT ✸	DECOURT ✸ HAMERSMA CORRIOU ✸ POPLIMONT ✸	CHAMBON STAAL, VANHOLSTEIN BARRE SOM
LEMOINE MARIN	Chir. maj.					
PETERSEN DEMANGET OPDELACY HESEQUE SUE D'HERCOURT	Sous-aides-maj.	9	1 2 3 4 5 6 7 8	WEYTINGH BLOM DUBATTU BROUCHON	LECOMTE ROUILLARD CASI ✸ MARTIN (E.) VICTOR ✸ KEISSER VANIZAC VENTAL	SCHREYVER DIETZ FAURE DANCOUR BARBEREAU SCHNEIDER . . . .

SOLDE DES RÉGIMENTS DE TIRAILLEURS, VOLTIGEURS ET FLANQUEURS.

DÉSIGNATION DES GRADES.	SOLDE DE PRÉSENCE des OFFICIERS.		SOLDE DE PRÉSENCE de la troupe par jour.		SOLDE D'ABSENCE par jour.		INDEMNITÉ DE LOGEMENT par jour.	SUPPLÉMENT DE SOLDE dans Paris par jour.
	Par mois.	Avec vivres de campagne.	En station sans vivres de campagne.	En marche avec le pain.	En semestre.	A l'hôpital.		
État-Major.								
Major commandant	516 66							
Chef de bataillon	416 66	Traité en tout comme l'infanterie de la vieille Garde.						
Adjudant-major.	300 »							
Sous-adjudant-major sous-lieutenant	83 33	2 77	2 77	5 27	1 38	1 52	» 40	» 92
Officier payeur	100 »	3 33	3 33	5 83	1 66	1 83	» 40	1 11
Officier de santé.	Vieille Garde, traité comme tel, suivant sa classe, voir p. 130.							
Compagnie.								
Capitaine	300 »	Traité en tout comme l'infanterie de la vieille Garde.						
Lieutenant { de première classe . .	104 16	3 47	3 47	5 97	1 73	1 97	» 40	1 15
{ de deuxième classe. .	91 66	3 05	3 05	5 55	1 52	1 55	» 40	1 01
Sous-lieutenant.	83 33	2 77	2 77	5 27	1 38	1 52	» 40	» 92
Petit État-Major.								
Vaguemestre	» »		1 66	En temps de guerre seulement.				
Adjudant-sous-officier.	» »	1 60	1 65	2 60	» 80	» 53	» »	» 54
Caporal tambour	» »	» 70	» 85	» 95	» 40	» 20	» »	» 20
Chef de musique.	» »	» 50	2 65	2 90	1 25	» 83	» »	» 90
Musicien	» »	1 »	1 15	1 25	» 50	» 10	» »	» 40
Maître-ouvrier	» »	» 30	» 45	» 55	» 15	» 10	» »	» 05
Compagnie.								
Sergent-major	» »	» 90	1 05	1 30	» 45	» 10	» »	» 20
Sergent et fourrier.	» »	» 75	» 90	1 10	» 37	» 10	» »	» 20
Caporal.	» »	» 60	» 75	» 85	» 30	» 10	» »	» 20
Tirailleurs, voltigeurs et flanqueurs.	» »	» 30	» 45	» 55	» 15	» 10	» »	» 05
Tambour	» »	» 40	» 55	» 65	» 25	» 20	» »	» 05
Élève tambour	» »	» 30	» 45	» 55	» 15	» 10	» »	» 05

SOLDE DU RÉGIMENT DE PUPILLES.

DÉSIGNATION DES GRADES.	SOLDE DE PRÉSENCE des OFFICIERS.		SOLDE DE PRÉSENCE de la troupe par jour.		SOLDE D'ABSENCE par jour.		INDEMNITÉ DE LOGEMENT par jour.	SUPPLÉMENT DE SOLDE dans Paris par jour.
	Par mois.	Avec vivres de campagne.	En station sans vivres.	En marche avec le pain.	En semestre.	A l'hôpital.		
État-Major.								
Colonel	416 66	13 88	13 88	18 88	6 94	10 88	1 66	2 77
Major	358 33	11 94	11 94	16 44	5 97	8 94	1 50	2 38
Chef de bataillon	300 »	10 »	10 »	14 »	5 »	7 »	1 33	1 »
Adjudant-major	166 66	5 55	5 55	8 55	2 77	3 55	» 60	1 38
Quartier-maître	100 »	3 33	3 33	5 83	1 66	1 83	» 60	1 11
Chirurgien-major	166 66	5 55	5 55	8 55	2 77	3 95	» 60	1 38
Aide-major	125 »	4 16	4 16	6 66	2 08	2 96	» 40	1 38
Sous-aide-major	66 66	2 22	2 22	4 72	1 11	1 22	» 30	1 11
Compagnie.								
Capitaine de première classe	200 »	6 66	6 66	9 66	2 33	4 66	» 60	1 66
Idem de deuxième classe	166 66	5 55	5 55	8 55	2 77	3 55	» 60	1 38
Idem de troisième classe	150 »	5 »	5 »	8 »	2 50	3 »	» 60	1 25
Lieutenant de première classe	104 16	3 47	3 47	5 97	1 73	1 97	» 40	1 15
Idem de deuxième classe	91 66	3 05	3 05	5 55	1 52	1 55	» 40	1 01
Sous-lieutenant	83 33	2 77	2 77	5 27	1 38	1 52	» 40	1 92
Petit État-Major.								
Adjudant-sous-officier	» »	1 60	1 75	2 60	» 80	» 53	» »	» 54
Tambour-major	» »	» 80	» 95	1 20	» 40	» 10	» »	» 22
Caporal-tambour	» »	» 55	» 70	» 80	» 32	» 20	» »	» 12
Musicien	» »	» 55	» 70	» 80	» 27	» 10	» »	» 17
Maître-ouvrier	» »	» 30	» 45	» 55	» 15	» 10	» »	» 05
Compagnie.								
Sergent-major	» »	» 80	»	1 20	» 40	» 10	» »	» 22
Sergent et fourrier	» »	» 62	»	» 97	» 31	» 10	» »	» 14
Caporal	» »	» 45	»	» 70	» 22	» 10	» »	» 12
Pupille	» »	» 30	»	» 55	» 15	» 10	» »	» 05
Tambour	» »	» 40	» 5	» 65	» 25	» 10	» »	» 05

CHAPITRE III.

LE PUPILLE DE LA GARDE

I.

Le dimanche, 18 août 1811, avant dix heures du matin, une foule immense se pressait aux abords des grilles du Carrousel. Napoléon, alors à Saint-Cloud, devait venir à Paris pour passer, à midi, une de ces magnifiques revues qui excitaient toujours l'admiration des Parisiens ; mais ce jour-là leur curiosité était d'autant plus aiguillonnée, qu'ils avaient appris par les journaux que l'Empereur ferait l'inspection d'un corps nouvellement créé, celui des pupilles de la Garde, que personne n'avait encore vu à Paris, et qui, la veille, était venu tout exprès de Versailles à l'École militaire.

Déjà tous les régiments d'infanterie de la Garde étaient rangés en bataille dans la cour des Tuileries, lorsqu'on vit avec surprise déboucher par le guichet du Pont-Royal, et arriver en bon ordre, un régiment de petits fantassins, dont le plus âgé comptait à peine quinze ans. A leur aplomb, à leur air martial, on eût pu les prendre pour de vieilles troupes, tant il y avait de régularité dans leurs mouvements et d'ensemble dans leur marche. On eût dit un des corps de la Garde qui était là, sous les armes, vus par le gros bout de la lorgnette. D'abord c'était un peloton de sapeurs, petits blondins en bonnet à poils, dont le menton juvénile et la mine espiègle contrastaient singulièrement avec l'air terrible qu'ils essayaient de se donner ; puis un tambour-major de cinq pieds deux pouces de haut, qui, lorsqu'il vint à passer devant ses collègues de la vieille Garde, véritables colosses, fit tournoyer sa canne au-dessus de sa tête avec une rapidité extraordinaire, comme pour lui porter un défi d'adresse : il était suivi de ses tambours. La musique venait ensuite, veuve de sa grosse caisse et de ses deux bonnets chinois obligés, par la raison qu'aucun des exécutants n'eût eu la force de porter ces lourds instruments; mais cette musique faisait entendre *la Favorite*, ce pas redoublé composé tout exprès pour le corps des pupilles, marche charmante, que le souvenir et les traditions nous ont conservée *. Enfin l'état-major, à cheval, et tout le régiment au port d'armes, suivaient immédiatement.

Ces héros en herbe vinrent se former en bataille et faire face du 1ᵉʳ régiment de grenadiers, dont pas un n'avait pas moins de trois chevrons. A la vue de ces enfants, les vieux soldats sourirent et chuchotèrent; mais les tambours ayant battu aux champs pour annoncer l'arrivée de l'Empereur, tous devinrent muets et immobiles. Napoléon alla droit aux pupilles, qui avaient ouvert leurs rangs. Il mit pied à terre, dit quelques mots à leur colonel, et, accompagné de l'état-major du régiment, commença l'inspection; mais tout à coup, prenant un petit caporal par l'oreille et l'amenant doucement à lui :

— Quel âge avez-vous, monsieur le blondin? lui demanda-t-il d'un ton presque sévère.

— Mon Empereur, j'ai eu treize ans le 20 mars dernier, jour de naissance du roi de Rome.

— Pourquoi riiez-vous tout à l'heure, lorsque je parlais à votre capitaine?

— Sire, c'est parce que j'avais plaisir à vous voir.

— Et si je te faisais mettre à la salle de police en arrivant à Versailles, pour t'apprendre qu'un sous-officier ne doit pas rire dans les rangs, que dirais-tu?

— Mon Empereur, je dirais que je suis bien heureux, car cela prouverait que vous avez pensé à moi.

— Ce petit drôle-là a réponse à tout, dit avec bonhomie Napoléon, et il continua sa marche.

Son inspection terminée, Napoléon fit avancer de quelques pas les pupilles, et, se plaçant entre eux et ses grenadiers :

« Soldats de ma vieille Garde, leur dit-il, voici vos enfants! c'est
« en combattant à vos côtés que leurs pères sont morts : vous leur en
« tiendrez lieu. Ils trouveront en vous tout à la fois un exemple et un
« appui. Soyez leurs tuteurs! En vous imitant, ils seront braves; en

---

* Voir à la fin de cet ouvrage cet air arrangé pour le piano par notre ami et collaborateur Alexandre Goria.

« écoutant vos avis, ils deviendront les premiers soldats du monde !
« Je leur ai confié la garde de mon fils, comme je vous ai confié la
« mienne. Avec eux, je serai sans crainte pour lui, comme, avec
« vous, je suis sans crainte pour moi. Je vous demande pour eux amitié
« et protection. »

A ces mots, des cris étourdissants de vive l'Empereur ! vive le roi de Rome ! partirent des rangs. D'un geste, Napoléon contint cet enthousiasme. Puis, se retournant vers les pupilles :

— Et vous, mes enfants, reprit-il d'un ton ému, en vous attachant à ma garde, je vous donne un devoir difficile à remplir ; mais je compte sur vous, et j'espère qu'un jour on dira : Ces enfants là étaient dignes de leurs pères !

Des acclamations frénétiques répondirent à ce discours. Aussitôt Napoléon donna l'ordre à son aide-de-camp, le comte de Lobau, de commander le défilé ; et les pupilles, héros de la fête, défilèrent la parade, en bon ordre et correctement, en tête de la vieille Garde.

A peine les tambours du 1er régiment de grenadiers, qui venaient après, étaient-ils arrivés à la hauteur du groupe de l'état-major général, qu'un enfant de troupe, qui pouvait bien avoir une dizaine d'années, quitte ses camarades, s'avance timidement vers Napoléon et lui présente, à distance, son petit bonnet de police sur lequel il a posé un placet.

— Ah ! ah ! fit Napoléon en souriant, en voilà un qui a déjà de l'ambition ! C'est commencer de bonne heure ! Puis, s'adressant à l'aide-de-camp placé le plus près de lui, Lauriston, ajouta-t-il, voyez ce que veut ce petit bonhomme.

Celui-ci s'approche de l'enfant, prend sa pétition, lui adresse quelques mots et revient auprès de l'Empereur en lui disant :

— Sire, c'est un orphelin...

— Un orphelin ! interrompit Napoléon, en tendant la main ; alors c'est moi que cela regarde ; donnez-moi ce papier.

Et, dépliant lui-même la pétition, il lut ce qui suit :

« A Sa Majesté, le roi de Rome, en son quartier impérial des
« Tuileries, à Paris.
« Sire,
« Pierre Muscadet, âgé de onze campagnes, propriétaire exclusif
« de cinq blessures, non mortelles, et grenadier à pied au second du

« premier de la vieille de votre honoré père, qui a décoré le sup-
« pliant de ses propres mains, au camp de Boulogne, a celui de vous
« faire savoir qu'il a hérité incontinent d'un véritable neveu dont il va
« ne savoir que faire, attendu qu'il est question de se remettre en route.

« Sire, le soi-disant est provisoirement enfant de troupe à la suite,
« et déjà l'un de vos plus profonds admirateurs. Blond de sa nature,
« taille de 1 mètre 33 centimètres, il a été vacciné, selon les règle-
« ments, par l'aide-major. Le postulant fera indubitablement un bon
« soldat. Il sait lire, écrire, et possède la connaissance du respect dû
« aux chefs immédiats et à l'héritier présomptif du grand Napoléon.
« C'est pourquoi le réclamant vous prie de vouloir bien avoir la bonté
« de permettre à mon neveu, François Muscadet, porteur de la pré-
« sente, d'être incorporé le plus vivement possible dans le corps des
« pupilles de la Garde, qui est la vôtre, et dont le dépôt est situé à
« Versailles. Je vous promets qu'il ne boudera jamais pour le service
« de votre personne impériale, royale et romaine.

« Sire, excusez si je ne figure que ma croix au bas de la présente :
« c'est de cette manière que j'ai signé mon engagement volontaire, ce
« qui ne l'a pas empêché d'être bon et valable ; demandez plutôt à
« votre honoré père, notre digne Empereur, dont j'ai celui d'être
« connu légèrement. Je ne m'exprime pas davantage au vis-à-vis du
« réclamant ; mais,

« Sire,

« J'ai l'honneur d'être Pierre Muscadet, désigné comme dessus, et
« caserné à Courbevoie.

« Réponse S. V. P.

« A quartier, ce 18 août 1814, mois de Saint-Napoléon. »

La lecture de cette supplique avait fait sourire l'Empereur plus d'une fois ; et lorsqu'il en eut relu l'adresse : « A Sa Majesté le roi de Rome ! » répéta-t-il en haussant les épaules ; mais ce n'est pas pour moi.

Cependant il fit un signe de la main à l'enfant qui était resté impassible à la même place, et lui dit :

— Approche, mon petit ami. Tu t'appelles François, et tu es le neveu de Pierre Muscadet, grenadier de ma Garde ?

— Oui, mon Empereur, répondit timidement celui-ci en roulant son bonnet de police dans ses petites mains.

— Eh bien! tu diras à ton oncle que c'est un imbécile.

— Oui, mon Empereur.

En répondant ainsi, l'enfant avait baissé les yeux. Napoléon reprit en souriant de la naïveté :

— Nonobstant, la commission de monsieur Pierre Muscadet va être ponctuellement exécutée, parce qu'enfin il ne serait pas juste que tu fusses victime de la bêtise de ton oncle.

Puis, s'adressant à son aide-de-camp :

— Lauriston, lui dit-il, conduisez sur-le-champ le pétitionnaire auprès de mon fils; vous le ramènerez ensuite.

Le général introduisit le petit François dans la chambre de Sa Majesté, alors âgé de cinq mois, et qu'il trouva dormant dans son berceau, entouré des femmes attachées à son service. Madame de Montesquiou, selon l'étiquette, posa respectueusement la pétition sur les pieds de l'enfant, qui, s'éveillant de mauvaise humeur, fit entendre un long vagissement. Alors l'aide-de-camp, croyant avoir suffisamment rempli sa mission, ramena le petit François auprès de l'Empereur, occupé à voir défiler l'artillerie légère de la Garde.

— Eh bien! monsieur, demanda-t-il aussitôt à l'aide-de-camp, avez-vous fait ce que je vous avais dit?

— Oui, Sire.

— Qu'a répondu Sa Majesté le roi de Rome?

— Sire, Sa Majesté n'a rien répondu.

— C'est cela, répliqua Napoléon en souriant; qui ne dit mot consent. Lauriston, vous me remettrez ce soir cette demande sous les yeux, afin que je la régularise. Quant à toi, ajouta-t-il en s'adressant à François, va rejoindre tes camarades, et prends garde de te faire écraser par les chevaux.

Napoléon suivit des yeux l'enfant qui disparut bientôt en courant à toutes jambes à travers les rangs du dernier bataillon de grenadiers; et lorsqu'il l'eut perdu de vue :

— Pauvre petit, dit-il avec un accent de vif intérêt, je parie qu'il ne sera pas bête, lui! Mais son oncle n'en est pas moins un de mes braves, et je veux qu'il soit content.

Immédiatement après la revue, les pupilles commencèrent leur service auprès de la personne du roi de Rome. Les dames de l'Impératrice s'occupèrent beaucoup de ces petits soldats, qu'elles trouvèrent charmants. Elles pesèrent leurs jolis fusils, les plaignirent, les consolèrent; et le lendemain, lorsque la compagnie relevée de garde et

remplacée par une autre revint à l'Ecole militaire, ils trouvèrent dans leur giberne, à la place de la toupie, des osselets et des billes qu'ils y renfermaient soigneusement, des pastilles de chocolat, et des bonbons de toute espèce.

A quelques jours de là, le jeune François Muscadet prenait rang dans les pupilles, après avoir passé un examen de faveur.

II.

En effet, dans le 2⁰ bataillon du 1ᵉʳ régiment des grenadiers à pied de la vieille Garde, il y avait un soldat nommé Pierre Muscadet qui était ce qu'on appelle en termes militaires une *vieille culotte de peau*. Parti en 1792 avec les premiers bataillons de volontaires, Muscadet n'avait pas un seul instant quitté les drapeaux, et cependant, il n'était entré dans la Garde qu'après la campagne d'Austerlitz; c'est que, malheureusement pour lui, son éducation avait été complétement négligée; il ne savait pas même signer son nom. Muscadet ne pouvait donc espérer d'autre grade que celui d'*officier de guérite*, comme on désignait alors les simples soldats.

Il était en garnison à Courbevoie, lorsqu'un matin le vaguemestre lui apporta une lettre timbrée de Saint-Jean-Brevelay, gros bourg situé près de Vannes en Basse-Bretagne, et patrie du vieux soldat. C'était la première lettre qu'il recevait depuis qu'il était au service, et son embarras fut grand. Il alla trouver le fourrier de sa compagnie et le pria de lui lire la missive. : elle était du maître d'école de Saint-Jean-Brevelay, qui lui annonçait que son frère François était très-malade, et qu'avant de mourir, il désirait le voir. Muscadet avait un excellent cœur, et bien qu'il n'eût pas vu son frère depuis son enfance, il n'hésita pas un instant. La lettre du maître d'école à la main, il se présente chez son capitaine afin d'obtenir du colonel une permission d'un mois pour aller au pays. Deux jours après, Muscadet, la pipe à la bouche, le sac sur le dos et le bâton à la main, était sur la route de Rennes, marchant tristement, selon la nature de ses réflexions. Le dixième jour du voyage, il arrive à Saint-Jean-Brevelay, trouve facilement la chaumière qui l'a vu naître ; mais hélas ! François était mourant, ce fut à peine s'il put serrer la main du vieux soldat et lui dire d'une voix éteinte :

— Frère, je te remercie d'être venu. Voilà tout ce que ma pauvre Jeanne m'a laissé, je te le donne....

François ne put achever. Quelques instants après, il n'était plus.

Ce qu'il laissait à son frère était un gros garçon joufflu et bien portant qui, l'air hébété, avait regardé, sans la comprendre, la scène douloureuse qui s'était passée sous ses yeux : le marmot paraissait plus occupé de l'uniforme du grenadier que de la perte irréparable qu'il venait d'éprouver.

Le lendemain du jour où Muscadet avait rendu les derniers devoirs à son frère, il fumait tranquillement sa pipe, assis devant la porte de la chaumière, en regardant son neveu, insouciant comme on l'est à cet âge, jouer avec le gros chien du maître d'école.

— Que diable vais-je faire de cette tête-là ? se dit-il à lui-même après un quart d'heure de réflexions. Jamais le fils de mon pauvre François ne sera abandonné par moi ; ce ne peut être dubitatif : je n'ai que du pain d'*amonition* à lui donner ; mais tant qu'il y en aura pour un, il y en aura pour deux. Ce n'est pas là qu'est la difficulté. Reste à savoir si le colonel voudra le recevoir au régiment en qualité d'enfant de troupe. Il est encore bien petit pour faire de lui un *lapin* ou même un simple *turlututu* *. N'importe! je vais toujours le charrier avec moi jusqu'à Courbevoie; je l'astiquerai soigneusement en arrivant, puis je le présenterai au gros-major.

Enchanté de son idée, Muscadet boucle son sac, va rendre une dernière visite à la tombe de son frère, remercie le maître d'école des soins qu'il lui a donnés, et, accompagné de son neveu, reprend la route de Paris.

— Ah çà! dit-il au petit bonhomme après que le clocher de Saint-Jean-Brevelay eût été perdu de vue, comment t'appelles-tu?

— François, répond le jeune orphelin en se pendant au bras du vieux soldat.

— Eh bien! François, je te préviens que d'ici au quartier, l'étape sera un peu longue; ainsi tâche de cadencer ton pas sur le mien, que je modérerai en conséquence; cela te fera grandir, et la taille, vois-tu, la taille est de première nécessité pour entrer dans les grenadiers. Aimes-tu les grenadiers?

— Un grenadier! Est-ce comme vous, mon oncle?

— Un peu, mon neveu! répond Muscadet en passant complaisamment la paume de la main sur sa moustache noire et épaisse.

— Ah bien, oui! je veux être grenadier, moi! Je veux, comme vous, avoir un bel habit et un sabre qui coupe bien.

— Tu n'es pas dégoûté, mon gars! Alors laisse-moi diplomatiser cette affaire avec le gros-major, qui est au mieux avec le petit caporal; car, vois-tu, mon fieu, le petit caporal fait aussi facilement un sergent-fourrier dans la Garde qu'un monarque en Europe: le tout est de profiter du moment. J'ai mon idée; mais pour qu'elle réussisse complétement, il faut allonger les jambes un peu plus vivement que tu ne fais, et marcher droit son chemin au physique comme au moral; sans cela, le petit caporal ne fera jamais ta fortune.

— Oui, mon oncle, répondit le petit François en faisant tous ses efforts pour régler son pas sur celui du vieux grenadier.

Mais la chose était difficile. Déjà l'enfant était hors d'haleine, lorsque Muscadet, jugeant bien que son neveu ne pourrait voyager long-

---

* Les vieux soldats ne désignaient jamais autrement les tambours et les fifres du régiment.

temps de cette manière, l'assit à califourchon sur son sac et continua ainsi sa route en accélérant le pas.

Pendant ce voyage, le vieux soldat s'attacha de plus en plus à François à cause de sa gentillesse, de son caractère déterminé et du courage avec lequel il supporta les fatigues de la route. Aussi, lorsqu'ils arrivèrent à Courbevoie, le petit François n'était plus orphelin : il avait trouvé dans son oncle un véritable père, et, dans les grenadiers ses camarades, une nouvelle famille.

Le premier soin de Muscadet fut de présenter son protégé au gros-major, qui le fit admettre d'emblée parmi les enfants du corps appartenant au régiment, avec demi-paie. Mais, à cette époque, la paix n'était pas de longue durée en France. On parla bientôt d'une nouvelle guerre avec la Russie, et, pour la première fois de sa vie, l'oncle de François n'accueillit pas cette nouvelle avec plaisir. Il n'était plus seul. Exposerait-il cet enfant à la fatigue des marches forcées, aux privations des bivouacs, aux chances des combats ? Il se décida donc à le faire incorporer dans les pupilles de la Garde.

— Or, se dit-il, puisque ce régiment n'est autre que la Garde du roi de Rome, c'est à Sa Majesté Romaine que je dois m'adresser directement ; parce que si le fils ne fait pas droit à ma réclamation, j'aurai toujours la ressource de m'adresser au père, qui ne m'a encore rien refusé, par la raison que je ne lui ai jamais rien demandé.

Fort de ce raisonnement, Pierre Muscadet alla trouver un fourrier de son bataillon renommé pour la beauté de son écriture, et lui dicta la supplique que nous avons reproduite textuellement. Il ne s'agissait plus que de la faire parvenir d'une manière sûre à l'Empereur. Une grande revue de la Garde ayant été indiquée pour le dimanche suivant, l'occasion sembla bonne à Muscadet. On a vu de quelle façon Napoléon accueillit la demande du vieux soldat et quel fut le résultat de la négociation. Muscadet, désormais tranquille sur le sort de son fils adoptif, partit gaiement, pour cette campagne de Russie qui devait être aussi funeste, comme résultat, qu'elle avait été admirable, comme conception.

Le jeune François, doué d'une intelligence peu commune, avait fait de rapides progrès. Au bout de six mois, il avait été nommé caporal, et au commencement de 1813, c'était déjà le meilleur sergent-instructeur du bataillon. Il avait écrit plusieurs fois à son oncle ; mais ses lettres étaient restées sans réponse. Pendant ce temps, la désastreuse retraite de Moscou avait eu lieu. Napoléon était revenu en hâte à Paris pour organiser une nouvelle armée. La France avait perdu ses hommes, elle donna ses enfants, et le premier bataillon des pupilles de la Garde, mis sur le pied de guerre, dut rejoindre l'armée qui se dirigeait sur les bords de la Saale. Vainqueurs à Lutzen, à Bautzen et à Dresde, ces nobles enfants firent ce que leurs pères avaient faits tant de fois : ils écrasèrent les phalanges russes et prussiennes ; mais l'heure fatale avait sonné : l'Europe tout entière s'était coalisée contre la France. Qu'était devenu Pierre Muscadet au milieu de ces sanglantes calamités ! Son jeune protégé était-il orphelin pour la seconde fois ?

— Si j'avais eu l'honneur de faire partie du bataillon de guerre des pupilles, se disait ce dernier ; si j'avais été à Leipsick, j'aurais eu des nouvelles de mon oncle Pierre. Il me semble, cependant, que j'ai assez de force pour faire autre chose que de démontrer la charge en douze temps à des bambins dans une caserne. Voilà une nouvelle armée qui se forme, dit-on ; je veux, cette fois, en faire partie.

Un jour donc notre jeune sergent apprend que l'Empereur doit chasser le lendemain dans le bois de Sartory. Son plan est arrêté. Les pupilles n'ont pas l'habitude de flâner dans les rues de Versailles ; ils ne sortent du quartier que pour aller en promenade, tambour en tête ; aussi, à peine le jour a-t-il paru, que, profitant du moment où il ne pouvait être aperçu, François pénètre dans une arrière-cour du quartier, grimpe sur un arbre, de l'arbre s'élance sur le mur, et d'un bond se trouve dans la plaine. Il a bientôt gagné le bois de Sartory, et se tenant aux aguets derrière la statue du chevalier Bernin, située à l'extrémité de la pièce d'eau des Suisses, devant laquelle la chasse impériale doit nécessairement passer, il attend patiemment en préparant dans sa mémoire le discours qu'il veut adresser à Napoléon, et sur l'effet duquel il compte beaucoup. Il y avait longtemps qu'il était là, lorsque le bruit de plusieurs chevaux se fait entendre : c'est l'Empereur !..... Napoléon, surpris de rencontrer en pareil lieu un pupille de la Garde, s'arrête, fronce le sourcil et lui demande d'un ton sévère :

— Que faites-vous ici, jeune homme ?

François, les deux talons sur la même ligne, la poitrine effacée, le revers de la main droite au schako, répond avec calme :

— Sire, je vous attendais.

— Ah! réplique l'Empereur qui ne prévoyait pas une telle réponse, Mais pourquoi êtes-vous hors du quartier à pareille heure?

— Pour parler à Votre Majesté.

— Je vous demande comment vous êtes sorti? ajoute l'Empereur.

— Sire, en sautant par-dessus le mur.

— Jeune homme! dit Napoléon en remarquant le galon posé en losange sur la manche du pupille, de la part d'un sous-officier, un tel acte d'insubordination est impardonnable! Ne savez-vous pas que vous devez montrer l'exemple du respect et de l'obéissance à la discipline?

— Je le sais, sire; mais il fallait avant tout que Votre Majesté pût m'entendre.

— Alors, soyez bref: que me voulez-vous?

— Sire, l'honneur de rejoindre le bataillon de guerre des pupilles, de me battre contre les ennemis de Votre Majesté et de mourir pour la défense de mon pays!

A ces mots, prononcés avec un accent qui avait quelque chose d'héroïque, le visage de l'Empereur changea d'expression; son regard si sévère un moment auparavant, devint doux et presque bienveillant:

— Votre nom, jeune homme, lui demanda-t-il?

— François Muscadet, neveu de Pierre Muscadet, grenadier au deuxième bataillon du premier régiment de la vieille Garde.

— Vraiment! s'écria l'Empereur. Et, se penchant vers le grand veneur, il ajouta froidement:

— François, vous allez rentrer de suite au quartier.

— Oui, sire.

— Vous vous ferez mettre à la salle de police par l'adjudant.

— Oui, sire.

— Allez, je penserai à vous.

François, transporté de joie, rentra au quartier, se livra à l'adjudant de garde, qui le mit à la salle de police. Mais que lui importait? L'Empereur lui avait dit *je penserai à vous*, et ces trois mots le consolèrent. Il resta séquestré pendant huit jours; le neuvième il fut appelé chez le colonel Bardin, qui l'embrassa et lui remit, avec un brevet de lieutenant dans le corps des pupilles, une feuille de route pour aller rejoindre le bataillon de guerre.

On ne saurait se faire une idée du bonheur que l'on éprouve à porter sa première épaulette. La joie de François tenait du délire. Lui, officier dans la Garde du roi de Rome ! C'était cent fois plus qu'il n'avait osé espérer. Quarante-huit heures suffirent au nouvel officier pour faire ses préparatifs de départ. Ses anciens camarades le reçurent avec acclamation et l'aimèrent, parce qu'ils trouvèrent en lui un officier instruit, bon et juste. Il écrivit à Pierre Muscadet et lui raconta qu'il espérait le rencontrer bientôt sur le champ de bataille et lui prouver qu'il était digne d'être son neveu. Le vieux soldat montra la lettre de François à toute sa compagnie en disant « qu'il se ferait tuer volontiers à l'usage d'un Empereur qui se comportait si agréablement au vis-à-vis d'un neveu qui était fils de son propre frère. »

Le récit de cette campagne de 1814, pendant laquelle une seule armée disputa pied à pied le territoire contre toutes les forces réunies de l'Europe, est vraiment fabuleux. Le deuxième bataillon des pupilles avait été appelé à l'armée comme l'avait été le premier l'année précédente, et tous deux étaient compris parmi les bataillons de guerre de la jeune Garde.

Un jour, dans les plaines de la Champagne, Napoléon, voulant tromper l'ennemi pour mieux assurer un mouvement, ordonne à un bataillon de sa vieille Garde de marcher en avant, en même temps qu'il fait se porter devant lui, en tirailleurs, une compagnie de pupilles. Cette compagnie était celle de François. Ce fut alors un spectacle merveilleux que de voir ces braves enfants faire le coup de feu avec le plus étonnant sang froid contre des Russes qui avaient le double de leur taille, le triple de leur âge, et de les voir ajuster avec autant de gaieté que s'il ne se fût agi que d'une partie de billes, tandis que les vieux grenadiers qui, l'arme au bras, attendaient avec impatience l'ordre de se mettre en mouvement, les animaient de la voix, tout en veillant d'un œil paternel à ce qu'ils ne pussent être surpris par la cavalerie ennemie.

L'affaire fut longue et meurtrière ; mais les enfants de la Garde firent si bien que le succès de la manœuvre fut assuré. Placé en arrière sur un petit monticule, Napoléon avait tout vu. Après l'action, il accourut pour les féliciter. Comme il arrivait devant le front du bataillon de ses grenadiers, on emportait, couché sur des fusils en croix, un jeune officier des pupilles qui, grièvement blessé d'un coup de feu à la cuisse, dès le commencement de l'engagement, n'avait consenti à être

emporté du champ de bataille qu'après la retraite des Russes, et qui, malgré sa douloureuse situation, n'avait cessé de crier : *Vive l'Empereur!* Napoléon s'approchait pour lui parler, quand tout à coup un grenadier sort des rangs, s'élance tout éperdu vers le blessé, et le presse dans ses bras avec la plus vive émotion. C'était Pierre Muscadet : il avait reconnu son neveu ; mais au même instant, il voit près de lui Napoléon qui le foudroie d'un de ses regards.

— Pardon, excuse, mon Empereur, dit le vieux soldat d'une voix tremblante de crainte et d'attendrissement, j'ai quitté mon rang sans permission, je dois être puni ; mais c'est mon neveu, c'est le petit François, mon fils adoptif : je n'ai pu me retenir, mon Empereur, je *m'ai* emporté !

— Silence ! fit Napoléon d'un ton sévère ; puis prenant la main du blessé : Capitaine François, lui dit-il en appuyant sur la qualité qu'il lui donnait, depuis notre entrevue dans le bois de Versailles, cette croix vous attend ; recevez-la de ma main.

De grosses larmes coulèrent des yeux de Pierre qui bégaya :

— Mon Empereur, j'ai reçu le même honneur de vous à Boulogne ; mais déjà j'étais un homme, tandis que François n'est encore qu'un enfant. N'importe ! j'ai quitté mon rang sans permission ; je dois être puni....

Napoléon, qui ne voulait avoir qu'à récompenser, interrompit brusquement le vieux soldat, en lui disant d'un ton impatienté :

— Tu te trompes, c'est moi qui t'ai fait signe d'approcher pour embrasser ton neveu; retourne à ton rang!

COMPOSITION ET FORCE NUMÉRIQUE DE LA GARDE EN 1811.

Etat-major général		40
Administration générale.	1 Etat maj. 5 comp. d'ouvr. .	340

Infanterie.

Grenadiers	3 régiments	4,800
Vétérans	1 compagnie.	200
Fusiliers-grenadiers.	1 régiment.	1,600
Tirailleurs-grenadiers.	6 régiments.	9,600
Chasseurs.	2 régiments	3,200
Fusiliers-chasseurs.	1 régiment.	1,600
Gardes nationales	1 régiment.	1,600
Voltigeurs.	6 régiments.	9,600
Flanqueurs	1 régiment.	1,600
Pupilles.	1 régiment.	8,000
Elèves tambours.	1 école	90
		43,026 43,026

Cavalerie.

Grenadiers	1 régiment.	1,250
Chasseurs.	1 régiment.	1,250
Mamelucks	1 compagnie.	120
Gendarmerie d'élite.	2 escadrons	450
Dragons	1 régiment.	1,250
Lanciers polonais.	1 régiment.	1,250
Chevau-légers lanciers	1 régiment.	1,250
		6,820 6,820

Artillerie.	4 comp. à pied dont 1 de jeune Garde, 4 comp. à cheval, 1 comp. de pontonn., 2 batail. de train.	1,200
Génie. . . .	1 état-major, 1 compagnie	142
Train des équipages . . .	1 bataillon	360
Hôpital de la Garde		32
		51,960

LIVRE DOUZIÈME.

ANNÉE 1812.

CHAPITRE PREMIER.

CRÉATION D'UNE COMPAGNIE DE CANONNIERS VÉTÉRANS

Et d'un troisième régiment de Chevau-légers-lanciers.

DANS aucun temps, à aucune époque de la monarchie, la France ne compta une armée plus belle, plus aguerrie, plus complète que celle que Napoléon avait formée en 1812, car la spécialité de l'Empereur c'était l'armée. Nul ne pouvait égaler le grand capitaine sous le rapport de la surveillance, de l'activité et des moyens presque fabuleux qu'il employait pour créer, organiser et ensuite faire agir. Chef d'une nation alors toute militaire, profondément pénétré du caractère et de l'esprit français, il savait que c'était plaire à cette belliqueuse nation que de l'entraîner sur les champs de bataille. Jamais l'Europe ne vit une plus magnifique réunion de soldats d'élite et de corps plus vaillamment exercés ; ses aigles et Napoléon étaient confondus dans un même culte, placés sur un même autel dressé à l'aide de cent victoires. Aussi rien ne pourrait-il être comparé à cet enthousiasme du soldat de la Garde pour le Souverain. Or, cette Garde impériale n'était plus, en 1812, cette modeste troupe consulaire composée de quatre régiments ; elle était devenue comme une nouvelle armée ayant son état-major, son administration, son infanterie, sa cavalerie, ses parcs d'artillerie et ses marins. La colonne de granit de Marengo avait son histoire tracée sur une colonne de bronze, où mille triomphes brillaient au reflet du soleil d'Austerlitz, d'Iéna, d'Eylau, de Friedland et de Wagram.

La Garde impériale se composait alors de trois régiments de grenadiers et de deux régiments de chasseurs à pied, vétérans de la grande armée et tous fils des campagnes de la république, depuis Sambre-et-Meuse jusqu'à l'Italie et l'Egypte. A la suite de ces *vieux de la vieille*, comme on les appelait parmi le peuple, venait une compagnie spéciale de vétérans couverts de nobles cicatrices ; on y comptait d'anciens Gardes françaises qui, sans souliers et sans munitions, n'en avaient pas moins glorieusement débordé sur l'Europe. Indépendamment de ces deux corps d'élite, l'infanterie de la Garde comptait deux régiments de fusiliers, l'un appartenant au corps des grenadiers, l'autre à celui des chasseurs ; six régiments de tirailleurs grenadiers, six autres régiments de voltigeurs-chasseurs, un régiment de flanqueurs, un régiment de gardes nationales, un régiment de pupilles, et jusqu'à huit compagnies de ces intrépides marins qui avaient rendu de si grands services sur le Danube trois ans auparavant, car l'Empereur voulait que dans sa Garde toutes les armes fussent représentées.

La cavalerie, beaucoup moins nombreuse que l'infanterie, comptait un régiment de grenadiers, un régiment de chasseurs, puis une compagnie de mameloucks, derniers débris de la campagne d'Egypte ; un régiment de lanciers polonais et trois régiments de chevau-légers lanciers, tous trois formés de braves Polonais ou d'Allemands des bords du Rhin et de l'Elbe ; enfin deux escadrons de gendarmerie d'élite, dont le duc de Rovigo, ministre de la police, avait été forcé de céder le commandement au général Durosnel. L'artillerie comptait un régiment à cheval et un régiment à pied, deux bataillons du train des équipages, une compagnie de pontonniers ouvriers et une compagnie de sapeurs du génie. Cette Garde impériale, corps complet, représentation de toute l'armée, dénombrait plus de cinquante mille hommes de troupes d'élite capables de décider un grand mouvement dans une bataille, et Napoléon comptait sur elle.

Les augmentations, changements et créations subies par la Garde en 1812, avaient donc été ceux-ci :

Par décret impérial, daté du palais des Tuileries, le 12 janvier 1812, création d'une compagnie de canonniers vétérans.

« Les officiers de cette compagnie, disait le décret, jouiront, selon leur grade, de la même solde et des mêmes indemnités que celles accordées aux officiers d'artillerie de la vieille Garde. »

Le 18 février, chacune des compagnies du train d'artillerie de la Garde fut augmentée de dix hommes.

Le 2 mars, un décret impérial augmenta de *deux* le nombre des commissaires des guerres, et de *trois* celui des adjoints dans le corps de la Garde ; le même décret portait à *douze* le nombre des adjoints placés près de l'administration.

Le 14 du même mois, un deuxième régiment de chevau-légers lanciers de la Garde fut créé, ainsi qu'un cinquième escadron de deux compagnies dans le premier régiment de cette arme.

Le 19, les sous-officiers de l'expédition maritime d'Alger, dont la dissolution avait eu lieu précédemment, furent admis dans les fusiliers de la jeune Garde, en qualité de sergents.

Le 24, décret qui portait que : « à compter du 1er avril prochain, le service des paiements à faire à la Garde cessera d'être sous la direction du trésorier de la couronne.

« La solde et les indemnités seront acquittées, suivant les règles établies pour les paiements de cette nature, aux troupes de l'armée. »

Par décret impérial, daté de Wilna, le 5 juillet, un troisième régiment de chevau-légers lanciers fut créé. « Ce régiment, disait le décret, sera composé de cinq escadrons, et chaque escadron de deux compagnies.

« Ce 3e régiment aura la même solde et les mêmes masses que le 2e régiment. Il ne sera recruté que de Polonais propriétaires. »

Le 27 juillet, fixation du traitement des ouvriers maçons, charpentiers, etc., attachés à l'administration générale de la Garde ; savoir :

Maître maçon	150 fr. »	par mois.
Ouvriers maçons, charpentiers et serruriers	60 »	id.
Manœuvres	41 60	id.

La solde et les indemnités accessoires de tous les corps de la Garde impériale, des officiers d'état-major et d'administration qui y étaient attachés, devaient être, en vertu du décret du 24 mars précédent, acquittées suivant le mode employé pour les troupes de ligne. Les inspecteurs devaient passer leurs revues d'effectif conformément aux dispositions ordonnées à ce sujet.

Par décision du 8 octobre, le 1er régiment de lanciers polonais fut porté au complet de mille cinq cents hommes montés. Les cadres ne durent subir aucune augmentation en fait d'officiers et de sous-officiers.

CHAPITRE II.

BATAILLON D'INSTRUCTION DE FONTAINEBLEAU.

Un décret, rendu à la fin de l'année 1812, institua, dans la Garde impériale, un nouveau corps qui fut appelé *bataillon d'instruction de Fontainebleau*.

Cette création avait pour but de fournir aux divers régiments de la jeune Garde des sous-officiers instruits et expérimentés. Après les campagnes de Russie et de Saxe, en 1813, les promotions de sous-lieutenants faites à l'Ecole militaire de Saint-Cyr n'étant plus assez fortes pour compléter les cadres des jeunes officiers de l'armée, l'Empereur ne balança pas à ordonner que le bataillon d'instruction de Fontainebleau fournirait des sous-lieutenants pour tous les régiments de l'armée. Ce nombre d'officiers était d'un dixième environ du nombre exigé; ainsi, à l'une des dernières promotions de 1813, on demanda au bataillon d'instruction de Fontainebleau cent quatre-vingt-dix hommes, rien que pour entrer dans les régiments de la jeune Garde nouvellement formés, et sur ce nombre de cent quatre-vingt-dix, il y eut de choisis : dix-neuf sous-lieutenants, onze adjudants-sous-officiers, trente-huit sergents-majors, soixante-dix sergents et cinquante-deux fourriers.

Le bataillon d'instruction de Fontainebleau était normalement composé de mille hommes, divisés en dix compagnies de cent hommes chacune, commandée par un capitaine, un lieutenant en premier, un lieutenant en second, quatre sergents, huit caporaux, un sergent-major et un sergent-fourrier; tous, ainsi que les instructeurs, étaient pris dans les rangs de la vieille Garde. La première compagnie du bataillon portait le titre et l'uniforme des fusiliers de la Garde; les neuf autres compagnies avaient le titre et l'uniforme des tirailleurs de la jeune Garde. Le bataillon était commandé par un officier supérieur appartenant à la vieille Garde. Le commandant supérieur du bataillon était dévolu à un général de brigade de la Garde *.

Ce bataillon se recrutait avec les jeunes conscrits des classes appelées, et qui, par leur instruction, leur éducation et la position sociale de leur famille, se recommandaient à la sollicitude des préfets et des généraux commandant les départements; il se recrutait encore des jeunes gens des lycées qui, n'étant pas assez avancés ou trop pauvres pour entrer gratuitement à l'école de Saint-Cyr, s'estimaient très-heureux de courir la chance d'être nommés officiers dans un régiment de ligne, ou au moins sous-officiers dans la jeune Garde; enfin, ceux des jeunes soldats des régiments de la jeune Garde qui montraient des dispositions pour devenir de bons sous-officiers étaient reçus dans le bataillon d'instruction de Fontainebleau.

Parmi ces derniers se trouvaient quelques séminaristes des divers diocèses de France, que la loi de la conscription de 1813, en les atteignant, avait chassés du sanctuaire; ces jeunes gens avaient pris philosophiquement leur parti, et suivaient, par goût, un état qu'ils n'avaient pris d'abord que par force. En 1814, quand le bataillon revint à Fontainebleau, qu'il avait été forcé d'évacuer en présence de la division autrichienne du général Bianchi, ces jeunes soldats trouvèrent leur caserne dans un désordre complet; une chambre, entre autres, était pleine de livres, et certes, on ne se serait pas douté de la nature de ces livres dans un asile militaire : c'était des bréviaires, des épîtres et évangiles, des traités de théologie, etc. Ils se rappelèrent alors que la dernière promotion avait emmené plus de vingt séminaristes qui, presque tous, étaient partis sergents-majors ou fourriers, et que ces livres, qui n'avaient pu trouver raisonnablement place dans leurs gibernes, avaient été abandonnés par eux.

La discipline du bataillon d'instruction de Fontainebleau était peut-être plus sévère que celle observée dans la Garde. La plus petite infraction au règlement, l'acte le moins répréhensible de la vie de soldat entraînaient une punition plus ou moins grave. C'est ainsi que la salle de police, plus hideuse, plus délabrée que dans aucune autre caserne, et qui ne pouvait contenir, sur le lit de camp, qu'une douzaine

---

* Voir au Chapitre III de ce livre, l'état nominatif des officiers supérieurs composant le bataillon d'instruction de Fontainebleau.

d'hommes tout au plus, était souvent encombrée par vingt ou trente délinquants. Le cachot était ordonné pour des manquements successifs d'appel du soir; enfin, le piquet de punition, les corvées extraordinaires et les consignes étaient largement distribués à ceux qui laissaient la moindre prise contre eux, soit pour leur tenue, soit pour le maniement des armes, soit pour la régularité de leur conduite; mais cette rigueur inflexible était nécessaire à des jeunes gens qui devaient être un jour officiers dans des corps d'élite, tels que ceux de la Garde.

L'instruction générale du bataillon se divisait en deux parties. La première consistait dans les devoirs et les études proprements dits du conscrit : le maniement des armes, les trois écoles : celle du soldat, celle de peloton et celle de bataillon; la connaissance minutieuse du fusil qu'on devait démonter et remonter en vingt minutes; les soins de l'*ordinaire*, c'est-à-dire faire la cuisine à son tour, et acquitter sa part des corvées de chambrée. La seconde partie de l'instruction se composait de la théorie, de la lecture, de l'écriture, des calculs, plus une teinture du dessin et de la levée des plans, l'application sur le terrain des diverses manœuvres de l'infanterie, enfin l'escrime.

Toutes les heures étaient prises ainsi, sans qu'il fût possible d'en retrancher une minute. Des promenades militaires, des marches de deux, de cinq et quelquefois de sept lieues, le sac sur le dos et la giberne chargée de cartouches; le passage à gué des petites rivières. Les autres jours, quatre et quelquefois six heures d'exercice à feu. Voilà, en abrégé, le système qui était suivi pour l'instruction de ce bataillon qui portait un beau nom, un nom qui chatouillait agréablement les jeunes vanités, le nom de *premier bataillon de France!* Que n'aurait-on pas fait pour mériter et conserver ce titre glorieux et pour le laisser intact à ses successeurs?

Les jours de promotion étaient de beaux jours pour tous. Le général commandant supérieur venait se placer devant le front du bataillon sous les armes, et faisait sortir des rangs, sur l'indication des officiers supérieurs de l'école, les sujets les plus distingués; on faisait subir à chacun d'eux un examen oral, puis on lui faisait commander le bataillon, ne dût-il avoir qu'un filet de voix. On était moins exigeant pour les hommes qui ne devaient partir qu'en qualité de sergents-majors ou de fourriers dans la jeune Garde; mais ceux que leur bonne conduite et leur instruction destinaient à être officiers, devaient faire exécuter par le bataillon les manœuvres les plus compliquées et les changements de front les plus difficiles; ainsi, il fallait qu'il fit égaliser les pelotons des dix compagnies en dix minutes, qu'il les fît former le carré en un quart-d'heure, et que le feu des quatre côtés commençât aussitôt.

Qu'on s'étonne qu'une pareille nourriture intellectuelle, comme dirait Montaigne, ait produit de si bons officiers, devenus, avec le temps, de profonds tacticiens et d'habiles manœuvriers!

La vie de l'école était une véritable existence de soldat. Les habits, le fourniment, les armes, tout l'équipement était celui des régiments de la jeune Garde. Les élèves mangeaient le pain de munition, et seulement trois fois par semaine la viande leur était distribuée; les autres jours, des légumes composaient seuls leurs repas; ils n'avaient guères, en toute saison, que six à sept heures de sommeil, et encore le commandant leur faisait-il parfois donner des alertes au milieu de la nuit pour les tenir en haleine. On leur accordait dix minutes pour s'habiller et s'armer; ceux qui passaient ce délai étaient marqués par les caporaux de chambrées et par les adjudants, et punis selon le plus ou moins de récidive, soit de la consigne, soit de la corvée extraordinaire, soit même de la salle de police.

Presque tous les officiers et sous-officiers instructeurs avaient été choisis dans les rangs de la vieille Garde; les capitaines étaient indulgents, mais les sous-officiers instructeurs, qui sortaient de la jeune Garde à la suite de blessures reçues, étaient d'une sévérité excessive; cependant une fois sortis de l'école, toutes ces petites tribulations, toutes les petites haines enfantées par le mécontentement ou par la vanité, s'effaçaient de la mémoire; on rendait justice à la solidité des préceptes et aux exemples de ces braves auxquels il était bien permis d'être sévères, puisque la plupart d'entre eux étaient parvenus à l'âge de quarante ans sans jamais avoir obtenu d'autre dignité que celle des galons de sergent; mais aussi presque tous étaient décorés, et pour eux le séjour au bataillon d'instruction de Fontainebleau devenait une vétérance accordée à de longs et glorieux services.

Ajoutons ici que le bataillon d'instruction fut constamment chargé de fournir le poste d'honneur du château de Fontainebleau, tout le temps que dura la captivité du pape Pie VII dans cette résidence.

impériale. Les soldats du bataillon se montrèrent toujours dignes de cette mission de confiance, en ayant pour le chef de l'Eglise catholique les égards dus à son caractère sacré et à ses malheurs.

Vers les derniers mois de l'année 1813, on augmenta l'effectif du bataillon d'instruction qui fut porté successivement de mille à quinze cents, à dix-huit cents et à deux mille hommes, ce qui, en février 1814, obligea le commandant supérieur du bataillon à placer trois compagnies dans une maison du faubourg de Fontainebleau, prêtée à cet effet par la ville.

A cette époque fatale, on admit aussi parmi les élèves un certain nombre d'étrangers francisés par nos anciennes conquêtes, tels que des Croates, des Italiens, des Piémontais, des Styriens, etc. Ce qui devait nécessairement arriver, et qui ne manqua pas d'advenir, c'est que cette agglomération d'hommes, de mœurs et de langages si différents, ne permit plus à l'instruction d'être unitaire et vigoureuse comme par le passé. Napoléon, au milieu des préoccupations terribles de la campagne de France, en fut averti, et il résolut de réhabiliter le bataillon d'instruction et d'en former le noyau de deux nouveaux régiments de tirailleurs de la jeune Garde, qui porteraient les numéros 14 et 15 ; de cette manière l'école eût été réformée avec d'autres éléments, mais toujours d'après les mêmes bases. La reddition de Paris, le 30 mars 1814, vint trancher les destinées du bataillon d'instruction de Fontainebleau, comme celles de la Garde impériale et de toute l'armée ; le village de la cour de France fut le lieu où il termina sa carrière militaire, après avoir doté l'armée, pendant trois années consécutives, des meilleurs sous-officiers qui aient jamais porté le fusil à capucines de cuivre.

CHAPITRE III.

ÉTATS NOMINATIFS.

BATAILLON D'INSTRUCTION A FONTAINEBLEAU.

Officiers attachés à l'école.

Le B⁰ⁿ Cristiani (O. ✻), commandant.
Le Ch⁰ʳ Trappier (O. ✻), chef de bataillon.
Maigrot ✻, capitaine adjudant-major.

ARTILLERIE.

État-Major.

Le C¹ᵉ Sorbier (G. ✻), général de division, colonel.
Le B⁰ⁿ d'Aboville (O. ✻), général de brigade commandant l'école d'artill. à la Fère.
Le B⁰ⁿ Desvaux (O. ✻), idem, major de l'artillerie à cheval.
Le B⁰ⁿ Drouot (O. ✻), colonel, major de l'artillerie à pied.
Le B⁰ⁿ Pellegrin-Millon (O. ✻), major, directeur du parc.

Le B⁰ⁿ Dubuartmarin (O ✻) } chefs
Chauveau (O. ✻), } de batail.
Le B⁰ⁿ Boulard (O ✻), maj. }
Pommereuil ✻, } chefs
Le B⁰ⁿ Lallemand ✻, } de batail.
Cottin ✻, }
Henrion (O. ✻), }

Mancel ✻, } capit. comm. adjud.-maj.
                 de l'artill. à cheval.
Evain ✻, idem de l'artill. à pied.
Cercelet ✻, } lieut. sous-adjud.-maj.
Guilley ✻, } de l'artill. à cheval.

Hortel ✻, }
Zeis, } lieut. sous-adj.-maj.
Sallerin ✻, } de l'artill. à pied.
Charpentier ✻, }
Becu, capitaine quartier-maître.
Duval ✻, lieut. en 1ᵉʳ adj. d'habillement.
Grapin, idem garde gén. du parc.
Therin (O. ✻), } chirurgiens-majors.
Souchotte, }
Boileau, aide-major.
Servois, bibliothécaire.

Artillerie à Cheval.

DÉSIGNATION DES		CAPITAINES		LIEUTENANTS	
Batail.	Comp.	COMMANDANTS.	EN SECOND.	EN PREMIER.	EN SECOND.
1	1	Georges Delemu (O. ✻)	Allaveime ✻	Massias ✻	Huet
	2	Sandras (O. ✻)	Sarazin ✻	Devries	De Marcilly
2	1	Lafond (O. ✻)	Dechambray ✻	List	Delabrigne
	2	Boisselier (O. ✻)	Laporte ✻	Denizet ✻	Lyautet

Artillerie à Pied.

DÉSIGNATION DES		CAPITAINES		LIEUTENANTS	
Batail.	Comp.	COMMANDANTS.	EN SECOND.	EN PREMIER.	EN SECOND.
1	1	Conin (jeune) ✻	Tardy de Montravel ✻	Dumont ✻	Lasarras
	2	Pion ✻	Euvrard ✻	Munereau ✻	Demerville
2	1	Montlebert ✻	Maillard ✻	Bosquette ✻	Dumas Culture
	2	Framery ✻	Lefrançais	Béranger ✻	Aubert
3	1	Foltz ✻	Leclerc ✻	Demetz ✻	Strutz
	2	Bonnafos ✻	Durbach ✻	Derrion ✻	Aubertin
4	1	Mabru ✻	Eggerlé ✻	Thouvenel ✻	Rivière
	2	Aubert ✻	Pailhou ✻	Bellemont ✻	Lanoue
Jeune Garde.		Mocquart ✻	Cuny ✻	Fourcroy	. . . .

Pontonniers Ouvriers.

Oudin ✻, *capitaine commandant.* | Guellemann ✻, *lieutenant en premier.*
Lavillette ✻, *idem en second.* | Guichard ✻, *idem en second.*

TRAIN D'ARTILLERIE.

État-major du 1ᵉʳ bataillon.

Leroi ✻, *chef de bataillon.*
Dutaillis ✻, *adjudant-major.*
Nicolas ✻, *quartier-maître.*
Anozet ✻,
Bouriot, } *adjudants sous-officiers.*
Héry, *chirurgien de 2ᵉ classe.*
Pichot, *idem de 3ᵉ classe.*

État-major du 2ᵉ bataillon.

Demaidy ✻, *capitaine commandant.*
David ✻, *adjudant-major.*
Vallery, *quartier maître.*
Dubois ✻,
Fournel ✻, } *adjudants sous-officiers.*
Was, *chirurgien de 2ᵉ classe.*
Dusourbier, *chirurgien de 3ᵉ classe.*

Lieutenants commandants de comp.
1 Beudot ✻
2 Colomb ✻
3 Ciret (L.) ✻
4 Seuille ✻
5 Bertrand ✻
6 Baron ✻

Lieutenants commandants de comp.
1 Godin ✻
2 Arnoux ✻
3 Lemercier ✻
4 Fouet ✻
5 Genin ✻
6 Ciret (P.) ✻

Officiers à la suite.

Bulotte ✻, *capitaine commandant.* — Brenières ✻, *sous lieutenant.*
Monin ✻, *quartier-maître.*

GÉNIE.
État-Major.

Le Bᵒⁿ Kirgener de Planta (C. ✻), *général de brigade, colonel.*
Boissonnet (O. ✻), *major.* | Fournier ✻, *capitaine.*
Guiraud ✻, *chef de bataillon.* | Lebis, *lieutenant-adjoint.*

COMPAGNIE DE SAPEURS.

Poulain ✻, *chef de bataillon, capitaine commandant*
Juillet, *lieutenant en premier.*
Duguet, *idem en second.*

BATAILLON DU TRAIN DES ÉQUIPAGES.

État-major.
{
Gubert, *commandant.*
Tanchon, *adjudant-major.*
Very, *quartier-maître.*
Hubert-Valville, *officier payeur.*
Tiberge, *chirurgien aide-major.*
}

GRADES.	COMPAGNIES.					
	1re	2e	3e	4e	5e	6e
Lieutenants.	Hugon ✻	Savary	Cayard	Brelet	Delcambe	. . . .
Sous-lieutenants	Dismoutils	Vavasseur	Dusaudet	Chobé	Gobblin	Crosnier

CHAPITRE IV.

LA GARDE, PENDANT LA CAMPAGNE DE RUSSIE, EN 1812.

Il est un fait à peu près prouvé aujourd'hui : c'est que la chute de Napoléon a tenu à une cause principale : le déplorable résultat de la campagne de Moskow.

Si l'Empire a croulé, c'est que le Kremlin a enseveli sous ses décombres la fortune de l'Empereur, c'est que la plus belle armée des temps modernes s'est perdue sous les glaces de la Russie. Et pourquoi?.... parce que devant Moskow, à Borodino, Napoléon aurait pu détruire entièrement l'armée russe et qu'il ne le fit pas. Il persista dans sa résolution de conserver sa Garde intacte, tandis qu'en la faisant *donner*, il achevait la journée, et remplissait les conditions du plan admirable qu'il avait si longuement et si habilement combiné. Eh bien! nous le répétons, la Garde toute entière resta immobile, ses vieux grenadiers assistèrent, impatients et l'arme au bras, à tous les mouvements de la bataille. La jeune Garde, avide de gloire, fut réduite à marquer le pas, comme pour se distraire. Tandis que, si Napoléon eût lancé ce torrent sur les Russes, c'en était fait ; il eût tout renversé, tout anéanti, et il eût obtenu à Borodino un succès aussi complet, aussi décisif qu'à Austerlitz ; malheureusement il n'en fut rien. Les grenadiers à cheval, les chasseurs, les dragons, murmurèrent de cette faiblesse de leur Empereur, tandis que lui, demeura muet et impassible. Quelle était donc sa pensée?.... C'est qu'il avait sans doute le pressentiment du secours et des services que pourrait plus tard lui rendre la Garde, si loin des frontières de son empire. L'idée du retour l'absorbait déjà ; or, la Garde était son bras droit, son cœur, sa destinée, il ne voulut compromettre ni l'une ni l'autre : voilà tout le secret.

De longues négociations précédèrent la guerre de Russie : elles furent sans résultat. Cette guerre, pour des motifs de haute politique, qu'il n'entre pas dans les bornes que nous nous sommes prescrites de détailler ici, était devenue inévitable. Nous dirons seulement que la Russie avait cessé d'observer le blocus continental, et cela, au moment même où il commençait à porter ses fruits. Napoléon ne pouvait permettre qu'un État aussi puissant que celui du czar se mît en dehors de la grande coalition européenne qu'il avait si péniblement enfantée.

Les motifs de la Russie n'étaient pas moins pressants. Sans parler de l'alliance de famille contractée par Napoléon avec l'Autriche, de l'accroissement du territoire de la France, motifs d'un mécontentement mal dissimulé, elle se voyait menacée du rétablissement de la Pologne, dans la création du grand duché de Varsovie que Napoléon ne négligeait jamais d'augmenter.

L'année que durèrent les négociations fut consacrée, de part et d'autre, aux préparatifs de la guerre. Pendant que toutes les forces de l'empereur Alexandre étaient mises en mouvement pour se porter dans le nord de la Prusse, Napoléon fit un voyage à Dresde, en compagnie de l'impératrice Marie-Louise, et là, dans une espèce de congrès, où se réunirent tous les souverains de l'Allemagne, il resserra les alliances qui les attachaient déjà à lui.

De son côté, le czar s'allia plus fortement encore avec l'Angleterre, et travailla à détacher le prince royal de Suède de la cause française. Avant de se décider à agir hostilement contre ses anciens frères d'armes, Bernadotte ne craignit pas d'envoyer un ultimatum à Napoléon, pour lui demander la Norwège qui appartenait au Danemarck. La réponse de l'Empereur fut pleine de dignité et de sagesse. « Je n'achèterai jamais, dit-il, un allié douteux aux dépens d'un ami fidèle ! »

La Russie dut en outre aux bons offices de l'Angleterre l'avantage de conclure avec la Turquie une paix qui lui permit de disposer de son armée de Moldavie; enfin, arrivé au milieu de son armée, réunie sur la frontière russe, Napoléon annonça à ses troupes que la décision de la querelle élevée entre lui et l'empereur Alexandre, était remise au sort des combats.

« Soldats, leur dit-il dans sa proclamation, la seconde guerre de
« Pologne est commencée. La première s'est terminée à Friedland et
« à Tilsitt. La Russie avait juré éternelle alliance à la France et guerre
« à l'Angleterre; elle viole aujourd'hui ses serments : elle ne veut

« donner aucune explication de cette étrange conduite que les aigles
« françaises n'aient repassé le Rhin, laissant par là nos alliés à sa dis-
« crétion. La Russie est entraînée par la fatalité ; ses destins doivent
« s'accomplir. Nous croirait-elle donc dégénérés ? Ne sommes-nous
« plus les soldats d'Austerlitz ? Elle nous place entre le déshonneur et
« la guerre : le choix ne saurait être douteux. Marchons donc en avant,
« passons le Niémen, portons la guerre sur son territoire. La seconde
« guerre de Pologne sera aussi glorieuse aux armées françaises que l'a
« été la première ; mais la paix que nous conclurons, portera avec
« elle sa garantie, et mettra un terme à la funeste influence que la
« Russie a exercée depuis cinquante ans sur les affaires de l'Europe ! »

Les contingents fournis par l'Autriche, par la Prusse et par les autres États de l'Allemagne, ainsi que les troupes italiennes et napolitaines, prirent rang dans l'armée française. Cette armée était composée de la Garde impériale, forte alors de plus de cinquante-six mille hommes, et de neuf corps d'infanterie ; le premier, commandé par le maréchal Davoust ; le deuxième par le maréchal Oudinot ; le troisième par le maréchal Ney ; le quatrième par le prince Eugène ; le cinquième formé des troupes polonaises, par le prince Poniatowski ; le sixième qui comprenait les Bavarois, par le général Gouvion-Saint-Cyr ; le septième formé des Saxons, par le général Régnier ; le huitième composé des Westphaliens, par le roi de Westphalie, Jérôme Bonaparte, frère de l'Empereur ; et le neuvième, où les troupes prussiennes marchaient réunies à deux divisions polonaises et westphaliennes, par le maréchal Macdonald. Les Autrichiens, commandés par le prince de Swartzenberg, formaient un corps séparé. Les troupes des différents princes alliés de la France, les Suisses, les Badois, les Hessois, et jusqu'à des régiments portugais, étaient répartis dans les divers corps de l'armée française.

La cavalerie, sous les ordres du roi de Naples (Murat), était divisée en quatre corps, et commandée par les généraux Nansouty, Montbrun, Grouchy et Latour-Maubourg. Le total de ces forces réunies, s'élevait à trois cent cinquante mille hommes d'infanterie et soixante mille cavaliers ; l'artillerie présentait un effectif de neuf cents bouches à feu.

Les forces russes, partagées en trois grandes armées, dépassaient deux cent quarante mille hommes d'infanterie et quatre-vingt-dix mille de cavalerie, auxquels devait se réunir l'armée de Moldavie, forte de cinquante mille hommes, et des levées en masse. Barclay de Tolly commandait l'armée du centre, de cent cinquante mille hommes; Bagration, l'armée de gauche, et Tormasoff, l'armée de droite.

Le 23 juin 1812, les équipages de pont étant arrivés près du Niémen, Napoléon prit le bonnet et la capote d'un lancier polonais, et suivi seulement du général du génie Haxo, reconnut les rives du fleuve. Le point de passage fut désigné par lui à quelque distance au-dessus de Kowno. Trois ponts parallèles y furent jetés pendant la nuit, et, à une heure du matin, la division Pajol passa la première sur la rive opposée et occupa Kowno, chassant devant elle quelques détachements de cosaques qui se trouvaient sur ce point. Le lendemain, au soleil levant, deux cent vingt mille hommes, infanterie, cavalerie et artillerie, se trouvèrent réunis en masse sur un plateau étroit, d'où l'œil pouvait facilement embrasser le cours du fleuve. La tente de Napoléon, entourée de huit escadrons de service de la Garde, s'élevait sur un tertre voisin des ponts sur lesquels l'armée commença à défiler. L'éclat du soleil, réfléchi par les armes, l'attitude fière de cette nombreuse armée, les chants guerriers, la musique des régiments, jouant le *Chant du Départ* et la *Cantate de Roland*, présentaient un spectacle admirable, et portaient dans tous les cœurs l'ardeur la plus vive et l'espérance d'un succès certain.

Le passage du Niémen dura deux jours. L'ennemi n'y mit aucun obstacle, et se replia devant l'armée qui s'avança sur Wilna, capitale de l'ancienne Lithuanie.

Napoléon reçut à Wilna les députés lithuaniens, qui lui annoncèrent que le peuple polonais en masse allait reformer sa grande confédération nationale. Il resta plusieurs jours dans cette ville pour donner à l'armée le temps de régulariser ses mouvements, et aux administrations militaires celui d'assurer les différents services.

Chaque fois que l'armée française rencontra les Russes, elle les attaqua, et chaque combat fut un triomphe pour elle : Mohilow, Ostrwno, Witepsle, Oboiarzina, Krasnoë, furent successivement témoins de son courage et de ses succès; mais tous ces combats ne furent que des engagements partiels. Barclay de Tolly aimait mieux reculer sans cesse que de hasarder une affaire générale. Toutefois,

Napoléon espéra un instant que la bataille décisive, qu'il désirait si vivement, allait avoir lieu.

Notre avant-garde, commandée par le maréchal Ney, arriva le 16 août au matin devant Smolensk. Cette place, entourée d'une enceinte crénelée, était en outre flanquée d'énormes tours garnies de pièces de gros calibre. L'ennemi avait laissé quarante mille hommes pour protéger son passage sur l'autre rive du Borysthène. La première journée se passa sans autres événements qu'une fusillade de tirailleurs, et quelques coups de canon tirés sur nos divisions qui débouchaient par la route de Kramoo. Napoléon crut, d'après les mouvements de l'ennemi, que l'intention du général russe était de livrer, comme Alexandre l'avait ordonné, une grande bataille devant Smolensk. Cette résolution du czar était trop avantageuse à l'armée française pour que Napoléon voulût l'en détourner par une attaque trop précipitée; mais enfin, voyant que les Russes, irrésolus, ne bougeaient pas de leurs positions, il se décida à les attaquer lui-même.

Les observations de la part des chefs de corps et les manœuvres remplirent la matinée du 17 août. Vers deux heures après midi, Napoléon ordonna à Poniatowski de se porter sur le Borysthène, pour attaquer le côté oriental de Smolensk, et établir des batteries, afin de détruire les ponts et d'intercepter ainsi les communications entre les deux rives. Cet ordre fut exécuté, et bientôt les troupes russes, les plus rapprochées de la rive opposée, furent obligées de s'éloigner, pour se mettre à l'abri de la mitraille. Ney et Davoust attaquèrent en même temps le corps de la place. La canonnade et un feu très-vif de mousqueterie s'engagèrent sur toute la ligne. Vers cinq heures, les faubourgs, malgré les retranchements dont ils étaient couverts, furent enlevés, et les troupes russes chassées dans le chemin couvert.

Barclay de Tolly, voyant les faubourgs pris, voulut tenter un dernier effort pour conserver la ville. Il y fit entrer deux divisions d'infanterie et une brigade de la garde impériale russe. Dès lors toutes les attaques des Français furent dirigées contre le chemin couvert, qui, malgré le feu de l'ennemi, fut déblayé. La nuit arriva, mais elle ne ralentit point le feu, et deux compagnies de mineurs furent attachées aux remparts. Alors Barclay de Tolly, jugeant qu'il lui serait impossible de résister plus longtemps, profita de l'obscurité pour effectuer sa retraite; une seule division fut chargée de garnir les murailles pendant que les autres passeraient le Borysthène. Vers une heure du matin, les Russes mirent le feu à la ville, et lorsque l'incendie eut gagné de tous côtés, ils passèrent le fleuve sur un pont de bois qu'ils détruisirent aussitôt après.

Napoléon, ignorant l'évacuation de Smolensk, disposait tout pour l'emporter de vive force, lorsqu'à la pointe du jour un de nos détachements, ayant été envoyé en reconnaissance sur le point par lequel on devait pénétrer dans la ville, gravit le rempart sans obstacle, et rapporta que Smolensk était désert. L'armée y entra sur-le-champ pour éteindre l'incendie, et Napoléon y établit son quartier général avec sa Garde.

Le lendemain, l'armée française, impatiente d'atteindre l'armée russe, passa le Borysthène. Barclay de Tolly et Bagration fuyaient par deux routes différentes : l'un sur Saint-Pétersbourg, l'autre sur Moskow ; mais ce n'était qu'une ruse de guerre pour mieux tromper la poursuite du vainqueur.

Mais bientôt l'armée russe changea de chef. Le czar, cédant à la voix publique qui attribuait les malheurs de la guerre au mauvais choix des généraux, avait déféré le commandement suprême au général Kutusoff, vainqueur des Turcs. On reprochait à Barclay son origine étrangère : sa manie des retraites avait paru suspecte aux purs Moscovites. Le cri général demandait un russe pour sauver la patrie. Le négociateur de Busharest parut capable de la tirer de péril. Le nouveau généralissime, persuadé que, pour conserver sa popularité dans la nation, il ne fallait pas laisser les Français arriver jusqu'à Moskow sans livrer bataille, s'était décidé à l'accepter dans la forte position qu'il occupait près de Borodino, en avant de Mojaisk, où il arrêta la retraite de toute l'armée russe.

Le 5 septembre, les deux armées se retrouvèrent en présence. L'armée russe était en ligne derrière la Moscowa, la droite appuyée sur Borodino, la gauche sur la Kologa. A douze cents toises en avant, l'ennemi avait élevé sur un beau mamelon, entre deux bois, une redoute que gardaient dix mille hommes.

Napoléon résolut aussitôt d'enlever cette redoute avancée. Vers trois heures, pendant que le corps du prince Eugène canonnait la droite de l'ennemi, et que Poniatowski tentait de tourner la redoute par la gauche, Murat reçut l'ordre de passer la Kologa et d'attaquer de front. La division Compans formait la tête de colonne ; elle chassa l'ennemi du village d'Aloxina, et le poussa jusqu'au pied de la redoute. Là, deux régiments, les 57ᵉ et 61ᵉ, assaillirent le retranchement ; le combat fut opiniâtre ; la redoute prise et abandonnée trois fois par nos troupes, resta enfin en notre pouvoir.

Napoléon, avec toute la Garde impériale, établit son bivouac non loin du théâtre de cette lutte acharnée.

Le 61ᵉ, en enlevant la redoute, avait tellement souffert, que le lendemain, l'Empereur le passant en revue, et le trouvant considérablement diminué, dit à son chef :

— Qu'avez-vous donc fait de votre 3ᵉ bataillon ?
— Sire, il est resté dans la redoute ! répondit le colonel.

Ce fut sur le champ de bataille qui allait être illustré par une des victoires les plus disputées et les plus mémorables dont les hommes puissent garder le souvenir, que Napoléon reçut, pour la première fois, le portrait de ce fils sur qui reposaient tant d'amour et d'espérance. M. de Beausset, préfet du palais impérial, le lui apporta ; nous laisserons à cet officier de la maison civile de l'Empereur, le soin de retracer cette scène intéressante :

« J'arrivai, dit-il [*], le 6 septembre à neuf heures du matin, à la tente de S. M. Je lui remis les dépêches que l'Impératrice avait daigné me confier, et je lui demandai ses ordres, relativement au portrait de son fils. Je pensais qu'étant à la veille de livrer la grande bataille qu'il avait tant souhaité, il différerait de quelques jours d'ordonner l'ouverture de la caisse qui contenait ce portrait. Je me trompais : pressé de jouir d'une vue aussi chère à son cœur, il m'ordonna de faire apporter de suite cette caisse à sa tente. Je ne puis exprimer le plaisir que cette vue lui fit éprouver. Le regret de ne pouvoir serrer son enfant contre son cœur fut la seule pensée qui vint troubler une jouissance si douce. Ses yeux exprimaient l'attendrissement le plus vrai. Il appela lui-même tous les officiers de sa maison et tous les généraux de sa Garde qui, par respect, se tenaient à quelque distance, afin de leur faire partager les sentiments dont son âme était remplie !

[*] Dans ses Mémoires, tome II, page 76.

— « Messieurs, leur dit-il, si le roi de Rome, si mon fils, reprit-il, avait quinze ans, croyez qu'il serait ici, au milieu de vous et de tant de braves, autrement qu'en peinture. Puis, un moment après, il ajouta : Ce portrait est admirable !

« Il le fit placer en dehors de sa tente, sur une chaise, afin que les officiers et les soldats de sa Garde pussent le voir et y puiser un nouveau courage. Ce portrait resta ainsi à la même place toute la journée. »

D'après l'ordre de Napoléon, l'armée française prit, le 6 au soir, sa position de bataille pour le lendemain. Le 7 septembre, à deux heures du matin, les maréchaux, commandant les différents corps, vinrent à la tente de l'Empereur recevoir ses derniers ordres. A cinq heures et demie, le soleil se leva, et, se dégageant d'un brouillard épais, brilla radieux dans l'immensité du ciel. En le voyant monter à l'horizon, Napoléon s'écria avec joie.

— C'est le soleil d'Austerlitz !

Cette exclamation, répétée de bouche en bouche, circula rapidement dans tous les rangs qu'elle remplit d'une confiance que la lecture de l'ordre du jour suivant ne fit qu'accroître :

» Soldats ! (y était-il dit), voilà la bataille que vous avez tant désirée.
« Désormais la victoire dépend de vous ; elle vous est nécessaire ; elle
« vous donnera l'abondance, de bons quartiers d'hiver et un prompt
« retour dans la patrie. Conduisez-vous comme à Austerlitz, à Wagram,
« à Witepsk, à Smolensk, et que la postérité la plus reculée cite avec

« orgueil votre conduite dans cette journée, pour que l'on dise de
« vous : *Il était à cette grande bataille sous les murs de* **Moskow** *!* »

Les acclamations des soldats répondirent à cet appel fait à leur courage, et bientôt tous les corps s'ébranlèrent.

Trois batteries de soixante pièces de canon avaient été établies sur les hauteurs, en avant du centre de l'armée française. Celle de droite, formée de l'artillerie de réserve de la Garde, commença le feu qui s'étendit aussitôt sur toute la ligne.

Alors Poniatowski se dirigea sur la vieille route de Smolensk, pour tourner le bois sur lequel l'ennemi appuyait sa gauche. Davoust, avec les trois divisions Compans, Dessaix et Friant, formées en colonnes, et précédées de trente pièces d'artillerie, marcha sur la redoute que défendait ce bois. Le prince Eugène fit attaquer Borodino, où les Russes avaient mis le feu, par la division Delzons, pendant que les divisions Morand, Gérard, Broussier, la cavalerie de Grouchy et la garde royale italienne passaient la Kologa. Le maréchal Ney, avec le troisième corps en colonne, ayant derrière lui le huitième en bataille, déboucha sur la droite de l'ennemi. Le roi de Naples avait divisé sa cavalerie pour appuyer chacun de ces trois corps.

A six heures et demie, la division Compans, formant la tête de colonne du corps de Davoust, arriva à l'ennemi : le fusillage s'engagea avec vigueur, le général Compans fut blessé. Le prince d'Eckmuhl eut son cheval tué sous lui et reçut une forte contusion, ce qui ne l'empêcha pas de rester à la tête de son corps d'armée. Bientôt la redoute, placée à la gauche de l'ennemi, fut attaquée et enlevée. Kutusoff essaya vainement de la faire reprendre ; après un combat des plus meurtriers, elle demeura en notre possession. Il en fut heureusement de même pour la seconde redoute qui, enlevée d'abord, fut reprise par les Russes, et, malgré une charge impétueuse de leurs cuirassiers, reprise de nouveau par la division Razout.

A huit heures, le roi de Naples profita de ces premiers avantages pour porter au delà des redoutes les corps de cavalerie des généraux Nansouty et Latour-Maubourg, qui culbutèrent la première ligne ennemie sur la seconde, et balayèrent la plaine jusqu'au village de Seminckoï. Aussitôt, et par l'ordre de Napoléon, les généraux Friant et Dufour attaquèrent ce village, et, malgré la résistance des grenadiers russes du prince Charles de Mecklembourg, qui y fut blessé, ils attaquèrent la redoute et les barricades qui la couvraient. Pendant que ces succès étaient obtenus au centre, le vice-roi d'Italie, sur la gauche, faisait attaquer Borodino. Le 106ᵉ régiment, de la division Delzons, chargé de cette attaque, renversa au pas de charge toutes les troupes qu'il trouva devant lui, traversa le village, et, n'écoutant que son ardeur, passa la Kologa et s'avança seul dans la plaine sur Gorka. Le général Plauzonne, qui le commandait, fut tué au moment où il cherchait à modérer le courage imprudent de ses soldats. Le 106ᵉ, se trouvant ainsi isolé, fut attaqué par les Russes qui défendaient Gorka, et mitraillé même par l'artillerie bavaroise qui était la nôtre, parce qu'ils ne pouvaient croire que les Français eussent eu l'audace de s'aventurer aussi loin et en aussi petit nombre; cette artillerie prit le 164ᵉ régiment pour un régiment ennemi; ce brave régiment était donc sur le point d'être anéanti, lorsque le 92ᵉ, cédant à son intrépidité, passa à son tour le pont de la Kologa, et couvrit la retraite du 164ᵉ. Les deux régiments rentrèrent à Borodino. Cependant Morand avait attaqué, à huit heures du matin, la redoute de l'ennemi, la plus grande et la plus forte de toute la ligne. Le 30ᵉ, conduit par le général de brigade Bonomy, y était entré à la baïonnette; mais, attaqué à son tour par des forces imposantes, il s'était vu forcé d'abandonner sa conquête, en y laissant son général blessé grièvement.

La gauche de l'armée française était vivement pressée; ses divisions, vivement attaquées de front, combattaient en position, sans avancer et sans reculer. C'était un carnage sans résultat. Morand, Gérard et Broussier soutenaient le courage de leurs soldats qu'animait la présence du prince Eugène. L'ennemi, portant des corps nombreux sur ce point, combattait avec acharnement; mais tous ses efforts étaient infructueux pour repousser nos divisions qui conservaient leurs positions, quand, au moment où le vice-roi s'apprêtait à faire renouveler l'attaque de la redoute, huit régiments de cavalerie russe et quelques milliers de cosaques, débouchant sur notre extrême gauche, tournèrent la brigade de cavalerie du général Ornano, la forcèrent à se replier, et se présentèrent devant le plateau de Borodino. Le général Delzons, formant aussitôt les régiments en carré, arrêta les premières charges, mais il allait être nécessairement débordé. Le vice-roi, après avoir ordonné à la garde royale italienne de marcher rapidement sur ce point si dangereusement menacé, s'y porta au galop, et voyant un carré qui allait être chargé, il y entra.

— Où suis-je ici? demanda Eugène au commandant de ce régiment qui s'était empressé de joindre le prince.

— Monseigneur, répondit Jean Pégot, colonel de ce régiment, vous êtes au milieu du 84e, et Votre Altesse y sera aussi en sûreté que dans les murs de son palais de Milan.

Ce brave officier tint parole : le carré formé par le 84e soutint seul le choc de toute la cavalerie ennemie qui ne put l'entamer.

L'arrivée de la garde italienne fit changer la face des choses ; elle se forma, elle aussi, en carré, puis marcha à l'ennemi et le repoussa. Le vice-roi, laissant alors au général Ornano le soin de suivre et de contenir les Russes, revint avec sa garde royale vers la grande redoute, qu'il se disposa à attaquer.

En ce moment, le roi de Naples ordonna au général Caulincourt, qui venait de remplacer, à la tête du deuxième corps de cavalerie, le général Montbrun tué par un boulet, de passer le ravin, de charger les Russes et de pénétrer dans cette formidable redoute. Caulincourt, avec la division de cuirassiers Vathier, renversa tout ce qui se trouvait devant lui, dépassa la redoute, tourna à gauche et y entra. Il y trouva une mort glorieuse ; mais criblés par le feu des batteries et de l'infanterie russes, ses cuirassiers furent obligés de l'abandonner. Cependant les troupes du vice-roi s'avançaient sur cette terrible redoute ; mais le feu de la mitraille était si violent, qu'elles marchaient avec hésitation. Le prince se place lui-même à leur tête, fait battre la charge, met l'épée à la main et s'élance en avant ! Les soldats, électrisés par son exemple, s'ébranlent et marchent à la baïonnette. La redoute, attaquée de front et de flanc, est emportée par notre infanterie au moment même où les cuirassiers de Caulincourt en sortaient. Le vice-roi, poussant ses avantages, fit passer à la cavalerie du général Grouchy le ravin derrière lequel se trouvait le corps du général Doctoroff, qui, chargé par cette cavalerie et pressé par notre infanterie, se retira en désordre, après avoir perdu les deux tiers de ses troupes. Le général Kutusoff, voyant son centre entraîné par la prise de Seminskoë, y avait porté des renforts considérables, entre autres, la garde impériale russe. Couvert par une nombreuse artillerie, Bagration s'avança pour reprendre Seminskoë, et, après être resté deux heures sous le feu de nos batteries qui lui enlevaient des pelotons entiers, Bagration, blessé mortellement, voyant que ses troupes ne pouvaient gagner de terrain vers Seminskoë, et s'apercevant enfin que le corps du maréchal Ney menaçait de tourner sa gauche, ordonna la retraite.

« Tout fuyait, dit le général Rapp, aide-de camp de Napoléon [*]; le feu avait cessé, le carnage faisait halte!... Le général Beillard alla reconnaître un bois placé à quelque distance; il aperçut la route qui convergeait sur nous, elle était couverte de troupes et de convois russes qui s'éloignaient; si on interceptait cette route, toute la droite de l'armée ennemie était prise dans le segment où elle s'était placée.

— « Cours en rendre compte à l'Empereur, lui dit le roi de Naples, et demande-lui quelques bataillons de jeune Garde pour en finir.

« Beillard y fut, mais Napoléon ne crut pas le moment venu de faire donner sa Garde, et répondit au général :

— « Je ne vois pas encore assez clair sur mon échiquier; j'attends des nouvelles de Poniatowski; retournez, examinez et revenez me dire ce qui en est.

« Beillard retourna près de Murat... mais il n'était plus temps. La garde russe s'avançait; infanterie, cavalerie, artillerie, tout arrivait pour renouveler une attaque. Beillard n'eut que le temps de rassembler quelques pièces.

— « De la mitraille, de la mitraille, et toujours de la mitraille! cria-t-il au commandant de cette batterie.

« Le feu s'ouvrit aussitôt, et l'effet en fut terrible; en un instant la terre se couvrit de morts et de blessés; la colonne russe, écrasée comme par magie, se dissipa comme une ombre!... Elle n'avait pu tirer un coup de fusil, et lorsque son artillerie arriva, nous nous en emparâmes.

« La bataille était pour ainsi dire gagnée, mais le feu continuait de part et d'autre. Les balles, les obus, les boulets, la mitraille pleuvaient à mes côtés. Dans l'intervalle d'une heure, je fus touché quatre fois, d'abord légèrement, de deux coups de feu, ensuite d'un boulet au bras gauche qui ne fit que m'enlever la manche de mon habit. J'étais

[*] Dans ses *Mémoires*, page 250.

alors à la tête du 64e régiment ; ce fut là que je reçus la quatrième blessure ; je fus atteint d'un biscaïen qui me frappa à la hanche gauche et me jeta à bas de mon cheval*; je fus obligé de quitter le champ de bataille. Le général Desaix, le seul de cette division qui ne fût pas blessé, me remplaça : un moment après, une balle lui cassa le bras.

« Je fus pansé par le chirurgien de l'Empereur qui vint lui-même me visiter.

— « C'est donc toujours ton tour d'être blessé ? me dit Napoléon, cela devient ridicule !

— « Pour moi, oui, Sire, lui répondis-je ; mais je crois que vous allez être obligé de faire donner votre Garde pour en finir.

— « Je m'en garderai bien, me répondit Napoléon ; je ne veux pas la faire *démolir*. Je suis sûr de gagner la bataille sans qu'elle y prenne part.

« Elle ne donna pas, en effet, à l'exception d'une trentaine de pièces d'artillerie légère qui firent des merveilles. »

Sur tous les points de la ligne, l'armée russe, à cinq heures du soir, était en pleine retraite sur la route de Mozaïsk à Moskow. Kutusoff profita de la nuit pour évacuer entièrement le champ de bataille.

La vigueur de l'action, l'acharnement du combat avaient été tels, que quatre-vingts mille hommes des deux partis avaient été mis hors de combat, trente mille cadavres couvraient ce champ de carnage.

Sept jours après la bataille de la Moskowa, l'armée française arrivait en vue de Moskow.

La paix, après une victoire, fut toujours le vœu le plus cher à Napoléon ; la résolution de marcher de Smolensk sur Moskow avait été fondée sur la pensée que l'ennemi, pour sauver l'antique capitale de l'empire russe, livrerait une bataille générale, qu'il serait battu, que Moskow serait pris, et qu'Alexandre, pour la recouvrer, ferait la paix, et qu'enfin s'il hésitait encore à demander cette paix, on trouverait dans l'immense cité des ressources et un point d'appui pour recommencer une nouvelle campagne au printemps suivant ; car l'Empereur était décidé, si les événements l'y forçaient, à passer l'hiver à Moskow.

Bâtie comme Rome, sur sept collines, Moskow, avec ses nombreuses églises, ses flèches de toutes formes, offrait un aspect des plus

---

* C'était la vingt-deuxième blessure que recevait le général Rapp.

pittoresques. Grande et magnifique cité, ancienne capitale de la Moskovie, la ville sainte de l'empire russe était l'entrepôt du commerce de l'Europe et de l'Asie. Le Kremlin, forteresse de forme triangulaire, renfermant le palais des czars, bâtie par les Tartares, habitée par les marchands, et remplie par les bazars ou marchés; c'était dans le Beloye-Gorod, ou ville blanche, construction nouvelle de la noblesse russe, qu'étaient situés les plus beaux palais, enfin, dans le Zemleroye-Gorod, ou ville de terre, se trouvaient les habitations du bas peuple.

L'avant-garde, commandée par Murat, avait pénétré dans Moskow dès le 14 septembre; l'armée y entra le 15, et le même jour, Napoléon établit son quartier-général au Kremlim.

Moskow, ainsi que Napoléon l'avait espéré, présentait de grandes ressources. Malgré l'abandon de la ville par la majeure partie des habitants, l'armée allait s'y trouver dans l'abondance. Les magasins étaient remplis de provisions de toute espèce. Les cinq cents palais de la noblesse n'avaient pas même été démeublés. Des domestiques laissés à dessein par les gens riches que le gouvernement avait contraints de quitter la ville, attendaient les généraux qui devaient occuper ces habitations, pour leur remettre des billets de leurs maîtres, annonçant que, sous peu de jours, et aussitôt les premiers troubles passés, ils reviendraient, et recommandaient leurs propriétés à la générosité française; mais toutes les espérances de Napoléon, tous les calculs de son génie, devaient être détruits par un événement inattendu, l'incendie de Moskow!... Le gouverneur Rostopchin n'avait pas demandé ce sacrifice au patriotisme douteux des habitants, il avait confié l'œuvre de destruction à la fureur aveugle des criminels, mis en liberté à cette condition. Cet événement, qui causa la ruine d'une nombreuse population, a été diversement jugé. Poursuivi par la haine de ses compatriotes, Rostopchin a été depuis réduit à se disculper. L'incendie de Moskow, la destruction de cette riche cité, ont effectivement obligé Napoléon et toute sa Garde au mouvement rétrograde qui fut si fatal à l'armée française; mais la retraite de Russie n'aurait eu aucun résultat fâcheux si l'hiver n'était survenu, plus rigoureux qu'on ne l'avait jamais vu. L'armée, après avoir pris ses quartiers d'hiver sur le Dniéper ou le Niémen, aurait continué, au printemps suivant, à battre l'ennemi, et l'effort de Napoléon se fût dirigé sur Saint-Pétersbourg. Un froid soutenu de vingt à trente degrés a seul été vainqueur de nos braves soldats.

Lorsque nos troupes se répandirent dans Moskow, la ville paraissait presque déserte, quarante mille habitants seulement, presque tous de conditions infimes, et quelques centaines de marchands étrangers, étaient restés dans leurs maisons; mais frappés de terreur, ils s'y tenaient renfermés. Rostopchin, dans sa proclamation, avait présenté les Français comme un ramas de brigands. Une tranquillité sinistre régnait dans toutes les rues naguères si populeuses et si bruyantes. Bientôt commença l'incendie. Le sifflement des flammes, le craquement des poutres embrasées, les explosions multipliées, troublèrent ce silence de mauvais augure. Les premiers feux éclatèrent instantanément, vers cinq heures du soir, sur trois points différents, à l'hôpital des Enfants-Trouvés, à la Banque et au Grand-Bazar; nos soldats réussirent à se rendre maîtres du feu à l'hôpital et à la Banque; mais au Grand-Bazar, la violence de l'incendie triompha de leurs efforts; il fut impossible de sauver cet édifice immense qui, bâti à l'instar de ceux des grandes villes d'Asie, c'est-à-dire en bois, contenait un grand nombre de boutiques remplies de marchandises précieuses; les marchands, en quittant la ville, par ordre du gouverneur russe, n'avaient pas eu le temps d'en rien enlever.

Bouvier-Destouches, lieutenant en premier aux grenadiers à cheval de la Garde, s'était porté, avec quelques grenadiers de son escadron, au palais du prince Gagarin, où, par son exemple et son activité, il était parvenu à couper le feu qui envahissait tout l'édifice, et à sauver ainsi une partie des richesses que cette splendide habitation renfermait. Le prince russe, en reconnaissance de ce service, vint lui-même offrir au lieutenant des grenadiers de la Garde un plateau chargé de vaisselle d'or, en lui disant :

— Monsieur, daignez accepter ce léger présent que vous pourrez enfouir, afin de le retrouver lorsque l'incendie sera éteint tout à fait.

— Prince, lui répondit celui-ci, je vous remercie plus encore de votre intention que de votre cadeau; mais je ne puis l'accepter. Lorsqu'on a, comme moi, l'honneur d'appartenir à la vieille Garde impériale, la seule récompense qui puisse m'être agréable, c'est la conviction d'avoir fait mon devoir.

Le prince Gagarin ayant insisté, Bouvier-Destouches prit le plateau et le lança par une des fenêtres du palais dans la Moskowa, en disant avec gaieté :

— Eh bien ! prince, remarquez l'endroit où ce plateau est tombé, et lorsque l'ordre sera rétabli dans la ville, faites-le repêcher par vos gens.

Le prince tendit la main à ce brave officier, et tout fut dit.

La journée du 15 se passa sans nouveaux désastres, mais vers le soir, l'incendie brilla sur plus de cinquante points divers et opposés. On chercha vainement à l'éteindre. Rostopchin, dans sa cruelle prévoyance, avait fait enlever les pompes, et le feu s'étendait avec trop de vitesse pour qu'on pût l'arrêter par les moyens ordinaires. Pendant la nuit, les foyers embrasés se multiplièrent. Le 16, au matin, un vent violent commença à souffler; les incendiaires organisés par Rostopchin, voulant en profiter, portèrent des matières combustibles dans les maisons les mieux exposées au vent. En quelques heures, Moskow présenta l'image d'un océan de feu. Nos soldats voyaient avec douleur se consumer les vivres et les munitions qui devaient leur rendre une abondance nécessaire et désirée ; mais dès qu'ils furent convaincus de l'inutilité de leurs efforts pour arrêter les progrès de l'embrasement, ils cessèrent de le combattre, et par une prévoyance intéressée, mais bien naturelle, ils se jetèrent dans les maisons non encore atteintes pour y chercher les divers objets de première nécessité, qui bientôt allaient devenir la proie des flammes.

Le 16 au soir, l'Empereur, menacé du feu jusque dans son appartement du Kremlin, fut s'établir à une lieue de Moskow, au château de Pétrowskoïe. L'armée sortit aussi de la ville, qui resta livrée, sans défense, au pillage et à l'incendie [*].

Napoléon séjourna quatre jours à Pétrowskoïe pour y attendre la fin de l'embrasement de Moskow. La ruine de cette grande cité et ses conséquences qu'il pressentait déjà, lui avaient inspiré le hardi projet de marcher de suite sur la Baltique, et d'aller conquérir la paix à St-

---

[*] « La populace de Moskow joua le principal rôle dans ce pillage ; ce fut elle qui découvrit les caves les plus secrètes ; et les soldats français, qui n'avaient été d'abord que simples spectateurs, devinrent bientôt partie active. » (Lettre de M. Sarrugues, curé de Saint-Louis de Moskow.)

Pétersbourg même. L'armée de Kutusoff, battue et démoralisée, était hors d'état de s'opposer à un mouvement qui eût changé peut-être du tout au tout la face des affaires. Accueilli avec enthousiasme par le prince Eugène, ce projet que Napoléon soumit aux autres chefs de son armée, devint l'objet de leurs critiques et de leurs remontrances. Le besoin de repos atteignait déjà ses plus braves lieutenants, ils redoutaient de s'enfoncer davantage dans le Nord, d'aller chercher l'hiver, comme s'il ne devait pas venir assez tôt. Ils représentèrent à l'Empereur que l'armée était harassée de fatigue, et qu'elle avait de nombreux blessés que le séjour dans les hôpitaux de Moskow pouvait seul rétablir. « Le quartier occupé par la Garde impériale, lui dirent-ils, a été préservé, il reste dans la ville quelques bâtiments qui n'ont point été atteints. Le feu n'a pas pénétré dans les caves où l'on trouve du riz, des eaux-de-vie, des salaisons, des pelleteries, et à peu près tout ce dont le soldat peut avoir besoin pour l'hiver. » Napoléon se laissa persuader et céda. Il rentra le 18 dans Moskow, et alla de nouveau habiter le Kremlin.

Son premier soin fut de faire distribuer des secours aux malheureux habitants que l'incendie avait privés de toutes ressources. Cette bienfaisance inattendue donna lieu à la première occasion de négociation avec Saint-Pétersbourg. Le général russe Toutelmine, en rendant compte à l'impératrice mère des bontés de Napoléon pour l'établissement des enfants trouvés, dont il était directeur, lui fit connaitre les dispositions pacifiques de l'Empereur des Français. Alexandre était animé des mêmes sentiments, mais il n'était pas maître de suivre ses volontés ; la noblesse russe, dirigée par les inspirations de l'Angleterre, réglait la marche des affaires. Elle avait déjà obligé l'Empereur de Russie à éloigner un ministre qui avait sa confiance, et lui avait imposé le choix de Kutusoff pour général en chef. Cela explique comment échouèrent successivement toutes les démarches qui furent faites dans ce but, et pourquoi la lettre que Napoléon écrivit lui-même à Alexandre, pour lui offrir la paix, ainsi que la mission du général Lauriston à Saint-Pétersbourg, restèrent sans résultat: Kutusoff ne laissa même pas Lauriston arriver jusqu'à l'empereur de Russie.

Le temps était beau et sec. Aucun symptôme menaçant n'annonçait un hiver plus précoce ou plus rigoureux qu'à l'ordinaire ; Napoléon résolut seulement de revenir à Smolensk par Kolouga, route neuve et qui n'avait pas été épuisée par la marche des armées.

Pendant ce temps, Kutusoff avait reçu des renforts. L'armée de Moldavie avait fait sa jonction avec l'armée de réserve, et le vieux général avait établi un camp à Taroutina, au sud de Moskow, de façon à couvrir à la fois Kolouga et Toula.

L'évacuation de Moskow commença le 15 octobre, par le départ d'un premier convoi de blessés, qui fut dirigé sur Smolensk ; d'autres convois suivirent dans les journées des 16, 17 et 18 octobre. Le gros de l'armée quitta la ville et prit la route de Kolouga le 19, jour où Napoléon, accompagné de sa Garde, se mit lui-même en marche. Le maréchal Mortier, avec quelques centaines d'hommes, resta le dernier dans la ville : il se retira en faisant sauter le Kremlin, au moment où les Russes l'attaquaient.

Un incident fortuit vint changer la ligne de retraite. Kutusoff, qui était tranquille avec cent cinquante mille hommes dans son camp de Taroutina, fut averti par ses éclaireurs qu'un corps de l'armée française était en marche sur Kalouga. Quoique éloigné de croire que ce fût la retraite qui commençât, il voulut écraser ce corps qu'il ne supposait être qu'un fort détachement, et, levant son camp, il se porta aussitôt sur Malo-Jaroslawetz. Là, il rencontra l'avant-garde française, commandée par le vice-roi d'Italie. Un combat opiniâtre s'engagea et dura toute la journée. Le prince Eugène soutint avec gloire toutes les attaques de l'ennemi, attaques sans cesse renouvelées et appuyées par des troupes fraîches. La ville, en feu, fut prise et reprise jusqu'à sept fois ; mais elle resta définitivement au pouvoir des Français, qui eurent à regretter la mort du brave général Delzons, tué en combattant vaillamment à la tête de sa division.

« La bataille de Malo-Jaroslawetz est une journée que l'armée d'Italie doit inscrire dans ses fastes, dit encore le général Rapp[*]. Napoléon bivouaqua à une demi-lieue de là ; le lendemain, nous montâmes à cheval, à sept heures du matin, pour visiter le terrain où on avait combattu la veille. L'Empereur était placé entre le duc de Vicence (Caulincourt, son grand-écuyer), le prince de Neufchâtel (Berthier) et moi. Nous avions à peine quitté la chaumière où nous avions passé la

---

[*] Dans ses *Mémoires*, page 226.

nuit, que nous aperçûmes une nuée de cosaques; ils sortaient d'un bois, en avant, sur la droite; ils étaient assez bien pelotonnés, de sorte que nous les prîmes pour de la cavalerie française. Le duc de Vicence fut le premier qui reconnut cette troupe pour ce qu'elle était.

— Sire, dit-il, ce sont les cosaques!

— Cela n'est pas possible, répondit Napoléon, ils n'oseraient!

Mais ceux-ci fondirent sur nous en criant à tue-tête. Je saisis le cheval de l'Empereur par la bride, et je le tournai moi-même, en disant :

— Mais, sire, ce sont les cosaques!

— Sans aucun doute! ajouta le comte de Lobau (Mouton), je les avais devinés!

Napoléon s'éloigna. Je m'avançai à la tête de l'escadron de la Garde de service, mais nous fûmes culbutés; mon cheval reçut un coup de lance de six pouces de profondeur, il se renversa sur moi; nous fûmes foulés aux pieds par ces barbares. Ils aperçurent heureusement à quelque distance un parc d'artillerie, ils y coururent; le maréchal Bessières eut le temps d'arriver avec les grenadiers à cheval de la Garde, il les chargea et leur reprit les fourgons et les pièces qu'ils emmenaient déjà. »

Napoléon persistait dans son mouvement sur Kalouga; mais les représentations des généraux et la crainte d'augmenter, par une grande bataille, le nombre déjà si considérable de ses blessés, lui firent donner l'ordre, au lieu de marcher en avant, de rabattre à droite pour gagner la route de Smolensk par Wiasma, route que l'armée avait suivie pour venir à Moskow.

Wiasma fut encore le théâtre d'un combat dont l'issue fut glorieuse pour l'armée française. Le froid commença à se faire sentir vivement après ce combat.

Les deux fils du prince de Beauvau, qui avaient glorieusement débuté dans cette campagne, suivaient l'armée dans sa retraite. L'aîné, lieutenant de carabiniers, était grièvement blessé, il avait eu la cuisse cassée d'un coup de feu. Il dut sa conservation à l'Empereur qui le fit placer dans une de ses voitures particulières, en le recommandant expressément à son grand-écuyer.

Les blessés transportables avaient, au reste, été reçus dans toutes

les voitures sans distinction, dans celles de l'Empereur et dans celles de l'armée ; les propres chevaux de Napoléon y avaient été employés ; sa sollicitude pour ces honorables victimes de la guerre, et son infatigable activité s'exercèrent dans cette circonstance, comme dans toutes ses campagnes d'Italie, d'Egypte, d'Allemagne et d'Espagne. Il avait écrit à cette occasion au maréchal Mortier, demeuré le dernier à Moskow, avec quelques bataillons de la vieille et de la jeune Garde :

« Je ne saurais trop vous recommander ce qui nous reste encore de
« blessés ; placez-les sur les voitures de la jeune Garde, enfin sur
« toutes celles qu'on trouvera. Les Romains donnaient des couronnes
« civiques à ceux qui sauvaient les citoyens ; combien n'en mériteriez-
« vous pas à mes yeux pour tous les malheureux que vous sauverez !
« Il faut les faire monter sur vos propres chevaux, sur ceux de tout
« votre monde : c'est ainsi que j'ai fait à Saint-Jean d'Acre. On doit
« commencer par les officiers, passer aux sous-officiers, et préférer les
« Français. Assemblez les généraux et les officiers sous vos ordres ;
« faites-leur sentir tout ce que l'humanité exige dans cette circon-
« stance, etc. »

Napoléon arriva le 9 novembre à Smolensk. Il comptait s'y arrêter et mettre de l'ordre dans la retraite ; mais les magasins avaient été épuisés par les troupes et par les blessés qui avaient séjourné dans cette ville auparavant ; il fallut, pour des considérations militaires qu'il nous serait trop long d'expliquer, se décider à reculer jusqu'à Wilna, d'où les mêmes causes et de plus grands désastres devaient encore nous chasser. Smolensk fut évacuée, et, le même jour, le thermomètre descendit à 19 et 20 degrés au-dessous de zéro.

Avant d'arriver à Smolensk, l'Empereur avait reçu la nouvelle de la singulière conspiration du général Malet, qui, seul, sans troupes, sans appui, prisonnier d'Etat, inconnu de la foule, avait réussi, à l'aide de son audace et de plusieurs ordres faux, mais habilement conçus, à s'emparer, pendant quelques heures, du gouvernement de la capitale. Cette conspiration, qu'un même jour vit naître, réussir et comprimer, et dont le succès momentané n'était dû qu'à l'absence du chef de l'Etat, n'étonna pas l'Empereur. Il ne fut frappé que d'une chose : « C'était, dit le baron Fain dans son manuscrit de 1812, qu'après dix années de gouvernement, après son mariage, après la naissance de son fils, après tant de serments, sa mort pût devenir encore un moyen de révolution : *Et Napoléon II,* dit-il, *on n'y pensait donc pas!...* Cet oubli, qu'il ressentit vivement, fut une pénible découverte. »

Jusque-là, le temps, sauf l'intensité du froid, avait été supportable, le soleil, qui brillait encore quelquefois, soutenait le courage de nos soldats; mais tout à coup il s'enveloppa de vapeurs rembrunies; de noirs nuages s'amoncelèrent et couvrirent d'une neige épaisse la terre et les tristes débris dont elle était parsemée. Tout alors devint méconnaissable : les chemins, les fossés, les champs disparurent. Des flocons de neige, poussés par un vent glacé et impétueux, s'arrêtèrent dans toutes les cavités dont les surfaces cachaient des piéges profonds. Là, nos soldats s'engouffrèrent, et les plus faibles y demeurèrent ensevelis; ils ne distinguaient la route qu'ils devaient tenir qu'aux monticules formés, sous la neige, par la traînée des cadavres. Le nombre des isolés s'accrut avec une rapidité effrayante. Ils avaient jeté leurs armes que leurs mains engourdies ne pouvaient plus manier. Le découragement et l'indiscipline s'étaient communiqués au reste de l'armée, et ce fut à ce point que Napoléon se crut obligé de rappeler à ses soldats, en termes sévères, qu'ils violaient leurs devoirs.

Un matin, il fait former l'infanterie de la vieille Garde en un carré, au milieu duquel il se place, et les harangue en ces termes :

« Grenadiers de ma Garde, leur dit-il, vous êtes témoins de la dé-

« sorganisation de l'armée. La plupart de vos frères, par une fatalité
« déplorable, ont jeté leurs armes. Si vous imitiez ce funeste exemple,
« tout espoir serait perdu ; le salut de l'armée vous est confié, vous
« justifierez la bonne opinion que j'ai de vous. Il faut, non-seulement
« que les officiers maintiennent parmi vous une discipline sévère, mais
« encore que les soldats exercent, entre eux, une rigoureuse surveil-
« lance, et punissent eux-mêmes ceux qui tenteraient de s'écarter de
« leurs rangs. »

Cet appel à l'honneur du drapeau fut écouté en silence. La Garde impériale était ployée à une telle discipline, qu'à dater de ce jour, elle serra ses rangs autour de son Empereur qu'elle ne quitta plus ; mais forcés de se tenir dans une alerte continuelle pour repousser les nuées incessantes de cosaques, excédés par de longues marches et la privation de sommeil, nos vieux grenadiers, transis de froid, ne sachant comment se procurer du bois, et serrés les uns contre les autres comme des bestiaux, se couchaient autour du feu des chariots ou des fourgons qu'ils embrasaient à défaut d'autres combustibles.

« Un grenadier à cheval vint, un soir, se chauffer à un de ces feux occupés par des soldats de différentes armes. Ce brave était couvert de haillons de toutes couleurs, et n'avait conservé de son bel uniforme que son sabre et quelques lambeaux de la fourrure de son bonnet, avec lesquels il garantissait sa tête, ses oreilles et une partie de son visage ; le froid, qui vitrifiait, pour ainsi dire, la respiration lorsqu'elle sortait des lèvres, faisait pendre de nombreux glaçons de ses beaux favoris... Il n'avait pu garder qu'une seule botte, l'autre pied était enveloppé de débris de schabraques et de drap, liés autour de sa jambe par de vieilles lanières de cuir. Il était d'une taille élevée, élégante même, et tous les traits de sa figure respiraient la sérénité, le calme et la résignation. Il déploya un morceau de toile qui lui servait de mouchoir, et dit gaiement en s'approchant du feu pour le faire sécher :

— Faisons ma lessive.

Quand ce prétendu mouchoir fut sec, il racla minutieusement le tabac qu'il pouvait contenir, le serra précieusement dans un morceau de papier fort propre qui lui servait de tabatière, en disant encore d'un ton grivois :

— Nous sommes fricassés ; mais c'est égal, vive l'Empereur ! nous avons toujours battu solidement ces Russiaux qui ne sont auprès de nous que des écoliers [1]. »

Ce trait doit suffire pour donner une idée des misères auxquelles la Garde impériale, comme les autres corps de l'armée, fut condamnée.

Des bulletins avaient fait connaître en France et l'incendie de Moskow, et la retraite commencée, et les victoires de Malo-Jaroslawetz et celle de Wiasma. On ne désespérait pas encore de la guerre de Russie, quoique depuis longtemps la France fût privée de nouvelles du quartier général. La publication du vingt-neuvième bulletin causa une stupeur universelle. Nous reproduirons ici quelques passages de ce mémorable document de l'histoire contemporaine. Napoléon, qui n'avait eu encore à offrir à ses peuples que des triomphes, raconte ses désastres avec une dignité dont l'impression est profonde.

« Jusqu'au 6 novembre, dit le *vingt-neuvième* bulletin, le temps a été parfait, et le mouvement de l'armée s'est exécuté avec le plus grand ordre. Le froid a commencé le 7 ; dès ce moment, chaque nuit plusieurs centaines de chevaux mouraient au bivouac. Parvenus à Smolensk, nous avions perdu bien des chevaux de cavalerie et d'artillerie.

« L'Empereur espérait arriver à Minsk, ou du moins sur la Bérésina, avant l'ennemi. Il partit le 13 de Smolensk, le 16 il couchait à Krasnoï. Le froid, qui avait commencé le 7, s'accrut subitement, et, du 14 au 16, le thermomètre marqua seize et dix-huit degrés au-dessous de glace. Les chemins furent couverts de verglas ; les chevaux de cavalerie, d'artillerie, du train périssaient toutes les nuits, non par centaines, mais par milliers, surtout ceux de France et d'Allemagne. Notre cavalerie se trouva toute à pied, notre artillerie et nos transports étaient sans attelage. Il fallut abandonner et détruire une grande partie de nos pièces et de nos munitions de guerre. Il fallait marcher pour ne pas être contraints à une bataille, que le défaut de munitions nous empêchait de désirer ; il fallait occuper certain espace pour ne pas être tournés, et cela, sans cavalerie qui flanquât et liât nos colonnes. Cette difficulté, jointe à un froid excessif subitement venu, rendit notre situation fâcheuse. Des hommes que la nature n'avait pas trempés assez fortement pour être au-dessus de toutes les chances du sort et de la fortune perdirent leur gaieté, leur bonne humeur, et ne rêvèrent que

[1] M. de Bausset, *Mémoires*, tome 2, page 160.

malheurs et catastrophes ; ceux qu'elle avait créés supérieurs à tout, conservèrent leur sérénité, leurs manières ordinaires, et virent une nouvelle gloire dans les difficultés nouvelles à surmonter.

« L'ennemi, trouvant sur les chemins les traces de cette affreuse calamité qui frappait l'armée française, chercha à en profiter. Il enveloppait toutes les colonnes par ses cosaques, qui enlevaient, comme les Arabes dans le désert, les traînards et les voitures qui s'écartaient. Cette méprisable cavalerie ne fait que du bruit, et n'est pas capable d'enfoncer une compagnie de voltigeurs ; mais elle se rendit redoutable à la faveur des circonstances. Cependant l'ennemi eut à se repentir de toutes les tentatives sérieuses qu'il voulait entreprendre. Il fut culbuté par le vice-roi, au-devant duquel il s'était placé, et il perdit beaucoup de monde.

« Le duc d'Elchlingen (le maréchal Ney), qui, avec trois mille hommes, faisait l'arrière-garde, avait fait sauter les remparts de Smolensk. Il fut cerné et se trouva dans une position critique ; il s'en tira avec cette intrépidité qui le distingue. Après avoir tenu les Russes éloignés de lui pendant toute la journée du 18, après les avoir constamment repoussés, à la nuit, il fit un mouvement par le flanc droit, passa le Borystène (Dniéper), et déjoua tous les calculs de l'ennemi*. Le 19, l'armée passa le Borystène à Orcha, et l'armée russe, fatiguée, ayant perdu beaucoup de monde, cessa là ses tentatives.

« L'ennemi passa la Bérésina, et se dirigea sur Bohr : la division Lambert faisant l'avant-garde. Le deuxième corps, commandé par le duc de Reggio, avait reçu l'ordre de se porter sur Borisow pour assurer à l'armée le passage de la Bérésina. Le 24, le duc de Reggio rencontra la division Lambert à quatre lieues de Borisow, l'attaqua, la battit, lui fit deux mille prisonniers, lui prit six pièces de canon, cinq cents voitures de bagages, et la rejeta sur la rive droite de la rivière.

---

* La belle résistance du maréchal Ney à Krasnoï, sauva l'armée française : sa marche habile sur la rive droite du Dniéper opéra le salut de son petit corps d'armée. Napoléon ignora pendant plusieurs jours le sort de son digne lieutenant, et il en témoignait vivement son inquiétude, lorsque le colonel Gourgaud vint lui annoncer que Ney avait échappé à l'ennemi. Napoléon, qui dînait en ce moment à Baranoni, se leva de table précipitamment, et prenant son officier d'ordonnance par le bras : « Est-ce bien vrai ? » lui dit-il avec émotion ; puis il ajouta : « J'ai deux cents millions dans mes caves des Tuileries, je les aurais donnés pour sauver le maréchal Ney ! »

L'ennemi ne trouva son salut qu'en brûlant le pont qui a plus de trois cents toises *.

« Cependant l'armée russe occupait tous les passages de la Bérésina : cette rivière est large de quarante toises; elle charriait assez de glaçons; mais ses bords sont couverts de marais de cinq cents toises de long, ce qui la rend un obstacle difficile à franchir.

« Le général ennemi avait placé ses quatre divisions dans différents débouchés, où il présumait que l'armée française voudrait passer.

« Le 26, à la pointe du jour, l'Empereur, après avoir trompé l'ennemi par divers mouvements faits dans la journée du 25, se porta sur le village de Studzianka, et fit aussitôt, malgré une division russe et en sa présence, jeter deux ponts sur la rivière. Le duc de Reggio passa, attaqua l'ennemi et le repoussa jusque sur la tête du pont de Borisow. Pendant les journées du 26 et du 27, l'armée continua de passer.

« Tous les officiers et soldats blessés, et tout ce qui est embarras, bagages, etc., ont été dirigés sur Wilna.

« Dire que l'armée a besoin de rétablir sa discipline, de se refaire, de remonter sa cavalerie, son artillerie et son matériel, c'est le résultat de l'exposé qui vient d'être fait. Le repos est son premier besoin. Les généraux, les officiers et les soldats ont beaucoup souffert de la fatigue et de la disette. Beaucoup ont perdu leurs bagages par suite de la perte de leurs chevaux, quelques-uns par le fait des embuscades des cosaques.

« Dans tous les mouvements, l'Empereur a toujours marché au milieu de sa Garde. S. M. a été satisfaite du bon esprit que ce corps d'élite a montré; il a toujours été prêt à se porter avec elle partout où les circonstances l'auraient exigé; mais les circonstances ont toujours été telles, que sa simple présence a suffi et qu'elle n'a pas été dans le cas de donner. ...

« La santé de S. M. n'a jamais été meilleure. »

Cette dernière phrase du bulletin donna lieu à de vives récriminations de la part des ennemis du gouvernement impérial, comme si ce n'était pas une inquiétude naturelle et nécessaire à calmer que celle de savoir comment l'Empereur avait supporté les fatigues de la campagne. La

---

* La destruction de ce pont que l'Empereur espérait sauver par le mouvement du maréchal Oudinot, fut une des principales causes des désastres de l'armée française sur les rives de la Bérésina.

France, en apprenant de tels désastres, n'avait-elle pas besoin d'être rassurée sur la santé du seul homme capable d'y porter remède?

Le jour même de la publication du fatal vingt-neuvième bulletin dans la capitale, l'Empereur arrivait à Paris. Son retour vint calmer toutes les angoisses et rendre la confiance aux populations émues. Dès que Napoléon avait vu son armée hors de l'atteinte d'un ennemi trop protégé par la rigueur de la saison, il avait pensé à ses devoirs comme chef de l'Etat; et, remettant au roi de Naples le soin d'établir les troupes dans de bons quartiers d'hiver, il avait traversé incognito toute l'Allemagne, afin de ranimer, par sa présence dans la capitale de la France, le patriotisme de son peuple et toutes les ressources du grand empire.

L'ESCADRON SACRÉ.
(Garde impériale.)

CHAPITRE V.

L'ESCADRON SACRÉ *.

Après avoir dépassé Smolensk et combattu à Orscha, les débris de la Garde se dirigeaient sur Wilna, serrés de près par les Russes, que les baïonnettes de l'arrière-garde n'arrêtaient que par des efforts inouis. La désorganisation faisait des progrès effrayants, dans la cavalerie surtout; car les chevaux mouraient de faim et de froid, ou se brisaient les jambes par des chutes continuelles, qui mettaient ainsi les meilleurs cavaliers hors de combat. La vieille Garde qui tâchait de marcher avec plus d'ordre et d'ensemble que le reste de l'armée, parcequ'elle avait plus particulièrement mission d'entourer sans cesse et de protéger Napoléon, souffrait plus que les autres corps et se décimait plus rapidement. On approchait de la Bérésina : l'armée de l'amiral Tschitschagow menaçait de nous prévenir sur les bords de cette rivière; un effort de notre cavalerie pouvait seul ouvrir un passage au souverain, et cette masse n'existait plus.

Dans ce moment critique, une heureuse inspiration vint au prince de Neufchâtel. Par ses soins, des placards écrits à la main et fixés sur des habitations en ruine, sur les poteaux des routes et jusque sur des troncs d'arbres, adjurèrent tout officier, ayant un sabre et un cheval, de se rendre au quartier-général, pour prendre rang dans un escadron spécial destiné à escorter l'Empereur, et auquel la qualification d'*Escadron sacré* fut donnée.

Le succès prouva que le prince avait bien jugé. En moins de deux jours, quatre à cinq cents hommes furent réunis et organisés en compagnies commandées par des généraux de division ayant pour lieute-

* Article communiqué.

nants, sous-officiers et brigadiers, des généraux de brigade, des colonels et des chefs d'escadron.

C'était un spectacle à la fois bizarre, noble et touchant, que ces rangs d'officiers supérieurs de toutes les armes et de toutes les nations, se formant par pelotons et par escadrons. On y voyait briller, confondus, le casque grec du carabinier, le zhapska du Polonais, le bonnet d'oursin du grenadier à cheval, le schako du chasseur et le chapeau de l'officier d'état-major. Toute l'Europe napoléonienne y était représentée. Au milieu des sabres de cavalerie se dressaient les épées de quelques officiers d'infanterie; car le dévouement à l'Empereur avait engagé ceux qui se sentaient capables de conduire un cheval, à sacrifier leurs dernières ressources pour s'en procurer un. Plus d'une tête était entourée de bandages sanglants, plus d'un bras reposait sur une écharpe en attendant le moment du combat.

Cette troupe, dont aucune force humaine n'aurait pu soutenir le choc, se pressa autour de Napoléon jusqu'à Molodelschno, où il se décida à tenter la course aventureuse qui devait le ramener en France, car sa présence y était nécessaire, même dans l'intérêt de l'armée qu'il laissait derrière lui. L'occasion de cette lutte des géants ne se réalisa pas, et l'escadron sacré n'eut pas à faire de trouée pour frayer passage à l'Empereur. Une fois Napoléon parti, l'escadron sacré se réunit à l'état-major du roi de Naples. Alors la faim qu'on avait fait taire devant le souverain, fit entendre son terrible langage. Si ceux qui marchaient individuellement trouvaient à peine un morceau de cheval pour le faire griller au bout de leur sabre, ceux qui marchaient en ordre et prenaient une position militaire étaient littéralement sans ressource. Donc, sans se rompre entièrement, l'escadron sacré se divisa en plusieurs groupes, avec l'intention de revenir au quartier-général de Murat, dès qu'on aurait pu se procurer quelques poignées de farine ou de grain. C'est un de ces détachements que nous allons suivre.

Où allait-il? il l'ignorait lui-même. Il s'était jeté à droite de la route à la vue d'un clocher lointain, qui était un village dévasté déjà, mais encore debout et occupé par une horde de cosaques qui battirent en retraite. On trouva quelque chose, et on put, pendant la nuit, manutentionner quelques galettes remplies de paille... Quant à du pain, nos malheureux soldats n'en avaient pas mangé depuis plus de quinze jours.

On partit le lendemain matin ; et, après quelques heures de marche, on regagna la route. Il était alors trois heures du soir, et le redoublement de froid qui accompagne le coucher du soleil se faisait rudement sentir. L'espèce de moiteur que le pas des colonnes avait fait naître sur la large chaussée bordée de bouleau, était saisie par la brise du crépuscule ; le sol s'étant diamanté, le fer des chevaux n'y pouvait mordre. Les pauvres animaux manquant des quatre jambes à la fois, tombaient sur leurs voisins qu'ils renversaient, et les cavaliers, à qui le froid interdisait l'usage des étriers pour n'avoir pas les pieds gelés, roulaient au milieu des chevaux sans pouvoir dégager leurs mains cachées dans un morceau de pelleterie ou d'étoffe de laine ; car une main allongée sur les rênes du cheval eût été une main perclue.

La nuit vint bientôt ajouter aux embarras de la marche ; une de ces nuits solennelles du septentrion, où l'azur du ciel prend une teinte foncée comme au sommet des Pyrénées ; où les étoiles, que l'absence de toute vapeur laisse découvrir par myriades, paraissent étincelantes et argentées; où l'oreille chercherait en vain tout autre bruit que le craquement de la neige qui se tasse ; enfin, le même phénomène de mirage que celui du désert. Il y avait donc nécessité de s'arrêter au premier endroit où on trouverait des arbres qui pussent céder à la hache.

On avait dépassé d'une demi-lieue peut-être une faible colonne d'infanterie qui établissait ses bivouacs, lorsqu'on aperçut à quelque distance de la route, une plantation de jeunes arbres, près d'un ruisseau au bord duquel des glaçons entassés donnaient à supposer, qu'avec quelques efforts, on parviendrait à dégager l'eau de son enveloppe de cristal. On s'établit là comme on put. Les arbres tombèrent sous la cognée, et des feux brillèrent bientôt. Quelques poignées de paille furent données aux chevaux affamés, et chacun se coucha en calculant jusqu'à quel point il pourrait s'approcher du feu sans se brûler.

L'insouciance, qui souvent sauve le soldat français, fit essayer quelques refrains joyeux ; mais, pour chanter, et surtout pour se faire entendre, il fallait au moins sortir les lèvres de son manteau, et le souffle de l'enfer, dont parle le Dante, était là qui les privait bientôt de mouvement. On s'endormit donc. Au milieu de ces vieux officiers, auxquels l'inclémence du ciel faisait négliger les précautions les plus urgentes à la guerre, et que les commandements impérieux prescrivent toujours aux soldats de suivre strictement, un seul que de tristes pensées tenaient éveillé, comprit qu'il était plus qu'imprudent d'être sans sentinelle ; en conséquence, il proposa, si quelqu'un consentait à l'accompagner, d'être le premier à veiller pour tous. Ce ne fut pas sans peine qu'il se fit écouter. On objecta que l'infanterie couvrait la position ; mais la voix du chef du détachement, qui s'offrit de participer à cette vedette, fit honte à tous, et l'on convint que trois hommes seulement monteraient successivement à cheval pour éclairer le camp.

Ce service assez irrégulier, à cause du temps qu'il fallait pour faire partir les uns, les autres une fois revenus, dura une partie de la nuit. Les plus confiants murmuraient sous leurs manteaux que ce soin était inutile, lorsque le bruit d'un cheval, lancé à fond de train, se fit entendre tout à coup, et un spectre en manteau blanc apparut, criant d'une voix étouffée : « Aux aigles !... voici les cosaques !... » et il tomba.

Tout le monde fut sur pied en un instant, et bien on fit ; car deux minutes après des hurrahs furieux se firent entendre : des ombres parurent à l'Est... C'étaient, en effet, les cosaques ! Un effroyable désordre se mit dans la petite troupe française. Chacun sautait sur ses armes et courait à son cheval. Tout le monde parlait à la fois : « Ne perdez pas de temps à brider, disait l'un. — Qu'ils nous voient seulement à cheval, et ils n'oseront nous attaquer ! disait l'autre. — En arrière des feux, criait le chef ; afin qu'ils ne puissent voir combien nous sommes et faisons feu de nos pistolets ! » Au milieu de cette confusion, quelques hommes se trouvèrent heureusement à cheval au moment où les mieux montés des cosaques arrivaient devant les feux, et comme, heureusement encore, l'ordre du chef avait été suivi, et que ces barbares ne pouvaient voir s'ils avaient affaire à une simple grand'Garde ou à toute une troupe ; ils tirèrent sur elle quelques coups de pistolet sans oser aborder.

L'ennemi était dix fois plus nombreux. S'il avait pu apprécier son avantage, il aurait tout massacré ou tout enlevé. Mais des commandements ménagés à propos, comme si des pelotons eussent été en réserve, et une charge désespérée de la moitié de la troupe, que le reste suivit au trot, pour la protéger au moment où elle serait ramenée, changèrent cette surprise en un combat. Cependant la partie était trop inégale ; huit ou dix français étaient déjà blessés grièvement ou renversés ; pouvait-on tenir ou fallait-il essayer une retraite qui pouvait devenir une déroute? Si malheureusement le jour fût arrivé, tout était perdu. On faisait ces tristes réflexions lorsqu'une circonstance facile à prévoir, mais à laquelle pourtant personne ne songeait, vint changer du tout au tout la face des choses. L'infanterie, qu'on avait dépassé la veille, entendit les coups de feu; et comme ces coups de feu avaient été tirés en assez grand nombre pour laisser croire que c'était un engagement sérieux qui avait lieu derrière elle, les tambours battirent la charge.

L'effet de cette marche fut magique. Les cosaques s'arrêtèrent court au milieu de la carrière. « Ah! l'infanterie! l'infanterie! s'écria t-on; en avant sur la cosaquaille, et que pas un n'échappe!.. Au galop! Vive l'empereur!.. » Et ils s'élancèrent comme des furieux sur les cosaques, que bientôt on perdit de vue après en avoir sabré quelques-uns.

Un détachement de quelques hommes alla prévenir l'infanterie de ce qui s'était passé, puis il revint au bivouac, où chacun avait sans doute quelque chose à ramasser. Le premier soin fut de relever les blessés. Le jour commençait à poindre; tous les regards se fixèrent sur un cheval arrêté devant un cadavre, et la tête baissée sur lui. Ce cheval était couvert de blessures, et le cadavre était celui de l'homme qui avait donné l'alarme. Son manteau blanc était couvert de sang, il avait reçu plusieurs coups de lance au visage. Un coup de pointe avait percé son manteau et marqué sur sa cuirasse. C'était le chef de la dernière patrouille. Comment avait-il été entouré? Comment s'était-il échappé? Qu'étaient devenus ses deux compagnons? Dieu seul le savait! Ses camarades préjugèrent qu'un effort surhumain avait pu seul le faire arriver vivant jusqu'à eux pour les sauver. Qui était-il? Un vieux sous-officier nouvellement promu officier, car une épaulette neuve décorait son habit de soldat. Il était arrivé la veille du départ de l'Empereur, et personne ne le connaissait.

La circonstance des blessures, accumulées au cou et à la face, était facile à expliquer, puisque sa poitrine était couverte d'une cuirasse. Cette circonstance, disons-nous, frappa un officier, qui s'écria avec fureur : « Ils l'ont assassiné! » Un prisonnier cosaque qui se trouvait là faillit devenir victime de ce mouvement d'indignation; car celui qui avait fait la remarque tenait à la main un pistolet qu'il déchargea sur lui presque à bout portant; mais la balle ne fit qu'effleurer sa tête en enlevant son bonnet. Un cri unanime s'éleva contre cet acte de colère, qui, en définitive, tourna à l'avantage du cosaque, puisqu'on lui permit de se sauver, ce qu'il fit aussitôt et sans se faire prier.

COMPOSITION ET FORCE NUMÉRIQUE DE LA GARDE EN 1812.

État-major général..		60
Administration...		330

Infanterie.

Grenadiers......................	3 régiments...	4,800
Vétérans........................	1 compagnie...	200
Fusiliers grenadiers.............	1 régiment....	1,600
Tirailleurs grenadiers...........	6 régiments...	9,600
Chasseurs.......................	2 régiments...	3,200
Fusiliers chasseurs..............	1 régiment....	1,600
Voltigeurs chasseurs.............	6 régiments...	9,600
Flanqueurs......................	1 régiment...	1,600
Matelots........................	8 compagnies...	1,136
Gardes nationales................	1 régiment....	1,600
Pupilles........................	1 rég. à 9 batail.	8,000
Bataillon d'instruction de Fontainebleau *	1 bataillon....	2,000
		44,936 44,936

Cavalerie.

Grenadiers......................	1 régiment....	1,250
Chasseurs.......................	1 régiment....	1,250
Mameloucks......................	1 compagnie...	120
Gendarmerie d'élite..............	2 escadrons...	450
Dragons.........................	1 régiment....	1,250
Lanciers polonais...............	1 régiment....	1,500
Chevau-légers lanciers..........	2 régiments...	2,750
		8,570 8,570

Artillerie. { 9 comp. à pied, 4 comp. à cheval, 1 comp. de pontonn. ouvr., 2 bataillons du train, 1 compagnie de canonniers vétérans. }		1,620
Génie...............	1 état-major, 1 comp. de sapeurs..	200
Train des équipages.........	1 bataillon............	400
Hôpital de la Garde..		53
		56,169

---

* Les hommes qui composaient ce bataillon appartenaient aux régiments de fusiliers grenadiers et chasseurs, de tirailleurs et de voltigeurs de la Garde, et portaient l'uniforme de leur régiment respectif. Le cadre de ce bataillon étant réputé *vieille Garde*, les soldats portaient l'uniforme et l'armement de ce corps, chacun selon son grade et son régiment, cependant tous avaient le schako pour coiffure.

LIVRE TREIZIÈME.

ANNÉE 1813.

CHAPITRE PREMIER.

CRÉATION DE NOUVEAUX RÉGIMENTS DE LA GARDE.

I.

La campagne de Russie avait tout dévoré, ressources militaires et financières. La Garde impériale n'avait plus ni cavalerie, ni infanterie, ni artillerie ; mais il restait la France, cette mère aux fortes mamelles, comme la Cybèle des anciens ; la France avec une population de cinquante millions d'âmes. Napoléon pouvait donc encore espérer ! Son premier soin fut de s'occuper de la réorganisation de l'artillerie, car tous ses parcs étaient restés sous la neige, et de cent quatre-vingt pièces de canon qui passèrent le Niémen, il n'en était pas revenu dix, servies par une centaine d'artilleurs. Le lendemain de son arrivée à Paris, il tint conseil avec les inspecteurs généraux de l'artillerie, sur les moyens à pourvoir à ce défaut absolu de parcs, car l'artillerie de la Garde devait jouer un grand rôle à la prochaine campagne; plus l'infanterie de la jeune Garde serait faible, puisqu'elle ne pourrait être composée que de conscrits, plus il fallait que l'artillerie fût forte. Les arsénaux de Metz, de Strasbourg, d'Alexandrie, d'Anvers, pouvaient encore former un matériel considérable ; mais les artilleurs manquaient; l'artillerie est un corps spécial : on ne forme pas un pointeur dans un jour. Dès lors l'Empereur résolut d'appeler sous les drapeaux de l'armée de terre l'artillerie de marine, à peu près inutile à bord des escadres. En effet, que faisait ce personnel à bord de vaisseaux qui ne sortaient pas des ports? Rien de solide comme cette artillerie de marine, composée d'hommes de fatigue et d'énergie ; faisant manœuvrer la pièce avec d'autant plus de dextérité, que depuis longtemps ils étaient accoutumés au service difficile des sabords; on enrégimenta donc ces cannoniers de la marine : à eux seuls ils vallaient les vieux artilleurs de la Garde.

La cavalerie avait éprouvé des pertes aussi fatales que l'artillerie; des vingt-cinq mille cavaliers qui étaient entrés en Russie, grenadiers, chasseurs, dragons, lanciers polonais et chevau-légers, il n'en était pas revenu huit cents hommes montés. Les chevaux ne manquaient pas; mais il fallait les dresser, équiper les hommes; un cavalier est presque aussi long à former qu'un artilleur; on ne met pas un homme à cheval pour l'improviser grenadier, dragon ou lancier. Ici l'activité de Napoléon parut dans toutes ses merveilles. D'abord il retira de l'armée d'Espagne les vieux régiments de cavalerie ; et leurs cadres servirent à organiser les nouveaux escadrons de la Garde : on prit en même temps tous les officiers et sous-officiers de gendarmes qui étaient d'âge et en situation de servir; on requit tous ceux de leurs chevaux qui pouvaient encore faire campagne en les leur payant un prix convenable; on eut ainsi des chevaux dressés pour les escadrons ; et comme ces mesures purement militaires n'étaient pas encore suffisantes pour réorganiser la cavalerie de la Garde, l'impulsion fut donnée par le ministre de l'intérieur, et l'on vit les cités, les corporations, le Sénat, le conseil d'État, les préfets, offrir partout des cavaliers montés : les villes, les autorités, les évêques même, fournirent des contingents. On eut ainsi plus de quatre mille cavaliers montés, sous les ordres d'officiers et de sous-officiers instruits, tirés de la gendarmerie.

Pour l'infanterie, les ressources nationales étaient plus grandes et plus faciles : on avait appelé sur-le-champ les cohortes du premier ban de la garde nationale. Cent mille hommes de ces cohortes tenaient garnison dans les places, comme une formidable réserve. C'étaient des hommes vigoureux, presque tous de l'âge de vingt-deux à vingt-sept ans, exercés depuis un an sous de vieux officiers : ils manœuvraient avec une précision remarquable. On fit un choix parmi eux et beaucoup durent former le cadre des régiments de fusiliers, de tirailleurs, de flanqueurs et de voltigeurs de la jeune Garde. Les armes ne manquaient pas non plus dans les arsénaux et aux manufactures de Saint-Étienne. Ce fut alors que Napoléon improvisa ce mode merveilleux d'organiser et de former les jeunes soldats en marche : l'itinéraire était fixé ; on partait d'un point en compagnie, en chemin on faisait l'exercice et les manœuvres, on exécutait les feux ; puis, ces compagnies, toujours en route, se groupaient en bataillons, et successivement en régiments, en brigades et en divisions, toujours faisant l'exercice d'ensemble ; ainsi aucun retard n'était éprouvé ; un corps d'armée, composé de jeunes soldats, se réunissait tout entier avec promptitude.

Parmi les hommes d'élite de l'infanterie de ligne, Napoléon choisit ceux qui devaient faire partie de la vieille Garde. Ces corps d'élite devaient donner l'exemple à l'armée et l'appuyer dans les crises militaires : l'Empereur ne pouvait oublier que pendant la retraite de Moscow, il n'y avait eu d'autre armée régulière que la vieille Garde.

Le 10 du mois de janvier 1813, un décret impérial, daté de Paris, ordonna la formation d'un 6ᵉ régiment *bis* de tirailleurs, d'un 6ᵉ régiment *bis* de voltigeurs et d'un bataillon de fusiliers de la jeune Garde*.

Le même décret disait : « Le régiment des chasseurs à cheval de la vieille Garde sera porté à huit escadrons au complet, chacun de deux cent cinquante hommes.

« Le deuxième régiment de chevau-légers lanciers (vieille Garde) sera porté à huit escadrons, chacun de deux cent cinquante hommes.

« Il sera formé un cinquième escadron de grenadiers à cheval de la vieille Garde, au complet de trois cents hommes. »

---

* Ce bataillon ne fut pas formé.

Le 17, formation d'un *troisième*, d'un *quatrième* et d'un *cinquième* régiment *bis* de *tirailleurs*, et d'un *troisième*, *quatrième* et *cinquième* régiment *bis* de *voltigeurs* (jeune Garde).

Le 26, le *bataillon du train des équipages* fut réorganisé en entier et complété à six compagnies, sans qu'on eût égard à l'effectif que ce bataillon devait avoir en campagne.

Les trois compagnies d'ouvriers de l'administration furent également réorganisées à Paris.

Le 29, l'Empereur décida que le cadre de la compagnie des Mameloucks formerait celui d'un escadron de même arme, au complet, de deux cent cinquante hommes.

Enfin, le 30, la compagnie des sapeurs du génie fut portée au grand complet.

Le 10 février suivant, un décret impérial, daté du palais des Tuileries, ordonna la formation d'un régiment du train d'artillerie de la vieille Garde.

Le 15 du même mois, le 3e régiment de grenadiers (hollandais) fut supprimé, et le régiment des *gardes nationales* devint *septième* de *voltigeurs* de la jeune Garde.

Le nombre des adjudants-généraux de la Garde fut porté à *sept*. Les adjudants aux vivres et ceux d'habillement furent supprimés dans la vieille Garde, de même que le quartier-maître des deux régiments de fusiliers de la jeune Garde.

Le 23, le 2e régiment de chevau-légers lanciers fut porté de huit escadrons dont il se composait, à dix escadrons, et dut présenter un total de deux mille cinq cents hommes. La Garde à cheval, dite *de Paris*, fut incorporée dans ce régiment.

Le 6 mars suivant, le régiment des chasseurs à cheval de la vieille Garde fut porté à neuf escadrons : les Mameloucks formaient le dixième.

Le même jour les cent hommes montés offerts par la première division militaire pour le régiment d'artillerie à cheval de la jeune Garde, furent définitivement affectés au recrutement du deuxième régiment de chevau-légers lanciers.

Le 8, le nombre des compagnies du bataillon des équipages fut porté, de *six* qu'il était précédemment, à *huit*.

Le cadre de la compagnie des sapeurs du génie fut augmenté d'un second lieutenant, de deux sergents, de six caporaux et de cent vingt sapeurs.

Un décret impérial, daté de Trianon, le 16 mars 1813, accorda quatre sapeurs à chacun des bataillons de fusiliers, de flanqueurs, de tirailleurs et de voltigeurs de la jeune Garde.

Le 22, les 1ᵉʳ et 3ᵉ régiments de chevau-légers lanciers, ne formèrent plus qu'un seul régiment sous la dénomination de : 1ᵉʳ régiment de chevau-légers lanciers.

Le 23, création d'un nouveau régiment de flanqueurs, dits chasseurs, d'un 8ᵉ régiment de tirailleurs, et d'un 8ᵉ régiment de voltigeurs de la jeune Garde.

Le 5 avril, Napoléon étant au palais de l'Elysée décréta ce qui suit :

« Sur le rapport de notre ministre de la guerre;

« Notre Conseil d'Etat entendu,

« Art. 1ᵉʳ. La répartition des gardes d'honneur qui doivent composer les quatre régiments créés par le sénatus-consulte, en date d'avant-hier (3 avril 1813), sera faite, entre les départements de l'Empire, conformément au tableau ci-annexé.

« Art. 2. Les quatre régiments seront habillés, équipés et armés à la hussarde.

« Art. 3. Les chevaux seront de la taille des chevaux de hussards.

« Art. 4. L'uniforme des quatre régiments sera le même : la pelisse sera vert foncé, doublée de flanelle blanche, bordure des bords et du collet, boudin et tour de manche en peau noire ; gants, olives et tresses blanches.

« Le fond du dolman sera vert foncé, doublé de toile à la partie supérieure et de peau rouge à la partie inférieure, avec collet et parements écarlate ; tresses du collet, des fausses poches et des parements de la même couleur que celle de la pelisse.

« Le pantalon hongrois sera en drap rouge, avec tresses blanches, les boutons seront blancs.

« La ceinture sera fond cramoisi avec garnitures blanches.

« Le schako rouge.

« Art. 5. La solde de ce régiment sera payée conformément au tableau ci-annexé *.

* Voir ce tableau, page 458.

« Art. 6. Il sera alloué auxdits régiments les masses de boulangerie, d'hôpital, de chauffage, d'entretien, de fourrage et de ferrage, conformément au tarif annexé au présent décret.

« Les masses d'habillement, de harnachement et de remonte, ne seront point allouées pour la première année.

« Sont exceptés de cette dernière disposition : le trompette-major, les brigadiers trompettes, les trompettes, les maîtres ouvriers et les maréchaux ferrants, lesquels ne pouvant être considérés comme gardes d'honneur, seront assimilés, pour les masses, aux hommes de leur grade dans le régiment des chasseurs à cheval de notre vieille Garde.

« Art. 7. Les officiers recevront, lorsqu'ils seront en garnison, l'indemnité de logement sur le même pied que les officiers de la ligne.

« Art. 8. Le premier régiment se réunira à Versailles ; le second à Metz ; le troisième à Tours ; le quatrième à Lyon.

« Art. 9. Chaque régiment se composera d'un état-major et de dix escadrons.

« L'état-major sera composé de cette manière ; savoir :

	Hommes.	Nombre de chevaux par grade.	
Colonel	1	10	
Majors	2	10	
Chefs d'escadron	10	5	
Capitaine instructeur	1	3	
Quartier-maître	1	3	
Sous-adjudants-majors	»	»	
Lieutenants en premier	10	3	
Chirurgiens-majors	2	2	
Idem aides-majors	4	1	
Idem sous-aides-majors	4	1	
Vaguemestre	1	1	
Sous-Instructeur maréchal-des-logis chef	1	1	65 hom. 156 chev.
Artistes vétérinaires	2	1	
Aides vétérinaires	8	1	
Trompette-major	1	1	
Brigadiers-trompettes	9	1	
Maître tailleur	1	»	
Id. culottier	1	»	
Id. bottier	1	»	
Id. armurier	1	»	
Id. sellier	1	1	
Id. éperonnier	1	1	
Id. maréchaux ferrants	2	1	
Total de l'état-major		65 hom.	156 chev.

Chaque escadron sera de deux compagnies ; et chaque compagnie sera composée ainsi :

			Hommes.	Nombre de chevaux par grade.		
Report			65 hom.	156 chev.		
Capitaine	1 hom.	3 chev.	4	9	»	»
Lieutenant en premier .	1	2				
Idem en second. .	2	2				
Maréch.-des-logis chef.	1	1	118	118	»	»
Maréchaux-des-logis . .	4	1				
Brigadier-fourrier	1	1				
Brigadiers.	8	1				
Maréchaux ferrants. . .	2	1				
Gardes d'honneur . . .	100	1				
Trompettes	2	1				
Force d'une compagnie.			122	127		
Force de vingt compagnies.					2,440 hom.	2,540 chev.
Force du régiment					2,505 hom.	2,696 chev.

« Art. 10. Les colonels seront choisis parmi les généraux de division ou de brigade et les majors parmi les colonels ;

« Les autres officiers auront le même rang que les officiers du grade correspondant dans la ligne.

« Art. 11. Notre ministre de la guerre nous présentera, pour la première organisation de chaque régiment ;

« Un général de brigade ou de division, pour remplir la place de colonel ;

« Un colonel pour remplir la place de major;

« Deux chefs d'escadron ;

« Un capitaine instructeur ;

« Un quartier-maître pris parmi les auditeurs en notre Conseil d'Etat, qui aura été trésorier d'une des cohortes ;

« Deux sous-adjudants lieutenants en premier;

« Un chirurgien-major ;

« Un chirurgien aide-major ;

« Un chirurgien sous-aide-major,

« Quatre capitaines;

« Quatre lieutenants en premier ;

« Huit lieutenants en second.

Art. 12. Les officiers devront être rendus, avant le 1er mai, au lieu désigné pour le rassemblement de leur régiment.

« Art. 13. On procédera d'abord, dans chaque régiment, à l'organisation des deux premiers escadrons, et on ne commencera l'organisation du troisième escadron que lorsque les deux premiers seront complets; et celui du quatrième, qu'après que le troisième aura été complété en hommes et en chevaux ; et enfin du cinquième, que lorsque les quatre premiers auront été complétés.

« Art. 14. Seront admis à faire partie de ces régiments, pourvu qu'ils soient nés Français, qu'ils aient l'âge de dix-neuf à trente ans inclusivement, et qu'ils soient exempts des infirmités qui les rendraient impropres au service :

« Les membres de la Légion d'honneur et leurs fils ;

« Les membres de l'ordre impérial de la Réunion et leurs fils ;

« Les chevaliers, barons, comtes et ducs de l'Empire et leurs fils ;

« Les membres des colléges électoraux de département et d'arrondissement; des conseils généraux de département et d'arrondissement, et des conseils municipaux des bonnes villes, leurs fils et neveux ;

« Les cinq plus imposés des départements, et dans chaque département, les cent plus imposés des villes, leurs fils et neveux ;

« Les individus employés dans les diverses régies, et leurs fils ;

« Les militaires qui ont servi dans les armées françaises, et ceux qui ont servi, comme officiers, dans les armées étrangères, et leurs fils.

« Art. 15. Immédiatement après la réception du présent décret, le préfet formera une liste sur laquelle seront portés tous les habitants du département, qui appartiennent à l'une des catégories désignées dans l'article 14 et qui sont âgés de dix-neuf à trente ans, ne sont pas mariés et n'ont aucune profession.

« Art. 16. Le préfet fera ouvrir en même temps, à la préfecture, dans chaque sous préfecture et dans chaque mairie de son département, un registre où pourront se faire inscrire tous ceux qui voudront entrer dans les régiments des gardes d'honneur.

« Art. 17. Le préfet désignera, du 20 avril au 1er mai, ceux qui devront être admis à faire partie desdits régiments.

« Art. 18. Les anciens militaires seront admis jusqu'à l'âge de quarante-cinq ans inclusivement.

« Art. 19. Aussitôt que les gardes d'honneur du département auront été désignés, le préfet en adressera le contrôle nominatif au ministre de l'intérieur, au ministre de la guerre et au colonel du régiment.

« Art. 20. Les gardes d'honneur s'habilleront, s'équiperont et se monteront à leurs frais.

« Art. 21. Si, parmi les membres de la Légion d'honneur ou leurs fils, ils s'en trouvait qui n'eussent pas les facultés nécessaires pour s'habiller, se monter et s'équiper, ils pourront sur le rapport qui en sera adressé par le préfet à notre grand chancelier de la Légion d'honneur, être habillés, équipés et montés aux frais de ladite légion.

« Art. 22. Les gardes d'honneur des départements des 27e, 28e et 29e divisions militaires qui sont en activité de service à l'armée, feront partie de ceux que lesdits départements doivent fournir d'après l'état n° 1, et y seront en conséquence incorporés.

« Art. 23. Notre ministre de la guerre donnera des ordres pour mettre en marche les détachements que chaque département devra fournir, et les diriger sur le lieu où devra être formé le régiment pour lequel ils seront destinés.

« Art. 24. Nos ministres de la guerre, de l'intérieur et du trésor impérial, sont chargés, chacun en ce qui le concerne, de l'exécution du présent décret, qui sera inséré au Bulletin des lois. »

Le 6 avril suivant, cinq nouveaux régiments de tirailleurs et cinq régiments de voltigeurs furent créés; ils prirent les n°^{s} 9, 10, 11, 12 et 13 de chaque arme.

Sur l'appel de quatre-vingts mille hommes du premier ban, vingt-quatre mille devaient être affectés au recrutement de ces régiments.

De cette façon l'infanterie de la Garde se trouva composée de trente-quatre régiments.

Le 9, les bouches à feu de l'artillerie de la Garde (jeune et vieille) furent portées de cent vingt, à cent quatre-vingt-dix, et formèrent vingt-six batteries. Le personnel fut également augmenté, et le nombre des compagnies du bataillon des équipages fut porté de huit à dix.

Le 24, ces compagnies furent portées à douze.

Le 19 juin suivant, on accorda à chacun des régiments de cavalerie de la Garde (jeune et vieille) une forge par compagnie.

Le 25, on forma un septième escadron dans le premier régiment de chevau-légers lanciers; ce qui porta l'effectif de ce régiment à mille sept cent cinquante hommes.

Le 14 septembre suivant, les huit bataillons de vieille Garde furent complétés chacun à huit cents hommes; ce qui porta la compagnie à deux cents hommes.

Le 9 décembre, l'Empereur, par un décret daté du palais des Tuileries, créa dans la Garde trois régiments d'éclaireurs à cheval. Chacun de ces régiments était de quatre escadrons, et chaque escadron de deux cent cinquante hommes.

Le 1er régiment fut attaché aux grenadiers à cheval, le 2e aux dragons et le 3e aux lanciers polonais *. Les deux premiers régiments furent formés avec des conscrits et des hommes tirés de la cavalerie de ligne; le troisième, de Polonais, de la division alors stationnée à Sédan.

Enfin, le 26 décembre 1813, les régiments de fusiliers et de flanqueurs de la jeune Garde furent portés chacun à six compagnies par bataillon.

II.

UNIFORMES ET ARMEMENT.

Flanqueurs-Chasseurs.

L'habit et l'uniforme en tout semblable à celui des flanqueurs gre-

---

* Dès l'année précédente et au commencement de la campagne de Russie, tandis que Napoléon était encore à Wilna (en juillet 1812), on avait attaché aux lanciers polonais de la vieille Garde, en qualité d'éclaireurs, un escadron composé de *Tartares lythuaniens*.

L'uniforme de cet escadron se composait d'un bonnet en peau d'agneau noir frisé, sans visière, flamme verte et guirlande blanche; veste ronde en drap cramoisi, serrée et agrafée sur la poitrine; dolman de couleur jaune (ces deux parties de l'uniforme étaient ornées de tresses de laine noire); pantalon bleu de ciel très-large; bottines noires (jaunes pour les officiers); porte-manteau cramoisi, manteau gris de fer; chabraque en drap bleu de ciel, le siége en peau de mouton noire.

Les ornements et les tresses pour les officiers étaient en argent.

Quant au harnachement du cheval, la selle, la bride, ainsi que les étriers, étaient à la Turque, le tout garni en cuivre jaune. Chacun des cavaliers de cet escadron était armé d'une lance à flamme blanche et cramoisi, d'un sabre et d'une paire de pistolets.

L'année suivante, et comme nous l'avons dit ci-dessus, la majeure partie des hommes, composant l'escadron de Tartares lythuaniens, fut incorporée dans le 3e régiment d'éclaireurs spécialement attachés aux lanciers polonais.

nadiers. Seulement des cors de chasse au lieu d'aigles sur les retroussis de l'habit..

Le schako semblable à celui des voltigeurs, avec un pompon en poire moitié jaune en haut, moitié vert en bas.

Même armement que celui des flanqueurs grenadiers.

Éclaireurs.

Frac veste, en drap vert, fermé sur le devant de neuf gros boutons; collet et parement (en pointes) en drap cramoisi; liseré vert, basques étroites comme l'uniforme des chasseurs à cheval, doublées de drap cramoisi; retroussis sans garnitures joints par un bouton; pattes d'épaulettes en drap vert, liseré cramoisi; boutons ronds en cuivre comme les hussards.

Gilet vert, caché par l'habit. Pantalon vert garni de bandes en drap cramoisi, descendant sur les bottes.

Shako à la hussarde, très-haut et diminuant en largeur vers le sommet, en drap cramoisi, avec visière de cuir noir; le shako garni d'une cocarde placée sur le devant et attachée par un bouton au centre avec un double cordonnet jaune également fixé par un bouton; pompon vert à la hussarde, jugulaires en chaînons de cuivre jaune sur cuir.

Giberne garnie d'un aigle.

La moitié des éclaireurs étaient armés de lances, à fanions cramoisi et blanc; l'autre moitié de carabines; tous avaient deux pistolets et un sabre courbé, à fourreau de fer.

CHAPITRE II.

GARDES D'HONNEUR.

I.

Depuis l'établissement du gouvernement impérial, il existait dans les départements de la France une sorte de Garde d'honneur qui se rassemblait en compagnies chaque fois que Napoléon venait à traverser les localités, et qui l'escortait à son passage, en partageant le service auprès de sa personne avec l'escadron de sa Garde que souvent même elle remplaçait. Cette garde d'honneur était presque entièrement composée de fils de familles, riches et considérées dans le département.

Au retour de la campagne de Russie, Napoléon songea à se créer de nouvelles ressources en donnant à ces compagnies l'organisation d'un corps permanent. Cette mesure, tout à la fois politique et militaire, créa tout à coup quatre régiments, formant un complet de dix mille cavaliers, tous jeunes, forts, bien élevés et riches. Il fallait que les pères offrissent une certaine garantie à l'Empereur. Les préfets eurent ordre de choisir de préférence les jeunes hommes qui s'étaient tenus à l'écart et qui appartenaient aux races aristocratiques.

Ces jeunes gens étaient destinés à faire des officiers. L'esprit militaire, inhérent à la nouvelle génération de ce temps-là, devait servir la pensée de Napoléon; il y eut bien quelque répugnance dans quelques familles à servir un système hostile à leur opinion; mais on devait faire connaissance au feu, et le prestige de l'Empereur n'avait fait que grandir.

Le 1er régiment des gardes d'honneur fut donc formé des gardes levés dans les départements des 1re, 14e, 15e, 16e, 24e et 30e divisions militaires.

Le 2e, des gardes levés dans les 2e, 3e, 4e, 5e, 17e, 18e, 25e, 26e et 28e divisions.

Garde d'honneur (sous-officier), tenue de campagne, et Éclaireurs.

GARDE IMPÉRIALE.

Le 3ᵉ, dans les 10ᵉ, 11ᵉ, 12ᵉ, 13ᵉ, 20ᵉ, 22ᵉ, 29ᵉ et 31ᵉ divisions.
Le 4ᵉ, de ceux des 6ᵉ, 7ᵉ, 8ᵉ, 9ᵉ, 21ᵉ, 23ᵉ, 27ᵉ et 32ᵉ divisions.

Le décret rendu à l'Elysée, et dont nous avons donné le texte au chapitre précédent en régularisera la levée et l'organisation.

Un autre décret du 8 avril 1813 nomma les quatre colonels de ces quatre régiments qui tous étaient généraux de division. Ces quatre régiments furent complétement organisés ; savoir :

Le 1ᵉʳ à Versailles, le 11 juin. Le 2ᵉ à Metz, le 27 juin. Le 3ᵉ à Tours, le 6 juin ; et le 4ᵉ à Lyon, le 8 juin.

Dès le 19 juin, on dirigea les quatre premiers escadrons formés, sur Mayence. Puis un ordre de l'Empereur, en date du 27 juillet, enjoignit de diriger ces quatre escadrons sur Gotha. Deux jours après (le 29) un second ordre les réunit à la Garde impériale. Nous transcrirons textuellement cet ordre encore manuscrit, pour bien établir le rang que tinrent les gardes d'honneur dans l'armée et fixer les incertitudes de beaucoup de monde à cet égard, et plus particulièrement celles d'un grand nombre d'officiers de la vieille armée.

« Ordre de l'Empereur qui réunit les gardes d'honneur à la Garde impériale, daté de Mayence le 29 juillet 1813.

« Monsieur le comte de Lobau [*], les gardes d'honneur feront
« désormais partie de ma Garde, mon intention est que vous ordonniez
« que les deux premiers escadrons de chaque régiment, qui seront
« arrivés (dont quatre ont passé à Mayence et sont en marche pour
« Gotha et dont quatre autres sont en arrière, mais arriveront dans les
« cinq premiers jours d'août à Mayence) se réunissent tous les huit à
« Gotha ; que le régiment provisoire soit ensuite dissous et que chaque
« régiment figure sur l'état de situation sous son propre numéro.
« Chaque régiment a déjà deux escadrons, de deux cent cinquante
« hommes et une force totale de cinq cents chevaux, il y a un major
« et deux chefs d'escadron par régiment, chaque régiment fera aisé-
« ment quatre escadrons de manœuvre ; faites-moi donc connaître le
« jour où chaque régiment aura son major, ses deux chefs d'escadron
« et les cinq cents chevaux à Gotha, afin que je puisse savoir où ils
« sont et les diriger convenablement.

[*] Aide-de-camp de l'Empereur.

« Les quatre 3⁰ˢ escadrons doivent, à l'heure qu'il est, être par-
« tis de leur dépôt. Aussitôt que vous saurez le jour où ils arriveront
« à Mayence, vous prendrez mes ordres pour la formation provisoire
« à leur donner jusqu'à ce qu'ils puissent rejoindre leurs régiments.
« Sur ce je prie Dieu, etc.

« *Signé* NAPOLÉON. »

Dans le courant d'août et de septembre, huit nouveaux escadrons de gardes d'honneur, complétement organisés, partirent de leurs dépôts respectifs pour se rendre à Mayence; et le 10 août, époque de la rupture de l'armistice de Dresde, il y avait déjà dix escadrons à l'armée sous les ordres du général Nansouty, commandant la cavalerie de la Garde.

Le 13 septembre, les gardes d'honneur étaient à Dresde avec la cavalerie de la Garde. Depuis la reprise des hostilités, ce corps avait été attaché, le 1ᵉʳ régiment, aux chasseurs à cheval de la vieille Garde; le 2ᵉ aux dragons; le 3ᵉ aux grenadiers; et le 4ᵉ aux lanciers polonais. Ces régiments leur fournissaient des instructeurs. Un escadron de chaque régiment des gardes d'honneur était à tour de rôle de service auprès de l'Empereur, avec l'escadron fourni par les grenadiers ou les chasseurs à cheval de la vieille Garde.

Pendant quelque temps les gardes d'honneur furent l'objet des plaisanteries des soldats. Manquant d'instruction militaire, de théorie et de pratique surtout, et peu faits aux habitudes du métier, mal équipés, plus mal montés encore, ils eurent à subir toutes les vexations et tous les quolibets qui poursuivent ordinairement le conscrit à son arrivée sous les drapeaux. Le plus grand tort des gardes d'honneur vis-à-vis des soldats de la Garde était d'appartenir en majorité à l'ancienne noblesse et de se trouver, au début de leur carrière, assimilés à cette valeureuse milice qui n'avait conquis le rang qu'elle occupait dans l'armée qu'à l'aide de services nombreux et qu'au prix du sang versé sur le champ de bataille. Mais dès que les gardes d'honneur se trouvèrent face à face avec l'ennemi, l'opinion générale changea bientôt du tout au tout à leur égard. Leipsick, Hanau, Montmirail, etc., etc., les virent combattre aussi vaillamment que les vainqueurs de Wagram et de la Moskowa. Aussi le lendemain de la reprise de Reims, au mois de mars 1814, où le 3ᵉ régiment des gardes d'honneur enfonça un corps de cavalerie russe et lui enleva, avec ses étendards, quatorze pièces de canon, le lendemain de ce fait glorieux, disons-nous, les gardes d'honneur s'étant rencontrés avec les grenadiers à pied de la vieille Garde, dans un des défilés du faubourg de Reims, loin de leur disputer les honneurs du passage, on entendit ces vétérans de la gloire française s'écrier : « Laissons passer les premiers les braves gardes d'honneur, ce terrain leur appartient, ils peuvent être fiers de le fouler du pied de leurs chevaux *. » C'est qu'en effet, dans cette campagne de France surtout, les gardes d'honneur prouvèrent qu'eux aussi étaient les dignes enfants de la France.

A l'époque de la première restauration (avril 1814) autant pour récompenser le mérite des gardes d'honneur que pour tenir la promesse qui leur avait été faite (ils devaient avoir le grade de sous-lieutenants dans la cavalerie de ligne, après un an de service), on leur ouvrit les portes de la maison militaire du roi, et un ordre, du 8 juin 1814, mit à la disposition des capitaines des gardes du corps de Louis XVIII, les sous-officiers et simples gardes des quatre régiments des gardes d'honneur, pour faire partie de ce corps. Ils furent autorisés à amener avec eux leurs chevaux. Un autre ordre du 24 juin de la même année prononça leur licenciement.

En conséquence le 1ᵉʳ régiment fut licencié à Versailles, le 14 juillet 1814 ; le 2ᵉ à Rambouillet, le 22 juillet ; le 3ᵉ à Tours, le 17 juillet ; et le 4ᵉ à Versailles, le 15 juillet.

Nonobstant, à la réorganisation de l'armée beaucoup d'officiers et de sous-officiers des gardes d'honneur furent admis dans la cavalerie de la nouvelle garde royale avec les prérogatives auxquelles leur qualité et leurs grades leur donnaient droit.

---

* *Victoires et Conquêtes*, t. XXV, p. 119.

CHAPITRE III.

ÉTATS NOMINATIFS.

MAISON MILITAIRE DE L'EMPEREUR.

ÉTAT-MAJOR GÉNÉRAL.

Les maréchaux de l'Empire, colonels généraux de la Garde

Duc d'AUERSTAEDT, Prince d'Eckmühl (Davoust) (G. A. ✻), *comm. les grenad. à pied.*
Duc de DALMATIE (Soult) (G. A. ✻), *commandant les chasseurs à pied.*
Duc d'ISTRIE (Bessières) (G. A. ✻), *commandant la cavalerie.*
Duc de TRÉVISE (Mortier) (G. A. ✻), *commandant l'artillerie et les marins.*

Aides-de-Camp de l'Empereur (classés par ordre d'ancienneté d'emploi).

Le Cte LEMARROIS (G. ✻) (G. ✻),
Le Cte Aug. CAFARELLI (G. A. ✻).
Le Cte RAPP (G. ✻) (G. ✻), } *généraux de division.*
Le Duc Ch. de PLAISANCE (Lebrun) (C. ✻) (G. ✻),
Le Cte LOBAU (Mouton) (G. ✻) (G. ✻),
Le Bon GUEHENEUC (O. ✻), *général de brigade.*
Le Cte DUROSNEL (G. ✻),
Le Cte HOGENDORP (O. ✻) (G. ✻), } *généraux de division.*
Le Ch^{er} BERNARD ✻, *colonel du génie.*
Le Bon CORBINEAU (C. ✻),
Le Bon DROUOT (C. ✻),
Le Bon FLAHAUT (O. ✻), } *généraux de brigade.*
Le Bon DEJEAN (O. ✻),
Le Bon DERIOT (C. ✻), *général de division commandant les dépôts de la guerre.*

Adjoints à l'État-Major général.

Le Ch^{er} CHARROY ✻, *chef d'escadron.*	Le Colonel FUSY (C. ✻), *comm. d'armes.*
LAFOREST ✻, *capitaine.*	LEMONNIER, *bibliothécaire.*

Administration générale de la Garde.

Le Bon FÉLIX (O. ✻), *maître des requêtes, inspecteur aux revues.*

Sous-Inspecteurs aux revues.

Le Ch^{er} CLARAC (O. ✻).
SABATIER (O. ✻). — LASALLE ✻. — DAUXON ✻. — ODIER ✻.

Adjoints aux Inspecteurs aux revues.

LEGRAS. — LIEGEARD.
DUFOUR (G.-J.-B.) (O. ✻), *commissaire ordonnateur des guerres.*

Commissaires des guerres de première classe.

TOULGOET ✻. — PERCEVAL ✻. — DE LANEUVILLE ✻. — ASTRUC ✻.

Commissaires de guerres de deuxième classe.

MENOIRE. — CLARAC (Paul). — DELAUNAY. — COLTIBEAUX.

Adjoints aux Commissaires des guerres.

DAUXON (jeune).	ROUX.	PRUNAIRE.
PELLECHET ✻.	PENGUILY L'HARIDON.	LACOMBE.

MORTIER, Maréchal de l'Empire,
Colonel-général, commandant l'Artillerie et les Marins
GARDE IMPÉRIALE.

HISTOIRE DE LA GARDE IMPÉRIALE.

GRENADIERS A PIED.

État-Major du corps.

Le Cte FRIANT (G. A. ✻), général de division, colonel commandant.
Le Bon ROGUET (C. ✻),   idem,   colonel en second.
Le Bon BOYELDIEU (C. ✻), ⎫
Le Bon RATTEMBOURG (O. ✻), ⎬ généraux de brigade adjud. généraux.
Le Bon BERTHEZÈNE (C. ✻), ⎭
Le Ch^{er} RÉANT ✻, capitaine quartier-maitre des grenadiers et fusiliers.
VILLEMEUREUX ✻,   idem   des tirailleurs.
DÉGREMONT ✻, capitaine d'habillement des grenadiers et des fusiliers.
CAILLOU ✻,   idem   des tirailleurs.

État-major du 1er régiment.

Le Bon MICHEL (C. ✻), g. de brig. maj. com.
Le Ch^{er} ALBERT (O. ✻), ⎫ chefs de bataill.
BELCOURT (O. ✻), ⎭
TARDIEU ✻, ⎫ capit. adjud.-majors.
ERNON ✻, ⎭
DE PERRON ✻, ⎫ lieutenant en premier
FOUCHER ✻, ⎭ sous-adj.-majors.
BOURGEOIS, lieut. en premier offic.-pay.
CHAUVEY ✻, idem porte-aigle.
COLASS ✻, chirurgien-major.
BRAISE, aide-major.

État-major du 2e régiment.

Le Bon CHRITIAIN (O. ✻), maj. command.
GOLZIO ✻, ⎫ chefs de bataillon.
DUURING ✻, ⎭
FARRÉ ✻, ⎫ capit. adjud.-majors.
CRETAL ✻, ⎭
OTHENIN, ⎫ lieutenant en premier
YUNG ✻, ⎭ sous-adjud.-maj.
PHILIDOR ✻, lieut. en premier offic.-pay.
TOURINES, lieut. en second porte-aigle.
HÉRON ✻, chirurgien-major.
SUE, aide-major.

Régim.	Batail.	Comp.	CAPITAINES.	LIEUTEN^{ts} EN 1er.	LIEUTENANTS EN 2e.	
1er	1er	1	TAILHAN ✻	DUMONT ✻	BOYER ✻	RENARD
		2	MOULIN ✻	KERMORIAL	DEIS	LERMONDANS
		3	CHAUD O. ✻	BRASSEUR ✻	CHAUMET	BERTONNIER
		4	Le Ch^{er} MERCIER ✻	MONTAGNE	LEMAUGEOT	BESNARD
	2^e	1	BOURCHETTE O. ✻	SAINT-CRIC	MIONNET	LAFAUSSE
		2	MONTAGUIÈRE ✻	GROSBERT	RICHARD	HEENT
		3	JEGU ✻	DEMONTQUETON	PRUGNEAU	THEVENIN
		4	FRANJON	MONTPEZ	BUGROS	AGRON
2^e	1er	1	VESSILIER ✻	HODARNE ✻	CARMIÉ	HARLET (J^e)
		2	BOUNOURE ✻	SUSINY	GOULETTE	BONNÈRE ✻
		3	RAUCHON O. ✻	TARAYRE	DELAUNAY	SUGIER
		4	Bon LOCQUENEUX O. ✻	DARQUIER	ALBERT	LAISNÉ
	2^e	1	GODARD ✻	COURCENET	PIERSON ✻	LANAUZE
		2	DUBIEZ ✻	SARRATON	BELLANGER	VIAUX ✻
		3	DESSIRIER ✻	D'HAUSSY	GOYARD	BACHEVILLE
		4	LA ROCHE COURBON	LAC	LEFEBURE	SOULAIROT

COMPAGNIE DE VÉTÉRANS.

La compagnie de vétérants n'ayant subi aucun changement depuis 1807, nous renvoyons le lecteur au *livre VII* de notre ouvrage, c'est-à-dire à *l'année* 1807, pour la force, la composition et le nom des officiers de cette compagnie en 1813.

RÉGIMENT DE FUSILIERS-GRENADIERS.

État-Major.

Le Bon FLAMAND (O. ✻), *major commandant.*
Le capitaine GOUSSIN (✻), *officier payeur.*

Le Ch^{er} LEGLISE (O. ✻), } *chefs de bataill.*
LAFARGUE ✻,

ROSTEIN (O. ✻), } *capit. adjud.-majors.*
PELÉE ✻,

SÉNOT, } *lieut. en second, sous-*
PASQUY ✻, } *adjud.-majors.*
BELLOC, *chirurgien-major.*
OLINET *aide-major.*

NUMÉROS DES		CAPITAINES	LIEUTENANTS	
Batailll.	Comp.		EN PREMIER.	EN SECOND.
1er	1	GALVIGNY ✻	COLOMB ✻	CHAPELLE	OUDIETTE
	2	HILAIRE ✻	LYON (O. ✻)	VIALETTE	LA POMEREDE
	3	RIBET ✻	BEDEL ✻	BERUELLE (B.)	LECOMTE
	4	LABORDE (O. ✻)	DESCHAMPS	MAURIAC	BRIROT
2^e	1	BEAUBRAIN ✻	BANELLE (A.)	FEUCHEROUX	GOUMEAUX
	2	CRETTÉ ✻	LEBEAU ✻	PASSOT	BASTON
	3	GABILLOT ✻	OURY	BERTHET	RENÉ
	4	GEOFFROY ✻	HARLET (J^e) ✻	MARSAN	JAILLARD

BATAILLON D'INSTRUCTION A FONTAINEBLEAU.

Voir au LIVRE XII, c'est à dire à l'année précédente 1812.

RÉGIMENTS DE TIRAILLEURS (Jeune Garde).

Pour la force, la composition, l'état-major et le nom des officiers des 1er et 2e régiments de cette arme, voir au *livre IX* de notre ouvrage; et pour les 3e, 4e, 5e et 6e régiments, voir au *livre XI*.

Soldat d'artillerie légère et Vétéran.

GARDE IMPÉRIALE.

HISTOIRE DE LA GARDE IMPÉRIALE.

SEPTIÈME RÉGIMENT DE TIRAILLEURS (Jeune Garde).
État-Major.

CONCOURT (O. ✻), *major commandant.*

MAGNE. \
VAN TANGNAGELL ✻, } *chefs de bataill.* \
DE BEESTEN, \
.... } *lieut. adjud.-majors.*

CHARLOT ✻, *capit. adjud.-major.* \
.... *officier payeur.* \
MARIN, *chirurgien-major.* \
.... *aide-major.*

BATAILLONS.	COMPAGNIES.	CAPITAINES.	LIEUTENANTS.	SOUS-LIEUTENANTS.
1er	1	KIRCHMER	BEMEFER	CLÉMENT
	2	BROUCHON	RUETHER	VALKEMBURG
	3	LEGER ✻	FOLLET ✻	SUTHERLANG
	4	DELECHELLE ✻	WERNER	PECH
2e	1	CARBEN	SENS	VAN-KRICKEM
	2	HUGONNET ✻	BIETZ	DAMOUR
	3	MOCHEMINS	FOUQUET	MOURENTZ
	4	FAIVRE ✻	ZEUTZ	MAIGUE

HUITIÈME RÉGIMENT DE TIRAILLEURS (Jeune Garde).
État-Major.

BARDIN (O. ✻), *major commandant.*

Le Cher CARON ✻, \
MICHELER ✻, } *chefs de bataillon.* \
LAHOUSSAYE, \
MOREAU, } *sous-lieut. sous-adj.-maj.*

MORAND ✻, *lieut. adjudant-major.* \
PERRET, *sous-lieut. officier-payeur.* \
LÉONARD, *chirurgien-major.* \
ROY, *aide-major.*

BATAILLONS.	COMPAGNIES.	CAPITAINES.	LIEUTENANTS.	SOUS-LIEUTENANTS.
1er	1	MAUGEST	VREL	DIRRAL
	2	KARTH	BEZIER	MASSUQUE
	3	PORTALÈS	LUCOTY	NAGAN
	4	HÉBANT	LASNE	BAILLET
2e	1	DELOSTANGES ✻	BONNEVILLE	BAYORT
	2	VARCASSON	DELIMAILLE	GIROD
	3	ROELCUIS	FOICARD	LAMBOUR
	4	SIMONET	RECOULLE	DURCET

NEUVIÈME RÉGIMENT DE TIRAILLEURS (Jeune Garde).
État-Major.

Le Bon LEPAIGE DORSÈNE ✻, *major commandant.*

Le Cher DAMBLY (O. ✻), \
Le Cher JACQUOT (O. ✻), } *chefs de bataill.* \
Le Cher FRERET ✻, \
SPIESS, } *sous-lieut. sous-adj.-major.*

GILLET, *capitaine adjud.-major.* \
FOUCHARD, *sous-lieuten. officier-payeur.* \
FONDRETON, *chirurgien-major.* \
ROY, *aide-major.*

BATAILLONS.	COMPAGNIES.	CAPITAINES.	LIEUTENANTS.	SOUS-LIEUTENANTS.
1er	1	CHIRAC ✻	CAPDEVILLE	ALLEMAND
	2	DEMONCHY	BOURELLE	TEMPLIER
	3	LECOMTE	BRIDE	MASE
	4	AUBERT	DELEAL	GAUDIN
2e	1	RICARDY	FOURNIER	DESCHAMP
	2	RIVALS	TAUPIN	DAULMERY
	3	GARBOULEAU	MANUEL	BROCHIER
	4	GAUTHIER ✻	MEISSONIER	DOLMETA

DIXIÈME RÉGIMENT DE TIRAILLEURS (Jeune Garde).
État-Major.

Le Ch^{er} VÉZU ✸, major commandant.

DESMOULINS ✸, } chefs de bataill.
LOURS ✸,
Le Ch^{er} JOLY ✸, } sous-lieut.
DEGEILH ✸, } sous-adjud-major.

PORÉE ✸, capitaine adjud.-major.
LEVACHER, sous-lieuten. officier-payeur.
DELAUNAY, chirurgien-major.
BAUDOIN, aide-major.

BATAILL.	COMPAGN.	CAPITAINES.	LIEUTENANTS.	SOUS-LIEUTENANTS.
1er	1	PORCHET ✸	MULER	LACHELIN
	2	BOISSON ✸	BINQUET	MAILLET
	3	DEJOLY	RACINE	LAMBERT
	4	VERDELET	BROSSART	CHATELET
2^e	1	LATOUR	MALPERT	FRIOL
	2	PIHAN	SMAGH	MASSOT
	3	DESNOUCHES	DEBAULT	GAILLARD
	4	MAYER ✸	ROUSSELOT	LOISEL

ONZIÈME RÉGIMENT DE TIRAILLEURS (Jeune Garde).
État-Major.

Le Ch^{er} VAUTRIN (O. ✸), major commandant.

ROZÉ ✸, } chefs de bataillon.
CIROU ✸,
SAUTEREY, } sous lieutenant
MARTEL, } sous-adjudant-major.

SERRARIS ✸, capitaine adjud.-major.
LEBOURGEOIS, sous-lieut. offic.-payeur.
BEAUMONT, chirurgien-major.
COLAR, aide-major.

BATAILL.	COMPAGN.	CAPITAINES.	LIEUTENANTS.	SOUS-LIEUTENANTS.
1er	1	JOLY	BAL	MABILLON
	2	BOURGINE	COURBILU	PETIT
	3	BRESSON	TANIE	VAUQUELIN
	4	VITEAU	GUILS	DODO
2^e	1	SIMON	ANTOINE	ALMANN
	2	BRUNET	CHAUSSOTTE	DUBET
	3	BEAUMONT (A)	VEISS	BERENGER
	4	TARDIEU	MARIN	HUAS

DOUZIÈME RÉGIMENT DE TIRAILLEURS (Jeune Garde).
État-Major.

Le Bon MOSNIER (O. ✸), major commandant.

RITTER (O. ✸), } chefs de bataillon.
RULLIÈRE ✸,
ROCHER, } sous-lieut. sous-adj.-major.
FOURNEL,

BOURDON, capitaine adjud.-major.
DELAVACQUERIE, sous lieut. offic.-pay.
GONDECHAUX, chirurgien-major.
LEVILLAIN, aide-major.

BATAILL.	COMPAGN.	CAPITAINES.	LIEUTENANTS.	SOUS-LIEUTENANTS.
1er	1	DUPUIS	ROLLET	BUISSON
	2	MAIR ✸	GROSS	VIEUTEMPS
	3	VANESK	MOUROT	DOURER
	4	GENTY	OLIVIER	HUMBERT
2^e	1	LEMOINE	GILLET ✸	MIGNON
	2	GABILLOT	CHAUMET	BUDIN
	3	GRIMPERET ✸	HENNEGUY	BROCHER
	4	DEVERT	COLLIÈRE	. . . .

TREIZIÈME RÉGIMENT DE TIRAILLEURS (Jeune Garde).

État-Major.

Le Ch{er} LAUREDE (O. ※), *major commandant.*

CONDÉ ※, \
BRÉMONT (O. ※), } *chefs de bataillon.* \
BOUSSENARD, } *sous-lieutenant* \
MARTIN, } *sous-adjud.-major.*

COUPENNE ※, *capitaine adjud.-major.* \
VERGAERT, *sous-lieut. officier payeur.* \
BELAIR, *chirurgien-major.* \
DEVERNES, *aide-major.*

BATAILLONS	COMPAGNIES	CAPITAINES	LIEUTENANTS	SOUS-LIEUTENANTS
1er	1	GUINTRET ※	MOQUET	MICHEL
	2	BLANCHARD	ALEXANDRE	AVERIOS
	3	VILLEMINOT	BERNARD	CROLET
	4	RABOURDIN ※	BEGLIN	PANNESOT
2{e}	1	TAMBON	FAVET	BOITEUX
	2	CHAUSSE	LE ROY	CHRISTIN
	3	RABOURDIN (A.)	MOREAU	GUYOT
	4	BONNEGENS	LIEBAUD	PAUL

COMPAGNIES DES DÉPÔTS DE LA GARDE.

Le B{on} ROBERT (O. ※), *major commandant.*

Compagnie de Grenadiers.

BELLANGER ※, *capitaine.* \
POULMANS ※, *lieutenant en premier.* \
BORNE ※, } *lieutenants en second.* \
BOISSEAU ※, }

Compagnie de Fusiliers.

LAMBERT ※, *capitaine.* \
AMAT, *lieutenant en premier.* \
LOFFLER, *lieutenant en second.*

Compagnies de Tirailleurs.

DENEIULLY ※, } *capitaines.* \
. . . . . . }

VILLEMAIN, } *lieutenants.* \
VAGNAER, }

ROELLER, } \
PAUEMENT, } *sous-lieutenants.* \
DUBOIS, }

CORPS DES CHASSEURS A PIED DE LA VIEILLE GARDE.

Nous ne le faisons figurer ici que pour mémoire, d'abord pour ne pas multiplier les états, puis ensuite, parce que ce corps qui, en 1811 et en 1812, se composait de *deux* régiments ayant chacun un *état-major particulier* et un *état-major général*, ne subit pas de notables changements, quant à sa forme et à sa composition, jusqu'en 1814. Nous renvoyons donc le lecteur au *livre XI* de notre ouvrage, c'est-à-dire à l'année 1814, pour la force, la composition de l'état-major et le nom des officiers faisant partie du corps des chasseurs à pied de la vieille Garde.

RÉGIMENT DE FUSILIERS-CHASSEURS (Jeune Garde).

État-Major.

Le Bon ROUSSEAU (O. ✻), *major commandant.*
CLÉMENT, *officier-payeur.*

Le Bon VARLET (O. ✻), \
DUFOUR ✻, } *chefs de bataillon.* \
GILLET (O. ✻), \
LEVÉE ✻, } *capit. adjud.-majors.*

.... *lieuten. en 1er, s.-adj.-maj.*
..... *chirurgien major.*
ÉMERY, *aide-major.*

NUMÉROS DES		CAPITAINES.	LIEUTENANTS	
BATAILL.	COMP.		EN PREMIER.	EN SECOND.
1er	1	BERTRAND (O. ✻)	NUNAL ✻	ALAZY ✻	LINDEN
	2	BOUQUET	DEBACQ	AMAURY	LANDAIS
	3	LECOMTE ✻	DE STUERS ✻	LANCLAU	MORALD
	4	AGNES ✻	DUMONT	CHOLLET	SILLARD
2^e	1	BERTIN (O. ✻)	LEDONNY ✻	GASTINEL	PARICODIN
	2	KELLER ✻	VIDAL	BOUCHENY	DRANSARD
	3	RENAUDIN ✻	AUGUIS	THIERRY	.....
	4	CHARPENTIER (O. ✻)	RICHARD ✻	RAMBOURG	.....

RÉGIMENT DE FLANQUEURS-CHASSEURS (Jeune Garde).

État-Major.

Le Ch^{er} POMPEJAC (O. ✻), *colonel major.*

Le Ch^{er} CAMBOUR ✻, } *chefs de bataillon.* \
ROUILLARD, \
DELIGNAC, *capitaine adjud.-major.* \
PARTOUREAU, *lieut. sous-adjud.-maj.*

.... *lieutenant sous-aide-major.*
PERCHERON, *lieutenant officier-payeur.*
VITRAC, *chirurgien-major.*
CROSERIO, *aide-major.*

BATAILL.	COMPAGN.	CAPITAINES.	LIEUTENANTS EN 1er.	LIEUTENANTS EN 2me.
1er	1	HANSON ✻	HENRY	HERVONET
	2	SAISSET ✻	CHARLET	DARMANDET
	3	ALLEMAND	CHOUVEROUX	DEPAGNES
	4	VANDER NEUVEL ✻	BEAUFRERE	COOTZ
2^e	1	LOMBARDEAUX ✻	LAVAISSE	VALADON
	2	VIAND ✻	TIBLEAU	VILLE
	3	Le Ch^{er} SAINT-MARTIN ✻	MALAPERT	FOUCHET
	4	CHANTARD	LEVARLET	.....

HISTOIRE DE LA GARDE IMPÉRIALE.

RÉGIMENTS DE VOLTIGEURS DE LA JEUNE GARDE.

Pour la force, la composition de l'état-major et le nom des officiers des 1er, 2e, 3e, 4e, 5e et 6e régiments de cette arme, voir au *livre IX* de notre ouvrage, c'est-à-dire à l'année 1811.

SEPTIÈME RÉGIMENT DE VOLTIGEURS (Jeune Garde).

État-Major

Le Bon COULOUMY (O. ✻), *major commandant.*

Le Ch^{er} JUAN (O. ✻), ESCOUSSEAU ✻, } *chefs de bataillon.*
SERVATINS, BEISSAC ✻, } *lieut. sous-adjud.-major.*

BROUSSOUZE ✻, *capitaine adj.-major.*
PIAGET, *sous-lieut. officier-payeur.*
BELLENAUD, *chirurgien-major.*
SOLIN ✻, *aide-major.*

BATAILL.	COMPAGN.	CAPITAINES.	LIEUTENANTS.	SOUS-LIEUTENANTS.
1er	1	ZAYORT ✻	DE GUIZELIN	VINAUD
	2	DUPUIS ✻	MEURIZET	MOREL
	3	MAILLARD ✻	CUILLAUMET	LEBERT
	4	GALLOIS	GUILLAUME	PHAL
2e	1	DE GIVERVILLE	LAURENT	LANTOINE
	2	LE GOUX DEVAUX	HEROGUELLE	CASTILLON
	3	BROUSSOT	JUCHEREAU	DAGUINDEAU
	4	JORAM	MUTELOT	HUBEL

HUITIÈME RÉGIMENT DE VOLTIGEURS (Jeune Garde).

État-Major.

SECRETAN (O. ✻), *major commandant.*

Le Ch^{er} VERNADET (O. ✻), CARDINAL ✻, } *chefs de bataillon.*
DESBETS, BUNEL ✻, } *sous-lieut. sous adjud.-maj.*

SOLLIN ✻, *capitaine adjud. major.*
NALECHE, *officier-payeur.*
COCHET, *chirurgien-major.*
JUSTES, *aide major.*

BATAILL.	COMPAGN.	CAPITAINES.	LIEUTENANTS.	SOUS-LIEUTENANTS.
1er	1	DEVAUX	LE GRAND	ROUSSEL-FONTENAY
	2	AILHAUD	JEANNEAU	LARDENOIS
	3	MIELIFF	QUEROLE	SERRACO
	4	FILIARD	HUMBERT	GAUFFARD
2e	1	PERROU	LEMAIRE	RAGOT
	2	BUNES	GUILBERT	BONNAUD
	3	SCHARP ✻	MARCHAUX	DALOZ
	4	RENAUST	DESPEIGNES	LARCADE

NEUVIÈME RÉGIMENT DE VOLTIGEURS (Jeune Garde).
État-Major.

JACQUEMARD (O. ✻), *major commandant*

Le Ch^{er} DESCHAMPS (O. ✻), | *chefs* | .... *capitaine, adjud.-major.*
GEORGE ✻, | *de bataill.* | DEDÉ, *sous-lieutenant officier-payeur.*
DIDIOT, | | JUVILLE, *chirurgien-major.*
ROVEDA, | *sous-lieut. sous-adjud.-major.* | CULWEIN, *aide-major.*

BATAILLONS.	COMPAGNIES.	CAPITAINES.	LIEUTENANTS.	SOUS-LIEUTENANTS.
1er	1	BUNELLE	DULAUGON	ROSEY
	2	DEDOUET	DUROSNEL	BOIVIN
	3	GUENARD	DENIS	BONNEAU
	4	MOULINET	HERVEY	ALBERT
2^e	1	VILDIER ✻	DUDUY	ABRASSARD
	2	LEBLANC	DUMOULIN	HUREL
	3	GALMICHE ✻	CORDIER	BERTRAND
	4	PEITZ ✻	TEUILLER	RENOUX

DIXIÈME RÉGIMENT DE VOLTIGEURS (Jeune Garde).
État-Major.

Le Ch^{er} SUISSE ✻, *major commandant.*

Le Ch^{er} FINAT ✻, | *chefs* | .... *capitaine adjud.-major.*
Le Ch^{er} LEBOURDIER ✻, | *de bataillon.* | DUCOROY, *sous-lieut. officier-payeur.*
LEVACHER, | | PREVOST, *chirurgien-major.*
PORTE, | *sous lieut. sous-adj.-maj* | BERGERON, *aide-major.*

BATAILLONS.	COMPAGNIES	CAPITAINES.	LIEUTENANTS.	SOUS-LIEUTENANTS.
1er	1	DACHEUX	MARINA	ROUSSEAU
	2	FOURSET	DEFRESNE	CAFARDOT
	3	DAILLY ✻	VARCIN	ROQUET
	4	PLACE	CUNY	SAUGNIER
2^e	1	MACHILLOT	MARENCO	VILLIAUME
	2	BRABANSON	FOLLIOT	BLONDEAU
	3	DUSSAUSSET	GENOUILLAC	MEUNIER
	4	BERNARDI	VERSEY	PLETINCKX

ONZIÈME RÉGIMENT DE VOLTIGEURS (Jeune Garde).
État-Major.

Le Ch^{er} PENGNERU ✻, *major commandant.*

Le Ch^{er} COLOMBAN ✻, | | .... *capitaine.*
BRAUN ✻, | *chefs de bataill.* | MALAUZET, *sous-lieuten. officier-payeur.*
GUERIN, | | FITHAL, *chirurgien major.*
MAUDUIT, | *sous-lieuten. adjud.-major.* | LIEBAUT, *aide-major.*

BATAILLONS.	COMPAGNIES.	CAPITAINES.	LIEUTENANTS.	SOUS-LIEUTENANTS.
1er	1	COS	GERNEY	MERCIER
	2	FLOUR	MONY	LEMELLE
	3	GAGNARD	JOSSE	ROUYER
	4	GUILLAIN	GALABELT	GALINET
2^e	1	MASSET	LAPIERRE	DOLLET
	2	BONNARD	COLLON	GAUTHIER
	3	PETELOT	MARAN	DEROUBEY
	4	NOUVEAU	EUDEL	SOUILLARD

HISTOIRE DE LA GARDE IMPÉRIALE.

DOUZIÈME RÉGIMENT DE VOLTIGEURS (Jeune Garde).

État-Major.

De Gromety ✻), *major commandant.*

Missonnier ✻, \
Le Ch^{er} Chabraud ✻, } *chefs de bataill.*

Hamesse, \
Roche ✻, } *sous-lieut. sous-adjud.-maj.*

. . . . . . *capitaine adjudant-major.* \
Maron, *sous-lieuten. officier-payeur.* \
Guillemot, *chirurgien-major.* \
Laurent, *sous-aide-major.*

BATAILLONS.	COMPAGNIES.	CAPITAINES.	LIEUTENANTS.	SOUS-LIEUTENANTS.
1er	1	Donny	Dreme	Mortier
	2	Chassaigne	Jacquelin	Sucris
	3	Joux	Janiam	Lelièvre
	4	Mucheler	Fusset	Herment
2^e	1	Houriet	Lerat	Gabet
	2	Plafay	Colignon	Valin
	3	Faure	Tremoulet	Castilles
	4	Troy	Fusiliers	Guertin

TREIZIÈME RÉGIMENT DE VOLTIGEURS (Jeune Garde).

État-Major.

Le Bon Rignon (O. ✻), *major commandant.*

Le Ch^{er} Fabre (O. ✻), \
Royer ✻, } *chefs de bataill*

Doucet, \
Desfontaines, } *sous lieut. adjud.-maj*

Melissant, *lieut. adjudant-major.* \
Noel, *sous-lieutenant officier payeur.* \
Dièche, *chirurgien-major.* \
Tremey, *sous aide-major.*

BATAILLONS.	COMPAGNIES.	CAPITAINES.	LIEUTENANTS.	SOUS-LIEUTENANTS.
1er	1	Tassard	Watel	Moireu
	2	Pruvost	Salles	Simard
	3	Bouvresse	Giboulet	Hallois
	4	Constant	Grosjean	Lemaire
2^e	1	Donxoy	Verzier	Moïse
	2	Meneval	Ponel	Philippon
	3	Harang	Lenoir	Choret
	4	Tartarin	Izarn	Delporte

COMPAGNIES DES DÉPOTS DE LA GARDE.

Le Bon Malet (O. ✻), *major commandant.*

Compagnies . . .

de chasseurs . . . {
. . . . . . *capitaine.* \
Kuyck, *lieutenant en premier.* \
François, *lieutenants en second.* \
. . . . . .
}

de voltigeurs . . . {
Le Ch^{er} Pondavigne (O. ✻), \
Pissère, } *capitain.* \
Martin, \
Schimps, } *lieutenants.* \
Crouillebois, \
Spemburg, } *sous-lieutenants.*
}

de flanqueurs . . . {
Martin ✻, *capitaine.* \
Schosser, *lieutenant.* \
Klein, *sous-lieutenant.*
}

CORPS DES GRENADIERS A CHEVAL.

État-Major.

Le Cte WALTER (G. A. ✻), *général de division, colonel commandant.*

Le Bon LAFERRIÈRE-LÉVÊQUE (C. ✻), *général de brigade,* }
Le Bon CASTEX (C. ✻), *général de brigade,* } *majors.*

Le Bon PERROT (O. ✻), *chef d'escadron, quartier-maître.*

Le Bon REMY, (O. ✻),
Le Ch^{er} HARDY, (O. ✻),
MORIN (O. ✻),
VENIÈRE (O. ✻), } *chefs d'escadr*
PERNET (O. ✻),
DELAPORTE (O. ✻),
JIMCKER (O. ✻),

SCRIBE ✻, } *capitaines adjudants-maj.*
LEPOT ✻,

LEMAIRE ✻, *capitaine instructeur.*

JAVARY ✻,
VARNOUT ✻, } *capitaine adjud. d'admi.*
MESSAGER ✻,

DESSOFFY ✻,
LE ROY ✻,
GAINDÉ ✻,
LA BACHELLERIE ✻, } *Lieutenants en 1er, sous-adjud.-maj.*
LA TARTRE ✻,
BERTRAND ✻, } *lieutenant en second.*
MANANT ✻, } *portes-aigles.*
DALERY ✻,
DIÈCHE ✻,
VALET ✻, } *chirurgiens-majors.*
LIBON,
DESCOT, } *aides-majors.*
GAUTHIER,

Lieutenants en second à la suite.

DESILES. — TABARY. — LELEU ✻

ESCAD^s	COMP^s	CAPITAINES.	LIEUTENANTS EN PREMIER.		LIEUTENANTS EN SECOND.	
1	1	LECLERC ✻	BUSQUIN ✻	BARTHON ✻	VERPILLAT ✻	PATRIN ✻
	7	BERGER ✻	COUTAUSSE	RICHARD ✻	LIGNOT ✻	JEANNET ✻
2	2	HAREMBERT ✻	GAUDINOT ✻	CALVY ✻	ALLMACHER ✻	BERGERET ✻
	8	TUEFFERT ✻	FRANQUIN ✻	TEYSSEYRE ✻	PANNIER ✻	BLACHER
3	3	SCHMIDT ✻	HARLOT ✻	BILLOT ✻	GLAURON ✻	PIERREPONT
	9	SPENUEL ✻	MOREAU ✻	LAPERSONNE ✻	LHOTTE	LEONARD
4	4	COSTER ✻	ROHAS ✻	LAVERGNAC	LEBRETON	GRIVEL
	10	TESSIER ✻	BURETEL ✻	LAMARCQ	BARTHELEMY	PICHENOT
5	5	BRAUN	FALCONNET ✻	CHASTEL BOINVILLE	OGIER ✻	JACQUES ✻
	11	KISTER ✻	VERRIER	BODSON NOIRFONTAINE	DEBERGUES ✻	GÉRARD ✻
6	6	KLEIN ✻	PHITILY ✻	ROGEAUX ✻	TANDEAU	DUCROS CHABANNES
	12	MARY ✻	BARBIER ✻	EVRARD ✻	VERNE	GORRIN ✻

HISTOIRE DE LA GARDE IMPÉRIALE.   449

CORPS DES CHASSEURS A CHEVAL.

État-Major.

Le Cte LEFEBVRE DESNOETTES (C. ✻), (G. ✻), *général de division, colonel.*
Le Bon GUYOT (C. ✻), *général de division, colonel commandant en second.*
Le Bon LION (O. ✻), *colonel-major.*

GUIOT ✻, *quartier-maître trésorier,* } *chefs d'escadron.*
BELLEBAUX ✻, *instructeur,*

Le Ch^{er} JOANNES (O. ✻),
RABUSSON (O. ✻),
Le Ch^{er} BAYEUX (O. ✻),
LABIFFE (O. ✻),
LAFITTE (O. ✻),   *chefs d'escadr.*
VANOT ✻,
DEBELLE,
TROBRIANT.

CAYRE (O. ✻),
SPITZER, *capitaine instructeur.*
SÈVE ✻,   } *capitaines adjud.-majors.*
ASSANT ✻,

KERAVAL ✻,
VAZILLIER ✻,   } *lieutenants en premier, sous-adjud.-majors.*
BOIREAU,

FROT, *lieuten. en 2°, sous-adjud.-major.*

SPIGRE ✻,
LECOQ ✻,
L'HERNAULT,   } *lieuten. en second, sous-adjudants-majors.*
LEQUATRE,
DACHWEILLER,

MAZIAU (O. ✻), *capitaine,* } *adjudants d'admin.*
DONCHERY (O. ✻), *li. en 1er,*

PERRIER (O. ✻), } *lieut. en 1er,*
BAYARD ✻,   } *porte-étend.*
ALLIÉ ✻,   } *lieut. en second.*
BILLARD ✻,

LACHAUME ✻,
FERRUS ✻,   } *chirurgiens-majors.*

PERGOT ✻,
FAURE,   } *aides-majors.*
DEMERLOT,

ESCADⁿ	COMP^{ie}	CAPITAINES.	LIEUTENANTS EN PREMIER.		LIEUTENANTS EN SECOND.	
1	1	PARIZOT (O. ✻)	LAMBERT (O. ✻)	DUPONT ✻	FORCIOLI ✻	CAILLET ✻
	10	LE BRASSEUR ✻	VIALA ✻	CABART ✻	CHAPELLE ✻	PESCHEUR ✻
2	2	SMITH ✻	D'ARMAGNAC ✻	BUGAT ✻	OSWALD ✻	JALLOT
	11	MOYSANT ✻	DECALOGNE ✻	RUDELLE ✻	BELLER	ROUXELIN
3	3	BRO ✻	GULSCHENREITER ✻	ALLIMAUT ✻	DEFORMIGNY	VANDEUELLE
	12	DEVILLE ✻	MEYDECHALES ✻	ENJUBEAULT ✻	BRICE (jeune)	MERTENS
4	4	ACHINTRE ✻	MOUTARD ✻	HENNESON ✻	FRANÇOIS	POIROT DE VALCOURT
	13	BLANQUEFORT ✻	BRICE ✻	ROLIN ✻	FISCHER	LAPÔTRE
5	5	GAY ✻	DURAND ✻	LACLOS	HENNESSON ✻	BENARD ✻
	14	Le comte OUDINOT ✻	D'EQUEVILLY	GAUDMETZ ✻	MATHEY ✻	VELAY
6	6	BARBANÈGRE (O. ✻)	L'ESPINASSE	SANGLIER	PIGAULT LEBRUN	CRUCQ
	15	KLEIN DE KLEINEBERG ✻	LEROY	NOLETTE	ROBIN ✻	BUCHOT
7	7	DECOUX	GIRARD *dit* VIEUX LIMBOURG		DE LENTIVI ✻	VIEIL
	16	ROCOURT	STEPHANOPOLI A. TOULONGEON		PARQUIN ✻	LAGONZ DUSALMON
8	8	LEMERCIER	L'ÉTANG	BONNET	BAILLEUL ✻	LAGAUNE
	17	LARIVIÈRE	BLOT	JOUMINI	DEMANGE	CHIRET
9	9	BELLANCOURT	DELOR ✻	JONGLAS	FABRE	MIRET
	18	PIERRE	SABATTIER	ZIEKEL	BLANDIN ✻	. . . . .

57

ESCADRON DES MAMELUKS,

Formant le 10ᵉ escadron des Chasseurs à cheval.

État-Major.

Le Cʰᵉʳ KIRMANN (O. ✻), *chef d'escadron, commandant.*
ABDALHA ✻, *capitaine instructeur.*
FONNADE ✻, *lieutenant en second, porte-aigle.*
BOCKEINHEIM ✻, *chirurgien-major.*

RHENO (O ✻),	} *capitaines.*	SOLIMAN ✻,	
DAOUD (O. ✻),		GAY ✻,	} *lieuten. en second.*
CHAHIN (O. ✻),	} *lieuten. en premier.*	KAPFER ✻,	
ELIAS ✻,		MIRZA ✻,	

GENDARMERIE D'ÉLITE.

État-Major.

Le Cᵗᵉ DUROSNEL (G. ✻), *général de division, colonel.*
Le Bᵒⁿ HENRY (C.✻), *général de brigade, colonel major.*

Le Bᵒⁿ MEEKENEM (O. ✻),		LECOUR,	} *lieut. en 1ᵉʳ, adj. d'admin.*
Le Bᵒⁿ JANIN (O. ✻),	} *chefs d'escad.*	CLÉMENT,	
LAGORSE (O. ✻),		AVELINE ✻,	} *lieuten. en 2ᵒ, porte-étend.*
Le Cʰᵉʳ COLIN ✻, *quart. mait.*		RAVENEZ,	
VERJUS ✻, *capitaine adjud.-major.*		BÉLIÈRES ✻, *chirurgien-major.*	
RICHOUX ✻,	} *capitaines instructeurs.*	DURAND ✻, *aide-major.*	
DENDIN,		BUSNEL, *sous-aide-major.*	
LEFAIVRE ✻,	} *lieut. en 1ᵉʳ, s.-adj.-maj.*	Le Cʰᵉʳ DESCHAMPS ✻,	} *lieuten. en 2ᵉ à la suite, fourriers du palais de l'Empereur.*
LEMIRHE ✻,		Le Cʰᵉʳ EMERY ✻,	
FIX ✻, *lieuten. en second.*		Le Cʰᵉʳ BAILLON ✻,	

NUMÉROS DES		CAPITAINES.	LIEUTENANTS			
Escad.	Comp.		EN PREMIER.		EN SECOND.	
1	1	COMPAGNON ✻	PACHON	MICHEL ✻	BIGARD ✻	LEROY ✻
	3	LABBÉ ✻	MOLENE	MARACHE ✻	GUILLON	ROVEL ✻
2	2	DONCOEUR ✻	PERROTTET ✻	PETIT ✻	GALLOIS ✻	LAFOSSE
	4	PIDOUX ✻	CUVILLIERS	BARRIÈRE ✻	PETITJEAN ✻	GROLLIER

Trompette des Dragons de l'Impératrice, et Timballier des Chevau-légers lanciers.

GARDE IMPÉRIALE.

DRAGONS.

État-Major.

Le Cte ORNANO (O. ✹), (G. ✹), *général de division, colonel commandant.*

Le Bon LETORT (O. ✹), *général de brigade,* } *majors.*
POINTEVILLE (O. ✹), *colonel,*

BARRY (O. ✹), *instructeur,* } *chefs d'escadron.*
DELASSUS ✹, *quart-mait. trés.*

Le Ch^er PUCHEU (O. ✹),
TESTOT FERY, (O. ✹),
Le Ch^er PICTET ✹,
CLEMENT DE RIS ✹,
Le B^on ST-LÉGER (O. ✹),
CANAVAS-ST-AMAND (O. ✹),
Le Ch^er SACHON (O. ✹), *capit. instruct.*
} *chefs de bataill.*

TIERCE ✹,
BARBIER ✹,
} *capit.-adjud.-majors.*

LANCESTRE ✹,
CACHELEUX ✹,
BLOUME ✹,
} *lieut. en premier, sous-adjudants-majors.*

VILLEMETTE ✹,
GANDOLFI ✹,
SEKET ✹,
} *lieut. en second, sous-adjudants-majors.*

HUNOLD ✹,
LANDRY ✹,
BILLON ✹,
HEBERT ✹,
} *lieuten. en second, porte-étendard.*

OBRY ✹, *lieuten. en 1er, officier d'habill.*
GIBERT ✹, *offic. char. des viv.* } *lieut. en*
MARONNIER ✹, *id. des four.* } *second.*

RAIFFER ✹,
FOUCART ✹,
} *chirurgiens majors.*

BLONDY,
AUVITI,
HUVELLE,
MENOU,
} *aides-majors.*

CHAPELLE ✹, *sous-lieuten à la suite.*

ESCAD^s	COMP^e	CAPITAINES.	LIEUTENANTS EN PREMIER.		LIEUTENANTS EN SECOND.	
1	1	MACÉ ✹	DUPUIS ✹	VINCENT ✹	BUCHOT ✹	MAURIO ✹
	7	LIGIER ✹	BRUNDSAUX ✹	DEVERDIÈRE ✹	BRACONNOT ✹	GERMONT ✹
2	2	RACQUET (O. ✹)	PISLER ✹	LARZILLERE ✹	CARRÉ ✹	MONNERET ✹
	8	BELLOT ✹	JOMARD ✹	HÉRISSANT ✹	LEBLANC ✹	REIZET
3	3	FRANÇOIS (O. ✹)	DULAC ✹	COSTALIN ✹	FORTIER ✹	DESELVE ✹
	9	CHAMORIN ✹	ROBERT ✹	HALLÉ ✹	BERTHIER ✹	BESNARD
4	4	DEMONTARDY ✹	TIERSONNIER	DENEUILLY ✹	FROSSARD	BASTIEN
	10	DESPIERRES ✹	DELAPIERRE ✹	WOLBERT	LEGENDRE LAFERRIÈRE	MIL.
5	5	GOVION	DEROCHES	DUBOURG ✹	D'HANACHE	ROUSSELET ✹
	11	PIERFORT ✹	LANDRY St-AUBIN ✹	DECOUCY	LE TELLIER DE VAUBAN	STEPHANOPOLI
6	6	CHATRY LAFOSSE ✹	MERELLE	BOUCLIER ✹	KŒNIG	GIFFARD
	12	AUGUY ✹	ADAM	. . . . .	D'HEBRARD ✹	LAFITTE

PREMIER RÉGIMENT DE CHEVAU-LÉGERS LANCIERS.

État-Major.

Le Cte KRASINSKI (C. ✻), *général de brigade, colonel.*

Le Bon DAUTHENCOURT (O. ✻),
Le prince RADZIWILL ✻, } *majors.*

Le Ch^{er} RAULET ✻, *capitaine quartier-maître trésorier.*

Le Bon KOZIETULSKI (O. ✻),
Le Bon CHLAPOWSKI (O. ✻),
Le Ch^{er} JERMANOWSKI ✻,
Le Cte KRASINSKI (Pierre) ✻,
FREDO ✻,
Le Ch^{er} ROSTWOROWSKI (aîné) ✻,
Le Ch^{er} SZEPTYCKI ✻,
} *chefs d'escadron.*

PELIET, *capitaine-instructeur.*
DELAROCHE, *capit. adjudant-major.*

PFEIFFER, *capit. chargé de l'habillem.*
LADROITE ✻, *lieut. en 1er,*
SIKORSKI ✻, *lieut. en 2°,* } *s.-adj-maj.*
ZOLKIEWICZ, *idem. sous-instruct.*
ROSTWOROWSKI (cadet), *porte-aigle.*
GIRARDOT ✻,
MAUGRAS ✻, } *chirurgiens-majors.*
GODAWSKI, *aide-major.*
RUSZANSKI, *sous-aide-major.*

ESCAD^s	COMP^s	CAPITAINES.	LIEUTENANTS EN PREMIER.		LIEUTENANTS EN SECOND.	
1	1	ZALUSKI (Riv.) ✻	HEMPEL (J^{ne}) ✻	ROMAN	ZAWADZKI	HORACZKO
	8	HEMPEL (Stan.) ✻	MALINOWSKI	MIERZEIEWSKI ✻	TEDWEN	LUBANSKI
2	2	JORDAN ✻	DOBIECKI	GOTARTOWSKI (aîné)	WASILEWSKI ✻	LECKI
	9	JENKOWSKI ✻	BALINSKI	ZIELONKA	FICHNOWSKI	KULAWSKI
3	3	Le Ch^r BROSKI ✻	KILINSKI	KORYCKI	OSINSKI	MARKIEWIEZ
	10	ZAYONCHEK	VANDERNOOT	TURNO	TRESINSKI (Clém.)	KOCK
4	4	MIKULOWSKI	MATLAZYNSKI	WILCZEK ✻	LUBENSKI	FINTOWSKI
	11	COULON	GOTARTOWSKI (J^{ne})	KIELKIEWIEZ	TERZECIAK	SMULSKI
5	5	WASOWICZ ✻	. . . .	. . . .	OKULSKI	ZALAEZKOWSKI
	12	. . . .	. . . .	. . . .	KOMORNICKI	WISZNEWSKI
6	6	. . . .	. . . .	. . . .	. . . .	. . . .
	13	. . . .	. . . .	. . . .	. . . .	. . . .
7	7	. . . .	. . . .	. . . .	. . . .	. . . .
	14	. . . .	. . . .	. . . .	. . . .	. . . .

DEUXIÈME RÉGIMENT DE CHEVAU-LÉGERS LANCIERS.

État-Major.

Le Bon COLBERT (C. ✻), *général de brigade, colonel.*

DUBOIS ✻, (M. I.), *colonel,* }
LE CLERC, } *majors.*

DE TIECHEN ✻,
COTY ✻,
THUROT,
PELIET,
VERDIÈRE,
COLESSON,
MATHIS,
POST,
SCHNEITER,
DELASTOURS, } *chefs d'escadron.*

DUFOUR, *capit. quartier-maître trésor.*
VAN BELVEREN ✻, *capitaine-instruct.*
DE LAFARGUE, }
DESTUERS, } *capitaines adj.-majors.*

DURANTY,
BREPOELS,
DE BELLEFROID,
DE RAISEMENT ✻,
LEUTHUER,
REYNTJES,
DE GROOT,
DUCLOS,
TARLÉ, } *lieut. en premier,*
        sous-adju.-majors.

VERHAAGEN, *lieut. en 1er, porte-aigle.*
HENNINGE, }
MERGEL, } *chirurgiens-majors.*
STUTTERHEIM, }
STEEINS, } *sous-aides-majors.*

NUMÉROS DES		CAPITAINES.	LIEUTENANTS	
ESCAD.	COMP.		EN PREMIER.	EN SECOND.
1	1	VERNER	VERMAESEN	ZIEGLER (jeune)	BIDAULT
	11	MAURIN	BOCHER	SPIES (J.-F.)	CENAS
2	2	ALEXANDRE	HENNEMANN	DE JONCH	GODART-RIVOCET
	12	ARNOULT	HAYOT	VAN DER LINDEN ✻	BARBIER D'ANCOURT
3	3	LANDRIEVE	NETTENCOURT	VANDOORN	PLATELET
	13	DUFOUR	GRUBELS	VAN DER BRUGGHEN	GRANGER
4	4	DOMERGUE	WIBLICH	DOYEN	BRIOT
	14	BAUMETZ	FRANCK	BREEDENBACH	MORETTI
5	5	LEFORESTIER	SPIES (J.-C.)	LE THUILLIER	HERVAL
	15	JONET	VAN OMPHAL	ARNAUD	FOULAUT
6	6	ZIEGLER (aîné)	UDACUS	RECKINGER	DELABORDE
	16	WAUDET	BAUMANN	DEJEAN	DINI
7	7	SENNEPART	RUIS	GOUREL	DE GRENAULT
	17	BERTHAUT	BONTEMPS	ARNAULT	ALEXANDRE (B.-J.)
8	8	LESUEUR	COLIGNON	LANNOY	DESFOURNELS
	18	HESHUTINS	SERAN	LESCALIER	RENAUX
9	9	ROYAN	ESEHWEILER	SOURDES	MARCILLIAC
	19	LABORDE	RETTERICH	COLINS	BOURDEAU
10	10	SALVELAT	GISSER	CHARASSIN	D'ASSIER
	20	LEMAIRE	VELDHUYS	VERON	MOSERAT DE GARRAULT

PREMIER RÉGIMENT DES GARDES D'HONNEUR.

État-Major.

Le Cte PULLY, *général de division, colonel.*

PICQUET, *général de brigade, colonel en second.*

DE CASTELLANNE, } *majors.*
DE MATHAN,

N. . . . . } *capitaines-instructeurs.*
N. . . . .

D'ARMANVILLE,
DE BREUILPONT,
DE CASTELLANNE (Esprit),
DE FREYTAG,
DE GIVERVILLE,
DE LA POMMERAYE,
LA BARBÉE,
Bon DE LAURISTON,
MOYNIER DE CHAMBORAN,
Bon DE PULLY (Étienne),
} *chefs d'escadron.*

DE RIBEROLLES, } *capitaines quart.-maîtr.*
DUBOIS D'ARMOUVILLE,

DE DAMAS,
DE ST-PAER,
DE VAREN,
DE VENTE,
GIBASSIER,
KROSS,
LEMAN,
PIGAULT LE BRUN,
} *lieutenants sous-adjud.-maj.*

CAPITAINES.	LIEUTENANTS EN 1er.	LIEUTENANTS EN 2e.	
DE BEAUREGARD	DANJOU	HASTIER DE MEYDA	DE LA RUE
DE CHAMBRUN	DE BLOIS	BOUWENS	DE LESPARDAS
DE FLINES	DE LINIÈRES	CHARVET	DE MAIZET
DE GRANDMAISON	DE LA GENEVRAYE	DASNIÈRES DE VÉGY	DU PETIT-VAL
DE KERCKHOVE D'EXAERDE	DE MONTJOIE	D'ARJUZON	D'ORCEVAL
DE LA ROSIÈRE	DE MORISEL	DE BELLEFONDS	DUFORMANOIR
DE NOIRVILLE	DE SARBRES	DE BLOIS	DEVISSERY
DUDON D'ENVALS	DE SOLIGNAC	DE BLOQUEVILLE	FOLLEVILLE
GABRIELLI	DOISNEL	DE BELLINGUE	GLATIGNY
HOUDOUART DE THIEVRES	DUZOOW	DE CAMADE	LEFÈVRE (Achille)
LE BEAU DE TRESIDY	FOUGEROUX DE CAMPIGNEULLES	DE CREVECŒUR	LEMAN
LEMERCIER	PESTRE LA FERTÉ	DE FRESQUENNE	MENURET DE CHAMBAND
PISON DE MALBOURGET	. . . . .	DE FRÉZALS BOURSAULT	POINTEL
POPULUS	. . . . .	D'INDY	SOULÉS
SIRESNE	. . . . .	DE GONY	THOINETTE
VERGES	. . . . .	DE GROUCHY	VANSTAPELLE
. . . . .	. . . . .	DE LA RONDE	. . . . .

HISTOIRE DE LA GARDE IMPÉRIALE.

DEUXIÈME RÉGIMENT DES GARDES D'HONNEUR.

État-Major.

Le Cte DE LA GRANGE, *général de division, colonel.*

VALLIN, *général de brigade, colonel en second.*

Vte D'AMBRUGEAC,
Cte DE PANGES, } *majors.*

NICOD,
RAOUL, } *capitaines-instructeurs.*

DE CHOISEUIL (Auguste),
Le Bon DESAIX,
Cte DE GENTIL,
D'HULST,
DE LA BOULLAYE,
N. . . . . . } *chefs d'escadron.*

GUILLAUME,
N. . . . . } *capit. quart.-maîtres.*

N. . . . .
N. . . . .
N. . . . .
N. . . . .
N. . . . . } *lieuten. sous-adjudants-majors.*

CAPITAINES.	LIEUT^{ts} EN 1er.	LIEUTENANTS EN 2^e.	
BALLUET D'ESTOURMELLES	CHRISTIANI	BOURCIER DEMONTUREAUX	DUDOIGNON
BODSON DE NOIRFONTAINE	CLIFFORT	BEFFROY	FILMENT
Baron D'ALBERG	DE CADIGNAN	DANOVILLE	KONENS
DE BARTILLAT	DE CHAMPLOTTE	CAVAGNARI	HANOTIN
DE BREUIL	DE RENNEVILLE	DE BEAUCORPS	HERMAN-HERMENS
DE CHATENOY	GAIDIOS	DE CHARLAINCOURT	HUGO
DE GONDRECOURT	HERNAUD	DE COURCELLES	LORIN
DE LAUPERNA	LEGOUX-DUPLESSIS	DE FLAVIGNY	NERVART
DE LA SALLE	MOTTEY	DE FOUROLLES	NIPELS
DE PUYSÉGUR	. . . . .	DE LANOY	NODGHON
DEVEAUX	. . . . .	DE PARDIEUX	RENDORP
GUICHARD	. . . . .	DE PESTRE	THOMASSIN
MALTÊTE	. . . . .	DE PONTOIS	TURKIN
MICHEL	. . . . .	DESHAYES	VANDENHEUVEL
. . . . .	. . . . .	DE WREEDE	. . . . .

TROISIÈME RÉGIMENT DES GARDES D'HONNEUR.

État-Major.

Le Cte DE SÉGUR, *général de brigade, colonel.*

VINCENT, *général de brigade, colonel en second.*

BRIANÇON DE BALMONT, \
B^{on} DE SALUCES, } *majors.*

DASTORG, \
D'ARGOUT, \
Cte D'ANDLAW, \
BERTHOLA, } *chefs d'escadron.* \
DE CASTELNAUD, \
DE LA TOURETTE, \
DE VILLEMOGÈNE, \
NADAILLAC,

WEBER, \
N...... } *capitaines instructeurs.*

CHASSERON, \
N...... } *capit. quartiers-maîtres.*

BERNARD, \
N...... } *lieuten. adjud.-majors.*

NOGERÉE, \
SACHI, } *sous-lieut. sous-adj.-maj.*

CAPITAINES.	LIEUTENANTS EN 1er.	LIEUTENANTS EN 2e.	
BERNARD CAMPAGNE	BABOUX DE LA CHARBOTTIÈRES	ANDUZÉ	DUMAS
BOURGEOIS	BERTHOLINI	AUGIER DE MOUSSAC	DE VILLARS
CASTERA DE LA RIVIÈRE	DE CHABAN	BOISSARD	DU LANDRAU
COUTURIER	D'HANNE	BOURINER	GABORIT DE LA BROSSE
DE BELLEVUE	DE MONTSORBIER	CHOTARD	GERAS
DE BESSY	DE MONTARIEU	DAIGUEBELLE	KERGHIST
DE BOUILLÉ	DE NARCÉ	DE BOURGON	LEVAVASSEUR
DE JUMEL	DORO DE PONTOUX	DE CHABOT	MATHIS
DE HAUTEFEUILLE	DU LANDRAU	DE COINCY	NAYSCANDAU
DE MONTANES	GINSOT	DE FERRERY	NESTOR FAJAC
DESPIETIÈRES	GOUVELLO	DE FRANCE	PAIMPARÉ
DUVAL DE BEAULIEU	LACARRE	DE KERALIO	PELLET
MILLET	LAMORINE	DE LA PAUMELIÈRE	RÉCUIGNE VOISIN
MORGAN	LARDERET	DE LONLAY	SANDRÉ
NOËL	LESPARDA	DE MONTIGNY (Ph.)	SAPINAULT
VANHAL	PROVOST (Placide)	DE ST-VICTOR	STROZZI
. . . . .	STIENNENS	DESBOURDES	. . . . .
. . . . .	VASSAL.	DODRENAY	. . . . .

QUATRIÈME RÉGIMENT DES GARDES D'HONNEUR.

État-Major.

Le Cte DE SAINT-SULPICE, *général de division, colonel.*

MERLIN, *général de brigade, colonel en second.*

Cte DE CLERMONT-TONNERRE, \
MONTEIL, } *majors.*

BAQUI D'ARBAUD JOUQUES, \
BROUVILLE, \
SALUCES DE LA MANTE, \
N...... } *chefs d'escadr.*

DE BOISSENILH, \
N...... } *capitaines-instruct.*

DAMMARTIN, \
N...... } *capit. quart.-mait.*

DE COSNAC, \
N...... } *lieut. sous-adj.-maj.*

CAPITAINES.	LIEUTENANTS EN 1er.	LIEUTENANTS EN 2e.	
BOURY	BACHELET	ARTAUD DE L'ESTRADE	DE VILLENEUVE
COLONNA D'ISTRIÉE	BONTEMPS LEFORT	BACCHIGLIERI	FONDY
D'ALISSAC	COLLIN	BERTHIER DE BISSY	SAUVAT DE CHAMPOLLION
DE CIDENIS	DE TOURIAC	CARAVADOSSI	LUBATTE
DE LAGARDE	GRANIER	DE BELLEFONDS	MALLEDAN DE FREYTIAT
DE MONTARBY	GROS DE PEIGNE	DE BRY	POLGÉ DE MONTALBERT
DE MONTILLET	RIEDMATTEN	DE CHAMPFLOUR	RAGUZZI
DE ROUVIÈRE	TAFFIN ASSEY	DE CHAZELLES	ROBINEAU DE BEAULIEU
DESPRÉMENILS	VALFRÉ BONZO	DE COLLEVILLE	RODES DE CHALAMAT
DE TRUCHY	. . . . .	DE CUZIEU	SCARAFFIA
GRUAT	. . . . .	DE LAFARGE	SERNINI
LAFRENAYE	. . . . .	DE MARILLAC	SOLDANI
MOROZZO	. . . . .	DE MONTCALM GOZON	TADEY
. . . . .	. . . . .	DE SERRAVAL	VERDIER LATOUR
. . . . .	. . . . .	DE SONNAZ	. . . . .
. . . . .	. . . . .	DE TILLY	. . . . .

TARIF DE LA SOLDE ATTRIBUÉE A CHAQUE GRADE,

dans les régiments des Gardes d'honneur.

DÉSIGNATION DES GRADES.	SOLDE INDIVIDUELLE par an pour les officiers, par jour pour la troupe.		SOLDE D'ABSENCE			
			en semestre.		à l'hôpital.	
OFFICIERS.						
Colonel................	9,600 f.	» c.	4,800 f.	» c.	3,200 f.	» c.
Major.................	7,200	»	3,600	»	2,400	»
Chef d'escadron...........	6,000	»	3,000	»	2,000	»
Capitaine instructeur.........	4,000	»	2,000	»	1,333	33
Quartier-maître...........	»	»	»	»	»	»
Adjudant-major capitaine.......	4,000	»	2,000	»	1,333	33
Sous-adjud.-major lieutenant en 1er..	2,700	»	1,350	»	900	»
Chirurgien-major...........	3,600	»	1,800	»	1,200	»
Idem aide-major..........	2,400	»	1,200	»	800	»
Idem sous-aide-major......	1,800	»	900	»	600	»
Capitaine..............	4,000	»	2,000	»	1,333	»
Lieutenant en premier.........	2,700	»	1,350	»	900	»
Lieutenant en second........	2,400	»	1,200	»	800	»
TROUPE.						
Vaguemestre..............	3	25	1	62	1	08
Sous-instruct. maréch.-des-logis-chef..	2	77	1	38	»	92
Artiste-vétérinaire...........	5	»	2	50	1	66
Aide-vétérinaire............	2	50	1	25	»	83
Trompette-major...........	3	88	1	94	1	29
Brigadier-trompette..........	1	94	»	97	»	64
Maître-tailleur............	2	22	1	11	»	74
Id. culottier............	2	22	1	11	»	74
Id. bottier.............	2	22	1	11	»	74
Id. armurier............	2	22	1	11	»	74
Id. sellier.............	2	22	1	11	»	74
Id. éperonnier...........	2	22	1	11	»	74
Id. maréchal-ferrant........	2	22	1	11	»	74
Maréchal-des-logis-chef........	2	77	1	38	»	92
Maréchal-des-logis...........	2	50	1	25	»	83
Fourrier...............	2	50	1	25	»	83
Brigadier..............	1	94	»	97	»	64
Maréchal-ferrant...........	1	80	»	90	»	60
Garde d'honneur...........	1	25	»	62	»	41
Trompette..............	1	80	»	70	»	60

ARTILLERIE.

État-Major du Corps.

Le Cte DULAULOY (G. ✻) (G. ✻), *général de division, colonel-commandant.*
Le B^on^ D'ABOVILLE (O. ✻), *génér. de brig., command. l'École d'artill. de La Fère.*
Le Bon BOULARD (O. ✻), *major, directeur du matériel.*
Le Bon LALLEMAND ✻, *chef de l'état-major.*
PION ✻, *sous-directeur du matériel.*
BECU ✻, *capitaine quartier-maître.*
GUILLON ✻, *lieutenant en premier, garde général du parc.*
DUVAL ✻, *idem, adjudant d'habillement.*
SERVOIS, *professeur de mathématiques.*

ARTILLERIE A CHEVAL.

État-Major.

Le Bon DESVAUX (O. ✻), *général de brigade, major-commandant.*

Le Bon DUBUARD MARIN (O. ✻), Georges Delmude (O. ✻), Boisselier (O. ✻), *chefs d'esc.*
LIST ✻, *adjudant-major.*

HUET ✻, PASQUIER, ..., *sous-adjudants-majors.*
THERIN (O. ✻), *chirurgien major.*

Bataill.	Comp.	CAPITAINES-COMMANDANTS.	CAPITAINES EN SECOND.	LIEUTENANTS EN PREMIER.	LIEUTENANTS EN SECOND.
1	1	Euvrard ✻	Lasnon	de Marcilly ✻	Fremont
	2	Cercelet ✻	Massias ✻	Liautet	Desnoyers
2	1	Savarin ✻	Allavenne ✻	Molin	Bollemont (J^ne^)
	2	Durbarch ✻	de Lazaras ✻	Delagrange ✻	Rigal
3	1	Laporte ✻	le Griel	de Broca	Savoie
	2	Mancel	Viard	Coessin	Hervé

ARTILLERIE A PIED (Vieille Garde).

État-Major.

GRIOIS ✻, *colonel, major-commandant.*

COUIN ✻, Le B^on^ D'HAUTEPOUL ✻, CAPELLE ✻, *chefs de bataillon.*
BERANGER ✻, *adjudant-major.*

CORNUEL ✻, MAINVILLE, RAOUL, *sous-adjudants-majors.*
SOUCHOTTE, *chirurgien-major.*

Bataill.	Comp.	CAPITAINES-COMMANDANTS.	CAPITAINES EN SECOND.	LIEUTENANTS EN PREMIER.	LIEUTENANTS EN SECOND.
1	1	Eggerie ✻	Demetz ✻	Dumas Culture ✻	Breon
	2	Leclerc ✻	Le Cte de Fourcroy ✻	Guichard ✻	Belley
2	1	Lefrançais ✻	Ditch	Aubertin ✻	Viard
	2	Bitz ✻	Cuny ✻	Thouvenel	Ramadou
3	1	Demontravel ✻	Heuraux ✻	Rivière ✻	Lanoue
	2	Maillard ✻	. . . . .	Bollemont aîné ✻	Lefèvre
Ouvriers pontonn.		Bosquette ✻	Guettmann ✻	Bousson	Busch

ARTILLERIE A PIED (Jeune Garde).
État-Major.

HENRION (O. ✻), *major-commandant.*

BREUX ✻,
AUBERT (O. ✻),
OUDIN (O. ✻),
FAIVRE ✻,
RENAUD,
LAFOND,
LEVIS,
} *chefs de bataillon.*

CHARPENTIER,
MICHAUX,
. . . . . .
. . . . . .
. . . . . .
. . . . . .
. . . . . .
} *sous-aides-majors.*

HORTEL ✻, *capitaine adjud.-major.* | . . . . . . *chirurgien-major.*

Bataill.	Comp.	CAPITAINES-COMMANDANTS.	CAPITAINES EN SECOND.	LIEUTENANTS EN PREMIER.	LIEUTENANTS EN SECOND.
1	1	LEFISELIER	MAINGARD	MARÉCHAL	FAUDIN
	2	SAINT-MICHEL	DENIGRO	HUE	BAUDOIN
2	1	CAILLY	LAMY	GRÉGOIRE	COULOMBO
	2	ROMESTIN	CADER	BLANC	VICAIRE
3	1	LEDILAIS	MAURIN	BOUYET	COTEAU
	2	CAHÉ	JOFFRE	PÉRIGNON	VUILLEMONT
4	1	JAVERSA	. . . . .	MARDOCHÉ	BAUSILLON
	2	DECKER	. . . . .	POLYCARPE	. . . . .
5	1	DUPERCHE	. . . . .	BARBIER	. . . . .
	2	JANNEZ	. . . . .	MERLE	. . . . .
6	1	MARCO	. . . . .	SCHWARTZ	. . . . .
	2	SERVENTI	. . . . .	BOMERS	. . . . .
7	1	BOUQUERO	. . . . .	TOURNEMINE	. . . . .
	2	CUVELLIER	. . . . .	LEBLANC-LACOMBE	. . . . .

COMPAGNIE DE CANONNIERS VÉTÉRANS.

DEFRENNE ✻, *capitaine.* — LAGUERNAY ✻, *lieutenant en premier.*

GÉNIE.
État-Major.

Le Bon KIRGENER DE PLANTA (C. ✻), *général de division, colonel.*
BOISSONET (O. ✻), *major.*

GUIRAUD (O. ✻),
Le Bon CHRISTIN ✻,
} *chefs de bataillon.*
FOURNIER ✻, *capitaine,*
LEBIS, *lieutenant-adjoint.*

Compagnie de Sapeurs.

BLAY ✻, *chef de bataill., cap.-comm.*
JUILLET, *lieutenant en premier.*
DUGUET ✻,
GEIL ✻,
} *lieutenants en second.*

Compagnies d'Ouvriers à la suite de l'Administration.
Lieutenants :

HUGON ✻. — BÉGÈS ✻. — PICARD ✻. — TOCHE.

Sous-Lieutenants :

LAPAREILLÉ. — FORMIER. — LOUIC. — DURANDET.

TRAIN D'ARTILLERIE.

État-Major.

Le Bon LEGNIM (O. ✻), *colonel d'artillerie, colonel-major.*
LEROY ✻, *chef de bataillon, commandant en second.*
BAILLOND ✻, *major.*

1er régiment.	2e régiment.
PIGNIÈRE, *lieutenant adjud.-major.*	MONTREUIL ✻, *lieut. adjud.-major.*
VALERY, *quartier-maître.*	JACQUESSON, *quartier-maître.*
NICOLAS, *sous-lieuten. d'habillement.*	. . . . . . *sous-lieut. d'habillement.*
BELLENAND, *chirurgien-major.*	. . . . . . *chirurgien-major.*
PICHOT, *aide-major.*	HARSAND, *aide-major.*
DESOURBIER, VILLAUME, } *sous-aides-majors.*	SEGARD, ... } *sous-adjudants-majors.*

BATAILL.	CAPITAINES D'ARTILLERIE command. les bataill.	COMPAGN.	LIEUTENANTS COMMANDANT les compagnies.	BATAILL.	CAPITAINES D'ARTILLERIE command. les bataill.	COMPAGN.	LIEUTENANTS COMMANDANT les compagnies.
1	CUEVEL ✻	1 2 3 4	BARON CIRET (Louis) FOUET GENIN	1	DEMAIDY ✻	1 2 3 4	BOUDRY MONTALENT SCHMITT NETTEMENT
2	COLOMB ✻	1 2 3 4	BERTRAND DUBOIS DECOUDE LEMERCIER	2	ARROUX ✻	1 2 3 4	MERMET BARBIER LANDE PASQUIER
3	DAVID ✻	1 2 3 4	SENILLE BRESNIÈRES CIRET (Pierre) ✻ ARNOUX		GODIA ✻, commandant la compagnie du dépôt. *Lieutenants à la suite :* GIRINON. — BAUDOIN.		

BATAILLON DU TRAIN DES ÉQUIPAGES.

État-Major.

GUBERT ✻, *capitaine-commandant.*

TANCHON ✻, DESMOUTILS, } *lieuten. adjud.-maj.* | HUBERT-VALVILLE, TESTU, LIEUTEAU, } *lieutenants sous-adjud.-majors.*
LEBLANC, *lieuten. chargé de l'habillem.*
VERY, *sous-lieut. quartier-maître.* | BARTHÉLEMY, *chirurg.-sous-aide-maj.*

Lieutenants :

SAVARY ✻.	—	SOREL ✻.	—	ROGER ✻.
GOUBLIN ✻.	—	CHARLIER ✻.	—	PICHARD ✻.
CAVARD.	—	BIETRIX.	—	FROMENT.

Sous-Lieutenants :

| MOREAU. | — | DUVAL. | — | MARCHAND. |
| JOHAN. | — | TOGNET. | — | PEIGNOT. |

SERVICE DE SANTÉ (Hôpital de la Garde, dit du Gros-Caillou.)

Le Ch^{er} SUE ✻, *médecin en chef.*
Médecins-Adjoints.
CASTEL ✻. — COUTENCEAU.
Le Bon LARREY (C. ✻), *chirurgien en chef.*
Le Ch^{er} PAULLET (O. ✻), *chirurgien en chef adjoint.*

Chirurgiens de première classe.

| ZINCK. | CHAMPION. | PIGOU. | TRASTOUR. |

Chirurgiens de deuxième classe.

HOUIN ✻.	JOURDAN.	EMERY.	SALMADE.
PIERRON ✻.	GANOT.	CAPEL.	MARCHAND.
POTEAU ✻.	LARREY (fils).	SOUILLÈRE.	. . . . .

Chirurgiens de troisième classe.

BOULAY ✻.	BLAGUER.	SAMSON.	D'HERCORT.
LASSUS.	LAHENNEC.	BOISSEAU.	HÉON.
LEGASQUIE.	BEGIN.	HUVELLE (jeune).	LETERREUX.
DESMOULINS.	BALISTE.	DUCAMP.	DE LARUE.
IMBERT.	HUSQUIN.	SUE (neveu).	HARIAGUE.
BORDE.	SEKKEN.	PAGES.	MONDET.
BERAUD.	PALLUELLE.	DEMANGET.	. . . . .

BOULOY, *pharmacien en chef.*

Pharmaciens de première classe.
ALLYON. — DELAGARDE.

Pharmaciens de deuxième classe.
FOURCY. — TOUSSAINT. — RASTOU. — SUREAU fils.

Pharmaciens de troisième classe.

AUBRY.	LEVASSEUR.	MORTIER.
LECOMTE.	ROBERT.	PORCHER.
TAILLEUR.	NACHET (jeune).	BARILLET.
	FOURNIER.	

CHAPITRE IV.

LA GARDE, PENDANT LA CAMPAGNE DE SAXE, EN 1813.

I.

Les désastres de la retraite de Russie, loin d'abattre la France, retrempèrent, au contraire, son esprit national : l'enthousiasme grandit à la hauteur du danger, comme aux premiers jours de notre révolution. L'Empereur sut mettre à profit ce mouvement patriotique ; et, bientôt, toutes les forces dont la nation pouvait disposer furent dirigées vers le but le plus pressant : L'indépendance du pays !

Le premier soin de Napoléon fut naturellement d'envoyer de nombreux renforts à la brave armée qui, par sa ferme contenance sur les bords du Niémen, de la Vistule et de l'Oder, contenait encore les armées russes prêtes à fondre sur elle. Malheureusement la nouvelle campagne qu'il allait entreprendre devait être une campagne de défection de la part de nos alliés : ce furent les Prussiens qui donnèrent l'exemple en trahissant les premiers.

Le général Yorck, avec son corps, abandonna le maréchal Macdonald et passa à l'ennemi. Trahison inattendue, et qui, livrant passage aux Russes, obligea le vice-roi, Eugène, devenu général en chef de l'armée après le départ du roi de Naples, à se retirer successivement derrière la Vistule, derrière l'Oder et derrière l'Elbe..

Yorck fut d'abord désavoué par le cabinet de Berlin, qui, à son tour, après avoir abandonné notre alliance se mit à la remorque de la Russie. Pendant ce temps, le prince royal de Suède, Bernadotte, faisait son pacte avec le ministère britannique, et, soudoyé par les guinées anglaises, se préparait à venir combattre ses anciens compagnons d'armes.

Les Autrichiens, encore retenus par la politique prudente de leur cabinet, les Saxons, par la loyauté de leur souverain, devaient réfléchir avant de se déclarer tout à fait contre nous. En attendant, la coalition étrangère, pour mieux exciter la haine des peuples contre la France, faisait retentir les mots sonores de *liberté* et de *patrie*, grands mots qui devaient être oubliés le lendemain de la victoire. En Prusse, les jeunes gens de toutes les classes, riches, pauvres, nobles ou roturiers; les étudiants des universités, conduits par leurs professeurs devenus leurs officiers, s'enrégimentaient. Dans les pays de la confédération du Rhin, les souverains, plus impatients peut-être que leurs peuples de rompre leur alliance avec Napoléon, déguisaient davantage leurs sentiments. « Le lion n'était pas mort, » comme on l'avait proclamé : il y avait risque à lever le pied contre lui. En effet, au moment où l'Allemagne croyait l'Empereur enveloppé par les glaces de la Russie, ne l'avait-elle pas retrouvé au milieu de son palais des Tuileries, recevant les hommages et les protestations de dévouement de tous les corps constitués de l'Empire ? Et cette France, qu'on peignait si épuisée, ne venait-elle pas de se relever plus enthousiaste et plus formidable que jamais en envoyant trois cent mille de ses enfants prendre, dans le Nord, la place de ceux que la guerre avait moissonnés ? Le roi de Saxe refusa formellement de rompre l'alliance qui l'unissait à la France; le cabinet autrichien, sans la rompre entièrement, cessa d'en remplir les conditions, et offrit seulement sa médiation pour la conclusion de la paix. Napoléon l'accepta ; mais comme ces négociations ne devaient point arrêter les hostilités, il partit de Saint-Cloud, le 16 mars 1813, pour se mettre à la tête de sa nouvelle et jeune armée.

II.

Il était temps que l'Empereur arrivât. L'habileté et la bravoure du vice-roi, la constance de ses héroïques bataillons, réduits à un si petit nombre d'hommes, ne pouvaient plus suffire pour contenir les forces toujours croissantes de l'ennemi. La ligne du Niémen avait été abandonnée par suite de la trahison du général Yorck : on ne s'était pas arrêté derrière la Vistule ; mais les lignes de l'Oder et de la Wartha avaient donné le temps au prince Eugène de réorganiser l'armée sans abandonner la défense des places fortes du nord de l'Allemagne.

Mort du maréchal Bessières
GARDE IMPÉRIALE.

L'armée alliée présentait alors un nombre formidable de combattants, qui devait, trois mois plus tard, s'élever à neuf cent mille hommes. Le vieux Blucher commandait les Prussiens, et Wettgensteins avait pris le commandement en chef des Russes après la mort de Kutusoff, que les fatigues de la campagne de Russie avaient tué.

Napoléon n'était pas connu des troupes qui devaient combattre sous ses ordres. Conscrits pour la plupart, ces jeunes soldats allaient voir le feu pour la première fois : ils saluèrent de leur bruyantes acclamations le grand capitaine dont ils étaient résolus de se montrer dignes. Ce fut sur les bords de la Saale, à peu de distance du fameux champ de bataille d'Iéna, que la nouvelle armée fit sa jonction avec l'ancienne. La cavalerie, même celle de la Garde, n'était pas encore arrivée en ligne ; l'infanterie seule de la vieille Garde avait pu marcher sans se reposer. Néanmoins, et quoique les Russes eussent une cavalerie très-nombreuse, Napoléon prit alors l'offensive et ordonna de se porter sur Leipsick : Weissenfels et Poserna furent témoins des premiers succès de nos jeunes soldats.

Le 1ᵉʳ mai au matin on signale une forte arrière-garde ennemie sur les hauteurs de Poserna. Napoléon l'examine et la suit de sa longue-vue. Poserna est un défilé que le général Wuizingerode veut défendre avec du canon et de l'infanterie :

— Enlevez cette position, dit l'Empereur à la division Souham ; c'est le couronnement de la journée.

A ces mots la jeune infanterie que commande cet intrépide général s'avance avec ardeur et formé comme un brillant échiquier de baïonnettes étincelantes. L'artillerie ennemie fait un feu effrayant. Les boulets labourent les rangs, brisent les colonnes ; le combat est acharné. Le maréchal Bessières, sans cavalerie, est un corps privé d'âme. Il la cherche cette cavalerie de la vieille Garde qu'il a toujours commandée sur les champs de bataille ; mais ne l'apercevant pas, il parcourt le terrain en véritable tacticien qu'il est. A ce moment un boulet ennemi rebondit dans la plaine, ricoche et vient frapper au milieu du corps le maréchal, qui tombe broyé. C'est encore un vieux de l'armée d'Italie que la cavalerie de la Garde était habituée à voir coiffé et poudré comme au temps de la république. On couvre le corps de Bessières d'un manteau pour cacher cette perte à l'armée, et on l'emporte. Quelle fatalité ! quel présage ! Depuis seize ans Bessières n'avait pas quitté Napoléon. Il semble que ses plus intimes compagnons d'armes doivent, dans cette funeste mais glorieuse campagne, aller préparer, au delà du tombeau, un sépulcre plus large pour l'âme de leur Empereur !

Voici, au surplus, comment Napoléon s'exprima à l'égard de Bessières dans la lettre adressée par lui, le 2 mai 1813, neuf heures du soir, à Marie-Louise [*].

« Ce maréchal, disait-il, qu'on peut à juste titre nommer brave et
« juste, était recommandable autant par son coup d'œil militaire et
« sa grande expérience de l'arme de la cavalerie, que par ses qualités
« civiles et privées. Sa mort, sur le champ d'honneur, est la plus digne
« d'envie. Elle a été si rapide qu'elle a dû être sans douleur. Il est peu
« de pertes qui puissent être plus sensibles au cœur de l'Empereur.
« L'armée et la France entière partageront la douleur que Sa Majesté
« a ressentie. »

Cependant nos troupes ayant culbuté l'ennemi, bivouaquèrent sur la route de Lutzen à Leipsick. Dans cette plaine déjà célèbre par la mort d'un héros, Gustave-Adolphe, et sur l'ordre de Napoléon, on plaça des sentinelles pour préserver de la hache des sapeurs les saules qui ombrageaient ce vieux monument de souvenirs glorieux.

Le lendemain 2 mai, l'armée continua sa marche. La route était couverte d'une longue file d'équipages, de caissons et de pièces d'artillerie ; on avait hâte d'arriver à Leipsick. Napoléon, présumant que l'ennemi l'attendrait dans les plaines qui sont en arrière, pensait qu'il pourrait y livrer une grande bataille. Déjà une fusillade s'était engagée aux abords de la ville, dont on apercevait les toits couverts d'habitants, spectateurs paisibles du combat ; mais de ce côté cependant aucune masse ne s'offrait à la vue. Impatient de savoir si la résistance était

---

[*] Dans cette campagne et dans celle de 1814, Napoléon, comme s'il eût prévu que la fortune allait abandonner ses aigles, cessa d'envoyer dans la capitale ces bulletins sublimes, fidèles témoignages de ses succès sur les champs de bataille, de même qu'il se montra sobre de proclamations à ses soldats. Les nouvelles de l'armée étaient adressées : « à S. M. l'Impératrice-Reine et Régente, » et publiées, par *extraits*, dans le *Moniteur*, sous cette formule ; mais la rédaction n'en appartenait pas moins à Napoléon. Il est curieux de comparer la peinture de nos revers tracée de la même main que celle qui avait improvisé les brillants bulletins d'Austerlitz, d'Iéna, de Friedland, de Wagram et de la Moskowa.

sérieuse, Napoléon dirigeait sa lunette vers le point où notre avant-garde s'était engagée ; lorsque tout à coup une épouvantable canonnade se fit entendre sur la droite et presque en arrière de l'armée. Napoléon fait un mouvement et se retourne... Des tourbillons de fumée s'élèvent, du milieu de la plaine, dans la direction des villages de Rhana, Kaya, Gros-Gorschen et Klein-Gorschen, où le corps du maréchal Ney a dû passer la nuit; on découvre à l'horizon plusieurs colonnes d'une noire profondeur... C'était l'armée ennemie qui avait bivouaqué la nuit précédente à trois lieues de l'armée française, et qui débouchait tout entière de Pegau pour la prendre en flanc. Napoléon, ainsi attaqué à l'improviste, se décide à livrer bataille sur-le-champ.

— Nous n'avons pas de cavalerie, dit-il; mais n'importe : ce sera une bataille d'Egypte; partout l'infanterie française doit savoir se suffire. Je ne crains pas de m'abandonner à la valeur de nos jeunes conscrits.

Ses ordres sont aussitôt donnés. Le duc de Tarente doit cesser l'attaque de Leipsick et revenir former notre gauche, dont le vice-roi Eugène aura le commandement. Le duc de Raguse, qui est à l'arrière-garde, formera la droite et sera soutenu par le général Bertrand. Les troupes qui sont en colonnes sur la route s'arrêtent, serrent les rangs, font demi-tour à droite et développent aussitôt leur ligne dans la plaine. Cette belle manœuvre est exécutée avec une précision qui aurait fait honneur à des vétérans.

Les troupes du maréchal Ney ne se composaient que de conscrits: ils soutinrent le premier effort des Russes avec l'aplomb et la fermeté de nos vieux soldats. Néanmoins, l'ennemi s'empara du village que ce corps d'armée occupait et s'avança sur Lutzen, qu'il voulait enlever à tout prix. La présence de Napoléon et de sa Garde pouvait seule arrêter cet élan et changer la fortune. L'Empereur arriva donc avec la Garde à Kaya, centre de l'attaque, au moment où nos braves jeunes gens, ne voulant pas fuir devant les Russes et les Prussiens survenus tour à tour, cherchaient à se rallier, en se pelotonnant, aux cris de *vive l'Empereur!* son arrivée produisit sur eux l'effet accoutumé : les rangs se reformèrent, l'enthousiasme revint et le combat recommença avec fureur.

Bientôt et tandis que la Garde opposait aux alliés un front inébranlable, le corps de Marmont, arrivé sur le champ de bataille, prolongea la droite que l'ennemi cherchait à gagner, et déboucha vers Starsiedel, sans s'inquiéter de la nombreuse cavalerie russe et prussienne qui s'avançait fièrement pour le charger. Les divisions Compans et Bonnet, formées en carrés, repoussèrent cette cavalerie plusieurs fois; elle revint; mais ses braves divisions, formées de régiments de marine, lui présentèrent un bloc impénétrable : un seul de leurs bataillons fut entamé.

Cependant Blucher faisait avancer le corps d'Yorck et la division russe de Berg pour reprendre les villages de Rhana et de Klein-Gorschen que le maréchal Ney venait de lui arracher. Ce maréchal, obligé de céder, se retira derrière Kaya, qu'il défendit avec vigueur. En vain l'ennemi attaqua impétueusement ce village, deux fois il en fut expulsé : un dernier effort de la division Berg en assura la possession momentanée aux coalisés. Nos jeunes soldats soutenaient, sans faiblir, cette lutte opiniâtre; mais, plus braves qu'expérimentés, ils éprouvaient des pertes énormes. Ce fut alors que Napoléon, arrivé au milieu du feu, ordonna au comte de Lobau, son aide-de-camp, de se mettre à la tête de la division Ricard, et de seconder l'effort que le prince de la Moskowa allait tenter pour reprendre Kaya.

Le mouvement s'exécuta avec la rapidité de l'éclair. Le comte de Lobau, vivement appuyé par les divisions Brenier, Girard et Souham, pénétra dans le village. Un combat terrible s'engagea entre Kaya et Klein-Gorschen, d'où l'ennemi débouchait avec toutes ses forces réunies. Girard et Brenier succombèrent en héros à la tête de leurs jeunes phalanges qu'ils persistèrent, quoique grièvement blessés, à mener au combat. Girard en mourant cria aux siens :

— Soldats ! c'est la journée de la France ! il faut ici venger l'affront de Moskow ou mourir !

L'ennemi sentant que la victoire allait lui échapper s'il ne soutenait Blucher plus efficacement, Wittgenstein ordonna au prince de Wurtemberg de se reporter de la gauche sur la droite. Une de ses divisions attaqua la division Marchand, et la repoussa au delà de Flosgroben; l'autre renforça Berg, à Klein-Gorschen. Ce village fut repris, et Ney, pour la troisième fois, ramené derrière Kaya. La prochaine arrivée des grenadiers et de la garde russe, qu'Alexandre et Frédéric-Guillaume, témoins du combat, attendaient avec impatience, pouvait décider la bataille contre nous. Le moment était décisif, la Garde impériale française reçut l'ordre de prendre l'offensive ; Lutzen n'avait été jusqu'alors, sauf le combat des régiments de marine, qu'une bataille de jeunes gens. Seize bataillons de la jeune Garde, sous les ordres du maréchal Mortier, eurent l'honneur de marcher les premiers, et l'ennemi culbuté fut mené battant jusqu'à Klein-Gorschen. Les grenadiers russes, qui étaient arrivés en ligne, commencèrent là à prendre part à l'action en débouchant par Eisdorf et Gros-Gorschen. Ce mouvement aurait pu encore décider la journée si toute l'armée française eût consisté dans ce qui combattait sur ce point ; mais, de son côté, le vice-roi Eugène avait laissé les colonnes de Lauriston engagées dans les faubourgs de Leipsick, et accourait à Hitzen avec le corps de Macdonald ; l'entrée en ligne de ces trois divisions fraîches décida la victoire. Vainement les grenadiers moscovites et le corps du prince de Wurtemberg cherchèrent-ils à disputer le passage d'Eisdorf ; attaqués de toutes parts, ils furent contraints de l'abandonner. Les alliés, à leur tour, débordés par la droite, tandis que Ney et Marmont les pressaient de front et que Bertrand débouchait à leur gauche et les tournait avec la division Morand, jugèrent le danger de leur position, et se replièrent derrière Gros-Gorschen, où l'arrivée des gardes russes leur permit de passer l'Elster.

La bataille de Lutzen laissa peu de prisonniers en nos mains, mais l'ennemi y fit des pertes considérables. Plusieurs de ses généraux furent blessés (Blucher, Konowitzin, Hunerbein, etc.) ; d'autres, au nombre desquels on comptait les princes de Mecklembourg-Strelitz et de Hesse-Hombourg, furent tués. Cette victoire, au début d'une campagne, eut un effet moral prodigieux : elle arrêta, pour un temps, la défection des alliés, et exalta le courage des soldats de la jeune garde qui gagnèrent dès lors la fermeté et l'aplomb des vieilles troupes de leur arme.

Pendant la bataille, Leipsick fut pris par les troupes du général Lauriston, et six jours après Dresde tombait en notre pouvoir.

En arrivant, l'armée coalisée avait coupé le pont qui sépare Dresde de la Ville-Neuve, ou faubourg de Newstadt, que leur arrière-garde continuait à occuper ; il fallut plusieurs jours pour le rétablir et pour passer, malgré le feu de leurs batteries. Pendant ce temps, Napoléon eut le plaisir de réinstaller dans son palais le digne roi de Saxe, qui avait été fidèle à sa parole.

III.

Les alliés s'étaient arrêtés à douze lieues de Dresde. A Lutzen ils avaient été chercher une bataille. Ils se décidèrent cette fois à attendre que nous vinssions les trouver; ils choisirent le terrain où il leur convenait de combattre, certains que nos soldats n'hésiteraient pas à les y attaquer, et ils disposèrent de toutes leurs ressources de façon à s'y fortifier pour nous recevoir vigoureusement.

Le passage de l'Elbe et les différentes dispositions que Napoléon crut devoir prendre, avant de marcher en avant, durèrent dix jours. Les généraux ennemis profitèrent de ce temps de repos pour hérisser leur camp de redoutes et de retranchements, qu'ils garnirent d'une nombreuse artillerie. Le centre de leur position était assis sur les fameux mamelons de Klein-Bautzen et de Kreckwitz, à une lieue en avant de Wurtschen et à une lieue en arrière de Bautzen, position formidable, où déjà, pendant la guerre de sept ans, Frédéric, réfugié après sa défaite de Hochkich, avait bravé l'armée victorieuse de Daun. Seulement le général autrichien était arrivé du côté de Prague, et l'armée française s'avançait par la route de Dresde. La gauche de la position des armées coalisées s'appuyait sur les montagnes de Bohême et donnait peu de prise à l'attaque; la droite, couverte par les lacs de Malschwitz, était d'un accès difficile. Enfin la Sprée, qui baigne les murs de Bautzen, défendait la position et offrait un premier obstacle à franchir.

Le passage de cette rivière, qui eut lieu sur trois ponts, et le soin de repousser l'ennemi de position en position, remplirent la première journée. L'effort de notre armée paraissait devoir se porter sur la gauche du camp retranché, qui était défendu par les Russes. Nos jeunes soldats, que la victoire de Lutzen ne permettait plus d'appeler des conscrits, y montrèrent une valeur impétueuse. Partout où l'ennemi osa les attendre, il fut abordé franchement et culbuté à la baïonnette. Napoléon dirigea tous les mouvements, et le succès couronna ses espérances. Dans cette première affaire, qu'on appelle le combat de Bautzen, Marmont passa la Sprée à la gauche de l'armée, sur un pont de chevalets, qu'il jeta en présence des Prussiens et malgré leur feu. Macdonald força au centre le pont de pierre qui conduit à Bautzen, et Oudinot, sur la rive droite, jeta encore un pont devant les Russes et chassa devant lui le corps de Gortschacoff.

Napoléon n'établit son quartier-général à Bautzen qu'à neuf heures du soir. Il était gai et confiant.

— Messieurs, dit-il à ses généraux, à chaque jour suffit sa peine. Reposons-nous ce soir et nous recommencerons demain.

Puis s'asseyant pour prendre le modeste repas qui lui avait été préparé, il plaisanta un de ses vieux serviteurs, qui était venu au milieu du feu lui apporter le matin un peu de pain et de vin.

— La place, lui dit-il, n'était pas commode, n'est-ce pas? et tu te souviendras de ce déjeuner.

— Oui, sire, murmura celui-ci entre ses dents, et surtout des obus qui crevaient autour de Votre Majesté.

Le 21 mai, à cinq heures du matin, la bataille recommença sur toute la ligne. Napoléon fit renouveler contre la gauche de l'ennemi les démonstrations de la veille. Oudinot s'avança sur Miloradowitsch, qui avait reçu des renforts, et le repoussa. Macdonald se mit en mesure de soutenir Oudinot. Le centre de l'armée se déploya pour en imposer à Blucher, mais ne s'engagea pas. Des deux côtés on se battait sans avancer; Napoléon lui-même ne pressait pas l'action; il semblait satisfait d'occuper l'ennemi, et, fatigué du travail de la nuit, qu'il avait passée à donner des ordres, il se coucha sur la pente d'un ravin et s'endormit au milieu des batteries du maréchal Marmont. Ce sommeil, que ses officiers contemplaient avec respect, durait depuis quelques minutes quand le canon, retentissant au delà des lignes prussiennes, annonça une attaque imprévue. On réveilla Napoléon, qui regarda sa montre, étudia un instant la direction des feux, et s'écria :

— La victoire est à nous!

Aussitôt l'ordre fut donné de marcher en avant, et tous les corps s'ébranlèrent à la fois, joyeux d'appuyer la puissante diversion qui s'opérait.

Le canon que l'on entendait était celui du maréchal Ney qui, d'après les instructions que lui avait données Napoléon la veille, avait, par un long détour, débordé la droite de l'ennemi et venait l'attaquer derrière ses propres lignes, attaque audacieuse et habilement combinée, qui devait rendre inutiles leurs retranchements formidables. L'ennemi, jusqu'au dernier moment, n'avait pas soupçonné l'importance de cette diversion. Barclay de Tolly, chargé de couvrir la droite de l'armée alliée, savait que le corps du général Lauriston manœuvrait devant lui; mais il croyait n'avoir affaire qu'à ce général, tandis que celui-ci était suivi des corps du maréchal Ney et du général Reynier. Barclay, première victime de son erreur, fut successivement battu dans trois positions où il avait réussi à rallier ses troupes. L'attaque soudaine de Ney jeta l'alarme dans le camp des alliés; on dégarnit le centre pour renforcer la droite. Les réserves ennemies, les gardes russes s'empressèrent d'accourir au-devant du maréchal pour s'opposer à ses progrès. C'était le moment décisif : Napoléon le saisit et commanda une attaque générale.

L'assaut fut donc donné. Les retranchements du centre et de la droite furent emportés, et Blucher vit qu'il ne lui restait d'autre ressource qu'une prompte retraite. A six heures du soir, la défaite du vieux maréchal prussien était complète. Ses colonnes se retiraient sur Weissemberg avec une précipitation qui ressemblait à une déroute. La tente de Napoléon était placée au point culminant de la position, devant une auberge isolée, où l'empereur Alexandre avait tenu son quartier-général pendant toute la journée; la vieille Garde impériale française forma ses carrés autour de la tente impériale et sa musique fit entendre les fanfares de la victoire.

Ce fut sur les trophées de la bataille et au retentissement des hymnes de gloire que Napoléon, toujours plein des idées romaines, improvisa la nuit même un magnifique décret de reconnaissance à l'armée et à sa Garde. Il voulut que sur le mont Cenis, à l'endroit le plus élevé des Alpes, les générations à venir pussent lire un jour ces paroles solennelles : « L'Empereur Napoléon, du champ de bataille de « Wurtschen [*], a ordonné l'érection de ce monument comme un té- « moignage de sa reconnaissance envers ses soldats de France et « d'Italie. Ce monument transmettra d'âge en âge le souvenir de cette « grande époque où, en trois mois, un million d'hommes courut aux « armes pour assurer l'intégrité du territoire français. »

[*] Décret du 22 mai 1813.

Tout cependant n'était point terminé. La gauche de l'armée des coalisés, composée des corps russes de Gortschacoff et de Miloradowitch, avait combattu toute la journée contre le maréchal Oudinot, qui l'avait forcée de s'engager dans les bois où elle avait cru, pendant quelque temps, poursuivre la victoire. Elle revenait sur le champ de bataille, le maréchal Macdonald s'avança pour lui couper le passage; mais, privé de cavalerie, il dut renoncer à ce dessein.

En présence de cette poursuite acharnée, Miloradowitch continue sa retraite. Napoléon de son côté déploie ses colonnes : l'ennemi tient toujours. L'Empereur s'irrite de tant de persévérance. Il veut à tout prix obtenir un résultat plus positif. Il parcourt toute l'étendue de la ligne française, accompagné de sa brillante escorte. Les chasseurs à cheval de la vieille Garde le précèdent au milieu des flots de poussière que soulèvent les cavaliers. Derrière l'Empereur se trouvent les officiers généraux qui l'accompagnent habituellement, Caulaincourt, Mortier, Duroc, et comme il a besoin de lever quelques plans, le général Kirgener est placé à côté du grand Maréchal : il étudie les positions. Çà et là Napoléon s'arrête, place sa longue-vue sur l'épaule du page de service, ou, à son défaut, sur celle d'un vieux guide d'Égypte : il embrasse d'un seul coup d'œil les points les plus éloignés du terrain.

A la vue de ce groupe, Miloradowitch recommande à son artillerie de tirer avec attention sur ce point. Trois boulets partent : deux de ces boulets déchirent l'air en grondant au-dessus de la tête des officiers de l'état-major impérial; mais le troisième boulet va frapper un gros arbre, ricoche sur le général Kirgener qu'il tue raide, puis rebondit encore et vient atteindre le grand Maréchal, auquel il déchire les entrailles. Duroc tomba comme Bessières, mais sans expirer sur le coup. On l'enveloppe d'un manteau, comme le maréchal Lannes l'avait été quatre ans auparavant, et, à l'aide d'un brancard façonné à la hâte, il est transporté dans une habitation voisine.

Pendant ce temps, Napoléon, vivement préoccupé, s'était toujours porté en avant pour reconnaître l'ennemi et préparer une nouvelle victoire. Cependant quelque chose de triste se révélait sur son visage; il n'avait plus la même confiance dans son étoile. Le matin on l'avait entendu dire au grand Maréchal :

— Duroc, la fortune est inconstante : elle n'est plus pour nous comme jadis.

— C'est vrai, sire, avait répondu le duc de Frioul.

Croyant deviner un mouvement chez l'ennemi, Napoléon s'était retourné pour donner quelques ordres, et n'apercevant plus que Mortier et Caulaincourt à distance :

— Et Duroc! fit-il, où est-il allé?

Au même instant son aide-de-camp, Charles Lebrun, arrive pâle, couvert de sang et de poussière.

— Sire, lui dit-il, le grand Maréchal vient d'être frappé mortellement.

— C'est impossible! il était là il n'y a qu'un moment..., répond tranquillement Napoléon.

— Sire, ce que j'ai l'honneur de dire à Votre Majesté n'est malheureusement que trop vrai.

Alors Napoléon baissa la tête et ne dit plus rien. On lui demanda des ordres, il n'en voulut pas donner.

— Messieurs, à demain tout, dit-il enfin, et il revint sur ses pas.

Quelques heures après, on le vit au milieu des carrés de sa Garde se promener dans la plus vive agitation autour de sa tente, jusqu'au moment où Yvan vint lui donner des nouvelles du grand Maréchal. Napoléon alla faire visite au blessé. En le voyant passer si triste au milieu d'eux, ses vieux grenadiers ne purent s'empêcher de dire :

— Notre pauvre Empereur a perdu un de ses enfants!

C'était la vérité.

La diplomatie vint encore une fois au secours des armées étrangères vaincues. On fit demander un armistice à Napoléon, en le leurrant de l'espoir d'une paix prochaine. Le cabinet de Vienne ne dédaigna pas de contribuer à tromper le gendre de son empereur. Napoléon, dont la paix était le vœu le plus cher et qui, d'après de tels succès, était en droit d'espérer qu'on la lui offrirait honorable, consentit à une suspension d'armes, et revint à Dresde. Suspension fatale pendant laquelle les armées ennemies réparèrent leurs pertes. Pendant ce temps l'Angleterre renoua ses intrigues, et l'Autriche prépara sa défection.

IV.

L'armistice qui venait d'être conclu, les négociations qui allaient s'entamer n'empêchèrent point Napoléon, dès son arrivée à Dresde, de s'occuper des préparatifs nécessaires pour être en mesure d'agir avec avantage si la mauvaise foi de l'ennemi ou des prétentions inconciliables avec l'honneur de l'Empire français l'obligeaient à recommencer de combattre; car, de tous les souverains de l'Europe, à cette époque où les mots d'*indépendance générale*, de *pacification européenne*, de *repos des peuples*, formaient le fond de tous les manifestes, Napoléon seul voulait la paix et la désirait sincèrement.

L'étude des cartes de la Bohême, de la Saxe et de la Silésie, la reconnaissance des lieux par des visites sur le terrain, l'examen et le choix des endroits qu'il était convenable de fortifier, occupèrent tous les instants que lui laissaient la correspondance avec ses ministres de Paris et les revues journalières des troupes qui arrivaient de France. La ligne de l'Elbe fut mise en état de défense. Des ponts militaires, jetés sur le fleuve, assurèrent les communications de l'armée; un camp retranché, établi à Pyrna, ferma les défilés de la Bohême. Dresde enfin, dont l'enceinte avait été complétée par des fossés et des palissades, fut défendue en outre par une ligne de redoutes avancées, armées d'artillerie. Cette ville, dans la pensée de l'Empereur, devait être le centre de toutes les opérations à venir.

La médiation de l'Autriche n'avait encore rien fait pour le but qu'elle s'était chargée d'atteindre, c'est-à-dire la paix. Elle avait arrêté, par l'armistice, la marche victorieuse de notre armée; mais son envoyé, le comte de Bubna, apportait sans cesse de nouvelles difficultés aux propositions du plénipotentiaire français. L'époux de Marie-Louise s'en plaignit à son beau-père; celui-ci avait une loyauté naturelle qui mettait en danger la politique du cabinet autrichien. Son principal ministre, le comte de Metternich, dans l'espoir de mieux tromper la perspicacité de Napoléon, se rendit lui-même à Dresde; mais rien ne fut décidé ni arrêté, et pendant le temps précieux qu'on perdit en inutiles pourparlers, les efforts de la coalition furent inouïs. Les souverains étrangers étaient parvenus à faire entrer en ligne plus de huit cent mille combattants, y compris les troupes que l'Autriche, levant enfin le masque, fit marcher contre nous. La Prusse seule avait armé deux cent cinquante mille hommes, dont trente-deux mille de cavalerie; et à défaut de soldats, l'Angleterre avait fourni des subsides et des munitions de toute espèce. Elle avait envoyé à Bernadotte et à la Prusse des canons, des équipages de siége, et jusqu'à des fusées à la Congrève.

La force des troupes rassemblées par Napoléon ne pouvait pas s'élever à plus de quatre cent mille hommes, en comprenant même dans ce nombre les garnisons des places fortes et les contingents alliés. Ces contingents, travaillés déjà par les intrigues de l'Angleterre, n'offraient plus qu'un concours douteux. Les Polonais étaient restés fidèles, ce furent les seuls qui ne nous trahirent pas avec la fortune. Toute âme française, pénétrée de nos malheurs et du dévouement de ces braves, doit conserver pour eux une éternelle admiration. Enfin douze cents pièces de canon seulement appuyaient l'armée française.

L'Autriche s'était donc déclarée : son armée était prête. L'armistice fut dénoncé aussitôt, et Blucher le viola même avant que l'heure fût arrivée.

Une partie de l'armée française marchait sur Berlin. Napoléon était en Silésie, où Macdonald venait de replanter nos aigles au bord de la Katzbach. Les coalisés pensèrent que le moment était favorable pour attaquer. L'armée austro-prusso-russe, forte de plus de deux cent mille hommes, déboucha de la Bohême. Le prince de Schwartzenberg, commandant le contingent autrichien, était devenu général en chef, et dirigeait le centre. Barclay de Tolly, avec deux corps russe et prussien, formait l'aile droite. Klenau, avec les Prussiens, était à l'aile gauche. Gouvion-Saint-Cyr n'avait que vingt-cinq mille Français pour garder la capitale de la Saxe. Il replia ses postes et se retira derrière ses lignes retranchées. Les coalisés cernèrent Dresde sur la rive gauche de l'Elbe. Dans leur confiance, ils avaient dédaigné le camp de Pyrna. Les nouvelles que Napoléon reçut de Dresde le décidèrent à y presser son retour, et il se remit en route avec la vieille Garde, bien qu'elle ne fût pas de première nécessité pour contenir Blucher.

Cependant l'ennemi avait resserré de plus en plus nos avant-postes; déjà il occupait les avenues de la ville et les collines environnantes;

les batteries s'élèvent sur tous les points. Dispositions étaient faites pour enlever le corps de la place. Napoléon avait songé un moment à laisser Dresde se défendre avec ses propres forces, et à essayer sur Pyrna une diversion sur les derrières de l'armée des coalisés, et cette entreprise vigoureuse eût amené de grands résultats : les craintes que manifestèrent les habitants de Dresde obligèrent Napoléon à y renoncer.

L'attaque commença le 26 août. Les alliés, comptant n'avoir affaire qu'au corps de Gouvion-Saint-Cyr, s'avancèrent avec résolution. La confiance des Allemands de notre parti était ébranlée. Deux régiments de hussards Westphaliens passèrent à l'ennemi. Leur attaque fut acharnée et opiniâtre ; chacune de leurs colonnes marchait précédée de cinquante pièces d'artillerie : de nombreuses batteries établies prudemment croisaient leur feu sur la ville. En vain l'artillerie de nos redoutes avancées sillonnait par des décharges redoublées ces redoutables colonnes, rien, dans le premier moment, ne pouvait arrêter l'impétuosité des assaillants : ils arrivèrent jusqu'aux palissades, et bientôt toutes les réserves de Gouvion-Saint-Cyr furent engagées. Déjà, au centre, les Hongrois de Colloredo avaient enlevé la redoute de la barrière de Dippodiswolde ; à droite, l'artillerie autrichienne avait éteint le feu de nos batteries de la porte de Freyberg ; et à gauche, les Russes et les Prussiens pénétraient dans le faubourg de Pyrna... Les habitants, consternés, se barricadaient dans leurs maisons ; les femmes et les enfants cherchaient un refuge dans les caves : l'ennemi se croyait sûr de la victoire. C'est en criant : *A Paris! à Paris!* que ses premières colonnes tentèrent de forcer la porte de Plauen.

La porte s'ouvrit enfin... ce fut comme l'irruption d'un volcan. Les bataillons de la jeune Garde, commandés par Tyndal, par Cambronne, et dirigés par le général Dumoustier, s'élancent ; le feu des murs crénelés soutient leur sortie ; celui des redoutes prend à revers les colonnes autrichiennes, de toutes parts une grêle de balles et de boulets couvre la plaine. L'ennemi recule épouvanté. Ses pièces sont enlevées au pas de course, les canonniers tués sur leurs pièces ; de toutes les portes de Dresde des sorties ont lieu simultanément : les Français ont repris l'offensive. Les redoutes enlevées sont reprises. Notre cavalerie nettoie la plaine, que Napoléon parcourt au galop, au milieu des balles et des boulets, qui blessent à ses côtés ses officiers et ses aides-de-camp ; il se montre sur toute la ligne : sa présence est électrique et aux cris de triomphe de l'ennemi succèdent des clameurs de détresse.

— Napoléon est à Dresde ! s'écrie Schwartzenberg ; le moment favorable est perdu ! il ne faut plus songer qu'à nous rallier.

Et les coalisés, protégés par leurs batteries, qui ne cessent de tirer qu'à neuf heures du soir, reviennent en désordre se réfugier derrière les hauteurs où leur artillerie est placée.

C'est que le retour de Napoléon avait rendu à la ville de Dresde autant de confiance qu'il avait jeté de terreur parmi les coalisés. Les rôles étaient changés, et le lendemain l'armée française attaque à son tour les positions de l'ennemi.

La pluie qui tombe par torrents, l'eau qui convertit le champ de bataille en un terrain fangeux, n'arrêtent pas l'élan de nos soldats : l'attaque a lieu sur tous les points et avec une égale ardeur. Tandis que le centre tient ferme, les deux ailes s'étendent pour déborder l'ennemi. La vieille Garde, qui a eu les honneurs de la journée de la veille, forme maintenant la réserve. Comme la veille, Napoléon est à la fois présent partout ; il se montre à tous les corps, préside à tous les mouvements, encourage toutes les attaques. Dans un moment où il se porte au galop sur un point menacé, il aperçoit une batterie de la Garde qui, découragée de l'inutilité de ses coups, cesse son feu :

— Il faut, dit-il, attirer l'attention de l'ennemi de ce côté : recommencez à tirer.

Les artilleurs obéissent, et, dès les premières décharges, un mouvement extraordinaire qui se manifeste sur la hauteur opposée semble annoncer qu'un personnage important vient d'être frappé parmi les alliés. C'était (on l'apprit plus tard) le général Moreau, récemment arrivé d'Amérique en Europe, qui tombait ainsi, au milieu de l'étatmajor russe, atteint par un boulet français. Triste et déplorable fin pour le vainqueur de Hohenlinden !

A trois heures, la victoire était décidée, l'ennemi hâtait sa retraite ; et comme dans leur mouvement les ailes de l'armée française avaient occupé les deux chaussées principales, le prince de Schwartzenberg fut obligé de se retirer en Bohême par des chemins de traverse et des défilés presque impraticables. Napoléon se mit à sa poursuite, espérant que le général Vandamme, qu'il avait laissé dans la forte position de Pyrna, profiterait de ses avantages pour compléter la ruine de l'armée coalisée; mais le moment était arrivé pour Napoléon où les revers de ses lieutenants devaient rendre nuls ses propres succès.

La bataille de Dresde est certainement une de celles où le génie de l'Empereur a brillé du plus vif éclat. Elle devait avoir d'immenses résultats : la fortune en décida autrement. En Bohême, Vandamme, loin d'inquiéter la retraite de l'armée battue à Dresde, quitta le camp de Pyrna, s'aventura dans la profonde vallée de Tœplitz, et, après deux actions meurtrières, se vit obligé, à Kulm, de poser les armes. En Silésie, Macdonald, dont les divisions furent séparées par la crue des torrents, éprouva de grands désastres sur la Katzbach. En Prusse, Oudinot, au lieu d'entrer à Berlin, rencontra Bernadotte et Bulow avec cent quarante mille hommes, dans la plaine de Gross-Beeren et fut forcé de céder au nombre et de se retirer sur Wittemberg. Le maréchal Ney, envoyé pour rétablir les affaires de ce côté, fut attaqué par l'ennemi à Dennewitz et à Juterborg, et n'eut pas plus de succès.

Ces événements détruisaient toutes les espérances que Napoléon avait fondées sur sa récente victoire. Il dut se résoudre à quitter Dresde afin de se rapprocher des frontières de son empire. Leipsick fut le point qu'il désigna pour la réunion de tous les corps de l'armée française.

La défection de la Bavière, qui eut lieu à cette époque, contribua sans doute aussi à ce mouvement rétrograde. Le général de Wrède, malgré son roi, décida son armée à déserter la cause de la France, et porta soixante mille hommes du côté des coalisés : ce fut pour nous une différence de cent vingt mille combattants.

V.

Leipsick, situé sur l'Elster, au confluent de la Pleiss et de la Partha, offre, en avant des faubourgs, de belles positions à défendre. Cinq cent mille hommes et trois mille pièces de canon s'y dirigeaient par divers chemins pour y décider à qui appartiendrait enfin la dictature de l'Europe. Mais il fallut trois jours de sanglants combats pour résoudre cette grande question. Napoléon y était arrivé le 15 octobre; et, dès le 16, cent trente-six mille Français, attaqués par trois côtés à la fois, avaient à tenir tête à deux cent trente mille alliés. L'armée de Schwartzenberg faisait face à l'armée commandée par Napoléon, qui s'étendait sur les hauteurs qui dominent la plaine, entre la Pleiss et la Partha; le centre au petit village de Vachau. Les Français étaient au nombre de quatre-vingt-seize mille combattants, le prince autrichien en réunissait cent quarante mille. Néanmoins, après une lutte qui dura toute la journée et qui fut balancée par des succès divers, la victoire resta à l'armée française : l'ennemi avait éprouvé une perte de trente mille hommes, tués, blessés ou faits prisonniers. Poniatowski, qui s'y était distingué à la tête des Polonais, reçut le bâton de maréchal de l'Empire, sur le terrain même où il avait fait poser les armes à la colonne autrichienne du général Merfeld.

Pendant que l'on combattait à Vachau, Ney, sur la gauche, soutenait avec vingt-cinq mille hommes seulement, l'attaque de soixante et dix mille Prussiens, conduits par le général Blucher, et conservait, malgré de grandes pertes, les positions qu'il était chargé de défendre.

En arrière, sur la droite de l'armée et sur l'autre côté de l'Elster, le général Bertrand, à Lindenau, était encore plus heureux; avec son corps de quinze mille hommes il culbutait les vingt mille soldats de l'Autrichien Guilay, et, en débarrassant la route d'Erfurth, assurait nos communications avec le Rhin.

Après la bataille, Napoléon se fit amener M. de Merfeld, qui avait été fait prisonnier. Depuis longtemps il connaissait cet officier général. M. de Merfeld avait été chargé, en Italie, de lui demander le célèbre armistice de Léoben; plus tard, négociateur de Campo-Formio, il avait porté à Vienne le traité de paix qui sauva la maison d'Autriche des ressentiments du Directoire; c'était lui enfin qui, dans la nuit d'Austerlitz, avait transmis à Napoléon la première demande d'armistice faite par les deux empereurs vaincus. Napoléon, à son tour, avait besoin d'un négociateur pour une suspension d'armes ou pour la paix. Il lui rendit la liberté et le chargea de ses propositions pour les souverains alliés. La voix de M. de Merfeld devait réveiller des souvenirs favorables au succès de son message.

La journée du 17 se passa donc dans l'inaction, Napoléon attendant du quartier-général ennemi une réponse qui ne venait et qui ne pouvait pas venir. De leur côté, les coalisés avaient calculé que la jonction de l'armée de réserve de Beningsen, qui allait arriver en ligne le lendemain au plus tard, augmenterait leurs forces de cent mille hommes. L'armée française, avec quelques renforts survenus dans la nuit, s'élevait à cent vingt-trois mille hommes. Le nombre des alliés s'était accru jusqu'à trois cent trente mille combattants. Bernadotte, arrivé sur le terrain, s'était réuni à Blücher ; et sans doute, afin que ses anciens compagnons d'armes n'ignorassent pas qu'il était devenu l'allié et le stipendié de l'Angleterre, son artillerie, en se mettant en batterie, avait salué les troupes du maréchal Ney par une décharge de fusées à la Congrève. La journée du 18 devait éclairer encore une trahison sans exemple dans les annales militaires. Pendant la bataille, les Saxons, au nombre de douze mille, avec quarante pièces de canon, passèrent à l'ennemi, et le général qu'ils choisirent fut ce même Bernadotte. Pour que rien ne manquât à l'infamie de leur conduite, non contents de livrer, par leur trahison, le poste qu'ils avaient été chargés de défendre, ils tournèrent sur-le-champ leur artillerie contre celles de nos divisions à côté desquelles ils avaient jusqu'alors combattu. Bernadotte, dit-on, accueillit les officiers saxons avec beaucoup de gracieuseté.

Cependant tous les efforts de la grande armée alliée avaient porté sur le village de Probstheyda, où Napoléon s'était tenu pendant la plus grande partie du jour. Les troupes françaises et les masses russes étaient restées toute la matinée immobiles sous le feu d'une formidable artillerie; mais l'ennemi, malgré sa supériorité numérique et ses attaques multipliées, n'avait fait aucun progrès. Nos troupes avaient conservé toutes leurs positions; seulement, à gauche, le corps du général Regnier, diminué de plus de moitié par la trahison des Saxons, avait évacué, vers le soir, le village de Schœnfeld et s'était retiré derrière le ruisseau de Reudnitz. Déjà, dans le camp des souverains étrangers, les généraux, rebutés par une résistance aussi tenace, délibéraient s'il ne conviendrait pas de renoncer à emporter Leipsick de vive force, en laissant seulement en face de l'armée française un corps d'observation, et de tourner la ville pour aller se placer, en remontant l'Elster, sur la route d'Erfurth.

Dans le camp français, une autre décision devait être prise. Napoléon, assis auprès du feu de son bivouac, dictait au major-général ses ordres pour le lendemain, lorsque les généraux qui commandaient l'artillerie vinrent lui rendre compte de l'épuisement des munitions. On avait tiré dans la journée plus de quatre-vingt-quinze mille coups de canon; et, depuis cinq jours, plus de deux cent vingt mille; les réserves étaient épuisées, quinze ou seize mille coups y restaient seulement : c'était à peine de quoi entretenir le feu pendant deux heures. On ne pouvait se réapprovisionner qu'à Magdebourg ou à Erfurth, dépôts les plus voisins de l'armée.

Dans cet état de choses, Napoléon dut renoncer à conserver le champ de bataille. Il se décida à la retraite, qu'il fallut encore protéger par un combat. Le lendemain, et sous le feu de l'ennemi, eut lieu le passage de l'Elster. La fatalité, qui pesait sur les destinées de notre armée, fit qu'un stupide caporal de l'arme du génie se trouva chargé de faire sauter le pont de Leipsick, mais seulement lorsque toutes nos troupes l'auraient passé et que l'ennemi arriverait. Un hourra de Cosaques, la fusillade de quelques tirailleurs, firent croire à ce sapeur que le moment était arrivé : il mit le feu à la mèche et le pont sauta. La retraite fut ainsi coupée aux corps qui défendaient encore la ville.

Le maréchal Macdonald n'échappa à la captivité qu'en traversant l'Elster à la nage. Le brave Poniatowski, en voulant l'imiter, s'y noya. Quinze mille hommes, deux cents pièces de canon et une partie des bagages de notre armée tombèrent au pouvoir de l'ennemi. La retraite de l'armée française, harcelée par l'innombrable cavalerie des coalisés, se fit lentement, mais avec ordre. Nos troupes, après avoir repassé la Saale, se dirigèrent sur le Rhin; mais, là encore, un des alliés qui nous avaient si lâchement abandonnés essaya d'augmenter nos désastres. Le général bavarois de Wrede, naguère comblé des bienfaits de l'Empereur, prit position à Hanau avec cinquante mille hommes dans l'espoir d'arrêter l'armée française et de faire poser les armes à Napoléon. C'était, à la rigueur de la saison près, une parodie de Kutusoff à la Bérésina. Sa témérité reçut, comme nous allons le dire, un juste châtiment.

Le Prince J. Poniatowski, commandant en chef les troupes polonaises.

GARDE IMPÉRIALE.

VI.

En avant de Hanau est un bois profond et épais. Les Bavarois le remplissent de troupes légères : il faut les en débusquer. On jette quelques volées de canon sur leur avant-garde : elle se replie. Puis, cinq mille hommes, qui forment encore l'avant-garde de Macdonald et de Victor, s'engagent en tirailleurs dans ce bois. Les balles sifflent et rebondissent dans les feuilles, et bientôt le bois est à nous ; mais au moment où la cavalerie légère de Sébastiani s'ébranle, elle aperçoit quarante mille Bavarois rangés en ligne et protégés par quatre-vingts bouches à feu. Derrière nous le bois, devant nous l'ennemi, et après l'ennemi une rivière ! Napoléon n'a autour de lui que dix mille hommes, mais dans ces dix mille hommes la vieille Garde se trouve comprise : rien n'est donc encore désespéré.

— Allons ! fit l'Empereur, il nous faut passer sur le ventre de messieurs les Bavarois, puisqu'ils prétendent nous barrer le passage.

Puis, se portant au galop devant sa Garde, il ordonne à deux bataillons des chasseurs à pied de marcher en avant pour éclairer le mouvement.

— N'oubliez pas, leur dit-il, que sous Louis XIV, ici même, à cette place, les gardes françaises éprouvèrent un violent échec et furent précipitées dans le fleuve. Faites en sorte que l'ennemi éprouve aujourd'hui le même sort et que la France soit vengée !

Et il donne un ordre à Drouot avant de quitter ses grenadiers.

Le brave général met aussitôt ses pièces en batterie : quinze d'abord, quinze ensuite, puis vingt et successivement jusqu'à cinquante. La vieille Garde paraît la première, le général Curial la dirige : elle débouche du bois la baïonnette au bout du fusil. Les Bavarois se précipitent sur nos pièces en faisant une charge de cavalerie. Les canonniers de la Garde se défendent, la carabine en main, avec une adresse et un sang-froid admirables. Au même moment les dragons de la Garde s'élancent, et un combat à outrance s'engage entre eux et les cuirassiers bavarois. Sébastiani, avec les gardes d'honneur et sa cavalerie légère, fait une charge brillante sur les Cosaques : la ligne bavaroise est enfoncée à son tour. De Wrede s'était imaginé qu'il n'aurait affaire qu'à quelques débris, tandis que l'élite de notre armée tout entière se trouvait là, et quels hommes que les grenadiers et les chasseurs à pied

de la vieille Garde, les dragons et les gardes d'honneur! Ces troupes firent sur la ligne bavaroise l'effet d'un boulet de gros calibre lancé à toute volée, elle passa outre : aussi Napoléon disait-il que « Hanau n'avait pas été une victoire, mais bien une trouée. » En effet, les gardes françaises du temps de Louis XIV avaient été dignement vengées.

Le général Cambronne, le chef de bataillon Albert et le capitaine Godard, ces deux derniers appartenant au 1er régiment de grenadiers de la vieille Garde, donnèrent dans cette journée d'éclatantes preuves d'intrépidité. Le capitaine Godard, à la tête de deux compagnies, culbuta plusieurs bataillons bavarois.

Les chasseurs Mère et Molert se précipitèrent dans la mêlée et prirent chacun un drapeau à l'ennemi.

Le chasseur Paroume fut un des trois soldats qui suivirent de plus près le général Cambronne. Ce chasseur alla seul arracher le fanon d'un guide au milieu d'un bataillon bavarois.

Les autres militaires de la Garde qui se signalèrent encore par des actes de bravoure furent les sergents Thomas, Lefebvre, Colson et Pierson; les caporaux Accart, Reych et Guillaume; les grenadiers

Mouton, Mortelette, Laurensenart, Favier, Vermol, Roinot, Versigny, Camuset, Lepage, Darsonville, Rebecfat, Lintz, Lajoux, Thiebaud et Vidal.

Les sergents Benoît et Ragot; le fourrier Cadot; les caporaux Guyot, Courtois, Leleu, Keller, Thissot et Thevenin; les grenadiers Lefrancors, Kain, Lecocq, Yon, Largart, Marlier et Lecordier, appartenant aux deux compagnies de chasseurs envoyées pour protéger les batteries de la Garde commandées par Drouot, furent, entre autres, des modèles de dévouement et d'intrépidité.

Napoléon avait reçu à Erfurth les adieux de son beau-frère Murat, qui retournait dans ses États avec une âme un peu ébranlée par toutes les trahisons dont il avait été le témoin. En le voyant partir, Napoléon pressentait déjà sa prochaine défection; cependant il ne put se séparer de cet ancien compagnon d'armes sans l'embrasser à plusieurs reprises, comme s'il avait prévu qu'il ne le reverrait plus. En effet, le roi de Naples devait expier, deux ans plus tard, par la perte de sa couronne et par une mort fatale, l'erreur qui en fit un moment l'ennemi de son bienfaiteur.

Napoléon revint à Paris avec une partie de sa Garde. L'année 1813 avait vu l'armée française ramenée des bords du Niémen jusqu'aux rives du Rhin, et pour arriver même à Mayence il avait fallu combattre à chaque pas. Et cependant, sur l'étroit chemin où tant de défections imprévues avaient resserré sa marche et gêné ses mouvements, des trophées avaient encore signalé son retour.

COMPOSITION ET FORCE NUMÉRIQUE DE LA GARDE EN 1813.

État-major général. 70
Administration. 450

Infanterie.

Grenadiers.	2 rég. de 1,600 hom. chac.	3,200
Vétérans.	1 compagnie.	200
Fusiliers-grenadiers.	1 régiment.	1,600
Tirailleurs-grenadiers.	13 rég. de 1,600 hom. chac.	20,800
Flanqueurs-grenadiers.	1 régiment.	1,600
Comp. de dépôt des flanq.-grenad. .	»	200
Chasseurs.	2 rég. de 1,600 hom. chac.	3,200
Fusiliers-chasseurs.	1 régiment.	1,600
Flanqueurs-chasseurs.	1 régiment.	1,600
Comp. de dépôt des flanq.-chass. .	»	200
Matelots.	8 comp. de 142 hom. chac.	1,136
Voltigeurs.	13 rég. de 1,600 hom. chac.	20,800
Pupilles.	1 régiment.	1,600
Bataill. d'instruct. de Fontainebleau.	»	2,000
		59,736

59,736

Cavalerie.

Grenadiers.	1 régiment.	1,250
Chasseurs.	1 régiment.	2,500
Mameluks.	1 escadron.	250
Gendarmerie d'élite.	1 bataill. et 2 escadr. .	632
Dragons.	1 régiment.	1,250
Chevau-légers-lanciers.	2 régiments.	6,500
Gardes d'honneur	4 rég. de 2,500 hom. chac.	10,020
Éclaireurs.	3 rég. de 2,000 hom. chac.	6,000
		28,402

28,402

Artillerie.	1 état-major, 6 comp. à pied, 6 comp. à cheval, 1 comp. de vétérans, 14 comp. de jeune Garde, 1 comp. d'ouvr. pont., 2 régim. du train d'artill.	3,000
Génie.	1 état-major, 1 comp. de sapeurs. .	250
Train des équipages. . .	1 bataillon.	500
Hôpital de la Garde.		64
	TOTAL.	92,472

LIVRE QUATORZIÈME.

ANNÉE 1814.

CHAPITRE PREMIER.

L'EFFECTIF DE LA GARDE EST PORTÉ A 112,500 HOMMES

Napoléon venait de perdre l'Allemagne : il fallait qu'il sauvât la France, ou qu'il succombât avec elle. Ses premiers mots au Sénat, en arrivant à Paris (après la campagne de Saxe), avaient été ceux-ci : « Toute l'Europe marchait avec nous il y a un an ; aujourd'hui toute l'Europe marche contre nous. » Mais à l'Europe armée pour achever de renverser le vaste empire français, la nation allait opposer son énergie, retrempée à l'aide d'une armée qui comptait dans ses rangs plus de cent douze mille hommes de Garde impériale. Nos revers, quelque désastreux qu'ils eussent été, n'étaient donc point tout à fait irréparables!... Une nouvelle levée de trois cent mille hommes fut aussitôt décrétée par le Sénat.

Dès lors le génie organisateur de Napoléon se développa tout entier. Des ingénieurs militaires furent envoyés dans toutes nos places du Nord, soit pour relever les vieilles murailles qui jadis avaient servi de remparts à l'ancienne France, soit pour fortifier nos défilés, où le courage de nos volontaires pourrait défendre pied à pied le passage aux légions étrangères. Des commandes considérables furent faites dans les dépôts de remonte, aux fonderies de canons, aux manufactures d'armes, aux poudrières, aux ateliers d'habillement et d'équipement; mais il fallait de l'argent, et les caisses de l'État n'en avaient plus... Napoléon sacrifia le trésor particulier que depuis dix ans il avait amassé dans les caves des Tuileries.

Des conseils d'administration, des conseils de guerre, de finances, et des délibérations diplomatiques se succédaient d'heure en heure au palais. Les journées étant trop courtes, l'Empereur y consacra ses nuits. Enfin, pour donner une idée de la prodigieuse activité de Napoléon dans ces circonstances critiques, nous dirons que dans le cours du seul mois de janvier 1814, il rendit cinq décrets concernant sa Garde, dont il sembla s'occuper avec encore plus de sollicitude qu'auparavant... C'est que cette fois Napoléon savait qu'il lui faudrait demander et obtenir de grandes choses du dévouement et de l'intrépidité de ce corps d'élite.

Le premier de ces décrets, à la date du 11 janvier, créait un 14e, un 15e et un 16e régiment de voltigeurs et de tirailleurs de la jeune Garde. Les grenadiers et les voltigeurs de la garde royale d'Espagne entrèrent dans la composition de ces huit nouveaux régiments.

Le 13 du même mois, un second bataillon de sapeurs du génie fut également organisé.

Le 15 suivant furent créés des régiments de volontaires, composés en partie d'ouvriers des manufactures de Paris, de Rouen, d'Amiens et des villes manufacturières des 1re, 2e, 14e, 15e et 16e divisions militaires, qui se trouvaient sans ouvrage. Ces nouveaux régiments prirent rang à la suite de la jeune Garde.

Par décret impérial du 24 janvier, six autres régiments de *voltigeurs* et de *tirailleurs de la jeune Garde* furent créés sous les numéros 17, 18 et 19.

« Ces douze régiments, disait le décret, seront composés de volontaires, âgés de vingt ans au moins et de quarante ans au plus. Cependant on pourra y admettre des jeunes gens de dix-huit et dix-neuf ans ainsi que des hommes de cinquante ans, pourvu qu'ils aient la taille de cinq pieds et une forte constitution.

« Ces volontaires contracteront l'engagement de servir jusqu'à ce que l'ennemi ait été chassé du territoire français.

« Les chefs de manufactures et d'ateliers qui, par suite des circonstances, auraient des ouvriers sans travail, pourront dresser l'état nominatif de ceux de ces derniers qui voudront entrer dans ces corps, certifier leur bonne conduite, et adresser ces états soit au maire de leur commune, soit au sous-préfet ou même au préfet, qui feront passer la revue de ces hommes par des officiers qui, après avoir constaté qu'ils ont les qualités requises, leur feront délivrer des feuilles de route pour se rendre à Paris.

« Les femmes et enfants des volontaires admis dans ces nouveaux régiments de jeune Garde recevront les secours fixés par le décret du 9 décembre 1813.

« Tout militaire qui, ayant déjà servi, jouirait d'une pension de retraite ou de réforme et voudrait reprendre du service dans ces bataillons, conservera la jouissance de sa pension ; les autorités les admettront et auront soin de constater que l'état de leurs blessures et de leur santé leur permet de reprendre du service actif. »

Enfin, le 24 janvier suivant, la *compagnie de canonniers vétérans* fut portée à cent vingt hommes.

Quelques changements et modifications avaient été apportés précédemment dans l'uniforme des divers régiments de la jeune Garde. En 1813, ces changements et modifications subirent encore de nouvelles variations : ainsi les officiers des *fusiliers-tirailleurs* et *conscrits-grenadiers*, qui avaient porté en tout temps l'uniforme des officiers des grenadiers à pied de la vieille Garde, ne furent distingués de ces derniers que par le schako seulement, qui était garni, au tour du haut, d'un velours noir brodé d'étoiles d'or placées à dix lignes de distance, et de bords à baguettes et à dents ; le tour du bas n'avait pas d'étoiles. La visière du schako était garnie d'un cercle doré ; aigle et jugulaires dorées, avec une petite torsade en or sur la cocarde. Ce schako était en outre orné d'un plumet rouge sortant d'une tulipe en or brodée à paillettes.

Jusqu'en 1813, tous ces schakos furent ornés d'un cordon d'or, avec glands à torsades : à dater de cette époque, ils furent supprimés, même dans le régiment de fusiliers-grenadiers.

Les lieutenants et sous-lieutenants des *flanqueurs-grenadiers,* seuls, portèrent l'uniforme de leur régiment : habit long, pantalon blanc et bottes à la russe, mêmes épaulettes et même schako que ceux des autres régiments de jeune Garde.

Les officiers des régiments de *fusiliers-tirailleurs, conscrits* et *flanqueurs-chasseurs, gardes nationales* et *voltigeurs,* portaient le même uniforme que ceux des chasseurs à pied ; seulement le schako avait été substitué au bonnet à poil. Ce schako était le même que celui de la jeune Garde, excepté l'ornement, qui était une branche de laurier brodée d'or, sur velours noir, entre deux baguettes d'or à dents.

Une tulipe d'or et un plumet rouge, sur la partie supérieure, vert sur la partie inférieure, ornaient ce schako ; le reste de l'uniforme était semblable à celui du corps des grenadiers.

Les épaulettes des officiers de la vieille Garde étaient brodées sur drap rouge ; le corps en chevrons composés de torsades et de paillettes d'or ; la partie circulaire, en forme de bouclier, portait une grenade brodée en paillettes d'or formant relief. Les chasseurs, au lieu d'une grenade, avaient un cor de chasse. L'effilé de l'épaulette était en torsades d'or.

Les grenadiers à cheval et les dragons portaient les mêmes épaulettes que les grenadiers à pied.

Les gendarmes d'élite avaient l'épaulette de même forme, seulement au lieu d'être en or elle était en argent.

L'épaulette de l'artillerie à pied était la même que celle de l'infanterie, seulement la grenade reposait sur deux canons en croix.

Chirurgien en chef et Inspecteur aux revues.

GARDE IMPÉRIALE.

CHAPITRE II.

LA GARDE PENDANT LA CAMPAGNE DE FRANCE, EN 1814.

Au dire de nos savants tacticiens, dans cette courte campagne toute de prodiges, Napoléon fit souvent dépendre sa fortune d'un coup grandement hasardé. N'étant pas apte à décider une question aussi délicate, nous nous abstiendrons; mais au moins avouerons-nous qu'en aucun temps, à aucune époque, l'Empereur ne se montra plus constamment surnaturel dans les ressources de son génie, dans la célérité de ses mouvements, dans la constance de ses vues, dans la puissance de sa volonté et enfin dans la magnanimité de son audace. Rien, selon nous, ne saurait lui être comparé, si ce n'est cependant l'ardeur infatigable des soldats de la Garde qui, devenus comme étrangers à tous les besoins de la nature, sans sommeil, sans nourriture, et conservant au milieu de toutes les privations une abnégation, un dévouement poussés jusqu'au culte, un mépris incroyable de la vie, semblaient se multiplier devant les flots ennemis sans cesse renaissants, parce qu'ils étaient toujours aux prises avec lui et toujours victorieux.

Tandis que les troupes coalisées s'accumulaient sur la rive droite du Rhin, les diplomates étrangers parlaient encore de paix à Napoléon, sans doute afin de le mieux abuser. Ils lui demandaient d'abandonner l'Allemagne, l'Espagne, la Hollande et l'Italie; ils exigeaient que la France rentrât dans ses limites naturelles des Alpes, des Pyrénées et du Rhin. L'Allemagne!... nos soldats venaient de l'évacuer; l'Espagne!... elle avait été rendue à Ferdinand; la Hollande faisait encore partie du grand Empire; l'Italie étant occupée par nos troupes, il était pénible d'y renoncer; cependant Napoléon s'y résignait, lorsque les alliés déclarèrent que les négociations n'arrêteraient pas les opérations militaires.

Ainsi, en renonçant à l'Allemagne et à l'Espagne, en détachant de sa cause la Hollande et l'Italie, Napoléon n'obtenait pas même la certitude de préserver la France d'une invasion !... En attendant que toutes ces questions fussent résolues par le congrès qui devait se réunir à Châtillon, pour traiter de la paix sur les bases que les alliés donnaient pour ultimatum, il fallait combattre.

L'Empereur, pour tirer parti de toutes les ressources du pays, et le défendre contre l'invasion, montrait une activité admirable ; il vit avec chagrin qu'il n'était pas secondé. La lassitude de la guerre paraissait générale. Le peuple, seul, comprenait qu'un effort de plus suffirait pour sauver la patrie et conquérir la paix; mais les anciens compagnons d'armes de Napoléon, devenus pour la plupart maréchaux de l'Empire, ou chefs de corps, tous ces hommes, disons-nous, qu'il avait comblés de faveurs soupiraient après le repos, et, soit mauvaise volonté, soit épuisement produit par l'âge et les fatigues, manquaient de vigueur et d'activité.

Cependant, tandis qu'au midi de la France le maréchal Soult contenait les Anglais sur l'Adour, qu'en Italie le prince Eugène arrêtait les Autrichiens et combattait glorieusement sur l'Adige, tous les corps de l'armée française, y compris une partie de la Garde, qui étaient restés sur le Rhin, opéraient lentement un mouvement rétrograde de concentration sur Châlons, en Champagne, point que Napoléon avait choisi pour servir de pivot à ses premières opérations. Conformément à leurs instructions, les généraux laissaient dans les places fortes les soldats malades ou fatigués, et ceux des nouvelles levées qui n'étaient pas encore habillés. Ces nombreuses garnisons devaient former une armée de réserve, que l'Empereur comptait réunir sur les derrières de l'ennemi aussitôt que le moment lui paraîtrait favorable.

Les coalisés avaient mis sur pied plus d'un million deux cent mille hommes, dont six cent mille franchirent d'abord le Rhin : ils le passèrent sur divers points, et notamment à Bâle, en violant la neutralité de la Suisse. Le reste était chargé de l'invasion de la Hollande, du blocus des places fortes de l'Allemagne, et de la guerre en Italie. Les troupes qui envahirent la France formaient deux armées : la grande, divisée en trois corps, avait pour chef le prince de Schwartzenberg ; Blücher commandait l'armée de Silésie, partagée aussi en trois colonnes. Le quartier-général des souverains alliés suivait ces deux grandes armées. Les forces que Napoléon pouvait opposer à ces masses ne s'élevaient pas, outre la garnison des places fortes, à plus de cent vingt mille hommes. Il comptait sur la levée en masse des populations ; mais ces levées ne produisirent pas les résultats qu'il en attendait : les paysans des contrées menacées par l'ennemi prirent seuls les armes.

Napoléon donna ses ordres pour que sur tous les points de la frontière, en Hollande et en Belgique, la défense fût ce qu'elle devait être. Il réorganisa la garde nationale de Paris, et reçut le serment des chefs de légion. En présentant les officiers à Marie-Louise et au roi de Rome, il leur dit :

— Je pars avec confiance ; je vais combattre l'ennemi, et je confie à votre garde ce que j'ai de plus cher au monde : l'Impératrice et le roi de Rome... ma femme et mon fils, reprit-il avec émotion.

En effet, remettant la régence à l'Impératrice et au roi Joseph, son frère, il partit de Paris dans la nuit du 24 au 25 janvier, après avoir embrassé sa femme et son fils pour la dernière fois ! Les escadrons de service de la Garde l'avaient précédé.

Les bornes que nous nous sommes imposées dans notre ouvrage ne nous permettant que de tracer succinctement cette mémorable campagne de France, nous dirons qu'elle fut digne de la Garde surtout. Malheureusement, nous le répétons, Napoléon ne trouva pas dans ses généraux les qualités dont il leur offrait un si bel exemple. Il fut victorieux dans toutes les batailles où il dirigea lui-même les opérations ; mais la fortune se montra souvent contraire à ses lieutenants.

* A l'arrivée de l'Empereur à Châlons, la confiance reparut dans l'armée. Dès le 24 janvier, le prince royal de Wurtemberg et le général Giulay s'étaient réunis pour nous attaquer à Bar-sur-Aube. Leurs forces s'élevaient à plus de trente mille hommes, tandis que nous n'avions à leur opposer que treize mille soldats. L'attaque commença à midi. L'avant-garde française fut d'abord repoussée jusqu'au pont de Fontaines ; mais huit mille hommes de la vieille Garde et la division

---

* Nous avons emprunté à l'excellent *Précis de la campagne de* 1814, publié en 1831, dans un ouvrage relatif à la *Garde impériale*, chez le libraire Delaunay, à Paris, la plupart des faits consignés dans cette campagne, mais seulement ceux de ces faits ayant spécialement rapport à cette troupe d'élite.

italienne assaillirent les Autrichiens avec tant d'impétuosité, qu'ils les enfoncèrent. Le major Keck tomba dans la mêlée, percé de coups de baïonnette. Malgré cette vive attaque, l'ennemi parvint à se rallier sous la protection de la brigade de Treneck et d'une artillerie formidable, et tourna Bar-sur-Aube, avec l'intention de continuer l'attaque le lendemain ; mais le maréchal Mortier, ayant acquis la certitude de n'être point secouru à temps, profita de la nuit pour opérer une retraite qui devait épargner la ville et ménager le sang de braves qui, malgré leur intrépidité, eussent fini par succomber sous le poids d'une armée qui grossissait à chaque instant.

Le capitaine Hœuillet, commandant une compagnie du 2ᵉ régiment de chasseurs à pied de la vieille Garde, fut désigné pour couvrir le mouvement, en plaçant en tirailleurs une partie de ses soldats, tandis que les autres continueraient à occuper le village de Fontaines. A peine eut-il fait ses dispositions qu'il fut vigoureusement attaqué. Il fallait ou abandonner la position, ou se faire tuer sur le terrain : Hœuillet rassemble sa troupe, appelle ses tambours, recommande à ses chasseurs de ne pas faire feu, laisse avancer l'ennemi à bout portant, puis fait battre la charge, et, à la tête de cent cinquante hommes seulement, réussit à mettre en déroute plus de cinq mille Autrichiens. Ce fait d'armes fit le plus grand honneur au capitaine Hœuillet.

Après avoir pris toutes ses dispositions pour le combat de Saint-Dizier, Napoléon fixa l'attaque de ce point au lendemain matin, 26 janvier.

La cavalerie du général Milhaud se mit donc en mouvement sur Saint-Dizier, où le général Landskoy était dans la plus grande sécurité. La cavalerie française surprit la sienne dans ses bivouacs. La division Duhesme, qui la suivait de près, atteignit l'infanterie ennemie à Saint-Dizier, et lui fit quelques prisonniers. Napoléon entra dans la ville le 27, à huit heures, d'où il donna l'ordre de poursuivre les coalisés dans les directions de Joinville et d'Éclaron. Les maréchaux Marmont et Victor, ainsi que la jeune Garde, prirent position en avant de Saint-Dizier.

Le 28, Napoléon laissa à Saint-Dizier le maréchal Marmont, avec le premier corps de cavalerie, et dirigea ensuite son armée sur Montiérender, par Vassy. Le maréchal Victor, précédé de la cavalerie du général Milhaud, suivit la route de Joinville jusqu'à Ragecourt, où il prit la traverse de Vassy. La cavalerie et l'infanterie de la Garde suivirent la route directe de Saint-Dizier à Vassy, à gauche de la forêt Duval. Les divisions Dufour et Ricard, sous les ordres du général Gérard, partirent de Vitry pour flanquer la droite de notre armée. Le quartier-général de Napoléon fut placé le soir à Montiérender.

Les armées russe et prussienne se portaient diagonalement sur l'Aube, pour joindre l'armée, entre Bar-sur-Aube et Brienne, et prévenir ainsi les mouvements de Napoléon. De son côté, le major-général Berthier, aussitôt son arrivée à Ligny, rassembla les maréchaux. Dans cette conférence, il fut décidé que Victor tiendrait à Ligny et à Bar, jusqu'à l'arrivée de deux divisions de la jeune Garde qu'on attendait d'Anvers [1].

Blücher, instruit par ses éclaireurs de l'apparition de l'armée française à Vassy et à Montiérender, se hâta de concentrer toutes ses forces près de Brienne. On lui amena vers midi un officier français que les Cosaques avaient enlevé entre Vitry et Arcis. Il était porteur de dépêches importantes, annonçant que Napoléon, à la tête de son armée, s'était décidé à prendre l'offensive par Saint-Dizier, et d'un ordre adressé au maréchal Mortier, qui prescrivait à ce dernier de quitter, avec la Garde, Troyes et l'Aube, pour se rapprocher de l'aile droite de l'armée française. Blücher résolut aussitôt de contrecarrer ce mouvement; mais au moment où le général prussien allait prendre ses mesures, il apprit que nous nous avancions sur Brienne. Il était trois heures après midi lorsque l'action commença.

Les généraux Lefebvre-Desnouettes, Milhaud et Grouchy attaquèrent à l'improviste l'avant-garde ennemie, qui couvrait les approches de Brienne. Après plusieurs charges, exécutées sur la droite de la route par la cavalerie de la Garde, la hauteur de Perthe est enlevée; Ney, à la tête de six bataillons, se porte en colonnes serrées sur la ville, par le chemin de Mézières, tandis que le général Château, chef d'état-major du maréchal Victor, tournant par la droite, s'introduit dans le parc du château, à la faveur des inégalités du terrain.

Les grenadiers surprirent à table l'état-major prussien. Le feld-maréchal Blücher, le général Gneisneau, son chef d'état-major, et

---

[1] Deux autres divisions de cette même Garde s'organisaient à Metz, deux autres à Bruxelles, deux autres à Paris, et une à Sarrelouis.

d'autres officiers supérieurs, ne croyant pas que les Français fussent si près d'eux, n'eurent que le temps de monter à cheval et de gagner à toute bride les premiers postes du général Sacken.

Napoléon dirigea alors une colonne sur la route de Bar-sur-Aube, qui paraissait devoir servir de retraite à l'ennemi.

L'attaque continuait toujours : elle fut, de part et d'autre, aussi vive que la résistance fut opiniâtre. Engagée contre des forces supérieures, la division de la jeune Garde, aux ordres du général Decouz, et une brigade de la division Meunier, se battirent en désespérées; aussi l'ennemi laissa-t-il le terrain jonché de morts et de blessés. Ce dernier échec décida la retraite de Blücher, que favorisa l'incendie de la ville : cette retraite eut lieu à onze heures du soir.

Dans le fort de l'action, le chapeau du major-général Berthier fut enlevé d'un coup de lance. Le général Lefebvre-Desnouettes, après avoir montré la plus grande intrépidité à la tête des chasseurs à cheval de la Garde, fut blessé et renversé de son cheval.

Au milieu de l'obscurité de la nuit, une batterie d'artillerie de la Garde, suivant le mouvement d'une colonne de cavalerie, qui se portait en avant pour repousser une charge de l'ennemi, s'égara et fut prise. Lorsque nos canonniers s'aperçurent de l'embuscade dans laquelle ils étaient tombés, ils se formèrent en escadron, attaquèrent l'ennemi, et sauvèrent leurs chevaux par cet acte de résolution;

néanmoins ils perdirent dans cette rencontre quinze hommes, tant tués que blessés ou faits prisonniers.

Le combat de Brienne avait amené les alliés à tenter une bataille rangée : les grands mouvements qui avaient lieu dans les lignes ennemies l'indiquaient suffisamment ; Napoléon, le jugeant ainsi, rappela le maréchal Ney, qui était en marche pour Lesmont, et ordonna à la division Rothembourg, bivouaquée à la hauteur de Brienne, de se tenir prête à se porter en avant.

Vers une heure de l'après-midi, les colonnes ennemies parurent en vue de nos avant-postes, dans la plaine de la Rothière et dans le bois de Beaulieu. L'action s'engagea aussitôt par une forte canonnade. Le prince royal de Wurtemberg se fraya un chemin à travers la forêt de l'Éclance, et ouvrit la bataille en s'emparant du hameau de Chauménil. Au même instant, les Austro-Bavarois, débouchant par la forêt de Soulaines, se joignirent au prince royal de Wurtemberg, qui avait fait sa jonction avec le comte de Wrède. Napoléon, instruit de cette tentative, accourt en personne, avec une partie de l'artillerie de la Garde. Attachant une grande importance à la possession de Chauménil, il ordonne de reprendre ce village, et se porte de suite vers le centre, où sa présence est nécessaire. Deux heures avaient été employées en manœuvres et en attaques successives sur ce point, sans que les Français pussent obtenir un avantage marqué ; enfin Chauménil resta au pouvoir de l'ennemi.

La Rothière étant la clef de la position de l'armée française, le feld-maréchal Blücher se détermina à l'emporter de vive force, car de la possession de ce village allait dépendre le succès de la bataille, qui vers trois heures devint générale.

La résistance continuait d'être vigoureuse à la Rothière et à Dienville. Au coucher du soleil, la cavalerie française pénétra jusque dans le centre des masses de l'infanterie russe, qu'elle contraignit à plier. Dans ce désordre, le feld-maréchal Blücher ordonna à sa cavalerie de tourner le flanc gauche des Français par un mouvement rapide, et de les attaquer sur leurs derrières ; en même temps, l'infanterie de Sacken reçut l'ordre de nous attaquer par le flanc droit. Ces manœuvres, que favorisèrent les ténèbres, eurent le résultat que les alliés s'en promettaient. La cavalerie française fut chargée jusqu'à Brienne-le-Vieux, où les Russes entrèrent pêle-mêle avec nous.

Napoléon, à la tête de la cavalerie du général Colbert et de ses escadrons de service, ordonna une charge qui arrêta les progrès des alliés. Le maréchal Oudinot revint en hâte sur ses pas, à la tête de deux divisions de la jeune Garde, et reprit l'offensive. De fortes colonnes d'infanterie et des batteries volantes de la Garde furent dirigées sur la Rothière. Napoléon, à la tête de sa Garde, renouvelle trois fois ses attaques avec tant de vigueur, qu'il s'empare enfin de l'église et de quelques maisons, tandis que les grenadiers russes occupent le reste du village. Le carnage devient affreux ; le général Decouz, officier d'une valeur éprouvée, commandant la 2ᵉ division de la jeune Garde, est blessé dangereusement. Le général Bast, qui naguère encore commandait les marins de la Garde, tombe mort, après avoir fait des prodiges de valeur. Ce brave officier avait renoncé à son grade de contre-amiral, pour se battre sur terre. Sa perte fut sensible à tous les soldats de marine, qui avaient été à même d'apprécier ses rares qualités.

La bataille se prolongeait dans la nuit. Vers dix heures du soir, Berthier, traversant les lignes françaises pour visiter les postes, trouva les deux armées si près l'une de l'autre, que plusieurs fois il prit les sentinelles des alliés pour celles des Français. Enfin, après la plus opiniâtre résistance de part et d'autre, le village de la Rothière fut cédé aux Russes.

Ainsi se termina cette bataille de la Rothière, bataille où les alliés eurent un avantage longtemps disputé par la valeur que déploya une armée réduite à quelques milliers de vieux soldats, mais qui, à l'exemple de leurs chefs, se multipliaient pour obtenir une victoire qui devait décider du sort de la campagne.

L'armée française était dans une situation trop inquiétante pour que Napoléon pût lui accorder un repos dont elle avait grand besoin. Après une courte halte à Brienne, elle se mit en marche sur Lesmont, le 2 février, de grand matin. Encore quelques jours, et l'armée française allait venger son échec de la Rothière par les brillants combats de Champ-Aubert et de Montmirail.

Le 3 février, notre armée arriva sous les murs de Troyes, où elle trouva le pont de la Guillotière occupé par la division Michel. Le maréchal Mortier, qui tenait cette ville depuis le 27 janvier, en était parti le 30, pour se porter sur Arcis; mais informé que l'ennemi occupait Bar-sur-Seine, il y était retourné le 31, ignorant que l'intention de Napoléon fût de l'attirer à lui. Notre armée prit, le 5 février, les positions suivantes : la vieille Garde à pied et à cheval, à Troyes; la jeune Garde, à Pont-Aubert ; le maréchal Victor, à Pont-Sainte-Marie ; les dragons du général Milhaud, à Bouranton ; la cavalerie légère, à Crenoy. La division des gardes d'honneur du général Defrance, à Tennelière, couvrait la route de Bar-sur-Aube. Le maréchal Marmont arriva le même jour à Arcis, où il rallia la division provisoire de quinze cents cuirassiers, dragons, chasseurs et lanciers de la Garde, organisée à Meaux par le général Bordesoulle, laquelle y était depuis trois jours ; la division Ricard fut placée en intermédiaire à Aubeterre; mais ces dispositions devaient être bientôt changées. Les maréchaux Marmont et Ney, qui se trouvaient le 7 à Sézanne, ayant reçu l'ordre de se tenir prêts à attaquer l'ennemi le lendemain, cet ordre surprit ces maréchaux, qui, connaissant le terrain, jugèrent impossible de faire arriver leur artillerie dans cette direction.

Le général, qui commandait en chef cette arme, vint prévenir l'Empereur qu'il était impossible de continuer le mouvement par la forêt de Traconne.

— Il faut cependant y passer, répond Napoléon, dût-on y laisser les pièces.

On obéit : les soldats traînent eux-mêmes les canons et les poussent à bras ; mais tant d'efforts seraient devenus inutiles si le maire de Barbonne ne fût parvenu à rassembler cinq cents chevaux du pays, qui dégagèrent les trains.

Le 10, à la pointe du jour, les troupes se réunirent à Pont-Saint-Prix, à l'exception de la division Michel et des grenadiers à cheval de la Garde, obligés de rester à Sézanne, à cause de l'encombrement qui régnait sur la route.

Le maréchal Marmont, ayant la cavalerie Doumerc en tête de sa colonne, arriva vers les neuf heures du matin sur la hauteur qui domine la vallée du Petit-Morin, et poussa ses coureurs jusqu'au milieu de l'avenue de Baye, où ils furent forcés de s'arrêter, ne pouvant être soutenus ni par l'artillerie ni par l'infanterie, qui avaient peine à se tirer des boues dont les chemins étaient couverts.

Napoléon, arrivant en ce moment, ordonne l'attaque. Aussitôt le général Lagrange, suivi de la division Ricard et de la Garde, traverse les marais de Saint-Gond, s'empare de Pont-Saint-Prix, et pousse les Russes jusque sous Baye, où leurs masses se déploient sous la protection de leur artillerie ; mais bientôt la division Lagrange, gravissant le plateau qui s'étend entre Baye et Bannay, arrive, se dirigeant sur la droite du bois par où les Russes pouvaient déboucher. Attaqué de front et en flanc, le général Alsusiew se retire et s'étend dans la plaine, qu'il occupe. Le maréchal Marmont fait attaquer immédiatement ces deux villages. Le 4e léger s'empare de Baye; mais la brigade Pelleport est repoussée devant Bannay. Napoléon, témoin de cet échec, fait monter les troupes du 6e corps sur le plateau, ordonne à l'infanterie du maréchal Ney de le suivre et de se déployer dans la plaine, en même temps qu'il dirige toute son artillerie sur Bannay.

Le général Alsusiew, dépourvu de cavalerie, se voyant vivement attaqué, concentra ses forces sur Champ-Aubert, dans l'intention de battre en retraite ; mais déjà la cavalerie de la Garde se déployait dans les plaines situées entre Baye et Champ-Aubert, et tournait les Russes pour leur couper la route de Châlons. Se voyant prévenus, ces derniers s'ébranlent, et veulent se retirer par la route d'Épernay : le maréchal Marmont leur enlève Champ-Aubert, tandis que nos cuirassiers, chargeant la droite des Russes, les acculent à un bois et à un lac, entre les routes d'Épernay et de Châlons. Dès lors le combat devint une véritable boucherie. L'armée française se répandit en tirailleurs dans le bois; et, dans la chaleur de l'action, elle fit peu de prisonniers; mais notre cavalerie fit un butin considérable : vingt bouches à feu et leurs caissons, le général en chef Alsusiew, deux autres généraux et quarante officiers, ainsi que dix-huit cents prisonniers russes, furent les trophées de cette journée. Près de douze cents hommes restèrent sur le champ de bataille; l'étang appelé *le Désert* en engloutit pour sa part plus de deux cents : à peine quinze cents Russes parvinrent-ils, à la faveur de la nuit, à gagner la Fère-Champenoise. L'armée française perdit de trois à quatre cents hommes, tués ou blessés ; au nombre de ces derniers se trouva le général Lagrange, atteint d'un coup de feu à la tête.

Après cette glorieuse journée, Napoléon établit son quartier-général à Champ-Aubert, et l'infanterie de la Garde bivouaqua sur le champ de bataille. Le général Nansouty, avec les dragons et les lanciers de la Garde, suivi d'une brigade de la division Ricard, également de la Garde, se porta à minuit sur Montmirail, dont il chassa cinq à six cents Cosaques, et leur fit une centaine de prisonniers.

Le 11 février, vers cinq heures du matin, Napoléon laissa le maréchal Marmont à Étoges, pour observer les corps ennemis, et mit son armée en mouvement sur Montmirail. La division de grenadiers à cheval de la Garde, qui avait été retardée par la difficulté des chemins, se joignit au général Nansouty, déjà en position sur les hauteurs de Montcoupeau. L'infanterie de la Garde et la 2ᵉ brigade de la division Ricard s'ébranlèrent une heure avant le jour, précédées de la division de chasseurs à cheval de la Garde, aux ordres du général Lefebvre-Desnouettes. Napoléon arriva à dix heures à Montmirail. Il trouva le général Nansouty manœuvrant pour retarder la marche du général Sacken, qui montrait déjà ses têtes de colonnes en avant de la Renauderie. Napoléon, soupçonnant que les Russes voulaient déboucher par ce village, y plaça la division Ricard, qui était sous les ordres du maréchal Ney. A peine nos troupes y sont-elles établies, que le général Sacken les fait attaquer. Le village de Marchais est pris et repris trois fois. Les Russes montrent, pour s'en emparer, autant d'acharnement que les Français déploient de bravoure pour le défendre. L'action durait depuis plus de cinq heures et les deux armées se trouvaient encore dans la même position. La nuit approchait. Napoléon se décide enfin à entreprendre une attaque sérieuse sans attendre le reste de ses troupes. Il ordonne au général Ricard de céder le terrain du côté de Marchais, pour amorcer l'ennemi, espérant qu'il renforcerait sur ce point ses attaques et dégarnirait son centre. Il donne en même temps l'ordre au général Nansouty de se porter, avec sa cavalerie, sur la droite; tandis que seize bataillons de la vieille Garde, sous le commandement du général Friant, arrivant de Sézanne, se forment en une seule colonne le long de la route, pour attaquer le centre des alliés; chaque bataillon est éloigné de cent pas. L'artillerie arrive également, et bientôt se montre le maréchal Mortier, avec seize autres bataillons de la jeune Garde. Cette troupe d'élite débouche par Montmirail. De l'attaque du centre, ou de l'Épine-aux-Bois, allait dépendre le succès de la journée. Quarante pièces de canon en défendaient les approches ; on avait garni les haies d'un triple rang de tirailleurs ; des bataillons d'infanterie étaient là, pour soutenir ceux-ci. Napoléon donne le signal : le général Friant s'élance aussitôt vers l'Épine-aux-Bois, à la tête des bataillons de la Garde ; le maréchal Mortier se porte avec six bataillons de la jeune Garde sur la droite de l'attaque du général Friant ; et, avec le gros de la cavalerie, le général Nansouty s'étend sur la droite des Russes, donnant ainsi au général Sacken la crainte de voir sa retraite coupée. Resté maître du village de Marchais, ce général croit pouvoir dégarnir son centre pour renforcer sa droite. La vieille Garde, profitant de ce faux mouvement, s'élance sur la ferme de la Haute-Épine et aborde les Russes au pas de course : le

maréchal Ney marchait le premier. A l'aspect des bonnets à poil, les tirailleurs russes, épouvantés, se retirent sur leurs masses, qui sont attaquées aussitôt. La mêlée devient sanglante ; l'artillerie ne peut plus jouer, la fusillade est effroyable ; mais le succès est encore balancé : peut-être même eût-il été douteux si les lanciers, les dragons et les grenadiers à cheval de la Garde, commandés par le général Guyot, ne se fussent jetés sur les derrières des masses de l'infanterie russe. Assaillies et tournées à l'improviste, celles-ci sont bientôt rompues et mises en déroute. Notre infanterie, profitant du mouvement de la cavalerie, se précipite sur l'ennemi, qui ne trouve d'autre salut que dans la fuite, et abandonne sa position, ses canons, ses bagages. En même temps le maréchal Mortier, qui, avec ses six bataillons de la jeune Garde, soutenait l'attaque de la vieille, arrive, enlève le village de Fontenelle, et prend à l'ennemi six pièces de canon déjà en batterie.

Parvenue à la hauteur de l'Épine-aux-Bois, la division des gardes d'honneur fait un à-gauche pour tourner le village de Marchais, tandis que le maréchal Lefebvre, à la tête de deux bataillons de la vieille Garde, marche en avant sur le village, de sorte que ceux qui le défendent se trouvent pris entre deux feux. Tout ce qui se trouve là de Russes est sabré, tué ou fait prisonnier; en moins d'un quart d'heure, un profond silence succède au bruit du canon et au feu roulant de la mousqueterie. Les Russes, généraux, officiers, soldats, infanterie, cavalerie, artillerie, se retirèrent précipitamment et pêle-mêle par la route de Château-Thierry. La nuit ne permit pas de poursuivre l'ennemi, qui d'ailleurs se trouvait protégé dans sa fuite par de nouvelles brigades prussiennes venues à son secours. Le combat finit à huit heures du soir. L'armée française ne fut pas engagée tout entière et n'éprouva qu'une perte légère, comparativement à celle des Russes.

Le lendemain, 12, notre armée se mit en mouvement : le maréchal Mortier, avec les divisions Colbert et Michel, de la Garde, dont le général Christiani prit le commandement, s'ébranla à neuf heures de Fontenelle, sur la route directe de Château-Thierry; Napoléon, avec le reste de la Garde, prit, à dix heures, celle de la Ferté.

L'ennemi soutenait sa retraite avec huit bataillons qui, arrivés tard, n'avaient pas encore donné. Parvenus au village des Coquerets, les Russes veulent défendre la position qui est derrière le ruisseau, et couvrir ainsi la route de Château-Thierry; mais un bataillon de la vieille Garde se porte à l'instant sur la Petite-Noue, culbute leurs tirailleurs et les repousse, de position en position, jusque sur les hauteurs de Nesle, en avant de Château-Thierry : là, Napoléon les fait attaquer de front par six bataillons de la Garde, qui occupaient la plaine; en même temps, les divisions de cavalerie des généraux Defrance et

Laferrière font un mouvement à droite, et se portent entre Château-Thierry et l'arrière-garde russe, protégée par sa cavalerie, qui s'élançait de tous les points sur la gauche pour s'opposer à la nôtre. En vain s'efforce-t-elle de l'arrêter par plusieurs charges, elle est culbutée et disparaît. Au même moment le général Letort, avec les dragons de la Garde, se précipitait sur les flancs et sur les derrières des huit bataillons russes, formés en carré, et en faisait un horrible carnage.

Le prince Guillaume s'était porté aux faubourgs de Château-Thierry, afin de protéger la retraite de cette masse désorganisée : des batteries placées sur la grande route de Châlons à Paris, entre les arbres de la partie de la ville appelée *la Levée*, faisaient feu sur notre cavalerie, qui poursuivait les fuyards; mais bientôt le général Guyot, avec l'escadron de service des grenadiers à cheval, et deux bataillons de grenadiers à pied de la Garde, commandés par le général Petit, rendirent inutiles les efforts de ce prince.

A l'aspect de nos grenadiers, les faubourgs de la rive gauche sont évacués précipitamment. En vain l'ennemi embarrasse les rues de ses bagages, notre avant-garde renverse tout ce qui s'oppose à son passage : Guillaume n'a que le temps de faire démasquer une batterie de huit pièces de canon, sous la protection de laquelle il parvient à opérer sa retraite.

Napoléon coucha ce soir-là au petit château de Nesle, au milieu des bivouacs de la Garde, qui s'étendaient dans la plaine, en avant de Château-Thierry.

Dès la pointe du jour, les Français s'occupèrent à réparer les ponts sur la Marne, afin de poursuivre l'ennemi sans délai. Napoléon, à la tête de son armée, s'avança à l'entrée du pont de pierre qui sépare le faubourg de la ville, et que la veille l'ennemi avait coupé.

A la vue des Français, les habitants accourent de l'autre côté du pont : et font éclater leur joie par des acclamations. Riches, pauvres, vieillards, femmes et enfants travaillent à l'envi à réparer ce pont; les plus gros arbres roulent avec facilité, et, après cinq heures d'efforts, il se trouve assez solide pour que l'artillerie puisse y passer à bras. A peine est-il praticable, que l'infanterie de la jeune Garde le franchit au pas de course. Les coalisés avaient placé leurs batteries sur la rive droite de la Marne, au sommet de la colline dite *la*

Montagne blanche, qui domine Château-Thierry ; mais nous voyant passer la Marne et venir à eux, ils s'éloignèrent au plus vite. Le combat et la prise de Château-Thierry ne furent, pour ainsi dire, que le complément de la bataille de Montmirail.

Tandis que Napoléon remportait cette victoire sur les alliés, le maréchal Marmont était aux prises avec Blücher. Ce dernier, après avoir poussé vivement l'arrière-garde du maréchal jusqu'au delà de Champ-Aubert, s'était placé, ainsi que le général Ziéthen, entre le village d'Étoges et Fromentières.

Napoléon, informé le 13 au soir du mouvement du feld-maréchal prussien, ne balança pas à faire volte-face, pour venir au secours de Marmont, laissant le maréchal Mortier, avec les divisions Christiani, Colbert et Defrance en observation devant les corps battus. Il donne l'ordre à la division Friant et à la cavalerie du général Saint-Germain de se porter sur-le-champ de Vieux-Maisons à Montmirail, où il arrive le 14 février, à quatre heures du matin, avec le corps du maréchal Ney et le reste de la cavalerie de la Garde. Toutes ces troupes étaient arrivées à Montmirail vers huit heures du matin, au moment où Marmont, poussé par l'avant-garde prussienne, se retirait par la route de Châlons : le mouvement rétrograde du maréchal fut arrêté sur-le-champ, et l'on reprit l'offensive.

Les Prussiens occupaient déjà Vauchamps. Le maréchal Marmont reçut l'ordre d'attaquer ce village, et le général Grouchy, sous les ordres duquel était passé le général Saint-Germain, reçut l'ordre, lui, de tourner la position par la droite, en passant par les bois : la Garde à pied et à cheval se forma en réserve sur la grande route. Blücher, informé que notre cavalerie manœuvrait pour le tourner, et que notre infanterie avait été aperçue sur la gauche, se dirigea sur-le-champ de Sézanne sur Montmirail.

Mais le danger que semblait craindre Blücher ne le menaçait point de ce côté. La colonne française aperçue par ses éclaireurs était la division Laval, qui, détachée sur Sézanne par le maréchal Oudinot, se trouvait encore trop éloignée pour prendre part à l'action.

Vauchamps était défendu par de l'infanterie ennemie, qui avait jeté du monde dans un petit bois situé en avant. A dix heures du matin la division Ricard, de la Garde, fut chargée d'enlever ce bois. La première brigade s'approcha sur la droite; la seconde attaqua de front, en colonne serrée à gauche de la route. Cette dernière fut repoussée, et l'ennemi, enhardi par ce succès, sortit maladroitement de Vauchamps pour la poursuivre. Le maréchal Marmont, n'ayant pas d'autre cavalerie sous la main, lança sur les Prussiens son escadron d'escorte, qui les ramena jusqu'à l'entrée du village. Une si faible attaque n'avait encore rien d'alarmant; mais Napoléon, s'étant aperçu de l'isolement de cette infanterie, profita du désordre que les cavaliers du maréchal avait causé pour faire charger ceux-ci par le général Lion, à la tête des quatre escadrons de la Garde de service. Un bataillon se jeta dans la ferme à gauche du village, le reste fut sabré sous les yeux des coalisés. Déjà notre cavalerie avait enlevé une batterie prussienne qui se sauvait, lorsque, chargée à son tour par un régiment prussien, elle fut obligée de l'abandonner. Deux compagnies de chasseurs à pied de la vieille Garde abordèrent la ferme où s'était réfugié le bataillon prussien et le firent prisonnier tout entier.

Pendant que ceci se passait sur la gauche, un autre combat s'engageait sur la droite entre la cavalerie de la Garde et les cuirassiers prussiens réunis aux hussards de cette nation. Après plusieurs charges, ces derniers furent ramenés en désordre par les divisions Lefebvre-Desnouettes et Laferrière-Lévêque sur l'extrême gauche de la ligne d'infanterie, qui, de peur d'être entamée, se forma aussitôt en carrés.

Toute l'armée française était en mouvement. La division Lagrange, en colonne par régiment, s'avançait sur la droite de la route; un peu plus loin, sur la gauche, suivait la division Ricard; ensuite arriva l'infanterie de la jeune Garde, aux ordres du maréchal Ney, à droite de laquelle marchait celle de la vieille Garde; enfin, en arrière, se hâtait la division Leval, qui, n'ayant pas vu d'ennemis depuis son départ d'Espagne, brûlait d'en venir aux mains.

Blücher, n'ayant pas assez de cavalerie pour couvrir sa retraite, forma son infanterie en carrés, en plaçant entre chacun d'eux quelques batteries: le reste de l'artillerie fut renvoyé sur les derrières.

Le terrain sur lequel ce général devait se retirer était découvert jusqu'à Champ-Aubert, sauf quelques bouquets de bois, parmi lesquels il jeta des tirailleurs, dans l'intention de se garantir des attaques de notre cavalerie. Le mouvement rétrograde s'effectua en bon ordre jusqu'à

Janvilliers; mais à peine ses carrés eurent-ils dépassé ce village, que, dans un vaste champ, à gauche de la route, le général Grouchy, avec le premier corps de cavalerie, tombe sur eux. Environ mille hommes mettent bas les armes à la première sommation; deux bataillons qui se retirent dans le village sont cernés et pris; quatre pièces de canon et cinq caissons sont enlevés. Profitant du désordre que cause ce coup de main, les escadrons de service de la Garde chargent à leur tour les autres carrés; plusieurs tiennent ferme. Les grenadiers à cheval de la Garde, mal accueillis d'abord par l'un de ces carrés, furent plus heureux contre un second, qu'ils enfoncèrent.

Après cet échec, Blücher continua sa retraite en échiquier, s'aidant surtout des accidents de terrain qui le protégeaient.

Dès que Napoléon s'aperçut de cette nouvelle disposition de l'ennemi, il ordonna au général Drouot de faire avancer toute l'artillerie de la Garde; ce qui fut exécuté avec un tel succès que, pendant deux heures, les masses alliées furent mitraillées par trente bouches à feu, sans pouvoir en mettre plus de six en batterie pour se défendre.

Quelque meurtrière que fût cette poursuite, elle n'était qu'une diversion faite à dessein de retarder la marche de l'armée de Silésie : le général Grouchy lui préparait une plus terrible leçon. Dès qu'il eut exécuté sa première charge, prévoyant que l'ennemi allait continuer sa marche par Étoges, il partit promptement, et vint, à travers bois, se placer en travers sur la grande route, en avant de Champ-Aubert. Il avait donné l'ordre au général Coin, commandant son artillerie, de le suivre avec deux batteries légères; malheureusement la difficulté des chemins retarda l'arrivée de ces batteries; si elles fussent arrivées à temps, c'en était fait de l'armée de Silésie.

Le jour tombait, et Blücher continuait sa retraite avec peine; quand, au commandement du général Grouchy, les généraux Doumerc, Bordesoulle et Saint-Germain se précipitent comme la foudre sur les Prussiens. Cette charge, poussée à fond, rompit leurs lignes et les mit en désordre. Les cris des vainqueurs, ceux des vaincus redoublent l'ardeur des soldats qui marchent sous les yeux de Napoléon : la canonnade cesse. La cavalerie de la Garde arrive au trot et achève de porter la terreur et la mort dans les rangs ennemis. Le prince Auguste de Prusse, le feld-maréchal Blücher, les généraux Kleist et Kapzewitsch, entraînés par les fuyards, sont foulés aux pieds des chevaux. Nos cuirassiers, sabrant sans résistance, eussent sans doute passé au fil de l'épée jusqu'au dernier homme de l'infanterie prussienne, si le maréchal Ney, craignant de les voir s'égarer dans les bois, n'eût fait sonner le ralliement.

Cette circonstance fut des plus heureuses pour Blücher, parce qu'elle lui donna l'espoir de pouvoir réunir les débris de son armée en arrière d'Étoges.

Cependant, après une courte halte à Champ-Aubert, le maréchal Marmont, avec le 6ᵉ corps d'infanterie et la cavalerie du général Doumerc, surprit la division Udom à l'extrémité du parc d'Étoges. Une seule charge de nos cuirassiers suffit pour la mettre en déroute. Le maréchal Marmont, profitant de l'effroi produit par cette attaque de nuit, poussa la division Lagrange dans Étoges : le 1ᵉʳ régiment de marine y entra la baïonnette au bout du fusil, et fit prisonnier le prince Worosow, avec cinq cents hommes, en lui prenant huit pièces de canon.

Tel fut le combat de Vauchamps, dans lequel, sans avoir perdu plus de six cents soldats, l'armée française s'empara de quinze pièces de canon, de dix drapeaux, et fit éprouver à l'ennemi une perte de quatre mille hommes, tant tués que blessés, et deux mille prisonniers. Cette journée fit le plus grand honneur à la cavalerie de la Garde, et couvrit de gloire le général Grouchy, dont les manœuvres serrées décidèrent la victoire. Le général Lion, de la Garde, fut blessé ; le major-général Berthier, le général Bertrand, les maréchaux Lefebvre et Ney, furent constamment à la tête des colonnes. L'ardeur des soldats fut vivement excitée par la présence de Napoléon, qui ne quitta pas un instant le champ de bataille.

Après ce combat, l'Empereur et le maréchal Ney retournèrent coucher, avec la Garde, à Montmirail.

Les débris de l'armée de Silésie continuèrent, pendant la nuit, leur retraite sur Châlons.

Aussitôt que la défaite de Blücher avait été connue, le prince de Schwartzenberg avait mis tout en œuvre pour se porter sur la capitale, afin d'attirer l'attention de Napoléon sur ce point et de le forcer à abandonner la poursuite de l'armée de Silésie ; mais à peine le général en chef autrichien avait-il commencé d'effectuer ce projet, que l'Empereur, qui, lui aussi, en avait eu connaissance, ne crut pas devoir différer de marcher à sa rencontre. A cet effet, il laisse à Étoges le maréchal Marmont avec le 6e corps d'infanterie et le 1er de cavalerie, pour observer Blücher, sous Châlons; et le général Grouchy, avec huit cents chevaux du 2e corps, et la division Laval, à la Ferté-sous-Jouarre, afin d'être à même de soutenir Marmont ou Mortier, qui observent le corps de Wenzingerode, placé aux environs de Villers-Cotterets.

Ces dispositions arrêtées, Napoléon part de Montmirail avec la Garde, le 15 février, couche le même jour à la Ferté-sous-Jouarre, et le 16 à Guignes : l'infanterie fait ce trajet en poste, la cavalerie marche jour et nuit : trente-six heures ne se sont point écoulées, que cette réunion de forces disponibles s'est effectuée, pour ainsi dire, sous les yeux de la grande armée ennemie.

Arrivé à Guignes, Napoléon, après avoir rallié la division de dragons du général Trelliard, venant de Bayonne, et environ onze cents vieux grenadiers et chasseurs de la Garde, tirés de l'armée des Pyrénées et des dépôts de la Garde, commence à s'ébranler.

Notre armée, électrisée par ses derniers succès, brûlait d'en venir aux mains : elle n'attendit pas longtemps. Le 17, au point du jour et comme l'avait annoncé l'Empereur, nos troupes se mirent en marche sur Mormant, et découvrirent l'ennemi à la hauteur de l'Étang : c'était le comte de Palhen qui se retirait sur la grande route, ses flancs couverts, à droite, par deux régiments de Cosaques, à gauche, par quatre escadrons de lanciers, avec deux escadrons en réserve. Le maréchal Victor se déploya en avant du village de Péqueux, la réserve de Paris au centre du 2e corps d'infanterie; le général Kellermann, avec la division de dragons Lhéritier et Trelliard, prit la droite de cette ligne; le général Milhaud, la gauche, avec les divisions Piré et Briche; les 11e et 7e corps d'infanterie, qui arrivèrent ensuite, formèrent la seconde ligne : la Garde était restée en réserve à Guignes.

Napoléon, jugeant bien la faiblesse du corps russe, qui se repliait, doubla de vitesse pour le joindre; le maréchal Victor se mit en mouvement sur Mormant, tandis que les généraux Milhaud et Kellermann tournaient ce village. La brigade Subervic sabre la première les tirailleurs russes, tandis que le général Piré, avec sa seconde brigade, se porte au trot sur les escadrons russes, que de son côté le général Kellermann est sur le point d'atteindre.

Cette attaque eut un plein succès, et Mormant fut à peine disputé. L'armée française poursuivit celle des alliés jusqu'à Valjouan, où se livra un combat qui fut encore à son avantage. Dans ce combat, on vit un escadron de cuirassiers, commandé par le général Bordesoulle, culbuter trois cents hommes en un instant. Cet escadron était formé de jeunes conscrits qui, depuis huit jours seulement, montaient à cheval, et voyaient l'ennemi pour la première fois : ces jeunes gens, que le courage seul guidait, novices dans l'art de la guerre, ne firent aucuns prisonniers; ce ne fut même qu'avec peine que leur général parvint à leur arracher des mains un officier autrichien, déjà blessé.

Diverses actions et un combat à Montmirail nous conduisirent à Montereau, qui devait encore être illustré par nos armes, malgré les forces innombrables que nous eûmes à combattre.

Napoléon, informé que le maréchal Victor ne s'est pas trouvé à Montereau, comme ses instructions le lui prescrivaient, ordonne, pour le lendemain 18 février, une attaque combinée de cette position. A cet effet, le général Pajol reçoit l'ordre de pousser tout ce qui se trouvera devant lui, et d'attaquer l'ennemi par la gauche, tandis que le 2ᵉ corps et la réserve du général Gérard l'aborderont par la droite.

Le général Château arrive devant Montereau à dix heures du matin; mais dès neuf heures, le général Bianchi a pris position, avec deux divisions autrichiennes et une division wurtembergeoise, sur les hauteurs, en avant de Montereau, couvrant ainsi les ponts et la ville. Le général Château, gendre du maréchal Victor, officier d'une rare intrépidité et du plus grand mérite, ouvre l'attaque et enlève, sous le feu le plus meurtrier, le village de Villaron, défendu par quatre bataillons de coalisés; mais après s'y être maintenu l'espace d'une demi-heure, il en est chassé avec perte par l'artillerie ennemie. La division Duhesme le remplace et attaque à son tour ce poste périlleux, pendant que le général Château, laissant une de ses brigades en réserve, cherche, avec l'autre, à tourner les hauteurs de Surville, et à se glisser vers les ponts par la route de Paris. L'ennemi, voyant devant lui la colonne du général Duhesme, ne s'occupe plus du général Château; et, redoublant son feu, fait échouer son attaque; mais ce dernier, après avoir culbuté tout ce qu'il a trouvé sur sa route, va enfin parvenir au pont, lorsqu'il est blessé mortellement. Cependant le général Gérard, par des dispositions habiles, contenait encore l'ennemi, lorsqu'à deux heures, Napoléon, arrivant au galop avec les escadrons de service de la Garde, fait attaquer la position si longtemps défendue. Au même instant, le général Digeon, avec deux batteries de la Garde, foudroie et porte la mort dans les rangs ennemis... Tout à coup les gargousses viennent à manquer. Pendant ce temps, l'ennemi essaye de faire sauter le pont de la Seine; mais la mine n'ayant fait que ce qu'on appelle *entonnoir sur clef*, le général Ducoëtlosquet, à la tête du 7ᵉ de chasseurs, le passe au galop, refoule les fuyards dans la ville, et y entre pêle-mêle avec eux, en même temps que la division Duhesme le suit au pas de charge, en faisant main basse sur tout ce qu'elle rencontre.

L'ardeur des troupes guidées par les généraux Pajol et Gérard ne permit pas à la Garde à pied de donner; ces vieux braves, suivant leur coutume, murmurèrent de n'avoir pu prendre leur part de la gloire de cette journée.

A la nuit, Napoléon établit son quartier-général au château de Surville : la Garde fut cantonnée dans Montereau.

Les combats de Mouy, de Méry, de Fontvannes, de Dolancourt, de Bar, de Meaux, de Lizy et de Gué-à-Trême se succédèrent avec rapidité, et conduisirent les Français jusqu'à Troyes, où ils entrèrent le 25 février.

C'est de cette ville que Napoléon, ayant les yeux fixés sur les mouvements des deux grandes armées alliées, s'aperçut que celle de Silésie, s'isolant pour la seconde fois, allait se porter dans la vallée de la Marne. Dès ce moment, il se disposa à marcher contre elle. En conséquence, il quitta Troyes le 27, et vint le même jour coucher aux Herbisses, à deux lieues au delà d'Arcis-sur-Aube, avec toute la cavalerie de la Garde et la division Friant.

Le 28, toutes les troupes de la Garde s'établirent entre la Ferté-Gaucher et Esternay. En route, les chasseurs et les lanciers de la Garde, au nombre de quatre mille, ayant rencontré, aux environs de la Fère-Champenoise, les troupes légères du général Tettenborn, leur donnèrent la chasse.

La marche d'Esternay à Jouarre fut affreuse. Napoléon ne put arriver que fort tard dans la nuit, avec la cavalerie et les têtes de colonne de la Garde. Il faisait un temps abominable; les chemins étaient impraticables; l'artillerie resta embourbée entre Rebais et Jouarre, et ne put être retirée que le lendemain matin.

L'Empereur, ayant fait achever la construction d'un pont, fit passer la Marne à son armée le 3 mars, à deux heures du matin.

Instruit que le village de Rocourt, sur la route de Soissons, était occupé par un corps de cavalerie prussienne, le général Nansouty le fit attaquer par le régiment des lanciers polonais, commandé par le

général Krasinski et le général Dautancourt, major du régiment. Les lanciers tournèrent le village, tombèrent au milieu des bivouacs ennemis, sabrèrent une partie des Prussiens et mirent le reste en fuite.

La division Friant, la cavalerie de la Garde, celle du général Grouchy et le corps du maréchal Ney s'élancèrent sur les derrières de l'ennemi. Alors eut lieu le combat de Neuilly-Saint-Front, où les alliés furent sur le point d'être culbutés, lorsqu'un de ces hasards si fréquents à la guerre vint leur offrir une porte de salut.

En exécution des ordres du maréchal Blücher, les généraux Bulow et Woronzow s'étaient portés le 1ᵉʳ mars, de Laon et de Reims, sur la ville de Soissons, de la prise de laquelle dépendait en partie leur jonction avec l'armée de Silésie. L'investissement de cette place fut opéré le 2, et, dès ce jour, les alliés commencèrent à la canonner; mais la garnison se composait de soldats aguerris auxquels était jointe une artillerie bien servie, qui riposta avec vigueur. Le général Bulow, désirant s'épargner de plus grandes difficultés, envoya un parlementaire au général Moreau. Celui-ci, peu frappé de l'importance de Soissons et des ressources que cette place pouvait offrir pour arrêter l'ennemi, ne songea qu'à sauver sa garnison, et crut faire une chose utile en capitulant, avec la faculté de rejoindre l'armée avec ses troupes.

Cette capitulation, si avantageuse pour les alliés, faillit pourtant se rompre par la raideur qu'apportèrent les Prussiens dans la convention arrêtée. Aux termes de cette convention, la garnison devait emmener ses pièces de campagne ; mais, lorsqu'il fut question d'évacuer, on ne voulut lui en accorder que deux. Cette chicane, hors de propos, transporta de fureur les braves Polonais. Excités encore par le bruit du canon de l'armée française, qui, depuis la veille, n'avait cessé de se faire entendre, ils allaient se mettre en révolte contre le général Moreau et défendre la place malgré lui, lorsque le comte de Woronzow aplanit les difficultés en faisant comprendre aux Prussiens le danger d'insister plus longtemps sur de semblables prétentions :

— Donnez-leur, dit-il, toutes les pièces d'artillerie qu'ils réclament (les Français), et même les nôtres s'ils les exigent ; mais qu'ils partent au plus vite : nous aurons encore fait un bon marché.

Le général Woronzow avait raison, car à peine la garnison de Soissons fut-elle hors des faubourgs, que les têtes de colonnes de l'armée de Silésie y entrèrent dans le plus grand désordre.

En apprenant la reddition de Soissons, Napoléon s'était écrié :

— Le nom de Moreau m'a toujours porté malheur ! *

---

* L'Empereur attachait une telle importance à la conservation de cette place, qu'il avait donné des ordres au ministre de la guerre pour y faire entrer des troupes, parmi lesquelles nous citerons, entre autres :

    1 détachement de grenadiers et de chasseurs (vieille Garde).
    1 bataillon du 6ᵉ régiment de voltigeurs (jeune Garde).
    1 bataillon du 11ᵉ régiment de voltigeurs (idem).
    1 bataillon du 14ᵉ régiment de tirailleurs (idem).
    1 escadron des lanciers polonais de la Garde.
    1 escadron d'éclaireurs de la jeune Garde.

Le chef de bataillon Bellanger, qui commandait le détachement de la vieille Garde, fort de deux cent cinquante hommes, n'a point voulu faire l'éloge de ces soldats d'élite ; il se trouve consigné, ainsi que celui de chacun des corps ci-dessus désignés, dans la relation que présentent l'ensemble des faits et la conduite d'une troupe qui,

Blücher, tiré d'un péril éminent par cette circonstance inattendue, fit sa jonction avec les généraux Bulow et Wenzingerode, et se dirigea sur Craonne, où devait se livrer une de ces batailles où il fallut toute l'intrépidité, le courage et la constance de nos troupes, pour résister à des forces plus que triples, qui semèrent la mort dans leurs rangs sans les décourager.

Le quartier-général de l'Empereur était le 4 mars à Fismes, sur la route de Reims. L'occupation de Soissons par les alliés dérangeait singulièrement le plan d'opérations qui avait été arrêté. Après un jour passé dans l'irrésolution, Napoléon dirigea le général Corbineau, avec la division Laferrière sur Reims, et ordonna au général Grouchy de surprendre Braine, tandis que les maréchaux Mortier et Marmont chercheraient à reprendre Soissons.

Les deux premières opérations sur Reims et Braine réussirent. La tâche imposée aux maréchaux Mortier et Marmont était plus difficile : aussi, le 6 mars, au matin, Napoléon leur fit-il donner l'ordre d'abandonner l'attaque de Soissons, et de se diriger sur Berry-au-Bac. Le général Nansouty reçut également l'ordre de se rendre sur ce point. Il partit de suite de Fismes avec une brigade polonaise et la division Excelmans, dans l'intention de se rendre maître de la position de Berry. Ce dernier prit de si justes mesures, qu'il culbuta les grand'gardes d'une brigade de cavalerie russe qui tenait la tête du défilé, sur la route de Reims, le franchit au galop ; puis, faisant main basse sur tout ce qu'il rencontra dans le bourg, il passa le pont à la suite de l'ennemi, et le con-

---

à la grande satisfaction de l'Empereur, soutint un siége régulier (dont onze jours de tranchée ouverte) dans une bicoque à peine à l'abri d'un coup de main et qui avait des brèches praticables sur tous les points. Enfin cette place est restée à la valeur des armes françaises.

Napoléon, en apprenant à Fontainebleau que Soissons résistait encore, fut touché d'un dévouement qui n'avait plus pour but la séduction des récompenses, et en parla hautement aux personnes qui l'entouraient.

En 1815, sur le rapport qui lui fut adressé, l'Empereur, par décret impérial, accorda les vingt-six décorations qui avaient été demandées par le commandant supérieur de Soissons, pour ceux qui avaient concouru à la défense de cette place. Parmi ces décorations, il y en avait quatre d'officier : le colonel Gérard, alors en non-activité, fut chargé de les remettre lui-même à ces vaillants défenseurs de la patrie.

L'une de ces quatre croix d'officier de la Légion d'honneur fut donnée au commandant Bellanger, aujourd'hui pensionnaire de l'État et retiré à Rouen.

(*Note communiquée.*)

duisit, l'épée dans les reins, jusqu'au delà de la Ville-aux-Bois, après lui avoir enlevé deux pièces de canon, tué ou blessé une vingtaine d'hommes et fait deux cents prisonniers.

Durant cet engagement, la division Friant et celle du général Meunier avaient filé le long de la rivière de l'Aisne, et étaient venues s'établir sur les hauteurs, entre Berry-au-Bac et Corbeny.

Blücher, jugeant par ce mouvement que l'intention de l'Empereur était de manœuvrer sur son flanc gauche, dirigea ses bagages vers Laon, et donna l'ordre à tous ses corps de s'établir sur le plateau de Craonne, afin d'arrêter la marche de Napoléon sur Laon ; mais l'Empereur ne lui en donna pas le temps : informé que les alliés se montraient sur les hauteurs de Craonne, il chargea l'officier d'ordonnance Caraman, qu'un bataillon de la Garde dut escorter, de pousser une reconnaissance dans cette direction. Ce bataillon remonta le ruisseau du *moulin Pontois*, et ayant donné sur les 13ᵉ et 14ᵉ régiments de chasseurs russes, que le comte de Woronzow avait poussés vers la crête du plateau de Craonne, il en fut si chaudement accueilli, que Napoléon jugea nécessaire de le faire appuyer par une brigade, et ordonna au maréchal Ney d'opérer une diversion sur la droite. Celui-ci vint à travers le bois de Corbeny déboucher sur Saint-Martin, qu'occupaient les régiments de Tula et de Nawaginsk. Là s'engagea un combat, qui fut vif et meurtrier, entre la division Meunier et ces deux régiments, qu'elle délogea de l'abbaye de Vaucler, et qu'elle repoussa jusque sur Heurtebise. Cette ferme, prise et perdue alternativement par les Français et par les Russes, demeura définitivement au pouvoir de ces derniers. A sept heures du soir, Napoléon envoya l'ordre de cesser le combat. La vieille Garde retourna dans ses bivouacs en avant de Corbeny.

Dans la nuit, les Russes se replièrent, et prirent une position avantageuse sur les hauteurs, en arrière de Saint-Martin et de Craonne.

Le 7, à la pointe du jour, Napoléon fit reconnaître cette position : elle lui parut formidable. La droite et la gauche de l'ennemi étaient appuyées sur deux ravins, et un troisième ravin couvrait son front, de sorte qu'on ne pouvait arriver à lui que par un défilé étroit, qui joignait la position au plateau de Craonne.

Il était onze heures du matin lorsque l'Empereur fit commencer l'attaque. Il dirigea tous ses efforts vers le point même où l'infanterie du général Wenzingerode était en position. Les Russes furent exposés au choc le plus impétueux. Tandis que le maréchal Ney se portait sur la droite pour déborder la position de Craonne, le maréchal Victor, avec deux divisions de la jeune Garde, se dirigeait sur l'abbaye de Vaucler, pour, de là, passer le défilé.

L'abbaye est bientôt en feu ; l'ennemi en est chassé. Le maréchal Victor, à la tête de la jeune Garde, franchissant le ravin, défendu par cinquante pièces de canon, se reforme aussitôt sur la hauteur. Au même moment, le maréchal est frappé d'une balle qui lui traverse la cuisse et le met hors de combat. Un grand nombre de ses braves soldats étaient déjà tombés sous le feu des Russes ; mais nos colonnes, suivies et soutenues par une nombreuse artillerie de la Garde, que commandait le général Drouot, franchissent à leur tour le défilé : de fortes masses de cavalerie se portent de leur côté, pour appuyer l'attaque. Une effroyable canonnade s'engage dans le vallon et sur les hauteurs : les Russes opposent sur tous les points une vive résistance.

Déjà le maréchal Ney avait passé le ravin de gauche, et débouchait sur la droite de l'ennemi, tandis que les généraux Grouchy et Laferrière, à la tête de la cavalerie de la Garde, franchissaient le défilé au milieu

d'une grêle de balles, de boulets et de mitraille : à ce passage, les grenadiers à cheval de la Garde se firent, comme d'habitude, remarquer par leur sang-froid. Dans cette lutte, une des plus opiniâtres que l'on vit jamais, les généraux Grouchy et Laferrière furent blessés. Plus heureux, le général Nansouty passa le ravin sur la droite des Russes, avec deux autres divisions de cavalerie, sans éprouver une grande perte. Le feu des batteries françaises porta la mort dans les rangs ennemis, et démonta quatorze de leurs canons. Se voyant tournés, et pressés de toutes parts, les Russes songèrent à opérer leur retraite vers Laon, sous la direction du général Sacken.

La perte des deux côtés fut considérable, tant en tués qu'en blessés : on l'évalua à six mille hommes.

Le lendemain 8, le maréchal Ney poursuivit les alliés jusqu'au village d'Estouville. Le général Woronzow occupait, avec huit bataillons russes, cette position, d'autant plus difficile à aborder que la route est flanquée de marais impraticables ; mais le colonel Gourgaud, premier officier d'ordonnance de l'Empereur, à la tête de deux escadrons de chasseurs de la vieille Garde, parvint à tourner l'ennemi, en se portant, par Chaillevois, sur Chivy ; et, à une heure du matin, nos soldats abordèrent les Russes à la baïonnette. Réveillés par les cris des Français, ces derniers n'eurent que le temps de se replier sur Laon, où nos troupes les poussèrent en désordre ; mais arrivées au pied de la montagne, elles furent saluées par une volée de mitraille de douze pièces, qui blessa le chef d'escadron d'avant-garde, enleva plusieurs hommes et arrêta le reste. Au milieu de l'obscurité, il devenait impossible de continuer cette attaque ; il fallut prendre position hors de la portée du canon pour attendre au lendemain.

Aussitôt que le jour permit d'agir, le général Belliard jeta de la cavalerie vers Clacy, pour éclairer sa gauche, et fit occuper Leuilly, ainsi qu'Ardon, sans éprouver beaucoup de résistance ; mais bientôt devait s'engager un combat où l'intrépidité et la constance des nôtres allaient être mises à de rudes épreuves.

Après plusieurs efforts inutiles pour s'emparer de Laon, Napoléon s'obstinait encore devant ces formidables hauteurs, défendues par des forces trois fois supérieures aux siennes. Dans l'espoir d'attirer l'ennemi dans la plaine, il ordonna au général Charpentier de se porter sur le village de Clacy et de l'enlever avec une division de la jeune Garde. A peine cet ordre est-il donné que le village est occupé de vive force. L'infanterie du général Woronzow tente de le reprendre : *sept fois* elle l'attaque, *sept fois* elle est repoussée par le courage de la jeune Garde, qui dans cette journée fit des prodiges de valeur, soit en attaquant, soit en soutenant la retraite. Pendant que cette affaire a lieu, d'autres troupes se dirigent sur Sémilly, déjà attaqué la veille ; mais les nombreux bataillons du général Bulow forcent nos tirailleurs à se replier sur la ligne de l'armée : alors Napoléon, jugeant que la position de Laon était inaccessible, ordonna un mouvement rétrograde sur Chavignon.

Le combat de Laon, qui comprit les divers engagements du 9 et du 10, fut meurtrier de part et d'autre, sans avoir aucun résultat décisif.

Le 12, les Prussiens et les Russes, sous les ordres des généraux Saint-Priest et Jagow, escaladèrent Reims à cinq heures du matin. Le général Corbineau, qui commandait dans la ville, n'avait que trois cents soldats à opposer à plus de quatorze mille assaillants. Cette faible garnison était formée des cadres de deux bataillons du 5ᵉ régiment de voltigeurs de la Garde, du cadre d'un bataillon du 121ᵉ, et soutenue par quelques détachements de gardes nationales.

Le chef de bataillon Finat, officier d'un courage éprouvé, est tué à la porte dite *de Paris,* où il combattait à la tête de quarante vétérans de la vieille Garde ; de son côté le colonel Jacquemard, du 5ᵉ de voltigeurs de la Garde, ramasse les troupes qui restent dans la ville et marche contre l'ennemi, qui s'avançait dans les rues de Reims : sommé de se rendre, il ne répond qu'en passant sur le corps de quelques compagnies

prussiennes, gagne, en se battant, la *porte de Mars,* et se dirige sur le village de Châlons-sur-Vesle. Dix escadrons couvrent la plaine et ferment toute issue aux Français; mais des feux nourris et bien dirigés repoussent toutes les charges des alliés : ces intrépides Français parvinrent ainsi à se faire jour au travers de la cavalerie ennemie, qui n'osa poursuivre cette poignée de braves.

Le 17 mars, Napoléon partit de Reims et vint coucher le même soir à Épernay avec seize mille hommes, ayant l'intention de passer l'Aube et de manœuvrer sur les derrières de l'ennemi, pendant que le maréchal Mortier, avec dix-huit mille hommes et soixante bouches à feu, prendrait les dispositions nécessaires pour contenir l'armée de Silésie.

Le lendemain 18, la colonne de droite, composée de toutes les troupes de la Garde, continua sa marche sur la Fère-Champenoise, où elle dut s'arrêter jusqu'à nouvel ordre.

Le 19 au matin, Napoléon prescrivit au général Sébastiani de passer l'Aube à Plancy, et ordonna en même temps au maréchal Ney de se rendre à Arcis; tandis qu'à la tête de la division Letort et des escadrons de service de la Garde, il se dirigerait sur la route de Méry.

Pendant ces mouvements, l'armée ennemie s'était ralliée. Le prince de Wurtemberg marchait sur deux colonnes : la première composée de Wurtembergeois, la seconde des Autrichiens du comte Giulay et du corps de Rayesski. Cette seconde colonne se liait au corps de Wrède par la cavalerie du général Kaisarow; le comte de Spleny, avec un millier de chasseurs, les dragons de Knesewitsch et les hulans de Schwartzenberg, observaient la rive droite de l'Aube, entre Pougy et Ramerupt.

Le général Sébastiani, qui avait reçu l'ordre de se rendre à Plancy, rencontra, à la hauteur de Courtemain, les Cosaques de Kaisarow; il les chargea, leur fit un grand nombre de prisonniers, et parvint jusqu'au pont de Plancy, qu'il rétablit avec le secours des habitants. Ces travaux terminés, malgré une vive canonnade, il passa le deuxième bras de l'Aube, au gué de Charny, sous la protection d'un bataillon qui se jeta dans le village.

Le 20, au matin, il se mit en mouvement sur Arcis, où devait se livrer une bataille sanglante, et qui, à l'exemple de celle de Craonne, n'eut aucun résultat.

Napoléon, de son côté, partit de Plancy après avoir donné l'ordre au général Letort de rappeler la cavalerie de la Garde, passée la veille sur la rive gauche de la Seine; mais, par un malentendu, ce général ne revint qu'avec les dragons, et laissa les grenadiers et les chasseurs à pied de la Garde dans leurs bivouacs. Napoléon arriva à Arcis vers une heure. A deux heures, au moment où la tête de l'infanterie de la Garde allait arriver, le comte de Wrède mit ses masses en mouvement sur Arcis. Il était à peu près à cinq kilomètres de la ville, quand le général Kaisarow, se voyant supérieur en nombre à la cavalerie française, la chargea, après une forte canonnade, renversa la division Colbert, qui formait la première ligne, et ébranla celle du général Excelmans. Le comte de Wrède, informé de ce succès, fit alors renforcer le général Kaisarow par la cavalerie du comte Frimont et trois batteries; puis il ordonna au général Volkman d'enlever le village de Grand-Torcy, d'arriver sur Arcis, et de s'emparer du pont afin d'empêcher l'infanterie française de déboucher, ou de couper la retraite à tout ce qui se trouverait sur la rive gauche de l'Aube.

Déjà les fuyards, poussés par le général Kaisarow, se précipitaient sur les ponts: la cavalerie s'acharnait de préférence sur la Garde, à laquelle elle avait déjà pris trois canons. Napoléon, voyant cette déroute, mit l'épée à la main, et, se jetant au-devant d'eux:

— Voyons! s'écria-t-il, qui de vous les atteindra avant moi!

Puis, se retournant vers les soldats:

— N'êtes-vous plus les vainqueurs de Champ-Aubert et de Montmirail? leur cria-t-il.

Ces paroles suffirent pour arrêter le désordre.

Alors s'engagea, de part et d'autre, une effroyable canonnade. Napoléon resta constamment exposé au feu, plusieurs officiers furent blessés auprès de sa personne, son cheval fut même touché d'un boulet; alors des murmures de blâme se firent entendre de ce qu'il s'exposait ainsi.

— Allez, mes amis, ne craignez rien, dit Napoléon gaiement à ceux qui l'entouraient: le boulet qui me tuera n'est pas encore fondu!

Pendant que ces choses se passaient à la droite, le maréchal Ney soutenait, à la gauche, les efforts réitérés des Austro-Bavarois. Le village de Torcy, situé à gauche, était occupé par quatre régiments bavarois et deux régiments autrichiens: le maréchal, jugeant de l'importance de ce poste, y dirigea deux bataillons de nouvelle levée, à la tête desquels l'intrépide maréchal Lefebvre se met comme simple volontaire : le village est emporté ; mais l'ennemi recevant de nouveaux renforts, les Français ne peuvent s'y maintenir. Cependant, le général Jacquemard, avec le reste de sa brigade, s'y porte de nouveau ; il y pénètre deux fois à la baïonnette et deux fois il est repoussé. Mais bientôt la scène change de face : la vieille Garde, arrivant de Plancy au pas de course, parvient enfin à rester maîtresse de ce malheureux village, que des obus incendièrent et qui fut, jusqu'à dix heures du soir, le théâtre de la lutte la plus meurtrière.

Le 21 mars, au point du jour, Napoléon rappela la cavalerie et l'infanterie de la Garde, qui se trouvaient encore à Méry et à Plancy, et fit passer l'Aube aux corps du maréchal Oudinot et du général Saint-Germain, ainsi qu'aux divisions de cavalerie Berckheim et Defrance. Après avoir assigné le rang de ces troupes dans la ligne de bataille, il fit pousser une reconnaissance en avant du Grand-Torcy, sur la route de Lesmont. Comme de Wrède s'était retiré sur Chaudrey, on ne vit que quelques pelotons de cavalerie, ce qui fit croire à l'Empereur que l'ennemi avait effectué sa retraite; aussi, revenu à Arcis, ordonna-t-il au général Sébastiani d'attaquer sur-le-champ, avec la cavalerie de la Garde et de la ligne : le maréchal Ney dut soutenir cette attaque avec toute l'infanterie, pour rendre le choc décisif. Après une courte canonnade, les têtes de colonnes parvinrent sur la crête du plateau, d'où le maréchal et Sébastiani découvrirent parfaitement la position des alliés : ils s'étendaient en trois lignes, et présentaient une force d'au moins cent mille combattants.

Le maréchal Ney et le général Sébastiani informèrent sur-le-champ l'Empereur de l'état des choses, sans lui cacher qu'une bataille, dans une telle position et contre des forces aussi inégales, compromettrait ses dernières ressources : Napoléon se rendit à l'évidence et ordonna la retraite. Alors le maréchal Ney fit commencer le mouvement rétrograde aux divisions d'infanterie de la Garde et à celle du général Jenssens, et le général Sébastiani couvrit ce mouvement en se retirant lentement et en échiquier, pour donner le temps à nos troupes de repasser l'Aube.

Napoléon, avec la vieille Garde, coucha à Farémont. D'après ce qu'il avait vu faire aux alliés, il résolut de manœuvrer de nouveau sur leurs derrières.

En conséquence, il marqua la direction de l'armée à Saint-Dizier; et, le 23 mars, il se mit en marche sur cette ville avec la division Friant, de la Garde, et la cavalerie des généraux Lefebvre-Desnouettes, Saint-Germain, Defrance et Piré. La division de ce dernier, formant tête de colonne soutenue par les gardes d'honneur, après avoir enlevé un bel équipage de pont et fait neuf cents prisonniers, poussa jusqu'à Doulevant : l'infanterie de la Garde resta à Saint-Dizier, avec Napoléon, qui établit là son quartier-général.

Le 25, à six heures du matin, le maréchal Mortier remonta la rive gauche de la Somme avec son avant-garde, tandis que trois divisions de la Garde se portaient sur Notre-Dame. Le même jour eut lieu le combat de la Fère-Champenoise.

L'engagement durait depuis sept heures du matin, et les maréchaux Mortier et Marmont se flattaient de gagner les hauteurs de la Fère-Champenoise en combattant, lorsqu'une affreuse giboulée vint augmenter l'embarras du mouvement rétrograde sur Connantray. La cavalerie russe, favorisée par cette averse qui fouettait le front de la ligne française, chargea les cuirassiers à peine reformés, les culbuta sur l'infanterie, et leur enleva deux pièces d'artillerie. Les divisions de la jeune Garde n'eurent que le temps de se former en carrés; deux de ceux de la brigade Jamin furent sabrés et ce général fait prisonnier. Pour surcroît de malheur, l'orage grossissait; il grêlait avec violence, aucune amorce ne prenait, et l'on ne pouvait faire usage que de la baïonnette. Dans cet horrible désordre, on ne distinguait rien à dix pas, et deux fois les maréchaux se réfugièrent dans les carrés pour ne pas être entraînés par les fuyards. Heureusement que peu à peu le temps vint à s'éclaircir; la bonne contenance des divisions Ricard et Christiani, de la Garde, placées aux extrémités de la ligne, donna le temps à notre cavalerie de passer le ravin de Connantray, et de se reformer de l'autre côté. A peine l'armée française fut-elle ralliée, qu'on vit déboucher du ravin quelques coureurs, par l'effet du désordre qui existait depuis le commencement de l'action. Bientôt artillerie, cavalerie, infanterie, courut pêle-mêle dans la direction de la Fère-Champenoise, la déroute allait être complète, lorsqu'un renfort inespéré sauva l'armée.

Le 9ᵉ régiment de grosse cavalerie, commandé par le colonel Leclerc, débouchait de la Fère-Champenoise, au moment même où nos troupes le traversaient. Sans hésiter, ce régiment marche à la rencontre des escadrons légers des alliés, leur impose par sa ferme contenance, et facilite ainsi à nos chefs de corps le moyen de rallier leurs troupes sur les hauteurs de Lirthes.

Pendant que cette scène fâcheuse avait lieu, le général Pacthod, pressé de se réunir aux maréchaux, s'était mis en marche sur Vitry au point du jour. Arrivé près de Villeseneux, il reçoit, à dix heures du matin, l'injonction du maréchal Mortier de rester jusqu'à nouvel ordre à Bagnères, où il le croyait encore. D'après cet avis, le général Pacthod présume qu'il a le temps de faire rafraîchir ses hommes; mais à peine y est-il établi, qu'il est attaqué par la cavalerie du général Korff, qui suivait la route de Châlons à Étoges. Il reforme aussitôt ses troupes, la droite appuyée au village, la gauche couverte par un carré, et le convoi massé en arrière. Il espère gagner, dans cet ordre, la Fère-Champenoise, lorsque le comte Pahlen vient s'établir, avec deux régiments de chasseurs à cheval, sur ses derrières, et le placer dans l'alternative de se faire jour ou de se rendre. Cet incident donna lieu à un conseil. Le général Delord proposa de charger l'ennemi, tandis que le reste des troupes contiendrait le général Korff. Cet avis ayant été adopté, sa troupe se forme aussitôt en colonne d'attaque, aborde au pas de charge les chasseurs russes, et les force à rétrograder; mais à peine ces deux régiments sont-ils écartés, que la cavalerie du corps de Sacken, attirée par le bruit du canon, exécute plusieurs charges qui obligent le général Delord à rétrograder encore.

Tel était l'état des choses, lorsque vers quatre heures, la cavalerie et l'artillerie de la garde russe vinrent se joindre à l'action.

Le général Pacthod, qui avait déjà perdu beaucoup de monde, menacé de se voir cerné de tous côtés, précipita sa marche vers les marais de Saint-Gond; la poursuite des alliés n'en devint que plus vive, et bientôt il s'aperçut qu'il lui serait impossible de les atteindre. Reconnaissant alors la position désespérée dans laquelle il se trouve, il harangue les gardes nationales; et, leur faisant comprendre la honte d'une capitulation en rase campagne, leur fait jurer de vendre chèrement leur vie.

Son discours électrise ces généreux citoyens, qui, formés en carrés et fermes comme des rocs, écartent par un feu roulant la cavalerie ennemie, qui s'épuise en vains efforts contre eux. Désespérant de les forcer avec cette arme, l'empereur Alexandre fait avancer une brigade d'infanterie du corps de Rayefski ; mais, avant que celle-ci puisse donner, les batteries russes criblent de mitraille les carrés français.

Le général Borasdin, à la tête des régiments de Nouvelle-Russie et de Kargapol, enfonce notre droite, où se trouvait le général Pacthod ; notre gauche éprouve le même sort bientôt après. Néanmoins la division Amey, bravant toutes les attaques, touche près de Beaune-aux-Marais, où elle doit trouver un refuge assuré, lorsque, accablée sous la mitraille de quarante-huit pièces de canon, elle donne prise à une dernière charge. Toute la cavalerie ennemie, celle du corps de Sacken, et deux régiments de celle du comte de Langeron s'élancent sur elle et en font une horrible boucherie. Le général Thévenet fut blessé et pris, aucun homme n'échappa, car, quoique enfoncés, les gardes nationaux, combattant à la baïonnette, ne demandèrent pas quartier.

Dans cette sanglante affaire, le chef de bataillon Rapatel, Français de naissance et ancien aide-de-camp du célèbre général Moreau, devenu, depuis, aide-de-camp de l'empereur de Russie, fut tué en sommant de se rendre le carré où un de ses frères combattait comme capitaine d'artillerie.

Tel fut le résultat d'un combat malheureux, mais où la bravoure de nos soldats tint en échec toutes les forces réunies des alliés.

Napoléon qui, depuis le 23 mars, avait mis toutes ses troupes en mouvement, marcha lui-même le 24, avec sa Garde, sur Joinville, d'où il repartit le 25, de grand matin, se dirigeant sur Saint-Dizier.

Au premier avis de la marche de l'armée française, le parc général et les gros bagages des alliés, qui se trouvaient à Bar-sur-Aube, furent évacués sur Béfort.

Napoléon, parvenu sur le plateau de Valcourt, reconnut l'ennemi rangé en bataille sur la rive opposée. Il occupa, avec deux bataillons, la ville de Saint-Dizier, à laquelle sa gauche était appuyée ; sa droite s'étendit dans la direction de Vitry, protégée, dans le bois de Perthes, par quelque infanterie : des essaims de tirailleurs, à pied et à cheval, bordèrent la Marne. Sa première ligne était en avant de la route, faisant face à la rivière ; sa seconde, en arrière, et l'artillerie, entremêlée de quelques escadrons, avait été placée sur la chaussée même qui domine la route.

Napoléon, de son côté, rappela les corps d'infanterie qui étaient près de Vassy et ordonna à la cavalerie de franchir la Marne au gué d'Halligincourt. Le général Sébastiani passa en colonne par pelotons, et se déploya à droite et à gauche du gué, soutenu par les corps des généraux Saint-Germain, Milhaud et Kellermann, qui se formèrent sur ses flancs. L'infanterie de la Garde, celle du général Gérard et du maréchal Macdonald, suivirent la cavalerie, tandis que le maréchal Oudinot se dirigeait sur Saint-Dizier, par la route de Joinville.

Le général Wenzingerode chercha, autant qu'il put, à éviter le combat dans un terrain si peu propre aux manœuvres de sa cavalerie ; mais, d'un autre côté, craignant de perdre l'infanterie qui gardait Saint-Dizier, il ordonna au général Tettenborn de couvrir la route de Vitry, tandis qu'avec le gros de ses forces il gagnerait la route de Bar-sur-Ornain.

Conformément à cette instruction, Tettenborn, à la tête des hussards d'Ismuz, essaya plusieurs charges, qui furent infructueuses. De son côté, Wenzingerode s'étant ébranlé pour se rapprocher de Saint-Dizier, la cavalerie de la Garde s'élança sur sa colonne, l'enfonça, et poursuivit les fuyards jusqu'au bois des Trois-Fontaines.

Pendant que ceci se passait à la gauche, le maréchal Oudinot entrait au pas de charge dans Saint-Dizier, dont la garnison, effrayée, se repliait en désordre sur Bar.

L'ennemi étant alors sans appui, la cavalerie française redoubla d'activité. Le général Milhaud charge avec impétuosité sur la route de Vitry, et s'empare de six pièces de canon. Le général Letort, avec les dragons de la Garde, enfonce un carré d'infanterie qui cherche à gagner le bois. A la droite, le général Kellermann poursuit les colonnes ennemies, en fuite sur la chaussée de Bar, et l'infanterie, suivant au pas de course les cuirassiers et les dragons, abat, sous ses baïonnettes, tout ce qui échappe au sabre de nos cavaliers ; enfin, le maréchal Macdonald donna la chasse à Tettenborn jusqu'à Perthes, et on ne cessa qu'à la nuit d'y faire le coup de fusil.

Le quartier-général français resta à Saint-Dizier, où la Garde s'établit.

Les Russes perdirent dans cette journée dix-huit cents hommes, dont cinq cents prisonniers, neuf pièces de canon, un équipage de pont et tous leurs bagages.

La perte des Français n'excéda pas six cents hommes mis hors de combat : cet avantage ne fut dû qu'à la vivacité de leurs attaques.

Cette victoire, qui vengeait glorieusement la malheureuse journée de la Fère-Champenoise, fut la dernière où la Garde prit part; mais nous ne cesserons de le répéter, elle montra dans cette prestigieuse campagne tout ce qu'on avait droit d'attendre de sa bravoure, de l'excellence de sa discipline et de son patriotisme.

La bataille sous les murs de Paris, cinq jours après, ne pouvait guère offrir rien de bien remarquable pour les quelques corps détachés de la Garde qui se trouvaient disséminés sur plusieurs points : néanmoins voici les positions principales qu'ils occupaient dans la matinée du 30 mars 1814 [*].

La réserve destinée à former ou à soutenir la droite du maréchal Marmont et le centre de l'armée entre le canal de l'Ourcq et les hauteurs de Belleville, se trouvait derrière Pantin et en avant de la Villette, faisant face à l'ennemi.

La division de la jeune Garde, sous les ordres du général Boyer de Reberval, était composée de trois bataillons du 11e régiment de voltigeurs, d'un bataillon de flanqueurs-grenadiers et d'un bataillon de tirailleurs, formant ensemble environ deux mille hommes.

La division du général Michel se composait de quatre mille hommes, formée des dépôts d'infanterie, dont un millier, arrivés la veille des départements de l'Ouest, n'avaient été armés que le matin même.

---

[*] Cependant, un des plus beaux faits d'armes qui soit à la gloire de la Garde est, sans contredit, la défense du pont de Neuilly.

Le 30 mars 1814, le capitaine Morlay, à la tête de cinquante grenadiers de la Garde, presque tous blessés, fut chargé de la défense de ce pont. Attaqués, dans la soirée, par deux mille hommes et quatre pièces de canon, ces braves sont sommés plusieurs fois de se rendre; mais leur réponse est la même à chaque sommation : « La vieille Garde n'a jamais mis bas les armes! » Leur contenance courageuse imposa tellement à l'ennemi, qu'ils conservèrent leur position. Le lendemain les alliés, voulant de nouveau traverser le pont, n'en obtinrent le passage qu'après avoir signé une capitulation des plus honorables, qui sauva tous les effets d'habillement et de casernement qui se trouvaient dans les magasins de Courbevoie, et qui se montaient à une valeur de plus de cinq cent mille francs.

Ces deux divisions occupaient les positions en avant de Pantin.

La cavalerie des généraux Bordesoulle et Chastel occupait celles de Ménilmontant jusqu'au Père-la-Chaise.

Les divisions Ricard, Lagrange et Ledru s'étendaient jusqu'au delà de Belleville, et se liaient à la division du général Boyer de Reberval, qui tenait les prés Saint-Gervais et les berges du plateau de Beauregard.

La brigade d'infanterie légère du général Michel couvrait le hameau des Maisonnettes et gardait les ponts du canal de l'Ourcq.

Aux positions en avant de Clichy se trouvait la brigade de cavalerie aux ordres du général Dautencourt : elle se composait de trois cent vingt grenadiers, dragons, chasseurs et éclaireurs, tirés de tous les dépôts de la Garde.

Le bataillon des sapeurs du génie de la Garde occupait les hauteurs de Montmartre.

Placée dans ces diverses positions, la Garde aida à soutenir jusqu'à quatre heures du soir les attaques multipliées des alliés.

Au commencement de l'action, les tirailleurs de la jeune Garde pénétrèrent, presque en même temps que l'ennemi, jusqu'aux maisons de Pantin. En vain le général Kretow, pour les arrêter, essaye quelques charges à droite de la route : écrasés par la mitraille et embarrassés par les accidents du terrain, ses cuirassiers sont obligés de se replier sous la protection du village.

Sur un autre point, le maréchal Marmont ordonne au général Clavel, commandant une brigade de la Garde de la division Ricard, de se replier en colonne d'attaque. Cette brigade, formant à peine un bataillon, conduite par le maréchal en personne, contre la division russe Pitschnitzki, s'avance avec courage; mais une batterie russe établie dans le bois, sur une butte d'où elle plongeait sur la route, ouvre à l'instant son feu et jette le désordre dans les rangs. L'ennemi saisit le moment : ses grenadiers l'abordent par le flanc gauche, ses cuirassiers se précipitent sur sa droite ; elle est enfoncée. Les fuyards se jettent sur les restes de la réserve et l'entraînent, poursuivis par l'ennemi; mais le général Compans porte de suite un bataillon de la jeune Garde à la butte dite *du télégraphe,* et le colonel Ghenneser, qui occupait le parc de Brière, tombe avec deux cents hommes sur les derrières des grenadiers russes. Ce coup d'audace les arrête, et, tandis que l'infanterie du général Pitschnitzki s'empare du parc de Brière, le maréchal Marmont rallie au télégraphe les corps épars de son armée.

Aussitôt il reforme sa ligne dans la position qui s'étend du Mont-Louis aux prés Saint-Gervais, à travers le parc Saint-Fargeau. Cette position eût exigé dix à douze mille hommes, tandis qu'il n'en restait au maréchal que cinq mille, et encore étaient-ils tous extrêmement fatigués.

Pendant que la grande armée alliée attaquait et tournait les hauteurs de Paris, le corps du général Langeron, dans son mouvement offensif, chassait d'Aubervilliers, sur la Chapelle, les tirailleurs de la jeune Garde du colonel Robert, et y rejetait sa brigade russe ainsi que le détachement d'infanterie et de cavalerie du major Kozietulski. Les généraux Kapzewitsch et Karnietow, croyant Saint-Denis hors d'insulte, s'étaient repliés, avec le reste de leurs troupes, vis-à-vis de Clignancourt et de la Chapelle. Le comte de Langeron, arrivé avec le gros de son corps à la hauteur de Saint-Ouen, avait dirigé sur le chemin de ce village à Batignolles un détachement et une batterie qui devaient marcher à hauteur du général Kapzewitsch, et observer ce qui sortirait de Paris par la barrière de Clichy. Le général Reudzewitsch reçut de lui, en même temps, l'ordre d'envoyer vers le bois de Boulogne, par le chemin de la Révolte, un corps de cavalerie, quelque artillerie légère, en un mot ce qu'il fallait d'infanterie pour balayer la plaine de Clichy, et contenir les détachements de la garde parisienne qui pouvaient se montrer aux barrières de l'est.

Mais cette colonne, mise sous les ordres du général Emmanuel, effectuait son mouvement à une trop grande distance et avec trop de circonspection pour que le maréchal Mortier fût à même de l'inquiéter : ce dernier se contenta donc d'ordonner au général Belliard d'étendre sa gauche par Clignancourt, vers la plaine de Clichy, et de faire observer dans cette direction le détachement du comte de Langeron par la brigade de la cavalerie de la Garde, aux ordres du général Dautencourt.

Le comte de Langeron continuant son mouvement vers Montmartre, pendant que le général Reudzewitsch, avec sa cavalerie, commençait à dépasser, sur le chemin de la Révolte, le village de Clichy, le général Belliard fut obligé de porter la sienne au pied de Montmartre.

Dans cette disposition, les chasseurs et les éclaireurs de la Garde, ayant pour réserve les grenadiers, masqués par la plâtrière de Clignancourt, engagèrent contre les Russes, conjointement avec deux cents gardes nationaux environ de la 2e légion, une fusillade très-vive.

L'engagement était devenu général sur toute la ligne, lorsque de toutes parts cessa le feu pour faire place à la consternation. Les troupes qui depuis le matin bravaient la mort avec un courage d'autant plus héroïque, que chaque soldat n'ignorait pas que ce simulacre de défense ne pouvait sauver la capitale, se livrèrent dès lors à de douloureuses réflexions. Le tableau de la retraite des Français, traversant les rues de Paris, excédés de fatigue, mourant de faim, dévorés d'une soif brûlante, couverts de blessures et de poussière et pouvant à peine se traîner, pour gagner les barrières opposées, fut affreux.

Quant à Napoléon, après le combat de Saint-Dizier, ayant appris que les alliés marchaient sur Paris, il s'était mis en route avec le reste de son armée, et se dirigeait sur la capitale, par Bar-sur-Aube et Troyes, en arrière de la forêt de Fontainebleau. La situation de la Garde qui l'accompagnait était des plus affreuses : depuis six jours, sans pain et sans chaussures, manquant des objets de première nécessité, forcée de se mettre en route par un temps déplorable, au milieu de chemins impraticables, on ne vit pas moins cette héroïque Garde impériale, pleine d'abnégation, suivre ses chefs, qui lui donnaient l'exemple du courage et de la résignation, sans faire entendre la moindre plainte.

Le 29 mars, à la tête de la cavalerie de la Garde, l'Empereur marcha sur Vendeuvre. A peine arrivé au pont de Dolancourt, il y rencontre un courrier que son frère Joseph lui envoyait, chargé de lui remettre une dépêche pour lui annoncer l'arrivée des alliés à Meaux. Après avoir donné les ordres que nécessitait la nouvelle qu'il vient d'apprendre, Napoléon partit pour Troyes, escorté seulement des quatre escadrons de service de la Garde.

Le reste de la cavalerie de la Garde marcha également sur Troyes, où elle arriva dans la nuit : l'infanterie bivouaqua à Lusigny.

Le lendemain 30, la Garde à pied et à cheval traversa Troyes, se dirigeant sur Villeneuve-l'Archevêque, où elle parvint excédée de fatigue, après avoir marché vingt-quatre heures de suite sans se reposer. Napoléon, qui l'avait précédée, quitta cette ville vers le soir : ses escadrons de service n'ayant pu le suivre que jusqu'à Villeneuve-la-Guyard, Napoléon partit sans aucune escorte pour Fontainebleau.

A peine y est-il arrivé, qu'il demande sa voiture, monte dedans, accompagné de Berthier et de Caulaincourt, et se dirige vers la Cour-de-France; mais là il rencontre le général Belliard, à la tête des premières colonnes qui évacuaient Paris, et ce général l'instruisit sur-le-champ de tout ce qui s'est passé depuis le 19 mars.

« Depuis huit jours Paris était sans nouvelles, dit le baron Fain, dans son *manuscrit de* 1814. L'éloignement de Napoléon, qu'on croyait du côté de Saint-Dizier, avait fait perdre tout espoir d'être secouru. Le départ de l'Impératrice et de son fils avait mis le comble au découragement* : par suite de ce brusque départ, qui avait entraîné les ministres et les chefs du gouvernement, tout était resté dans le désaccord et la confusion. A la vue de l'ennemi, le riche avait pensé à capituler et le pauvre à combattre; les ouvriers avaient demandé des armes au ministre de la guerre (Clarke) sans pouvoir en obtenir.

« Le prince Joseph, commandant en chef l'armée parisienne, voyant les flots de l'ennemi parvenus jusqu'au pied de Montmartre, ayant reconnu qu'on ne pouvait différer davantage de capituler, en avait donné

---

* On a fait un reproche au roi Joseph du départ de Marie-Louise. Pour montrer combien ce reproche est injuste, il suffit de citer une lettre de l'Empereur écrite au moment où il méditait déjà sa grande manœuvre, sur Paris, pour surprendre les armées alliées. Après cette lettre, la conduite du roi n'était-elle pas obligée?

« Au roi Joseph.

« Reims, 16 mars 1814.

« Conformément aux instructions verbales que je vous ai données, et à l'esprit de
« toutes mes lettres, vous ne devez pas permettre que, dans aucun cas, l'Impératrice
« et le roi de Rome tombent entre les mains de l'ennemi. Je vais manœuvrer de
« manière qu'il serait possible que vous fussiez plusieurs jours sans avoir de mes nou-
« velles; si l'ennemi s'avance sur Paris avec des forces telles, que toute résistance
« devienne impossible, faites partir, dans la direction de la Loire, la régente, mon fils,
« les grands dignitaires, les ministres, les officiers du Sénat, les présidents du Conseil
« d'Etat, les grands officiers de la couronne, le baron de la Bouillerie et le trésor. Ne
« quittez pas mon fils, et rappelez-vous que je préférerais le savoir dans la Seine
« plutôt que dans les mains des ennemis de la France : le sort d'Astyanax, prisonnier
« des Grecs, m'a toujours paru le sort le plus malheureux de l'histoire.

« Votre affectionné frère,

» *Signé :* Napoléon. »

l'autorisation au duc de Raguse, et était parti pour aller rejoindre le gouvernement sur la Loire : c'était vers cinq heures du soir. Des officiers d'état-major des deux armées s'étaient aussitôt réunis, les bases d'une capitulation avaient été posées; mais dans la soirée, la rédaction n'était pas encore terminée, et rien n'était signé. »

Ce récit laissait peu d'espoir; et, en effet, le duc de Vicence, que Napoléon envoya à Paris pour savoir s'il était encore possible de sauver la capitale, revint dans la nuit suivante annoncer que tout était consommé. La capitulation avait été signée à deux heures du matin; et, au jour, les alliés devaient faire leur entrée dans la capitale.

Napoléon rebroussa chemin, et se fit conduire à Fontainebleau. Le lendemain et jours suivants, la Garde, qui arrivait successivement, vint s'établir dans les environs de cette résidence, ainsi que les maréchaux que le devoir et la fidélité appelaient sous la tente. Ce furent les anciens des campagnes d'Italie et d'Egypte : le vieux Lefebvre, Macdonald, Ney, Oudinot, Berthier. Bientôt Napoléon fut rejoint par Marmont et Mortier, qui avaient fait leur retraite de Paris sur Essonnes, après avoir passé sur la rive gauche de la Seine.

La campagne de 1814 peut être nommée à juste titre : *Campagne de la Garde impériale.* Tant que l'on parlera de Bar-sur-Aube, de Saint-Dizier, de la Rothière, de Champ-Aubert, de Montmirail, de Vauchamps, de Nangis, de Montereau, de Craonne et d'Arcis-sur-Aube, ces noms se rattacheront involontairement à celui de la Garde. Dans ces journées à jamais glorieuses pour elle, on la vit porter incessamment l'effroi et la mort dans les rangs ennemis : plus d'une fois sa seule présence suffit pour faire battre en retraite les légions étrangères; partout, enfin, elle justifia la brillante réputation qu'elle s'était si justement acquise dans les campagnes précédentes, campagnes qui rappelleront éternellement d'illustres actions, mais aussi de pénibles souvenirs.

CHAPITRE III.

NAPOLÉON ET LA GARDE A FONTAINEBLEAU.

L'homme fort dans le malheur a quelque chose de puissant et de religieux que l'imagination et la pensée aiment à suivre. On veut voir le navire aux prises avec la tempête et le rocher battu par les vagues. La capitale de l'empire est au pouvoir des alliés, le Sénat a proclamé la déchéance de Napoléon; tout se groupe autour du pouvoir nouveau pour le saluer, car on court à la fortune, et un gouvernement qui tombe a peu d'amis. Que fait Napoléon en face de ces coups de la destinée? Il s'occupe encore de ses vieux compagnons d'armes, de sa Garde, et ordonne diverses mutations dans l'état-major général de cette poignée de héros. Le général Krazinski est nommé commandant en chef des Polonais, dont il veut former une division; le général Ornano prend le commandement en chef de toute la cavalerie de la Garde, et le général Guyot commande les escadrons qui doivent faire le service auprès de la personne de l'Empereur, en remplacement du général Colbert, blessé dans les dernières affaires.

Le 3 avril, Napoléon passa une revue de toute la Garde, infanterie et cavalerie, dans la cour du Cheval-Blanc. L'infanterie était rangée le long des deux côtés, sur quinze hommes de profondeur. Après avoir parcouru les rangs, l'Empereur fit réunir les plus anciens officiers,

sous-officiers et soldats de chaque compagnie, les fit former en cercle autour de lui, puis leur parla en ces termes :

« Soldats! l'ennemi nous a dérobé trois marches et s'est rendu
« maître de Paris; il faut l'en chasser! D'indignes Français, des
« émigrés auxquels nous avions pardonné, ont arboré la cocarde blanche
« et se sont joints à nos ennemis. Les lâches! ils recevront le prix de
« ce nouvel attentat. Jurons de vaincre ou de mourir, et de faire
« respecter cette cocarde tricolore qui, depuis vingt ans, nous a tou-
« jours trouvés sur le chemin de la gloire et de l'honneur! »

Tous, à l'envi, prononcèrent ce serment en s'écriant :
— Oui, oui! nous le jurons! Vive l'Empereur!

Après cette courte harangue, l'infanterie de la Garde défila au pas accéléré et fit place ensuite à la cavalerie, qui défila également devant Napoléon.

Alors la Garde se mit immédiatement en mouvement sur Essonnes; sa marche se prolongea fort avant dans la nuit, ayant été forcée de passer par la route qui traverse la forêt de Fontainebleau.

Le quartier-général fut établi à Montlignon ; l'infanterie de la Garde prit position aux alentours, et jusqu'à Auvernaux ; la cavalerie à la Ferté-Aleps.

Mais tandis que Napoléon s'apprêtait à marcher contre les alliés, le maréchal Marmont entamait une négociation avec le prince de Schwartzenberg, négociation dont le résultat fut la signature d'une convention militaire qui stipulait que les troupes de ce maréchal quitteraient son importante position d'Essonnes, pour se retirer par Versailles, afin d'abandonner Napoléon.

Le 5 avril, à quatre heures du matin, le général Souham, à la tête des troupes du corps d'armée du duc de Raguse, fait lever les bivouacs et donne ordre de se mettre en mouvement. Le général Bordesoulle était à la tête de la colonne avec sa cavalerie, l'artillerie suivait ; venait ensuite l'infanterie, marchant de chaque côté : le général Chastel avec sa cavalerie formait l'arrière-garde. Le plus grand silence régnait dans les rangs, parce que les soldats avaient la persuasion qu'ils allaient à la rencontre de l'ennemi ; mais ils furent bientôt détrompés en voyant les Bavarois marcher parallèlement avec eux, mouvement qui s'exécutait ainsi d'après la convention de Marmont. C'est alors que les Polonais, qui faisaient partie de ce corps, retournèrent à toute bride à Fontainebleau, en criant qu'on les avait trompés et trahis, et qu'ils ne voulaient pas abandonner leurs frères d'armes.

Aussitôt que l'Empereur apprit cette défection, il s'en plaignit amèrement au général Belliard :

— Qui aurait pu croire à un pareil trait de Marmont ! lui dit-il ; un homme avec lequel j'ai partagé mon pain... que j'ai tiré de l'obscurité... dont j'ai fait la fortune et la réputation... Le lot des souverains est de faire des ingrats ! Ah ! sûrement les troupes de Marmont ne savent pas où il les mène ; et cependant il m'avait donné, avant-hier encore, de vives marques d'attachement.

La Garde tout entière fut bientôt instruite que son Empereur avait abdiqué. Napoléon, par suite des réflexions que la situation avait fait naître en lui, n'augurait rien de favorable de la part des alliés ; aussi, à l'issue de son dîner, dit-il aux officiers de la Garde qui l'entouraient :

— On a voulu me faire abdiquer en faveur du roi de Rome, je l'ai fait : cependant ce n'est pas dans l'intérêt de la France. Mon fils est un enfant ; ma femme est excellente, on ne peut en trouver une meilleure, mais elle n'entend rien aux affaires... Vous auriez donc une régence autrichienne durant douze ou quinze ans, et vous verriez M. de Schwartzenberg vice-empereur des Français!... Cela ne peut convenir. D'ailleurs il faut raisonner : si cela entrait dans les vues de l'Autriche, croit-on que les autres puissances consentiraient jamais à ce que mon fils régnât tant que je vivrai? Non certainement! car elles auraient trop peur que j'arrachasse le timon des affaires des mains de ma femme. Aussi je n'attends rien de bon de la démarche dont j'ai chargé mes maréchaux auprès du czar.

En effet, les pressentiments de Napoléon se réalisèrent. Lorsque le lendemain ceux-ci retournèrent chez l'empereur de Russie, ils le trouvèrent dans des dispositions toutes différentes de celles de la veille. Ne pouvant deviner le motif de ce changement subit, Macdonald prit la parole pour défendre les intérêts de l'armée et de Napoléon : au milieu de son discours, un aide-de-camp vint remettre au czar une lettre. Celui-ci, après en avoir pris lecture, dit aux maréchaux :

— Messieurs, vous faites beaucoup valoir la volonté de l'armée ; mais la connaissez-vous bien cette volonté? savez-vous ce qui se passe au camp? savez-vous que le corps du duc de Raguse s'est rangé tout entier du côté des alliés ?

Les maréchaux répondirent sans hésiter que cela était impossible et qu'on avait induit Sa Majesté en erreur.

— En ce cas, repartit Alexandre, en leur présentant la dépêche tout ouverte, prenez et lisez.

Et il leur remit l'avis du prince de Schwartzenberg, annonçant la défection du corps de Marmont, en exécution de sa convention militaire avec ce prince. Les maréchaux ne pouvaient revenir de leur surprise, lorsqu'Alexandre fixa leur attention par ces paroles :

— Messieurs, cette circonstance change entièrement l'état de la question et ne laisse à Napoléon que le choix d'une abdication absolue; toutefois, il peut compter, pour retraite, sur une principauté indépendante, où il sera libre d'emmener une partie de sa Garde ainsi que les serviteurs de sa maison qu'il aura choisis.

La difficulté était d'annoncer cette nouvelle à Napoléon : le maréchal Macdonald se chargea de cette délicate mission. Il se rendit à cet effet à Fontainebleau, où il arriva à onze heures du soir. Il entra de suite dans le cabinet de l'Empereur, avec qui il eut une longue conférence.

Ce fut le 11 avril que le traité qui réglait la condition future de Napoléon et de la famille impériale fut signé ; alors le maréchal Macdonald le présenta à Napoléon pour être ratifié. Ce dernier, après en avoir entendu la lecture avec le plus grand sang-froid, dicta au duc de Bassano sa seconde abdication conçue en ces termes :

« Les puissances alliées ayant proclamé que l'empereur Napoléon
« était le seul obstacle qui s'opposait au rétablissement de la paix en
« Europe, l'empereur Napoléon, fidèle à son serment, déclare qu'il
« renonce pour lui et pour ses héritiers aux trônes de France et d'Italie,
« parce qu'il n'est aucun sacrifice personnel, même celui de sa vie,
« qu'il ne soit prêt à faire à l'intérêt de la France. »

Après avoir signé cet acte, il s'entretint avec les officiers généraux de la Garde qui l'entouraient.

— Maintenant que tout est terminé, leur dit-il, puisque je ne puis rester, ce qui vous convient le mieux, c'est la famille des Bourbons : elle ralliera tous les partis. Le roi, dit-on, a de l'esprit et des moyens ; il est âgé et souffrant : il ne voudra pas, je pense, attacher son nom à un mauvais règne. S'il fait bien, il se mettra dans mon lit, aux Tuileries, en faisant seulement changer les draps. Si sa famille est sage, vous serez heureux ; mais il faut qu'il traite bien l'armée et qu'il ne revienne pas sur le passé, autrement son règne ne durerait guère. Qu'on se garde surtout de toucher aux biens nationaux ; c'est la trame sur laquelle repose le tissu : coupez-en un fil, adieu l'ouvrage. Le roi aura beaucoup à faire avec le faubourg Saint-Germain ; s'il veut régner longtemps, il faut qu'il le tienne dans un état de blocus : il est vrai qu'alors il n'en sera pas plus aimé que moi ; car c'est une colonie anglaise au milieu de la France, qui veut rapporter tout à elle et s'inquiète peu du repos et du bonheur de la patrie, pourvu qu'elle jouisse des priviléges, des honneurs et de la fortune pour lesquels, à ce qu'elle prétend, elle a seule été créée et mise au monde.

Le 16 avril se réunirent à Fontainebleau : le général russe Schouwalow, le général autrichien Koller, le colonel anglais Campbell et le général prussien Valdebourg-Truchsess, commissaires des puissances alliées, pour accompagner Napoléon jusqu'au port de Fréjus et présider à son embarquement.

Le 20 avril au matin, l'Empereur fit appeler le général Koller, auquel il dit :

— J'ai réfléchi à ce qui me restait à faire : je suis décidé à ne point partir. Les alliés ne sont pas fidèles aux engagements qu'ils ont pris avec moi ; je puis donc aussi révoquer une abdication qui n'était que conditionnelle. Plus de mille adresses me sont parvenues cette nuit : on m'y conjure de reprendre les rênes du gouvernement. Je n'avais renoncé à tous mes droits et à la couronne que pour épargner à la France les horreurs d'une guerre civile ; mais connaissant aujourd'hui le mécontentement qu'inspirent les mesures prises par le nouveau gouvernement, je puis m'expliquer maintenant, et je verrai comment on m'arrachera le cœur de mes soldats !

Le général autrichien pria Napoléon de lui dire en quoi les alliés lui paraissaient avoir manqué au traité.

— En ce qu'on empêche l'Impératrice de m'accompagner jusqu'à Saint-Tropez, comme il était convenu.

— Je vous assure, sire, reprit Koller, que Sa Majesté n'est pas retenue, et que c'est de sa propre volonté qu'elle s'est décidée à ne pas vous accompagner.

— Eh bien, je veux bien rester fidèle à ma promesse ; mais si j'ai de nouvelles raisons de me plaindre, je me verrai dégagé de tout ce que j'ai promis.

Le 20 avril, jour fixé pour le départ, Napoléon traversa vers midi la cour du Cheval-Blanc, au milieu de douze cents grenadiers de la Garde rangés sur deux rangs. Avant d'arriver à la grille, il s'arrêta, fit former le cercle à la Garde et prononça, d'une voix forte, quoique émue, ces paroles remarquables :

« Officiers et soldats de ma Garde, je vous fais mes adieux ! Pendant
« vingt ans je vous ai conduits sur le chemin de la victoire ; pendant
« vingt ans vous m'avez servi avec honneur et fidélité : recevez mes
« remerciments.

« Mon but a toujours été le bonheur et la gloire de la France ;
« aujourd'hui les circonstances ont changé... Lorsque l'Europe entière
« est armée contre moi ; quand tous les princes, toutes les puissances

« sont liguées ; lorsqu'une grande portion de mon empire est livrée,
« envahie ; lorsqu'une partie de la France... — « Après ces mots
Napoléon s'arrêta un instant, mais bientôt il reprit d'une voix altérée :
« Lorsqu'un autre ordre de choses est établi, j'ai dû céder.

« Avec vous et les braves qui me sont restés dévoués, j'eusse pu
« résister encore à tous les efforts de mes ennemis ; mais j'eusse allumé
« la guerre civile dans notre belle France, au sein de notre chère
« patrie...

« N'abandonnez pas votre pays malheureux ; soyez soumis à vos
« chefs, et continuez de marcher dans le chemin de l'honneur où vous
« m'avez toujours rencontré.

« Ne soyez pas inquiets sur mon sort ; de grands souvenirs me
« restent : je saurai occuper encore noblement mes instants : j'écrirai
« mon histoire et la vôtre.

« Officiers et soldats! je suis content de vous! Je ne puis vous em-
« brasser tous, mais j'embrasserai votre général. Adieu, mes enfants ;
« adieu, mes amis ; conservez-moi votre souvenir! Je serai heureux
« lorsque je saurai que vous l'êtes vous-mêmes. » — Et s'adressant
au général Petit : « Venez, général, ajouta-t-il. »

Alors le général Petit s'approcha, et Napoléon l'embrassa avec
effusion.

« Qu'on m'apporte l'aigle et que je l'embrasse aussi* ! » dit encore l'Empereur.

Le porte-drapeau s'avança à son tour et inclina son aigle. Napoléon embrassa trois fois l'écharpe avec émotion, en disant :

« Ah ! chère aigle ! que les baisers que je te donne retentissent dans « la postérité ! » — Et après une pose : « Adieu, mes enfants, reprit « l'Empereur attendri ; adieu, mes braves !... Entourez-moi encore « une fois ! »

Ces paroles produisirent sur tous ces braves l'effet que Napoléon avait droit d'en attendre. Les paupières de ces vieux guerriers se mouillèrent de larmes ; un morne silence attestait que leur cœur était navré. Aussi les officiers étrangers, présents à cette scène d'adieux de Napoléon à ses soldats, ne purent-ils en être témoins sans éprouver eux-mêmes une émotion qu'ils ne cherchèrent pas à dissimuler.

---

* Ce drapeau, conservé religieusement par le général Petit, aujourd'hui commandant de l'hôtel des Invalides, est devenu sa propriété ; et, depuis 1830, il est resté exposé dans son salon.

La hauteur de ce trophée est d'un mètre environ, et sa forme représente un carré parfait. Les angles sont ornés du chiffre de l'Empereur ; dans le milieu est l'aigle, qu'entoure l'inscription suivante :

GARDE IMPÉRIALE.
L'EMPEREUR NAPOLÉON
AU 1ᵉʳ RÉGIMENT DES
GRENADIERS A PIED.

De l'autre côté du drapeau sont inscrites, dans l'ordre ci-après, les batailles mémorables auxquelles ce régiment a pris part ; ce sont celles de : Marengo, — Austerlitz, — Eylau, — Eckmuhl, — Wagram, — Moskowa, — Berlin, — Ulm, — Iena, — Friedland, — Essling, — Smolensk, — Vienne, — Madrid, — Moskow.

Le tissu de ce drapeau est en soie rouge. Il est parsemé d'abeilles brodées en or, et percé de plusieurs balles.

CHAPITRE IV.

VOYAGE DE LA GARDE IMPÉRIALE, DE FONTAINEBLEAU A L'ÎLE D'ELBE.

Tandis que la diplomatie européenne se partageait les débris de l'Empire français en reconstituant un nouveau système politique et militaire, Napoléon quittait Fontainebleau. Les paroles qu'il avait adressées à sa Garde, dans cette cour historique du Cheval-Blanc, avaient produit, comme nous l'avons dit, une vive impression, même sur les commissaires étrangers ; il suffisait d'avoir un cœur haut placé, une âme fière, pour être touché de ces adieux d'un vieux chef de guerre à ses compagnons d'armes : c'était César, abandonné par la fortune, donnant le dernier baiser aux chefs de ses légions. Les instructions des gouvernements de l'Europe étaient précises : « L'Empereur Napoléon, traité avec tout le « respect dû à un souverain, sera le maître de suivre la route dont il « tracera lui-même l'itinéraire. Les commissaires ne sont pas commis à « sa garde ; l'Empereur n'est point captif : on le suivra seulement pour « le préserver des réactions populaires ou de la vengeance des partis. »

Tout était donc triste à Fontainebleau comme aux funérailles d'un grand Empire. Les cœurs qui étaient restés fidèles à Napoléon voulaient l'accompagner. Que feront-ils sur ce territoire de la France ? Ils n'ont vu, ils n'ont connu que leur Empereur ; il n'y a de patrie qu'avec lui, il n'y a plus de France sans lui. Les vieux soldats de la Garde, rassemblés en groupes, s'étaient tous offerts à l'accompagner, le sol de la patrie était désormais sans attraits pour eux. Napoléon avait demandé quatre cents hommes de bonne volonté, il en aurait trouvé quatre mille parmi ses vieux soldats. On lui accorda donc un bataillon d'infanterie, composé de six cent dix sous-officiers et soldats, non compris les officiers, formés de six compagnies, dont trois de grenadiers et trois de chasseurs ; une compagnie d'artillerie, forte de cent vingt hommes, et cent vingt chevau-légers polonais*. Le général Cambronne prit le commandement de cette troupe, quoique souffrant encore d'une blessure grave reçue à la bataille de Craonne.

Le 8 avril 1814, à sept heures du matin, ces hommes partirent de Fontainebleau pour l'île d'Elbe, musique en tête et accompagnés de tous leurs officiers. Ici, nous laisserons parler le lieutenant-colonel Laborde, adjudant-major de cette troupe d'élite appelée *le bataillon de l'île d'Elbe*, qui, après être resté auprès de Napoléon tout le temps de son séjour à Porto-Longone, revint avec lui à Paris l'année suivante, et fit partie de ce qu'on appela alors *le bataillon sacré*.

« Le 7 avril, disait cet officier**, l'Empereur nous passa en revue, ainsi que tout le reste de la Garde, à laquelle il fit ses adieux dans la cour du palais de Fontainebleau ; il embrassa l'aigle du 1er régiment de grenadiers et le général Petit, qui commandait ce régiment.

La veille, les officiers de la Garde qui devaient aller à l'île d'Elbe avaient été présentés à l'Empereur.

Après la réception, Napoléon, accompagné des généraux Drouot, Bertrand, Caulaincourt et du duc de Bassano, se promena dans ses appartements. C'est là que nous vîmes un grand nombre d'officiers de toutes armes venir solliciter l'honneur de l'accompagner dans son exil, en qualité de simples grenadiers. L'Empereur était ému de voir un si grand dévouement à sa personne de la part de simples officiers, tandis que la plus grande partie de ceux qu'il avait comblés de faveurs, et qu'il avait associés en quelque sorte à sa gloire, le payaient de la plus grande ingratitude.

Le lendemain de cette dernière revue, nous quittâmes Fontainebleau.

Au moment du départ, le général Cambronne, toujours présent,

---

* Le général Friant, colonel-général des grenadiers à pied, assisté des généraux Petit et Pelet, fut chargé de l'organisation de ce bataillon.

** Dans une petite brochure intitulée : *Napoléon et sa Garde, relation du voyage de Fontainebleau à l'île d'Elbe, en 1814.*

m'ordonna de me rendre sur-le-champ à Orléans, accompagné de quelques lanciers polonais et d'un petit détachement d'infanterie commandé par le sergent Delaye. Nous devions y joindre M. Peyrusse, qui faisait partie des personnes attachées à la nouvelle maison de l'Empereur, comme payeur de la couronne. Il était parti de Fontainebleau avant nous pour recevoir des mains de l'Impératrice Marie-Louise, alors à Orléans, le trésor appartenant à l'Empereur et s'élevant à quarante-deux millions. Il me recommanda en même temps de mettre une garde à ce trésor, en attendant qu'il arrivât, avec la colonne.

Le lendemain, en entrant dans cette ville, je rencontrai le capitaine Gout, qui faisait partie des escadrons qui avaient accompagné Marie-Louise. J'appris de cet officier que M. Peyrusse se trouvait, sous un déguisement, chez le concierge de l'hôtel dans lequel était descendue l'Impératrice, et qu'il était en peine de ne point me voir arriver, parce qu'il craignait qu'on ne lui enlevât le peu de fonds qu'il avait pu, disait-il, recouvrer.

Conduit près de M. Peyrusse, celui-ci me dit que Marie-Louise était partie le matin pour Blois, et qu'il n'avait pu sauver du trésor de l'Empereur qu'un fourgon couvert d'une toile trouée, contenant huit millions en argent; le surplus ayant été enlevé de vive force la veille, par ordre de Louis XVIII et de l'empereur d'Autriche, par un chef d'escadron de la gendarmerie d'élite*, à la tête de quatre-vingts gendarmes, et conduit à Rambouillet.

Accompagné de M. Peyrusse, je me dirigeai sur-le-champ vers une auberge située dans l'un des faubourgs d'Orléans, où était remisé le fourgon en question. Il contenait en effet huit millions en argent monnayé: j'y établis, en sauvegarde, le sergent des chasseurs Delaye, avec huit hommes.

Le général Cambronne arriva le lendemain avec la colonne; j'allai à sa rencontre, et je l'instruisis de l'espèce de guet-apens dont le trésor impérial avait été l'objet.

Nous nous rendîmes ensemble chez un général improvisé qui commandait à Orléans pour Louis XVIII, lequel, alléguant qu'il n'avait pas reçu l'avis de notre arrivée, refusa de nous laisser entrer dans la ville; nous dûmes donc aller prendre nos quartiers dans un village

---

* Jamin, depuis lieutenant-général.

distant de deux lieues, où nous fûmes parfaitement accueillis. Après quoi nous reçûmes l'ordre de nous rendre à Briare, pour y attendre le passage de l'Empereur, qui arriva avec sa suite, le lendemain, vers les six heures du soir, accompagné du général Lefebvre-Desnouettes, à la tête des chasseurs à cheval de la Garde. Napoléon coucha à Briare, et partit le lendemain à la pointe du jour pour se rendre à l'île d'Elbe, en prenant la route du Bourbonnais. Nous nous mîmes en marche immédiatement après, en suivant le chemin de la Bourgogne. Partout où nous passâmes, nous fûmes accueillis avec enthousiasme et aux cris de *Vive l'Empereur !*

Déjà établis dans les localités que nous devions traverser, mais redoutant cette Garde impériale qui les avait tant de fois vaincus, les Autrichiens, dès que nous arrivions, s'empressaient, à la grande satisfaction des habitants, d'aller se parquer dans des granges pour nous laisser leurs logements.

Bien que le gouvernement des Bourbons fût reconnu presque généralement en France, la colonne qui se rendait à l'île d'Elbe n'en conserva pas moins la cocarde tricolore : nous ne fûmes jamais inquiétés; seulement, il nous arriva à Lyon un événement qui faillit avoir des suites fâcheuses. Je précédais le bataillon de vingt-quatre heures, pour préparer les logements, les vivres et les moyens de transport. J'avais pour escorte un brigadier et quatre lanciers polonais; en outre, j'étais accompagné d'un officier de hussards hongrois, qui me servait de sauvegarde pour traverser les lieux occupés par les troupes étrangères, et pour m'accompagner chez les chefs qui en avaient le commandement. Arrivés à la mairie, où se trouvait un poste de bourgeois sans uniforme, à peine avions-nous mis pied à terre que le chef de ce poste, homme d'assez mauvaise mine et portant à son chapeau une énorme cocarde blanche, vint à moi, le sabre nu à la main, et m'intima, d'un air furibond, l'ordre de quitter et de faire quitter à mon escorte la cocarde tricolore. Je m'élançai sur lui le sabre levé, et je le poursuivis jusque dans la cour de la mairie, où il gagna au large par une porte de derrière. L'officier hongrois, qui me croyait attaqué, imita mon exemple, et nous restâmes maîtres du champ de bataille. Le reste de l'escorte, qui n'avait point approuvé la conduite de cet original, ne prit aucune part à cette affaire.

Le général Salins, au service d'Autriche, qui commandait la ville de Lyon, logeait à l'hôtel même de la mairie. Je me rendis immédiatement chez lui, pour l'instruire de l'arrivée des troupes qui allaient à l'île d'Elbe ; je lui témoignai ma surprise de l'espèce de guet-apens qu'on avait tenté sur ma personne, il me répondit :

— Votre conduite, monsieur l'officier, vous honore : je l'approuve d'autant plus que je suis d'origine française.

Puis il complimenta l'officier hongrois de l'appui qu'il m'avait prêté, nous fit accompagner par un officier de son état-major au faubourg de la Guillotière, pour y établir le logement des troupes, et m'invita à dîner pour le jour même. M'étant rendu à son invitation, je reçus de lui l'accueil le plus gracieux, et, durant tout le repas, qui fut servi dans une des salles de la mairie, je fus l'objet des attentions les plus délicates, non-seulement de sa part, mais encore de celle du comte de Fargues, maire de Lyon, qui était au nombre des convives.

Le jour de l'arrivée de la colonne à Lyon, et jusqu'à son départ, les troupes autrichiennes, au nombre de quinze mille hommes, commandés par le prince de Hesse-Hombourg, qui y avait ses cantonnements, se tinrent hors de la ville, avec leur artillerie, mèche allumée, et passèrent la nuit au bivouac.

Tandis que la colonne traversait la place Bellecour pour se rendre au faubourg de la Guillotière, où les logements lui avaient été assignés, de mauvais garnements, parmi lesquels se trouvaient quelques officiers autrichiens, se mirent à crier : « A bas la cocarde tricolore ! »

Le colonel Mallet, qui commandait le bataillon, fit faire halte à sa troupe, et, s'approchant seul du groupe, dit à haute voix :

— Que celui ou ceux qui ont crié : *A bas la cocarde tricolore !* se présentent ; je suis prêt, moi, à leur donner satisfaction, car je ne voudrais pas les exposer à être châtiés par les braves à la tête desquels je me trouve.

Personne ne répondit, et tous ceux qui formaient ce groupe hostile s'empressèrent de gagner un café. Le colonel Mallet se contenta de faire un geste de mépris, et sur l'ordre qu'il donna, la colonne se remit en marche pour la Guillotière.

Ces mêmes individus crurent avoir meilleur marché de l'arrière-garde, qui escortait les bagages, composée de huit hommes commandés par le sergent Grollet, des chasseurs; car à peine cette arrière-garde était-elle arrivée à la hauteur du café, qu'un jeune officier autrichien se prit à crier, en mettant le sabre à la main : « A bas la cocarde tricolore! » Alors le sergent Grollet s'arrêta et lui dit :

— Que demandez-vous?

— Que vous quittiez la cocarde tricolore, lui fut-il répondu.

Mais, à ces mots, le sergent s'élança sur l'officier autrichien, lui arracha son sabre, le cassa en deux, lui en jeta les tronçons au visage et poursuivit tranquillement son chemin, sans être inquiété de nouveau.

Nous arrivâmes à Savone, après une longue marche. Le lendemain un officier général qui occupait cette place avec deux régiments siciliens nous invita, tant en son nom qu'en celui des officiers sous ses ordres, à un banquet, durant lequel des toasts furent portés à l'Empereur et à la Garde impériale. A la suite de ce dîner, le général Cambronne m'ordonna de m'embarquer immédiatement à bord d'une felouque de l'île d'Elbe, alors en partance, pour aller rendre compte à l'Empereur de l'arrivée de la colonne à Savone. Je partis à dix heures du soir et je débarquai le 24 mai à Rio, petit port de la nouvelle résidence impériale; j'y couchai, et le lendemain je me rendis à Porto-Ferrajo, où j'arrivai vers les dix heures du matin.

J'allai tout de suite chez le général Bertrand, grand-maréchal du palais, pour le prévenir de la prochaine arrivée du bataillon. Il me conduisit aussitôt chez l'Empereur, afin que j'apprisse moi-même à Sa Majesté cette bonne nouvelle.

L'habitation de Napoléon, quoique modeste, était assez spacieuse; elle était bâtie en amphithéâtre, et dominait Porto-Ferrajo. Nous traversâmes un corps de logis et nous trouvâmes Sa Majesté, se promenant dans un vaste jardin d'où la vue, s'étendant sur la mer, laissait distinguer au loin, et à l'œil nu, les côtes de la Toscane et même jusqu'aux contrevents peints en vert des plus proches maisons de Bastia. Napoléon, dans sa tenue habituelle des chasseurs à cheval de sa Garde, ayant une lunette à la main, nous tournait le dos; au bruit de nos pas, il se retourna; le général Bertrand lui dit :

— Sire, j'ai l'honneur de vous présenter M. Laborde, adjudant-major de la Garde de Votre Majesté, qui vient vous annoncer l'arrivée de la colonne à Savone, et recevoir en même temps vos ordres.

Cette nouvelle parut faire grand plaisir à l'Empereur; il me fit de nombreuses questions relatives aux événements de notre voyage; mais, revenant toujours à son idée fixe :

— Et cette colonne, ajoutait-il, arrivera-t-elle bientôt?...

Et il y avait toujours dans cette répétition de Napoléon, si flatteuse pour la Garde, un inexprimable sentiment de tendresse.

Quelques jours s'écoulèrent cependant avant l'arrivée de la petite flottille. Durant cet intervalle, Napoléon me fit appeler plusieurs fois, et il répétait, comme auparavant :

— Mais comment se fait-il que la colonne n'arrive point? il n'y a qu'un pas d'ici à Savone.

Puis, dans son impatience, et comme s'il eût soupçonné la sincérité du rapport que je lui avais fait, il me regardait fixement :

— De quel régiment de la Garde faisiez-vous partie au moment du départ de Fontainebleau? me demanda-t-il.

— Du 2ᵉ de chasseurs à pied de votre Garde, Sire.

Il frappa du pied, serra convulsivement sa lunette, qu'il ne quittait point, marcha et revint sur ses pas; puis il ajouta, en me faisant un léger salut :

— Monsieur, vous pouvez vous retirer.

Enfin le cinquième jour, l'impatience de Napoléon fut d'autant plus grande, que je lui avais dit qu'il y avait eu, à Savone, une petite collision entre nos troupes et les Siciliens, à la suite de laquelle un de nos grenadiers avait reçu deux coups de sabre sur la tête ; aussi me fit-il encore demander. Je le trouvai le visage triste et le cœur navré. Il se promenait, comme la première fois, dans le jardin :

— Eh bien, monsieur le major, me dit-il, notre monde n'arrive pas ! Je gardai le silence.

— Mais cette collision dont vous m'avez parlé n'aurait-elle pas eu quelques suites fâcheuses ?

— Sire, je ne le pense pas, puisque le lendemain même de l'affaire, nous fûmes invités, par les officiers siciliens, à un repas, où je fus placé à côté du colonel Mallet.

— Ah ! Mallet ! oui, je sais... Bien, bien !

Puis, il marcha d'un pas rapide, passa la main sur ses yeux, prit sa lunette et regarda encore les côtes de Toscane :

— Les voilà, ma foi ! s'écria-t-il d'une voix forte.

Et en disant ces mots, son visage se colora tout à coup.

— Monsieur le major, reprit-il ensuite, allez faire préparer tout ce qui est nécessaire pour l'établissement de mes braves.

Il était alors deux heures de l'après-midi. A quatre heures la flottille serra les voiles. Napoléon se rendit sur le port avec les généraux Bertrand et Drouot. Le général Cambronne s'approcha de lui.

— Vous avez bien tardé, Cambronne, lui dit l'Empereur ; ce retard m'a fait passer de méchantes heures... mais puisque vous voilà, tout est oublié.

Cambronne s'excusa sur la difficulté de réunir des moyens de transport suffisants et sur les vents contraires, qui avaient mis obstacle à son embarquement. Puis les troupes s'élancèrent sur le rivage, aux cris mille fois répétés de *Vive l'Empereur !* Une partie des hommes fut logée à la caserne Saint François, attenante à la demeure de Napoléon ; l'autre, au fort de l'Etoile, qui domine la place de Porto-Ferrajo. Le général Cambronne fut investi du commandement de ce fort, et s'y logea lui-même.

Quelques jours après notre arrivée, nous prîmes la cocarde de l'île d'Elbe, que l'Empereur avait adoptée comme souverain de cette île : elle était rouge, surmontée de trois abeilles d'or. »

CHAPITRE V.

NAPOLÉON ET SA GARDE A L'ILE D'ELBE.

Nous avons dit que par suite de l'abdication de Fontainebleau, l'île d'Elbe avait été donnée en toute souveraineté à l'homme qui avait réuni à la France, pour en faire un seul empire, l'Italie, la Hollande, une portion de l'Espagne, la Savoie, le Piémont et la Marche d'Ancône. Ce prodigieux empire s'était écroulé du moment où le premier Cosaque s'était montré sous les murs de Paris, et de toutes ces riches contrées, arrosées par la Seine, par le Rhône, par la Loire, par le Tibre, par le Zuyderzée, par le Guadalquivir et par le Borysthène, il ne restait plus au Charlemagne moderne qu'un petit carré de terre oublié dans la Méditerranée, et que les rois vaincus tant de fois par lui et tant de fois aussi rétablis sur leurs trônes, par sa magnanimité, lui accordaient en échange de la couronne de France et de la couronne d'Italie, qu'ils lui volaient en vertu d'une victoire d'un jour.

Napoléon avait débarqué à l'île d'Elbe, le 4 mai 1814, accompagné du baron Koller, commissaire autrichien, du comte Bertrand et du capitaine anglais Usher, commandant la frégate l'*Undaunted* (l'Indomptée), sur laquelle s'était effectué le passage de Fréjus à l'île d'Elbe. La veille, le général Drouot, le lieutenant Hastings, 1er lieutenant de la frégate anglaise, et le colonel Campbell s'étaient fait conduire à terre pour prendre, au nom de Napoléon, possession de son nouvel empire. Ces messieurs s'étaient entendus en conséquence avec le général Dalesme, gouverneur de l'île.

Napoléon avait été reçu au débarcadère par le maire, le clergé et les autorités de l'île. Les clefs de la capitale de Porto-Ferrajo lui furent offertes sur un plat d'argent, et une harangue, à laquelle il répondit avec ce laconisme et cette verve imagée qui excitaient toujours l'enthousiasme, lui fut adressée. Cette fois encore, ses paroles remuèrent fortement les assistants, et des acclamations unanimes éclatèrent de toutes parts.

La maison habitée par Napoléon, à l'île d'Elbe, l'ancien logis

Le Grenadier de l'île d'Elbe.

GARDE IMPÉRIALE.

du gouverneur, et qu'on appela bientôt le palais impérial, n'aurait été, partout ailleurs, qu'une maison de plaisance fort ordinaire. Elle ne se composait, à l'arrivée de l'Empereur, que d'un rez-de-chaussée assez spacieux, d'un premier étage, contenant six grandes pièces, et de mansardes, au second, qui servaient à loger les employés du gouverneur de l'île. Cette habitation, située dans une position avantageuse, était précédée d'une cour, de chaque côté de laquelle se développaient d'assez jolis jardins plantés en amphithéâtre. Du point le plus élevé de ces jardins, l'œil s'égarait au loin sur la mer et sur toutes les parties de l'île. L'Empereur, qui trouvait avec raison cette demeure trop étroite pour lui, commença par faire construire des ailes et des pavillons aux flancs de son palais; il donna lui-même aux maçons chargés des travaux un plan détaillé des agrandissements qu'il projetait; et, malgré sa modeste capacité, Porte-Longone changea bientôt de physionomie : les ameublements de Napoléon, qui avaient été apportés, garnirent les chambres : le comte Bertrand s'acquitta avec un goût admirable des fonctions de décorateur et de tapissier. Il sut, par une distribution bien entendue, tirer parti des moindres localités, et, grâce à lui, l'Empereur put avoir, comme aux Tuileries, une chambre à coucher, un cabinet de travail vaste et aéré, une salle de bains, un grand salon de réception, une bibliothèque, et une salle à manger qui pouvait contenir une table de soixante couverts. C'était tout ce qu'il fallait à un souverain qui ne devait plus compter au nombre de ses convives les rois et les princes de l'Europe.

Un soir que Napoléon guettait, avec le commandant de la frégate *Indomptée*, l'arrivée des bâtiments qui portaient ses troupes et ses bagages, cet officier lui dit :

— Sire, si j'avais une bonne lunette, je pourrais dire à Votre Majesté si les voiles que nous apercevons là-bas, à l'horizon, sont celles que nous attendons.

— Qu'à cela ne tienne, capitaine; en voici une : servez-vous-en.

Et Napoléon tira de sa poche une excellente lunette allemande de Friedlander, magnifiquement montée en or, sur laquelle étaient gravées ses armes, et la remit aux mains du capitaine, qui, s'en servant aussitôt, dit à l'Empereur :

— Hélas! Sire, ce ne sont point encore nos voiles!

— En êtes-vous certain? répliqua Napoléon d'un ton chagrin.

— Il n'est pas permis de se tromper avec un instrument comme celui-là, repartit l'Anglais, en remettant la lunette à l'Empereur.

— N'importe, capitaine, fit Napoléon avec une dignité aimable, veuillez garder cette lunette comme souvenir de votre séjour à l'île d'Elbe. Peut-être passerez-vous, dans vos courses maritimes, dans ces parages; si vous ne pouvez pas aborder dans mon île, vous la verrez du moins, et vous me rendrez une visite par intention.

Napoléon attendait sa Garde et ses chevaux. Cette attente, qui se prolongeait, ne finit que le 27 mai et après que l'adjudant-major Laborde le lui eût annoncé, comme nous venons de le dire. En effet, le lendemain, à sept heures du matin, les troupes débarquaient, et Napoléon se retrouva encore au milieu des braves qui l'avaient suivi dans toutes les phases de sa prestigieuse existence, et qui venaient encore obéir à sa voix dans la petite île où César et sa fortune étaient relégués.

Le premier soin de l'Empereur fut de s'occuper de l'organisation de sa Garde. Il approuva la formation de ce bataillon, qui avait été divisé en six compagnies d'infanterie, avec un état-major, plus une compagnie de marins et un escadron de lanciers polonais, auquel on avait donné la qualification d'*escadron Napoléon*. Chacune de ces compagnies fut composée ainsi qu'il suit, savoir :

ÉTAT-MAJOR GÉNÉRAL.

MALET (Antoine), *chef de bataillon.*
LABORDE, *capitaine-adjudant major.*

MELISSAN (Vict.), *lieut. en 1er s.-adj.-maj.* | EMERY (Apollinaire), *chirurg. de 2e classe.*
ARNAUD (Félicien), *lieutenant en 1er.* | EBERARD (Louis), *sous-aide-major.*

Carré, *sergent-tambour.*

Godiano (Antoine), *chef de musique.*
Fresco (Laurent), *sous-chef de musique, première clarinette.*

Musiciens:

Pasconini (Joseph). *première clarinette.* | Gambarro, *petite flûte.*
Donizetti (Joseph), *premier cor.* | Brassili, *musicien.*
Brassili (André), *deuxième clarinette.* | Janone, *idem.*
Deferrari (Louis), *idem.* | Magnaneyro, *idem*
Guilli (Dominique), *premier basson.* | Menichelli, *idem.*
Capter, *deuxième basson.* | Galisse, *petite musique*
Follaci (Antoine), *trompette.* | Perrier, *idem.*
Follaci (Dominique), *idem.* | Saveri, *grosse caisse.*

PREMIÈRE COMPAGNIE.

État-Major :

LAURENT, *capitaine.*
THIBAULT, *lieutenant en premier.* — LEBAT, *lieutenant en second.*
Joachim, *sergent major.* — Ciceron (Antoine), *fourrier.*

Sergents :

Bretet (Charles). — Chesnais (Jacques). — Gavin (Jacques). — Lapra (Matthieu).

Caporaux :

Blondel (André).
Cuisson (César).
Didelon (Jacques).
Ducher (Etienne).
Labouzy (Pierre).
Lefort (Baptiste).
Marchand (Isidore).
Reberret (Pierre).
. . . .

Tambours :

Dumet (Louis).
Fallet (Edme).
Julien (Antoine).
Mouche (Pierre).
Riche (Joseph).
Rousselot (Claude).
Tauraux (Laurent).
Vollant (François).
. . . .

Grenadiers :

Antoine (Pierre)
Arnault.
Arnoux (Joseph).
Audenel (Christophe).
Audinot (Joseph).
Audray (Charles).
Authier (Jean).
Beaudenian (Silvain).
Beaudoin (Paul).
Beaudoin (Pierre).
Bender (Jacques).
Bernard (Claude).
Bliand (Pierre).
Bonnier (Louis).
Bouin.
Bourdon (Jean).
Bredoire.
Brunel (Pierre).
Chopin (Jean).
Couteau.
Couvret.
Dangla (Paul).
Dautray.
Delmas (Guillaume).
Delmas (Georges)
Deveaux (Etienne).
Dubosque (Pierre).
Durbec (Vincent).
Foncelet (Joseph).
Fouquet (Denis).
Frejonville.
Galine.
Gaston (Louis).
Gelin (Jacques).
Gerville (Pierre).
Gieudicelli.
Glenat.
Guillin (François).
Guilmar (Pierre).
Innocent.
Jacques (François).
Jourdon (Guillaume).
Jumelin (Jean).
Launay (Julien).
Lavoinier.
Lavoir (Claude).
Lecerf (Charles).
Lefort.
Leguedar (Joseph).
Marin (Michel).
Martager (Pierre).
Marty (Barthélemy).
Massouy (Philippe).
Millot (Germain).
Miodet (Pierre).
Noirot (Baptiste).
Palapra (Armand).
Pellier (Louis).
Pionnier (Nicolas).
Ponceau (Dominique).
Pujet (Jacques).
Renard (François).
Roustany.
Royer (Joseph).
Saviant (Charles).
Schmitz.
Tête (Auguste).
Trouvé (Jean).
Vérité (Pierre).
Vestrack.
Vilmontel (Pierre).
Voussonal (Antoine).

DEUXIÈME COMPAGNIE.

État-Major :

COMBES (Michel), *capitaine*.

DUGENOT (Joseph), *lieutenant en premier*. — BEGOT (André), *lieutenant en second*.

Perrier (Louis), *sergent-major*. — Chanat (Jacques), *fourrier*.

Sergents.

Fouques (Pierre). — Martin (Jean). — Riverain (Jean). — Serriès (Jean).

Caporaux :

Gallois (Baptiste).
Haubrane (Hippolyte).

Monthé (Gabriel).
Pelletier (Baptiste).

Renard (Étienne).
Thorillon (Pierre).

Tambours :

Figuerre (Auguste) — Vaugarnier (Charles).

Grenadiers :

Ailly (Auguste).
Ancelotte.
Bloyette (Joseph).
Bodinot (Pierre).
Bonneau (Armand).
Breton (Michel).
Carrière (Louis).
Cathelin (Michel).
Chalmaudrie.
Charles (Jean).
Chevrier (Matthieu).
Choffin (Pierre).
Chomba (Joseph).
Connerade (Jean).
Coural (René).
Cremonty.
Dumas (Jean).
Dutertre (Pierre).
Ecampe.
Favoye.
Ferand (François).
Fouret.
Fraye (Philippe).

Gappe (Joseph).
Garnier (Jacques).
Garraux.
Gigoux.
Gobinot (François).
Goria.
Grenier (Joseph).
Guette (Paul).
Habit.
Haubert (Michel).
Hubert.
Hue.
Jolivet (Pierre).
Josse (Louis).
Lacour (Pierre).
Lamotte (Jean).
Leroy (Jean).
Letou.
Losier.
Magnachot.
Manthion.
Marienne (Antoine).
Marré (Joseph).

Martin (Nicolas).
Messager (Benoît).
Michelet (Bonaventure).
Mieux (Jean).
Monnier (Guillaume).
Moreau (François).
Morgue (Baptiste).
Morillac.
Pain (Michel).
Pardon (Charles).
Pitre.
Protat.
Querolle.
Remonville (Pierre).
Renaud (Pierre).
Romand (Joseph).
Salleron (François).
Sianque.
Thorillon (Pierre).
Vacelonne.
Vatripont.
Vilette (Auguste).
Vincent (Pierre).

TROISIÈME COMPAGNIE.

État-Major :

Dequeux (Charles), *lieutenant en premier.*
Paris (Jean-Pierre), *idem.*
Maire (Jean-François), *lieutenant en second.*
Puyproux (Étienne), *sergent-major.* — Leromain (Baptiste), *fourrier.*

Sergents :

Blanc (Antoine). — Brunon (Joseph). — Grollet (Louis). — Delahaye (Antoine).

Caporaux :

Franchot (Antoine). — Nerelle (Pierre). — Rambosson (Claude). — Routojango (Simon).

Tambours :

Lachaise (Antoine). — Roteau (Salvador).

Grenadiers :

Anjoin (Jean).
Arideux (Mathurin).
Avignon (Antoine).
Baudouin (Pierre).
Beaux (Jean).
Bertheaux.
Bigot (Marie).
Boisin (André).
Boiste (Martin).
Bosquet (Etienne).
Brillant (Jacques).
Broner (Xavier).
Cabet (Jacques).
Cabet (Jean).
Chardon (Louis).
Chavannes (Pierre).
Clary.
Commandeur.
Coulangeron (Jean).
Courtin (Nicolas).
Daudeck.
Delvigne (Joseph).
Etienne (Joseph).
Faur (Louis).
Favereau (Jacques)

Fouche (François).
Fourrier (François).
Franuse (Pierre).
Gamper (Martin).
Gardien (François).
Gastaldy.
Gay (Jean).
Gervay (Jacques).
Giraud (Jean).
Gonaresque.
Gonet (Nicolas).
Goret (Bertrand).
Grebeau.
Henriquet (Joseph).
Hugues (Jean).
Jaffran.
Jeanty (Jacques).
Josereau.
Jouette.
Kunibert.
Laurent (Maximilien).
Laurenzi (Baptiste).
Leleux (Paul).
Lépine (Nicolas).
Ligour.

Luiconi.
Marchiody.
Marguerier (Jean).
Mathieu (Sébastien).
Meunier (Colin).
Meynier (Joseph).
Moncousin.
Moritor.
Muret (Jean).
Ortori.
Painfort.
Piaza.
Planchot.
Remy (Nicolas).
Riscosat.
Robert (Jacques).
Robin (Jean).
Routh.
Saffard.
Siffry.
Skori.
Sorbet (Armand).
Thubaut (Joachim).
Vrillano.
. . . .

QUATRIÈME COMPAGNIE.

État-Major :

LONBERT, *capitaine*.

Lieutenants en second.

SERRÉ LANAURE (Pierre). — FRANCONNIN (François).
Scribe (Antoine), *sergent-major*. — Renard (Benoit), *fourrier*.

Sergents :

Berthel (Thomas) — Grenouillet (Charles). — Lefèbvre (Charles). — Pierson (François).

Caporaux :

Fossaty (Jean). Malengré (Antoine). Quinte (Fiacre).
Guyot (Jean). Méchelingue (André). Zaffarini (Baptiste).

Tambours :

Pernin (Jean). — Roussel (Aimé).

Grenadiers :

Alibert (Jean).
Annibal.
Austermann (André).
Auvin (Pierre).
Audoir.
Azman (Jean).
Bard (Lazare).
Betheman.
Bethon.
Blanc (Jean).
Blavet (Baptiste).
Bocton.
Bouffard (Pierre).
Bourgeois (Louis).
Brabant.
Breton (François).
Bruck (André).
Carpentier (André).
Carvain.
Chaffaud (Jean).
Champion (François).
Clement (Jean).
Cormeau.
Darsonville (François).

David (François).
Duplaine.
Durand (Jean).
Favre (Jean).
Flaminge (Charles).
Florent (Jean).
Hamée (Sébastien).
Heroffe.
Hicher.
Huchet (Julien).
Jentel.
Joncher.
Joupe.
Jubé (Jean).
Jules (Baptiste).
Lacombe (François).
Lacroix (Claude).
Lally (Grégoire).
Lambert (Ambroise).
Lamure (François).
Laourmann.
Larinal (Jean).
Lemaire (Henri).
Leroy (Victor).

Ligeaut.
Londré.
Manouvré.
Marchand (Prosper).
Maret (Hubert).
Marue.
Mauzet (Pierre).
Murat (Jean).
Nayet.
Nicolas.
Nicolas (Louis).
Noman (Simon).
Parfini.
Pascal (Jean).
Piat (Charles).
Pomereaux (Jean).
Rochou.
Roux (Pierre).
Sabattier (Antoine).
Schlingue.
Tachenot.
Theroinne (Nicolas).
Vazmiole (Louis).
Vignal (Jacques).

CINQUIÈME COMPAGNIE.

État-Major :

HURAULT DESORBÉE, *capitaine*.

Lieutenants en second.

CHAUMET (Louis). — NOISOT (Claude)

Tassin (Edme), *sergent major*. — Tassin (Marcel), *fourrier*.

Sergents :

Augé (Pierre). — Bélais (François). — Blamont (Laurent) — Vandremish.

Caporaux :

Barthelemy (François)
Darvan (Nicolas).
Flambeau (Jean).

Gabriel (Louis).
Gallot (Antoine).
Perrin (Louis).

Richard (Louis).
Varenne.
. . . .

Tambours :

L'Etoile (Pierre). — Vial (Pierre).

Grenadiers :

Achon (Antoine).
Albanasy (Auguste).
Arnousse.
Audit (Nicolas).
Aviat.
Barberès (Victor).
Billot (François).
Boitas.
Bomard (André).
Bourmann (Auguste).
Boyer (Joseph).
Brunelle (Jean).
Bursiens (Dominique).
Cambier.
Carlotti.
Chapuis (Jean).
Charmer.
Charpentier (Etienne)
Charpentier (Pierre).
Chatelin (Pierre).
Chatin (André).
Chaulieu (Jean).
Ciselly.
Clapereau.
Colsoul.

Contenis.
Cornellis.
Danin (Ferdinand).
Degau.
Delétoile (Pierre).
Delille (Pascal).
Deneau (Jacques).
Fessiou.
Fontaine (Jean).
Gioncardi.
Gravier (Marie).
Guilli (Dominique).
Hervet (Joachim).
Jacquix.
Jarini (Jean).
Lanoue (Florian).
Laroque (Pierre).
Lassère (Jean).
Leroy (Philippe).
Lingtz.
Maëstralo.
Marty (Matthieu).
Massonet.
Mayere (Jacques).
Mayere (Jean).

Meriot (Séraphin).
Moreau (Michel).
Morzierre.
Nodmot.
Olivier (Joseph).
Perou (Baptiste).
Peters (Georges).
Peters (Jean).
Pigthowski.
Poire (Jean).
Ponsard (François).
Renoy (Claude).
Retaillant (Alexandre).
Ricardy.
Rigant (Baptiste).
Sahin.
Sechu.
Serninos.
Taddei.
Thibault (Thomas).
Thierry (Pierre).
Verneutre.
Vignot (Jean).
Vrincourt (Joseph).
. . . .

SIXIÈME COMPAGNIE.

État-Major :

MOMPEZ (Jean-Baptiste), *capitaine*.

Lieutenants en second :

BACHEVILLE (Barthélemy). — MALET.

Reuffio (Georges), *sergent major*. — Huguenin (Michel), *fourrier*.

Sergents :

Lacour (Nizier). — Mathieu (François). — Scaglia. — Talon (François).

Caporaux :

Baron (Antoine).
Brassard (Louis).
Choublay (Louis).

Godard (Pierre).
Gouillon (Joseph).
Poussin (Martin).

Richard (Louis).
Saintot.
. . . . . .

Tambours :

Bertholini (Louis). — Brioude (François).

Grenadiers :

Amet (Antoine).
Ampoux (Jean).
Banaria (Joseph).
Bernard (Etienne).
Bernardi (Baptiste).
Bernardi (Jean).
Besset (Didier).
Bonfils (Marie).
Borigny.
Bourdon (Aubin).
Bouviau (Jean).
Burtin (Louis).
Chambarch.
Cherot (René).
Colin (Pierre).
Corbitz.
Cordier (Claude).
Cossella.
Cotte.
Couder (Bernard).
Courtois (Jacques).
Cusinelli.
Daujon (Louis).

Delmas (Jean).
Delong (Antoine).
Doué (Louis).
Evangelista.
Fanol (Nicolas).
Floquet (Louis).
Forisson (Michel).
Gauthier (François).
Grasset (Jean).
Guerry.
Hauquin (Jacques).
Hoffmann (Jean).
Huguet (Joseph).
Julien (Jean).
Laboury (Dominique).
Lacouche (Pierre).
Lalit (Etienne).
Lang (Christophe).
Laporte (Jean).
Laurent.
Marin (Charles).
Neboulf.
Negros (Étienne).

Paquin (François).
Paulin (Antoine).
Pecques.
Petit (Julien).
Petit (Paul).
Peylaguay (Pierre).
Plumet (Xavier).
Pontel (François).
Quenesson (Honoré).
Raverdi (Louis).
Rebuffa (Jean).
Renoult (Jacques).
Rouvier.
Roux (Baptiste).
Seuil (Georges).
Simonil (Joseph).
Souris.
Tremont (Pierre).
Trichery.
Vandamin (Charles).
Vitte (Benoit).
Zanelli.
. . . . . .

COMPAGNIE DES MARINS.

Reniqui (Jacques), *sergent-major*.
Cordoviolle (Victor), *sergent*.

Caporaux :

Juliani (François). — Lotta (Antoine). — Roubiani (Joseph).

Marins de première classe :

Chaussonnet (Louis).
Coquet (Tranquille).
Cotte.
Debos (Jean).
Dolphi (Matthieu).
Jeard (Vincent).
Legrandy (Jérôme).
Levasseur.
Vilchy (Jean).
Voicogne (Augustin).

Marins de deuxième classe :

Grossard.
Jensonnetti (Louis).
Lambert (Jean).
Leroux (Antoine).
Simianti Vido.
Vincenti.

ESCADRON NAPOLÉON.

État-Major :

Schuttz, *capitaine-commandant*.
Balinski, *capitaine*.
Guitouski, *lieutenant en premier*.

Lieutenants en second :

Piotronki (aîné).
Seraphin (Baddon).
Skoiwsuski (Joseph).
Zielenluenvirez.

Maréchaux-des-logis-chefs :

Kaffaevynski. — Piotronki (Alexandre).

Maréchaux-des-logis :

Furezinski (Jean).
Kielichu (Marthe).
Korocoski (François).
Schuttz (Nicolas).
Zaremba (Joseph).
Zebiatouski (Louis).

Fourriers :

Michmewitz (Jean). — Polecaski (Joseph).

Brigadiers :

Amothowski.
Bocianowski.
Borkawski.
Leuramdawski.
Stominski.
Szwartz.

Trompettes :

Rammès, *brigadier-trompette*.

Dauvettes. — Prautt. — Staszniski (Paul).

Kiernacki (Joseph), *maréchal-ferrant*.

CHEVAU-LÉGERS.

Alidat.
Andreszlusiski.
Bielmiski (Antoni).
Bierneki (Lucas).
Bloki (Georges).
Bonwouski (Albert).
Chadzinski (Nicolas).
Cumenski (Vincent).
Dabrowski.
Dajets.
Dosinski (Gabriel).
Fukasiawiez.
Hozakieconi (Vincent).
Iranski.
Iregorouwiez (Stanislas).
Jacoski.
Jafranski (Michel).
Jankowski (François).
Kaczkourski.
Kaminski (Nicolas).
Kassareck (Joseph).
Kaszenski (Louis).
Keoialhoriki (Laurent).
Klimaszenski (Ignace).
Kotech.
Kotoïlinski.
Kowalenski.
Krommers (Stanislas).
Kruowlionski (Antoine).
Kucharski (Auguste).
Kulczyski.
Kuling (Jean).
Kupryan.
Kynski (Jean).
Leiscoski (François).
Lhoynomski.
Meczynski (Antoine).
Mendychaussie.
Mez (Jacques).
Michëll.
Mikolejon (Matthieu).
Mioduszinski.
Mowak (Jean).
Olivinocoski.
Oponos.
Orliki (Jacques).
Peros (Michel).
Peuchaka (Joseph).
Pigtowski.
Pontner (Ederard).
Pontowsko (Marthe).
Rabezynski.
Ruchëll.
Ruzyerko (Ignace).
Sevidowski (Casimir).
Seviensmiski (Jean).
Sobik.
Sokowski.
Stoabodzinski.
Szymanowski.
Wisznievski (Michel).
Wysochi.
Zabelle (Charles).
Zielenski (Matthieu).
Zurenhosff.

Après avoir veillé au casernement de cette petite armée, après s'être assuré que rien des commodités de la vie ne manquerait à ceux qui s'étaient liés volontairement à son sort, Napoléon pensa alors à son nouveau royaume, et, avec cette faculté de vues qu'il possédait à un suprême degré, il s'appliqua à faire fleurir l'industrie et le commerce de ses sujets ; puis il ne tarda pas à reprendre ses habitudes de travail, que les événements des trois derniers mois de son règne avaient en quelque sorte interrompues.

Il se levait de bonne heure, parcourait à cheval les différentes parties de l'île, en donnant partout des ordres pour des améliorations, des ouvertures de mines, des défrichements ou des plantations. Il était ordinairement accompagné dans ces courses matinales par le grand-maréchal et souvent aussi par le général Drouot, lorsqu'il s'agissait surtout de fortifier les abords des côtes ou de construire des chaussées.

L'EMPEREUR ET LA GARDE IMPÉRIALE A L'ILE D'ELBE.

Il revenait ensuite déjeuner; puis il faisait manœuvrer les soldats, comme s'ils eussent été dans la cour des Tuileries. Il arrivait quelquefois que l'Empereur passait plusieurs heures à ces exercices, qui étaient pour lui un amusement et un reflet de sa vie guerrière. La parade terminée, il rentrait dans son cabinet, où il recevait parfois quelques visiteurs, et n'en sortait plus que pour dîner à six heures. Ce dîner, où il invitait toujours quelques officiers de sa Garde, ou les étrangers de distinction qui s'arrêtaient dans l'île, était servi avec délicatesse, mais sans profusion. Napoléon faisait les honneurs de sa table avec une grâce charmante, et il était rare de ne pas entendre les invités se féliciter hautement de l'accueil affectueux qu'ils avaient reçu de lui, se répandre en louanges sur son compte, et s'écrier : « Comme on nous avait trompés sur le caractère de l'Empereur! Cet homme, qu'on nous avait toujours dépeint comme un tyran, est le meilleur des princes et le plus aimable des amphitryons. »

Cette réputation de tyran, de despote, d'ogre, en un mot, avait été faite à Napoléon par les journaux anglais. L'Empereur ne l'ignorait pas et ne négligeait rien pour détruire ces ridicules préventions. Par une coquetterie calculée, c'était surtout envers les Anglais qu'il déployait cet atticisme charmant qui entraînait les âmes, et qu'il employait ce regard fascinateur qui enchaînait les volontés des autres à la sienne. D'autres fois, et pendant les instants de trêve qu'il accordait à ses travaux, il parcourait à pied les quartiers de l'île, entrait dans les magasins, y faisait des emplettes ou des commandes, et terminait ses courses par une visite dans la caserne de ses grenadiers. Sa présence était toujours saluée par des vivat : la figure de Napoléon rayonnait alors d'une satisfaction indéfinissable.

Dans une de ces visites, entrant à l'improviste dans une chambrée où les soldats étaient en train de prendre leur repas, il leur dit en riant :

— Eh bien, mes grognards, la soupe est-elle bonne aujourd'hui ?

— Oui, mon Empereur, fit un des plus anciens de la troupe; mais elle serait encore meilleure si...

Et le vieux soldat n'en dit pas davantage.

— Comment! répliqua vivement Napoléon, est-ce que la viande n'est pas de bonne qualité ? Les légumes seraient-ils coriaces ?

— Bien au contraire, mon Empereur, repartit le grenadier, la viande est bonne, les légumes sont *excellentes;* mais il manque quelque chose qu'il n'est pas en votre pouvoir de nous fournir.

— Qu'est-ce que c'est? voyons, parle! demanda Napoléon impatienté.

— De l'eau de Seine pour faire le bouillon, répondit le grognard avec flegme.

A ce propos, Napoléon sourit avec amertume; puis, tournant sur le talon, il reprit en s'en allant :

— Bah! bah! on mange bien des perdrix sans oranges; tu es aussi par trop gourmet.

Il n'existe au monde que le soldat français pour cacher une pensée profonde sous l'enveloppe burlesque d'un bon mot. Napoléon sentit bien la portée de ce mot, en apparence si simple : « Il nous faudrait de l'eau de Seine, » et comprit que l'absence de la patrie causait à ses compagnons d'exil un chagrin dont ils ne pouvaient peut-être pas se rendre compte, mais qui devait produire tôt ou tard cette maladie de l'âme que les médecins nomment nostalgie. Pour conjurer ces funestes impressions, qui devaient passer naturellement des soldats aux officiers, il fit venir, de Trieste et de Naples, une troupe de comédiens, qui donna des représentations sur le petit théâtre de Porto-Ferrajo, que les soldats appelaient plaisamment *le quai de la Ferraille,* ce qui est à peu près la traduction de Porto-Ferrajo, et qui leur rappelait le quai de Paris qui portait alors le même nom. Bientôt ces représentations attirèrent la foule, et le parterre se remplit de sous-officiers et de soldats de la Garde, qui venaient applaudir les vaudevilles de Brazier, de Théaulon, de Désaugiers, etc., qu'ils avaient vu représenter jadis à Paris. La chanson de Désaugiers intitulée : *Monsieur et Madame Denis*, qui avait obtenu tant de succès dans la capitale, n'eut pas moins de vogue à l'île d'Elbe, et les grognards chantaient, dans leur cantine de Porto-Ferrajo, ce refrain qu'ils avaient chanté dans les cantines de Courbevoie, du quartier Napoléon et de l'École militaire : *Souvenez-vous-en ! souvenez-vous-en !*

Un soir que l'Empereur, d'une humeur plus expansive que de coutume, se promenait dans les allées de sycomores qui bordaient son habitation du côté de la mer, il avisa un de ses vieux grenadiers qui, assis au pied d'un arbre, comme le bon La Fontaine sur le boulevard de l'Hôpital, paraissait livré à de profondes réflexions. Il alla à lui, et d'un ton brusque :

— Eh bien ! que fais-tu là tout seul ? lui demanda-t-il ; je parie que tu penses à quelque chose ? ajouta-t-il en souriant.

— C'est vrai, mon Empereur, répondit le grenadier en se mettant vivement à la position du soldat sans armes ; je ruminais à mon pays et je me disais comme ça : A l'heure qu'il est, on termine la moisson.

— De quel pays es-tu donc ?

— D'Antrain, mon Empereur, à quatre petites bonnes lieues de Rennes en Bretagne ; bon pays s'il en fut !

— La Bretagne ! exclama Napoléon ; oui, bon pays, pays de braves ; mais vilain ciel, de la pluie en tout temps ; au lieu qu'ici, climat doux, jours superbes, un soleil toujours resplendissant. Va ! crois-moi, l'île d'Elbe est plus agréable à habiter que ta Bretagne.

— Mon Empereur, je suis trop honnête pour vous démentir ; mais, sauf votre respect, j'aime mieux la pluie qui tombe à Antrain que les beaux jours de l'île d'Elbe ; c'est mon idée : soit dit sans vous offenser, mon Empereur, et par forme de conversation seulement.

— Mais ici, vous vous amusez tous comme des compères, reprit Napoléon ; vous avez des loisirs de reste ; ce n'est pas le service qui vous gêne, je l'espère; le vin est à bon marché, et vous avez le spectacle pour vous divertir : va au spectacle.

— C'est encore vrai, mon Empereur; mais les pièces qu'on donne à votre théâtre ne valent pas les *porichinelles* du boulevard du Temple. Voilà qui était amusant !

— Eh bien, fit l'empereur en s'éloignant, console-toi et prends patience; peut-être un jour reverras-tu le boulevard du Temple et ses *porichinelles*.

Napoléon raconta le soir même au grand-maréchal la conversation qu'il avait eue avec le soldat, en riant de la naïveté et de la franchise du grenadier; et le mot *porichinelle* fit fortune à Porto-Longone. On prit l'habitude de dire proverbialement, quand quelque chose déplaisait : *J'aime mieux les porichinelles;* et, au fond, les officiers et Napoléon lui-même pensaient, *in petto*, comme le grognard. A cette occasion, Drouot dit un jour à l'Empereur :

— Sire, nous sommes de mauvais Robinsons; nous ne ressemblons pas davantage à Télémaque dans l'île de Calypso, et je présume que si Minerve venait parmi nous, sous la figure de Mentor, elle n'aurait pas besoin de nous jeter dans la mer pour nous arracher aux délices de cette terre enchantée.

— C'est qu'il n'y point ici de Calypso, repartit Napoléon en se frottant les mains; sans cela vous vous feriez tirer l'oreille, comme le fils d'Ulysse, pour retourner à Ithaque. Au surplus, je vous ai trop gâtés tous tant que vous êtes, je vous ai fait trop voir de pays; je vous ai si bien habitués à une existence ambulatoire, que vous ne pouvez plus vous faire à un repos philosophique. » Puis, se retournant vers quelques officiers qui étaient survenus pendant l'entretien, il ajouta : « Allons, messieurs, si vous êtes bien sages, je vous permettrai d'aller faire un tour en France, dans quelque temps. Peut-être cela vous remettra-t-il le moral. »

Mais Napoléon s'aperçut qu'il en avait trop dit, il se pinça les lèvres, prit une prise de tabac qu'il aspira avec force, et donna aussitôt un autre cours à la conversation.

Moins de six mois après son arrivée à l'île d'Elbe, Napoléon, déterminé peut-être par des conseils perfides, où, ce qui est plus probable, par les confidences qu'on lui faisait du mauvais vouloir des souverains alliés à son égard, quittait Porto-Ferrajo, s'élançait avec ses braves sur un bâtiment, et touchait la terre de France pour y enfanter encore des prodiges. Mais, hélas! cette fois les résultats ne devaient plus être les mêmes : *L'aigle,* comme l'a dit un poëte, *n'était plus dans le secret des dieux.*

COMPOSITION ET FORCE NUMÉRIQUE DE LA GARDE EN 1814.

État-major général.		100
Administration.		500

Infanterie.

Grenadiers.	2 régiments.	3,200
Vétérans.	1 compagnie.	200
Fusiliers-grenadiers.	1 régiment.	1,600
Flanqueurs-grenadiers.	1 régiment.	1,600
Comp. de dépôt des flanq.-grenad.	»	250
Chasseurs.	2 régiments.	3,200
Fusiliers-chasseurs.	1 régiment.	1,600
Flanqueurs-chasseurs.	1 régiment.	1,600
Comp. de dépôt des flanq.-chass.	»	250
Matelots.	1 état-major, 8 compag.	1,136
Tirailleurs-grenadiers.	19 régiments.	30,400
Voltigeurs.	19 régiments.	30,400
Pupilles.	1 régiment.	1,600
Bataill. d'instruct. de Fontainebleau.	»	2,000
		79,036 79,036

Cavalerie.

Grenadiers.	1 régiment.	1,250
Chasseurs.	1 régiment.	2,500
Mameluks.	1 escadron.	250
Gendarmerie d'élite.	1 bataill. et 2 escadr.	632
Dragons.	1 régiment.	1,250
Chevau-légers-lanciers.	2 régiments.	6,500
Gardes d'honneur	4 régiments.	10,000
Éclaireurs.	3 régiments.	6,000
		28,382 28,382

Artillerie.	1 état-major ; Artill. à pied (vieille Garde), 1 rég. ; Artill. à cheval (vieille Garde), 1 rég. ; Artill. à pied (jeune Garde), 1 rég. ; canonn. vétér. ; 1 comp.	3,500
Génie.	1 état-major, 1 bataill. de sapeurs.	400
Train des équipages.	1 bataillon.	500
Hôpital de la Garde.		64
	Total	112,482

CHAPITRE UNIQUE.

GENDARMES D'ORDONNANCE DE L'EMPEREUR *.

I.

Apoléon avait songé, bien avant la campagne de Prusse et de Pologne, à rapprocher de son trône les jeunes gens de famille qui, appartenant à la vieille aristocratie française, s'en étaient tenus écartés, soit à cause de leurs opinions politiques, soit à cause de la position de leurs parents. En effet, la majeure partie de cette brillante jeunesse vivait retirée en province, ou éloignée des emplois civils et militaires; Napoléon, disons-nous, pensa donc à créer un corps privilégié qui, sous la qualification de *gendarmes d'ordonnance*, pût former,

---

* Ce corps, qui a fait partie de la Garde, bien peu de temps, il est vrai, aurait dû figurer à la fin du vi⁰ Livre de notre ouvrage, ou au moins au commencement du vii⁰;

plus tard, une garde spéciale pour sa personne ; on le crut du moins, car de tous les départements de la France accoururent, pour s'enrôler dans ce nouveau corps, des jeunes hommes, jusqu'alors oisifs, mais pleins d'ardeur et brûlant en secret du désir de se joindre aux phalanges invincibles des soldats de la Garde.

Cette idée de Napoléon n'était pas neuve, puisque la première milice à cheval permanente qui fut instituée sous la monarchie portait le nom de *gens d'armes des ordonnances du roy*.

En 1445, Charles VII, éprouvant de grandes difficultés à lever la noblesse, à l'ouverture de chaque campagne, créa quinze compagnies à cheval auxquelles il donna le nom d'*hommes d'armes* ou *gens d'armes*. Chacune de ces compagnies comptait cent hommes d'armes, et chaque homme d'armes avait avec lui cinq suivants ; savoir : trois archers, un *coustelier* et un page ou *varlet*, ce qu'on appelait alors une *lance garnie* ou *fournie*. Tous les hommes d'armes étaient gentilshommes, et à toutes les époques, on vit la noblesse entrer même dans les archers : les pages faisaient leur apprentissage dans la dernière classe, celle des *varlets* ou *suivants*. Chaque homme d'armes avait quatre chevaux : un qu'il montait en voyage ; un qui portait le bagage et que l'on appelait le *courtaud* ou bidet ; un cheval de bataille : le quatrième était à l'usage des archers, du coustelier et même du varlet, quand ceux-ci se trouvaient trop fatigués pour poursuivre la route à pied.

Au siége de Padoue, sous Louis XII, les gendarmes des ordonnances du roi refusèrent de donner un second assaut parce qu'on voulait qu'ils y allassent concurremment avec les lansquenets, qui n'étaient pas gentishommes. Sous François Ier, les compagnies de gendarmes furent en grand crédit. Un jour, Charles-Quint ayant demandé au roi chevalier qu'il lui prêtât une somme d'argent et cette troupe pour aller combattre les Turcs, François Ier lui répondit : « Pour le premier point,

---

mais alors l'impossibilité où nous nous vîmes de pouvoir donner des renseignements positifs sur la création, l'organisation, la durée et les services du corps des *gendarmes d'ordonnance*, nous fit ajourner ce travail. Aujourd'hui que, grâce à l'obligeance d'un des officiers les plus distingués de ce corps d'élite (M. le colonel comte Hippolyte d'Espinchal), qui a bien voulu nous communiquer d'intéressants documents à cet égard, et grâce aussi à nos incessantes investigations, nous sommes à même de faire figurer les gendarmes d'ordonnance dans notre *Histoire de la Garde*, comme nous en eûmes toujours l'intention, nous nous faisons un devoir de combler cette lacune.

Aide-de-Camp attaché à l'état-major général, et Gendarme d'ordonnance.

GARDE IMPÉRIALE.

je ne suis pas banquier ; quant au second, comme ma gendarmerie d'ordonnance est le bras qui porte mon sceptre, je ne l'expose jamais au péril sans aller chercher la gloire avec elle. » Un gendarme touchait alors trente livres parisis de solde par mois, au moyen d'un impôt, appelé *taille des gens d'armes,* levé sur les bourgeois des villes ; ces trente livres étaient donc une solde assez considérable à cette époque où un mouton ne coûtait que cinq sous, pourvu qu'on rendît la peau.

En 1503, le nombre des compagnies de gendarmes d'ordonnance fut augmenté, en même temps que l'effectif des compagnies fut abaissé ; il y avait des compagnies de quatre-vingts, de soixante, de quarante et même de vingt-cinq hommes d'armes. De toutes ces compagnies de gendarmes, la *compagnie écossaise* était la plus ancienne, elle datait de Charles VII ; elle joua, comme on sait, un grand rôle sous le règne de Louis XI.

L'armure de pied en cap ayant été abolie sous Henri IV, les compagnies d'ordonnance ne se distinguèrent plus de la cavalerie légère que par la seule cuirasse, la richesse de leurs habits et les prérogatives attachées à leur qualité de gendarmes. Sous ce prince, ces compagnies prirent le nom de *garde du roy* : c'était l'*escadron royal,* à la tête duquel il combattait de préférence. Il en avait donné le commandement général au dauphin, qui, devenu Louis XIII, n'en resta pas moins le chef. Louis XIV, après la paix des Pyrénées, réduisit ses gendarmes d'ordonnance aux quatre plus anciennes compagnies ; mais, plus tard, il en porta le nombre jusqu'à seize : un prince de la famille royale était toujours capitaine-général de cette troupe.

Des raisons d'économie qui furent suggérées à Louis XVI par son ministre de la guerre, lui firent réformer, en 1778, toutes les compagnies d'ordonnance, ainsi que celles des mousquetaires *noirs* et *gris* et des chevau-légers, c'est-à-dire ce qu'on appelait la *maison rouge du roi.*

Vingt-huit ans plus tard, Napoléon reconstituait les *gendarmes d'ordonnance,* par *ordre* du 24 septembre 1806, daté du palais de Saint-Cloud. Les nouveaux gendarmes avaient le droit d'être incorporés dans le corps, en versant à leur arrivée une somme de dix-huit cents francs chacun pour l'équipement et le cheval. Il fallait en outre que chaque gendarme prouvât qu'il recevrait annuellement de sa famille une pension de six cents francs, ce qui, joint à la solde, le mettait dans le cas de pourvoir à tous ses besoins et de vivre honorablement. L'uniforme fut ainsi indiqué :

Habit vert, de la même coupe que celui des chasseurs à cheval de la Garde ; contre-épaulettes et aiguillettes en argent; gilet rouge à la hussarde, tressé en argent; pantalon vert galonné d'argent sur les coutures, avec hongroises sur le devant; giberne en argent, portant un aigle doré.

Schako noir garni d'un galon et portant au centre un aigle; visière garnie d'un bord d'argent, gourmettes et cordonnet en argent, ainsi que le pompon surmonté d'un panache blanc.

Équipement du cheval : A la hussarde, avec schabraque de drap vert entourée d'un galon d'argent. Portemanteau vert, rond, les deux bouts garnis d'un galon d'argent.

Armement : Une carabine, une paire de pistolets et un sabre de chasseur à lame demi-courbée.

La distinction des officiers consistait dans la largeur des galons, l'épaulette du grade et l'aiguillette en torsade.

Un second ordre de l'Empereur, en date du 28 octobre 1806, régla la composition des compagnies des gendarmes d'ordonnance sur le même nombre d'hommes que celles des chasseurs à cheval de la Garde.

Les gendarmes durent faire la route à leurs frais jusqu'à Mayence, où ils devaient être organisés. Les deux premières compagnies *à cheval* le furent effectivement dans cette place, le 5 novembre 1806.

Le 18 novembre, il y avait trois compagnies à cheval formées.

La deuxième compagnie partit de Mayence le 3 janvier 1807, pour se rendre à Berlin.

La quatrième compagnie à cheval fut organisée le 5 janvier 1807, on commença à former la cinquième le 1ᵉʳ juin ; la sixième compagnie ne figura jamais que sur le papier.

Le 26 décembre 1806, on avait essayé de former à Mayence la première compagnie *à pied :* ce fut du reste la seule.

D'après ces dispositions, furent nommés pour composer l'état-major du corps, ainsi que pour remplir les emplois de capitaine en 1ᵉʳ (c'est-à-dire *capitaine-commandant*) et de capitaine en 2ᵉ ; de lieutenants en 1ᵉʳ et de lieutenants en 2ᵉ, savoir :

État-Major :

Le général de division KELLERMANN (G. D. ※), *colonel-général* *.

Le Cte DE MONTMORENCY-LAVAL ※, *général de brig., command. provisoire du corps* **.

Comte D'ARBERG, } *chefs d'escadron* ***	D'ALBUQUERQUE, } *lieuten. en 1er. sous-*	
Duc DE CHOISEUL, }	MANHÈS } *adjudants-majors.*	
DE MONTULLÉ, *capitaine-adjud.-major.*	DE SAINT-PERN, } *lieuten. en 2e, porte-*	
MARTHON, *lieut.-quartier-maître-trés.*	DE VIEFVILLE, } *étendard.*	

FOURNIER DE PESQUAY, *chirurgien - major*.

Premier Escadron. — Première Compagnie :

. . . . . ., *capitaine-commandant*. — CARION-NISAS (O. ※), *capitaine en 2e*.

Deuxième Compagnie :

Comte D'ARBERG, *capitaine-commandant*. — . . . . . ., *capitaine en 2e*.

Deuxième Escadron. — Troisième Compagnie :

Duc DE CHOISEUL, *capitaine-commandant*. — DE SOURDIS, *capitaine en 2e*.

Quatrième Compagnie **** :

Prince DE MONACO, *capitaine-command*. — MURAT DE SISTRIÈRE, *capitaine en 2e*.

Lieutenants en premier :

CHARBONNIÈRE (Antoine) ※.	AVOGADO DE QUINTO.
DE BRIAS (Alexandre).	DESPARTS.
DE JUIGNÉ.	DE SAVOIE-CARIGNAN.
DE MONTBRETON DE NORVINS ※.	DE FORBIN.

Lieutenants en second :

DABOS DE BINANVILLE.	D'ESPINCHAL (Henri).
DE JUIGNÉ (Jacques).	NAUCASE DE MONTRAVEL.
D'ESPINCHAL (Hippolyte) ※.	DE SALMES.
LA BÉDOYÈRE (Charles).	Prince DE SALM-SALM.

Quelques jours après que l'ordre de l'Empereur, du 23 septembre 1806, qui créait un corps de gendarmes d'ordonnance, eut été rendu, le ministre de la guerre Clarke avait écrit à Napoléon, pour lui soumettre une série de questions auxquelles *il suppliait humblement Sa Majesté de daigner répondre,* afin de pouvoir donner aux jeunes

---

* Fils du maréchal Kellermann, duc de Valmy. Il ne prit jamais *de fait* le commandement de ce corps.

** Était gouverneur du château de Compiègne, en 1806. Il fut, seul, commandant supérieur des gendarmes d'ordonnance, bien que sa position réelle dans ce corps ne fût que celle de capitaine-commandant la première compagnie du premier escadron. Après le licenciement des gendarmes, M. de Montmorency reprit ses fonctions de gouverneur de château, et mourut peu de temps après, le 28 décembre 1809.

*** Ne comptaient tous deux que comme capitaines-commandants.

**** Cette 4e compagnie ne passa le Rhin que le 21 mai 1807, et fut incorporée, par ordre du maréchal Bessières, dans les 1re et 2e du corps, le 1er juillet suivant.

gens qui venaient se faire inscrire pour entrer dans ce nouveau corps tous les renseignements désirables. Napoléon répondit à toutes ces questions, de sa main et en marge. Voici ces questions et les réponses de l'empereur :

« 1° Quelle sera la durée de l'engagement que les volontaires contracteront ?..... LA CAMPAGNE.
« 2° Seront-ils libres à la fin de la campagne ? OUI.
« 3° Recevront-ils une solde du gouvernement ? OUI, MAIS SIMPLE.
« 4° Ceux qui désireraient continuer la carrière militaire après le licenciement du corps, s'il a lieu, pourront-ils espérer d'être placés comme officiers dans l'armée ?.. OUI, S'ILS LE MÉRITENT.
« 5° Ceux qui désirent seulement prouver leur dévouement à Sa Majesté en faisant la campagne, pourront-ils, si le corps était conservé, se retirer à la fin de la campagne ?................ ON VERRA.
« 6° Doit-on exiger pour les *gendarmes à pied* la pension de 600 fr., comme pour ceux à cheval ?............. NON.
« 7° Quelle sera la couleur de l'habit et du pantalon des gendarmes à cheval et à pied ? DÉTAILS QUE LACUÉE RÉGLERA.
« 8° Les chevaux à courte queue seront-ils admis ? — On fait observer qu'il est impossible de se procurer à l'instant des chevaux à tous crins, c'est-à-dire à longue queue, parce qu'il faudrait les faire venir des pays d'herbages, et qu'ils seraient nécessairement hors d'état de faire la campagne............ TOUT SERA BON.
« 9° Quand les nouveaux engagés pourront-ils se mettre en route ?......... DE SUITE.
« 10° Leur donnera-t-on une feuille de route ou un simple passe-port ?........ UN PASSE-PORT.
« 11° A leur arrivée à Mayence, auront-ils étape et logement pour eux et leurs chevaux ? OUI »

Le 24 septembre 1806, étant à Saint-Cloud, Napoléon écrivit au ministre de la guerre :

« Monsieur Dejean, mon ministre de l'intérieur (M. de Champagny)
« vous aura communiqué la circulaire qu'il a écrite aux préfets pour
« composer deux corps d'ordonnances, l'un *à pied*, l'autre *à cheval*.
« Envoyez des instructions au maréchal Kellermann, et si vous êtes
« instruit qu'effectivement un assez grand nombre d'individus se rendent

« des départements à Mayence pour former ces deux corps, vous aurez
« soin d'y envoyer deux bons majors, l'un d'infanterie, l'autre de cava-
« lerie, pour les organiser.

« Sur ce, etc. »

Maintenant voici le texte de la circulaire écrite aux préfets :

A M...., PRÉFET DU DÉPARTEMENT D...

Note sur les conditions à remplir par les jeunes gens qui voudraient faire partie de la gendarmerie d'ordonnance de S. M. l'Empereur et Roi.

« Ce corps sera divisé en deux détachements, l'un à pied, l'autre à cheval.

« Ceux qui désireront servir dans les *Ordonnances à cheval* devront s'équiper à leurs frais, se procurer un cheval, et être assurés, par eux-mêmes ou par leurs parents, d'une pension annuelle de six cents francs au moins.

« Leur uniforme sera le surtout de chasseur, tout vert, sans passe-poil ni couleur ; gilet écarlate, tressé en argent ; pantalon à la hongroise, aussi tressé ; schako et boutons ronds et blancs ; le sabre de chasseur ; le cheval, pour la taille et son équipement, sera comme celui des chasseurs à cheval. On fournira, des magasins de Mayence, des carabines et des pistolets, du moment de l'incorporation dans les compagnies.

« Ceux qui désireront servir dans les *Ordonnances à pied* devront s'équiper eux-mêmes. Il leur sera donné un armement du moment de l'incorporation dans les compagnies.

« Leur uniforme sera vert, comme celui de la cavalerie, avec un chapeau et des guêtres. Le gilet et le pantalon seront aussi comme ceux de la cavalerie.

« Les uns et les autres doivent avoir plus de dix-huit ans, et moins de quarante ; ils feront la route à leurs frais jusqu'à Mayence, où ils s'adresseront à M. le maréchal Kellermann. »

Le 2 octobre 1806, le ministre de la guerre adressa, sous forme d'*instruction*, aux intendants, sous-intendants et inspecteurs aux revues, une circulaire dans laquelle il était dit, en parlant des gendarmes d'ordonnance :

« Ces compagnies, quoique organisées comme celle des chasseurs à cheval de la Garde, ne devront recevoir la solde et les masses que sur le pied fixé pour les chasseurs à cheval de la ligne. »

Le 30 novembre 1806, Napoléon, alors à Posen, adressa la lettre suivante au major-général de l'armée (le maréchal Berthier) :

« Mon cousin, écrivez au maréchal Kellermann que mon intention « est qu'il n'y ait pas de commandant en second dans les compagnies « de gendarmes d'ordonnance, et que la seconde compagnie doit être « commandée par M. d'Arberg. »

Un nouvel ordre du ministre de la guerre, du 21 janvier 1807, concernant les compagnies de gendarmes d'ordonnance, disait :

« La solde des compagnies à cheval doit être la même que celle des *chasseurs à cheval de la ligne*, à moins d'ordres contraires, donnés directement par S. M. l'Empereur au maréchal Kellermann. »

Le 26 du même mois, ce dernier écrivait au ministre de la guerre :

« L'ardeur des gendarmes d'ordonnance s'est bien ralentie. Il n'en « vient plus un seul à Mayence ; je ne sais si c'est la faute des pré- « fets. Les derniers sont arrivés sans être ni montés ni équipés ; il y a « apparence qu'ils auront dépensé en route l'argent de leur habillement. « Votre Excellence voudra bien en prévenir les préfets, etc. * »

---

* On voit, par cette lettre, combien l'illustre maréchal Kellermann, que l'Empereur avait chargé spécialement de l'organisation de ses gendarmes d'ordonnance, avait à cœur de bien remplir le mandat confié à son zèle et à son expérience ; mais ce n'est pas tout, et il nous faut bien le dire, ces jeunes officiers, sans qu'ils s'en doutassent, étaient l'objet d'une surveillance active de la part de la police militaire, dont les agents secrets adressaient chaque semaine, et directement, au ministre de la guerre un bulletin qui l'instruisait des moindres faits et gestes de MM. les gendarmes. Nous sommes loin d'approuver ce système de police inquisitoriale qui s'était établi sous l'Empire, par les conseils de Fouché ; Napoléon lui-même n'attachait aucune importance à ces bulletins, et ne faisait qu'en rire lorsque son ministre croyait devoir les lui soumettre. Quoi qu'il en soit, nous avons eu quelques-uns de ces rapports sous les yeux, et si nous les avons transcrits ici, ce n'a été que dans l'intention de donner à ceux de MM. les gendarmes d'ordonnance qui existent encore une idée de la manière dont la surveillance était exercée à leur égard.

Dans un de ces bulletins intitulés, *Police militaire secrète*, adressé de Mayence au ministre Clarke, en date du 27 janvier 1807, bulletin qui fut bien certainement mis sous les yeux de Napoléon quelques jours avant la bataille d'Eylau, puisque nous voyons écrit de sa main, à la marge, ce seul mot, *Absurde !* il est dit :

« MM. de Montollé, Henri et Hippolyte d'Espinchal, Despars, Naucase et d'Albu-

Napoléon, étant à Varsovie, écrivit le 28 janvier 1807 au major-général :

« Mon cousin, vous donnerez l'ordre au général Clarke, aussitôt que
« *mes deux* compagnies d'ordonnance seront arrivées à Stettin, qu'il
« les dirige sur Corberg, pour le blocus. »

Le 19 février, le général Teulié, sous les ordres duquel étaient placés les gendarmes d'ordonnance, adressa au major-général de l'armée le rapport suivant :

« Monsieur le maréchal, le 18, à la pointe du jour, je fis fouiller le village de Langkarel, où l'ennemi avait une reconnaissance de cavalerie ; le piquet d'avant-garde de MM. les gendarmes d'ordonnance de Sa Majesté chargea vigoureusement et tua quelques hommes qui

---

« quelque affectent constamment une espèce de mépris pour tout ce qui n'a pas servi
« dans l'armée de Condé.

« M. de Montullé porte sur la lame de son sabre les lettres C. M., et ces mots gravés :
« *L'un des six*. Il a sous sa chemise un médaillon d'argent sur lequel se trouve écrit,
« d'un côté, *Napoléon, empereur des Français*, et de l'autre côté, le nom de ces six
« messieurs ; puis : *Union jurée à Paris devant Amélie de Bourdeilles*. On dit que
« cette dame est la femme de Desparts. Ces messieurs prétendent se servir de l'in-
« fluence du grand-maréchal du palais pour proposer à l'Empereur de lever un corps
« uniquement composé d'anciens émigrés.

« Le sieur de Montullé n'a rien ; les frères Henri et Hippolyte d'Espinchal n'ont,
« entre eux, que quelques milliers de livres de rente, etc. »

Dans un autre de ces bulletins, daté du mois de juillet suivant, l'agent rédacteur dit au ministre, en parlant de la comptabilité du corps des gendarmes d'ordonnance :

« On y voit figurer des frais énormes de médicaments, des frais de poste, de voyages
« et d'enterrements ; de traitements de conducteurs, de valets d'écurie, d'infirmiers,
« de charretiers, etc. ; d'honoraires pour leçons aux trompettes : ainsi, Monseigneur,
« on a payé le 1er juillet au trompette-major de l'artillerie de la Garde, pour leçons
« données aux trompettes du corps, 90 fr. — J'y ai encore remarqué des renouvelle-
« ments continuels d'équipement, et d'indemnités de médecins à Marienwerder ; il y
« a des sommes énormes pour salaire de tailleurs. — Bref, cette comptabilité est des
« plus irrégulières, et l'inspecteur aux revues de la Garde semble fermer les yeux sur
« ces abus que Votre Excellence ne saurait tolérer plus longtemps ! »

Enfin, dans un dernier bulletin, daté du 10 juillet 1807, le scrupuleux agent s'écrie :
« Monseigneur, Votre Excellence croira-t-elle que les gendarmes d'ordonnance ont
« offert aux Russes un repas qui leur a coûté 58 fr. 25 c. ! »

La carte à payer de ce dîner n'était cependant pas chère, si c'était effectivement un repas de corps ! Quoi qu'il en soit, nous sommes parfaitement de l'avis de l'Empereur, relativement à l'opinion qu'il formula en marge du premier de ces bulletins, et nous dirons, pour en finir avec ces turpitudes, que si MM. les gendarmes d'ordonnance savaient mal donner à dîner à nos alliés, ils avaient au moins le secret de bien battre ceux qui ne l'étaient pas.

cherchaient à se sauver à la faveur du bois. » (Suit le détail de la prise du fort de Neugarten.)

« J'ai surtout à me louer des gendarmes d'ordonnance : c'est un très-beau corps qui fait merveilles ; M. de Montmorency, qui le commande, donne l'exemple du zèle et du dévouement. MM. les gendarmes sont restés vingt-sept heures à cheval : un corps plus aguerri n'en aurait certes pas fait davantage. »

Voici maintenant ce qu'on lisait dans le n° 66 du journal intitulé, *Le vrai Hollandais*, à la date du 3 mars 1807 :

« On reçoit chaque jour de nouveaux détails sur le combat brillant
« qui a eu lieu sous Neugarten. Les deux premières compagnies de
« gendarmes d'ordonnance de S. M. l'Empereur s'y sont particulière-
« ment distinguées. On cite surtout un jeune officier, M. Hippolyte
« d'Espinchal, dont le détachement s'est emparé d'une caisse militaire
« prussienne ; les gendarmes, d'un commun accord, l'ont abandonnée
« à leurs camarades les fusiliers de la Garde, satisfaits d'avoir obtenu
« leur estime et leur amitié. On ne peut se faire une idée juste de
« l'enthousiasme qui anime ce beau corps : il a chargé l'ennemi aux
« cris de *Vive l'Empereur !* et de *Vive l'Impératrice !* portant ainsi
« au milieu du feu le souvenir de l'auguste protection que ses souve-
« rains lui ont accordée, et répondant à leurs bienfaits par les preuves
« du courage le plus audacieux. »

Rapport du comte de Montmorency, commandant l'escadron des gendarmes d'ordonnance, au général Teulié, daté de Degow, le 8 mars 1807.

« Mon général, je dois vous rendre un compte exact de l'affaire qui a eu lieu hier, 17 de ce mois, entre les gendarmes d'ordonnance que j'ai l'honneur de commander et la cavalerie ennemie.

« Nous formions l'avant-garde de votre division au sortir de Corlin. Après deux heures de marche, la cavalerie ennemie, composée de cuirassiers, de dragons de la reine et de hussards de Rodolphe, forte de deux cents chevaux, se montra tout à coup sur les hauteurs qui dominent la route de Colberg. Le cri des gendarmes à la vue de l'ennemi fut si universel, qu'il me fut impossible de prévoir si je resterais maître d'arrêter leur impétuosité en cas d'attaque ; je ne devais pas, d'après vos ordres, m'éloigner de la colonne. L'impatience des gendarmes était à son comble ; elle était suffisamment excitée par la mort de M. Alexandre d'Ablons, leur camarade, tué dans la reconnaissance du 4, deux heures après celle que j'avais faite le même jour, accompagné de mon capitaine en second, de l'adjudant de l'escadron et de mon gendarme de planton, et où nous avions essuyé une vive fusillade : ajoutez à ce motif le désir constamment exprimé et si naturel de prendre rang dans l'armée par une action brillante.

« L'ennemi fit mine de tenir ; alors les cris de *Vive l'Empereur !... Chargeons !...* se firent entendre dans les rangs, et, par un mouvement spontané, officiers et gendarmes s'élancent à toute bride et le sabre à la main sur l'escadron ennemi ; les Prussiens fuient, et, pendant une lieue, sont poursuivis avec la même ardeur, en charge individuelle. Plusieurs morts, blessés et prisonniers, restèrent sur la route.

« Arrivés à la hauteur de Zernin, les gendarmes sont, par mon ordre, reformés en escadron et mis en bataille sur un petit plateau, à deux cents pas des maisons du village ; à peine installés, un feu de carabines et de mousquets des mieux nourris part tout à coup des haies et des maisons ; une compagnie de chasseurs ennemis était embusquée dans le village.

« Les gendarmes essuient froidement cette décharge, qui pouvait être si meurtrière pour eux ; un seul, M. de Stappers, de planton auprès de moi, est blessé à mes côtés d'une balle qui lui traverse le bras droit et le met hors de combat ; le cheval de mon capitaine en second, Carion-Nisas, est frappé d'une balle ; celui de M. d'Albuquerque, officier-adjudant, venait d'être blessé au commencement de l'affaire ; deux autres chevaux sont tués : l'un sous M. de Charette, maréchal-des-logis de la 2e compagnie ; l'autre sous M. Papillon, gendarme de la 1re compagnie.

« A la faveur de cette fusillade, qui recommençait avec plus de vivacité, et à l'aide de cinquante cuirassiers, troupe fraîche cachée dans le village, la cavalerie ennemie se rallie, se forme et sonne la charge. Voyant le double danger de cette position, je crie de nouveau : *Vive l'Empereur !... Chargeons !...* A ce cri, répété par mon capitaine en second à la tête de la 1re compagnie, et par M. de Montbreton à la tête de la 2ᵉ, ma troupe entière s'élance à toute course sur l'infanterie et la cavalerie.

« Les deux troupes ennemies, frappées de terreur à ce choc imprévu, jettent leurs armes et fuient vers Colberg : l'infanterie sur la gauche au milieu de marais impraticables, la cavalerie sur la droite ; celle-ci attira seule l'impétuosité des gendarmes, qui étaient dans la proportion d'un contre trois ; ils chargèrent impétueusement cette cavalerie et la poursuivirent jusqu'à une demi-lieue de Colberg. Trente prisonniers et une douzaine de morts et de blessés furent le fruit de cette seconde charge ; les prisonniers faits dans la première charge s'étaient échappés sur la route.

« J'ai à regretter un seul gendarme, M. Grard, tué lâchement sous le canon de la ville par un prisonnier, qui ramassa sa carabine et la lui déchargea dans les reins par derrière. J'ai à me louer de tous les gendarmes et de leurs officiers ; ils ont mérité l'honneur de leur création, et je suis fier d'avoir été placé à leur tête.

« Notre retour vers l'infanterie s'est effectué avec le plus grand sang-froid et au pas. J'ai rappelé les jeunes gens qui étaient encore en avant, c'est-à-dire ceux qui montaient les chevaux les plus vigoureux, et j'ai repris le chemin qui me ramenait vers la colonne.

« Revenu à la hauteur de Zernin, l'ennemi marcha plus en avant ; là, je fus joint par une vingtaine d'intrépides voltigeurs italiens ; je remis de nouveau mes gendarmes en bataille, les voltigeurs se mirent sur leur flanc gauche, et aussitôt que l'ennemi fut à portée, ceux-ci firent un feu très-vif auquel l'ennemi riposta par quelques coups de carabine. Le cheval de M. Carion-Nisas reçut une seconde balle à cette décharge ; M. Lamarre, gendarme de la 2ᵉ compagnie, eut une balle dans ses habits ; et M. d'Humières, de la même compagnie, en eut une aussi dans ses fontes. L'escadron s'ébranla pour la charge ; l'ennemi l'évita par une fuite précipitée.

« L'arrivée de la colonne suivit de près cette troisième affaire ; et vous avez pu, mon général, voir par vous-même les résultats de cette journée.

« Outre les officiers et gendarmes que j'ai nommés, je dois encore rendre justice à l'intrépidité de M. de Bryes, 2ᵉ lieutenant de la 1ʳᵉ compagnie ; de M. d'Espinchal, 2ᵉ lieutenant de la 2ᵉ compagnie ; de

MM. Jules et Abel de Saint-Mars, frères, l'un maréchal-des-logis, l'autre brigadier; de MM. Alphonse de Vergennes, Vignères, Mauroy, Lanoy, Bonvallot, de la 1re compagnie : ce dernier a sauvé la vie au maréchal-des-logis des braves dragons qui étaient avec nous; MM. de Corday, de Bottu, de Beaux, Léon d'Ablons, frère du gendarme tué le 4, en reconnaissance; de Navailles, de la 2e compagnie, se sont également distingués : ce dernier a perdu son cheval dans une fondrière, et n'en a pas moins continué la poursuite sur un cheval de prise.

« M. de Salecey, nommé officier dans la 4e compagnie, a constamment chargé avec la 2e, où il était précédemment maréchal-des-logis.

« Je reproche avec vous, mon général, trop d'impétuosité aux gendarmes; mais combien le désir de recevoir leur baptême militaire, et de mériter de plus en plus, ainsi que moi, vos suffrages et votre bienveillance, ne rend-il pas excusable l'excès de notre ardeur !

« Agréez, etc.

« L. DE MONTMORENCY. »

Extrait du MONITEUR *du 8 mars* 1807. — « Le général Teulié, « avec la division italienne, les fusiliers de la Garde et le 1er *escadron* « des gendarmes d'ordonnance, a eu quelques affaires avec la gar- « nison de Colberg. Le 8 mars, à Zernin, les gendarmes d'ordon- « nance, commandés par M. de Montmorency, ont culbuté l'infanterie « et la cavalerie que l'ennemi leur a opposées. L'impétuosité de leur « charge a mérité des éloges, et fait fuir l'ennemi. M. de Montmo- « rency se loue de M. Carion-Nisas, dont le cheval a été deux fois « blessé; de M. d'Albuquerque, officier-adjudant; de M. de Charette, « et en général, de tous les officiers, sous-officiers et gendarmes de « son corps, lequel, essayé par ces petits combats, va bientôt être ap- « pelé à figurer dans des affaires plus importantes et sur un plus « grand théâtre. »

Le général Teulié écrivit au major-général, en date d'Iram-sous-Colberg, le 20 mars 1807 :

« La gendarmerie d'ordonnance de Sa Majesté s'est portée rapidement de Neckin à Selnow, avec une compagnie du 19e : cet appareil

a imposé à l'ennemi. M. Micolon, de ce corps, a été blessé à la tête.

« J'ai à me louer particulièrement de M. d'Arberg, chambellan de Sa Majesté, et capitaine de la 2ᵉ compagnie de gendarmes. »

Ordre de l'Empereur, du 28 mars 1807.

« Les gendarmes d'ordonnance seront sous les ordres du maréchal « Bessières, et resteront jusqu'à nouvel ordre à Marienwerder.

« NAPOLÉON. »

D'après cet ordre, les gendarmes d'ordonnance arrivèrent le 30 mars 1807 à Marienwerder, situé à cinq quarts de lieue de la résidence impériale de Finckenstein; là, le corps put se reposer des fatigues qu'il avait éprouvées durant cette courte campagne, et recevoir les nouveaux détachements qu'il attendait de Mayence.

Dix jours après, Napoléon, accompagné du prince Murat et d'un brillant état-major, vint passer la revue des gendarmes. En arrivant sur le front des deux escadrons, il adressa quelques paroles affectueuses à M. de Montmorency; puis ensuite il dit à la troupe, d'une voix forte :

— Gendarmes d'ordonnance! soyez les bienvenus; vous avez bien commencé, j'espère que vous continuerez toujours de même, et que vous vous rendrez dignes du corps auquel vous appartenez!

Après avoir passé dans les rangs et fait exécuter quelques évolutions, il ordonna le défilé au galop, puis partit, suivi d'un officier et de vingt-cinq gendarmes d'ordonnance, pour aller visiter un camp retranché sur les bords de la Vistule. A dater de ce moment et pendant tout le cours de la campagne, le corps des gendarmes continua de faire le service d'escorte auprès de Sa Majesté.

Deux jours après cette revue, Napoléon, ayant proposé au maréchal Kellermann de placer son fils à la tête de ses gendarmes d'ordonnance, nomma provisoirement le général Kellermann colonel du corps. Le maréchal écrivit à l'Empereur, le 6 avril 1807, une lettre dans laquelle il le remerciait de cette faveur, en lui disant, entre autres choses :

« J'espère que mon fils pourra être à la tête de ce corps à l'ouver-
« ture de la campagne; — il s'y dispose; — sa blessure va bien. »

Puis, au bas de cette lettre était le *post-scriptum* suivant :

« Comme j'ai eu l'honneur de le dire déjà à Votre Majesté, le corps
« des *gendarmes à pied* ne se complétera jamais. »

Un ordre de l'Empereur, daté de son camp de Finckenstein, le 12
avril 1807, disait encore :

« Les 1re et 2e compagnies de gendarmes d'ordonnance (ces deux
« seules) sont assimilées, pour la solde, les masses, la comptabilité et
« l'administration, aux régiments de chasseurs à cheval de notre Garde
« impériale; la masse dite de première mise exceptée*. »

Le 16, MM. de Guerra, Hippolyte d'Espinchal, Norvins de Montbreton, Pitat, Charbonnière et Montmorency, tous les six appartenant au
corps des gendarmes d'ordonnance, reçurent la décoration de la Légion
d'honneur.

Le 17, le major-général adressa à l'Empereur, toujours à Finckenstein,
la note suivante :

« La 3e compagnie des gendarmes d'ordonnance, forte de soixante-
« seize hommes et de quatre-vingts chevaux, partie de Mayence le
« 5 avril, doit arriver le 27 avril à Berlin.

« J'ai l'honneur de proposer à Sa Majesté de la faire diriger sur
« Marienwerder, pour rejoindre les deux autres compagnies. »

Napoléon écrivit de sa main en marge de cette note :

« La laisser séjourner à Berlin jusqu'à nouvel ordre. »

Le 1er mai, l'Empereur, accompagné de l'ambassadeur persan et
suivi de sa maison militaire, passa dans la plaine de Finckenstein une
grande revue de toute la Garde impériale; ayant mis pied à terre, et
arrivé aux gendarmes, il s'arrêta et leur dit :

« Messieurs, vous allez avoir bientôt de nouveaux camarades;
j'espère qu'ils feront aussi bien que vous. » Puis, apercevant M. Carion-
Nisas : « Par quel hasard ici? lui demanda-t-il; vous avez donc abandonné la plume pour l'épée?

---

* A cette époque, l'effectif de ces deux compagnies n'était, en totalité, que de 14 officiers, 187 sous-officiers et gendarmes, et 228 chevaux.

— Oui, Sire, répondit celui-ci ; je préfère les effets aux paroles, quand il s'agit de servir Votre Majesté.

— Très-bien! fit Napoléon avec un geste qui avait quelque chose d'affectueux ; j'en conserverai le souvenir.

Et il continua sa course. Plus loin, arrivé devant un des gendarmes qui avaient été décorés quinze jours auparavant, il s'arrêta, le regarda un instant, et lui demanda de ce ton bref qui lui était habituel :

— Votre nom, monsieur?

— De Guerra, Sire.

— De quel département êtes-vous?

— De l'Aveyron, Sire.

— A merveille! reprit Napoléon en posant la main sur la décoration de ce gendarme ; j'en fais mon compliment à ce département et à vous!

Après la revue, Napoléon fit exécuter de grandes manœuvres, que le maréchal Bessières commanda ; et le même jour les gendarmes d'ordonnance, avant de retourner dans leurs quartiers, assistèrent à un banquet

que leur offrirent les chasseurs de la Garde, tandis que M. de Montmorency dîna, lui, à la table de l'Empereur.

Le 3 août 1807, le maréchal Kellermann écrivit de Mayence à Napoléon, alors de retour à Saint-Cloud :

« Chargé par Votre Majesté de l'organisation des gendarmes d'or-

« donnance, mon dévouement à l'exécution de ses ordres m'a fait dé-
« sirer que ce corps prît l'étendue et la consistance que j'avais lieu
« d'espérer. S'il ne doit plus exister, je prie Votre Majesté de me per-
« mettre de lui proposer de l'utiliser, en l'attachant à la personne de
« S. M. le roi de Westphalie. Ce corps est généralement bien com-
« posé ; cependant s'il s'y trouvait quelques sujets qui ne méritassent
« pas d'y rester, on les réformerait. Comme *il a l'ordre de rentrer
« en France*, si ce projet convenait à Votre Majesté, en l'arrêtant
« dans sa marche à Cassel, où se trouve en ce moment S. M. le
« roi de Westphalie, elle le ferait organiser comme elle le jugerait à
« propos. »

Napoléon écrivit de sa main à la marge de cette lettre :

« L'arrêter à Cassel. Ce corps ne doit pas venir en France. Je n'ai point donné cet ordre-là.

DÉCRET IMPÉRIAL.

« Napoléon, etc. ; — sur la proposition de notre ministre de la guerre, ordonnons et décrétons ce qui suit :

« Sont nommés dans les régiments de troupes à cheval ci-après dé-signés, les officiers, sous-officiers, brigadiers et gendarmes d'ordon-nance, dont les noms suivent ; savoir :

Brias,	*lieutenant en premier,*	lieutenant dans le 1ᵉʳ rég. de cuirass.
Diétrich,	*brigadier,*	sous-lieut.	—	*idem.*
Serville,	*idem,*	idem	— 2ᵉ	*idem.*
Carignan,	*capitaine,*	capitaine	— 3ᵉ	*idem.*
Dabos,	*lieutenant en second,*	lieutenant	—	*idem.*
Lachapelle,	*brigadier,*	sous-lieut.	—	*idem.*
Stappers,	*idem,*	idem	— 4ᵉ	*idem.*
D'Albignac,	*lieutenant en second,*	lieutenant	— 5ᵉ	*idem.*
Mauroy,	*brigadier,*	sous-lieut.	—	*idem.*
Crével,	*idem,*	idem	— 6ᵉ	*idem.*
Guinto,	*lieutenant,*	capitaine	— 7ᵉ	*idem.*
Lanoy,	*brigadier,*	sous-lieut.	—	*idem.*
Kauffer,	*idem,*	idem	— 8ᵉ	*idem.*
Juigné,	*lieutenant en premier,*	lieutenant	— 9ᵉ	*idem.*
Garteboie,	*brigadier,*	sous-lieut.	—	*idem.*
Vinzelles,	*idem,*	idem	— 10ᵉ	*idem.*
Charette,	*lieutenant en second,*	lieutenant	— 11ᵉ	*idem.*
Fléchins,	*brigadier,*	sous-lieut.	—	*idem.*
Royer-Lametz,	*lieutenant en second,*	lieutenant	— 12ᵉ	*idem.*
Bottu,	*brigadier,*	sous-lieut.	—	*idem.*

Guern,	maréchal des-logis,	lieutenant dans le 1ᵉʳ rég. de dragons.		
Coupigny,	brigadier,	sous-lieut.	—	idem.
Lachaine,	maréchal-des logis,	lieutenant	— 2ᵉ	idem.
Fayan,	brigadier,	sous-lieut.	—	idem.
Menou,	maréchal-des-logis,	lieutenant	— 3ᵉ	idem.
Grisonni,	brigadier,	sous-lieut.	—	idem.
Montmalle,	maréchal-des-logis,	lieutenant	— 4ᵉ	idem.
Rouillé,	brigadier,	sous-lieut.	—	idem.
Queslin,	maréchal-des-logis,	lieutenant	— 5ᵉ	idem.
Massa,	brigadier,	sous-lieut.	—	idem.
Lamarre,	maréchal-des-logis,	lieutenant	— 6ᵉ	idem.
Montigny,	brigadier,	sous-lieut.	—	idem.
Sarcus,	idem,	idem	— 7ᵉ	idem.
Saint-Mars,	sous-adjudant-major,	lieutenant	— 8ᵉ	idem.
Marion-Gaja,	brigadier,	sous-lieut.	—	idem.
Dumanoir,	maréchal-des-logis,	lieutenant	— 9ᵉ	idem.
Dubarail,	brigadier,	sous-lieut.	—	idem.
Courchand,	maréchal-des-logis,	lieutenant	— 10ᵉ	idem.
D'Ablons,	brigadier,	sous-lieut.	—	idem.
Thomassin,	maréchal-des-logis,	lieutenant	— 11ᵉ	idem.
Burgrave,	brigadier,	sous-lieut.	—	idem.
Carpentin,	maréchal-des-logis,	lieutenant	— 12ᵉ	idem.
Barn,	brigadier,	sous-lieut.	—	idem.
Broissia,	idem,	idem	— 13ᵉ	idem.
Cantalut,	maréchal-des-logis,	lieutenant	— 14ᵉ	idem.
Darcelin,	brigadier,	sous-lieut.	—	idem.
Bolangier,	idem,	idem	— 15ᵉ	idem.
Degarcq,	maréchal-des-logis-chef,	lieutenant	— 16ᵉ	idem.
Scarampy,	brigadier,	sous-lieut.	—	idem.
Marson,	idem,	idem	— 17ᵉ	idem.
Philipiès,	idem,	idem	— 18ᵉ	idem.
Morel,	idem,	idem	— 19ᵉ	idem.
Dangin,	maréchal-des-logis,	lieutenant	— 20ᵉ	idem.
Duperron,	brigadier,	sous-lieut.	—	idem.
Domergue,	maréchal-des-logis,	lieutenant	— 21ᵉ	idem.
Gémasse,	brigadier,	sous-lieut.	—	idem.
Nihon,	idem,	idem	— 22ᵉ	idem.
Constantin,	idem,	idem	— 23ᵉ	idem.
Forbin,	lieutenant en premier,	capitaine	— 24ᵉ	idem.
Dumesnil,	brigadier,	sous-lieut.	—	idem.
Beille,	idem,	idem	— 25ᵉ	idem.
Nadal,	idem,	idem	— 26ᵉ	idem.
Montcloux,	maréchal-des-logis,	lieutenant	— 27ᵉ	idem.
Magonet,	brigadier,	sous-lieut.	—	idem.
Maussion,	gendarme,	idem	— 28ᵉ	idem.
Bellissens,	idem,	idem	— 29ᵉ	idem.
Manesse,	idem,	idem	— 30ᵉ	idem.
Serviez,	lieutenant en second,	lieutenant dans le 1ᵉʳ rég. de chassʳˢ.		
Leprince,	gendarme,	sous-lieut.	—	idem.

Montullé,	capitaine à la suite,	capitaine dans le 2e rég. de chassrs.		
Naucase,	lieutenant en second,	lieutenant	—	idem.
Brouville,	gendarme,	sous-lieut.	—	idem.
Viriot,	idem,	idem	— 3e	idem.
Barrat,	idem,	idem	— 4e	idem.
Drouet,	idem,	idem	— 5e	idem.
Bonneval,	idem,	idem	— 6e	idem.
D'Espinchal (Henri),	lieutenant en second,	lieutenant	— 7e	idem.
Gibert-Chaumont,	gendarme,	sous-lieut.	—	idem.
D'Humières,	idem,	idem	— 8e	idem.
Saluces,	lieutenant en second,	lieutenant	— 9e	idem.
Corday,	gendarme,	sous-lieut.	—	idem.
Saint-Pern,	lieutenant en premier,	capitaine	— 10e	idem.
Papillon,	gendarme,	sous-lieut.	—	idem.
La Bédoyère (Ches),	lieutenant en second,	lieutenant	— 11e	idem.
Bélin,	gendarme,	sous-lieut.	— 12e	idem.
Manès,	sous-adjudant major,	lieutenant	— 13e	idem.
La Case,	gendarme,	sous-lieut.	—	idem.
De Beaux,	idem,	idem	— 14e	idem.
D'Albuquerque,	adjudant-major,	capitaine	— 15e	idem.
Debreuil,	gendarme,	sous-lieut.	—	idem.
Pavaut,	porte-étendard,	lieutenant	— 16e	idem.
Lespinasse,	gendarme,	sous-lieut.	—	idem.
Delaunay,	idem,	idem	— 19e	idem.
Dudeffant,	idem,	idem	— 20e	idem.
Vergennes,	maréchal-des-logis,	lieutenant	— 21e	idem.
Morand,	gendarme,	sous-lieut.	—	idem.
Vienne,	maréchal-des-logis,	lieutenant	— 22e	idem.
Chaveau,	gendarme,	sous-lieut.	—	idem.
Madier,	idem,	idem	— 23e	idem.
Pagès,	fourrier,	lieutenant	— 24e	idem.
Rosières,	gendarme,	sous-lieut.	—	idem.
Chabant,	idem,	idem	— 25e	idem.
Montigny,	idem,	idem	— 26e	idem.
Desparts,	lieutenant en premier,	capitaine dans le 1er rég. de hussards.		
Montmort,	gendarme,	sous-lieut.	—	idem.
Saint-Mars (Abel),	maréchal-des-logis,	lieutenant	— 2e	idem.
Rocca,	gendarme,	sous-lieut.	—	idem.
Bardel,	idem,	idem	— 3e	idem.
Sanzeille,	idem,	idem	— 4e	idem.
D'Espinchal (Hipp.),	lieutenant en second,	lieutenant	— 5e	idem.
Dericq,	gendarme,	sous-lieut.	—	idem.
Siau,	maréchal-des-logis,	lieutenant	— 6e	idem.
Beaumont,	gendarme,	sous-lieut.	—	idem.
Lecomte,	idem,	idem	— 7e	idem.
Gaja,	idem,	idem	— 8e	idem.
Crozet,	maréchal-des-logis,	lieutenant	— 9e	idem.
Navailles,	gendarme,	sous-lieut.	—	idem.
Marion,	maréchal-des-logis,	lieutenant	— 10e	idem

« Ces officiers seront pourvus des premiers emplois vacants dans les corps auxquels ils sont attachés. »

III.

Le ministre de la guerre adressa à l'Empereur le rapport suivant* :

« Sire,

« Son Altesse le prince vice-connétable ** m'a invité à prendre les ordres de Votre Majesté relatifs au corps des gendarmes d'ordonnance.

« Cent dix-huit officiers, sous-officiers et gendarmes ont été placés comme officiers dans les troupes à cheval. L'effectif de ce corps est de deux cent soixante et onze officiers, sous-officiers et gendarmes, répartis en cinq compagnies.

« Je prie Sa Majesté de me faire connaître si elle veut que ce corps soit maintenu, ou si son intention est que tous les individus qui en font encore partie soient placés dans la ligne.

« Dans le premier cas, j'ai l'honneur de lui faire observer que les deux premières compagnies seulement ont été assimilées pour la solde et les masses aux chasseurs à cheval de la Garde, par décret du 12 avril 1807, et qu'à l'époque où ce décret a été rendu les autres compagnies n'étaient point encore arrivées à l'armée.

« Peut-être Votre Majesté jugera-t-elle convenable que les officiers, sous-officiers et gendarmes des 3°, 4° et 5° compagnies aient droit à la solde et aux masses des chasseurs à cheval de la Garde, à compter du jour où ils sont partis de Mayence pour se rendre à l'armée.

« D'un autre côté, ne doit-on pas considérer les dépenses des gendarmes d'ordonnance comme faisant partie de celles de la Garde, du jour de leur assimilation à celle des chasseurs à cheval, de sorte qu'au moment de la rentrée de ce corps en France, ces dépenses seraient soldées sur les mêmes fonds, et par le payeur de la Garde ?

« Dans le cas où Votre Majesté déciderait que les officiers, sous-officiers et gendarmes d'ordonnance doivent être, tous, placés dans la

---

* Ce rapport n'est pas daté non plus ; mais, à en juger par le contenu, il a dû précéder le décret placé immédiatement auparavant.

** Le maréchal Berthier.

ligne, ce placement n'aurait-il lieu que successivement, et au fur et à mesure des propositions que les vacances d'emploi me mettraient à même de soumettre à Votre Majesté? ou bien devrais-je, dès à présent, présenter un état de répartition entre les différents corps de troupes à cheval? »

A la marge de ce rapport est écrit de la main du baron Fain : *Sans décision de Sa Majesté.*

Alors, le 23 octobre 1807, Napoléon rendit un décret daté du palais de Fontainebleau, où il était dit :

« ART. 1er. Les compagnies des gendarmes d'ordonnance de notre Garde sont dissoutes ; mais, voulant leur donner une preuve de la satisfaction que nous éprouvons de leurs services, nous admettons dans les chasseurs, grenadiers et dragons à cheval de notre Garde, les simples gendarmes qui ont fait la dernière campagne.

« ART. 2. Il nous sera présenté, par notre ministre de la guerre, un état nominatif des sous-officiers et brigadiers de ces compagnies, notre intention étant de les employer, selon leurs services et leur capacité, dans les régiments de l'armée, ou de leur donner d'autres marques de notre satisfaction.

« ART. 3. Notre ministre de la guerre est chargé de l'exécution du présent décret. »

RÉCAPITULATION nominative, d'après les contrôles du corps, des officiers et gendarmes d'ordonnance morts de maladie ou accidentellement, tués, blessés ou faits prisonniers pendant la campagne de 1807.

GÉRARD,	gendarme,	tué à Colberg,	20 mars.
KERVYN DE VOLKARTZBECK,	idem,	noyé,	27 juillet.
DESFOURNEAUX,	idem,	mort de la petite vérole,	22 avril.
DE FRÉTAT,	idem,	tué à Colberg,	20 mars.
GRARD,	idem,	idem,	8 mars.
PAUVER,	idem,	tué en duel,	24 juin.
DE BOIS,	idem,	tué à Colberg,	20 mars.
DE BREVEDENT D'ABLONS,	idem,	idem,	4 mars.
DE BERCKEIM,	idem,	mort dans l'intérieur,	31 octobre.
DESFORGES,	brigadier,	mort de maladie,	3 août.
PAPILLON,	gendarme,	tué à Colberg,	20 mars.
PAGÈS,	idem,	blessé et fait prisonnier,	idem.
FORGET,	idem,	idem,	idem.
DE STAPPERS,	brigadier,	blessé,	8 mars.
IMBERT DE LA PLATIÈRE,	maréchal-des-logis,	blessé et fait prisonnier,	20 mars.
VATTIER,	gendarme,	idem,	idem.
DE RIVOCET,	idem,	idem,	idem.

RÉCAPITULATION *générale et numérique des officiers et gendarmes d'ordonnance morts accidentellement ou de maladie, tués, blessés ou faits prisonniers.*

		Morts accidentellement ou de maladie.	Tués.	Blessés ou faits prisonniers.
1re compagnie.	Officiers,	»	»	»
	Gendarmes,	2	3	3
2e compagnie.	Officiers,	»	»	»
	Gendarmes,	3	3	3
3e compagnie.	Officiers,	»	»	»
	Gendarmes,	»	»	»
4e compagnie.	Officiers,	»	»	»
	Gendarmes,	»	»	»
TOTAL.		5	6	6

ACTIONS D'ÉCLAT.

« *Royer-Lametz* (Antoine), reçu gendarme dans la 1re compagnie le 8 novembre 1806, maréchal-des-logis dans la 2e compagnie le 24 décembre 1806. A fait deux prisonniers à la prise du fort de Neugarten, en avant de Colberg, le 18 février 1807 ; — est entré le premier dans la ville de Treptow, le 20 février, après avoir fait prisonnier le commandant de la cavalerie. — Blessé au siége de Colberg dans une charge. — Ces actions d'éclat l'ont fait nommer lieutenant en second le 13 juillet 1817.

« *D'Espinchal* (Hippolyte), né en 1777 ; ancien officier au service de l'Autriche *, lieutenant dans les gendarmes d'ordonnance ; a obtenu la croix de la Légion d'honneur le 16 avril 1807, pour une action d'éclat faite à Neugarten, en Poméranie. Il est entré le troisième dans la forteresse avec les fusiliers de la Garde, auxquels il portait l'ordre d'enlever le fort. »

Lors de leur création, les gendarmes d'ordonnance de l'Empereur inspirèrent une grande jalousie à quelques chefs de corps de la Garde

---

* Capitaine et officier de la Légion d'honneur en 1809 ; cet officier a commandé les chasseurs royaux de Henri IV, dans le Midi, en 1815, et depuis a été décoré de plusieurs ordres étrangers.

Son frère cadet, le comte d'Espinchal (Louis-Henri), né en 1773, avait servi de 1789 à 1798 dans les armées étrangères ; il fit partie, du 31 octobre 1806 au 15 juillet 1807, des gendarmes d'ordonnance. Placé comme lieutenant au 7e chasseurs, en 1807, il était major des chasseurs des Ardennes en 1821, et passa aux chasseurs de la Garde royale en 1820. Il avait été décoré en 1809.

impériale, sortis des rangs plébéiens, qui crurent deviner les intentions futures de Napoléon dans le choix qu'il avait fait du général Montmorency-Laval, comme commandant supérieur de ce corps. Le premier échec qui fut porté aux gendarmes d'ordonnance, dès que l'armée eut commencé ses opérations en Prusse, fut le retrait des domestiques que chacun d'eux avait amenés avec lui. Il en résulta que ce corps, composé tout entier de jeunes hommes braves et intrépides sans doute, mais habitués à ce qu'on appelle le confortable de la vie, fut assez mal tenu, parce que autre chose est de marcher droit à l'ennemi, ou d'être le palefrenier de son cheval, surtout quand on n'en a pas l'habitude. Ceux que la création des gendarmes avait le plus offusqués revinrent à la charge auprès de l'Empereur, pour lui faire comprendre tous les inconvénients qui devaient résulter de cette nouvelle création, et finirent par l'emporter : les gendarmes, comme nous l'avons dit plus haut, furent donc licenciés après la campagne, et la plupart d'entre eux nommés officiers dans des régiments de cavalerie de ligne : plusieurs méritèrent un avancement rapide. C'est par suite de cette dissémination que quelques-uns furent envoyés à Turin, dans le 7ᵉ régiment de cuirassiers, dont le major Berlioz avait le commandement. Parmi les officiers de ce régiment sortis des gendarmes d'ordonnance, il en était un qui avait servi dans sa jeunesse à l'armée de Condé ; mais il était revenu de toutes les rêveries de l'émigration. Il aimait à parler de ses anciens camarades, et, entre autres, du comte Maurice Castelnau d'Albignac, qui avait été page de Louis XVI, et qui devint en peu de temps général, au service du roi de Westphalie, Jérôme, frère de l'Empereur, qui le nomma son ministre de la guerre. Le comte d'Albignac était un homme d'esprit, très-capable et doué par-dessus tout d'une gaieté intarissable. L'officier du 7ᵉ de cuirassiers raconta de lui un trait où son caractère se reconnaissait parfaitement :

« Quand les gendarmes furent arrivés en Prusse, dit-il, M. d'Albignac, qui était, pour ainsi dire, à tu et à toi avec son commandant le général de Montmorency, s'approche un jour de lui, et lui demande directement quelque chose dont il avait besoin pour son équipement ; mais M. de Montmorency, prenant la demande au sérieux, lui répond aussitôt :

— Mon cher d'Albignac, à Paris, chez madame de Luynes, ou partout ailleurs, nous pouvions causer familièrement comme de bons camarades; mais ici, ce n'est plus la même chose. Il faut que vous sachiez ce que c'est que la hiérarchie militaire : vous avez besoin d'une bride et d'une sous-ventrière, dites-vous? c'est très-bien : mais vous me demandez cela, à moi, votre colonel! ce n'est pas dans l'ordre. Il faut vous adresser à votre maréchal-des-logis, qui fera son rapport au lieutenant, qui le transmettra au capitaine; le capitaine en référera au chef d'escadron, qui viendra ensuite prendre mes ordres, puisque je suis votre chef à tous. Comprenez-vous bien cela, mon cher ami?

— Oui, mon colonel.

Quelque temps après, M. d'Albignac ayant été blessé dans une escarmouche, M. de Montmorency va le voir, et lui demande comment il se trouve. Bien qu'il souffrît beaucoup, M. d'Albignac trouva plaisant de faire voir à son chef combien il était pénétré des hauts enseignements qu'il avait daigné lui donner sur la hiérarchie militaire, et au lieu de répondre directement à sa question, il lui dit :

Mon général, donnez vos ordres au chef d'escadron, qui les transmettra à mon capitaine, qui en fera part à son lieutenant, qui m'enverra mon maréchal-des-logis, auquel je répondrai que ça va mieux.

M. de Montmorency, qui au fond était un brave homme, ne put se fâcher de la gaieté que M. d'Albignac conservait même au milieu de ses souffrances, et pardonna facilement à son subordonné cette innocente mystification. »

Cette anecdote, nous dit-on, fut racontée dans les temps, et arriva aux oreilles de l'Empereur, qui en rit beaucoup, en disant :

— Je reconnais bien là la vieille noblesse française : esprit et gaieté; ce seront toujours les hommes de Fontenoy!

LIVRE QUINZIÈME.

ANNÉE 1815.

CHAPITRE PREMIER.

LA GARDE IMPÉRIALE SOUS LA RESTAURATION.

Après les grandes guerres étrangères, il est difficile à un gouvernement, quelque fort et quelque bien établi qu'il soit, d'éviter la guerre civile : Rome en est l'exemple.

En effet, comment se débarrasser de soldats jeunes, fiers et ambitieux? Les généraux et les officiers de la Garde impériale, habitués à la vie des camps, à une existence nomade et dépensière, allaient-ils pouvoir se soumettre à l'oisiveté et aux privations que la paix allait leur imposer? s'assoupliraient-ils au retranchement d'une partie de leur traitement? Ces considérations furent un des grands embarras de la Restauration, et ces embarras s'augmentèrent chaque jour par l'arrivée des prisonniers de guerre qui revenaient des pontons anglais, des places de l'Elbe, de l'Oder, d'Espagne, de Russie et d'Italie. En vain les maréchaux, les généraux, les états-majors de la Garde impériale, avaient, dans de nombreuses adresses, protesté de leur dévouement aux Bourbons; mais en déliant la Garde de ses serments à Napoléon, on n'avait pas effacé son attachement à son ancien chef. Excepté la plupart des maréchaux et les quelques généraux qui avaient abandonné l'Empereur, tous les officiers et soldats de la Garde l'avaient accompagné des plus vifs regrets dans son exil de l'île d'Elbe. Les Bourbons ne se recommandaient pas par leurs exploits; ils ne rapportaient que leur nom et leur titre de princes, et pas un souvenir. La légitimité était une pauvre recommandation auprès de guerriers qui avaient appris à n'estimer que le talent, le dévouement et le courage des champs de bataille; qui s'identifiaient avec les intérêts de la révolution et les nouvelles existences que Napoléon leur avait créées. Loin de sympathiser avec la Restauration, la Garde impériale n'avait pour elle que de la répugnance, et l'avait prouvé, notamment à Fontainebleau, dans tous ses cantonnements et sur le passage de l'Empereur lorsqu'il s'était rendu à l'île d'Elbe. Elle avait refusé de prendre la cocarde blanche, et dans plusieurs villes elle avait forcé les habitants à la quitter. A l'entrée de Louis XVIII dans Paris, les grenadiers de la Garde impériale se laissèrent pour ainsi dire traîner à sa suite, et à la première revue qu'il passa, la Garde reste muette. Les gardes d'honneur et les dragons seuls, travaillés par les maréchaux et provoqués par leurs commandants, crièrent : *Vive le roi!* Pendant longtemps les autres troupes refusèrent de proférer ce cri; il arriva même à des revues passées par le duc de Berri qu'elles crièrent : *Vive l'Empereur!* Dans les casernes de la Garde, ce cri était commun.

Le maréchal Marmont était conspué par la vieille Garde, indignée de sa défection. Elle se regardait comme trahie et ne se tenait pas pour vaincue. La présence dans Paris des coalisés, caressés, traités en amis par les princes qu'ils avaient ramenés, remplissaient leurs âmes d'humiliation et de haine. Les soldats et les officiers cherchaient querelle aux militaires étrangers : il y avait tous les jours des duels. Des grenadiers autrichiens ayant paru avec des rameaux de verdure à leurs bonnets, la Garde impériale prit cette sorte de parure pour un signe de défi, elle insulta ces soldats et les provoqua au combat. Leur général, Schwartzenberg, écrivit au général Dupont, alors ministre de la guerre, et celui-ci fit imprimer dans les journaux un article qui disait que : « ces rameaux, loin d'être une marque de triomphe, n'étaient « qu'un simple signe de ralliement prescrit de temps immémorial par « les règlements militaires de chacune de leurs nations, en paix comme « en guerre. »

Dans de telles dispositions il fallait licencier la Garde impériale ou la conquérir. La licencier, on l'aurait bien voulu, on ne l'osait pas. Pour s'aplanir le chemin de la France et du trône, les Bourbons avaient flatté cette vieille Garde, ils l'avaient caressée, lui avaient prodigué les éloges et les promesses ; mais la Charte ne lui avait-elle pas garanti ses grades, ses honneurs, ses dotations ? A Compiègne, Louis XVIII avait dit aux maréchaux qu'il voulait toujours s'appuyer sur la vieille Garde ; une autre fois, dînant avec eux, il avait porté à cette héroïque phalange un toast. On ne pouvait pas reculer. La reconquérir n'était pas chose facile, bien qu'il n'y eût pas impossibilité ; mais un aussi grand résultat ne pouvait être acheté par trop de ménagements et par trop de sacrifices. Loin de là, le gouvernement royal conserva la Garde impériale, en même temps qu'il fit tout pour se l'aliéner.

La première, la plus grande faute de la Restauration, fut sans contredit la suppression des couleurs nationales, que Louis XVIII lui-même, en 1790, avait solennellement arborées. En les proscrivant, ces couleurs, comme un signe de rébellion, on flétrissait tout ce qui, pendant vingt-cinq ans, avait porté cette cocarde illustrée par tant de victoires, et servi sous ce drapeau tricolore promené en triomphe par toute l'Europe. Pour la Garde impériale, que pouvait être le drapeau blanc ? Un chiffon. Des régiments brûlèrent leur étendard au lieu de le rendre ; pour ne pas s'en séparer, les invalides en avalèrent les cendres. Un grand nombre portaient la cocarde tricolore au fond de leurs schakos, ou sous la cocarde blanche. Dans plusieurs corps de la vieille Garde, on conserva secrètement les aigles : elles étaient devenues l'objet d'un culte sacré.

Pour effacer jusqu'au moindre souvenir des actions glorieuses qui avaient immortalisé la Garde impériale pendant dix ans, on remplaça les dénominations de leurs chefs par celles de l'ancien régime, qui n'avaient plus de rapport avec son organisation. Les généraux de brigades s'appelèrent *maréchaux-de-camp*, et les généraux de division *lieutenants-généraux*. Les temps étaient bien loin où, avant le combat, on invoquait le Dieu des batailles. On introduisit brusquement des aumôniers dans les corps, avec le rang de premier capitaine. On obligea le soldat catholique à aller à la messe ; enfin on paya les conversions de protestants.

Les emplois de colonels-généraux des différentes armes furent donnés par le roi aux princes de sa famille, et les titulaires dépossédés reçurent pour fiche de consolation le titre de premiers inspecteurs-généraux sous les ordres des princes.

Dans l'origine, la vieille Garde impériale avait repris son service au palais des Tuileries ; elle n'y resta pas huit jours ; on la renvoya même de Paris [*], parce que son attitude paraissait trop fière, et qu'on craignait, avec raison, qu'elle ne cherchât sans cesse dispute aux étrangers. On vit même, la veille et l'avant-veille de son départ de la capitale, des factionnaires suisses refuser, en plein jour, l'entrée des Tuileries à des grenadiers de la vieille Garde, qui n'avaient d'autre intention que de traverser le jardin.

Cependant un grand nombre d'officiers de la Garde, même en activité, étaient restés à Paris, par la nécessité de défendre leurs intérêts et de conserver leur existence, que menaçaient les royalistes, appelés *ultras*. Le gouvernement, qui accueillait si généreusement les émigrés et les chouans, repoussait sans pitié ces officiers. Il annula tous les congés, et ordonna à ceux qui étaient dans la capitale de se rendre à leurs corps, sous peine de n'être pas compris dans la nouvelle organisation de l'armée. Il fut prescrit aux officiers en non-activité de se retirer dans leurs foyers pour y attendre une destination.

Les prisonniers de guerre, revenus depuis peu, étaient stupéfaits de

---

[*] Les grenadiers furent envoyés à Metz, avec le régiment de fusiliers qu'on y incorpora ;
Les chasseurs à pied, à Nancy ;
Les lanciers rouges, à Bourges ;
Les grenadiers à cheval, à Blois ;
Les dragons, à Tours ;
Et les chasseurs à cheval, à Saumur.

ce qui s'était passé en France en leur absence. Ils n'étaient pas non plus pénétrés d'enthousiasme pour les Bourbons, et cela se conçoit : le gouvernement royal, au lieu d'user de ménagements envers des hommes aigris par une longue détention, et qui n'avaient pas eu le temps de s'accoutumer aux changements survenus dans leur patrie, lança contre eux une sorte de manifeste foudroyant : « Des ordres « sévères ont dû prévenir tout acte et tout propos coupables envers la « dignité royale, » y était-il dit. « Quiconque, dans un moment de « licence, laisserait échapper des clameurs injurieuses et surtout ce cri « odieux de *Vive l'Empereur!* qui rappelle un ordre de choses si « heureusement renversé, est criminel et doit être soumis sur-le-« champ à la sévérité de la police militaire ; il serait même livré à un « conseil de guerre si ces clameurs offensantes avaient un caractère de « provocation à la révolte. Il est, en outre, prescrit aux inspecteurs « généraux de n'admettre dans la formation nouvelle des régiments « aucun officier dont les principes seraient en opposition avec l'opinion « universelle, et qui ne donnerait aucun gage de cet ardent dévoue-« ment que tout véritable soldat français a toujours professé pour ses « rois légitimes*. »

Pendant ce temps, des centaines d'officiers de la vieille Garde languissaient dans la pénurie et le besoin : on les dépouillait de leur traitement, on leur ravissait la récompense de leurs héroïques travaux, on leur ôtait jusqu'au pain gagné au prix de leur sang ; on dévouait leurs nobles cicatrices à la misère et à l'humiliation, pour honorer et payer des services obscurs, ignorés ou même fictifs. Que le roi eût récompensé le dévouement d'hommes restés jusqu'aux derniers instants fidèles à ses adversités, l'armée et la nation l'auraient compris ; mais prodiguer les faveurs à tout ce qui avait été ou se disait ennemi de la révolution, déshériter la Garde impériale de sa gloire passée, introduire dans ses rangs des hommes qu'elle avait combattus jadis, associer à ses triomphes ceux qu'elle avait vaincus, lui enlever la garde du trône, donner à des troupes étrangères une marque de confiance qu'on refusait à des soldats français : voilà ce qui soulevait tous les esprits et

---

* Ordre du jour du ministre de la guerre Dupont, le même qui avait signé la capitulation de Baylen, en Espagne, au mois de juillet 1808.

indignait profondément toutes les âmes. Et que répondait-on, quand on se plaignait de cette prédilection pour les émigrés? « Que si on leur distribuait des grades, c'était *ad honores;* et que le temps de leur retraite venu, si on leur accordait des pensions, ce n'était que pour leur donner du pain. » Mais bientôt après, on leur conféra de l'activité et des commandements. Excepté les maréchaux Berthier et Marmont, on ne vit figurer dans la maison militaire du roi que d'anciens nobles : c'étaient les compagnons-nés des Bourbons, leurs vrais amis, les seuls et réels soutiens du trône. Au palais des Tuileries on recommençait Versailles. Il n'y eut pas une seule femme de maréchal, une des duchesses de l'Empire qui fût trouvée bonne pour être placée auprès de la duchesse d'Angoulême. Maris et femmes, quand ils allaient au *château* *, étaient exposés aux sarcasmes et aux impertinences des courtisans, qui les traitaient de *parvenus* et de *gens sans naissance.* Enfin, les écrivains royalistes, avoués par la cour, ne cessaient d'outrager Napoléon. Suivant eux, il était devenu fou : « il était, à l'île d'Elbe, un objet de pitié et de dérision ; tous les militaires qui l'y avaient suivi l'abandonnaient et revenaient en France se ranger sous le drapeau sans tache des Bourbons. »

La Garde impériale se montra peut-être plus révoltée de ces lâches et mensongères diatribes, que des injustices et des avanies auxquelles elle était condamnée. Sa gloire était devenue nationale ; la nation ressentit donc vivement l'injure qui était faite à ses anciens défenseurs.

Sous l'Empire, tous les ordres de chevalerie avaient été supprimés; il n'existait que la décoration de la Légion d'honneur, maintenue par la Charte de 1814. Cette distinction avait été la récompense des belles actions et plus particulièrement des services militaires; mais institué par Napoléon, cet ordre n'était pour les Bourbons qu'une œuvre d'usurpation : nul doute que s'ils n'avaient pas craint de révolter l'armée tout entière, ils l'eussent aboli. On se borna à miner l'institution pour la ruiner : on rétablit tous les anciens ordres; on éleva contre elle l'ordre royal de Saint-Louis, pour lequel, à la cour, on professait une haute préférence. Pour obtenir cet ordre, il fallait être catholique; on exhuma l'ordre du Mérite militaire pour les officiers

---

* L'ancienne qualification de *château,* pour désigner la résidence royale, avait succédé à celle de *palais.*

qui ne l'étaient pas. On accola à la Légion d'honneur l'ordre du Lis, créé par le comte d'Artois; on l'imposa à l'armée et aux fonctionnaires. Les particuliers qui n'en étaient pas gratifiés en obtenaient le brevet pour cinq francs; il finit bientôt par être offert gratis sans trouver de preneurs, et tomba du mépris dans le ridicule. On forma le projet de ne plus faire de la Légion d'honneur qu'un ordre civil, pour laisser à l'ordre de Saint-Louis tous les honneurs militaires. L'armée en frémit; la cour recula. *Le Moniteur* publia son désaveu.

Pour calmer le mécontentement général, le roi rendit l'ordonnance du 19 juillet. Dans le préambule, il se justifiait de l'imputation d'avoir vu *avec indifférence* l'institution de la Légion d'honneur; et, comme preuve de l'intérêt qu'il lui portait, il l'approuvait et la confirmait; il en faisait son ouvrage; il s'en déclarait, pour lui et ses successeurs, chef, souverain et grand maître; il en maintenait les honneurs et les prérogatives honorifiques, ainsi que les traitements. Toutefois, ces émoluments furent réduits de moitié; et à l'effigie de Napoléon on substitua celle de Henri IV!... Enfin, et comme pour couronner l'œuvre de déconsidération, le roi nomma un archevêque (l'abbé de Pradt) grand chancelier de la Légion d'honneur. Dès ce moment, on prodigua la décoration aux émigrés, aux Vendéens et aux chouans; on ne l'épargna pas non plus aux classes civiles : on la donnait à tout venant, sans examen, sans concours. Dans leurs voyages, les princes la distribuaient à pleines mains; on en fit commerce, on la vendit, et à bon compte. Après les victoires d'Austerlitz, d'Iéna, de Friedland, de Wagram et de la Moskowa, on n'avait pas vu d'aussi nombreuses promotions qu'en contint *le Moniteur* dans le cours de 1814; le nombre des croix données dans l'espace des six derniers mois de cette année s'éleva à plus de dix mille.

A la Chambre des députés, Dumolard réclama avec énergie en faveur de la Légion d'honneur, qu'il représenta comme une institution nationale, la seule de cette nature en France; il s'éleva contre la réduction des dotations, et proposa de demander au roi de faire présenter une loi pour mettre les légionnaires à même d'être payés intégralement de leurs traitements. La proposition ne fut pas même prise en considération.

La maison d'éducation d'Écouen, pour les filles des membres de la

Légion d'honneur, fut réunie à la maison de Saint-Denis, afin de restituer le château au prince de Condé. Les succursales établies rue Barbette, à Paris, et aux Loges, pour l'éducation des orphelines, furent supprimées : le nombre des élèves fut réduit de douze cents à quatre cents. Cette ordonnance excita de vives clameurs, surtout parmi les officiers de la Garde devenus veufs, et aussi parmi les veuves de tous les militaires de la Garde. On pétitionna à la Chambre contre ces dispositions, et, nous devons le dire, la cour alla au-devant de cette démarche : une ordonnance conserva les établissements de la rue Barbette et des Loges.

Il existait trois écoles militaires : Saint-Cyr, Saint-Germain et la Flèche. Une ordonnance supprima ces deux dernières institutions et maintint seulement l'École royale militaire, créée par l'édit du mois de janvier 1751 ; elle fut placée dans les bâtiments de l'École militaire. La réduction du territoire français et de l'armée pouvait motiver ces dispositions ; mais il était dit dans le préambule de l'ordonnance : « Désirant récompenser les services des officiers généraux et supérieurs « de nos armées, et faire jouir la noblesse de notre royaume des avan« tages qui lui ont été accordés par l'édit de notre aïeul, du mois de « janvier 1751, etc. » Un privilége pour l'ancienne noblesse ! L'obligation de prouver au moins quatre degrés, suivant l'édit de 1751 ! Ici, la violation de la Charte était palpable. Des pétitions arrivèrent en masse à la Chambre des députés ; elles furent prises en considération, et le gouvernement royal fut encore forcé de reculer.

Plus de mille soldats invalides, blessés ou mutilés sous le drapeau de la Garde impériale, furent sans pitié renvoyés de l'hôtel : quinze cents autres furent, avec des pensions d'une modicité dérisoire, expulsés de cet établissement consacré par l'État reconnaissant à ces martyrs des batailles.

Loin de calmer les esprits et de gagner le cœur des militaires dans les départements, les voyages des princes augmentaient l'irritation. Le duc de Berri les traitait avec une dureté et un mépris incroyables. Il en résulta des scènes scandaleuses : Louis XVIII fut obligé de rappeler son neveu.

La Garde impériale, réduite d'abord à vingt mille hommes au plus et tombée ensuite jusqu'à dix mille, était loin de son complet, même sur le pied de paix. L'excédant des officiers de la ligne était considérable : à la fin de 1814, il avait été délivré cent six mille congés aux soldats. On rappela les absents, qui ne se pressaient pas de revenir ; ou s'ils rentraient aux corps, ce n'était qu'avec une extrême répugnance : plusieurs régiments, le 15 août, fêtèrent dans leurs casernes la Saint-Napoléon.

Les Bourbons n'avaient donc point d'armée. Ils s'inquiétaient peu que le pays fût respecté au dehors, pourvu qu'ils régnassent au dedans. Loin de craindre l'étranger, c'était lui qu'en cas de besoin ils regardaient comme leur point d'appui. L'Angleterre avait en Belgique une armée anglo-hanovrienne-hollandaise d'environ cinquante mille hommes, sous le commandement nominal du prince d'Orange, mais commandée réellement par Wellington, ambassadeur en France ; il datait ses ordres de *son quartier-général de Paris*, et les transmettait par le télégraphe ! La France concourait à l'entretien de cette armée !

La Restauration s'était engagée dans une mauvaise voie ; elle s'y enfonça de plus en plus. Une ordonnance mit à la demi-solde tous les officiers généraux et officiers de tous grades de l'ex-Garde qui n'étaient pas employés. Le mécontentement fut à son comble. Les militaires à la demi-solde formèrent des coalitions, surtout à Paris. Ils se plaignirent. Importuné de leurs plaintes et inquiet de leur attitude, le gouvernement voulut les éloigner. Un ordre du ministre défendit à tout officier général, supérieur ou autre, ayant fait partie de l'ex-Garde impériale et jouissant d'un traitement militaire à quelque titre que ce fût, de séjourner à Paris sans autorisation, à moins qu'il n'y fût employé. On contesta au ministre le pouvoir de faire cette défense. Ces militaires prétendirent qu'étant sans emploi, ils avaient le droit de se choisir un domicile ; et ils n'obéirent pas. On ne leur paya plus leur demi-solde. Ils aimèrent mieux supporter cette privation que de se soumettre à un ordre qu'ils regardaient comme arbitraire, et de laisser le champ libre aux manœuvres contre-révolutionnaires. Il y en eut qui donnèrent leur démission, entre autres le général Flahaut, auquel il avait été enjoint, par le ministre de la guerre, de se rendre à Périgueux pour y attendre les ordres du roi.

Une autre ordonnance prescrivit aux militaires de tous grades qui avaient pris du service à l'étranger, sans autorisation, de rentrer en France avant le 15 janvier 1815, sous peine de perdre leur qualité de Français, et d'être punis conformément au Code pénal s'ils portaient les armes contre la France. Dans la situation de l'Europe, cette mesure ne pouvait s'appliquer qu'au royaume de Naples, dont le roi, Murat, était en collision avec les Bourbons de France, et à qui des militaires sans emploi offraient leur épée. Le général Excelmans, entre autres, lui avait écrit; sa lettre fut interceptée. Le ministre Dupont, après en avoir parlé au roi, mit le général Excelmans au traitement de demi-activité et lui ordonna d'aller jouir de ce traitement à Bar-le-Duc, lieu de sa naissance. Le général demanda un délai pour rester auprès de sa femme, sur le point d'accoucher, en faisant observer en outre que son domicile réel était à Paris. Le ministre persista, et déclara qu'à défaut d'obéissance, il encourrait les peines prononcées par les lois; et, qu'à son arrivée à Bar, il trouverait de nouveaux ordres. Le général n'obéit pas. Le ministre décida qu'il serait arrêté et conduit à Soissons pour y rester sous la surveillance de la gendarmerie jusqu'à ce qu'il fût mis en jugement. La force armée se présenta chez le général, celui-ci s'évada, et se rendit ensuite à Lille devant le conseil de guerre convoqué pour le juger. Il était accusé de correspondance avec les ennemis de l'État et de désobéissance. Le premier chef, fondé sur sa lettre au roi de Naples, parut ridicule; le second présentait la question de savoir si un officier en non-activité, mais à demi-solde, était obligé d'obéir à un caprice du ministre de la guerre. Excelmans fut acquitté. Cet événement si simple, et qui dans d'autres temps eût à peine été remarqué, devint une affaire capitale et fournit à l'opinion publique l'occasion de venger l'armée des injustices et des outrages de la cour. Aussi, lorsque quelques mois plus tard apparut tout à coup sur les côtes de la Provence celui dont le nom rappelait à la Garde impériale des destinées si différentes, tous s'émurent-ils à sa voix. Après tant de dédains et d'humiliations, elle entrevoyait une nouvelle carrière de gloire et de fortune. Là, surtout, fut l'espoir de Napoléon : cet espoir ne fut pas déçu.

CHAPITRE II.

LA VIEILLE GARDE PREND LA QUALIFICATION DE CORPS ROYAL DE FRANCE.

Tous les régiments de la jeune Garde, infanterie et cavalerie, ainsi que l'artillerie de la vieille et de la jeune Garde, incorporés dans la troupe de ligne.

Ordonnance royale qui licencie l'armée tout entière.

Au milieu des germes nombreux de mécontentement que le gouvernement royal avait fait naître dans l'armée, presque tous les officiers de la Garde, réformés ou en demi-solde, avaient conservé des rapports intimes avec leurs anciens régiments. A Paris, ils visitaient les casernes, rappelaient aux soldats l'aigle, le drapeau tricolore et les épithètes familières de Napoléon. Déjà avaient paru des symboles qui annonçaient un prochain événement : on désignait l'Empereur sous le nom du *Père la Violette* ou de *Jean de l'Epée*; et de vieux soldats répétaient : « Que bientôt il reparaîtrait, pour chasser à coups de fourche ces émigrés qui avaient insulté leur vieille gloire. » Des affiliations mystérieuses dominaient les troupes; la nouvelle en venait de tous les points de la France : évidemment un complot se préparait. Quelle en était la pensée? quel en serait le but? Il y avait dans l'armée ce frémissement précurseur des révolutions; jamais peut-être plus de fraternité n'avait existé entre les officiers et les soldats. Le maréchal Soult, alors ministre de la guerre*, signalait cet esprit; la fermentation était plus grande

---

* Le maréchal Soult avait succédé au général Dupont.

encore dans la Garde, qu'on avait éloignée de Paris, comme nous l'avons dit précédemment; elle envoyait dans la capitale des officiers et des sous-officiers déguisés, qui annonçaient hautement le retour prochain de Napoléon. Si on gardait la cocarde tricolore au fond de son schako, l'aigle impériale était également conservée dans la giberne; le drapeau blanc, qui pourtant avait conquis à la France son ancienne position en Europe, le drapeau de Fontenoy, disons-nous, était un sujet de risée. L'armée formait donc comme un corps à part de citoyens, et ce fut à cette époque que les généraux Lefèvre-Desnouettes, Lallemand et Drouet d'Erlon conçurent, les premiers, le plan d'une révolution militaire contre la maison de Bourbon.

Ce complot, peut-être, se rattachait moins à Napoléon qu'au parti patriote alors dirigé par Fouché; mais il est certain que le général Lallemand agissait par l'impulsion d'une main inconnue qui n'était pas celle de l'Empereur. Cette conspiration était dans la tête de Fouché; il rêvait, nous le répétons, une manifestation militaire qui entraînerait l'armée à prendre le drapeau tricolore; une fois le mouvement accompli, on verrait au profit de qui on le dirigerait. Tout était possible : garder Louis XVIII avec des conditions; s'entendre avec Bernadotte, Eugène Beauharnais, ou même avec le duc d'Orléans, aujourd'hui S. M. Louis-Philippe, semblait assurer à l'armée un parti puissant, qui avait son origine dans la primitive *fraternisation* guerrière de Jemmapes et de Valmy; le maréchal Jourdan, dit-on, était mêlé à toutes ces négociations, et peut-être le général Drouet, dont le nom originaire se liait aux événements de 1792, n'était-il pas sans quelque engagement positif. Avant tout, il fallait remplacer le plus tôt possible l'ordre de choses existant. Le général Lallemand, le plus avancé dans les idées de Fouché, avait une femme spirituelle, active comme une créole et liée avec toutes les femmes du parti bonapartiste, Mmes Junot, Maret, etc.; il ne fut pas difficile de mettre dans ce parti des généraux qui portaient dans leur cœur les patriotiques idées de 89. L'exécution de ce plan devait être confiée à la Garde, qui, en marchant sur Paris, fraterniserait avec les régiments de ligne qu'elle rencontrerait sur son chemin, en déguisant, sous le prétexte d'une révolution ministérielle, ce mouvement prétorien. Il s'agissait seulement, disait-on, de renverser les ministres du roi et de reprendre les couleurs nationales. D'un autre côté, de plus sinistres projets étaient conçus par les jacobins, qui ne s'en cachaient pas : ceux qui avaient justifié le régicide pouvaient tout oser.

Les choses étaient ainsi dès le commencement de l'année 1815, lorsque tout à coup, le 5 mars au matin, une dépêche télégraphique, transmise par le préfet de Toulon aux autorités de Lyon, annonça le débarquement de Napoléon au golfe Juan. Une seconde dépêche plus détaillée, émanée du maréchal Masséna, gouverneur de Toulon, disait : « Bonaparte est débarqué à la tête de mille à onze cents hommes, « ramassis de toutes armes, troupe déjà débandée. Il se dirige vers « les montagnes du Dauphiné. » Le maréchal ajoutait : « Toutes les « mesures sont prises, et je me fais fort d'arrêter Bonaparte avec les « troupes qui sont dans mon gouvernement (la 8ᵉ division militaire), à « moins qu'il ne se jette dans les Alpes piémontaises, parce qu'alors « on doit respecter les frontières de Sa Majesté Sarde. »

Cette nouvelle jeta d'abord une indicible confusion parmi les hommes du gouvernement royal. Chacun avait son projet en tête, chacun avait la manie de prendre le *Corse*, *l'échappé de l'île d'Elbe*, et ce délire était partagé par la cour. Le roi, les princes et les ministres croyaient qu'il n'y avait qu'à opposer quelques régiments, ou même de la garde nationale pour étouffer ce *dévorateur du genre humain*. Les hommes graves et expérimentés connaissaient seuls le péril de la situation ; ils savaient d'avance que le contact de quelque troupe que ce fût avec leur vieil Empereur serait mortel pour la maison de Bourbon. Les princes durent donner l'exemple du courage et de l'activité dans cette crise imminente : aussi le comte d'Artois reçut-il l'ordre de partir pour Lyon ; on lui adjoignit le duc d'Orléans, afin d'imprimer à la résistance un caractère plus national. Le maréchal Macdonald, qui devait spécialement parler à l'armée, accompagna les deux princes. Le maréchal Mortier reçut un commandement pour le nord de la France, où étaient cantonnés, sous la qualification de *corps royaux de France*, la majeure partie des anciens régiments de la vieille Garde impériale, entre autres les grenadiers et les chasseurs à pied, les chasseurs à cheval, etc. Berthier et Marmont demeurèrent capitaines, l'un, de la compagnie Wagram, et l'autre de la compagnie Raguse (gardes du corps). Ney, Augereau et la plupart des maréchaux eurent chacun leur mission. Mais, avant de passer outre, nous devons dire ce qu'était devenue, après le départ de Napoléon pour l'île d'Elbe, cette vieille Garde impériale, cet épouvantail incessant du gouvernement royal.

D'abord, le *corps royal des grenadiers à pied de France*, organisé à Fontainebleau le 1ᵉʳ juillet 1814, avait été formé des trois régiments ci-après, savoir :

Des 1ᵉʳ et 2ᵉ régiments de grenadiers à pied de la vieille Garde, et du régiment des fusiliers-grenadiers de la jeune Garde.

Ensuite, leur solde avait été réduite ainsi :

80 c. aux grenadiers de l'ancien 1ᵉʳ régiment, au lieu de 1 fr. 15 c.
65 c.   idem   2ᵉ   idem,   —   » 80 c.
55 c. aux anciens fusiliers-grenadiers,   —   » 60 c.

Puis, dans les compagnies, chaque soldat avait été classé selon sa catégorie, c'est-à-dire qu'il y eut des grenadiers de 1ʳᵉ, 2ᵉ et 3ᵉ classe.

Maintenant, voici l'état nominatif des officiers dont ce corps d'élite avait été composé primitivement :

État-Major* :

Le lieutenant-général comte FRIANT, *colonel-commandant.*
Le lieutenant-général comte ROGUET, *colonel en second.*
Le maréchal-de-camp baron PETIT, *major.*
Le maréchal-de-camp baron CHRISTIANI, *major à la suite.*

---

* Après l'organisation des grenadiers de France, *treize* officiers furent envoyés à Metz par le ministre de la guerre, et placés à la suite du corps en attendant que des emplois vinssent à vaquer dans le cadre par suite de changements, de démission ou de retraite. Voici les noms et qualités de ces officiers :

Le baron DE TROMELIN, *maréchal-de-camp.* — DE LORRY, *chef de bataillon.*

Capitaines :

MAIGNEN.
Le comte DE VEZINS.
Le vicomte DE LA BOURDONNAYE.
DURAND D'AUNAY.

Le comte DE MONTLUC.
Le comte DE CLINCHAMP.
D'HÉRICY.

Lieutenants en premier :

LEVASSEUR. — DEMARNE. — DECHEPPE. — DE BLAIR.

Ces treize officiers restèrent à Metz le 23 mars 1815, jour du départ du dernier bataillon des grenadiers de France pour Paris : Napoléon était alors aux Tuileries.

Au mois d'avril suivant, les grenadiers et les chasseurs à pied de la vieille Garde, ayant été rétablis en vertu du décret dont nous donnons la teneur au chapitre IV, les hommes qui avaient fait partie des anciens 1ᵉʳ et 2ᵉ régiments les reformèrent, et les anciens fusiliers grenadiers de la jeune Garde devinrent 3ᵉ régiment de grenadiers à pied de la vieille Garde. Cette nouvelle organisation eut lieu à la caserne de Courbevoie.

Le B⁰ⁿ GOLZIO, }
Le B⁰ⁿ MARTENOT DE CORDOUE, } chefs
Le B⁰ⁿ BELCOURT, } de
LAFARGUE, } bataill.
GUILLEMAIN, }
VILLEMEUREUX, cap.-quart.-maître-très.
BOURGEOIS, lieut. en 1ᵉʳ quart.-maît.-adj.
DINGREMONT, capitaine d'habillement.

CHRISTIANI (J.), }
CRETAL, } capitaines-adjudants-
FARÉ, } majors.
FOUCHER, }
PERNON, }
TORTI, lieutenant en 1ᵉʳ, porte-drapeau.
COLAS, chirurgien-major.
SÜE (Jean-Joseph), chirurgien-aide-major.

Capitaines :

AMAT.	CHAILLOU.	GOUSSIN.	MARVIE.	TABAYRE.
BAURIN.	CRETTÉ.	GROBERT.	MONTAGNIERES.	THIERY.
BELLANGER.	DELEUZE.	HILAIRE.	MORLAIX.	THOMAS.
BOISSEAU.	DESSIRIER.	LAMBERT.	PARIS.	VANDÉ.
BOULON.	DUMONT.	LAVOINE.	PHYLIDOR.	YUNG.
BOURDIN.	EGRET.	LEVESQUE.	POULMANT.	. . . . .

Lieutenants en premier :

BATON.	DEIS.	LAC.	POUL LACOSTE.	SARRANTON.
BEDELLE.	DENIS.	LEBEAU.	PREUGNAULT.	SÉNOT.
BERTHET.	FARE (Henri).	MAUPAS.	RENARD.	SOULAIROL.
BORNE.	GROYARD.	OTTENIN.	RENÉ.	SUSINI.
CARMIER.	HARLET (Germain).	PICQ.	ROUX.	TOURINES.
COURCENET.	HOUARNE.	POIGNEZ.	SAINT-CRICQ.	VERMONDANS.

Lieutenants en second :

AGRON.	DELAUNAY.	GUESSARD.	LEFRANÇOIS.	RAVERAT.
BERNELLE.	DELIEGE.	HANSÉNIUS.	MANCEAU.	REIGNIER.
BRÉBOT.	FARGUES.	HARLET (Romain).	MAURIAC.	RICHARD.
BUCROS.	FAY.	HECHT.	OUDIETTE.	RIGODIN.
CARTON.	FRÉRET.	LAPOMARÈDE.	PIERSON.	ROLLAND.
CHAPELLE.	GODARD.	LECOMTE.	QUESTEL.	SUGIER.

Les anciens chasseurs à pied de la vieille Garde, sous le titre de *corps royal des chasseurs à pied de France*, avaient été organisés de la même façon que les grenadiers. L'état-major de ce régiment était ainsi composé :

    Le comte CURIAL, *pair de France, lieutenant-général, colonel.*
    Le comte MICHEL, *lieutenant-général, colonel à la suite.*
    PELET, *maréchal-de-camp, major.*
    Le B⁰ⁿ PORET DE MORVAN, *maréchal-de-camp, major à la suite.*
    DE SCÉPAUX,   *idem,*   *idem.*
    CHAILLOU, *capitaine-quartier-maître des chasseurs.*
    COUSIN,   *idem*   *des voltigeurs.*

Le régiment des anciens grenadiers à cheval avait pris le titre de *corps royal des cuirassiers de France*, et par conséquent avait changé d'arme. Le comte GUYOT, lieutenant-général, avait été nommé *colonel* de ce régiment, et le maréchal-de-camp baron Janin (J.-B.), *major*.

Il en avait été de même pour l'ancien régiment des chasseurs à cheval de la vieille Garde : il avait pris la qualification de *corps royal des chasseurs à cheval de France;* le comte Lefèvre-Desnouettes, lieutenant-général, avait été nommé *colonel*, et le baron Lyon, maréchal-de-camp, *major*. Les dragons : *corps royal des dragons de France*. Le comte Ornano, lieutenant-général, *colonel;* le maréchal-de-camp baron Letort, *major*. Les lanciers : *corps royal des chevau-légers de France. Colonel*, le lieutenant-général comte Colbert ; le maréchal-de-camp Dubois, *major*. Quant à l'artillerie de la Garde (vieille et jeune), on l'avait entièrement versée dans les régiments d'artillerie de ligne de l'armée. On procéda de même à l'égard des anciens régiments d'infanterie de la jeune Garde : tous ceux qui en faisaient partie furent incorporés dans la ligne.

L'infanterie *royale* eut un commandant en chef : le maréchal Oudinot, duc de Reggio, qui eut pour chef d'état-major le baron Grassot, maréchal-de-camp. La cavalerie *royale* eut aussi un commandant en chef : le maréchal Ney, prince de la Moskowa, dont le chef d'état-major était le maréchal-de-camp comte de Ségur [*].

Voilà ce qu'était devenue cette Garde impériale si belle, si héroïque ! dont l'effectif s'élevait encore au commencement d'avril 1814 au chiffre de soixante-quinze mille hommes et plus, et qui tout à coup s'était trouvée réduite à moins de douze mille.

Quoi qu'il en soit, et selon l'aveugle croyance de la cour, au fur et à mesure que Napoléon approchait, tout dépendait encore de la fidé-

---

[*] Ces *six* corps royaux, formés des anciens régiments de la vieille Garde, avaient conservé leur uniforme; seulement les *armes de France* avaient été substituées aux aigles couronnées dans la plaque du bonnet et de la giberne, et une fleur de lis sur les boutons.

Plus tard, au commencement de 1815, on éleva au grade supérieur les marques distinctives, c'est-à-dire les épaulettes des chefs de bataillon et des capitaines seulement. Les chefs de bataillon et les capitaines-adjudants-majors avaient, de plus, une aiguillette à droite.

Au retour de Napoléon à Paris, le 20 mars, les grenadiers et chasseurs enlevèrent l'ovale des trois fleurs de lis de leurs plaques de bonnets et de gibernes; et, en attendant les nouvelles aigles, ils remplirent ce vide par une cocarde tricolore. Les vieux soldats s'appelaient entre eux, en plaisantant, les *cyclopes*. Cet état de choses, comme on doit le penser, ne dura que quelques jours.

lité des troupes royales ; mais déjà l'armée de Grenoble, comme nous le dirons au chapitre suivant, avait passé à Napoléon ; à Lyon, même exemple : Ney avait défectionné en Bourgogne. Restait l'armée de réserve confiée au duc de Berri et réunie à Essonnes ; or, il n'était pas difficile de voir, à l'aspect des régiments dont elle était composée, qu'elle était travaillée par l'esprit bonapartiste, comme on disait alors. Des menaces étaient jetées, par les soldats, aux officiers ; en vain multipliait-on les éloges, les promesses, il était trop tard : tout s'épanouissait aux rayons napoléoniens.

Le 19 mars au matin, les nouvelles les plus sinistres parvinrent de tous côtés aux Tuileries : « *Buonaparte*, arrivé au Fossart (d'après la dépêche du sous-préfet), devait coucher le soir même à Fontainebleau. » C'en était fait, aucune troupe n'était restée fidèle, et Napoléon pouvait, d'un moment à l'autre, entrer à Paris. Dans cette crise, le désordre se mit dans tous les esprits aux Tuileries ; on ne s'entendait plus. Enfin, il n'y eut plus à hésiter : le soir, les Bourbons durent quitter la capitale ; Louis XVIII l'annonça au dîner à ses intimes, et à minuit le palais des Tuileries était abandonné par eux.

Le roi se réfugia d'abord à Lille, où il établit le siége de son gouvernement. Là, cette fameuse ordonnance, en date du 23 mars 1815, qui licenciait l'armée en masse *, fut signée par lui. Nous donnons ici cette pièce, parce que, cinq mois plus tard, le même texte servit à formuler une ordonnance de licenciement non moins historique : celle de l'*armée de la Loire* **, en même temps qu'elle organisait les régiments en légions départementales.

« Louis, par la grâce de Dieu, roi de France et de Navarre,

« A tous ceux qui ces présentes verront, salut.

« La trahison de presque tous les corps de l'armée destinée à dé-
« fendre la patrie rendant indispensable le changement entier des

---

* Y compris les *corps royaux*, c'est-à-dire l'ancienne vieille Garde impériale que le roi avait admise à faire partie de sa *maison militaire* quelques jours auparavant.

** Il n'y eut rien de changé dans le *considérant* de cette seconde ordonnance du 3 août 1815, si ce n'est le préambule, où il était dit : « Les régiments faisant partie de « l'armée française ayant été précédemment licenciés par notre ordonnance royale du « 23 mars, mandons et ordonnons, etc. »

« mesures que nous avions cru devoir prendre ; et voulant prévenir
« les nouveaux malheurs dont nos peuples sont menacés par la pré-
« sence de Napoléon Buonaparte sur le territoire français ;

« Considérant que la conscription a été abolie par l'article XII de
« notre Charte constitutionnelle et que le recrutement de l'armée de
« terre et de mer n'a pu être encore déterminé par une loi ;

« Vu l'article XIV de ladite Charte qui met à notre disposition toutes
« les forces de terre et de mer ;

« Considérant, enfin, qu'à tous les pouvoirs dont nous investissent,
« dans les temps ordinaires, notre titre royal et la Charte constitution-
« nelle viennent se réunir, dans une crise si périlleuse, tous ceux que
« le danger, la confiance, la volonté de la nation et le vœu exprimé
« par ses représentants nous imposent le devoir d'exercer ;

« A ces causes, nous avons ordonné et ordonnons ce qui suit :

« ART. 1ᵉʳ Il est défendu à tout Français, soit qu'il ait fait précé-
« demment partie de nos troupes, soit qu'il n'ait point servi, d'obéir à
« aucune prétendue loi de conscription, de recrutement, ou à tout
« autre ordre illégal quelconque qui émanerait de Napoléon Buona-
« parte, de tous corps ou autorités politiques, civiles et militaires qu'il
« pourrait appeler ou établir ou qui lui auraient obéi depuis le 1ᵉʳ mars
« 1815, ou obéiraient à l'avenir.

« ART. 2. Il est pareillement défendu à tous gouverneurs et offi-
« ciers généraux commandant dans nos divisions militaires et dans les
« départements de notre royaume, aux officiers de notre gendarmerie ;
« à tous préfets, sous-préfets, maires, etc. etc., d'exécuter ou de
« faire exécuter aucune des prétendues lois de conscription ou de re-
« crutement, ou ordres illégaux mentionnés dans l'article précédent.

« ART. 3. Tout Français que l'on voudrait contraindre à s'enrôler
« sous les drapeaux de Napoléon Buonaparte est autorisé, par nous, à
« s'y soustraire, même à main armée.

« ART. 4. Tout gouverneur ou officier général commandant dans
« nos divisions militaires, ou dans les départements du royaume ;
« tout commandant de nos places, forteresses ou postes de guerre,
« tout amiral, vice-amiral ou autre officier de notre marine royale,
« qui, au mépris du serment qu'il nous a prêté, aurait adhéré au
« parti de Napoléon Buonaparte, sera destitué, privé de toute sorte

« d'activité ou pension de retraite pour l'avenir, à moins qu'après
« avoir eu connaissance de notre présente ordonnance, il ne rentre à
« l'instant dans son devoir envers nous.

« Art. 5. Nous licencions, par la présente ordonnance, tous offi-
« ciers et soldats des corps de terre et de mer, qui, entraînés par des
« chefs qui nous ont trahi, auraient participé à la révolte et passé mo-
« mentanément sous le commandement de Napoléon Buonaparte, ou
« de ses adhérents, et nous ordonnons à cesdits officiers et soldats de
« se rendre sur-le-champ dans leurs foyers.

« Art. 6. Nos ministres de la guerre et de l'intérieur sont chargés,
« chacun en ce qui le concerne, de l'exécution de la présente ordon-
« nance.

« Donné à Lille, le vingt-troisième jour du mois de mars de l'an de
« grâce mil huit cent quinze et de notre règne le *vingtième*.

« *Signé :* Louis. »

Mais le roi était-il en sûreté à Lille? Des émissaires envoyés de Paris s'étaient répandus dans les casernes ; les soldats murmuraient haut. Louis XVIII ne pouvait donc rester dans une place exposée à une rébellion militaire. L'aigle, en effet, avait volé de clocher en clocher, comme l'avait annoncé Napoléon dans sa proclamation datée du golfe Juan[*]. Le maréchal Mortier vint lui annoncer tristement la situation des choses : quelques heures encore et il ne répondait de rien. Les Bourbons quittèrent donc Lille, et allèrent à Gand ; ce fut là que le roi fixa sa résidence. Dès lors, il y eut deux gouvernements : l'un à Paris, l'autre à Gand ; et, dès ce moment, les droits d'une dynastie antique, mais usée, furent opposés au génie actif de l'homme supérieur qui tenait pour la seconde fois, dans sa main puissante, les destinées et l'avenir de la France.

[*] Voir au chapitre suivant.

CHAPITRE III.

I.

RETOUR DE NAPOLÉON ET DE LA GARDE, DE L'ÎLE D'ELBE A PARIS.

Maintenant, avant d'entreprendre le récit du retour en France de l'Empereur et de sa Garde, au mois de mars 1815, expédition aventureuse, mais qui devint pour l'un comme pour l'autre une sorte de triomphe, il nous faut jeter un regard rétrospectif sur les événements que nous avons racontés dans le chapitre précédent, et signaler les causes principales qui déterminèrent Napoléon à risquer cette merveilleuse entreprise.

A l'île d'Elbe, il semblait, comme nous l'avons dit, s'être exclusivement renfermé dans la vie privée. L'ardeur que naguère il avait apportée à la conquête de l'Europe, puis enfin à la défense et à la conservation intacte du territoire français, tel qu'il en avait lui-même fixé les limites, il l'appliquait à la culture et à l'amélioration de sa nouvelle résidence, lorsque des émissaires venus à Porto-Ferrajo, au mois de janvier 1815, firent naître chez lui l'idée d'un retour possible. L'ennui commençait à le gagner sur cette terre stérile, et bien qu'il se posât, vis-à-vis de ses intimes, comme un homme dont le temps était fini, il ne s'informait pas moins journellement des moindres événements qui se passaient à Paris, tout en ayant l'air de ne s'occuper que d'orner son petit palais et de contenter cette poignée de braves qui l'avaient volontairement suivi dans son exil. Enfin, cette sorte d'indifférence parut telle aux yeux mêmes des puissances étrangères, que le général Koller, commissaire autrichien, fut rappelé par son gouvernement, qui jugea que la présence de cet officier n'était plus nécessaire à l'île d'Elbe.

Mais chez l'Empereur, l'idée de ce retour datait de loin. A Fontainebleau, il avait baissé la tête devant l'orage, en attendant de meilleurs jours; et s'il précipita l'exécution de ce dessein, c'est qu'il reçut, au mois de février, deux sortes d'avis : l'un par la voie de Paris, l'autre par celle de Vienne. De Paris, on lui écrivait de hâter son arrivée, s'il ne voulait pas voir éclater un mouvement qui, lui absent, ne se ferait peut-être pas à son profit; de Vienne, on lui mandait qu'il serait possible qu'on l'enlevât de l'île d'Elbe pour le transporter à Sainte-Hélène. Il n'hésita plus.

Le 26 février 1815, à une heure après midi, les troupes reçurent l'ordre de se tenir prêtes; on ne leur dit pas autre chose : officiers et soldats ignoraient le but de leur destination; s'il y avait de la joie, il y avait aussi de l'inquiétude... Mais laissons encore parler le lieutenant-colonel Laborde, à qui nous avons déjà emprunté la *Relation du voyage de la Garde, de Fontainebleau à l'île d'Elbe, en 1814*; le récit de cet officier supérieur est trop exact et trop intéressant pour que nul autre puisse lui être préféré :

« Le 1ᵉʳ janvier 1815 est sans cesse présent à ma pensée, dit-il; j'avais eu ce jour-là l'honneur de dîner à la table de l'Empereur, qui tout à coup, sortant un journal de sa poche (c'était, je crois, le *Journal des Débats*), se prit à dire :

— Tenez, Messieurs, lisez!... Je suis fou, à ce que l'on prétend à Paris.

Les préparatifs de notre départ furent faits avec tant de mystère, que ce ne fut que le 26 février suivant, jour de notre embarquement, que, vers les onze heures du matin, étant à la promenade sur le port avec l'intendant civil de l'île, le baron Galeazini, je reçus l'invitation de me rendre chez le général Cambronne : celui-ci m'envoya prendre immédiatement les ordres du général Drouot.

— Major, me dit ce dernier, les travailleurs occupés au jardin de MM. les officiers continueront leur ouvrage jusqu'à trois heures; alors les travaux seront suspendus; la troupe mangera la soupe à quatre heures; elle sera réunie après, avec armes et bagages, et s'embarquera à cinq heures. MM. les officiers n'emporteront qu'un portemanteau...

À ces mots, je restai un moment comme interdit, et je me permis de demander au général Drouot :

— Où allons-nous donc, mon général?... Puis-je emmener ma femme avec moi?

— Je ne puis rien vous dire, me répondit-il. Allez faire exécuter l'ordre que je vous donne.

A cinq heures du soir, une partie de la troupe s'embarqua : trois cents hommes et l'état-major du bataillon montèrent sur le brick de guerre *l'Inconstant;* l'autre partie fut distribuée sur plusieurs bâtiments de transport. L'Empereur, après avoir dîné avec Madame mère et sa sœur, la princesse Pauline, leur fit ses adieux et monta lui-même, à huit heures du soir, à bord de *l'Inconstant,* avec les généraux Bertrand, Drouot et Cambronne ; l'adjudant-commandant Lebel ; Pons (de l'Hérault), administrateur des mines de Rio ; le docteur Fourreau de Beauregard, son médecin ; Gatte, pharmacien en chef ; Peyrusse, trésorier de la couronne ; Boinod, inspecteur aux revues ; Baillon et Deschamps, fourriers du palais. Aussitôt on mit à la voile, sans que personne se doutât où on allait, lorsqu'une circonstance assez singulière nous fit découvrir le mot de l'énigme.

Le 28 février, vers les huit heures du matin, le lieutenant de vaisseau Taillade, officier très-distingué, qui avait commandé le brick *l'Inconstant* pendant le temps de notre séjour à l'île d'Elbe, mais qui avait été remplacé par le capitaine de frégate Chautard, arrivé depuis peu du continent, s'aperçut, connaissant parfaitement ces parages, que le commandant du brick mettait le cap sur un point opposé à la côte de France, et dit tout haut aux officiers qui étaient sur le pont :

— Messieurs, nous allons en Espagne ou en Afrique !

Ce propos fut aussitôt rapporté par le colonel Mallet à l'Empereur, qui fit appeler sur-le-champ M. Taillade.

— Où sommes-nous? demanda-t-il à cet officier.

— Sire, répondit celui-ci, nous avons le cap sur l'Afrique.

— Ce n'est point par là que je veux aller, dit Napoléon en souriant. Je vous fais capitaine de frégate ; prenez le commandement du brick [*] et conduisez-moi sur les côtes de France.

---

[*] Le capitaine Chautard, auquel le commandement du brick avait été retiré, fut nommé capitaine de vaisseau.

— Sire, répondit Taillade, Votre Majesté y sera demain à midi.

Effectivement le vent, qui le 27 soufflait à peine, et ne nous avait même pas permis d'arriver à la hauteur de l'île de Capraya, vint à souffler tout à coup *grand largue* et permit en peu d'heures à notre jeune commandant d'apercevoir Antibes, qu'il nous signala. Le 1er mars, à trois heures, nous débarquions au golfe Juan, entre Cannes et Antibes.

La seule rencontre que nous fîmes en mer fut celle d'un brick français, *le Zéphyr*, commandé par le lieutenant de vaisseau Andrieux, qui faisait souvent le voyage de Toulon à Livourne. Le capitaine du brick *l'Inconstant*, l'ayant reconnu, prévint l'Empereur, qui ordonna que tous les hommes entassés sur le pont se couchassent à plat-ventre. Alors Taillade, ayant pris son porte-voix, donna le bonjour au commandant Andrieux, en lui criant :

— Où allez-vous, commandant?

— A Livourne !... Et vous ?

— A Gênes.

— Comment se porte le grand homme ?

— Très-bien, répondit Taillade.

Et les deux bricks, filant assez près l'un de l'autre, s'éloignèrent avec rapidité.

Avant d'arriver au point de débarquement, Napoléon ordonna au capitaine Lamourette, commandant la 1re compagnie de chasseurs, de s'embarquer dans un canot avec trente hommes et un tambour pour aller s'emparer d'un retranchement construit par ses ordres, longtemps auparavant, pour défendre l'entrée de la baie, et qu'il supposait gardé par la garnison d'Antibes. Cet officier, n'ayant trouvé personne sur son chemin, et animé du désir de faire des partisans à l'Empereur, pensa qu'il n'avait qu'à se présenter pour s'emparer de la place ; mais la sentinelle avancée lui cria :

— Qui vive ?

— Garde impériale ! répondit Lamourette.

La troupe prit les armes et laissa entrer le détachement ; mais l'officier qui commandait le poste, voyant que cette troupe portait la cocarde tricolore, crut devoir faire lever le pont-levis, et le détachement se trouva prisonnier ; néanmoins, on eut beaucoup de peine à décider cette poignée de braves à mettre bas les armes. Ce malheureux détachement fut conduit de brigade en brigade à Toulon et jeté dans les casemates du fort Lamalgue : les officiers allaient être traduits devant un conseil de guerre, et probablement condamnés à mort,

lorsque les autorités de Toulon, ayant appris l'arrivée de Napoléon à Paris, les firent mettre en liberté.

Ce ne fut seulement que quelques heures avant le débarquement que plusieurs officiers furent mandés dans la chambre occupée par l'Empereur, pour y copier deux proclamations, la première adressée à l'armée, la seconde au peuple français ; je les transcris ici :

Proclamation à l'armée.

« Au golfe Juan, le 1er mars 1815.

« Soldats, nous n'avons pas été vaincus... Deux hommes sortis de
« nos rangs ont trahi leur pays, leur prince, leur bienfaiteur.

« Ceux que nous avons vus pendant vingt-cinq ans parcourir l'Eu-
« rope pour nous susciter des ennemis, ceux qui ont passé leur vie
« à combattre contre nous dans les rangs des armées étrangères, en
« maudissant notre belle France, prétendraient-ils enchaîner nos
« aigles, eux qui n'ont jamais pu en soutenir les regards? Souffrirons-
« nous qu'ils héritent du fruit de nos glorieux travaux, qu'ils s'empa-
« rent de nos honneurs, de nos biens, qu'ils calomnient notre gloire?
« Si leur règne durait plus longtemps, tout serait perdu, même le
« souvenir de ce que nous avons fait.

« Soldats, dans mon exil, j'ai entendu votre voix. Je suis arrivé à
« travers tous les obstacles et tous les périls. Votre général, appelé au
« trône par le choix du peuple, élevé sur vos pavois, vous est rendu ;
« venez le joindre! Arrachez les couleurs que la nation a proscrites,
« et qui pendant vingt-cinq ans servirent de ralliement à tous les
« ennemis de la France, pour arborer cette glorieuse cocarde trico-
« lore : vous la portiez dans nos grandes journées.

« Nous devons oublier que nous avons été les maîtres des nations ;
« mais nous ne devons pas souffrir qu'aucune d'elles se mêle de nos
« affaires. Qui prétendrait être maître chez nous? Qui en aurait le
« pouvoir? Reprenez ces aigles que vous aviez à Ulm, à Austerlitz,
« à Iéna, à Eylau, à Friedland, à Tudela, à Eckmühl, à Essling, à
« Wagram, à Smolensk, à la Moskowa, à Lutzen, à Wurtzen et à
« Montmirail! Cette poignée de Français, aujourd'hui si arrogants,
« retourneront d'où ils viennent, et là, s'ils le veulent, ils régneront
« comme ils prétendent avoir régné depuis dix-neuf ans.

« Soldats! venez vous ranger sous les drapeaux de votre chef; son
« existence ne se compose que de la vôtre, ses droits ne sont que
« ceux du peuple et les vôtres. Son intérêt, son honneur, sa gloire, ne
« sont autres que votre intérêt, votre honneur et votre gloire. La
« victoire marchera au pas de charge; l'aigle, avec les couleurs na-
« tionales, volera de clocher en clocher jusqu'aux tours de Notre-
« Dame; alors vous pourrez montrer avec honneur vos cicatrices,
« alors vous pourrez vous vanter de ce que vous avez fait, vous
« serez les libérateurs de la patrie ; dans votre vieillesse, entourés et
« considérés de vos concitoyens, ils vous entendront avec respect
« raconter vos hauts faits; vous pourrez dire avec orgueil : Et moi
« aussi, je faisais partie de cette grande armée qui est entrée deux
« fois dans les murs de Vienne, dans ceux de Rome, de Berlin, de
« Madrid, de Moskow ; qui a délivré Paris de la souillure que la trahi-
« son et la présence de l'ennemi y avaient empreinte. Honneur à ces
« braves soldats, la gloire de la patrie ; et honte éternelle aux Français
« criminels, dans quelque rang que la fortune les ait fait naître, qui
« combattirent vingt-cinq ans avec l'étranger pour déchirer le sein de
« la patrie !

« NAPOLÉON. »

La proclamation au peuple français était ainsi conçue :

« La défection du duc de Castiglione livra Lyon sans défense à nos
« ennemis. L'armée dont je lui avais confié le commandement était,
« par le nombre de ses bataillons, la bravoure et le patriotisme des
« troupes qui la composaient, à même de battre le corps autrichien
« qui lui était opposé, et d'arriver sur le flanc gauche de l'armée en-
« nemie qui marchait sur Paris.

« Les victoires de Champ-Aubert, de Montmirail, de Château-
« Thierry, de Vauchamps, de Marmans, de Montereau, de Craonne,
« de Reims, d'Arcis-sur-Aube et de Saint-Dizier; l'insurrection des
« braves paysans de la Lorraine, de la Champagne, de l'Alsace, de
« la Franche-Comté et de la Bourgogne, et la position que j'avais
« prise sur les derrières de l'armée ennemie, en la séparant de ses
« magasins, l'avaient placée dans une situation désespérée. Les Fran-
« çais ne furent jamais sur le point d'être plus puissants, et l'élite de
« l'armée ennemie était perdue sans ressource ; elle eût trouvé son
« tombeau dans ces vastes contrées qu'elle avait si impitoyablement
« saccagées, lorsque la trahison du duc de Raguse livra la capitale et
« désorganisa l'armée.

« La conduite inattendue de ces deux généraux, qui trahirent à la
« fois leur patrie, leur prince et leur bienfaiteur, changea le destin de
« la guerre. Dans ces nouvelles et grandes circonstances, mon cœur
« fut déchiré, mais mon âme était inébranlable. Je ne consultai que
« l'intérêt de la patrie ; je m'exilai sur un rocher au milieu des mers :
« ma vie vous était et devait encore vous être utile. Je ne permis pas
« que le grand nombre de citoyens qui voulaient m'accompagner par-
« tageassent mon sort ; je crus leur présence utile à la France, et je
« n'emmenai avec moi qu'une poignée de braves nécessaires à ma
« garde.

« Élevé au trône par votre choix, tout ce qui a été fait sans vous est
« illégitime. Depuis vingt-cinq ans, la France a de nouveaux intérêts,
« de nouvelles institutions, une nouvelle gloire, qui ne peuvent être
« garantis que par un gouvernement national et par une dynastie née
« dans ces nouvelles circonstances. Un prince qui régnerait sur vous,
« qui serait assis sur mon trône par la force des mêmes armées qui ont
« ravagé notre territoire, chercherait en vain à s'étayer du principe

« du droit féodal; il ne pourrait assurer l'honneur et les droits que
« d'un petit nombre d'individus, ennemis du peuple qui depuis vingt-
« cinq ans les a condamnés dans toutes nos assemblées nationales.
« Votre tranquillité intérieure et votre considération extérieure seraient
« perdues à jamais. Français! dans mon exil j'ai entendu vos plaintes
« et vos vœux : vous réclamiez un gouvernement de votre choix, qui
« seul est légitime; vous accusiez mon long sommeil, vous me repro-
« chiez de sacrifier à mon repos les grands intérêts de la patrie.

« Eh bien! j'ai traversé les mers, au milieu des périls. J'arrive parmi
« vous pour reprendre mes droits, qui sont les vôtres; tout ce que
« des individus ont fait, écrit ou dit, depuis la prise de Paris, je
« l'ignorerai toujours; cela n'influera en rien sur le souvenir que je
« conserve des services importants qu'ils ont rendus; car il est des
« événements d'une telle nature, qu'ils sont au-dessus de l'organi-
« sation humaine.

« Français! il n'est aucune nation, quelque petite qu'elle soit, qui
« n'ait le droit de se soustraire au déshonneur d'obéir à un souve-
« rain imposé par un ennemi momentanément victorieux. Lorsque
« Charles VII rentra à Paris et renversa le trône éphémère de Henri VI,
« il reconnut tenir son trône de la vaillance de ses braves, et non du
« prince régent d'Angleterre.

« C'est à vous seuls et aux braves de l'armée que je fais et ferai
« toujours gloire de devoir tout.

« NAPOLÉON. »

Enfin, arrivés à l'entrée du golfe, nous fûmes quelque temps occupés à voir les efforts que faisait la petite flottille pour se grouper autour
de nous. A peine fut-elle réunie, que l'Empereur ordonna au capitaine Loubers, commandant la 1ʳᵉ compagnie de grenadiers, d'annoncer, avec le porte-voix, la reprise de la cocarde tricolore. L'enthousiasme que les troupes montrèrent dans cet instant fut extrême; mais
lorsque Napoléon, continuant de s'adresser au capitaine Loubers, qui
tenait toujours le porte-voix, lui dit : « Faites savoir à tous les officiers,
sous-officiers et soldats qui faisaient partie du détachement des différents corps de troupe de la Garde, au départ de Fontainebleau, que
je les nomme chevaliers de la Légion d'honneur, et que j'accorde un
grade d'avancement dans cet ordre à ceux qui en étaient déjà revê-

tus¹, » les vivat et les trépignements de joie furent universels. Néanmoins cette promotion ne fut pas très-nombreuse, attendu que les trois quarts des sous-officiers et soldats de l'infanterie, de la marine, de l'artillerie et des Polonais de la Garde avaient obtenu la croix sur le champ d'honneur.

Cette promotion annoncée, le débarquement fut exécuté le 1ᵉʳ mars, à trois heures de l'après-midi. J'arrivai à terre avec la première embarcation, où se trouvait le général Drouot. Un poste de douaniers, placé tout près de nous dans une baraque de bois, prit la cocarde tricolore dès qu'il nous eut reconnus.

Aussitôt, le bivouac de l'Empereur fut établi dans un champ d'oliviers, situé entre la plage appelée golfe Juan et la grande route de Toulon à Nice, à peu de distance de Cannes et de la place d'Antibes. Les troupes étant débarquées, M. Sarry, lieutenant de vaisseau, reçut l'ordre de faire voile pour la Corse avec toute la flottille. Ce mouvement fut exécuté avant tant de rapidité, qu'un jeune officier, appartenant à une famille elboise, qui s'était endormi dans un coin du brick, ne se réveilla que lorsque le bâtiment était déjà à plusieurs milles en mer.

Quelques heures après le débarquement, le chirurgien-major Emery, de la Garde, qui avait sa famille à Grenoble, reçut l'ordre de l'Empereur de partir pour cette ville, à l'effet d'y trouver le jeune Dumoulin, qui était venu visiter l'Empereur à l'île d'Elbe quelques mois avant notre départ ; il devait, en outre, s'entendre avec lui pour faire imprimer les deux proclamations datées du golfe Juan, puis les répandre avec profusion, tant dans la place de Grenoble que dans les environs : ce qui eut lieu par le zèle de ces deux courageux citoyens.

Les troupes une fois établies autour du bivouac de l'Empereur, le général Cambronne fut envoyé à Cannes, avec un fort détachement, pour se procurer le plus de chevaux possible (en les payant, bien entendu), et en même temps pour intercepter la route et ne laisser passer aucun courrier. A cet effet, il défendit au maître de la poste aux chevaux, chez lequel il s'établit, de livrer aucun cheval aux voyageurs, sans avoir préalablement reçu son autorisation. Quelques heures après, un courrier du prince de Monaco survint, en annonçant au

---

¹ Cette promotion ne reçut son exécution qu'après 1830.

maître de poste l'arrivée de son gracieux maître, qui avait besoin d'un bon nombre de chevaux pour continuer sa route; mais le général Cambronne ne se montra pas très-aimable pour le prince, car il lui refusa net ce qu'il sollicitait. Ce ne fut que longtemps après que Napoléon, sur les instantes prières que lui fit le prince de Monaco, permit à ce dernier de continuer son chemin.

L'Empereur envoya le capitaine corse Casabianca auprès du commandant de la place d'Antibes, le colonel Cunéo, également Corse, pour tâcher de délivrer le détachement qu'il retenait prisonnier; mais ce dernier fut inexorable et retint même le capitaine Casabianca prisonnier comme les autres. Ce brave officier, désespéré de ne pouvoir partager les dangers de ses camarades, chercha à se sauver en escaladant les remparts. Relevé le lendemain dans un des fossés, où il était resté broyé après sa chute, il fut transporté à l'hôpital d'Antibes, où il eut le bonheur de se rétablir. M. Vauthier, commissaire des guerres, fut envoyé à son tour; il lui fut enjoint de ne pas approcher de la forteresse. Enfin, je fus le dernier expédié auprès du commandant de la place d'Antibes; mais le factionnaire de l'avancée m'ayant crié dès qu'il m'eut aperçu : « Retirez-vous, monsieur l'officier; sinon je fais feu sur vous! » je rebroussai chemin, et rendis compte au général Drouot de ce qui s'était passé.

Nous quittâmes le bivouac vers les onze heures du soir. L'Empereur se mit en route à la tête de notre petite armée, se dirigeant sur Grasse, où nous arrivâmes le 2 mars, à onze heures du matin. La colonne fit une halte, et prit position sur un mamelon, à la sortie de la ville; ce fut là que Napoléon déjeuna. Pendant qu'il prenait ce léger repas, il reçut quelques personnes marquantes de Grasse, entre autres un ancien officier décoré, conduit par sa femme, parce qu'il avait perdu la vue. L'Empereur lui fit l'accueil le plus bienveillant. Ce digne soldat, tout ému, lui ayant demandé sa main à baiser, Napoléon l'embrassa sans plus de cérémonie.

Le déjeuner terminé, les troupes, auxquelles les habitants s'étaient empressés de fournir en abondance des vivres et du vin, prirent un peu de repos; puis nous nous mîmes en route, après avoir laissé nos pièces d'artillerie à Grasse, ne pouvant, faute de chevaux, les emmener avec nous à travers les chemins difficiles que nous allions avoir à par-

courir. En effet, nous eûmes une journée bien pénible en traversant le Col de Provence. Obligés de marcher par des sentiers bordés de précipices, où un homme seul pouvait à peine passer, il est certain que cinquante hommes réunis sur ce point auraient pu nous arrêter longtemps. Notre colonne, qui n'était que de mille à onze cents hommes, tenait l'espace qu'auraient pu occuper vingt mille hommes. Nous marchâmes toute la journée dans la neige et sur la glace. L'Empereur fut obligé de descendre plusieurs fois de cheval et d'aller à pied ; plusieurs fois il faillit tomber.

A la nuit close, nous arrivâmes dans une assez belle ferme isolée, près du village de Cernon, ayant fait environ douze lieues dans cette journée. L'Empereur logea dans la maison ; nous primes place sur des bottes de paille. Napoléon n'eut pas d'autre lit, mais il y dormit mieux peut-être que s'il eût été aux Tuileries. Il n'avait conservé auprès de lui qu'une cinquantaine d'hommes de sa Garde tout au plus, le reste de la colonne s'étant tellement disséminé, qu'on ne put la réunir le lendemain, 3 mars, que vers midi, heure à laquelle nous nous remîmes en route pour Castellane. Là, nous commençâmes à trouver des moyens de transport, et dès lors la colonne marcha par journées d'étape, se dirigeant à marche forcée sur Grenoble.

Le 3, au soir, l'Empereur coucha à Barême, le 4, à Digne. Le 5, le général Cambronne, avec une avant-garde de quarante hommes, s'empara du pont et de la forteresse de Sisteron ; le même jour, Napoléon coucha à Gap, et l'avant-garde à la Mure.

Aucun événement remarquable n'eut lieu en traversant cet espace de pays ; les habitants nous accueillaient très-bien, mais sans se prononcer ni pour ni contre nous. Durant ce long trajet, nous ne fîmes que deux recrues, un gendarme et un soldat d'infanterie. Nous quittâmes, après quelques jours de marche bien pénible, ce pays de montagnes, et nous commençâmes à découvrir le beau pays au delà de la Mure, qui avoisine celui de Vizille, sur la route de Grenoble.

L'Empereur, informé que des troupes étaient parties de cette dernière ville avec mission de s'opposer à son passage au pont de la Mure, prit des dispositions de défense, et forma de sa petite armée trois colonnes. La première, composée de trois compagnies de chasseurs à pied, des lanciers polonais montés et non montés, et d'une douzaine de marins de la Garde : c'était l'avant-garde, commandée par le général Cambronne, ayant sous ses ordres le colonel Mallet.

La seconde colonne, commandée par le capitaine Loubers, des grenadiers, fut composée de trois compagnies de grenadiers, de la compagnie d'artillerie, et d'environ trente officiers sans troupe, conduits par le major corse Pacconi ; avec elle marcha l'Empereur, son état-major, et ce qu'on appelait *le trésor*, porté sur deux mulets.

La troisième colonne, formée par le bataillon corse, sous les ordres du commandant Guasco, formait l'arrière-garde. Moi-même, aux approches de la Mure, je reçus l'ordre du général Cambronne de prendre les devants avec soixante chasseurs à pied commandés par le lieutenant Jeanmaire, et quelques lanciers polonais, pour établir le logement de nos troupes. Il paraît que nous étions attendus, puisque je trouvai à la mairie tout le conseil municipal réuni. J'en fus parfaitement accueilli, et je m'occupais avec ces messieurs de préparer les logements, lorsqu'un adjudant du 5ᵉ régiment d'infanterie de ligne arriva pour faire, lui aussi, le logement d'un bataillon de ce corps et d'une compagnie du 3ᵉ régiment de sapeurs du génie. Voyant que cet officier portait la cocarde blanche, je pensai bien qu'il ne venait point dans l'intention de se joindre à nous. Je l'abordai, néanmoins, en lui disant :

— A la cocarde que vous portez, monsieur, je vois que vous êtes ici dans un autre but que le mien ; cependant, répondez-moi avec la franchise qui doit nous caractériser : sommes-nous amis ou ennemis ?

Il me répondit, en me tendant la main :

— De vieux compagnons d'armes seront toujours d'accord.

— Alors, ajoutai-je, faisons le logement de concert.

Il fit semblant d'y souscrire ; mais, profitant d'un instant où j'étais occupé, il s'esquiva, sans doute pour aller rendre compte à son chef de ce qui se passait, et ne revint plus. Cette troupe prit position à une portée de fusil de la ville de la Mure, et envoya une forte avant-garde dans les premières maisons du côté de Grenoble.

Instruit de la disparition de l'adjudant du 5ᵉ de ligne, je n'étais pas tranquille dans l'hôtel de la mairie ; je craignais d'y être surpris d'un moment à l'autre, et je venais d'envoyer l'ordre au lieutenant Jeanmaire de rester sous les armes et de faire bonne garde avec son petit détachement, lorsque le général Cambronne arriva avec la première colonne, et monta lui-même à la mairie.

Lui ayant rendu compte de ce qui s'était passé, et lui-même apercevant un factionnaire de la troupe que je lui avais signalée, placé aux premières maisons d'une rue donnant sur la route de Grenoble, il fit établir, à une portée de pistolet, un poste des nôtres, commandé par un officier, et envoya tout de suite le capitaine Raoul, de l'artillerie, accompagné d'un maréchal-des-logis de mameluks, auprès de l'officier commandant le poste du 5ᵉ, pour l'engager à pactiser avec nous; celui-ci ne voulut pas y consentir. Le général y alla lui-même : on lui répondit qu'il y avait défense de communiquer avec nous.

Alors Cambronne ordonna que la troupe prît position sur l'emplacement même où elle se trouvait, c'est-à-dire devant la mairie, et fit ses dispositions pour éviter toute surprise. Cette opération terminée, nous entrâmes dans une auberge située presque en face de la mairie, où j'avais commandé un dîner pour douze personnes. A peine étions-nous à table, qu'un paysan, qui avait été envoyé par le général Cambronne pour connaître les mouvements de la troupe qui nous était opposée, entra et vint annoncer que cette colonne s'ébranlait et semblait disposée, en passant derrière la Mure, à se porter sur le pont par lequel nous étions arrivés, pour le faire sauter et nous couper par là toute communication avec l'Empereur. Il n'en fallut pas davantage pour nous faire partir à l'instant même, et aller nous établir sur le pont, que nous gardâmes militairement toute la nuit. Le 5ᵉ se replia sur Grenoble.

Le général Cambronne ayant fait connaître à l'Empereur ce qui se passait, Sa Majesté arriva avec deux colonnes sur le point où nous avions pris position, et se mit elle-même à la tête des troupes qui marchaient en avant. Le colonel Mallet prit le commandement des trois compagnies de chasseurs formant tête de colonne, et les lanciers polonais, commandés par le colonel Germanowski, prirent la droite, à côté de la route; les officiers sans troupe, commandés par le major Pacconi, prirent la gauche, et nous marchâmes droit sur le bataillon du 5ᵉ de ligne.

La compagnie de voltigeurs du 5ᵉ était en bataille à la sortie du village. L'Empereur ordonna au colonel Mallet de faire mettre l'arme sous le bras gauche, la baïonnette au bout du canon. Cet officier lui ayant fait observer respectueusement qu'il pourrait y avoir du danger à faire un pareil mouvement devant une troupe dont les intentions étaient suspectes, et dont la première décharge pourrait être funeste, Napoléon lui répondit avec vivacité :

— Mallet, faites ce que je vous dis.

Arrivé à la portée du pistolet, Napoléon s'écria d'une voix forte et accentuée : — Soldats! voilà votre empereur; que celui d'entre vous qui voudra le tuer fasse feu sur lui!

Et en disant ces mots, il fit encore quelques pas et effaça sa poitrine.

Un jeune officier, parent et aide-de-camp du général Marchand, commandant à Grenoble, qui était venu avec mission de son général de s'opposer à notre passage, dit à son tour à haute voix :

— Le voilà... Feu! soldats!

Aussitôt, un cri unanime de *Vive l'Empereur!* fut la réponse du bataillon.

Déjà les lanciers polonais étaient arrivés dans le village et se trouvaient pêle-mêle avec les soldats du bataillon du 5ᵉ et la compagnie du 3ᵉ régiment de sapeurs du génie, et tous criaient à l'envi : *Vive l'Empereur!*

La Garde et les soldats s'embrassèrent; ces derniers arrachèrent à l'instant même la cocarde blanche qu'ils avaient à leurs schakos, et prirent avec enthousiasme la cocarde tricolore; puis, cette troupe ayant été formée en bataille, Napoléon lui parla en ces termes :

— Soldats! je viens à vous avec une poignée de braves, parce que je compte sur le peuple et sur vous. Le trône des Bourbons est illégitime, puisqu'il n'a pas été élevé par la nation et qu'il est contraire aux intérêts de notre pays. Vos pères sont menacés du retour des dîmes, des priviléges, des droits féodaux et de tous les abus dont nos succès les avaient délivrés. N'est-il pas vrai, citoyens? ajouta-t-il en s'adressant à un rassemblement qui s'était formé autour de la troupe.

— Oui, répondirent quelques-uns.

A peine venions-nous de fraterniser avec le 5ᵉ, que M. Dumoulin arriva à franc étrier, ayant à son chapeau la cocarde tricolore, et, se précipitant de son cheval à la rencontre de l'Empereur :

— Sire, lui dit-il avec la plus grande émotion, je viens vous offrir cent mille francs et mon bras, et vous assurer de la fidélité de vos bons Grenoblois.

Napoléon parut satisfait, et lui répondit en souriant :

— Remontez à cheval, nous causerons en marchant. J'accepte vos services.

Le soir même de notre arrivée à Grenoble, ce jeune homme fut nommé officier d'ordonnance de l'Empereur, qui lui remit lui-même la croix de la Légion d'honneur.

Immédiatement après, les troupes se mirent en marche. Les chasseurs à pied furent mis à l'avant-garde, et moi-même, avec les fourriers et un peloton de lanciers polonais, je pris les devants pour aller préparer le logement à Grenoble. Nous dépassâmes Vizille sans rencontrer aucune troupe (il était environ quatre heures du soir), lorsqu'un jeune sous-lieutenant de grenadiers du 7ᵉ régiment d'infanterie de ligne vint à moi et me dit :

— Major, savez-vous si l'Empereur est encore loin?

— Non, lui répondis-je, il est à une demi-lieue d'ici, tout au plus.

— Mon colonel, que vous allez rencontrer dans vingt minutes, reprit le jeune officier, l'attend à la tête de son régiment.

En effet, je trouvai l'infortuné Labédoyère à la tête de son beau régiment. Il s'approcha de moi et me demanda si l'Empereur allait bientôt arriver; je lui répondis qu'il ne tarderait pas à le voir. On ne saurait peindre la joie que manifesta cet officier en apprenant cette nouvelle. J'allais continuer ma route, lorsque Napoléon, escorté de son état-major et des lanciers polonais, me dépassa; je le retrouvai un peu plus tard dans le faubourg de Grenoble. Je me rendis, sans perdre un instant, à la porte : je la trouvai fermée, bien qu'il ne fût que six heures du soir. J'insistai pour qu'on nous l'ouvrît, afin d'aller établir le logement de la colonne ; le capitaine Raoul, de l'artillerie, faisait les mêmes efforts, ainsi que le major du 11ᵉ régiment d'infanterie de ligne, qui se trouvait seul de son régiment hors de la place, et qui disait au colonel du 5ᵉ, qui avait les clefs en son pouvoir :

— Ouvre, mon cher ; l'Empereur est là depuis longtemps.

Mais ce colonel répliqua :

— Je ne le puis ; j'ai donné ma parole d'honneur au préfet (Fourrier) et au général (Marchand) que je ne livrerais pas l'entrée de la place aux troupes qui sont avec l'*usurpateur*.

Tout ce que je dis moi-même au colonel du 5ᵉ fut inutile ; ce ne fut

que vers les huit heures et au moment où on l'informa que les habitants du faubourg arrivaient avec des poutres énormes pour enfoncer les portes, que cet officier se décida enfin à ouvrir. Au même instant, les troupes qui occupaient les remparts crièrent : *Vive l'Empereur!* Tous les citoyens accoururent à la lueur des flambeaux, et aussitôt Napoléon entra dans Grenoble à la tête de sa petite armée. Une foule immense se précipita sur son passage : soldats et citoyens confondaient leurs cris et leurs sentiments dans l'enthousiasme qu'inspirait sa présence.

L'état-major fut logé, ainsi que beaucoup d'officiers, dans ce même hôtel, et la colonne dans les rues adjacentes. Nous reçûmes l'ordre de faire les honneurs, au nom de l'Empereur, aux officiers qui se présenteraient pendant la nuit. Ce fut là que, vers les dix heures du soir, je vis arriver un adjudant-major du régiment d'artillerie à cheval commandé par le colonel Duchant, qui venait nous annoncer la prochaine arrivée de ce corps.

Le lendemain, 8 mars, Napoléon passa la revue de la garnison de Grenoble, qui se composait du 3e régiment de sapeurs du génie, du 4e régiment d'artillerie à pied, de deux bataillons du 5e de ligne, du 11e régiment de ligne, du 7e régiment de ligne et du magnifique 4e régiment de hussards. Cette revue fut faite au milieu de la population de Grenoble et des environs, et aux cris mille fois répétés de : *A bas les Bourbons ! vive l'Empereur !*

Plusieurs décorations furent distribuées, et immédiatement après les troupes furent dirigées à marche forcée sur Lyon. Avant de quitter Grenoble, Napoléon adressa aux habitants la proclamation suivante :

« Citoyens ! lorsque dans mon exil j'appris tous les malheurs qui
« pesaient sur la nation, que tous les droits du peuple étaient méconnus, et qu'il me reprochait le repos dans lequel je vivais, je ne
« perdis pas un moment, je m'embarquai sur un frêle navire, et je tra« versai les mers au milieu des vaisseaux de différentes nations. Je
« débarquai sur le sol de la patrie, et je n'eus en vue que d'arriver
« avec la rapidité de l'aigle dans cette bonne ville de Grenoble, dont
« le patriotisme et l'attachement à ma personne m'étaient particuliè« rement connus.

« Dauphinois ! vous avez rempli mon attente... J'ai supporté, non
« sans déchirement de cœur, mais sans abattement, les malheurs aux« quels j'ai été en proie il y a un an. Le spectacle que m'a offert le
« peuple sur mon passage m'a vivement ému. Si quelques nuages
« avaient pu altérer la grande opinion que j'avais du peuple français,
« ce que j'ai vu m'a convaincu qu'il était digne de ce nom de grande
« nation dont je le saluai il y a plus de vingt ans.

« Dauphinois ! sur le point de quitter vos contrées pour me rendre
« dans ma bonne ville de Lyon, j'ai senti le besoin de vous exprimer

« toute l'estime que m'ont inspirée vos sentiments élevés. Mon cœur
« est plein des émotions que vous y avez fait naître. J'en conserverai
« toujours le souvenir. »

Le 9 mars, l'Empereur coucha à Bourgoing, ainsi que la Garde. De Grenoble à Lyon, son voyage ne fut qu'une marche triomphale. Napoléon, fatigué, était dans une calèche avec le général Bertrand, allant toujours au pas, environné d'une foule innombrable de paysans ayant leurs maires en tête, décorés de l'écharpe tricolore. Le comte d'Artois, le duc d'Orléans et le maréchal Macdonald avaient déjà quitté Lyon. L'argent avait été prodigué aux troupes; on voulait couper le pont de la Guillotière et le pont Morand. L'Empereur riait de ces ridicules préparatifs; il n'avait aucun doute sur les dispositions de *ses bons Lyonnais*. Il fit faire une reconnaissance par le 4ᵉ régiment de hussards, qui arriva le 10 mars, à quatre heures du soir, au faubourg de la Guillotière, où il fut accueilli aux cris de *Vive l'Empereur!* A huit heures du soir, Napoléon entra dans Lyon, à la tête des troupes qui devaient lui en défendre l'approche. La ville fut spontanément illuminée; la population ne cessa de se porter toute la nuit à l'archevêché, où Napoléon avait pris son logement, et lui donna les marques les plus énergiques de son dévouement.

Le 11 mars, l'Empereur passa la revue de toutes les troupes réunies à Lyon, montant à quinze ou vingt mille hommes : le général Brayer se mit à leur tête et marcha sur la capitale.

Pendant le séjour de Napoléon à Lyon, des députations des villes environnantes accoururent, pour l'assurer de la fidélité et de l'affection de leurs concitoyens. Le jour même de notre départ de Lyon, la garde nationale de la ville fit présent à la Garde d'un drapeau tricolore, surmonté d'une aigle en or.

Le 13 mars, l'Empereur arriva à la tête d'un détachement de la Garde et du 7ᵉ régiment de ligne, à Villefranche, petite ville de quatre mille âmes, qui en renfermait dans ce moment plus de vingt mille. Il me serait impossible de décrire l'empressement, le délire même de cette fourmilière d'hommes, qui, débouchant de toutes parts, semblaient sortir de terre comme par enchantement. Napoléon s'arrêta un instant à l'hôtel de ville; un grand nombre de blessés lui furent présentés, et plusieurs reçurent la décoration. Il entra le même jour, mais fort tard, à Mâcon, toujours escorté par le peuple des cantons voisins. Quant à nous, nous étions à Tournus dans la matinée du 14. Là, l'Empereur donna des éloges aux habitants pour leur belle conduite en 1814 : il en fit autant à l'égard des habitants de Châlon, ville où il coucha le même soir.

Le 15, l'Empereur était à Autun, avec sa Garde, et le 16, à Avallon ; il déjeuna le 17 à Vermanton et vint coucher le même jour à Auxerre. C'est là que je vis arriver, à onze heures du soir, le colonel Morin, de l'artillerie de la Garde, qui était venu à franc étrier de la Fère pour le rejoindre ; c'est là aussi que nous joignirent les troupes du prince de la Moskowa.

En arrivant le 20 mars à Fontainebleau, Napoléon fut surpris agréablement de voir les Polonais en vedette à la grille du château. Ce tour de force, vraiment digne d'une telle nation, avait été exécuté par le colonel Germanowski. L'Empereur partit le même jour pour Paris, où il entra vers neuf heures du soir.

Ainsi se termina, sans répandre une goutte de sang et sans rencontrer aucun obstacle, cette fabuleuse entreprise, qui rétablit la nation dans ses droits et dans sa gloire. »

La Garde coucha le 20 mars à Villejuif, et fit son entrée dans la capitale le 21, à onze heures du matin. Ce même jour, Napoléon passa la revue de toutes les troupes qui étaient à Paris, et après qu'elles eurent formé le carré, il leur dit :

— Soldats ! je suis venu en France avec une poignée d'hommes, parce que je comptais sur l'amour du peuple et le souvenir de mes vieux soldats. Je n'ai pas été trompé dans mon attente. Soldats ! je vous en remercie : la gloire de ce que nous venons de faire est toute au peuple et à vous; la mienne se réduit à vous avoir connus et appréciés.

Ces paroles furent accueillies par les acclamations du peuple et de l'armée.

Mais Napoléon ménageait aux nombreux assistants une autre scène militaire. A peine avait-il achevé de parler, qu'on vit s'avancer sur la place du Carrousel le général Cambronne, à la tête du *bataillon sacré* qui avait accompagné l'Empereur à l'île d'Elbe, et qui était revenu avec lui ; il portait les anciennes aigles de la Garde, les étendards étaient en lambeaux. Un roulement de tambour se fit entendre, et Napoléon, faisant un geste de la main, indiqua qu'il voulait encore parler. Le silence ayant succédé au brouhaha général, l'Empereur dit d'une voix émue, mais cependant très-distincte :

— Voilà les officiers du bataillon qui m'a accompagné dans mon malheur ; ils sont tous mes amis, ils étaient chers à mon cœur ! Chaque fois que je les voyais, ils me représentaient les différents régiments de l'armée ; car, dans ces six cents braves, il y a des hommes de tous les régiments. Tous me rappelaient ces grandes journées dont le souvenir est si cher ; car tous sont couverts d'honorables cicatrices reçues à ces batailles mémorables. En les aimant, c'est vous tous, soldats de l'armée française, que j'aimais. Ils vous rapportent ces aigles : qu'elles vous servent de ralliement ! En les donnant à la Garde, je les donne à toute l'armée. La trahison et des circonstances malheureuses les avaient couvertes d'un voile funèbre ; mais, grâce au peuple et à vous, elles reparaissent resplendissantes de leur gloire passée. Jurez-moi qu'elles se trouveront toujours partout où l'intérêt de la patrie les appellera, alors ceux qui voudraient envahir notre territoire n'en pourront soutenir le regard !

— Nous le jurons ! nous le jurons ! fut le cri qui retentit et que répétèrent toutes les voix.

Ce jour-là, ces dignes et nobles phalanges eussent suivi l'Empereur jusqu'aux limites du monde.

Quant à Napoléon, il était dans le ravissement. A aucune époque de sa vie on ne l'avait vu si radieux. Ses discours se ressentaient de l'agitation de son âme ; les mêmes paroles revenaient sans cesse sur ses lèvres : c'étaient des expressions de reconnaissance pour tous. Oui, certes, le 21 mars 1815 fut une belle journée pour lui et pour ses soldats, journée de bonheur et d'espoir où chacun forma de nobles projets, où l'avenir se colora d'un riant azur. Mais pourquoi donc, le soir, lorsque cette foule enthousiaste se fut écoulée, lorsque le palais des Tuileries retrouva enfin un peu de calme, pourquoi, disons-nous, Napoléon, après les émotions du jour, appuyé tristement sur le balustre d'une fenêtre du palais, avait-il l'air si pensif, si rêveur ?... C'est parce qu'à côté de l'extrême joie, Dieu a placé de vagues pressentiments ; pour rappeler à l'homme que tout bonheur ici-bas est éphémère ; c'est que peut-être Dieu voulait, par une lointaine intuition, faire entrevoir à celui dont il venait encore de combler la fortune, que la pourpre des Tuileries était voisine du linceul de Sainte-Hélène!

II.

GARDE IMPÉRIALE PROVISOIRE.

On a vu, par la *relation du lieutenant-colonel Laborde*, que Napoléon était parti de Fontainebleau le 20 mars, c'est-à-dire la veille. Bien que la route fût belle et qu'il eût l'habitude de voyager avec une rapidité sans exemple, l'Empereur n'avait pas cru devoir entrer, de jour, dans la capitale, parce qu'il voulait donner à son triomphe une empreinte toute civile, et qu'il était d'ailleurs assez glorieux de sa Garde. En effet, huit heures et demie sonnaient à l'horloge des Tuileries lorsque sa calèche pénétrait dans la cour, dès longtemps envahie par une foule de jeunes hommes et d'officiers à demi-solde. Là, les transports éclatèrent avec frénésie. Peuple, officiers et soldats, réunis en groupes, enlevèrent Napoléon de sa voiture et le portèrent sur leurs bras jusqu'en haut du grand escalier des appartements intérieurs : c'était plus que du délire, c'était quelque chose qui ressemblait à l'amour des légions romaines pour Germanicus; mais si cette fois la Garde n'avait pu accompagner son Empereur, le général Drouot avait songé à former le plus tôt possible, pour la sûreté de sa personne, une *Garde impériale provisoire*. Parmi le grand nombre d'officiers de toutes armes qui avaient couru au-devant de Napoléon, soit à Grenoble, soit à Lyon, soit à Mâcon, soit à Auxerre, soit même à Fontainebleau, beaucoup d'entre eux, par des moyens incroyables, étaient arrivés aux Tuileries en même temps que lui; Drouot, disons-nous, en rassembla quelques-uns et les engagea à se réunir, à l'instant même, à leurs compagnons d'armes pour former cette Garde provisoire. L'état que nous donnons ci-après fera connaître les noms, les grades de ces honorables officiers, ainsi que les régiments auxquels ils avaient appartenu. Nous transcrivons textuellement cet état, non pas comme une attestation de vélocité ou même de dévouement, mais bien comme un document historique, comme un véritable brevet d'honneur.

HISTOIRE DE LA GARDE IMPÉRIALE.

ÉTAT NOMINATIF, par ordre alphabétique, des officiers généraux, supérieurs et autres, partis avec l'Empereur et Roi, de l'île d'Elbe, de Grenoble, de Lyon, etc., qui l'ont suivi jusqu'à Paris, et dont le plus grand nombre s'est réuni hier au soir, 20 mars 1815, sous les ordres immédiats du général Excelmans, pour servir de Garde impériale provisoire à Sa Majesté, notamment dans la nuit du 20 au 21, et régiments dans lesquels ils ont servi :

ADAM,	lieutenant.	Chasseurs de Lyon.
AOUST,	capitaine.	139e.
AGUETTANT,	lieutenant.	1er artill. à cheval.
ALFIERI,	s.-lieutenant.	14e piémontais.
ALLAND,	s.-lieutenant.	85e de ligne.
ALLARD,	capitaine.	2e éclaireurs.
AMARD,	s.-lieutenant.	Train de la Garde.
AMAURY,	lieutenant.	30e léger.
AMBROSI,	colonel.	2e léger.
ANDRÉANI,	capitaine.	1er léger.
ARBAUTI,	s.-lieutenant.	137e de ligne.
ARC,	capitaine.	État-major.
ARDUSSI,	lieutenant.	37e léger.
ARMUSARDI,	s.-lieutenant.	26e chass. à cheval.
ARNOUD,	capitaine.	23e léger.
ARNOUX,	adjudant aux comm. des guerres.	
ARRAGON,	sous-aide.	18e léger.
AUBRI,	s.-lieutenant.	13e de ligne.
AUGIER,	id.	143e de ligne.
AVIS,	lieutenant.	69e de ligne.
BACQ,	id.	16e léger.
BAILLY,	s.-lieutenant.	7e cuirassiers.
BARBARIN,	capitaine.	2e artill. de marine.
BARBE,	s.-lieutenant.	Garde nationale.
BARLET,	id.	39e de ligne.
BAZIN DE FONTENELLE, adj.-com.		
BEAUMONT (Aug^{te}), lieutenant.		28e chass. à cheval.
BECCARIA,	capitaine.	11e léger.
BEGOT,	s.-lieutenant.	25e léger
BEGUINOT,	lieutenant.	1er de ligne.
BELHOMME,	id.	36e de ligne.
BELISAIRE,	s.-lieutenant.	21e dragons.
BELLINGERI,	capitaine.	22e de ligne.
BELLON,	lieutenant.	Garde nationale.
BELLUCHI,	capitaine.	1er léger.
BELOTTI,	lieutenant.	2e italien.
BENEDICENTI,	s.-lieutenant.	130e de ligne.
BENEDICTINE,	chef de batail.	2e léger.
BÉRARD,	capitaine.	1er rég. de cohorte.
BERAUD,	lieutenant.	95e de ligne.
BERLIN,	id.	
BERNARD,	id.	6e hussards.
BERNARD,	capitaine.	69e régiment.
BERNARD,	id.	52e.
BERRA,	lieutenant.	11e léger.
BERRIER,	id.	46e dragons.
BERTAGA,	id.	122e de ligne.
BERTAUX,	s.-lieutenant.	60e.
BERTHIER,	lieutenant.	Dragons de la Garde
BERTRAND,	capitaine.	1er léger.
BERTRAND,	id.	31e léger.
BERTRAND,	id.	120e.
BIBOLET,	lieutenant.	35e de ligne.
BILLAUT,	id.	82e de ligne.
BLAIN,	id.	52e de ligne.
BLARD,	capitaine.	26e léger.
BLOUD,	lieutenant.	27e de ligne.
BOIDELAT,	s.-lieutenant.	4e tirailleurs.
BOIRON,	lieutenant.	18e léger.
BOISSARD,	s.-lieutenant.	101e de ligne.
BOISSEAU,	lieutenant.	133e.
BOIVIN,	gén. de brig.	
BOLAUD,	s.-lieutenant.	
	id.	4e chass. à cheval.
BOMELOT,	id.	32e léger.
BON,	lieutenant.	
BONACI,	s.-lieutenant.	2e carabiniers.
BONNARDEL,	id.	45e dragons.
BOUCHE,	lieutenant.	14e tirailleurs.
BOUCHU,	capitaine.	1er chass. à cheval.
BOUFLET,	s.-lieutenant.	52e de ligne.
BOULAI,	lieutenant.	72e de ligne.
BOULAY,	id.	Garde nationale.
BOURNICA,	id.	2e régim. du génie.
BOURKE,	id.	16e dragons.
BOVELAT,	capitaine.	10e chass. à cheval.
BOYER,	id.	33e léger.
BREARD,	s.-lieutenant.	133e de ligne.
BROGLIO,	id.	156e de ligne.
BRONDEL,	capitaine.	155e de ligne.
BROSSETTE,	s.-lieutenant.	2e.
BRUDDE,	id.	6e léger.
BRUN,	capitaine.	133e de ligne.
BUCHOT,	chir.-aide-maj.	
BUES,	lieutenant.	35e léger.
BUISSON,	id.	12e léger.
BULLET,	lieutenant.	6e léger.
BURDELLE,	s.-lieutenant.	8e voltigeurs.
BURNODE,	capitaine.	6e de ligne.
BUZOT,	s.-lieutenant.	15e léger.
CAIRE,	id.	1er léger.
CALDERAI,	id.	156e de ligne.
CAMIN,	s.-aide-major.	
CARAJAN,	s.-lieutenant.	30e.
CARBARA,	capitaine.	1er léger.
CASABIANCA,	id.	9e léger
CASENEUVE,	lieutenant.	58e de ligne.
CAYEN,	s.-lieutenant.	122e de ligne.
CHABOS,	id.	11e de ligne.
CHAINET,	lieutenant.	84e de ligne.
CHAPARD,	capitaine.	
CHAPUIS,	s.-lieutenant.	14e voltigeurs.
CHARELLE,	id.	69e de ligne.
CHAREVIEUX,	id.	24e léger.
CHARRAT,	lieutenant.	27e léger.
CHARRIAC,	capitaine.	8e léger.
CHARVET,	lieutenant.	Chasseurs lyonnais.
CHATCHAT,	capitaine.	Commandant.
CHENEL,	lieutenant.	5e léger.
CHENIER,	id.	103e de ligne.
CHEVALIER,	s.-lieutenant.	14e hussards.
CHEVALIER,	lieutenant.	53e de ligne.
CHEVILLON,		

Cherny,	lieutenant.	106e de ligne.
Chervin,	id.	72e de ligne.
Chevret,	id.	29e de ligne.
Chiabrero,	s.-lieutenant.	21e dragons.
Choquet,	capitaine.	29e léger.
Cirat,	chef de bataill.	119e de ligne.
Clemendoit,	s.-lieutenant.	1er cuirassiers.
Clement,	lieutenant.	4e sapeurs.
Clérique,	s.-lieutenant.	18e léger.
Coger,	chef de bataill.	Artillerie.
Coger,	lieutenant.	
Cognon,	sous-aide.	3e vétérans.
Colet,	lieutenant.	72e tirailleurs.
Collet,	id.	Garde nationale.
Collin,	id.	2e léger.
Colombani,	chef de bataill.	id.
Comet,	s.-lieutenant.	24e chass. à cheval
Compagnon,	capitaine.	14e de ligne.
Conge,	lieutenant.	Sapeurs ioniens.
Cordelier,	gén. de divis.	
Corgnet,	capitaine.	État-major.
Cornat,	lieutenant.	153e.
Corréard,	chir.-s.-aide.	Ambulance.
Costa,	capitaine.	29e de ligne.
Cravansola,	lieutenant.	111e de ligne.
Crolard,	chir.-s.-aide.	Ambulance.
Curty,	s.-lieutenant.	64e de ligne.
Daley,	capitaine.	3e de ligne.
Damet,	s.-lieutenant.	12e dragons.
Danneville,	capitaine.	35e léger.
Daphotis,	id.	Artillerie.
Dedée,	id.	33e léger.
Debernardi,	lieutenant.	85e de ligne.
Decaiffre,		
Dechaux,	s.-lieutenant.	Garde nationale.
Decicy,	lieutenant.	50e régiment.
Defaise,	id.	16e léger.
Degelos,	s.-lieutenant.	30e de ligne.
Degrange,	id.	69e de ligne.
Dejoanni,	id.	5e léger.
Delay,	capitaine.	62e léger.
Demontfleury,	id.	Lanciers polonais.
Denoyer,	lieutenant.	2e d'artill. à pied.
Depattrich,	adj.-s.-officier.	
Descuye,	capitaine.	54e.
Desnoyer,	chir.-s.-aide.	50e.
Desportes,	chef de bataill.	27e léger.
Diette,	capitaine.	Compagn. franc.
Dizier,	s.-lieutenant.	3e chasseurs.
Dobret,	capitaine.	112e de ligne.
Doucieux,	lieutenant.	145e de ligne.
Drains,	élève de St-Cyr.	
Dubeau,	capitaine.	1er léger italien.
Duchest,	s.-lieutenant.	1er léger.
Ducret,	capitaine.	6e léger.
Dufresne,	id.	17e léger.
Dugois,	id.	83e de ligne.
Duhamel,	id.	8e d'artillerie.
Durocher,	s.-lieutenant.	32e de ligne.
Duveaux,	id.	Garde nationale.
Duvernet,	capitaine.	147e de ligne.
Duvignat,	id.	38e de ligne.
Escuder,	capitaine.	18e de ligne.
Eymard,	id.	Canonniers volont.
Facire,	id.	12e voltigeurs.
Falcoz,	élève de St-Cyr.	
Farnier,	lieutenant	69e de ligne.
Fauverlein,	capitaine.	12e hussards.
Fays,	lieutenant.	121e de ligne.
Fedely,	id.	Gde nat. (Grenoble
Feretti,	s.-lieutenant.	5e léger.
Ferez,	capitaine.	23e de ligne.
Ferier,	lieutenant.	Garde nationale.
Fernet,	capitaine.	81e de ligne.
Finella,	s.-lieutenant.	Gendarmerie.
Florio,	capitaine.	Artillerie.
Fontini,	id.	2e de ligne.
Fort,	s.-lieutenant.	6e train d'artillerie.
Fortini,	capitaine.	1er léger.
Fossi,	id.	2e de ligne.
Foucherat,	id.	14e léger.
Fouley,	lieutenant.	12e de ligne.
Fournier,	capitaine.	2e bataill. de pionn.
Fourrechet,	s.-lieutenant.	4e jeune Garde.
Frangeon,	id.	13e léger.
Frascaroli,	capitaine.	62e de ligne.
Fresne,	lieutenant.	Garde nat. de Lyon.
Froment,	id.	27e de ligne.
Froment,	s.-lieutenant.	42e de ligne.
Froujon,	capitaine.	Vieille Garde.
Fulgeot,	id.	31e léger.
Furabel,	lieutenant.	117e de ligne.
Fusine,	capitaine.	2e de ligne.
Gabet,	s.-lieutenant.	13e voltigeurs.
Gagnard,	capitaine.	11e voltigeurs.
Gallay,	s.-lieutenant.	8e chasseurs à chev.
Gallet,	lieutenant.	Train d'artill. ital.
Gamara,	id.	3e tir. de la Garde.
Garbaglia,	s.-lieutenant.	1er de ligne.
Garde,	lieutenant.	11e de ligne.
Gatelier,	id.	17e bataill. du train.
Gauche,	chef de bataill.	Commandant.
Gauthier,	capitaine.	1er léger.
Gentil,	id.	36e léger.
Georges,	lieutenant.	Mameluks.
Germain,	capitaine.	1er éclaireurs.
Gevin,	id.	8e chasseurs à chev.
Gile,	s.-lieutenant.	20e de ligne.
Gilone,	lieutenant.	43e de ligne.
Gioannini,	id.	Chasseurs à cheval.
Girard,	id.	6e lanciers.
Giroux,	s.-lieutenant.	52e régiment.
Gobert,	chef de bataill.	Commandant.
Goetz (de),	s.-lieutenant.	
Goirand,	lieutenant.	23e léger.
Goultrey,	capitaine.	153e.
Goveau,	s.-lieutenant.	12e hussards.
Gramizzi,	id	133e de ligne.
Grapet,	capitaine.	18e de ligne.
Grationi,	s.-lieutenant.	1er de ligne.
Greve-St André,	id.	Dragons Napoléon.
Grisard-Dubreuil,	capitaine.	47e.
Grisau,	lieutenant.	66e de ligne.
Gros,	s. lieutenant	133e de ligne.
Gruat de Biolet,	capitaine.	4e gardes d'honn.
Grugeat,	id.	3e du génie.
Guelfouchi,	id.	1er léger.
Guillemin,	s.-lieutenant.	8e chass. à cheval
Guillot,	capitaine.	138e de ligne.
Guyot,	id.	39e de ligne.
Hautelard,	lieutenant.	Garde nationale.
Hebert,	id.	53e de ligne.

HISTOIRE DE LA GARDE IMPÉRIALE.

HENRY,	lieutenant.	2e du train.
HEURTEUR,	s.-lieutenant.	31e léger.
HIVRIER,	id.	8e léger.
HORILLON,	capitaine.	Aide-de-camp.
HUGAU,	lieutenant.	14e léger.
HUGO,	s.-lieutenant.	80e de ligne.
JAMBAUX,	lieutenant.	44e de ligne.
JEANIN,	capitaine.	Adjudant-major.
JEANNET,	id.	100e de ligne.
JOFFROY,	s.-lieutenant.	16e de ligne.
JOIGNEUX,	id.	150e de ligne.
JOMIN,	id.	15e léger.
JUDAS,	id.	75e.
JULIEN,	id.	153e de ligne.
JULIEN,	lieutenant.	9e tirailleurs.
JOVANELLI,	s.-lieutenant.	2e étranger.
LACAN,	id.	35e léger.
LACOLLONGE,	sous-aide.	
LACROIX,	gén. de brig.	
LAGRANGE,	lieutenant.	4e lanciers.
LAHONCE,	s.-lieutenant.	12e léger.
LAJON,	capitaine.	85e de ligne.
LAMAT,	lieutenant.	12e hussards.
LAMBERT,	s.-lieutenant.	69e de ligne.
LARDIÈRE,	capitaine.	69e de ligne.
LARNAY,	id.	18e de ligne.
LAPICOTIÈRE,	lieutenant.	83e de ligne.
LASALLE,	id.	5e dragons.
LATOUR,	id.	23e léger.
LAURENÇON,	id.	155e de ligne.
LAURENT,	capitaine.	Compag. de l'Isère.
LAVOCAT,	capit. du génie.	Employé.
LAVOCAT,	s-lieutenant.	
LE BLANC,	id.	4e hussards
LECLER,	id.	2e gardes d'honn.
LEGROS,	capitaine.	2e léger.
LETOUSSI,	id.	29e léger.
LEVIER,	id.	État-major.
LEVRIER,	id.	Drag.(reine d'Italie
LOMBART,	id.	26e de ligne.
LOUCHE,	s.-lieutenant.	22e léger.
LOUDE,	capitaine.	12e hussards.
LOUZAT,	s -lieutenant.	5e bataill. du train.
LYON,	id.	36e de ligne.
MACON,	capitaine.	3e du génie.
MAGNIN,	s.-lieutenant.	22e léger.
MAISONNEUVE,	capitaine.	Chasseurs lyonnais.
MAITRE,	lieutenant.	1er bataill. du train.
MALBOURCET,	chef de bataill.	
MALHERBE,	s.-lieutenant.	14e chass. à cheval.
MALTERRE,	lieutenant.	1er de ligne.
MANANTE,	s.-lieutenant.	27e léger.
MANÉCHAL,	capitaine.	13e cuirassiers.
MANGANARO,	s.-lieutenant.	1er de ligne.
MARCEAU,	capitaine.	13e hussards.
MARCHAND,	lieutenant.	Partisans.
MARÉCHAL,	id.	149e de ligne.
MARESTIN,	chirurgien.	25e léger.
MARET,	s.-lieutenant.	42e de ligne.
MARIANI,	id.	11e léger.
MARILLAT,	lieutenant.	127e de ligne.
MARINGO,	s.-lieutenant.	14e hussards.
MARIN-LONGIN,	lieutenant.	34e de ligne.
MARTELLA,	id.	155e de ligne.
MARTIN,	s.-lieutenant.	85e de ligne.
MARTIN,	id.	71e de ligne.
MATHIEU,	s.-lieutenant.	121e de ligne.
MATHIEU,	lieutenant.	22e de ligne.
MAUSON,	s.-lieutenant.	128e de ligne.
MAYET,	capitaine.	44e de ligne.
MAYNE,	id.	8e léger.
MAZARD,	lieutenant.	Garde nationale.
MENARD,	s.-lieutenant.	11e voltigeurs.
MERCIER,	capitaine.	72e de ligne.
MERLINI,	s.-lieutenant.	133e de ligne.
MERLINO,	id.	68e de ligne.
MEUNIER,	capitaine.	42e de ligne.
MEYER,	s.-lieutenant.	42e de ligne.
MICHEL,	chir.-aid.-maj.	7e d'infanterie.
MICHEL, (Antoine),	aide-major.	5e régiment.
MICTON,	lieutenant.	103e de ligne.
MIGNARD,	chef de bataill.	État-major.
MILOT,	id.	23e léger.
MINIARD,	s.-lieutenant.	12e de ligne.
MOLLIN,	lieutenant.	60e de ligne.
MOLORAT,	id.	75e de ligne.
MONIN,	s.-lieutenant.	21e léger.
MONTAGNE,	id.	29e de ligne.
MONTREUIL,	lieutenant.	2e éclaireurs.
MORADIN,	s.-lieutenant.	2e léger.
MORAUD,	capitaine.	1er rég. de Toulon.
MOREAU,	s.-lieutenant.	13e tirailleurs.
MOREAU (Louis),	id.	17e de ligne
MOREAU-FRANÇOIS,	lieutenant.	10e de ligne.
MOREL,	s. lieutenant.	6e léger.
MORELLE,	lieutenant.	104e de ligne.
MORTIER,	capitaine.	67e de ligne.
MOSCHINI,	id.	111e de ligne.
MOUCHAT,	id.	116e
MURIGNEUX,	id.	44e de ligne.
MURIGNEUX,	lieutenant.	41e de ligne.
NAVETTE,	id.	8e léger.
NÈGRE,	id.	66e de ligne.
NEGRONE,	id.	1er de ligne.
NEUVILLE,	capitaine.	47e de ligne.
NICOLAS,	s. lieutenant.	28e dragons.
NIEL,	id.	16e chass. à cheval.
NOURRY,	chef de bataill.	Capit. (vieil.Garde).
NOVELLO,	s.-lieutenant.	130e de ligne.
ODERIEUX,	capitaine.	Garde nationale.
OLIEN,	id.	Garde roy. d'Espag.
OLIVET,	lieutenant.	20e de ligne.
OPERT,	id.	Garde nationale.
OPERT,	s.-lieutenant.	Gde nat. (Grenoble).
PACHIONI,	chef de bataill.	15e chass. corses.
PAGET,	capitaine.	52e de ligne.
PALAIS,	sous-aide.	
PAOLI,	chef de bataill.	1er léger.
PAPELLEAT,	capitaine.	Adjoint.
PASCALON,	lieutenant.	3e d'artillerie.
PASQUE,	capitaine.	1er hussards.
PAUTHIER,	lieutenant.	53e de ligne.
PELLEGRIN,	chir.-s.-aide.	Marins.
PERET,	capitaine.	2e du génie.
PERODAU,	s.-lieutenant.	101e de ligne.
PEROUX,	capitaine.	8e léger.
PERRET,	s.-lieutenant.	7e chass. à cheval.
PERRU,	capitaine.	85e de ligne.
PEYSSON,	id.	Vélites.
PHILIDOR,	s.-lieutenant.	1er de ligne.
PHILIPPE,	lieutenant.	2e gardes d'honn.
PICHOT (Marius),	lieutenant.	Garde nationale.

Picini,	s.-lieutenant.	1er de ligne.
Picot,	capitaine.	3e chasseurs.
Pillot,	s.-lieutenant.	21e chass. à cheval
Pinaud,	id.	49e chass. à cheval.
Piret,	capitaine.	8e léger.
Pironelle,	lieutenant.	7e comp. de pionn.
Pithon,	id.	6e léger.
Plague,	lieutenant.	36e léger.
Plechet,	id.	17e de ligne.
Ployier,	capitaine.	
Pocci,	id.	Adjud. à l'état maj
Pompon,	lieutenant.	59e de ligne.
Ponnout,	s.-lieutenant.	18e léger.
Potchat,	chir.-s.-aide.	Ambulance.
Pouchy,	capitaine.	11.e de ligne.
Poulain,	chirur.-major.	Ambul. de la Garde.
Poulet,	s.-lieutenant.	1er de ligne.
Poupier,	capitaine.	75e.
Pouza,	s.-lieutenant.	33e de ligne.
Prat,	id.	45e de ligne.
Prévôt,	capitaine.	155e de ligne.
Prudon,	lieutenant.	Pionniers espagn.
Prux,	id.	6e lanciers.
Puget,	id.	1er artill. italienne.
Quillot,	capitaine.	6e léger.
Rade,	id.	35e léger.
Raffali,	id.	1er léger.
Rambourg,	chef de bataill.	Aide-de-camp.
Rameau,	s.-lieutenant.	64e.
Raphael,	chir.-s.-aide.	120e de ligne.
Ravier,	lieutenant.	149e de ligne.
Regalfi,	capitaine.	120e de ligne.
Regnier,	id.	33e de ligne.
Renaud,	chef de bataill.	76e de ligne.
Repentini,	id.	9e léger.
Reposeur,	capitaine.	4e de ligne.
Revin,	id.	8e chass. à cheval.
Richard,	lieutenant.	10e de ligne.
Rico,	capitaine.	1er léger.
Rigolet,	lieutenant.	12e léger.
Rigot,	capitaine.	59e de ligne.
Rissardi,	id.	2e de ligne.
Rivière,	s.-lieutenant.	13e léger.
Rocher,	capitaine.	Aide-de-camp.
Rodo,	lieutenant.	30e dragons.
Rolland,	id.	14e léger.
Rossé,	capitaine.	7e de ligne italien.
Rosset,	ad.-j.-s.-officier.	
Rotoff,	capitaine.	9e lanciers.
Rousseau,	id.	Pionniers italiens
Rouzaud,	chef de bataill.	7e italien.
Roy,	lieutenant.	5e chevau-légers.
Roy,	id.	10e de ligne.
Royer,	lieutenant.	38e de ligne.
Saliceti,	capitaine.	1er léger.
Salvini,	id.	id.
Salvini,	id.	2e de ligne.
Santa,	s.-lieutenant.	Pionniers espagn.
Sarrasin,	capitaine.	53e de ligne.
Sauzion,	lieutenant.	Garde nationale.
Savoye,	chef de bataill.	8e léger.
Segand,	lieutenant.	59e régiment.
Senez,	capitaine.	93e de ligne.
Sezanne,	id.	Gendarmerie.
Signoret,	id.	18e léger.
Simon,	id.	1er léger.
Simonet,	id.	85e de ligne.
Soulerac,	id.	5e dragons.
Spiger,	id.	Éclair. de la Garde.
Suchet,	id.	31e léger.
Sylva,	id.	42e de ligne.
Taraud,	id.	11e léger.
Tardif,	lieutenant.	....
Targe,	capitaine.	7e de ligne italien.
Ternier,	s.-lieutenant.	3e de ligne.
Tessut,	capitaine.	Aide-de-camp.
Thacussio,	chef de bataill.	121e de ligne.
Toscani,	lieutenant.	1er de ligne.
Tousala,	id.	49e de ligne.
Tremaux,	capitaine.	18e de ligne.
Trepon,	lieutenant.	101e de ligne.
Truvant,	capitaine.	20e léger.
Valaires,	id.	Garde nationale.
Valence,	chir.-s.-aide	97e.
Valiniat,	lieutenant.	133e de ligne.
Vallat,	id.	21e léger.
Vantini,	capitaine.	2e de ligne.
Vasier,	id.	Artillerie à pied.
Vernet,	id.	19e de ligne.
Vespa,	lieutenant.	1er voltigeurs.
Viab,	capitaine.	36e de ligne.
Vial,	id.	122e de ligne.
Viardin,	id.	122e de ligne.
Videau,	s.-lieutenant.	59e de ligne.
Viennet,	capitaine.	155e de ligne.
Vignasse,	s.-lieutenant.	18e léger.
Vignat,	lieutenant.	126e de ligne.
Vigne,	capitaine.	5e chass. à cheval.
Villanis,	lieutenant.	14e hussards.
Villaret de Joyeuse,	gén. de brig.	
Vincenti,	s.-lieutenant.	13e de ligne.
Viot,	lieutenant.	1er léger.
Virgili,	id.	1er de ligne.
Vitaliani,	id.	id.
Voisin de Clemencier,	id.	Grenadiers à cheval.
Vranci,	id.	87e de ligne.
Zandrino,	id.	82e de ligne.
Zilli,	s.-lieutenant.	23e léger.

Administration ;

Aubignosc (d'),	ex-direc. gén. de pol. à Hambourg.
David,	commissaire des guerres.
Denayer,	chirurgien-major au génie.
Donnadieu (P.),	ex-secrét. de l'état-major général.
Dupuis,	ex-chir.-aide-maj. au 48e de ligne.
Guldenschuh,	ex-chir.-s.-aide-maj. au 128e de lig.
Lafond,	directeur divisionn. des hôpitaux.
Michel,	officier de santé à l'ambulance.
Odiot,	ex-chirurgien-sous-aide.
Schmitz,	inspecteur des vivres de la guerre.
Viriville,	commissaire des guerres.
Viriville fils,	commissaire des guerres adjoint.

Le présent état certifié conforme :

Le général aide-de-camp de l'Empereur,

DROUOT.

CHAPITRE IV.

RÉORGANISATION GÉNÉRALE DE LA GARDE.

Décrets et arrêtés y relatifs.

I.

Le lendemain même de son arrivée à Paris (24 mars 1815), Napoléon rendait un décret par lequel nul étranger ne pouvait désormais être admis dans aucun des corps préposés à la garde de sa personne. Ce décret disait en outre : « La Garde impériale est, dès à présent, rétablie dans ses fonctions et prérogatives ; elle ne pourra plus être recrutée que parmi les hommes qui auront servi dans les armées françaises. »

Un second décret, du 8 avril suivant, régla la réorganisation de la Garde de la manière ci-après :

TITRE PREMIER.

COMPOSITION DES DIFFÉRENTS CORPS DE LA GARDE.

« ART. 1er. La Garde impériale sera composée ainsi qu'il suit, savoir :

INFANTERIE.

Corps des Grenadiers.

3 Régim. de grenadiers à pied (vieille Garde). — 6 Régim. de tirailleurs (jeune Garde).

Corps des Chasseurs.

3 Régim. de chass. à pied (vieille Garde). — 6 Régiments de voltigeurs (jeune Garde).

CAVALERIE.

1 Régiment de grenadiers à cheval (vieille Garde).	1 Régim. de chass. à cheval (vieille Garde).
	1 Régim. de chev.-légers-lanciers (*id.*).
1 Régiment de dragons (vieille Garde).	1 Compagnie de gendarmerie (*id.*).

ARTILLERIE.

6 Comp. d'artillerie à pied (vieille Garde).	1 Compagnie d'ouvriers (vieille Garde).
4 Comp. d'artillerie à cheval (*id.*).	1 Escadron du train (*id.*).

GÉNIE.

1 Compagnie de sapeurs, comprenant une escouade de mineurs (vieille Garde).

ÉQUIPAGES MILITAIRES.

1 Escadron du train.

« Art. 2. Chaque régiment d'infanterie sera de deux bataillons; chaque bataillon, de quatre compagnies, fortes de cent cinquante hommes, officiers et sous-officiers compris.

« Art. 3. En temps de guerre, les compagnies seront portées à deux cents hommes, officiers et sous-officiers compris; à cet effet, elles seront augmentées de :

1 Second lieutenant pour la vieille Garde. — 1 Sous-lieutenant pour la jeune Garde. — 2 Sergents. — 4 Caporaux. — 43 Soldats.

« Art. 4. Le corps des grenadiers à pied et celui des chasseurs à pied auront chacun un état-major distinct.

« La force totale de chacun des deux corps d'infanterie sera de :

  111 Officiers supérieurs.
  214 Officiers.
  3,680 Sous-officiers et soldats de la vieille Garde.
  7,329 Sous-officiers et soldats pour les six régiments de jeune Garde.

Total. . 11,334 Officiers, sous-officiers et soldats.

« Art. 5. Chacun des régiments de cavalerie sera de quatre escadrons, et chaque escadron de deux compagnies.

« Art. 6. En temps de guerre, les compagnies seront portées à cent cinquante hommes, officiers et sous-officiers compris; à cet effet, elles seront augmentées de :

1 Lieutenant en premier. 1 Trompette.
2 Maréchaux-des-logis. 1 Maréchal-ferrant.
4 Brigadiers. 41 Grenad., chass., drag. et lanc. de 2º clas.

« L'état-major sera augmenté de :

  4 Chefs d'escadron. — 4 Sous-adjudants-majors.

« Art. 7. La compagnie de gendarmerie sera composée conformément au décret du 15 avril 1806. En temps de guerre, elle recevra proportionnellement la même augmentation que les compagnies de cavalerie.

« Art. 8. L'état-major de l'artillerie, les compagnies à pied, celles à cheval, et la compagnie d'ouvriers, seront composés conformément au décret précité.

« ART. 9. En temps de guerre, l'état-major de l'artillerie sera augmenté de :

1 Chef de bataillon, sous-directeur du parc.
2 Sous-gardes d'artillerie. — 2 Conducteurs d'artillerie.

« ART. 10. Le matériel de l'artillerie sera composé de :

4 Batteries d'artillerie à cheval, attachées aux régiments de cavalerie. . .	24 pièces.
2 Batteries d'artillerie à pied, attachées aux deux corps d'infanterie. . . .	16 —
4 Batteries de 12, servies également par l'artillerie de la vieille Garde, et formant la réserve.	32 —
TOTAL.	72 pièces.

« En temps de guerre, l'artillerie de la ligne fournira les batteries ci-après, qui seront attachées à la Garde :

4 Batteries pour les deux divisions de la jeune Garde.	24 pièces.
4 Batteries pour la réserve.	32 —
4 Batteries à cheval également attachées à la réserve.	12 —
TOTAL.	68 pièces.

« ART. 11. L'escadron du train aura un état-major, et huit compagnies composées chacune conformément au décret du 15 avril 1806.

« ART. 12. Les compagnies de sapeurs et de mineurs, ainsi que l'état-major du génie, seront composés conformément au décret précité.

« ART. 13. L'escadron du train des équipages militaires sera chargé de transporter les fourgons des corps de la Garde, les outils du génie, les munitions, les approvisionnements de vivres et de fourrages, les ambulances, etc. Cet escadron sera composé d'un état-major et de quatre compagnies, conformément au décret du 15 avril 1806 ; en temps de guerre, il sera porté à six compagnies.

ÉTAT-MAJOR.

« ART. 14. Il sera attaché à la Garde impériale un état-major composé de :

1 Lieutenant général faisant fonctions d'aide-major.	1 Secrétaire-archiviste.
	1 Inspecteur aux revues.
1 Major de la Garde faisant fonctions de sous-aide-major.	1 Chef de bataillon adjoint.
	4 Capitaines adjoints.
7 Sous-inspecteurs aux revues ou adjoints.	

AMBULANCE ET HOPITAL MILITAIRE DU GROS-CAILLOU, A PARIS.

1 Médecin en chef.	11 Chirurgiens de 2ᵉ classe.
26 Chirurgiens de 3ᵉ classe.	1 Pharmacien en chef.
2 Médecins ordinaires.	1 Pharmacien de 1ʳᵉ classe.
1 Chirurgien en chef.	6 Pharmaciens de 2ᵉ classe.
4 Chirurgiens de 1ʳᵉ classe.	9 Pharmaciens de 3ᵉ classe.

« Aux armées, les ouvriers d'administration nécessaires aux ambulances de la Garde seront fournis par l'intendance générale de l'armée, ou, si cela est jugé nécessaire, il sera pourvu au rétablissement des compagnies d'ouvriers d'administration.

« Art. 15. En campagne, les divisions composées des troupes de la Garde seront commandées soit par les colonels généraux desdits corps, soit par des lieutenants généraux appartenant à la Garde, ou enfin, et à leur défaut, par des lieutenants généraux appelés de la ligne.

« Les brigades seront commandées soit par des majors de la Garde ayant rang de maréchaux-de-camp, soit par des maréchaux-de-camp appelés de la ligne.

TITRE II.

SOLDE.

« Art. 16. Il n'est rien changé, quant à la solde et aux indemnités accordées aux officiers généraux, aux officiers supérieurs, aux sous-officiers et soldats, aux dispositions du décret du 15 avril 1806.

TITRE III.

RANG, PRÉROGATIVES ET RECRUTEMENT.

« Art. 17. A compter du grade de major, les officiers, sous-officiers et soldats de la Garde auront le rang immédiatement supérieur dans la ligne; les officiers en porteront les marques distinctives. (Voir à cet effet les dispositions prescrites dans le décret du 15 avril 1806.)

« Art. 18. Lorsque des troupes de la Garde seront détachées avec des troupes de la ligne, le commandement appartiendra de droit à l'officier de la Garde le plus ancien dans le grade le plus élevé.

« Art. 19. Les officiers de la Garde sont tenus de rendre des visites de corps aux princes de la famille impériale, aux maréchaux gouverneurs des provinces, et aux grands officiers de la couronne.

« Art. 20. Les commandants des corps ou détachements de la Garde doivent remettre les situations de leurs troupes, en hommes et en chevaux, aux commandants militaires des divisions ou des places par lesquelles ils passent. Lorsque les troupes de la Garde seront en station dans une division militaire ou dans une place, elles seront assujetties, comme les autres troupes, à la police des commandants militaires.

« Art. 21. Les régiments de la vieille Garde seront chargés spécialement du service du palais.

« Art. 22. Pour être admis dans les régiments de grenadiers ou de chasseurs à pied de la *vieille Garde*, il faudra avoir douze ans de service, y compris les campagnes. Pour être admis dans la cavalerie, dans l'artillerie et dans les sapeurs du génie, il faudra avoir huit ans de service, y compris les campagnes. Pour être admis dans la *jeune Garde*, il faudra avoir quatre ans de service, y compris les campagnes.

« Art. 23. La taille nécessaire pour l'admission dans la Garde sera :

Pour les grenadiers à pied et à cheval, l'artillerie et les sapeurs. 5 pieds 5 pouces.
Pour les dragons. . . . . 5 — 4 —
Pour les chasseurs à pied et à cheval. . . . . 5 — 3 —
Pour les lanciers et le train d'artillerie. . . . . 5 — 2 —

« Art. 24. Les premiers régiments seront complétés par des hommes choisis dans les seconds régiments. Ces hommes seront présentés par le colonel du corps, et examinés par le commandant de la Garde.

« Les lanciers concourront à compléter les régiments de grenadiers, de chasseurs et de dragons.

« Art. 25. Les autres régiments de cavalerie de la Garde seront complétés par des hommes tirés des régiments de cavalerie de la ligne, vigoureux, distingués par leur courage et leur bonne conduite.

« Art. 26. Dans les grenadiers et les chasseurs à pied, le 2ᵉ régiment sera complété, 1° par des hommes choisis dans le 3ᵉ régiment ; 2° par des soldats tirés de l'infanterie de ligne.

« Art. 27. Le 3ᵉ régiment de vieille Garde sera complété, 1° par des hommes choisis dans les régiments de voltigeurs et de tirailleurs de la jeune Garde ; 2° par des hommes tirés de l'infanterie de ligne.

« Art. 28. Les régiments de voltigeurs et de tirailleurs de la jeune Garde, le bataillon du train des équipages militaires, seront complétés par des enrôlements volontaires, ou par des hommes appelés par le mode de recrutement qui sera adopté.

« Art. 29. Dans chacun des régiments de cavalerie de la ligne, le colonel désignera deux officiers, vingt sous-officiers et soldats pour la Garde impériale. Ces hommes seront examinés par le général commandant la division militaire, lequel s'assurera qu'ils ont les qualités requises. Le conseil d'administration adressera à notre ministre de la guerre un contrôle nominatif faisant connaître le signalement et les services de ces hommes, leurs actions d'éclat, leur conduite, etc. Ce contrôle sera visé par le général commandant la division. Le ministre de la guerre choisira, d'après les titres des candidats, les hommes nécessaires au complément des corps de la cavalerie de la Garde.

« Art. 30. Dans chacun des régiments d'infanterie de ligne et d'infanterie légère, le colonel désignera deux officiers, trente sous-officiers et soldats pour être placés dans les 2ᵉ et 3ᵉ régiments de vieille Garde. Ces hommes seront examinés par le général commandant la division militaire, et divisés en deux classes.

« La première classe comprendra les hommes qui ont huit ans de service, y compris les campagnes, et la deuxième ceux qui ont quatre ans de service. Le contrôle nominatif de ces hommes sera établi comme dans l'article précédent, et adressé à notre ministre de la guerre, qui choisira sur ces listes les hommes nécessaires pour compléter les 2ᵉ et 3ᵉ régiments de grenadiers et de chasseurs à pied de la vieille Garde.

« Art. 31. Dans chacun des régiments d'artillerie à pied et à cheval de la ligne, et dans les escadrons du train d'artillerie, les colonels désigneront deux officiers, trente sous-officiers et soldats pour la Garde : il en sera dressé des contrôles comme dans l'article précédent.

« Art. 32. Les sapeurs du génie et les mineurs de la Garde seront choisis par notre ministre de la guerre, sur des listes formées dans les régiments du génie appartenant à la ligne. Les gendarmes seront désignés par le premier inspecteur de la gendarmerie.

« Art. 33. Au fur et à mesure que chaque régiment aura fourni à la Garde la moitié des hommes portés sur la liste, il sera procédé à la formation d'une nouvelle liste établie comme la première, et qui sera adressée au ministre de la guerre par le conseil d'administration du régiment.

« Art. 34. Les troupes de la Garde impériale seront justiciables des conseils de guerre permanents des divisions militaires où elles se trouveront.

« Art. 35. Toutes les fois qu'un militaire de la vieille Garde aura commis un délit entrainant peine de mort, ou toute autre peine infamante, il sera préalablement rayé des contrôles de la Garde, puis ensuite livré aux tribunaux qui devront prendre connaissance du délit.

« Art. 36. Les soldats qui, par leur mauvaise conduite ou par des fautes contre la discipline, se seront rendus indignes de servir dans la vieille Garde, en seront expulsés. Nous nous réservons de prononcer sur le renvoi d'un soldat de la vieille Garde, et d'ordonner, s'il y a lieu, la suspension ou la destitution d'un sous-officier.

TITRE IV.

ADMINISTRATION, MASSE, COMPTABILITÉ.

« Art. 37. Il y aura, dans chaque corps d'infanterie, un conseil d'administration pour les trois régiments de vieille Garde, et un autre conseil d'administration pour les six régiments de jeune Garde, composés ainsi qu'il suit :

« *Vieille Garde :* un lieutenant général colonel, *président ;* le major et le plus ancien capitaine de chaque régiment.

« *Jeune Garde :* un lieutenant général colonel, *président ;* les majors des 1ᵉʳ, 2ᵉ et 3ᵉ régiments; les plus anciens capitaines des 4ᵉ, 5ᵉ et 6ᵉ régiments. En l'absence du colonel, l'un et l'autre conseil sera présidé par le colonel en second.

« Art. 38. Il y aura, dans les autres corps de la Garde, un conseil d'administration composé comme il suit :

« *Régiments de cavalerie :* le lieutenant général colonel, *président ;* le major, le premier chef d'escadron, les deux premiers capitaines.

« *Gendarmerie :* le chef d'escadron, *président ;* un capitaine, un lieutenant.

« *Artillerie :* le lieutenant général colonel, *président ;* le major, le premier chef de bataillon, le premier capitaine.

« *Train d'artillerie :* le lieutenant général colonel, *président ;* le chef d'escadron et les trois premiers capitaines.

« *Génie :* le colonel, *président ;* un capitaine, un lieutenant.

« *Train des équipages :* comme dans la ligne.

« Chaque membre du conseil d'administration sera suppléé, en cas d'absence, par un officier du même régiment et du même grade, et subsidiairement, par un officier du grade immédiatement inférieur.

« Art. 39. Les conseils d'administration de la Garde auront les mêmes attributions et les mêmes devoirs à remplir que les conseils d'administration des régiments de ligne. Le major du régiment sera personnellement chargé de la tenue des contrôles.

« Art. 40. Les formes de l'administration intérieure des corps de la Garde et celles de la comptabilité seront les mêmes que dans les régiments de ligne de l'armée ; les payements auront lieu de la même manière.

« Art. 41. Les conseils d'administration des corps de la ligne enverront directement au conseil d'administration des corps de la Garde les fonds de la masse de linge et chaussure des hommes qui passeront dans la Garde impériale. L'état de ces fonds, visé par l'inspecteur aux revues, sera adressé, par les conseils d'administration des corps de la ligne, à l'inspecteur aux revues de la Garde.

« Art. 42. Les sous-officiers et soldats de toute arme, reçus dans la vieille Garde, ont droit à une somme de *vingt francs*, laquelle est payable comme la première mise de *quarante francs* accordée à chaque homme de nouvelle levée, et doit également être versée à la masse de linge et chaussure du nouvel admis.

« Art. 43. A l'exception des deux masses mentionnées à l'article précédent, notre ministre de la guerre administrera toutes les masses de la Garde, ou les fera administrer comme il administre ou fait administrer les masses des régiments de ligne. Les sommes dont notre ministre de la guerre devra être crédité dans le budget annuel, pour toutes les fournitures qui doivent être faites à la Garde, seront calculées d'après le tarif des masses et indemnités de première mise, annexé au décret du 15 avril 1806 précité.

« Art. 44. Les régiments d'infanterie de la vieille Garde auront la même tenue ; les musiciens, dans les deux corps de la vieille Garde, auront le même uniforme : il n'y aura qu'un seul uniforme pour les musiciens des régiments de jeune Garde.

« Art. 45. Les corps de la Garde conserveront les uniformes ordonnés avant le 1er avril 1814 ; l'état-major général, la cavalerie, l'artillerie et le train d'artillerie porteront seuls l'aiguillette ; dans l'infanterie, les officiers généraux seuls porteront l'aiguillette.

« Art. 46. Les effets d'habillement délivrés comme première mise, la durée des effets et l'époque de leur remplacement, restent fixés comme il est dit dans le décret du 15 avril 1806.

« Art. 47. Toutes les distributions faites aux troupes de la Garde seront régularisées comme celles faites aux troupes de la ligne.

« Art. 48. Les chevaux, dans la cavalerie et le train, auront la taille et la qualité qu'on a exigées jusqu'à présent. La ration de fourrage sera la même pour les chevaux des corps de la Garde que celle des corps de la ligne. La ration d'hiver sera aussi forte que la ration d'été.

« Art. 49. L'hospice du Gros-Caillou continuera à être spécialement destiné aux militaires de la Garde.

TITRE V.

DISPOSITIONS GÉNÉRALES.

« Art. 50. Un appel sera fait dans tous les départements aux anciens sous-officiers et soldats de la vieille Garde qui, ayant obtenu leur congé absolu, voudraient reprendre du service dans leurs anciens régiments. Ils se présenteront au chef-lieu de leur canton, devant le maire, qui leur fera délivrer une feuille de route pour Paris, où ils seront incorporés, suivant leur ancienneté, dans les régiments de leur corps.

« Art. 51. Le même appel sera fait aux sous-officiers et soldats de l'infanterie de la jeune Garde, aux escadrons d'artillerie et des équipages militaires de la Garde. Ils seront placés dans leurs anciens corps, ou, suivant leur ancienneté, dans les régiments de vieille Garde.

« Art. 52. Les sous-officiers d'artillerie de la vieille Garde et ceux du 1er régiment d'artillerie qui, depuis le 1er avril 1814, ont été incorporés dans l'artillerie de ligne, seront dirigés sans délai sur Versailles, pour y former l'artillerie de la Garde. Ce qui manquerait pour compléter le corps sera désigné par notre ministre de la guerre, sur les listes que chaque régiment doit établir, conformément aux articles 29, 30 et 31 du présent décret.

« Art. 53. Les régiments de cavalerie de la Garde seront complétés par des hommes désignés par notre ministre de la guerre, sur les listes établies conformément à l'article 29 du présent décret.

« Art. 54. La compagnie des sapeurs du génie de la Garde sera formée des anciens sapeurs de la vieille Garde qui désireront reprendre du service, et des sapeurs mineurs qui seront désignés par notre ministre de la guerre, d'après les listes établies dans les régiments de ligne.

« Art. 55. La compagnie de gendarmerie de la Garde sera composée soit des anciens gendarmes d'élite, soit des officiers, sous-officiers et soldats que proposera le premier inspecteur de la gendarmerie.

« Art. 56. Les officiers de la vieille et de la jeune Garde seront désignés parmi les officiers qui sont aujourd'hui en activité de service dans la Garde, parmi ceux qui ont été mis à la demi-solde, et parmi les officiers portés sur les listes établies dans les régiments.

« Art. 57. Les compagnies de la vieille Garde qui nous ont accompagné à l'île d'Elbe prendront la tête dans les régiments de leur arme. La compagnie d'artillerie formera la tête de la première compagnie d'artillerie à pied. Les chevau-légers seront incorporés dans le régiment de lanciers, dont ils formeront la première compagnie.

« Art. 58. L'artillerie de la Garde sera casernée dans les établissements de Paris et de Vincennes; son école sera placée près de Paris; le corps sera réorganisé à Versailles. Lorsque l'école sera établie, il y sera attaché le nombre nécessaire de professeurs. Le traitement des professeurs sera fixé par une décision ultérieure.

« Les sapeurs et mineurs de la Garde seront placés dans la même école que l'artillerie; les travaux du génie et ceux de l'artillerie y seront exécutés de concert par les deux armes, sous la direction du major-directeur d'artillerie qui, en temps de paix, aura le commandement de l'école d'artillerie de la Garde.

« Art. 59. Les officiers de la jeune Garde actuellement en demi-solde, et qui ne seront point rappelés pour être compris dans la nouvelle organisation, resteront à la disposition de notre ministre de la guerre, pour être placés dans les corps de la ligne avec les prérogatives auxquelles ils ont droit.

« Art. 60. Les décrets et ordonnances relatifs à la Garde impériale rendus jusqu'à ce jour sont abrogés.

II.

CHASSEURS A CHEVAL DE LA JEUNE GARDE.

Un décret impérial, daté du 18 janvier 1813, avait porté à *huit* le nombre des escadrons du régiment des chasseurs à cheval de la vieille Garde. Ce même décret disait :

« Les chasseurs provenant du recrutement offert par les départe-

Timballier des chasseurs à cheval (vieille Garde) et Chasseur à cheval (jeune Garde).

GARDE IMPÉRIALE.

ments seront désignés sous la qualification de *second chasseurs*, et ne toucheront que la solde de la cavalerie de ligne. »

Un autre décret, du 6 mars suivant, porta le régiment des chasseurs à cheval de la vieille Garde à *neuf* escadrons, en arrêtant que les mamelucks formeraient le *dixième*. Ce nouveau 9ᵉ escadron se recruta parmi les conscrits de 1814, qui prirent aussi le titre de *second chasseurs*.

Pendant les deux campagnes précédentes (1813 et 1814), ce nouveau régiment, jaloux sans doute de voir des régiments d'*éclaireurs* attachés aux autres régiments de cavalerie de la Garde, s'appropria irrégulièrement le titre de *2ᵉ régiment de chasseurs à cheval de la Garde* ou de *hussards-éclaireurs de la jeune Garde*, et on ne le désigna plus, à l'armée, que sous le titre de *2ᵉ chasseurs à cheval de la jeune Garde*.

A la Restauration, et lorsqu'on incorpora les *chasseurs à cheval de la vieille Garde* dans le *corps royal des chasseurs à cheval de France*, le *second chasseurs* fut versé, au mois de juin 1814, dans les 2ᵉ, 3ᵉ et 7ᵉ chasseurs à cheval de la ligne, à l'exception de quelques-uns d'entre eux qui entrèrent dans le corps royal des chasseurs. A son retour de l'île d'Elbe, Napoléon, satisfait des bonnes dispositions de ces *nouveaux admis*, leur accorda, le 25 mai suivant, le titre de *2ᵉ régiment de chasseurs à cheval de la jeune Garde*. En conséquence, le 27 mai 1815, le colonel du régiment[*] fit paraître l'ordre du jour suivant :

« J'annonce avec plaisir au corps de cavalerie de la jeune Garde
« que Sa Majesté, en récompense du bon compte qui lui a été rendu
« des dispositions des nouveaux admis dans ce régiment, a bien voulu
« lui donner la dénomination de 2ᵉ régiment de chasseurs à cheval de
« la jeune Garde. L'Empereur, par cette faveur, a voulu récompenser
« les braves de la jeune Garde qui ont combattu, dans les dernières
« campagnes, avec tant d'héroïsme dans ce même régiment. »

L'uniforme de ce nouveau régiment était ainsi :

Schako rouge-garance avec double visière ; cordon vert et garance ; bonnet de police vert, semblable à celui des chasseurs.

---

[*] Il n'a jamais été nommé. Le général Lefèvre-Desnouettes était colonel de tous les chasseurs à cheval de la Garde.

Dolman vert tressé de jaune, collet vert, parements garance ; ceinture verte et garance, faisant plusieurs fois le tour du corps.

Pantalon vert, avec une bande garance de chaque côté.

Hongroise rouge-garance tressée de jaune.

Pelisse comme la hongroise et fourrée de noir.

Veste d'écurie verte, boutons jaunes.

Capote-manteau verte à manches.

Bottes à la hussarde, éperons de fer.

Buffleteries jaunes ; sabretache de cuir noir tout uni.

Selle de cuir pareille à celle des lanciers de ligne ; bride et licol à la hussarde ; agréments de cuivre jaune ; schabraque garance semblable à celle des chasseurs, recouverte d'une peau de mouton noire.

Armement. Le même que celui des chasseurs à cheval de la vieille Garde.

Uniforme des officiers.

Pelisse garance claire, tresses et galons d'or, fourrure d'astracan noir doublé de cramoisi.

Dolman vert tressé d'or, parements garance.

Pantalon garance, avec deux bandes de drap vert et un passe-poil de même couleur dans la couture.

Les officiers supérieurs, seuls, portaient des galons au lieu de bandes de chaque côté du passe-poil.

Gilet garance tressé d'or.

Ceinture avec tresse mélangée de garance et de vert, olives d'or.

Schako garance avec visière et contre-visière de cuir verni noir ; une cocarde sur le haut, ganses, tresses et pompon d'or.

Cordon du schako d'or et ayant sept pieds de long, avec des glands semblables à ceux de la Garde.

Hongroise garance et galons d'or.

Capote verte avec pluche rouge pour doublure, et boutons jaunes à la hussarde.

Bonnet de police à la polonaise : un bord d'astracan noir de trois doigts de large, et le dessus du bonnet garance, avec un seul galon au-dessus de l'astracan.

Veste de manége de drap vert, avec retroussis garance et passepoils de même couleur.

Bottes à la hussarde, éperons de cuivre jaune, ayant la branche droite.

Giberne de cuir noir verni, avec agréments d'or.

Les officiers supérieurs portaient cette giberne semblable à celle des officiers supérieurs des chasseurs à cheval de la vieille Garde.

Sabretache de cuir noir, sans agréments.

Les officiers supérieurs, seuls, portaient cette sabretache semblable à celle des officiers supérieurs de la vieille Garde.

Même harnachement et même armement que ceux des officiers de la vieille Garde.

COMPOSITION DU CORPS D'OFFICIERS DU 2ᵉ RÉGIMENT DE CHASSEURS A CHEVAL,
dit Chasseurs de la jeune Garde — 1815.

M. . . . . . ., colonel.
MERLIN (de Douai), maréchal-de-camp, major.
ASSANT, }
JACOBI, } chefs d'escadron.
CHAVANGES, }

CARDON, chef d'escadron.
BELLER, } adjudants-majors.
PRÉGU, }
DUCLOS, officier-payeur.
THOMASSIN, chirurgien-major.
GARNIER, aide-major.

ESCAD.	COMP.ᵉˢ	CAPITAINES.	LIEUTENANTS.		SOUS-LIEUTENANTS.	
1ᵉʳ	1re	TOULONGEON.	CHEVALIER.	PORCHER.	BADEMER.	. . . . .
	5e	FILLEY.	CANDRILLEZ.	POUPON.	GISCARD.	CHIRET.
2e	2e	OLIVIER.	PONCHALON.	. . . . .	BRIOT.	D'AUBIGNY.
	6e	. . . .	JOSSELIN.	. . . . .	BLANCHARD.	PAIX.
3e	3e	PATÉ.	VELAY.	. . . . .	JACOB.	DIBON.
	7e	FACÈS.	BERNAY.	. . . . .	MERQUISSIER.	ARDAILLON.
4e	4e	MOUTARD.	MONTALEMBERT.	BRION	JOUVENOT.	GRENIANT.
	8e	. . . .	. . . . .	. . . . .	LEBLANC.	PLANTEVIGNE.

Pendant la campagne de 1815, ce régiment ne quitta pas Chantilly ou ses environs; puis il suivit le mouvement de retraite de l'armée sur la Loire, et fut licencié, à Bourges, le 4 décembre 1815.

III.

LE CHAMP DE MAI

La vaste plaine du Champ-de-Mars avait toujours servi de théâtre aux cérémonies pompeuses de la Révolution, depuis la fédération de

1790 jusqu'à la distribution des drapeaux de 1815. Dans cet espace de vingt-cinq années, le Champ-de-Mars s'était paré successivement d'échafaudages, de tentures, de décors et de guirlandes livrés aux vents des partis politiques. Que de fois les tertres n'avaient-ils pas été remués !... Les gouvernements semblent aimer ces édifices, qui naissent le matin et croulent le soir : après tout, ils ne sont que l'image des caprices de la multitude.

On travaillait depuis un mois au Champ-de-Mars. Les charpentiers, les décorateurs, les tapissiers, avaient été mis en réquisition. On espérait tout de *l'assemblée du champ de mai*. Enfin le grand jour arriva : c'était le 1er juin 1815, par une tiède matinée de printemps. Dès le matin, le Champ-de-Mars avait été envahi par la multitude ; d'immenses constructions de bois entouraient son enceinte, où s'entassaient des milliers de spectateurs ; un autel était placé à côté du trône, élevé sur des gradins : tout cela de damas rouge, rehaussé d'or, et parsemé d'innombrables drapeaux tricolores. Sur ces gradins, les femmes de la cour et les grands dignitaires de l'Empire étaient venus s'asseoir les premiers; dans un espace beaucoup plus resserré se trouvaient les cinq cents électeurs, députés par les colléges électoraux, dépositaires des registres de votes, et à leur tête se faisait remarquer M. Dubois (d'Angers), qui, dans cette solennité, devait porter la parole.

C'était une curieuse réunion que celle de ces électeurs venus de tous les départements de la France. Ce n'était pas, comme sous le Consulat ou lors de l'avénement à l'Empire, un assemblage de propriétaires paisibles et de forts contribuables ; tous ces électeurs du *champ de mai*, choisis parmi les avocats, avaient été partie bruyante et parleuse du pays, plaie profonde chez toutes les nations. C'est ainsi qu'il arrive toujours après une révolution qui remue les existences : les véritables notables se tiennent à l'écart; ceux qui se montrent sont généralement les esprits ambitieux et déclamateurs. On ne peut dire l'agitation qu'apportèrent ces députés à Paris : raisonneurs politiques, ils remplissaient les salons de Lucien Bonaparte, où chaque jour avaient lieu des banquets, des toasts, des chants patriotiques. La veille de l'assemblée du *champ de mai*, on fit une sorte de répétition parmi les électeurs; on avait rédigé une adresse toute remplie de phrases retentissantes : cette première rédaction, communiquée à l'Empereur, le mit dans une vive colère. L'adresse, en effet, ne se bornait pas à être patriotique, elle était presque insolente : elle semblait dicter des lois à la puissance souveraine. Lucien réunit, le soir, la majorité des électeurs, et leur demanda certaines modifications dans l'intérêt de la bonne harmonie des pouvoirs.

— Est-ce le temps de récriminer? dit-il. Ne vaut-il pas mieux s'unir pour conjurer les dangers qui menacent la patrie ? *

Lucien avait raison, et cependant ce ne fut qu'avec difficulté qu'il obtint quelques changements. M. Dubois (d'Angers) récita, devant ses collègues, le thème qu'on avait adopté ; il le fit avec un éclat de voix indicible : on s'en félicita pour le lendemain, car les phrases vides ont besoin d'être soutenues par de larges poumons.

Tous les électeurs étaient donc rangés derrière l'archichancelier, Cambacérès, en habit princier couleur orange ; et le premier des scrutateurs, M. Champollion-Figeac, devait l'assister en additionnant le relevé des votes. La foule était nombreuse, lorsque des salves d'artillerie annoncèrent l'Empereur. Il avait sur la tête une toque noire ombragée de plumes attachées sur le devant par un gros diamant; son manteau était de velours pourpre, doublé d'hermine blanche et parsemé d'abeilles d'or : Napoléon était dans ses habits d'apparat. Presque tous les officiers de la Garde firent judicieusement l'observation qu'il aurait mieux fait de garder son costume ordinaire, qui était l'uniforme de l'armée, quoique cependant il ne fût pas dans l'habitude de le porter dans les cérémonies de la nature de celle-ci. Il n'avait pas non plus suivi la route indiquée par le programme. Il avait traversé, dans sa voiture de gala, entouré de tous les maréchaux, et suivi d'une nombreuse et brillante escorte, le jardin des Tuileries, la place de la Concorde, le quai du Palais-Bourbon, l'esplanade des Invalides et le Champ-de-Mars; il était précédé de ses hérauts d'armes, de ses pages et de ses chambellans, vêtus de leur costume rouge, ruisselant de broderies. Napoléon avait l'air souffrant et soucieux. Il descendit lestement de voiture, tandis que cent tambours battaient aux champs; et, s'avançant précipitamment, après avoir salué plusieurs fois, il s'élança vers son trône, et s'assit en jetant des regards inquiets sur cette foule innombrable, qui dut

* Nous avons emprunté ces détails à l'excellent et consciencieux ouvrage de M. Capefigue, intitulé : *Les Cent Jours*.

faire naître dans son imagination, si vive et si impressionnable, mille pensées diverses, lui qui ne comprenait les masses d'hommes que sur un champ de bataille ! Ses frères se placèrent à ses côtés : Lucien à sa gauche, Jérôme et Joseph à sa droite; ils étaient tous les trois vêtus de satin blanc, avec des toques de velours noir garnies de plumes blanches.

La cérémonie religieuse précéda toutes les opérations politiques ; la messe fut célébrée par l'archevêque de Tours, et l'on vit Napoléon, recueilli, invoquer le Dieu des batailles pour sauver son trône et la patrie dans la crise fatale qui les menaçait l'un et l'autre.

L'acte le plus solennel du *champ de mai* était sans contredit le dépouillement des votes relatifs à l'acte additionnel; les registres avaient été apportés par les électeurs ; il fallait présenter un chiffre et le soumettre à l'Empereur et au peuple. On avait été si pressé, que le relevé n'était pas terminé : on l'improvisa, pour ainsi dire. L'archi-chancelier et M. Champollion-Figeac durent se hâter afin de ne pas provoquer l'impatience dans l'esprit de Napoléon, qui les excitait du geste et du regard. Ce travail accompli, on proclama, comme résultat définitif, ce qui n'était véritablement qu'un chiffre hâtivement saisi ; mais en matière de constitution, quel est le gouvernement qui se gêne ? On divisa les votes en deux séries : les citoyens et l'armée; mais un vingtième à peine de la population avait pu y prendre part. Quant à l'armée, c'était son œuvre, elle l'avait acceptée les yeux fermés : Napoléon n'était-il pas son père, son bienfaiteur ? elle l'élevait sur le pavois ! Sur deux cent mille votants, deux mille à peu près protestèrent. En définitive, Cambacérès, avec sa figure pâle, annonça que « l'acte additionnel aux constitutions de l'Empire était accepté à la presque unanimité des votants. » Un instant après, on entendit la grosse voix de M. Dubois (d'Angers), qui vint donner une leçon de patriotisme à l'Empereur : son discours déclamatoire ne fut qu'une longue suite de lieux communs, et encore ce discours avait-il été beaucoup travaillé et modifié. Le premier texte contenait de véritables insultes contre Napoléon. Les rédacteurs n'avaient-ils pas osé dire : « que Bonaparte devait rapporter de l'exil le repentir de son passé ! » Il y avait des invectives contre l'Europe, des injures aux Bourbons : « Un contrat nouveau s'était formé entre la nation et l'Empereur, disait l'orateur;

les vœux des peuples, dont ils étaient les représentants, rappelaient Bonaparte sur le trône! Que voulait la ligue des rois? sans doute le démembrement de la France? Voulait-on lui réserver le sort de la Pologne ou rétablir les Bourbons?... »

« Rien n'est impossible, rien ne sera épargné, continua M. Dubois (d'Angers), pour nous assurer l'honneur et l'indépendance, ces biens plus chers que la vie! Tout sera tenté, tout sera exécuté pour repousser un joug ignominieux! Nous le disons aux nations, puissent leurs chefs nous entendre! S'ils acceptent vos offres de paix, Sire, le peuple français attendra de votre administration, forte, libérale et paternelle, des motifs de se consoler des sacrifices que lui a coûtés la paix; mais si l'on ne nous laisse que le choix entre la guerre et la honte, la nation tout entière se lèvera pour la guerre! Elle est prête, Sire, à vous dégager des offres, trop modérées peut-être, que vous avez faites pour épargner à l'Europe un nouveau bouleversement. Tout Français est soldat; la victoire suivra vos aigles; et nos ennemis, qui comptaient sur nos divisions intestines, regretteront bientôt de nous avoir provoqués! »

A cette harangue, dont la fin avait au moins quelque chose de bon, l'Empereur fit une de ces réponses graves, solennelles, à la manière antique, et dont la postérité devra garder la mémoire. Il venait d'étendre la main sur l'Évangile pour prêter serment à la constitution, lorsque, saluant de sa toque la foule émue, et se couvrant avec dignité, il fit entendre ces belles paroles :

« Empereur, consul, soldat, je tiens tout du peuple. Dans la pros-
« périté, dans l'adversité, sur le champ de bataille, au conseil, sur le
« trône, la France a été l'objet unique et constant de mes pensées et
« de mes actions. Comme ce roi d'Athènes, je me suis sacrifié pour
« mon peuple, dans l'espoir de voir réaliser la promesse donnée de
« conserver à la France son intégrité naturelle, son honneur et ses
« droits. L'indignation de voir ces droits, acquis par vingt-cinq
« années de victoires, méconnus et perdus à jamais; le cri de l'hon-
« neur flétri, et les vœux de la nation, m'ont ramené vers ce trône
« qui m'est cher parce qu'il est le palladium de l'indépendance
« de la nation. En traversant, au milieu de l'allégresse publique, les
« diverses provinces de l'Empire pour arriver dans ma capitale, j'ai

« dû compter sur une longue paix : les nations sont liées par les traités
« conclus par leurs gouvernements, quels qu'ils soient. Ma pensée se
« portant alors tout entière sur les moyens de fonder notre liberté par
« une constitution conforme à la volonté et à l'intérêt de tous, je con-
« voquai le *champ de mai*. Je ne tardai pas à apprendre que les princes
« étrangers, qui ont méconnu tous les principes, froissé l'opinion et
« les plus chers intérêts de tant de peuples, voulaient encore essayer
« de nous faire la guerre. Il a donc fallu se préparer à la guerre.
« Toutefois, devant courir personnellement les hasards des combats,
« ma première sollicitude a dû être de constituer sans retard la nation,
« et le peuple a accepté l'acte que je lui ai présenté. Français ! lorsque
« nous aurons repoussé ces injustes agressions, et que l'Europe sera
« convaincue de ce qu'on doit aux droits et à l'indépendance de vingt-
« huit millions d'hommes, une loi solennelle, faite dans les formes
« voulues par l'acte constitutionnel, réunira les différentes dispositions
« de nos constitutions aujourd'hui éparses. Français ! vous allez re-
« tourner dans vos départements : dites aux citoyens que les circon-
« stances sont graves ; qu'avec de l'union, de l'énergie et de la persé-
« vérance, nous sortirons victorieux de cette lutte d'un grand peuple
« contre ses oppresseurs ; que les générations à venir scruteront sévè-
« rement notre conduite ; qu'une nation a tout perdu quand elle a perdu
« l'indépendance. Dites-leur que les souverains étrangers que j'ai
« élevés sur le trône, ou qui me doivent la conservation de leur cou-
« ronne, que ces souverains, dis-je, qui, au temps de ma prospérité,
« briguaient mon alliance et ma protection, dirigent aujourd'hui tous
« leurs coups contre ma personne. Si je ne voyais que c'est à la patrie
« qu'ils en veulent, je mettrais à leur merci cette existence contre
« laquelle ils se montrent si acharnés ; mais dites aussi à vos conci-
« toyens que, tant que les Français me conserveront les sentiments
« d'amour dont ils me donnent tant de preuves, cette rage de nos
« ennemis sera impuissante, parce que mon honneur, ma gloire et
« mon bonheur ne peuvent être autres que l'honneur, la gloire et le
« bonheur de la France ! »

Quelle différence entre le langage des électeurs et ces phrases em-
preintes d'un si haut caractère ! Napoléon parlait ici la langue du
peuple ; autour de lui se groupait l'armée, fière de son César comme

lui était fier d'elle! Puis il distribua les aigles et les drapeaux à la garde nationale, à la Garde impériale et aux troupes de ligne.

— Soldats de la garde nationale de l'Empire! s'écria-t-il, soldats de ma Garde, troupes de terre et de mer! je vous confie l'aigle impériale!... Vous jurez de la défendre, au prix de votre sang, contre les ennemis de la patrie? vous jurez qu'elle sera toujours votre signe de ralliement?... Vous le jurez?

— Nous le jurons! fut le cri unanime qui retentit comme le tonnerre.

Dans ces sortes de cérémonies, chaque fois que Napoléon restait général, consul, empereur, il était toujours dans son élément, et rien ne pouvait égaler son geste, son regard, ses inflexions de voix, enfin sa grandeur : il laissait dans les âmes une empreinte profonde.

Le spectacle qu'offrit cette journée ne sortira jamais du souvenir de ceux qui en furent témoins; et bien certainement il était dans la pensée de tous que, à aucune époque de la révolution, les soldats n'avaient paru mieux disposés à défendre l'indépendance de la patrie. Napoléon lui-même quitta le Champ-de-Mars persuadé qu'il pouvait compter sur les sentiments que le peuple et surtout la Garde lui avaient montrés; et, dès lors, il ne songea plus qu'à aller à la rencontre de l'orage qui s'amoncelait en Belgique.

CHAPITRE V.

LA GARDE PENDANT LA CAMPAGNE DE BELGIQUE, EN 1815.

BATAILLE DE WATERLOO.

A son retour de l'île d'Elbe, Napoléon n'avait trouvé en France que quatre-vingt mille soldats disponibles, tandis que les puissances étrangères comptaient huit cent mille hommes sous leurs drapeaux. Le temps et les moyens manquèrent donc à l'Empereur : il fit tout ce qu'il put, mais il est des choses au-dessus de l'humanité. Comment armer des places fortes sans matériel? Comment mettre des hommes en ligne sans leur donner les moyens d'entreprendre une campagne? L'armée était pleine de dévouement et de zèle; elle s'était recrutée de vieux soldats sortis des prisons d'Angleterre, des déserts de Russie : tous savaient bien qu'il s'agissait de leur cause. Ils avaient voulu leur empereur, il fallait le garder; ils avaient désiré leurs aigles, il fallait mourir autour d'elles, en leur imprimant encore ce rayon de gloire qui avait brillé à Austerlitz, à Iéna, à Friedland, à Wagram et à la Moskowa.

A travers ces sentiments d'enthousiasme il se mêlait quelque chose de triste : ce fanatisme qui, jadis, faisait courir au triomphe, en chantant, n'existait plus dans les rangs des soldats de la Garde; ils avaient la rage au cœur contre l'ennemi commun, mais une rage sombre qui se renfermait dans ces seuls mots : «Vaincre, s'il est possible; mourir, si nous ne le pouvons pas. » Les chefs de corps étaient trop éclairés pour ne point voir que les ressources du pays étaient disproportionnées en raison des immenses préparatifs de l'Europe. Il n'y avait donc que peu de chances de succès; mais au moins succomberait-on sur le champ d'honneur. Et puis, il faut le dire, la troupe n'avait qu'une faible confiance en ses nouveaux officiers; elle croyait toujours avoir des traîtres dans ses rangs. La discipline, en se relâchant, avait porté un coup mortel à l'obéissance passive : le soldat raisonnait, discutait ; l'officier avait une certaine terreur morale sur la suite des événements ; quelques-uns même étaient divisés d'opinions. En un mot, si l'armée qui partait pour Waterloo avait incontestablement la même bravoure que celle d'Austerlitz, elle n'avait pas le même esprit, et cela devait porter malheur à la campagne qui allait s'ouvrir.

Cependant Napoléon avait choisi, comme toujours, des lieutenants de capacité et d'énergie : les généraux Michel, Reille, Gérard, Vandamme, Mouton, étaient des officiers de premier mérite. La supériorité militaire du maréchal Soult le fit désigner pour major général de l'armée. Grand organisateur, il devait ainsi remplacer Berthier, qui n'était pas venu reprendre de service auprès de son ancien général, de son empereur : capitaine des gardes du corps de Louis XVIII, il s'était retiré en Allemagne, où une triste destinée l'attendait. Ce changement seul indiquait une modification considérable dans les rapports de l'armée avec son chef suprême. Ce qui distinguait admirablement Berthier, c'était l'obéissance passive, une activité merveilleuse à saisir et à exécuter les ordres de l'Empereur ; sans avoir jamais une pensée à lui, il était le miroir fidèle où se reflétait la pensée de Napoléon. Le maréchal Soult, tout en ayant les qualités de Berthier, n'était point alors aimé de l'armée ; on se défiait de lui, mais bien à tort : il avait loyalement servi les Bourbons ; il servit loyalement Napoléon, dans ses fonctions de major général.

Le maréchal Ney avait demandé un commandement qu'on ne pouvait refuser à sa valeur brillante, au sacrifice qu'il avait fait d'un serment solennel : il avait donné des gages récents ; mais, tout en sacrifiant les Bourbons, il avait à peine regagné la confiance de l'Empereur. Le maréchal Grouchy recevait aussi un commandement supérieur : la vie militaire du maréchal Grouchy n'avait rien qui le plaçât au-dessus des généraux Gérard, Reille, Mouton, Lamarque, Clausel, et de tant d'autres officiers de mérite qui entouraient Napoléon. Ainsi l'Empereur, en entrant en campagne, ne possédait plus les hommes qu'il avait habituellement sous la main. Il trouvait encore des dévouements chauds, des têtes brûlantes, mais il connaissait mal leur valeur et leur spécialité. La seule capacité militaire en première ligne était le maréchal Soult : en le plaçant près de lui comme major de l'armée, Napoléon lui assignait un poste en dehors de ses habitudes et bien au-dessous de son mérite. Et puis tout s'était fait avec trop de précipitation : les soldats et les chefs n'avaient pas eu le temps de se connaître ; les régiments de la Garde avaient été formés à la hâte, on les avait recrutés de toutes les manières ; leurs rangs s'étaient augmentés d'officiers en demi-solde, qui avaient plus de courage que d'instruction et d'expérience. Il y avait encore une Garde impériale, mais il n'y avait plus de hiérarchie. Le séjour hors de Paris, qui, aux glorieuses époques, ne faisait que fortifier l'officier dans son dévouement à la patrie, l'avait, au contraire, attiédi ; le soldat de la Garde, qui avait toujours eu un instinct si profond, semblait comprendre qu'il n'avait plus, comme jadis, toute la France pour lui ; la classe bourgeoise était effrayée, les classes supérieures hostiles à l'ordre de choses. Restaient les fédérés, mais ces derniers avaient excité une extrême antipathie, même chez la troupe de ligne.

Cependant, au 1er juin, l'effectif de nos forces avaient été porté à quatre cent mille hommes ; mais l'insurrection ranimée dans la Vendée, la garde des ports, celle des frontières du Midi et de l'Est, les garnisons des places fortes du Nord, ne laissaient pas plus de cent vingt mille hommes disponibles. Napoléon, néanmoins, se décida (selon sa coutume) à prendre l'offensive ; et quelques jours avant son départ pour aller se mettre à la tête de son armée, on lut dans *le Moniteur* l'article suivant, rédigé en forme de bulletin, relatif à la Garde impériale :

« On a augmenté la vieille Garde de trois bataillons ; douze autres, « formés de militaires rentrés qui ont fait plusieurs campagnes, vien-« nent d'être réunis à la jeune Garde.

« La Garde impériale reçoit tous les jours de nombreux renforts ; « dans peu, elle sera portée à quarante mille hommes. Le général « Drouot est nommé aide-major général de la Garde ; le général « Friand commande les grenadiers à pied, et le général Morand les « chasseurs à pied de la vieille Garde. Le général Guyot commande les « grenadiers à cheval ; le général Ornano, les dragons ; le général « Colbert, les lanciers ; et le général Lefèvre-Desnouettes, les chas-« seurs à cheval. Le colonel Deschamps commande l'artillerie légère, « qui aura bientôt quatre-vingts pièces de canon attelées. Les Polonais

« sont commandés par le colonel Germanowsky, qui a accompagné
« l'Empereur à l'île d'Elbe.

« Les trois divisions d'infanterie de la jeune Garde sont commandées
« par les généraux Brayer, Meunier et Barrois.

« L'Empereur a passé en revue les différents corps de la Garde im-
« périale, les gendarmes de la garde de Paris et les sapeurs-pompiers.
« Toutes ces troupes étaient dans la plus brillante tenue. Sa Majesté a
« parcouru les rangs à pied, et a inspecté les régiments dans le plus
« grand détail. La revue, commencée à une heure, n'a fini qu'à six
« heures du soir. Pendant tout le temps qu'elle a duré, les cris de
« *Vive l'Empereur!* n'ont pas cessé de se faire entendre jusqu'à la
« rentrée de Sa Majesté à l'Élysée-Napoléon. »

L'armée avait été divisée en trois corps : Ney commandait la gauche, forte de quarante-huit mille hommes et de cent seize pièces de canon ; Grouchy, à la droite, comptait sous ses ordres trente-huit mille hommes et cent douze bouches à feu ; enfin, au centre, l'Empereur avait réuni, avec cent trente-quatre canons, trente mille hommes, dont la vieille Garde faisait partie : c'était l'élite de ses troupes.

Toutes ses dispositions prises, Napoléon partit de Paris le 12 juin 1815 pour aller à Soissons rejoindre le quartier-général, qui l'y attendait. Il visita cette place, passa en revue la garnison, et alla coucher le même soir à Laon. Le 13, il était à Avesnes. Là, il eut une conférence avec les maréchaux et les différents chefs de corps de son armée, et publia dans cette ville un ordre du jour qui indiquait les positions que chacun devait occuper le 14. Voici celles de ces dispositions qui concernaient plus spécialement la Garde :

« L'infanterie de la Garde bivouaquera à un quart de lieue en avant
« de Beaumont, et formera trois lignes : la jeune Garde, les chasseurs
« et les grenadiers. »

Le 14, le quartier-général impérial fut porté à Beaumont, où fut réglé l'ordre de mouvement pour le lendemain 15 juin, ainsi conçu pour ce qui était relatif à la Garde seulement :

« La jeune Garde battra la diane à quatre heures et demie du matin,
« et se mettra en marche à cinq heures ; elle suivra le mouvement du
« sixième corps sur la route de Charleroi.

« Les chasseurs à pied de la Garde battront la diane à cinq heures,

« et se mettront en marche à cinq heures et demie, pour suivre le mou-
« vement de la jeune Garde.

« Les grenadiers à pied de la Garde battront la diane à cinq heures
« et demie, et partiront à six heures, pour suivre le mouvement des
« chasseurs à pied.

« Les bagages de la Garde seront réunis à ceux des troisième et
« sixième corps de l'armée.

« Les marins et les sapeurs du génie de la Garde marcheront après
« le premier régiment du troisième corps.

« Enfin, la cavalerie de la Garde suivra le mouvement sur Charleroi,
« et partira à huit heures*. »

Le 15 juin, l'armée franchit la frontière, passa la Sambre et prit Charleroi. Les armées coalisées, ignorant encore les mouvements de nos troupes, n'avaient pas effectué leur réunion; le but de Napoléon était de frapper un grand coup au centre de leur ligne, et de la couper.

Le maréchal Ney devait marcher sur la position des Quatre-Bras, point où se réunissent les différentes chaussées qui conduisent à Bruxelles, afin de contenir les Anglais et de les empêcher de porter secours aux Prussiens, que l'Empereur, avec le reste de ses forces, devait attaquer; mais le mauvais état des chemins empêcha le prince de la Moskowa d'exécuter ce mouvement dans la journée, comme il en avait reçu l'ordre.

Napoléon trouva le 16, près de Fleurus, entre Saint-Amand et Sombref, l'armée de Blücher, forte de cent mille hommes, rangée en bataille, et faisant face à la Sambre : l'armée française se mit en ligne devant les Prussiens, et Napoléon envoya aussitôt à Ney l'ordre de laisser seulement un détachement en observation aux Quatre-Bras, et de rabattre en toute hâte sur Bry, pour venir prendre l'ennemi à dos.

Il attendait avec sécurité l'effet de cette mesure, qui devait assurer la destruction de l'armée prussienne, et il s'apprêtait à commencer le combat dès que le canon annoncerait l'arrivée du maréchal, deux lieues et demie seulement séparant les Quatre-Bras de Sombref. Le

---

* Le total de l'effectif de la Garde présent sous les armes n'était que de quatorze mille hommes d'infanterie et quatre mille hommes de cavalerie; l'artillerie se composait de quatre-vingt-seize bouches à feu : en tout, y compris l'administration, vingt-cinq mille hommes à peu près.

temps s'écoulait, et Ney ne paraissait pas. A quatre heures après midi, malgré le retard de son lieutenant, l'Empereur résolut d'attaquer; les moments étaient précieux : en laissant finir la journée, il risquait de ne plus trouver l'occasion de battre l'armée prussienne isolée. L'effort de nos troupes se porta donc à la gauche, vers Saint-Amand, afin d'attirer Blücher de ce côté, pour qu'il ne pût opérer sa retraite; tout était disposé pour enfoncer son centre aussitôt qu'il l'aurait dégarni. Les Prussiens se battirent avec résolution. A six heures, rien n'était encore décidé. Une dernière et vigoureuse attaque eut lieu : le village de Ligny, qui couvrait le centre de l'armée prussienne, ayant été pris, celle-ci fut culbutée et sa déroute fut complète. Mais Ney n'avait pu déboucher à temps des Quatre-Bras, et le village de Bry n'était pas occupé : cette fatalité sauva l'armée ennemie, qui fila tout entière par ce village; l'obscurité de la nuit favorisa sa retraite; elle perdit néanmoins quarante pièces de canon, et eut environ vingt mille hommes mis hors de combat. Le désordre avait été tel parmi les Prussiens, que, le lendemain, Blücher n'avait pu rallier trente mille hommes d'entre eux.

Le retard attribué à Ney n'avait eu pour cause qu'un combat glorieux pour lui : ce maréchal, ayant apporté un peu de lenteur dans sa marche, avait trouvé les Anglais déjà établis aux Quatre-Bras, et, malgré l'opiniâtreté de ses attaques, il n'avait pu les en déloger.

Cependant le but de Napoléon était atteint : la ligne ennemie se trouvait coupée, et Blücher séparé de Wellington. Grouchy, récemment élevé à la dignité de maréchal, fut chargé de poursuivre les Prussiens, tandis que Napoléon, se rabattant sur la gauche, allait rejoindre Ney pour attaquer l'armée anglaise.

Celle-ci avait pris position en avant de la forêt de Soignies; son nombre s'élevait à cent vingt mille hommes : Anglais, Écossais, Belges et Hanovriens. Wellington paraissait décidé à accepter la bataille; Napoléon en fut ravi. C'était un premier succès de ses combinaisons, et un véritable coup de fortune que d'obliger les deux généraux ennemis à combattre ainsi successivement et isolément. Il envoya aussitôt à Grouchy l'ordre d'occuper le défilé de Saint-Lambert, afin que, s'il ne prenait pas une part active à la bataille, en tombant sur la gauche de l'armée anglaise, il préservât du moins le flanc droit de la nôtre.

La pluie, qui n'avait cessé de tomber par torrents pendant la journée du 17 et dans la nuit du 17 au 18, avait tellement détrempé le terrain, qu'il était impossible d'y manœuvrer, bien que le temps se fût éclairci le 18 au matin; il fallut attendre, pendant quelques heures, que le soleil eût rendu au sol quelque consistance.

L'Empereur avait reconnu la position de l'ennemi (en avant du village de Mont-Saint-Jean, à l'embranchement des routes de Nivelle et de Charleroi à Bruxelles): c'était une colline en pente douce, favorable à l'artillerie, et d'où Wellington pouvait apercevoir tous nos mouvements. Vers dix heures et demie, Napoléon ordonna l'attaque sur la droite de Mont-Saint-Jean; mais le maréchal Ney, ayant trouvé que le terrain, coupé par un ruisseau encaissé, formait un bas-fond bourbeux où il était impossible de passer avec de l'infanterie, fit proposer à l'Empereur de remonter à la naissance du ravin, qui conduisait au centre de l'ennemi, vers la Haie-Sainte, et Napoléon y consentit. Deux raisons l'y avaient décidé: la première, c'est qu'on allait attaquer l'ennemi par son centre, genre d'attaque dont il appréciait justement l'avantage; la seconde, c'est que les coalisés, adossés à la forêt de Soignies, n'avaient pas d'autre retraite que la chaussée de Bruxelles: or, en perçant l'armée anglaise par le centre et en poussant directement par cette chaussée, on pouvait se rendre maître du débouché de la forêt de Soignies, et alors les deux ailes, séparées l'une de l'autre et privées de communications avec Bruxelles, se seraient trouvées gravement compromises.

Le combat s'engagea, vers onze heures, par une attaque de la gauche française contre la droite ennemie, attaque ordonnée afin de tromper le général anglais; et en effet, Wellington renforça aussitôt sa droite de ses meilleures troupes. Pendant ce temps, un événement fâcheux arrivait à nos colonnes d'attaque: Ney, formé devant Papelotte, avait mis ses divisions en marche pour opérer l'attaque convenue; mais son artillerie, embourbée dans les terres délayées par huit jours de pluie, ne pouvait pas les suivre; la cavalerie ennemie s'élança sur une de nos brigades et sur ces pièces, éloignées de tout secours; l'infanterie était trop serrée pour combattre, quelques bataillons furent entamés, et les cavaliers anglais, sabrant les conducteurs et coupant les traits ainsi que les jarrets des chevaux, mirent momentanément quelques-unes de nos pièces hors de service. Une brigade de cuirassiers français accourut et anéantit cette cavalerie. Le maréchal Ney se vit forcé de continuer, sans artillerie, sa marche sur la Haie-Sainte ; néanmoins, soutenu par les batteries françaises du centre, il aborda la position avec sa bravoure ordinaire et culbuta tout devant lui. Notre cavalerie exécuta plusieurs charges brillantes sur la ligne anglaise, et perça jusqu'aux réserves de Wellington.

La vigueur de la défense avait répondu à celle de l'attaque ; et, malgré la supériorité de l'artillerie ennemie, qui, favorisée par son immobilité, continuait à tirer, nos colonnes n'en faisaient pas moins de sensibles progrès : déjà la Haie-Sainte avait été emportée, et Ney s'y était établi. Tout à coup, on annonce à l'Empereur que des troupes en marche se montrent du côté de Saint-Lambert : on crut d'abord que c'était le corps de Grouchy, qui, attiré par le bruit du canon, venait prendre part au combat ; mais bientôt des prisonniers firent connaître que la colonne qui débouchait du défilé (il n'avait pas été occupé !) était le corps de Bulow, qui, ayant opéré sa jonction avec Blücher, formait l'avant-garde de l'armée prussienne.

Napoléon eut peine à en croire ses yeux ; mais enfin il fallut bien qu'il se rendît à l'évidence.

Aussitôt, et sans cesser de combattre au centre, il donna l'ordre à la jeune Garde, qui se mettait en mouvement pour soutenir le maréchal Ney, de se porter sur la droite, afin de contenir les Prussiens. — Il n'était encore que deux heures de l'après-midi, et il espérait avoir le temps d'achever la défaite de Wellington avant l'arrivée de Blücher. — Notre cavalerie s'élança de son côté et chargea les masses anglaises qui occupaient le plateau de Mont-Saint-Jean. Ce dernier effort devait être décisif ; mais Wellington avait été prévenu de l'approche de son allié, et avait compris l'importance de tenir en ligne jusqu'à ce que l'armée prussienne pût y entrer à son tour. Le combat s'engagea donc avec fureur, et un carnage horrible commença. Les fantassins anglais, formés en carrés, mouraient à leur poste, et pendant deux heures nos cuirassiers continuèrent à décimer leurs bataillons ; ni l'artillerie ni les baïonnettes ne purent arrêter leurs charges impétueuses : douze mille Anglais tombèrent sous leurs coups.

Déjà la route de Bruxelles était couverte de fuyards ; les soldats, jetant leurs armes, cherchaient un refuge dans la forêt voisine ; Wellington se considérait comme vaincu, et, désespérant de prolonger la résistance, allait donner le signal de la retraite, lorsque Blücher et ses colonnes parurent. Une partie de ses divisions, en débouchant sur le champ de bataille, lia le corps de Bulow avec la gauche de Wellington, et le reste prolongea notre droite pour la tourner.

La certitude d'être secourus avait ranimé le courage des Anglais : aussi passèrent-ils d'une défense passive à une attaque furieuse. Nos soldats, épuisés par le combat de la journée, firent un mouvement rétrograde ; la Garde s'avança en vain pour les soutenir. L'arrivée des Prussiens sur la Haie-Sainte avait totalement changé la face du combat : ce plateau fut repris par les Prussiens et les Anglais réunis. La Garde, formée en carré, fit en vain une héroïque résistance ; les forces supérieures de l'ennemi, la nuit qui survint, un cri fatal de *Sauve qui peut!* échappé à quelques lâches ou lancé par quelques traîtres, décidèrent la déroute de l'armée française... Napoléon voulait mourir : on l'entraîna presque de force hors du champ de bataille.

Seuls, les bataillons de la Garde, Michel à leur tête, ne reculèrent pas. Au milieu des charges opiniâtres et sans cesse renouvelées, leur général put alors, et avec vérité, faire aux sommations de l'ennemi cette réponse sublime : « La Garde meurt et ne se rend pas ! * »

---

* M. le comte Michel, capitaine au 45ᵉ de ligne, et M. le baron Michel, auditeur au conseil d'État, sous-préfet de Bar-sur-Aube, fils de M. le lieutenant général Michel, tué à Waterloo à la tête du carré des grenadiers de la vieille Garde impériale, adressèrent, en juillet 1845, une requête au roi pour demander que l'ordonnance royale qui autorisait la ville de Nantes à ériger une statue à la mémoire du général Cambronne fût modifiée, c'est-à-dire que la commission chargée de l'érection de ce monument ne fût point autorisée à faire graver au bas de cette statue ces admirables paroles : *La Garde meurt et ne se rend pas !* se fondant sur ce que ces paroles, qui avaient été prononcées par leur père, ne devaient pas être attribuées au général Cambronne.

A l'appui de leur requête, MM. Michel fils établissaient, par le témoignage de MM. Cordier, député du Jura ; Pons, de l'Hérault ; Maurice Duval, le général Harlet, le colonel Magnant, le maire de la ville de Nantes, et d'autres personnes dignes de foi, que l'honorable général Cambronne lui-même avait constamment désavoué ces paroles, que, par erreur, on lui prêtait ; et que d'ailleurs aucun des historiens contemporains ne les lui avait attribuées d'une manière formelle.

Cette requête citait en outre les passages de plusieurs ouvrages qui contestent au général Cambronne ces belles paroles, en les attribuant expressément au général Michel, entre autres : les *Annales historiques de France*, t. II, p. 642 ; la *Biographie des Contemporains*, t. 1ᵉʳ, p. 736 ; le *Dictionnaire biographique des Morts et*

LA GARDE IMPÉRIALE A WATERLOO.

« la Garde meurt et ne se rend pas »

Dès ce moment, la retraite de la Garde dut s'opérer à l'aide de nouveaux prodiges et de sanglants sacrifices. Le feu de l'ennemi était à quatre cents toises derrière la malheureuse armée française ; les chaussées étaient rompues. Le pêle-mêle général, qui avait entraîné Napoléon avec les débris de sa Garde, confondit bientôt, à travers les champs et au milieu de l'obscurité, cavalerie, infanterie, artillerie, caissons et bagages. On vit des officiers et des soldats de la Garde se tuer de désespoir, pour ne pas survivre au désastre dont ils venaient d'être témoins. Le général Duchesne, un des plus braves généraux de la Garde, fut pris et massacré par les Prussiens. L'humanité, l'amitié, la douleur des Belges dérobèrent une foule de blessés à la barbarie prussienne. Le désespoir de ceux qui survécurent et suivirent Napoléon jusqu'à Paris ne peut être comparé qu'à la gloire dont ils s'étaient couverts depuis le commencement de la journée jusqu'à la nuit. Un cortège funèbre s'échappait silencieusement de ces champs de carnage, où deux fois des cris de victoire avaient retenti...

L'état-major impérial gagna Jemmapes, où il tenta vainement d'organiser quelques moyens de défense. Les équipages de l'Empereur avaient été pris : une charrette servit à le transporter de Waterloo à Philippeville, où arrivèrent les voitures du maréchal Soult, et Napoléon monta en calèche avec le grand maréchal Bertrand, qui ne devait

---

des Vivants, t. VII, p. 178 ; les *Victoires et Conquêtes*, t. XXX, p. 223, et t. XXXI, à la table ; la *Biographie des Hommes vivants* (article CAMBRONNE) ; le *Dictionnaire de la Conversation*, t. X, p. 113 ; les *Éphémérides universelles*, t. VI, p. 335 ; les *Fastes de la Légion d'honneur*, t. IV, p. 320 ; etc. etc.

En effet, au nombre des témoignages particuliers que MM. Michel ont produits pour prouver que ces paroles avaient été prononcées par leur illustre père, nous pouvons citer Franck, adjudant-sous-officier aux Invalides, ancien chasseur à pied de la vieille Garde, témoin oculaire de la mort du général Michel ; le baron Martenot, qui commandait le bataillon dans lequel l'Empereur se renferma un moment à la fin de la bataille ; enfin Bertrand lui-même : mais le digne compagnon d'exil de Napoléon ne se borna pas à donner à sa déclaration la forme d'une lettre ; il la consigna, cette déclaration, sur un monument que les fils du général Michel conserveront sans doute éternellement, comme une inappréciable relique : sur une pierre détachée du tombeau de Napoléon, le grand maréchal a écrit ces mots et les a signés de sa main :

« *A la baronne Michel, veuve du général Michel, tué à Waterloo, où il répondit
« aux sommations de l'ennemi par ces paroles sublimes :* LA GARDE MEURT ET NE
« SE REND PAS !

« *Pierre du tombeau de Sainte-Hélène.*

« *Signé :* BERTRAND. »

plus le quitter que pour lui fermer les yeux, à trois mille lieues de la France!...

Ainsi finit la campagne de Belgique, qui, bien que n'ayant duré qu'une semaine, n'en coûta pas moins aux coalisés soixante mille hommes, et à la France quarante mille soldats.

Un an plus tard, le 18 juin 1816, un des *fidèles* de Napoléon lui ayant rappelé, à Sainte-Hélène, que ce jour-là était l'anniversaire de la bataille de Waterloo, ce souvenir produisit sur les traits si mobiles de l'Empereur une impression indéfinissable :

« Journée incompréhensible ! s'écria-t-il avec douleur ; concours de
« fatalités inouïes !... Grouchy ! Ney ! d'Erlon !... n'y a-t-il eu que du
« malheur ?... Ah ! pauvre France !... » Et il couvrit son visage de
ses deux mains ; mais, après un moment de silence, il reprit : « Et
« pourtant, tout ce qui tenait à l'habileté avait été accompli !... Tout
« n'a manqué que lorsque tout avait réussi ! Singulière défaite, ajouta-
« t-il encore, où, malgré la plus horrible catastrophe, la gloire du
« vaincu n'a point souffert, où celle du vainqueur n'a pas augmenté !...
« La mémoire de l'un survivra à sa destruction ; la mémoire de l'autre
« s'ensevelira peut-être dans son triomphe ! »

COMPOSITION ET FORCE NUMÉRIQUE DE LA GARDE EN 1815.

État-major général.			20
Administration.			200

Infanterie.

Grenadiers.	3 régiments.	3,000		
Chasseurs.	3 régiments.	3,000		
Tirailleurs.	6 régiments.	7,200		
Voltigeurs.	6 régiments.	7,200		
		20,400	20,400

Cavalerie.

Grenadiers.	1 régiment.	800		
Chasseurs.	1 régiment.	800		
Dragons.	1 régiment.	800		
Gendarmerie d'élite.	1 compagnie.	100		
Chevau-légers-lanciers.	1 régiment.	800		
		3,300	3,300

Artillerie.	6 comp. à pied (vieille Garde), 4 comp. à cheval (vieille Garde), 1 comp. d'ouvriers, 1 escadr. du train.	1,500
Génie.	1 état-major, 1 comp. de sapeurs-mineurs.	250
Train des équipages.	1 escadron.	200
	Total	25,870

RÉCAPITULATION GÉNÉRALE DE LA FORCE DE LA GARDE PAR ANNÉE.

En 1804.	9,798 hommes.
1805.	12,187
1806.	15,656
1807.	15,361
1808.	15,392
1809.	31,203
1810.	32,150
1811.	51,960
1812.	56,169
1813.	92,472
1814.	112,482
1815.	25,870

CHAPITRE VI.

LA GARDE APRÈS WATERLOO.

LES BRIGANDS DE LA LOIRE ET LE CHAMP D'ASILE.

Paris est une ville étrange ! Quand les bruits du grand désastre de Waterloo se répandirent dans la capitale, il se fit un revirement d'opinions : on passa de la confiance que l'assemblée du *champ de mai* avait inspirée, à l'abattement ; on ne crut plus ni à la destinée de Napoléon, ni à l'infaillibilité de la Garde impériale sur le champ de bataille : on abandonna l'un, on ne songea plus à l'autre, et on ne s'occupa plus que des Bourbons, qui devaient ramener la paix avec eux. Mais, chose plus étrange encore, lorsque les ministres s'efforçaient de régulariser les moyens de résister à l'ennemi commun (les étrangers), les députés ne trouvaient que des murmures et des accusations !

Cependant Napoléon avait abdiqué au palais de l'Élysée ; mais il n'avait abdiqué qu'après avoir été insulté, maltraité même par quelques députés que, pour l'honneur de notre pays, nous ne nommerons pas. Contre la force, la résistance eût été inutile. Lucien Bonaparte avait pris une plume, et avait dit en italien à Napoléon :

— Eh bien, frère, satisfais ces messieurs !

La minute écrite par Lucien avait été dictée par l'Empereur, qui, avant de signer l'expédition, avait effacé de sa main les mots : *Acte d'abdication*, pour les remplacer par ceux-ci : *Déclaration au peuple français*. Cette déclaration était ainsi conçue :

« En commençant la guerre pour soutenir l'indépendance na-
« tionale, je comptais sur la réunion de tous les efforts, de toutes les
« volontés et sur le concours de toutes les autorités nationales. J'étais
« fondé à en espérer le succès, et j'avais bravé toutes les déclarations
« des puissances contre moi. Les circonstances me paraissant changées,

« je m'offre en sacrifice à la haine des ennemis de la France... Puissent-
« ils être sincères, cette fois, dans leurs déclarations, et n'en avoir
« voulu réellement qu'à ma personne ! Ma vie politique est terminée,
« et je proclame mon fils, sous le titre de Napoléon II, empereur des
« Français. Les ministres actuels formeront provisoirement le conseil
« de gouvernement. L'intérêt que je porte à mon fils m'engage à inviter
« les chambres à organiser sans délai la régence par une loi. Unissez-
« vous tous pour le salut public et pour rester une nation indépen-
« dante. »

Mais qu'était devenue la Garde depuis la fatale journée du 18 juin ?

Les généraux Morand et Colbert étaient parvenus à rallier quelques débris de compagnies à Beaumont. De cette ville, ces débris avaient été dirigés sur Paris, où ils étaient venus occuper différentes positions dans les environs. Là, pour récompenser la Garde de sa conduite héroïque à Mont-Saint-Jean, et la dédommager en quelque sorte des fatigues qu'elle avait éprouvées depuis, on la fit continuellement manœuvrer des plaines de Montrouge à la butte Montmartre, et de Montmartre dans la plaine Saint-Denis, sous le prétexte d'imposer à l'ennemi, qui s'était approché de la capitale.

Une seule affaire, importante pour elle, eut lieu au village des Vertus, et le petit combat qu'elle y eut à soutenir fit le plus grand honneur à

l'adjudant-commandant Martin-Laforest. Cet officier supérieur avait reçu l'ordre du maréchal Davoust d'aller prendre le commandement du village des Vertus, près Saint-Denis ; une centaine d'hommes de la jeune

Garde, sous les ordres du colonel Dorser, occupaient cette position. Il fallut mettre le village en état de siége pour le garantir d'une surprise : l'adjudant-commandant Laforest fit donc élever des barricades dans les rues, et prit pour la défense, en cas d'attaque, toutes les dispositions nécessaires. Malgré ces précautions, le 30 juin, à trois heures du matin, les Prussiens, au nombre de trois mille, firent un hourra sur le village, et coupèrent toute retraite aux braves qui s'y étaient retranchés. D'autres hommes que des soldats de la Garde eussent mis bas les armes; mais l'adjudant-commandant Martin-Laforest fit battre la charge, s'avança à la tête de cette poignée de héros, et, arrivé à une portée de pistolet des Prussiens, essuya le feu de leur mousqueterie sans riposter, les culbuta à la baïonnette, et pénétra jusque sur la place de l'église : là, il trouva encore moyen de se faire jour à travers les lances des Cosaques qui s'étaient réunis sur ce point, en escaladant, sous la fusillade la plus vive, les barricades qu'il avait fait élever lui-même pour sa défense. Puis, il forma sa petite troupe en carré, traversa la plaine entre le canal et le village des Vertus, et eut le bonheur, à l'aide d'un feu bien soutenu, de ramener la plus grande partie de ses hommes dans une des redoutes élevées par nous à la Villette.

Le colonel Dorser, commandant de cette petite troupe, fit preuve d'une bravoure admirable : quoique atteint de deux coups de feu, il oublia le danger et ses blessures pour ne songer qu'au salut de ceux qui combattaient sous ses ordres. Dans cette courte mais chaude retraite, apercevant un jeune soldat blessé comme lui au bras, mais qui n'en continuait pas moins de faire feu sur les Prussiens, il l'encouragea de son exemple et de ses paroles, en l'engageant à ne point se démoraliser :

— Ah ! mon colonel, répondit tristement le jeune tirailleur, cette fois, ils sont trop !

Tel fut le dernier trait d'héroïsme de la Garde après cette funeste campagne de Belgique. Sans doute on était loin de prévoir qu'une époque viendrait où, le jour anniversaire du grand désastre de Waterloo, le bruit de joyeuses fêtes retentirait à Paris en même temps qu'à Londres...

La reddition de la France tout entière à l'étranger et aux Bourbons devait être la suite inévitable de l'abdication de Napoléon et de la capitulation de Paris. Les royalistes triomphèrent, les patriotes furent atterrés, la Garde fut indignée ; car, tandis que l'ennemi s'avançait en ravageant le territoire, la commission du gouvernement négociait comme s'il n'eût été question que d'éviter une rupture : on eût dit qu'elle n'était chargée que d'intervenir, par voie de conciliation, entre la France et l'Europe.

En conséquence, dans la nuit du 3 au 4 juillet 1815, les dispositions furent faites pour évacuer les lignes qui protégeaient encore Paris, et les livrer à l'ennemi. Officiers et soldats de la Garde crièrent à la trahison et éclatèrent en menaces ; des bataillons refusèrent d'obéir à l'ordre qui leur était donné d'abandonner leur poste. De vieux grenadiers brisèrent leurs fusils et déchirèrent leurs uniformes ; ils maudissaient les auteurs de la honte imprimée à leurs armes. Quelques-uns de leurs officiers voulurent protester contre la capitulation, et s'opposer à son exécution, en déclarant que le maréchal Davoust avait perdu l'estime de l'armée. S'il fallait subir la loi de l'étranger, du moins, avant de quitter la capitale, les vieux soldats jurèrent-ils de se venger des traîtres et d'en faire justice. Effrayés des suites de cette patriotique exaspération, quelques généraux cherchèrent à la calmer. Docile à la voix de Drouot, la Garde impériale tout entière donna bientôt l'exemple de la résignation.

Mais Fouché, pendant ce temps, mit sur pied la garde nationale ; il évita, autant que possible, de laisser passer la Garde dans Paris, en la faisant diriger en dehors des barrières. Cependant, quelques régiments de ligne refusèrent de partir si on ne leur payait pas leur solde. La commission était sans argent : le banquier Laffitte avança généreusement ce qui était nécessaire pour satisfaire les soldats.

La Garde se mit donc en marche pour se rendre sur la Loire, où d'avance avait été préparé son tombeau. Quand elle eut perdu Paris de vue, quoiqu'elle pressentît sa triste destinée, son attitude devint calme et résignée. La commission, à qui tout faisait ombrage, la résignation comme la menace, craignit encore que Napoléon ne vînt se mettre à la tête des anciens compagnons de ses triomphes, et expédia un courrier à Rochefort pour hâter son embarquement : « Attendu, disait la dépêche, que son séjour en France compromet la sûreté de l'État et nuit aux négociations. »

Il y avait, dans la capitale, beaucoup de généraux et d'officiers de la Garde que les événements avaient empêchés de se rendre à leur destination : la présence de ces braves déplaisait aux alliés et alarmait ceux qui leur livraient la France. Le ministre de la guerre enjoignit à ces officiers, par un ordre du jour, de suivre le grand quartier-général à Orléans, « sous peine de se voir rayés du tableau, comme ne faisant plus partie de l'armée. » Ceux-ci se résignèrent; mais la désertion, cette plaie incurable des armées, se mit parmi les soldats; la contagion s'étendit du bas en haut, et peu à peu les officiers, oubliant leur ancienne réputation de discipline et d'abnégation, abandonnèrent leur drapeau. Il y avait chez eux une démoralisation, une sorte de dégoût facile à comprendre : la capitulation de Paris [*] résumait, en quelques courtes dispositions, mais clairement exprimées, ce qui les concernait spécialement : « D'abord, suspension d'armes, » y était-il dit. « L'ex-Garde impériale se mettra immédiatement en
« marche pour se retirer derrière la Loire, où elle sera licenciée [**].
« Elle emportera avec elle armes et bagages, et emmènera tout son
« matériel de campagne. Les blessés pourront rester à Paris jus-
« qu'à nouvel ordre; ils seront sous la protection des généraux an-
« glais et prussiens. Les employés attachés à l'administration mili-
« taire de l'ex-Garde, leurs femmes et leurs enfants, pourront les
« suivre. Aucun des chefs de corps, généraux, officiers supérieurs,
« officiers et sous-officiers de l'ex-Garde, qui ont combattu contre
« les puissances alliées dans les journées des 16, 17 et 18 juin dernier,
« ne pourra, à l'avenir et à aucun titre, faire partie de la nouvelle
« armée qui va être organisée; etc. » Jamais, de mémoire d'historien, armée n'avait été frappée, par la politique, d'un coup aussi rude.

En 1814, la Garde avait toujours conservé cette espérance d'elle-même qui lui avait fait croire qu'elle serait appelée, tôt ou tard, à un avenir plus heureux; mais après Waterloo, après l'abdication de son empereur, après cette ordonnance qui l'anéantissait, la réaction fut si active, que ces fiers hommes perdirent tout à fait l'espoir de se relever jamais d'une telle catastrophe.

---

[*] Signée le 3 juillet 1815.

[**] Voir notre chapitre précédent.

Avant qu'ils fussent arrivés sur les bords de la Loire, les proscriptions commencèrent à atteindre quelques-uns de leurs chefs. Déjà des officiers généraux avaient été traduits devant des commissions militaires. La proscription s'étendit ensuite et indistinctement dans les rangs inférieurs, et quiconque avait fait partie de la Garde impériale fut frappé directement ou indirectement. Le licenciement opéré [*], tous les officiers de la Garde furent désignés par l'épithète de *brigands de la Loire*, et ne purent ni se montrer à Paris, ni habiter les localités qui leur avaient été assignées pour résidence par le ministre de la guerre : ils y étaient aperçus comme des bêtes fauves, et s'il leur arrivait de manifester le moindre regret du passé, ou de rappeler seulement un souvenir de leur ancienne gloire, on les traînait impitoyablement devant une cour prévôtale, toujours présidée par un ancien émigré. Ce fut alors que la plupart des officiers cherchèrent un refuge chez l'étranger. Les uns allèrent en Turquie, les autres en Grèce, le plus petit nombre en Amérique. Le *Champ d'asile* devint le symbole de l'exil. La gravure du *Soldat laboureur*, d'Horace Vernet, reproduisait avec bonheur le vieux soldat de la Garde impériale, le visage blasonné de cicatrices, la croix sur la poitrine et la bêche à la main, travaillant dans les solitudes du Texas.

Plusieurs de ces proscrits abordèrent dans l'Amérique espagnole, et, modernes condottieri, mirent leur expérience et leur épée au service des provinces insurgées contre la métropole. Ces vieux guerriers vengeaient ainsi les défaites de l'armée française en Castille et en Andalousie, en frappant au cœur la vieille monarchie de Charles-Quint, qu'ils n'avaient pu conquérir.

D'autres fugitifs s'étaient donné rendez-vous aux États-Unis. En juillet 1817, Philadelphie et New-York voyaient avec surprise dans leurs murs les plus fiers noms de la vieille armée impériale, tels que le maréchal Grouchy, les généraux Clausel, Vandamme, Lefèvre-Desnouettes, Rigaud, le colonel Galabert, et un grand nombre d'officiers supérieurs non moins recommandables par leurs services militaires que par la noblesse de leur caractère ; mais un homme dont l'intelligence égalait le courage, un officier général dont le stoïcisme sur le

---

[*] Comme nous l'avons dit dans l'Introduction placée en tête de cette Histoire.

champ de bataille ne le cédait en rien au courage civil, le général Lallemand, en un mot, jugea la situation de tous ses compagnons d'infortune avec une rare sagacité. Il comprit que s'il ne ralliait pas ces guerriers oisifs, ces caractères aigris par le malheur, le nom français, si honoré sur les rives de l'Ohio et du Mississipi, pourrait bien perdre de sa splendeur. Une pente insensible conduit peu à peu le soldat proscrit, lors même que c'est volontairement, au rôle abject d'aventurier, et le général Lallemand avait à cœur de maintenir la devise de sa croix : *Honneur et patrie !* Il songea donc à l'établissement du *Champ d'asile*.

Le Champ d'asile avait été choisi dans la province du Texas, à vingt lieues au-dessus de l'embouchure de la rivière de la Trinité, dans le golfe du Mexique. Ce coin de terre était assez peu favorable au développement d'une colonie : aussi le Champ d'asile—cette noble pensée—et la mise à exécution de son établissement ne furent-ils jamais qu'imparfaitement connus en France; le peu qu'on en apprit fut travesti, commenté et exagéré outre mesure par l'esprit de parti et par les passions politiques. Ce que nous pouvons affirmer, c'est que le Champ d'asile avait deux buts à atteindre. Le premier, officiel, ostensible, était de rassembler ceux que les arrêts des cours prévôtales du royaume de France avaient forcés de quitter la patrie ingrate, et ceux beaucoup moins nombreux qui, dans un moment d'effervescence, étaient bien aises de jouer, en Amérique, le rôle de proscrits amateurs. Le second but, projet mystérieux et secondé sourdement par le commodore anglais, en station dans ces parages, était de créer, au sein même du Mexique, une propagande révolutionnaire, capable de prêter main-forte au parti anglo-libéral, qui voulait démembrer à son profit les riches provinces de l'Amérique et l'héritage de Philippe V. Ainsi cette astucieuse Angleterre, qui avait prodigué pendant six années ses trésors et ses soldats pour arracher au sceptre de Napoléon la Péninsule ibérique, prétendait se servir des mêmes guerriers qu'elle avait jetés sur ses pontons infects, pour dépouiller l'Espagne, sa fidèle alliée, de ses plus florissantes colonies. La politique anglaise est tout entière dans cette conduite inqualifiable.

De l'aveu même de quelques officiers qui ont résidé au Texas, il semblerait résulter que la colonie, dès l'origine, se partagea en deux camps, qui rêvèrent les projets les plus opposés. Les uns n'attendaient que le moment favorable pour courir aux armes et se ranger sous les drapeaux de l'insurrection mexicaine, fomentée par les agents anglais. Les autres, plus pénétrés des principes qui les avaient jetés sur cette terre d'exil, ne songeaient à rien moins qu'à aller arracher Napoléon de son rocher de Sainte-Hélène, à l'aide d'un navire fin voilier, qu'ils espéraient se faire donner par le Mexique, une fois qu'ils l'auraient délivré du joug espagnol. Ainsi ces hommes aveugles ne s'apercevaient pas que, dociles instruments de l'ambition britannique, on aurait pour eux quelques égards tant que l'œuvre à laquelle ils devaient s'associer ne serait pas achevée; mais qu'une fois le Mexique *républicanisé* et arraché des mains de l'Espagne, on briserait les instruments dont on se serait servi, et qu'on ne manquerait pas de les mettre hors d'état d'accomplir la pieuse croisade relative à la délivrance de l'auguste captif de Sainte-Hélène.

Quoi qu'il en soit, le général Lallemand, qui dès 1817 avait communiqué au comte de Survillers (Joseph Bonaparte), alors à Philadelphie, son projet de colonisation, convoqua dans cette ville tous les officiers français dispersés sur le territoire de l'Union, leur expliqua ses intentions, ses moyens d'exécution et ses espérances, et entraîna, par la puissance de sa parole, la presque totalité des officiers subalternes; mais parmi les officiers généraux, le général Rigaud seul adhéra à l'entreprise, qui avait paru folle aux uns, impraticable aux autres, intempestive à tous.

Un navire fut nolisé; on le chargea de vivres pour quatre ou cinq cents hommes. Six pièces de canon, six cents fusils, quatre cents sabres, douze milliers de poudre formèrent la cargaison, qui fut achetée des deniers des proscrits. Puis Joseph Bonaparte fit remettre aux officiers de la Garde nécessiteux, quelques jours avant le départ, une certaine somme pour que ces infortunés, idolâtres d'une noble cause et d'un grand nom, pussent payer les dettes qu'ils avaient contractées pendant leur séjour à Philadelphie. Le frère de l'Empereur se montra soucieux de l'honneur du nom français, en voulant que le caractère des exilés restât exempt de toute tache et de toute récrimination.

L'expédition partit donc de Philadelphie le 17 décembre 1817, à sept heures du matin, fit voile vers Galveston et aborda le 15 janvier 1818. Les réfugiés y débarquèrent leurs provisions de bouche et de guerre, et s'y établirent provisoirement en attendant l'arrivée du général Lallemand. Cette île étant dépourvue de tout, et pour ainsi dire un lieu désert, les Français construisirent quelques huttes avec des roseaux et des débris de naufrage épars sur le rivage, et creusèrent un large fossé autour de leur bivouac, afin de se garantir des attaques des sauvages anthropophages appelés Karaukavës, et se prémunir contre les dispositions encore ignorées des corsaires qui occupaient un coin de l'île, où ils avaient l'habitude de partager les marchandises qu'ils capturaient en mer.

Le 20 mars 1818 (cette date est remarquable), le général Lallemand, accompagné de soixante émigrés à peu près, parut devant Galveston, venant de la Nouvelle-Orléans. Il retrouva ses compagnons d'armes, quoique déjà éprouvés par de rudes souffrances, impatients et plus résolus, plus persévérants que jamais dans leur entreprise. Un seul homme manqua à l'appel : ce fut le jeune Lapeyre, ancien élève de l'École militaire de Saint-Cyr, qui avait été tué en duel. En duel, grand Dieu !... comme si ce préjugé funeste avait suivi les émigrés pour ajouter un fleuron de plus à leur couronne de martyrs !

Le 24 mars 1818, tous les exilés s'embarquèrent pour le Champ d'asile, sur dix grandes chaloupes qu'ils achetèrent à un corsaire. Les commencements de l'installation furent pénibles : la colonie eut à se fortifier contre l'invasion des bêtes féroces et des serpents à sonnettes surtout, qui pullulent dans ces contrées; mais, comme si ce n'eût point été assez de combattre ces ennemis naturels, il fallut aussi que la malheureuse colonie eût à soutenir le choc de circonstances fatales. Les chaloupes, après avoir débarqué les émigrés sur le continent, avaient repris la mer et devaient, en remontant la rivière de la Trinité, transporter les vivres au Champ d'asile : cette flottille erra pendant un mois entier, sans songer que, portant avec elle les ressources les plus précieuses des colons, elle livrait par ses retards ces malheureux aux privations les plus cruelles; enfin elle arriva. Les sauvages Chactas, Cachales et autres, vinrent en grand nombre visiter les colons... La joie, l'espérance, la gaieté même reparurent... La confiance renaissait; on commença à s'organiser.

Trois cohortes, infanterie, cavalerie, artillerie, furent formées, afin de donner à l'établissement l'organisation militaire qui pouvait seule le maintenir et le faire exister. Des fortifications furent élevées contre les attaques des Espagnols et des Indiens. Les réfugiés furent occupés sans interruption à ces travaux pendant les quatre mois qu'ils séjournèrent au Texas. Le camp était gardé avec les précautions et la sévérité observées dans les expéditions de l'empire. Les chefs de bataillon et d'escadron n'étaient qu'officiers; les capitaines n'étaient que lieutenants et sous-lieutenants; enfin les maréchaux-des-logis, les sergents et les sergents-majors n'étaient que simples soldats.

Pour tuer un temps qu'on ne pouvait employer plus utilement, faute de direction et de connaissances spéciales, on se remit à la théorie, aux manœuvres et à l'exercice. Du reste, tout le monde mangeait à la gamelle et bivouaquait comme en Pologne, à l'exception des généraux, des officiers supérieurs et des femmes, pour lesquels on avait construit des huttes assez commodes et assez vastes. Afin d'écarter les bêtes féroces, on entretenait continuellement le feu d'un énorme bûcher, auprès duquel les conteurs se tenaient habituellement. Les émigrés appelaient les alentours de ce feu, le *Palais-Royal ;* et ceux qui y péroraient, les *colibris.* L'esprit français est toujours le même partout et en toutes circonstances. Parfois le général Lallemand venait aussi au *Palais-Royal* narrer ses souvenirs intimes et jetait à tous ces braves, qui s'étaient confiés en son étoile, quelques lambeaux de ses conversations dernières avec Napoléon. Sous l'influence de sa parole, les réfugiés formaient des plans à perte de vue pour enlever Napoléon de Sainte-Hélène, et l'amener... où?... au Champ d'asile !...

Cependant le gouvernement mexicain, instruit que des Français turbulents s'étaient cantonnés sur une portion de son territoire sans lui en demander l'autorisation, songea à se débarrasser de ces hôtes incommodes, et, pour y parvenir, commença par envoyer un corps de troupe de douze cents baïonnettes, dans l'intention de détruire le Champ d'asile. Ce corps avança rapidement vers le Texas : des Indiens, alliés des Français, vinrent avertir ceux-ci de l'approche de l'ennemi.

La colonie ne comptait pas deux cents hommes, et encore sur ce nombre un tiers était-il en proie aux maladies les plus graves. Nonobstant l'infériorité du nombre, on se prépara à repousser l'ennemi, à combattre et à mourir *à la française,* pour nous servir de l'expression de l'un des exilés. Mais le général espagnol, soit que ses instructions exigeassent qu'il ne prît pas l'initiative de l'attaque, soit qu'elles se bornassent à lui prescrire de former une espèce de cordon sanitaire, se campa lui-même à trois journées du camp français, en laissant aux maladies et au découragement le soin de détruire un établissement qui n'avait rien de sérieux. Le général espagnol avait bien jugé et n'attendit pas longtemps.

Les réfugiés, ne voyant plus rien venir ni d'Europe ni des États-Unis, et commençant à comprendre que les déceptions sans nombre dont ils avaient jusque-là été les victimes provenaient de leur aveuglement et de leur ineptie, se décidèrent enfin à quitter cette terre maudite, et le 6 août, ils évacuèrent le sol du Texas, sans être inquiétés ni par les Espagnols ni par les Indiens. La retraite se fit en bon ordre, et la petite marine que possédaient les Français les transporta des rives de la Trinité dans l'île de Galveston, qu'ils atteignirent le 12 du même mois et qu'ils occupèrent pour la seconde fois, lorsqu'un horrible événement vint tout à coup mettre le sceau à la misère générale.

Le 10 septembre 1818 une tempête affreuse éclata sur le golfe du Mexique : cette tempête souleva les eaux avec une telle violence, que les flots submergèrent l'île et la couvrirent, dans toute son étendue, de sept à huit pieds d'eau. Les pauvres exilés se crurent perdus ; ils se réfugièrent dans deux grandes cabanes solidement construites et peu éloignées du rivage, et là, pendant trois jours et trois nuits, ils luttèrent contre l'élément furieux avec une persévérance inouïe. Leurs vivres, leur poudre, dernier espoir de leur délivrance, tout fut entraîné, englouti par les eaux. Enfin, après une agonie de deux mois, les exilés reçurent du général Lallemand le triste aveu que tout espoir d'atteindre le but proposé s'était évanoui, et qu'en conséquence il les engageait à abandonner l'île de Galveston et à le rejoindre à la Nouvelle-Orléans.

Le 4 novembre 1818, le même corsaire qui avait vendu la première fois aux Français une embarcation leur céda un petit navire, qui servit à transporter à la Nouvelle-Orléans les plus malades. Après quinze jours d'une laborieuse traversée, ces malades arrivèrent dans la capitale de la Louisiane, où la fièvre jaune faisait alors de grands ravages. A peine débarqués, ils moururent presque tous, saisis par le fléau.

La plupart passèrent de l'île sur le continent mexicain, et, dirigés dans leur marche à travers les forêts du Texas par les sauvages, ils atteignirent les premières habitations de la Louisiane, où ils furent accueillis avec générosité par les Louisianais, qui se rappelèrent leur origine française. Quelques-uns des émigrés payèrent, en faisant l'éducation des enfants de leurs hôtes, l'hospitalité qu'on leur offrait.

Quinze mois après ces déplorables événements, en avril 1820, la souscription recueillie en France pour les exilés du Champ d'asile leur fut distribuée à la Nouvelle-Orléans. Mais les maladies et des accidents de tout genre avaient considérablement éclairci les rangs de ces braves et crédules colons. Quarante-sept seulement, sur deux cents, répondirent à l'appel : le reste avait été mangé par les sauvages, noyé, ou décimé par la fièvre jaune.

Quatre-vingt mille francs furent mis à leur disposition ; mais, toujours généreux, ces hommes voulurent que les individus que de trompeuses promesses avaient attirés à la Nouvelle-Orléans partageassent leurs finances, comme ils étaient venus partager leur exil et leurs travaux. Et aujourd'hui, de tous ces braves qui n'eurent d'autre tort que de se laisser bercer par de folles illusions, c'est à peine s'il en reste quelques-uns pour témoigner, devant leurs contemporains, des souffrances incalculables et des poignantes déceptions dont ils furent les patientes victimes.

CHAPITRE VIII.

L'ARC DE TRIOMPHE DE L'ÉTOILE :

Revue des Morts *.

« Le 29 juillet 1836 fut, comme on sait, le jour de l'inauguration de l'arc de triomphe de l'Étoile; et le matin de ce jour, la population se porta vers les Champs-Élysées. D'abord elle regarda, en courant, cette longue file de colonnes et de guirlandes de verres de couleur qui, le soir, devaient éclairer et border de feu la large avenue qui mène à l'arc de triomphe; puis, arrivée au but, elle s'arrêta et considéra avec stupéfaction le géant de pierre dépouillé de ses langes de bois.

« Personne, tant qu'il était resté enveloppé de ses échafaudages, ne s'était imaginé la taille du monument; nul ne s'était figuré sa majesté colossale : aussi l'effet de son apparition, parmi nous, fut-il merveilleux. A voir l'émotion que son aspect faisait naître dans la foule, tout déserté qu'il était des pompes splendides qu'on lui avait promises, on sentait de quelle force eût battu le cœur de la France si on l'eût conviée à une fête solennelle d'inauguration.

« Découvrir l'arc de triomphe, lorsqu'on ne voulait pas l'inaugurer, fut une étrange faute. Il ne fallait pas montrer au peuple la hauteur de ses portes que pour lui dire que, lui seul, était encore assez grand pour y passer sans paraître petit. Mais on humilia la nation

---

* C'est à l'obligeance de notre ami Frédéric Soulié pour nous que les éditeurs de l'*Histoire de la Garde impériale* sont redevables de l'article qu'on va lire, et dont il nous est inutile de faire l'éloge. Seulement, nous dirons que nous n'avons pas cru pouvoir terminer plus heureusement notre livre qu'en sollicitant de l'auteur des *Deux Cadavres*, du *Vicomte de Béziers*, de *Diane de Chivry*, du *Proscrit*, etc. etc., la faveur d'insérer textuellement cet épisode si rempli d'actualité à l'égard de notre œuvre, amenée, de cette façon, aussi laborieusement que dignement à bonne fin.

devant elle-même en faisant de l'arc de l'Étoile une vaine décoration de théâtre qui manquait d'acteurs à sa taille. Ce dernier rejeton de l'Empire, cet enfant posthume de la gloire de nos pères, n'a pas trouvé de bras assez forts pour le présenter aux fonts baptismaux de la patrie. Ce fils qu'il nous avait légué, nous l'avons nourri, mais nous ne l'avons pas adopté : il vit, mais c'est un orphelin sans nom.

« Tout cela se disait, tout cela se pensait autour de l'arc de triomphe ; et, quand la nuit fut venue, on regarda en pitié cette double ligne de feu dont on le couronna, comme pour l'essayer, comme si la capitale de la France ne s'était enrichie que d'un large monument posé pour servir de perspective à une avenue, et qui devait être d'un bon effet pour terminer une illumination de verres de couleur.

« Aussi pourrait-on penser que le hasard fut juste, en éteignant cette fête de lampions qu'on avait allumés dans les Champs-Élysées. Et, en vérité, qu'on nous pardonne de nous être laissé dominer par cette foi superstitieuse qui courait parmi le peuple, pendant qu'il cherchait la fête de sa gloire, la tête sous la pluie et les pieds dans la boue : il disait que l'ombre de son empereur s'était levée debout sur son monument, et avait soufflé sur tous ces feux qui n'éclairaient que la promenade publique.

« En effet, le peuple se souvenait si bien que le soleil obéissait à la fortune de Napoléon et de ses armées, qu'il ne doutait pas que, si on eût dit tout haut à l'orage que ce jour leur était consacré, l'orage n'eût fait comme autrefois et n'eût reculé devant eux.

« Mais nulle voix ne s'est trouvée assez forte pour le dire ; et le jour, comme on sait, n'appartient pas aux morts. Dans toutes les croyances où la foi humaine les a mêlés aux choses de la terre, elle ne leur a laissé que la nuit : la nuit aux fantômes sanglants qui se dressent au chevet du lit des coupables; la nuit aux ombres amies qui viennent s'asseoir au pied de notre couche, pour nous consoler; la nuit à Napoléon et à ses armées, pour saluer leur monument et y passer leur silencieuse revue.

« C'est pour cela que la fête, qui n'avait pas eu lieu durant le jour et parmi les vivants, se célébra la nuit et entre les morts.

« Lorsque toutes les lumières éparses dans cette vaste enceinte eurent disparu une à une, la foule se retira triste et mécontente. Le bruit de ses mille pieds, le murmure de ses mille voix s'effaça lentement ; puis, quand la solitude fut complète et le silence profond, un bruissement nouveau glissa dans l'air, comme le vol d'un oiseau, et une ombre colossale se posa au sommet de l'arc de triomphe. Autour d'elle voltigeait silencieusement le manteau bleu de Marengo, ce linceul de Sainte-Hélène ; elle portait ce chapeau à forme basse et à large envergure qui, dans l'ombre, semblait un aigle accroupi, avec ses ailes déployées ; le front penché en avant, elle laissait tomber ses regards sur la terre, et la fauve clarté qui descendit de ses larges prunelles sembla envelopper le monument comme d'un suaire de feu.

« Alors une voix se fit entendre : elle passa dans le silence comme cette lueur dans les ténèbres, sans s'y mêler.

« — A moi, mon fils ! s'écria-t-elle.

« Et le tombeau du prisonnier de Schœnbrunn s'entr'ouvrit, comme la fosse captive de Sainte-Hélène.

« C'était pour l'ombre du père et du fils deux bans à rompre : celui de la mort et celui de l'exil. Cette nuit, tous deux secouèrent cette double chaîne ; et l'un, parti de Vienne, l'autre de Sainte-Hélène, se rencontrèrent, debout, sur l'arc de triomphe.

« Puis Napoléon tira son épée, et frappa du talon de sa botte le faîte du monument :

« — A moi ! mes braves généraux et mes braves soldats ! a-t-il ajouté ; venez montrer à mon fils l'empire que je lui avais fait, et qu'il n'a pas connu !

« Comme à la parole de Dieu le monde sortit du néant, tous ces vieux soldats, à l'ordre de l'Empereur, sortirent de la tombe, obéissants et empressés.

« — En bataille, mes braves ! en bataille ! dit l'ombre de Napoléon.

« Et tous se rangèrent le long de cette large avenue déserte, à la place de ces colonnes, de ces guirlandes éteintes. Alors Napoléon a levé les yeux, et son regard, plongeant jusqu'à l'extrémité de cette ligne, a éclairé ces six cent mille hommes morts, portant tous au front, non pas le numéro de leur régiment, mais le nom d'une victoire. Ces six cent mille hommes lui présentèrent les armes, et l'Empereur les salua. Puis il reprit encore :

« — Vois-tu, mon fils, voilà l'avenue qui menait autrefois à mon palais des Tuileries. J'y ai passé, vivant, parmi tous ces héros vivants. Écoute et regarde : je vais te les nommer et te les montrer.

« Alors appelant au loin, il dit :

« — A moi, mon fidèle Berthier! viens commander la manœuvre et faire défiler mes beaux régiments.

« Et Berthier, s'étant placé à la droite de Napoléon, donna le signal du défilé ; les tambours se mirent en tête, les musiques s'accordèrent, les trompettes soufflèrent dans leurs instruments de cuivre, les timbaliers frappèrent leurs caisses, les chevaux se cabrèrent en hennissant, et tout cet appareil guerrier se mit en mouvement sans que l'oreille humaine entendît ni le bruit de ces pas de géants, ni l'harmonie de ces marches triomphales; car c'était la revue des morts qui commençait, et les vivants en étaient exclus. Enfin les premiers soldats arrivèrent sous l'immense voûte :

« — Regarde, regarde, mon fils, dit Napoléon : voici Desaix, le sultan juste, qui est mort en me donnant une victoire pour gage d'adieu. Voici Kléber, le dur soldat, qui n'a baissé le front que devant moi, le seul à qui j'aie osé confier l'Égypte, et qui me l'eût gardée si le poignard n'eût fait ce que n'avait osé faire le canon, qu'il avait tant de fois bravé en face.

« Kléber et Desaix passèrent, et des milliers de soldats après eux, avec leur uniforme déchiré et le pantalon rayé tricolore. Napoléon continua :

« — Vois-tu celui qui me tend la main ? C'est Lannes, mon ami. Salut, mon vaillant soldat; tu portes les drapeaux de Lodi, et tu tiens le sabre d'honneur de Marengo !... Dis à la Garde consulaire que je suis content d'elle !

« Lannes passa et des milliers de soldats après lui. Napoléon continua:

« — Regarde, mon fils, comme ils passent! Voici Augereau, l'enfant du faubourg Saint-Marceau, le duc de Castiglione ; il porte aussi un drapeau ; ce n'est pas comme ceux de Lannes, un drapeau qu'il a pris à l'ennemi : c'est le sien, à qui il fit traverser le pont d'Arcole ; c'est son drapeau : la France le lui a rendu tout criblé de mitraille, ne sachant à qui le confier après lui.

« Augereau passa et des milliers de soldats après lui. Napoléon continua :

« — Celui-là qui vient ensuite, c'est Lefebvre; tu vois tous ces soldats qui marchent à sa suite d'un pas infatigable : c'est ma vieille Garde, ma Garde d'Austerlitz et d'Iéna. Salue ce noble soldat, mon fils; lui seul n'a peut-être légué à ses héritiers que l'or dont j'avais galonné son habit de maréchal. Près de lui, un simple capitaine, Chambure, qui défendit avec tant d'audace la ville que Lefebvre avait prise avec tant de courage.

« Et comme Lefebvre était passé, le jeune Napoléon s'écria :

« — Qu'est-ce cela, mon père? qu'est-ce cela?

« — Ce sont mes braves grenadiers... Oudinot n'est pas à leur tête : Oudinot est enseveli dans la vie plus profondément que nous dans notre tombe.

« — Et ceux-là qui viennent ensemble?

« — Les deux Kellermann, le père et le fils : le seul père qui ait mérité, sans moi, la couronne de duc que je lui avais donnée; le seul fils qui ait mérité, sans moi, de porter la couronne que j'avais donnée à son père.

« Les deux Kellermann passèrent; et Napoléon ajouta, en montrant du doigt ceux dont il parlait :

« — Là, dans cette voiture, blessé comme il l'était à Wagram, c'est Masséna, à qui j'ordonnais de vaincre et qui était toujours vainqueur. A côté de lui, c'est Rampon, et après Rampon, l'invincible 32⁰ demi-brigade, une citadelle d'hommes commandés par le plus brave d'entre eux, le bouclier de mes armées porté par un bras de fer.

« — O mon père! comme ils passent vite, tout sillonnés de glorieuses blessures... A peine m'en avez-vous nommé un, sur cent, de tous ces illustres généraux.

« — C'est que la nuit est courte, mon fils, et que l'heure vole. Pressez vos rangs, mes fiers soldats, que je vous voie tous avant le jour.

« Et l'armée défilait rapidement, sortant de l'ombre, rentrant dans l'ombre; et à chaque division, à chaque bataillon qui traversait la porte immense, un hourra s'élevait, disant : *Vive l'Empereur!*...

« Ils virent ainsi passer les chasseurs, avec leurs colbacks aux flammes penchées, les escadrons de Polonais hérissés de lances, les hauts grenadiers sur leurs grands chevaux de bataille et les lourds dragons courant sur les pas de Bessières.

« Puis c'étaient des soldats aux traits basanés par le soleil d'Espagne, vainqueurs à Saragosse, à Lérida, à Badajoz, à Tarragone, à Tudéla, à la Corogne. A leur tête, Pérignon, Suchet, Junot, Moncey, en un mot ceux qui surent combattre sans être guidés par le maître de la victoire. Et comme l'Empereur et son fils les regardaient passer sans cesse, ainsi que les flots d'une mer à qui on a livré une vaste écluse, le jeune Napoléon dit à son père :

« — Et celui-ci, qui porte tant de gloire sur son front modeste et qui pleure en vous tendant les bras, quel est-il, mon père ?

« — C'est mon premier fils, celui-là ; c'est ton frère Eugène Beauharnais, celui qui s'était donné à moi au point de bénir le jour où tu es né, le jour qui lui enlevait une couronne ! Sous ce titre de vice-roi, regarde, il a un cœur de citoyen ; sous cet uniforme si bravement porté, il a l'âme d'un sage ; sous ce dévouement de soldat, il a le cœur et la tendresse d'un fils. Admire-le, enfant, puisque tu n'as pu l'imiter.

« Mais comme Napoléon disait cela, voici un tourbillon de poussière qui s'élève, et son fils s'écrie :

« — Voyez, mon père, voyez ce cheval qui se cabre et qui bondit, ce sabre qui luit comme un éclair, ce panache qui domine la foule comme un drapeau !

« — Ah ! c'est Murat... Le voilà, mon lion à la crinière ondoyante, mon lion qui se battait seul contre des nuées d'ennemis. Doucement, doucement, mon beau soldat ! Pourquoi courir ainsi devant toi ? tu n'as plus six cents lieues de pays à conquérir au galop ; pourquoi parles-tu à tes cavaliers et éperonnes-tu ton cheval ? il n'y a pas d'ennemis derrière cette porte. Ne baisse point ainsi la tête pour passer sous la voûte : si grand que tu sois et que je t'aie fait, je l'ai faite encore plus haute que toi, roi Murat, soldat couronné ! Ne regarde pas d'un œil farouche ton vieil ennemi Davoust ; ne lui montre pas la pointe de ton sabre et ne lui fais pas signe de venir se battre à l'écart. Écoute Belliard, qui te dit qu'un roi ne jette pas son sang à un duel ; et parce que tu gouvernes la mort et que tu la braves à toute heure, ne méprise pas celui qui s'était fait avare du sang de ses soldats.

« — Et quel est celui qui vient après eux, pâle et triste, et laissant pendre le long de sa cuisse le sabre recourbé que son bras ne peut plus soutenir?

« — C'est Poniatowski, l'enfant sans patrie, qui avait adopté la patrie la plus brave pour se croire encore dans la sienne ; c'est Poniatowski, l'intrépide Polonais.

« — Et celui qui traîne à sa suite les prisonniers de toutes les batailles ?

« — C'est Rapp, toujours blessé et toujours guéri la veille d'une victoire, qui a arrosé les champs de bataille de plus de sang qu'il n'en faudrait à la vie de dix hommes. Et maintenant, mon fils, incline-toi et fléchis le genou.

« Le jeune Napoléon obéit, et l'Empereur ajouta, en lui montrant au loin une ombre qui dominait toutes les autres :

« — Voici Ney. Avant que je lui eusse donné le titre de duc, il s'appelait *l'Infatigable;* avant que je l'eusse appelé prince, il se nommait *le Brave des braves*.

« Et s'adressant au maréchal, Napoléon continua d'une voix basse :

« — D'où viens-tu, mon brave Ney, ainsi pâle et couvert de sang? Est-ce de la Moskowa, où tu promenas ta division par le champ de bataille, comme une massue de géant, renversant les corps d'armée à chaque coup que tu frappais? Reviens-tu de ta longue marche à travers les déserts et la faim? Ne sois pas ainsi abattu, mon brave Ney ; tu sais bien que je vais à toi, et que j'ai pris mon bâton pour aller te chercher, à pied, dans la neige. Quoi! rien ne peut te rendre l'audace de tes jours de combat? Quels sont donc, juste ciel! ces douze blessures que tu n'as pas rapportées de tes nombreuses campagnes? Ah! je vois, je vois... les balles des vétérans de mon armée ont percé cette noble et fière poitrine, qu'avaient respectée vingt batailles rangées et soixante combats. Regarde-le, mon fils : il est mort comme un coupable, ce grand guerrier qui était mon ami, et ce n'est pas le seul parmi ceux qui passent qu'on m'a tué ainsi. Vois-tu Labédoyère, mon jeune et brave colonel? ils l'ont tué! Vois-tu Brune? vois-tu Ramel? vois-tu les frères Faucher? la dernière goutte de tout le sang qu'ils avaient versé pour la France, c'est la France qui l'a versée! Mais levez le front, mes braves : l'heure est venue où le supplice vous est compté comme une victoire ; levez le front, et lisez ici vos noms, que je consacre à l'immortalité.

« Et Napoléon ayant baissé son épée jusque sous la voûte, l'éclair de gloire qui en jaillit fit lire à tous les héros leurs noms gravés dans la pierre, et plus profondément encore gravés dans l'histoire ; et les morts virent ainsi ce que n'avaient point vu les vivants.

« Puis le jour est venu, et avec les ombres du ciel se sont enfuies les ombres de la tombe ; et la sentinelle qui veillait à la porte de l'Arc a raconté comment, durant toute la nuit, le vent avait gémi, avec de longs sifflements, à travers les feuillages des Champs-Élysées et sous les voûtes de l'arc de triomphe de l'Étoile. »

CONCLUSION.

NAPOLÉON AUX INVALIDES.

La mort est la grande justicière du monde ; sur la tombe viennent s'éteindre les préventions, les antipathies et les haines de toute espèce. Du moment où le cercueil s'est refermé sur un personnage politique, la calomnie, les accusations l'abandonnent sans retour, et la vérité, cette fille du ciel, vient s'asseoir, comme une sentinelle vigilante, sur les degrés de son tombeau pour défendre la mémoire du citoyen ou du monarque qui, pendant sa vie, a été en butte aux flèches empoisonnées du fanatisme politique ou de l'impopularité souvent aveugle et toujours frémissante !

Les nations elles-mêmes, comme les individus, se sentent désarmées en présence d'une tombe. Le gouvernement anglais, non content d'avoir violé envers l'Empereur captif toutes les lois divines et humaines, s'acharna, durant six années entières, à torturer le grand homme sur le rocher de Sainte-Hélène : il ne lui épargna ni le sceptre de roseau, ni le breuvage d'absinthe, ni la couronne d'épines qui était venue remplacer, sur son large front, le double diadème de Charlemagne et des rois lombards ; il épuisa tout : douleurs physiques, douleurs morales, opprobres et humiliations. Eh bien ! cette Angleterre qui se vengeait ainsi de ses déceptions commerciales, cette Angleterre qui avait attaché le vautour de Prométhée aux flancs de ce géant qui était la France incarnée ; cette Angleterre envieuse, irritable et jalouse, comme une courtisane à laquelle on veut arracher la ceinture d'or qui voile ses turpitudes ; cette Angleterre, disons-nous, s'inclina devant son martyr, dès l'instant où, mort et revêtu de ses habits de bataille, elle le fit sortir de son palais de bois de Longwood pour prendre possession de son sépulcre de granit. Elle se surprit, en contemplant le Titan qui avait succombé à la pesanteur de ses chaînes, à se repentir de son implacable vengeance ; et, lorsqu'elle jeta un regard craintif sur le rocher de Sainte-Hélène, l'échafaud de Charles 1ᵉʳ lui parut moins horrible. Stuart n'avait eu qu'une agonie de six jours : le César de la France avait subi une agonie de six ans ! Stuart avait été abreuvé des insultes d'une soldatesque fanatique : Napoléon avait constamment souffert les insultes d'un geôlier que l'impartiale histoire stigmatisera d'un mépris éternel ! *

L'Angleterre rougit donc des froides persécutions qu'elle avait fait exercer contre un héros trahi par la fortune ; et, pour effacer jusqu'au moindre vestige de ses rancunes, elle consentit à rendre à la France son empereur mort !

On se rappelle encore l'enthousiasme avec lequel la nation tout entière salua le retour des cendres de Napoléon. A l'aspect de ces dépouilles vénérées, le peuple et l'armée oublièrent à quel prix ces cendres augustes nous étaient rendues.

Ces tardives funérailles furent célébrées avec une magnificence digne du héros mort et du peuple vivant. La France, comme au temps des monarques carlovingiens, assistait, par ses représentants, à l'apothéose du grand homme qui avait régné sur elle pendant quinze ans. Les drapeaux de notre jeune armée conduisaient ce grand deuil national, et semblaient recevoir une consécration nouvelle en mêlant les lauriers africains aux palmes d'Aboukir, de Marengo, d'Austerlitz, d'Iéna, de Friedland, de Wagram, de la Moskowa, de Lutzen, de Montmirail et de Waterloo. Dans ce cortége, étincelant des trophées du passé et des trophées du présent, le peuple remarquait avec attendrissement un groupe de soldats peu nombreux et courbés sous le poids de l'âge et des fatigues de la guerre : ces hommes, vêtus des anciens uniformes de l'Empire, étaient à eux seuls un poëme héroïque ; c'étaient les débris de la vieille Garde impériale. En marchant derrière

---

* Il est en Angleterre, nous le savons, un parti qui professe pour notre pays, la mémoire de Napoléon et de sa vieille armée, une estime sincère et d'honorables sympathies. Ce parti-là ne saurait être compris dans nos légitimes récriminations, qui, en bonne justice, ne peuvent guère s'adresser qu'au gouvernement du pays à cette époque.

le cercueil de leur empereur, ces invincibles rappelaient ces centurions romains qui accompagnèrent jusqu'au mont Janicule le cadavre de César.

A l'aspect de ces débris mutilés de nos phalanges si longtemps victorieuses, à la vue de ces glorieux habits encore imprégnés des glaces de la Bérésina et de la poudre de Mont-Saint-Jean, le peuple s'inclina!... Chacun de ces braves lui représentait une victoire, car sur ces étoiles d'honneur qui scintillaient sur leurs poitrines, tant de fois labourées par la mitraille et le fer de l'ennemi, on pouvait lire cette sublime devise de Napoléon : *Honneur et patrie!*

Non, jamais les obsèques d'un monarque n'avaient été plus éclatantes, plus entourées de ce qui rend sacré ces funèbres cérémonies : les regrets et les bénédictions. Pour se faire une idée de la gravité solennelle de ces funérailles, pour en faire passer le récit à la postérité, il faudrait rassembler les traits épars des funérailles de Trajan, de Marc-Aurèle et de Constantin, unies à celles de Charlemagne, de Louis XII, de Du Guesclin et de Turenne. La France reconnaissante, dans ce jour mémorable, paya en effet au héros mort les hommages dus au conquérant, au législateur, en un mot, au grand homme qui sut poser des digues au torrent révolutionnaire, en relevant de la pointe de son épée les autels du vrai Dieu et le trône de Louis XIV.

A ce cercueil si chargé de souvenirs, à ce cadavre auguste, il fallait un sépulcre digne de lui et de la France; on l'avait trouvé : ce fut au milieu de ses braves compagnons de gloire, de ces soldats échappés à la faux des batailles, que la nation décerna une sépulture éternelle à Napoléon. Ce fut aux *Invalides*, dans ce palais somptueux élevé par la munificence du grand roi à la vaillance mutilée ou refroidie par l'âge, que le cercueil de l'Empereur fut déposé, comme dans un sanctuaire où nulle main sacrilége ne saurait troubler son dernier sommeil. La nuit de l'éternité doit être aussi calme pour Napoléon que le fut pour lui la nuit d'Austerlitz. Ici, comme là-bas, il ne pourra plus être distrait que par l'ombre de ses lieutenants, au milieu desquels il se présentera aux derniers jours du monde devant le tribunal de Dieu.

Si l'âme, séparée du corps, peut abandonner le séjour céleste pour planer quelquefois sur la terre, avec quelle joie Napoléon se sera-t-il vu entouré de ce peuple français qu'il aimait avec tant d'amour! avec quel bonheur aura-t-il contemplé la demeure splendide qu'on lui a assignée, selon ce dernier vœu exprimé à Sainte-Hélène : « Je désire que mes cendres reposent sur les bords de la Seine, au milieu de ce peuple que j'ai tant aimé ! »

La coupole d'or du monument de Louis XIV couvre cette noble sépulture ! Des soldats français la garderont jusqu'à ce que la France soit effacée par le temps de la surface du globe ! Les arts de la patrie viendront consacrer à l'envi cette chapelle Saint-Jérôme, où le cercueil de Napoléon, débarrassé des chaînes britanniques, a été descendu libre, et par des mains françaises, au tonnerre de cent pièces de canon.

Oui sans doute, à la voix de ce bronze, aux accents de ce peuple, de cette vieille et jeune armée en proie à une fièvre patriotique, le grand capitaine aura frémi dans son linceul ; sa main se sera portée instinctivement sur la garde de son épée, et, en voyant ses vieux braves se grouper encore autour de son cénotaphe, sa bouche aura pu encore articuler ces mots magiques qu'il prononçait après toutes les grandes journées de la France : « Soldats ! je suis content de vous ! »

Et vous, nobles débris de nos guerres de la République et de l'Empire ; soldats de Jemmapes, de Valmy, des Pyramides, de Marengo, d'Austerlitz, d'Iéna, de Friedland, de Wagram, de la Moskowa et de Waterloo ; vous, fiers soldats de la Garde impériale, dites-nous quelle sainte extase s'est emparée de votre âme quand vous avez vu descendre du char funèbre le corps du héros pour lequel vous aviez versé tant de sang sur tous les champs de bataille de l'Afrique et de l'Europe ? Dites-nous quel noble orgueil vous a saisis au cœur lorsque vous avez appris que les cendres de votre empereur bien-aimé dormiraient désormais sous le même abri que vous, pendant la durée des siècles, et que, seuls, vous seriez les gardiens de ce trésor national, de ce palladium de la gloire et de la grandeur de la France !

Saint-Denis à Louis XIV, à Du Guesclin, à Bayard ! A l'hôtel des Invalides, dans la chapelle Saint-Jérôme, Napoléon et tous les fameux capitaines, dont les toiles vivantes forment, avec les drapeaux suspendus aux voûtes, le plus précieux ornement.

La chapelle Saint-Jérôme est devenue aujourd'hui la Mecque des braves. Sur son parvis de marbre, à toutes les heures du jour, viennent errer pieusement les hôtes du temple sacré : à les voir ainsi marcher timidement, on croirait que ce sont de respectueux enfants qui craignent de réveiller leur père endormi. Deux soldats mutilés, armés d'une lance, veillent la nuit sur le monument funéraire, devant lequel brûle toujours une lampe dont les clartés mystérieuses font jaillir, des veines du marbre et des vitraux, nous ne savons quelles teintes merveilleuses qui invitent à la prière et à la méditation.

Souvent aussi, sur les degrés du tombeau, on voit un vieillard se prosterner et prier : c'est un ancien grenadier de la Garde impériale qui vient redire à son empereur que les soldats de la France d'aujourd'hui sont dignes de leurs aînés, et que les blessés de Saint-Jean-d'Acre et de Mont-Saint-Jean ont adopté les blessés de Mostaganem et d'Isly. Un jour viendra où les nations de l'Europe, rendues au sentiment d'équité qu'amène toujours le temps, inclineront la tête avec respect au souvenir seul des vétérans de la Garde impériale, de cette phalange de géants, impérissable dans la mémoire des hommes, et dont le nom vivra autant que le monde!

NOTICES BIOGRAPHIQUES.

ABOVILLE (Auguste-Marie), major d'artillerie, officier de la Légion d'honneur, naquit à la Fère le 12 avril 1776. Il entra au service comme élève d'artillerie en 1792, et devint capitaine à la fin de 1793; presque aussitôt après, suspendu de ses fonctions, comme noble, puis réintégré dans son grade la même année, il fit avec distinction les campagnes de la revolution aux armées du Nord, du Rhin et d'Italie. Nommé major de l'artillerie de la Garde le 15 décembre 1808, il fit en cette qualité la campagne d'Autriche, où il eut un bras emporté à Wagram le 6 juillet de la même année; nommé général de brigade trois jours après, puis commandant de l'école de la Fère, il parvint à la dignité de pair de France.

ARRIGHI, né en Corse, embrassa de bonne heure la carrière militaire. En 1805, il obtint le commandement d'un régiment de dragons, qu'il conduisit au combat de Wertingen, où il fit des prodiges de valeur; il eut un cheval tué sous lui et tomba au milieu d'ennemis qu'il écarta à coups de sabre; ses soldats lui sauvèrent la vie. A Austerlitz, il avait mérité la décoration de commandant de la Légion d'honneur. Le 19 mai 1806, il fut fait colonel du régiment des dragons de la Garde; peu après, nommé général de brigade et duc de Padoue, il fit la campagne de 1807, et, en outre, se distingua aux batailles de Wagram et de Leipsick. En 1815, Napoléon le créa pair.

BESSIÈRES, duc d'Istrie, maréchal de l'Empire, l'un des colonels-généraux de la Garde, né en 1769 à Pressau (Lot), prit du service dans la légion des Pyrénées le 1er novembre 1792. Son courage et ses talents le firent distinguer dans ses premières campagnes, et il parvint promptement au grade de chef d'escadron à l'armée d'Italie. Aux combats de la Favorite et de Rivoli, il mérita les plus grands éloges, et prouva qu'il était digne d'occuper un rang éminent dans l'armée. Pendant la campagne d'Égypte, il commanda la compagnie des guides du général en chef, et ne cessa de justifier, à la face de l'ennemi, la haute opinion que ses premières armes avaient fait concevoir de lui; le grade de général de brigade devint la récompense de ses services dans cette campagne. A la journée décisive de Marengo, Bessières, au front de sa brigade, vengea glorieusement la mort de Desaix. A la bataille d'Austerlitz, à la tête de la cavalerie de la Garde, il fondit sur la garde impériale russe avec une impétuosité qui rendit toute résistance inutile, lui enleva son artillerie et fit prisonniers ceux qui purent échapper au carnage. Dans cette mémorable campagne, les succès qu'il obtint prouvèrent combien il était digne de commander l'élite de nos braves. Le 1er mai 1813, veille de la bataille de Lutzen, Bessières, voulant reconnaître la plaine, s'avançait du côté des tirailleurs, lorsqu'il fut frappé d'un boulet en plein fouet, qui lui emporta le poignet, lui enfonça la poitrine et l'étendit mort sur la place. Une perte si funeste fut cachée à nos troupes, parce qu'elle aurait pu les décourager : c'est dire tous les regrets que la mort de l'illustre maréchal devait causer.

BARDIN (Étienne-Alexandre, baron), né à Paris. Fils du célèbre peintre qui fut l'émule de David, après avoir consacré ses premières années à l'art qui illustra son père, il embrassa la cause de la liberté et partit en 1792, comme réquisitionnaire, avec un des bataillons du Loiret. Son courage le fit avancer rapidement. Il fut proposé à Napoléon, le 16 décembre 1811, comme colonel des pupilles de la Garde, et nommé en 1813 commandant de la Légion d'honneur, après la bataille de Dresde, où il se distingua à la tête d'une division de jeune Garde.

BERTHEZÈNE (Le baron), né en Provence, se distingua, dès sa jeunesse, dans le métier des armes. Il était en 1807 major du 65e régiment de ligne. En 1811, il fut nommé adjudant général au corps des grenadiers de la Garde. Aujourd'hui le général Berthezène est pair de France. Il avait été gouverneur de l'Algérie après 1830.

BOINOD (Jean-Daniel-Matthieu), naquit le 29 octobre 1756 à Vevey, canton de Vaud (Suisse). Il exerçait la profession d'imprimeur-libraire, lorsqu'il entra au service, en août 1792, comme quartier-maître-trésorier dans la légion des Allobroges. Commissaire des guerres provisoire, le 25 brumaire an II, et employé au siége de Toulon, on lui confia le service de l'artillerie. C'est là que commencèrent ses relations avec Napoléon et que s'établit entre eux cette intimité qui résista à toutes les épreuves. Le gouvernement nomma Boinod commissaire des guerres titulaire le 17 vendémiaire an IV, et l'attacha à l'armée d'Italie, où il déploya tant d'intelligence et de probité, que le général en chef lui envoya une gratification de 100,000 fr., en assignats, il est vrai; mais Boinod, dont le désintéressement égalait le patriotisme, refusa. Vingt-quatre ans plus tard, Napoléon lui tint compte de sa délicatesse, en lui léguant 100,000 fr. par son troisième codicille du 24 avril 1821. Boinod fit la campagne de l'an VIII, à l'armée d'Italie, en qualité d'ordonnateur en chef. Lorsque, en vertu de l'arrêté des consuls, le peuple fut consulté pour savoir si Napoléon Bonaparte serait nommé consul à vie, Boinod, dans l'inflexibilité de ses principes, fut le seul de la vieille armée d'Italie qui protesta par un vote négatif. Le premier Consul n'en montra point offensé, et le 12 vendémiaire an XII, il l'employa près la cavalerie des camps établis sur les côtes de l'Océan. Napoléon ne se rappela cet acte d'opposition que pour comprendre, en 1804, l'intègre citoyen dans la liste des membres de la Légion d'honneur. Boinod fit les campagnes de l'an XIV, à la grande armée, et eut, le 21 juin 1806, l'inspection du 2e corps, dans le Frioul. Le 17 septembre suivant, l'Empereur l'attacha au ministère de la guerre du royaume d'Italie, le nomma chevalier de la Couronne de fer et officier de la Légion d'honneur. Boinod reçut, le 15 mars 1808, une importante mission en Dalmatie, mission dont il s'acquitta avec le plus grand succès. Nommé le 19 avril de la même année inspecteur aux revues de l'armée d'Italie, le prince vice roi, par arrêté du 15 mai 1809, lui confia l'intendance générale de l'armée en Allemagne. Inspecteur en chef, par décret impérial du 20 janvier 1810, Boinod continua de servir à l'armée d'Italie. Lorsque les malheurs de 1812, 1813 et 1814 vinrent peser sur la France; quand celui qui avait rempli l'univers de son nom fut devenu l'objet de l'ingratitude de tous et de la lâche trahison de quelques-uns, Boinod, qui avait protesté contre l'érection de l'Empire, courut se ranger à côté de son bienfaiteur et de son ami. Renonçant à sa position, compromettant son avenir, il se rendit en Suisse, y installa sa famille, traversa l'Italie, s'embarqua à Piombino et débarqua à l'île d'Elbe. Aussitôt que Napoléon apprit l'arrivée de Boinod, il l'envoya chercher et lui fit l'accueil le plus empressé. Le lendemain, un ordre du jour apprit aux troupes que Boinod était chargé en chef des services administratifs de l'île d'Elbe. Rayé des contrôles du corps des inspecteurs aux revues, par ordonnance royale du 13 décembre 1814, Boinod revint en France avec l'Empereur, au mois de mars 1815, et fut nommé inspecteur en chef aux revues de la Garde impériale. Rayé de nouveau des contrôles de l'armée, après la seconde abdication de Napoléon, il fut cependant admis à la retraite, par décision spéciale du roi, du 16 avril 1817, et se vit obligé, pour faire vivre sa famille, d'accepter un modeste emploi d'agent spécial de la Manutention des vivres de Paris, qu'il obtint le 1er mai 1818. Durant les douze années qu'il exerça ces fonctions, il apporta dans ce service des améliorations qui produisirent d'importantes économies pour l'État. Après la révolution de juillet, nommé président de la commission des anciens fonctionnaires militaires, par décision royale du 14 août, il donna sa démission de directeur des subsistances, et le 31 décembre suivant, reprit son rang comme intendant militaire dans le cadre d'activité; le 20 avril 1831, il fut nommé commandeur de la Légion d'honneur, et admis définitivement à la retraite le 27 mai 1832. Après avoir fourni une longue et honorable carrière, cet homme, taillé à l'antique, mourut à Paris le 28 mai 1842. Le corps de l'intendance lui fit élever un modeste tombeau au cimetière du Mont-Parnasse, et lui consacra une médaille de bronze représentant ses traits, avec cette inscription : « Il eut l'insigne honneur de figurer sur le testament de Napoléon. »

CHASTEL (Louis-Pierre, baron), né à Veigl, près Carouge, en Savoie, le 29 avril 1774, était major au 24e régiment de dragons, lorsqu'il fut nommé major en second des grenadiers à cheval de la Garde. En 1805, à la suite de la bataille d'Austerlitz, il fut créé officier de la Légion d'honneur, fit la campagne de Russie en 1812, et se distingua particulièrement à la bataille de la Moskowa : Chastel fut cité avec éloge dans plusieurs bulletins.

CHRISTIANI (Charles-Joseph, baron), major commandant le 2e régiment des grenadiers à pied ; né le 27 février 1772, servit longtemps avec distinction, et se fit particulièrement remarquer le 28 février 1814, au combat de Gué-à-Trim, sur la rive gauche de Thérouane. A Mont-Saint-Jean, il était à la tête du 2e régiment des grenadiers de la Garde.

COLBERT (Édouard, baron), lieutenant général, commandant les lanciers rouges de la Garde. Après avoir servi avec distinction pendant plusieurs années, et avoir mérité son élévation au grade de général de brigade, il se couvrit de gloire dans la campagne de 1809, contre l'Autriche; notamment au combat d'Anstettina, le 4 mai. Il contribua puissamment au gain de la bataille de Raab, où il fut décoré de la Légion d'honneur, et cueillit de nouveaux lauriers à la journée de la Moskowa ; plus tard, il s'empara des magasins considérables de Wiliecka et de Sorcha, et fut nommé commandant des chevau-légers-lanciers de la Garde, qu'il conduisit, en 1813, à Bautzen. Il se fit encore remarquer, en 1814, à Montmirail et à Craonne. Le 28 novembre 1813, il fut élevé au grade de général de division. A la journée de Mont-Saint-Jean, le général Colbert fut blessé et son régiment presque détruit.

CORBINEAU (Jean-Baptiste, comte), né à Marchiennes (Nord) le 1er août 1776, embrassa la carrière militaire au commencement de la révolution. Capitaine des chasseurs à cheval de la Garde à Eylau, il fut nommé chef d'escadron sur le champ de bataille. En Espagne, à la bataille de Burgos, en 1808, il obtint le rang de major ; à Wagram, en 1809, il montra un courage héroïque, fut blessé et nommé général. Ce fut lui qui, en 1812 et lors de la funeste retraite de Russie, trouva à la Bérésina un passage qui sauva une partie de l'armée française. Cet important service le fit nommer général de division et aide-de-camp de Napoléon ; c'est en cette qualité qu'il fit la campagne de Saxe. En 1813, il était avec Vandamme à l'affaire de Culm ; il manœuvra habilement et sauva sa division. Dans la défense de notre territoire, en 1814, il battit les Prussiens et les Russes à Reims, et reprit cette ville. Il se distingua à Montmirail, et rentra dans ses fonctions d'aide-de-camp de Napoléon, à la campagne de Belgique en, 1815.

CURIAL (Philibert-Jean-Baptiste, comte), né à Saint-Pierre-d'Albigny, en Savoie, le 21 avril 1774. Soldat et officier intrépide, il devint chef de bataillon en 1799, pendant la campagne d'Égypte. Colonel du 88e régiment de ligne en 1804, il se distingua à la bataille d'Austerlitz, et fut nommé commandant de la Légion d'honneur. En 1805, colonel-major des chasseurs à pied de la Garde, il ne tarda pas à être fait général. Il se distingua à Eylau et à Friedland. Commandant les tirailleurs de la Garde en 1809, il se fit remarquer les 21 et 22 mai, au combat de Gross-Aspern et à la bataille d'Essling. Général de division en 1810, il commanda les chasseurs de la Garde pendant les campagnes de 1812, et fut chargé, en avril 1813, de l'organisation des douze régiments de la jeune Garde, formés à Mayence ; il les commanda lui-même en Saxe, et se signala de nouveau à la bataille de Wachau, où il fit douze cents prisonniers, parmi lesquels se trouvait le général Meerfeld ; il contribua aussi au gain de la bataille de Hanau contre les Bavarois. Curial sut, par son intrépidité, se placer au premier rang parmi les généraux de la Garde.

DAHLMANN, général de brigade, colonel des chasseurs à cheval de la Garde. Sa vie ne fut qu'une suite de triomphes ; sa mort fut celle d'un héros. A la sanglante bataille d'Eylau, dans la charge générale qui décida la victoire, Dahlmann périt à la tête de son régiment.

DAVOUST (Louis-Nicolas), maréchal de France, duc d'Auerstaëdt, prince d'Eckmühl; né à Annoux le 10 mai 1770, fit ses études à l'École militaire de Paris. Entré dans la carrière des armes en 1785, avec le grade de sous-lieutenant au régiment de Champagne, il passa bientôt au commandement d'un bataillon de l'Yonne, et se fit remarquer à l'armée du Nord par sa brillante valeur. Des services nombreux et importants lui valurent successivement sa promotion à tous les grades, jusqu'à celui de général de brigade. Il servit à l'armée de la Moselle, assista au blocus de Luxembourg, et rejoignit ensuite l'armée du Rhin, où Pichegru l'employa à la défense de Montaigu. Fait prisonnier à la reddition de cette place, Davoust fut échangé quelques mois après, et se trouva, avec l'armée de Moreau, au passage du Rhin, le 20 avril 1797. Là, Davoust se distingua dans les sanglants combats de Diersheim, de Hounau, de Kentzig et de Halasch. Après la conclusion de la paix, il s'attacha à la fortune de Bonaparte, et le suivit en Égypte, où il commanda, sous les ordres de Desaix, la division qui pénétra dans la haute Égypte, et se distingua plus particulièrement à Gizé et à Sion ; il sauva en quelque sorte la flottille qui apportait des approvisionnements à l'armée française. A Samanhout, il chargea à la tête de la cavalerie un nombre considérable d'Arabes, et les mit en fuite; puis il se couvrit de gloire aux batailles de Thèbes, de Kéné, d'Abouhamana, d'Esney, de Cophtos, et concourut puissamment à la glorieuse journée d'Aboukir. Rentré en France en 1800, et fait général de division, Davoust obtint le commandement des grenadiers de la Garde des consuls, fut nommé maréchal de France en 1804, et l'un des majors généraux de la Garde. En 1805, il commanda une des divisions du camp de Boulogne. Appelé en Allemagne en 1805, il se distingua à Ulm et à Austerlitz. En 1807, à Iéna, où il commandait l'aile droite de l'armée, il fit des prodiges de valeur et eut ses habits criblés de balles ; mais il dirigea son corps d'armée avec tant d'habileté sur le village d'Auerstaëdt, que ce mouvement fut regardé comme la principale cause de la victoire. Napoléon lui en témoigna sa satisfaction en lui conférant le titre de duc d'Auerstaëdt. Davoust entra à Berlin à la tête de ses troupes, et pénétra en Pologne. A Eylau, à Heilsberg, à Friedland, il continua d'augmenter sa réputation militaire. La campagne d'Autriche, de 1809, lui fournit de nouvelles occasions de faire briller son courage. Davoust eut une des plus belles parts à la victoire d'Eckmühl, dont le nom, attaché à une principauté, lui fut encore décerné par l'Empereur ; puis il s'empara d'une des îles du Danube, devant Presbourg, qu'il prit, et préluda, à Guzersdorff, à la célèbre bataille de Wagram. Pendant la campagne de Russie, en 1812, il fut chargé du commandement du premier corps. Le 23 juillet, il battit le prince Bagration à Mohilow, et déploya sa valeur habituelle à la bataille de la Moskowa, où il fut blessé et eut deux chevaux tués sous lui. Davoust mit le comble à sa réputation militaire par la belle défense de Hambourg, en 1814, où il résista successivement aux attaques réitérées des Suédois, des Prussiens et des Russes. Après le désastre de Mont-Saint-Jean, Davoust reçut le commandement général de l'armée sous les murs de Paris ; mais ses efforts pour la réorganiser n'ayant pas été couronnés du succès que l'on devait attendre de ses capacités administratives, il signa avec trop de précipitation peut-être la capitulation qu'on eût dû obtenir plus avantageuse. Il se retira ensuite sur la rive gauche de la Loire, et provoqua l'entière soumission de l'armée à l'autorité du roi. Davoust mourut sous la Restauration.

DOGUEREAU (Louis, baron), né à Dreux le 11 juillet 1777; élève de l'école d'artillerie, il fut employé en 1795 à l'armée du Rhin en qualité de lieutenant, puis comme capitaine, en 1799, à l'armée d'Égypte ; et fut blessé au siège de Saint-Jean-d'Acre. Devenu chef de bataillon en 1803, son sang-froid et sa bravoure lui firent obtenir, en 1806, le grade de major dans l'artillerie de la Garde. En 1807, il fut nommé colonel et chef d'état-major de l'artillerie au corps d'armée du général Sébastiani, et fit la campagne d'Espagne ; il se distingua aux batailles de Talavera, de la Reyna et d'Almonacid. En 1813, il fit la campagne de Saxe comme colonel de l'artillerie à cheval de la Garde, et prouva de nouveau combien il était digne de la commander.

DORSENNE. Il entra dans la carrière militaire à dix-sept ans. Né d'un père qui avait passé sa vie à combattre les ennemis de son pays, il ressentit de bonne heure la soif de la gloire : aussi ses premiers pas furent-ils marqués par des actions d'éclat qui l'élevèrent en peu de temps du rang de simple soldat à celui de général ; chaque avancement qu'il obtenait était le prix de quelque trait d'intrépidité ; en un mot, il sut justifier l'opinion que l'Empereur avait eue de lui, et prouva, dans toutes les circonstances de sa vie, qu'il pouvait commander à des officiers tels que ceux que Napoléon choisissait alors pour faire partie de sa vieille Garde. Le maréchal Oudinot, blessé à la bataille d'Essling, fut obligé d'abandonner son commandement : Dorsenne, qui commandait les grenadiers et les chasseurs à pied de la Garde, reçut l'ordre de réunir à ses régiments le corps d'élite des *grenadiers réunis*, privés momentanément de leur valeureux chef. Dans cette bataille, Dorsenne eut deux chevaux tués sous lui : l'un d'eux, en tombant, le renversa et lui fit éprouver une contusion à la tête, qui, par la suite, devait ravir à l'armée un de ses plus braves champions. Rentré à Paris, après la paix de Vienne, il fut envoyé en Espagne avec vingt mille soldats : Napoléon, ayant rappelé près de lui le maréchal Bessières, n'avait point trouvé d'homme plus capable et plus digne que Dorsenne de le remplacer. Celui-ci acheva ce que son prédécesseur avait si glorieusement commencé : il reprit toutes les places que l'on avait perdues, purgea le pays des bandes de guerillas qui l'infestaient, et prit des positions telles, que l'armée anglaise, pour éviter sa destruction, n'eut d'autre ressource que de se retirer promptement dans les défilés du Portugal. Ce fut à la suite de cette brillante campagne que le *beau Dorsenne*, comme on le désignait alors dans l'armée, fut obligé de subir l'opération du trépan, à laquelle il ne put survivre.

DROUOT (Antoine, comte), naquit à Nancy le 11 janvier 1774. A seize ans, il fut jugé capable d'être admis au nombre des officiers d'artillerie et dispensé de passer deux ans à l'école d'application. Drouot fit dans cette arme toutes les campagnes de la révolution, et notamment celle d'Égypte. Des services multipliés, des traits d'une bravoure étonnante, marquèrent chaque instant de sa carrière. En 1809, il fut nommé major de l'artillerie à pied de la Garde. Général de brigade, il se fit remarquer partout où il fut présent; son imperturbable sang-froid, la justesse de son coup d'œil, le firent appeler près de Napoléon en qualité d'aide-de-camp, le 7 mars 1813. Le 2 mai, à la bataille de Lutzen, il donna de nouvelles preuves de sa bravoure, en chargeant au galop avec l'artillerie légère de la Garde ; il se signala encore le 28 à l'affaire de Bautzen, et fut promu au grade de général de division le 3 septembre 1813. A Wachau, le 3 octobre, attaqué par la cavalerie ennemie, très-supérieure en nombre, il ordonna aux canonniers de former leurs pièces en carré, et tira à mitraille. Ses ordres furent exécutés avec une telle précision, qu'en un instant l'ennemi fut mis en déroute. Drouot ne montra pas moins de valeur à Hanau. Après le traité de Fontainebleau, il voulut partager l'exil de celui dont il avait partagé les victoires: il suivit Napoléon à l'île d'Elbe et fut gouverneur militaire de cette principauté. Au mois de mai 1815, il commandait l'avant-garde de Napoléon, qui marchait sur Paris. A Mont-Saint-Jean, il prouva qu'on peut obtenir un triomphe même au sein de la défaite, rallia l'armée à Laon, et obtint le commandement de la Garde, qu'il ne quitta qu'au licenciement. Compris dans l'ordonnance du 24 juillet, il vint se constituer prisonnier, et parut au conseil de guerre en avril 1816. Le maréchal Macdonald, assigné comme témoin, rendit à l'audience une justice éclatante à la conduite du général. Acquitté par un jugement, le général Drouot se retira dans sa ville natale.

DUPONT (Xavier-Alexandre-Joseph), capitaine au 1er régiment des voltigeurs de la Garde impériale, naquit à Mons le 19 septembre 1774. Entré dans la légion de Béthune le 12 avril 1792, il fut nommé sous-lieutenant, après être resté dix mois dans les grades inférieurs. Il fit successivement partie de l'armée du Nord, de celles de Sambre-et-Meuse, d'Italie, du Rhin, d'Allemagne, d'Espagne, et enfin de la grande armée. Il était capitaine au 25e régiment de tirailleurs lorsqu'il entra, en cette qualité, dans le 1er régiment des voltigeurs de la Garde, le 8 juin 1809. Dupont se distingua glorieusement en plusieurs occasions, et entre autres, à Tretta, où il dissipa, avec quelques hommes, une insurrection de paysans; à la retraite de la Trébia, où, avec un petit nombre de soldats, il força à se retirer un escadron de chasseurs de Bussy (émigrés), qui se disposait à inquiéter les derrières du régiment ; à Novi, où, étant en patrouille et cerné par la cavalerie ennemie, il se dégagea et parvint à sauver, en le portant sur ses épaules, un soldat qu'il ne voulait pas perdre. Dupont fut tué en Russie, d'un coup de feu reçu à la prise de Smolensk, le 25 août 1812. Il avait été nommé membre de la Légion d'honneur le 24 avril 1807.

DUROSNEL (Antoine-Jean, comte), né à Paris le 9 novembre 1771, dut une grande partie de sa réputation militaire au général d'Harville, qui le prit fort jeune comme aide-de-camp. Un goût décidé pour la carrière des armes, un courage héroïque et des études constantes justifièrent son rapide avancement. A Austerlitz, il fit des prodiges de valeur, et fut élevé au grade de général de brigade ; à Iéna, il chargea l'ennemi avec tant d'intrépidité, qu'il décida la défaite des Prussiens. Dans la campagne de 1809, il devint général de division ; on le crut mort à Essling, où il fut grièvement blessé et fait prisonnier. En 1813, il était gouverneur de Dresde. Le général Durosnel fut longtemps aide-de-camp de l'Empereur.

FRIANT (Louis, comte), lieutenant général; né à Morlincourt (Somme), commandant les grenadiers à pied. En 1781, Friant prit du service dans le régiment des gardes-françaises, et fut nommé caporal de grenadiers ; peu de temps après, sous-officier-instructeur, il conserva ce grade pendant sept ans, et quitta l'armée le 7 février 1787. En 1789, Friant reprit du service comme sous-officier, et devint bientôt après adjudant-major de la section de l'Arsenal ; il refusa le commandement du 9e bataillon de Paris, qui lui fut offert, et ne l'accepta que lorsqu'il fallut marcher à la frontière. Friant fit la campagne d'Égypte, et se distingua à toutes les brillantes affaires qui eurent lieu dans ce pays, et notamment aux batailles d'Héliopolis, de Belbeys, de Boulacq et du Caire. Le 8 mars 1801, il reçut à son débarquement l'armée anglaise dans la baie d'Aboukir, lui disputa le terrain pied à pied, fit sa retraite sur Alexandrie, et ne rendit cette place qu'après un siège de six mois. A son retour en France, Friant fut nommé général de division et inspecteur général de l'infanterie. Employé à la grande armée, pendant la campagne de 1805, il contribua puissamment à la belle journée d'Austerlitz, où il eut quatre chevaux tués sous lui, et se trouva constamment au fort de la mêlée. Napoléon, pour lui témoigner sa satisfaction des services signalés qu'il avait rendus dans le cours de cette campagne, le nomma grand-aigle de la Légion d'honneur, et lui donna une dotation de 20,000 fr. Le 14 octobre 1806, Friant concourut avec sa division à la victoire d'Iéna, et se couvrit de gloire à la bataille d'Eylau et à celle de Tann. En 1812, il devint commandant des grenadiers de la Garde, et fit en cette qualité la campagne de Russie ; il combattit avec distinction à Smolensk, fut blessé à la bataille de la Moskowa, et se signala à Dresde, à Wachau et à Leipsick. Il prit une belle part à la sanglante affaire de Hanau, et fit des prodiges de valeur pendant la campagne de 1814, notamment à Montmirail et à Champ-Aubert. En 1815, Friant commandait encore les grenadiers de la Garde, et guida nos vieilles phalanges à Fleurus et à Mont-Saint-Jean, où lui-même fut grièvement blessé.

GROS (Louis), général de brigade, colonel-major des chasseurs à pied de la Garde, né à Carcassonne le 3 mai 1767. A dix-huit ans, il prit du service et était sergent en 1790; son courage le fit avancer promptement. En 1793, il fut nommé capitaine sur le champ de bataille. Gros se distingua particulièrement aux armées d'Italie, des Pyrénées, d'Angleterre, de Hollande et du Rhin; en l'an XII, il fut admis dans la Garde, et c'est à la tête des chasseurs à pied qu'il fit toutes les campagnes de la grande armée. Ses talents militaires et sa bravoure se firent remarquer principalement aux immortelles journées d'Austerlitz, d'Iéna, d'Eylau, de Friedland. En le plaçant à la tête du régiment des chasseurs à pied de sa Garde, Napoléon le nomma baron et commandant de la Légion d'honneur; il était aussi chevalier de l'ordre de la Couronne de fer et de l'ordre de Maximilien de Bavière. Gros mourut sous la Restauration.

HARLET (Louis, baron), né le 15 août 1772. Sa bravoure et ses talents lui firent confier un régiment pendant la campagne de Russie. Nommé général de brigade en 1813, il augmenta dans ce grade sa réputation militaire. En 1815, Napoléon le plaça à la tête d'un des régiments de grenadiers à pied de la Garde.

HULIN (Pierre-Auguste, comte), né à Genève le 6 septembre 1758. Capitaine d'une compagnie de chasseurs des barrières, Hulin fut bientôt chef de bataillon; il se rendit à l'armée d'Italie, où il fit ses premières campagnes sous le général Bonaparte, en qualité d'adjudant général. Il commandait le château de Milan en 1797 et 1798. Devenu général de division, Hulin reçut le commandement des grenadiers de la Garde consulaire, en 1803. Il se distingua pendant la glorieuse campagne d'Autriche, en 1805, et fut choisi pour commander la place de Vienne. Il fit encore la campagne de 1806, et fut nommé commandant de Berlin. Rentré en France, il obtint le commandement de la 1re division militaire (Paris), où il resta jusqu'en 1814. Le général Hulin est mort très-avancé en âge et aveugle.

JANIN (Claude, baron), né à Chambéry en 1775, servit longtemps dans la Garde, et fut détaché auprès du vice-roi d'Italie, à Milan, pour organiser la garde du prince. Pendant la campagne de Russie, il commanda un escadron de la gendarmerie d'élite de la Garde; en 1814, il fut fait général de brigade, et en 1815, pair de France.

KRASINSKI (Vincent, comte), général polonais, était chambellan de Napoléon, et colonel du premier régiment de chevau-légers-lanciers de la Garde. Il se distingua surtout dans la campagne de 1812, en prenant part à tous les combats que les Polonais livrèrent aux Russes. En 1813, il fut nommé général de brigade, et général de division en 1814.

LALLEMAND (Dominique, baron), né à Metz, embrassa fort jeune la carrière des armes; il dut son avancement à son intrépidité et à ses talents; il était parvenu au grade de général de brigade d'artillerie lors de la déchéance de Napoléon. En 1815, nommé lieutenant général, il combattit à Mont-Saint-Jean à la tête de l'artillerie de la Garde, et revint ensuite sous les murs de Paris avec la Garde, qu'il suivit au delà de la Loire. (Voir au livre XV, le chapitre intitulé: *La Garde après Waterloo, les brigands de la Loire et le Champ d'asile*.)

LARIBOISSIÈRE (Le comte). Ses grands talents et son courage l'élevèrent rapidement au grade de général de brigade; en 1806, il fit des prodiges de valeur pendant la campagne de Pologne, et obtint le grade de général de division commandant l'artillerie du siège de Dantzick. En 1809, à la tête de l'artillerie de la garde, il arrêta les Autrichiens à Essling, et les dispersa à Wagram. En 1812, il avait organisé cette immense artillerie qui tonna à la Moskowa et resta ensuite dans ces plaines, que de si terribles détonations n'avaient pas troublées depuis la journée de Pultawa. Le général Lariboissière mourut le 29 décembre 1812, sur les bords du Niémen, de la douleur que la perte de son fils, tué à la bataille de la Moskowa, lui avait fait éprouver.

LARREY (Dominique-Jean, baron), né à Bodeau, près de Bagnères, en 1766, fit d'excellentes études médicales et se livra entièrement à l'art chirurgical. En 1798, il accompagna le général Bonaparte en Égypte; et, comme chirurgien en chef de l'armée française, on le vit souvent au pied de la brèche panser les blessés, au milieu des plus grands dangers. Il fit dans ces contrées des observations médicales qu'il a publiées en 1803. On a de lui un Mémoire sur les amputations des membres à la suite des coups de feu, et un Mémoire de chirurgie militaire très-estimé. Larrey a rendu aux armées des services tels, qu'il nous serait impossible de les énumérer ici; aussi nous bornerons-nous à dire qu'il a fait toutes les campagnes de la grande armée en qualité de chirurgien en chef de la Garde, et de l'hôpital militaire du Gros-Caillou. Un seul mot suffira pour faire son éloge; en parlant de lui, l'Empereur a dit, à Sainte-Hélène: « C'est l'homme le plus vertueux que j'ai jamais rencontré. »

LAURISTON (Jacques-Alexandre-Bernard-Law, comte), naquit le 1er février 1768, et embrassa de bonne heure la carrière des armes. Il servit dans l'artillerie et y obtint un avancement rapide, qu'il dut autant à ses talents qu'à son courage. Devenu aide-de-camp de Napoléon, celui-ci lui confia des missions importantes; il fut accueilli avec enthousiasme du peuple de Londres, où il fut envoyé en 1801, pour porter la ratification de la paix d'Amiens. A Wagram, il décida la victoire en faisant perdre une lieue de terrain au centre de l'armée autrichienne, dont la déroute entraîna celle des deux ailes. Après avoir été employé comme ambassadeur en Russie, le général Lauriston fit la campagne de Saxe et se distingua à Kœnigswerth, à Weissig et à Bautzen. Il entra à Breslau le 1er juin, culbuta les Russes le 18 août à Liebenichen, passa le Boher le 21, et obtint de nouveaux succès à Jauert et à Wachau; après avoir montré la même valeur à Leipsick, il se replia sur le pont situé entre cette ville et le faubourg de Lindenau: le voyant coupé, il se précipita dans l'Elster avec son cheval, fut fait prisonnier et conduit à Berlin. Lauriston mourut ministre de la maison du roi Louis XVIII.

LEFÈVRE — DESNOUETTES (Charles, comte), né à Paris le 14 décembre 1775, s'enrôla dès le commencement de la révolution, et parvint successivement aux premiers rangs de l'armée. A Austerlitz, il fit des prodiges de valeur, et fut promu au grade de général de brigade. De nombreux succès avaient déjà marqué ses pas dans les champs de l'Espagne, en 1808, où il fut grièvement blessé et fait prisonnier. Napoléon, en blâmant l'impétuosité qui lui faisait quelquefois oublier les lois de la prudence, récompensa chez lui cette intrépidité qui, mêmes dans ses fautes, lui faisait rencontrer de nouveaux triomphes. Lors de son échange, il fut nommé général de division, et appelé en 1809 au commandement des chasseurs à cheval de la Garde. Rentré en Espagne en 1811, il se fit encore remarquer à Figuières. En 1812, Napoléon l'emmena en Russie; il fut toujours près de lui dans la retraite, et partagea ses dangers. Dans la campagne de Saxe, il contribua puissamment au succès de la bataille de Bautzen, et s'empara, le 19 août, des montagnes de Georgenthal. En 1814, à Brienne, il reçut plusieurs coups de lance et un coup de baïonnette. Il escorta Napoléon jusqu'au lieu de son embarquement pour l'île d'Elbe. Sa valeur brilla d'un nouveau lustre à Mont-Saint-Jean.

LETORT (Le baron). Sa valeur et ses talents le placèrent à la tête des dragons de la Garde, lors de la formation de ce corps en 1806. En 1808, il conduisit un escadron de ce régiment en Espagne, et se signala à la bataille de Burgos. Pendant la campagne de Russie, il eut de fréquentes occasions de se faire remarquer, et se distingua particulièrement au combat de Malojaroslawetz, les 24 et 25 octobre 1812. A Wachau, en 1813, il exécuta les charges les plus hardies et les plus décisives, à la tête des dragons et des lanciers de la Garde; il eut un cheval tué sous lui à Hanau, où il fut blessé.

MICHEL (Pierre, baron), né à Pointre (Jura). A Austerlitz, il déploya une telle valeur, à la tête du 40e régiment de ligne, dont il était major, qu'il fut jugé digne de passer avec le même grade dans les grenadiers de la Garde. En 1811, il fut fait colonel de son régiment, et mérita la décoration d'officier de la Légion d'honneur; peu après il fut nommé général. En 1812 et 1813, les campagnes de Russie et de Saxe lui offrirent de nombreuses occasions de soutenir sa réputation de bravoure. En 1814, il fut blessé à Montmirail, et fut nommé général de division sur le champ de bataille. En 1815, il reprit les armes, et trouva, à la bataille de Waterloo, le 18 juin, une mort glorieuse et digne de sa bravoure : ce fut lui qui prononça ces sublimes paroles, attribuées par erreur au général Cambronne : « La Garde meurt et ne se rend pas. » (Voir à ce sujet le récit que nous avons fait de cette journée, ainsi que les notes apposées au bas des pages 660 et 661.)

MORLAND (F.-L.), colonel des chasseurs à cheval de la Garde; né à Souilly (Meuse) le 11 août 1771, entra au service en 1791 comme simple chasseur. Son mérite le fit avancer rapidement jusqu'au grade de chef d'escadron. En l'an XI, il fut admis dans les chasseurs à cheval de la Garde, où il trouva de nouvelles occasions de se faire remarquer. Il était major de ce régiment lorsque Napoléon le nomma colonel, en remplacement du prince Eugène, appelé au trône d'Italie. Morland avait fait avec succès toutes les campagnes de 1792 jusqu'en l'an IX, et s'était particulièrement distingué en l'an III, à l'affaire de Sprimont. A la mémorable journée d'Austerlitz, à la tête des chasseurs à cheval de la Garde, il chargea l'artillerie de la garde impériale russe, et la prit; mais, dans cette action d'éclat, Morland fut tué d'un coup de mitraille. Le 7 mars 1806, un service funèbre fut célébré en son honneur dans l'église métropolitaine de Paris.

MORTIER (Édouard-Casimir-Joseph, duc de Trévise), né à Cambrai en 1768, entra au service en 1791, comme lieutenant de carabiniers, et bientôt marcha en qualité de capitaine à la tête d'une compagnie de volontaires de son département. Les batailles de Jemmapes, de Nerwinde, de Pellemberg, lui offrirent l'occasion de signaler sa valeur; et la journée de Honschoote lui valut le grade d'adjudant général. Au blocus de Maubeuge, il fut blessé d'un coup de mitraille; combattit encore à Mons, à Bruxelles, à Louvain, à Fleurus; se porta sur Maestricht avec le corps du général Kleber, dirigea l'attaque du fort Saint-Pierre; et se trouva ensuite au passage de Neuwied, sous les ordres de Marceau. En 1796, le général Lefebvre, qui commandait l'avant-garde de l'armée de Sambre-et-Meuse, lui confia ses avant-postes. A la bataille de Fribourg, ce fut lui qui força le passage de la Nidda; et à Winlsdorff, quelques jours après, il se couvrit de gloire en culbutant l'ennemi. Pendant cette campagne, Gressen, Gemmanden, Schwenfurt, et une foule d'autres postes importants, furent enlevés par Mortier : au combat d'Ilsfeld, sa conduite fut au-dessus de tout éloge. Après la paix de Campo-Formio, il refusa le grade de général de brigade pour le commandement du 23e régiment de cavalerie; mais à l'ouverture de la campagne de 1799, il fut appelé à l'armée du Danube, avec le titre de général de brigade, commandant les avant-postes. A la journée de Leptingen, il obtint un succès éclatant. Passé à l'armée d'Helvétie, il prit le commandement d'une division qui se distingua au combat de Mutten et à tous ceux qui précédèrent la prise de Zurich : il dirigea, avec le général Klein, l'attaque de cette ville sur la rive gauche. A Sargans, à Treias, à Tamius, de nouveaux exploits augmentèrent la gloire militaire qu'il s'était acquise déjà. Mortier fut ensuite nommé au commandement de la 2e division de l'armée du Danube, qu'il quitta au bout de quelques mois, pour passer à celui des 15e et 16e divisions militaires. En 1803, il fut chargé du commandement de l'armée destinée à s'emparer de l'électorat de Hanovre. Cette expédition se termina par la convention de Sublingen. De retour à Paris, Napoléon le nomma un des quatre colonels-généraux de la Garde des consuls, en lui confiant le commandement de l'artillerie et des marins. En 1804, Mortier fut fait maréchal de l'Empire, et conserva son rang dans la Garde; au mois de septembre de la même année, il fut placé à la tête d'une division de la grande armée, commandée par l'Empereur en personne. Dans cette mémorable campagne, Mortier descendit la rive gauche du Danube, coupa les communications de l'armée russe avec la Moravie, et soutint le fameux combat de Diernstein, où, avec un corps de quatre mille hommes, il battit l'armée russe, aux ordres de Kutusow, forte de plus de trente mille soldats. Pendant les campagnes suivantes, nous citerons au nombre des journées qui furent glorieuses pour le maréchal, celles d'Iéna, d'Eylau et de Friedland. Envoyé en Espagne en 1808, il commanda le 5e corps, se distingua au siège de Saragosse, en février 1809; gagna, en novembre, la bataille d'Oceana, seconda les opérations du maréchal Soult contre Badajoz, fut chargé du siége de Cadix, et battit encore les Espagnols, le 19 février 1811, à la bataille de la Gébora. En 1812, Mortier se distingua en Russie d'une manière toute particulière, et quitta Moskow le dernier, après avoir fait sauter le Kremlin. En 1813, il défendit Francfort, où il réorganisa la jeune Garde, dont il eut le commandement pendant toute la campagne de Saxe. Il combattit à Lutzen, à Dresde, à Wachau, à Leipsick et à Hanau. En 1814, il retarda beaucoup la marche des armées alliées sur la capitale, et ne cessa de combattre que lorsque tous moyens de résistance furent devenus impossibles. Le maréchal Mortier, que les boulets et la mitraille avaient respecté tant de fois sur les champs de bataille de l'Europe, mourut à Paris le 29 juillet 1835, victime de l'attentat de Fieschi.

MOUTON-DUVERNET. Plein de talent et de bravoûre, c'est à la pointe de son épée qu'il sut conquérir tous ses grades. L'Allemagne, la Prusse, la Pologne, furent les théâtres de sa gloire. En Espagne, il commanda un corps de la jeune Garde, et fit des prodiges de valeur. Il était colonel en 1807 et général de division en 1813. A l'affaire d'Urles, en Espagne, le général Mouton-Duvernet, alors colonel d'un régiment de la jeune Garde, après s'être emparé de la ville d'Urles, défendue par huit mille hommes, réunit quelques dragons et se mit à la poursuite de l'ennemi; il arriva devant une colonne de quatre mille hommes, pénétra au centre, et enleva un drapeau après avoir tué l'officier qui le portait. Pendant ce temps, le 1er régiment et les restes de la division arrivèrent, et les quatre mille hommes mirent bas les armes. A Mont-Saint-Jean, en 1815, il augmenta encore sa belle réputation militaire, et fit regretter à ses nombreux admirateurs qu'il n'eût pas trouvé sur le champ de bataille la seule mort dont il était digne.

ORDENER (Le comte) fit toutes les guerres de la révolution; de simple soldat, il sut s'élever successivement jusqu'au grade de général de brigade. En 1803, il fut envoyé en Portugal, puis ensuite nommé commandant de Brest, et vint, en 1804, se placer à la tête des grenadiers à cheval de la Garde. Il les conduisit à Austerlitz, et c'est sous ses ordres qu'ils exécutèrent ces charges brillantes et décisives qui surent décider le succès de la journée. Cette campagne valut à Ordener le grade de général de division. Ses services, longs autant qu'honorables, furent récompensés par son admission au Sénat et sa nomination de gouverneur du palais de Compiègne, où il mourut en 1811, frappé d'une attaque d'apoplexie foudroyante.

ORNANO (Le comte), né en Corse en 1784, commandait un bataillon de chasseurs de cette île pendant la campagne de 1805, et fut nommé officier de la Légion d'honneur après la bataille d'Austerlitz, où il se distingua. Après la campagne, il fut appelé au commandement des dragons de la Garde, et marcha à leur tête de 1806 à 1807. Il suivit en Espagne le maréchal Ney, et s'y fit constamment remarquer par des actions d'éclat. Le 26 juin 1809, il brava une nombreuse artillerie au passage de la Navia, et enleva quatre pièces de canon au combat d'el-Tormès. Nommé général de brigade, il passa en Russie. Sa conduite à Ostrowno et à Mohilow ajouta à sa gloire; après la bataille de la Moskowa, il fut élevé au grade de général de division, et fit, en cette qualité, les campagnes de Saxe et de France, pendant lesquelles il sut soutenir sa brillante réputation.

PETIT (Jean-Martin, baron), né le 22 juillet 1772. Déjà recommandable par de nombreux services, il avait fait avec distinction partie de l'expédition d'Égypte, comme aide-de-camp du général Friant; Petit se distingua particulièrement pendant la campagne de 1806, contre les Prussiens et les Russes; et le 28 juin 1813, il fut élevé au grade de général de brigade et à celui de commandant de la Légion d'honneur. Petit, dans la Garde, fit la campagne de France : ce fut lui que Napoléon embrassa, à Fontainebleau, lorsqu'il fit ses adieux à la Garde, avant de partir pour l'île d'Elbe. A Mont-Saint-Jean. Petit commandait, en qualité de major, le 1er régiment de grenadiers à pied, et ce fut à la tête de ces braves qu'il soutint et protégea glorieusement la retraite. Le général Petit est aujourd'hui pair de France et commandant de l'hôtel des Invalides.

POUL LA COSTE (Joseph-Victor), lieutenant de grenadiers de la vieille Garde, chevalier de la Légion d'honneur; né à Mézin (Lot-et-Garonne, le 21 juillet 1791, entra à l'École impériale militaire de Saint-Cyr à l'âge de dix-huit ans. Il en sortit au mois de mars 1811, comme sous-lieutenant dans le 15e régiment d'infanterie légère et fit immédiatement la campagne d'Allemagne, sous les ordres du maréchal Davoust. Promu, le 2 septembre 1812, au grade de lieutenant en premier dans la compagnie de carabiniers du même régiment, Poul La Coste fit la campagne de Russie. Après l'évacuation de Moskow, la division Friant, à laquelle appartenait ce régiment, fit constamment partie de l'avant-garde et conserva ce poste périlleux jusqu'au 18 octobre, en avant de Kalouga. Quoique à peine âgé de vingt-trois ans, mais réunissant les qualités requises pour entrer dans la Garde, Poul La Coste fut incorporé, le 22 janvier 1814, dans le 1er régiment des grenadiers de la vieille Garde avec le rang de capitaine, et assista successivement à toutes les batailles de la campagne de France. Il était présent aux adieux de Napoléon à Fontainebleau, après avoir été lui-même nommé chevalier de la Légion d'honneur quelques jours auparavant (2 avril 1814). Au départ de l'Empereur pour l'île d'Elbe, Poul La Coste fut compris, le 1er juillet suivant, dans l'organisation des grenadiers de France qui allèrent tenir garnison à Metz; et au retour de Napoléon à Paris (20 mars 1815), il entra, le 21 mai, dans le 4e régiment de grenadiers de la vieille Garde, reconstitué le 8 avril de la même année, et fit la campagne de Belgique. Poul La Coste, qui commandait la première compagnie du premier bataillon à Fleurus, fut blessé grièvement d'une balle qui lui laboura les deux cuisses. Au mois d'août suivant, licencié comme tous ses braves compagnons d'armes, Poul La Coste retourna dans ses foyers; mais là, en butte à tout ce que l'esprit de réaction avait de vexatoire pour ceux que le nouvel ordre de choses avait qualifiés de *brigands de la Loire*, afin de se soustraire aux persécutions incessantes dont il était l'objet, Poul La Coste entra dans la légion de Lot-et-Garonne, avec son grade de capitaine, et quitta définitivement l'armée avec une pension que lui avaient value ses brillants services. Aujourd'hui, Poul La Coste vit retiré dans son pays natal.

ROGUET (François, comte), né à Toulouse le 12 novembre 1770, entra au service en 1789, et mérita, par des actions brillantes, le grade de général de brigade. En 1808, en Espagne, il se distingua aux sièges de Bilbao et de Santander; en 1810, il détruisit un rassemblement considérable d'insurgés à Jaugnas. Ses exploits contre l'armée de Galice, dont il arrêta les progrès, lui valurent le grade de général de division, auquel il fut élevé le 24 juin 1811. En 1812, il commanda une division de la grande armée, en Russie; et, après la retraite, il fut chargé de rassembler et de réorganiser la vieille Garde. Il combattit aux journées de Dresde, de Leipsick, de Wachau et de Hanau. Lors de la tentative faite par les Anglais sur Anvers, en 1814, Roguet, à la tête de cinq bataillons, les culbuta et leur fit éprouver une perte considérable. En 1815, il commandait les grenadiers à pied de la Garde, et partagea la gloire de ces valeureux soldats, dans cette glorieuse et funeste campagne.

SAINT-SULPICE (Raimond-Gaspard de Banardy, comte), né en Piémont. Il entra fort jeune au service et s'éleva rapidement aux grades supérieurs; ses talents et son courage le firent placer à la tête du régiment de dragons de la Garde. Les campagnes de 1805 et de 1806 lui offrirent un grand nombre d'occasions de faire briller sa valeur, notamment à la bataille d'Eylau, où il fut blessé. Élevé au grade de général de division en 1807, Saint-Sulpice fut nommé gouverneur du château de Fontainebleau en 1810. En 1813, il commandait le 4e régiment de gardes d'honneur.

SORBIER (Jean-Barthélemy, comte), né le 17 novembre 1762 à Paris, fit d'excellentes études à l'École militaire de Paris, d'où il sortit lieutenant en 1783; capitaine en 1791, il était adjudant général en 1793. En 1805, il commandait trois divisions à la bataille d'Austerlitz, où l'artillerie prit une part si glorieuse. Après cette campagne, il fut envoyé en Dalmatie; il prit une part active à la bataille de Wagram, en 1809, comme général de brigade. Ses services, lui valurent, en 1811, le grade de général de division. En 1812, il commandait en chef l'artillerie de la Garde, et s'illustra dans les champs de Smolensk et de la Moskowa; en 1813, Wachau, Leipsick, Hanau, furent principalement des jours de gloire pour lui.

SOULT (Jean-Dieu), duc de Dalmatie, maréchal de France, grand cordon de la Légion d'honneur, commandant les chasseurs à pied de la Garde impériale; né à Saint-Amand (Tarn). En 1769, soldat dans le régiment du roi, infanterie; en 1792, instructeur des bataillons nationaux dans le Haut-Rhin; et, en 1793, capitaine de ces mêmes volontaires, Soult fut nommé, par les représentants du peuple, adjudant général à l'armée de la Moselle, où il se distingua par son intrépidité: on lui doit le gain de la bataille de Fleurus. A l'armée de Sambre-et-Meuse, il signala sa valeur au combat d'Altenkirken et à Kleinmister, où il fit cinq cents prisonniers. A l'armée de Mayence, au combat d'Hoskirch, il soutint toute la journée, avec deux escadrons et quatre compagnies, les efforts réitérés de cinq mille hommes. A Friedberg, son avant-garde résista à une colonne de vingt-cinq mille Autrichiens. A Stockack, il attaqua trois fois le prince Charles, qui se trouvait à la tête de toutes les forces autrichiennes; Soult, à cette occasion, exécuta une retraite où il déploya à un haut degré ses talents stratégiques. Fait général de division à l'armée du Danube, il ajouta à sa renommée les combats de Schwitz, de Lucerne, de Frauenfeld, d'Andelsingen et d'Adlik, et concourut puissamment à la victoire de Zurich. Après le passage de Lints, Soult poursuivit Souwarow, et rejeta les Russes sur la rive droite du Rhin. A Cadibona, il saisit le drapeau de la 97e demi-brigade et s'élança sur le point où les Autrichiens faisaient le plus de progrès. Cette action rallia toutes les troupes françaises, et décida la victoire en notre faveur. Pendant la campagne d'Italie, des combats journaliers ajoutèrent encore à sa gloire. Après la victoire de Marengo, Soult fut d'abord chargé de soumettre le Piémont, puis ensuite il sut s'emparer de Tarente, d'Otrante et de Brindes, et ne quitta l'armée d'Italie que pour venir prendre le commandement des chasseurs de la Garde consulaire. Maréchal de France en 1804, il commanda en 1805 un des corps de la grande armée, s'empara du pont de Donawert, et contribua considérablement à la prise d'Ulm. Il se rendit maître d'Augsbourg et de Meuningen, et commanda l'aile droite française à la bataille d'Austerlitz. En 1806, il enleva Bayreuth, Hoff et Planen, et décida le succès de la bataille d'Iéna. A Grossen il culbuta douze mille Prussiens, et commença le blocus de Magdebourg. En 1807, Soult s'empara du pont de Bergfried, et fit des prodiges de valeur à Eylau; la part qu'il prit à la victoire de Heilsberg fut grande. En 1808, son entrée en Espagne fut marquée par de nombreux succès: les affaires de Gamonal, de Burgos, d'Espinosa, de Nancilla et de la Corogne le firent craindre et redouter des Espagnols et des Anglais. En Portugal, il fut encore victorieux à Juzo, à Allaritz, à Osogne, à Monterey, à Chavez, à Draya; il dirigea les opérations de la mémorable bataille devant Oporto, où il s'empara de deux cents canons. Il sut s'emparer aussi d'Olivença; et à Badajoz, avec dix-huit mille Français, il soutint le choc d'une armée de trente-trois mille hommes, tant Anglais que Portugais et Espagnols. A Baza et à Cullas, il fit preuve d'une habileté extraordinaire. En 1813, il commanda le centre de l'armée française à la bataille de Bautzen; et se fit plus particulièrement remarquer à celle de Wurtchen. En 1814, il reprit le commandement de l'armée d'Espagne, et évacua ce pays en disputant le terrain pied à pied: cette retraite est remarquable par les combats de Bassussary et de Laustérénia. Enfin, la bataille de Toulouse mit le comble à sa réputation de grand capitaine: là, dix-huit mille Français disputèrent la victoire pendant quatorze heures à une armée de cent mille Anglais, Portugais et Espagnols, commandés par lord Wellington. En résumé, le maréchal Soult est bien certainement un des plus illustres représentants de la gloire française, sous la République, le Consulat, l'Empire, la Restauration et le gouvernement de Juillet.

VIGNEAUX, chevalier de la Légion d'honneur, fit les campagnes d'Allemagne en qualité de vélite aux grenadiers à pied de la Garde, et celles d'Espagne et de Russie comme lieutenant-adjudant-major au 4e régiment de tirailleurs (jeune Garde). Il vit aujourd'hui retiré à Lanojon (Gironde).

WALTHER (H.-J., comte). La Garde impériale compta peu d'aussi braves soldats; Walther fut toujours à l'avant-garde pendant vingt ans de guerres incessantes, et reçut d'honorables blessures: son sang coula à Austerlitz, à Eylau, à Friedland, etc., etc., et toujours ses exploits étonnèrent l'armée. En 1812, il fit la campagne de Russie à la tête des grenadiers à cheval de la Garde; il chargea et tailla en pièces les Bavarois à la bataille de Hanau. La douleur de voir sa patrie sur le point d'être envahie par l'étranger, les fatigues de ses campagnes et ses nombreuses blessures conduisirent Walther au tombeau vers la fin de 1813.

MUSIQUE DE LA GARDE IMPÉRIALE.

On pourrait faire l'histoire de notre nation avec les chansons, les hymnes et les marches guerrières qui surgirent à chaque période de nos troubles civils, de nos succès et de nos désastres.

L'air : *Ah ! ça ira*, manifestation des vœux du peuple des faubourgs, en 1793, ouvrirait la marche ; puis viendrait *la Marseillaise*, qui conduisit tant de fois nos bataillons à la victoire, et rachètera ainsi la hideuse Marseillaise vociférée autour des échafauds ; puis, *le Chant du départ*, qui ne se présenterait pas sous des auspices moins glorieux ; enfin, à toutes ces brûlantes inspirations provoquées par la fièvre de la liberté, succéderait, dans des temps plus calmes, *le Réveil du peuple*, éloquente et magnifique protestation contre les excès révolutionnaires. La vieille génération doit se rappeler avec quel enthousiasme ces beaux vers, commençant ainsi : « Peuple français, peuple de frères, etc., » rehaussés encore par une musique pleine de majesté, furent applaudis, ainsi que cet air : *Veillons au salut de l'Empire*, tiré d'un opéra de l'ancien répertoire de Feydeau ; et pour terminer la nomenclature, ces deux airs : *Où peut-on être mieux qu'au sein de sa famille ?* fameux duo de *Lucile*, de Grétry ; et *La Victoire est à nous !* du grand opéra de *la Caravane du Caire*, également de Grétry, qui trouvaient tous deux une application heureuse à des événements glorieux pour le pays.

Il est digne de remarque que Napoléon, général en chef, consul et empereur, fit constamment un usage très-modéré des chants patriotiques. Au siège de Toulon, un colonel d'infanterie, marchant à l'assaut des ouvrages avancés construits par les troupes anglaises, s'avisa de faire jouer, par la musique de son régiment, *la Marseillaise*. Bonaparte courut au galop au front de la colonne, et cria d'une voix stridente :

« Point de musique ! mais la charge*; rien que la charge, entendez-vous ! »

On obéit, et le bastion fut emporté à la baïonnette, au bruit des fifres et des tambours.

En effet, le père Daniel, dans son *Histoire de la Milice française*, dit : « Nos aïeux,
« les Francs, s'animaient, en marchant au combat, par une petite flûte fort aiguë et fort
« glapissante, qui avait le double avantage de marquer la cadence du pas et de couvrir
« les cris des blessés, plaintes qui sont toujours pénibles à entendre pour le soldat,
« quelque aguerri qu'il soit, au commencement d'une action et avant que le combat
« soit bien animé. »

La plupart des marches de la Garde consulaire et de la Garde impériale avaient été composées, par les chefs de musique de ces divers corps, sur un thème quelquefois emprunté à un grand opéra du temps. C'est ainsi que la belle symphonie guerrière intitulée, *Marche du camp de Boulogne*, ressemblait au magnifique chœur de diables, dans l'opéra d'*Alceste*, de Gluck. Ce chœur, dont toutes les parties sont écrites pour des voix de basse, devait produire un effet magique, exécuté par la musique militaire de la Garde consulaire, qui était alors le premier corps de musique de l'armée. Quant à *la Marche de la Garde consulaire à Marengo*, rien ne devait être plus imposant et plus terrible que cette troupe d'élite manœuvrant, comme à une parade, dans la plaine

---

* C'est seulement à l'époque où l'infanterie française fut organisée en régiment, c'est-à-dire au temps de nos rois de la troisième race, que cette batterie fut exécutée. Sous les rois de la première et de la seconde race, les tambours n'étaient pas inventés, mais les gens de pied marchaient au combat en frappant en mesure leurs boucliers de leurs épées ou de leurs haches d'armes. Ces coups cadencés furent traduits plus tard sur le tambour.

de San-Juliano, au son de cette bruyante harmonie, devant une armée ennemie qui n'avait qu'à resserrer ses deux immenses ailes pour l'écraser et l'anéantir !

Selon Quinte-Curce, Alexandre le Grand fit célébrer les funérailles d'Éphestion, son ami le plus cher, avec une magnificence qui surpassa tout ce qu'on avait vu jusqu'alors de plus merveilleux dans les jeux funèbres de la Grèce. Napoléon, lui aussi, avait, comme Alexandre, son Éphestion, et cet Éphestion était le maréchal Lannes, le plus intrépide de ses lieutenants. La perte du duc de Montebello, blessé mortellement à Essling, en 1809 *, fut pour la France un deuil qui se transforma en regrets universels.

Paris se souviendra longtemps du luxe que l'Empereur fit déployer pour la translation des dépouilles mortelles du maréchal Lannes, de l'hôtel des Invalides au Panthéon. Ce n'était point un cortége, c'était une armée tout entière qui marchait, armes basses et drapeaux voilés, derrière le cénotaphe du héros. Rien n'était plus beau que ce défilé funéraire d'une armée au milieu de Paris, et rien n'impressionnait davantage que ces drapeaux victorieux, au nombre de quarante, qui escortaient le colossal corbillard, et qui mêlaient, aux lourdes draperies d'argent de son dôme, leurs plis de soie criblés par la mitraille.

Cette marche funèbre était du célèbre Beetoven, qui avait pour ces sortes de compositions toute la science et toute l'inspiration convenables. Cette marche funèbre était interrompue, de cinq minutes en cinq minutes, par le roulement, sourd et prolongé comme un tonnerre, de trois cents tambours. A ce bruit formidable, à ces accents lugubres qui s'élançaient des tubes de cuivre, à ce roulis des canons et des obusiers à gueule béante, on aurait cru assister à la pompe funèbre d'un géant, ou de ce terrible Roland, neveu de Charlemagne, qui, tué à Roncevaux, fit fuir les ennemis par le seul bruit que produisit le choc de sa cuirasse contre le granit des Pyrénées...

Un soir, Chérubini se trouvant chez la reine de Hollande, se mit au piano, sur l'invitation de la princesse, et improvisa une marche militaire qui, plus tard gravée, obtint un succès unanime. En 1811, le régiment des pupilles de la Garde ayant été formé, le colonel de ce nouveau corps, qui avait entendu la marche du maestro, la fit exécuter par la musique de son régiment.

Quant aux marins de la Garde, ils avaient, en allant au combat, une marche sombre et terrible comme la tempête. On appelait cette marche, *le Branle-bas général des marins;* et, certes, elle était bien nommée, car ce bataillon, qui fit des prodiges de valeur en Allemagne, en Espagne, en Russie et dans les campagnes de France, était indomptable à la baïonnette. Ce branle-bas se composait de la vulgaire batterie de tambours appelée *la charge,* et d'un ronflement d'instruments de cuivre, tels que trompettes et trombones.

D'après le témoignage des officiers généraux qui ne cessèrent d'être à la tête des grenadiers de la vieille Garde pendant la bataille de Waterloo, il est constant que la musique exécuta, à diverses reprises et durant les péripéties de cette sanglante journée, des morceaux tirés de l'opéra de *Fernand Cortès,* de Spontini ; et entre autres, une marche guerrière composée par Guebeauer aîné, chef de musique du 1er régiment de grenadiers à pied. Au bruit de cette musique électrisante, la vieille Garde impériale renversait tout sur son passage... Nul doute que les alliés n'eussent été battus à Waterloo comme ils l'avaient été la veille à Fleurus et à Ligny, si le destin n'en eût ordonné autrement. La musique se tut, couverte par le cri suprême de *Vive l'Empereur !* poussé par dix mille guerriers mutilés, qui ne furent bientôt plus que des cadavres !

* Voir au livre IX le précis de cette campagne.

PAS DE CHARGE DE LA GARDE CONSULAIRE A MARENGO.

LA VICTOIRE EST A NOUS!

MARCHE FUNÈBRE POUR LA MORT D'UN HÉROS, COMPOSÉE PAR L. V. BEETHOVEN,
ET EXÉCUTÉE AUX FUNÉRAILLES DU DUC DE MONTEBELLO.

LA FAVORITE, MARCHE DES PUPILLES DE LA GARDE.

FANFARE DE L'ÉTENDARD DES GUIDES.

BRANLE-BAS GÉNÉRAL DES MARINS DE LA GARDE.

HISTOIRE DE LA GARDE IMPÉRIALE.

VEILLONS AU SALUT DE L'EMPIRE!

MARCHE DES GRENADIERS DE LA VIEILLE GARDE A WATERLOO.

TABLE DES MATIÈRES.

Avertissement des éditeurs. 1

LIVRE PREMIER.

PRÉLIMINAIRES. — Physionomie de la Garde impériale sous le rapport moral, politique et militaire. 1

LIVRE DEUXIÈME.

Origine de la Garde impériale, Garde de la Convention et du Directoire. 31

LIVRE TROISIÈME.

CHAPITRE PREMIER. — Garde consulaire, première organisation. 51
Précis de la campagne de la Garde consulaire en Italie : bataille de Marengo. 71
CHAP. II. — Nouvelle organisation de la Garde consulaire. 90

LIVRE QUATRIÈME.

CHAPITRE PREMIER. — Garde impériale, décret d'organisation. 103
Uniformes et armements. 112
CHAP. II. — Soldes et indemnités. 128
CHAP. III. — Rang des militaires de la Garde dans l'armée. 134
Discipline. 135
Casernement. 140
Service. 145
CHAP. IV. — États nominatifs. 148
CHAP. V. — Distribution des croix de la Légion d'honneur. 155
Composition et force numérique de la Garde en 1804. 160

LIVRE CINQUIÈME.

CHAPITRE PREMIER. — Admission des militaires de la Garde aux Invalides. 161
Création des vélites à cheval. 165
CHAP. III. — La Garde pendant la campagne d'Autriche : bataille d'Austerlitz. 168
Une halte de l'Empereur. (Épisode.) 174
Composition et force numérique de la Garde en 1805. 180

LIVRE SIXIÈME.

CHAPITRE PREMIER. — Nouvelle organisation de la Garde. 181
Création des officiers d'ordonnance. 191
CHAP. II. — États nominatifs. 197
CHAP. III. — La Garde pendant la campagne de Prusse : bataille d'Iéna. 206
CHAP. IV. — Napoléon et la Garde en campagne. 214
Composition et force numérique de la Garde en 1806. 220

LIVRE SEPTIÈME.

CHAPITRE PREMIER. — Création du régiment des lanciers polonais. 221
CHAP. II. — La Garde pendant les deux campagnes de Pologne, en 1807 ; batailles d'Eylau et de Friedland. 224
CHAP. III. — Fêtes données à la Garde impériale par la ville de Paris. 239
A propos d'un fait de contrebande commis par un officier général de la Garde. 246
Composition et force numérique de la Garde en 1807. 248

LIVRE HUITIÈME.

CHAPITRE PREMIER. — Les marins de la Garde. 250
CHAP. II. — L'artillerie de la Garde augmentée. 260
Les deux régiments de grenadiers réunis en un seul. .... id.
La Garde pendant la campagne d'Espagne, en 1808. 263
Une halte en Espagne. (Épisode.) 272
Composition et force numérique de la Garde en 1808. 278

LIVRE NEUVIÈME.

CHAPITRE PREMIER. — Créations de nouveaux régiments d'infanterie dits *de jeune Garde*. 278
CHAP. II. — États nominatifs. 285

CHAP. III. — La Garde pendant la campagne d'Autriche, en 1809 ; bataille de Wagram. 290
CHAP. IV. — Types des différents corps de la Garde. 307
Composition et force numérique de la Garde en 1809. 318

LIVRE DIXIÈME.

CHAPITRE PREMIER. — Augmentation de la Garde impériale. 319
CHAP. II. — États nominatifs. 326
CHAP. III. — Une grande revue dans la cour des Tuileries. 333
Composition et force numérique de la Garde en 1810. 346

LIVRE ONZIÈME.

CHAPITRE PREMIER. — Création de nouveaux régiments ; les pupilles de la Garde. 347
CHAP. II. — États nominatifs. 353
CHAP. III. — Le pupille de la Garde. (Épisode.) 365
Composition et force numérique de la Garde en 1811. 378

LIVRE DOUZIÈME.

CHAPITRE PREMIER. — Création d'une compagnie de canonniers-vétérans et d'un troisième régiment de chevau-légers-lanciers. 379
CHAP. II. — Bataillon d'instruction de Fontainebleau. 383
CHAP. III. — États nominatifs. 383
CHAP. IV. — La Garde pendant la campagne de Russie, en 1812. 391
CHAP. V. — L'escadron sacré. (Épisode.) 417
Composition et force numérique de la Garde en 1812. 422

LIVRE TREIZIÈME.

CHAPITRE PREMIER. — Création de nouveaux régiments de la Garde. 423
CHAP. II. — Gardes d'honneur. 434
CHAP. III. — États nominatifs. 435
CHAP. IV. — La Garde pendant la campagne de Saxe, en 1813. 463
Composition et force numérique de la Garde en 1813. 486

LIVRE QUATORZIÈME.

CHAPITRE PREMIER. — L'effectif de la Garde est porté à 112,500 hommes. 487
CHAP. II. — La Garde pendant la campagne de France, en 1814. 491
CHAP. III. — Napoléon et la Garde à Fontainebleau. 532
CHAP. IV. — Voyage de la Garde impériale de Fontainebleau à l'île d'Elbe. 540
CHAP. V. — Napoléon et la Garde à l'île d'Elbe. 548
Composition et force numérique de la Garde en 1814. 564
CHAPITRE UNIQUE. — Gendarmes d'ordonnance de l'Empereur. 565

LIVRE QUINZIÈME.

CHAPITRE PREMIER. — La Garde impériale sous la restauration. 599
CHAP. II. — La vieille Garde prend la qualification de Corps royal de France. 599
CHAP. III. — Retour de Napoléon et de la Garde de l'île d'Elbe à Paris. 603
Garde impériale provisoire. 628
CHAP. IV. — Réorganisation de la Garde. 633
Chasseurs à cheval de la jeune Garde. 642
Le champ de mai. 645
CHAP. V. — La Garde pendant la campagne de Belgique : bataille de Waterloo. 652
Composition et force numérique de la Garde en 1815. 663
CHAP. VI. — La Garde après Waterloo ; les *brigands de la Loire* et le Champ d'asile. 664
CHAP. VII. — L'Arc de triomphe de l'Étoile ; Revue des Morts. 676
CONCLUSION. — Napoléon aux Invalides. 684
BIOGRAPHIES. 689
MUSIQUE des Marches et Fanfares de la Garde. 697

FIN DE LA TABLE DES MATIÈRES.

TABLE DES UNIFORMES, PORTRAITS ET DESSINS

IMPRIMÉS A PART.

	Pages.
Bonaparte, premier consul.	51
Napoléon, empereur.	103
Maréchal Mortier.	148
— Soult.	197
— Bessières.	326
— Mortier.	438
Prince Eugène.	152
— Poniatowski.	482
Officier d'ordonnance de l'Empereur.	191
Aide-de-camp attaché à l'état-major général.	566
Chirurgien en chef.	490
Inspecteur aux revues.	id.
Officiers de la Garde de la Convention	31
Soldat de la Garde du Directoire (cavalerie).	id.
Grenadier à pied de la Garde des Consuls.	57
Trompette de la Garde des Consuls (cavalerie).	id.
Sapeur des grenadiers à pied de la Garde impér.	116
Tambour-major.	108
Tambour.	id.
Musicien.	110
Officier-porte-drapeau.	104
Officier (petite tenue).	106
Grenadier à pied.	104
Grenadier à pied, s.-officier (petite tenue d'été).	110
Grenadier hollandais.	347
Fusilier-grenadier.	194
Flanqueur-grenadier.	351
Tirailleur-grenadier.	194
Officier de chasseurs à pied.	287
Chasseur à pied.	106
Fusilier-chasseur (tenue de route).	287
Tirailleur-chasseur.	283
Flanqueur-chasseur.	id.
Officiers de voltigeurs.	322
Voltigeur.	351
Garde national.	322
Vétéran.	440
Conscrit.	287
Pupille.	317
Officier des marins.	249
Marins.	id.

	Pages.
Officier de grenadiers à cheval (petite tenue).	112
Grenadier à cheval.	id.
Chasseur à cheval (les guides).	114
Chasseur à cheval (les guides), petite tenue.	id.
Trompette des chasseurs à cheval.	118
Timbalier des chasseurs à cheval.	642
Chasseurs à cheval (jeune Garde).	id.
Gendarme d'ordonnance de l'Empereur.	566
Gendarme d'élite.	116
Dragons de l'Impératrice.	221
Trompette des dragons.	451
Officier des chev.-lég.-lanc., 1er régim. (Polonais).	197
Chevau-légers-lanciers, 2e régiment.	324
Timbalier.	451
Officier porte-étendard des mameluks.	118
Garde d'honneur (tenue de campagne).	434
Éclaireurs.	id.
Tartares lithuaniens.	324
Officier supérieur d'artillerie à pied.	260
Canonnier à pied.	120
Officier d'artillerie légère.	id.
Soldat d'artillerie légère.	440
Train d'artillerie.	260
Officier supérieur du génie.	id.
Sapeur du génie (grande tenue).	324
Sapeur du génie (tenue de tranchée).	id.
Soldat du train des équipages.	352
Ouvrier d'administration.	id.
Vivandière.	id.
Le grenadier de l'île d'Elbe.	548
Revue des Morts.	Frontispice.
Charge des grenad. à chev. de la Garde consulaire.	84
Intérieur d'un poste de grenadiers.	145
Halte de Napoléon en campagne.	179
La Garde impériale à Eylau.	229
Fête donnée à la Garde imp. par la ville de Paris.	243
Grande revue.	333
L'escadron sacré.	417
Mort du maréchal Bessières.	465
L'Empereur et la Garde à l'île d'Elbe.	559
La Garde impériale à Waterloo.	660

PLACEMENT DES PLANCHES.

	Pages.
Revue des Morts. (Frontispice, en face du titre.)	
Officier de la Garde de la Convention, et soldat de la Garde du Directoire.	31
Bonaparte, premier consul.	51
Grenadier à pied, et trompette (Garde des Consuls).	57
Charge de grenadiers à cheval (idem).	84
Napoléon, empereur.	103
Officier porte-drap., et grenad. à pied (gr. tenue).	104
Chasseur à pied (grande tenue d'hiver), et officier des grenadiers à pied (petite tenue).	106
Tambour-maj., et tambour des grenadiers à pied.	108
Grenadier à pied, sous-officier (petite tenue d'été), et musiciens des grenad. à pied (grande tenue).	110
Grenadier à cheval, soldat (grande tenue), et officier (petite tenue).	112
Chasseur à cheval (petite et grande tenue).	114
Gendarme d'élite, et sapeur des grenadiers à pied.	116
Officier porte-étendard des mameluks, et trompette des chasseurs à cheval	118
Canonnier à pied, et officier d'artillerie légère.	120
Intérieur d'un poste de grenadiers.	145
Le maréchal Davoust.	148
Le prince Eugène Beauharnais.	152
Une halte de Napoléon en campagne.	179
Officier d'ordonnance.	191
Fusilier-grenadier, et tirailleur-grenadier.	194
Le maréchal Soult.	197
Officier des chevau-légers-lanciers, 1er régim., et dragons de l'Impératrice.	221
La Garde impériale à Eylau.	229
Fête donnée par la ville de Paris à la Garde imp.	243
Officier et soldat des marins.	249

	Pages.
Officiers supérieurs du génie et d'artillerie, et soldat du train d'artillerie.	260
Tirailleur-chasseur, et flanqueur-chasseur.	283
Officiers des chasseurs à pied (grande tenue), fusilier-chasseur (petite tenue), et conscrit (grande tenue).	287
Officier de voltigeurs, et garde nation. (gr. tenue).	322
Chevau-légers-lanciers, 2e régiment, et Tartares lithuaniens.	324
Sapeur du génie (gr. tenue et tenue de tranchée).	324
Le maréchal Bessières.	326
Une grande revue.	333
Grenadier hollandais, et pupille.	317
Voltigeur, et flanqueur-grenadier.	351
Vivandière, soldat du train des équipages, et ouvrier d'administration.	352
L'escadron sacré.	417
Garde d'honn'. (tenue de campagne), et éclaireur.	434
Le maréchal Mortier.	438
Soldat d'artillerie légère et vétéran.	440
Trompette des dragons et timbalier des chevau-légers-lanciers.	451
Mort du maréchal Bessières.	465
Le prince Poniatowski.	482
Chirurgien en chef, et inspecteur aux revues.	490
Grenadier de l'île d'Elbe.	548
L'Empereur et la Garde à l'île d'Elbe.	559
Aide-de-camp attaché à l'état-major général, et gendarme d'ordonnance.	566
Timbalier des chasseurs à cheval (vieille Garde), et chasseur à cheval (jeune Garde).	642
La Garde impériale à Waterloo.	660

LISTE DES 500 PREMIERS SOUSCRIPTEURS.

Alain, marchand de vin, à Paris.
Alexandre (P.), à Paris.
Allain (E.), à Paris.
Allain (L.), à Rouen.
Allard (M.), à Paris.
Amand, à Paris.
Amand, à Petit-Quevilly.
Amant, à Maromme.
Amelin (L.), à Paris.
Amouroux, à Paris.
Ancelin (F.), à Paris.
Ancelin, à Paris.
André (L.), à Paris.
André, à Paris.
Andrieu, à Paris.
Andrieux (P.), à Paris.
Andry, à Paris.
Angelo d'Elci, Polonais.
Angot, à Paris.
Angrand, à Rouen.
Anthoine, à Paris.
Armand, à Paris.
Arnoult (A.), à Paris.
Artaria et Fontaine, libraires, à Mannheim.
Asselin, à Rouen.
Aubé, à Bonneville.
Aubert, à Paris.
Aubin, à Paris.
Aubry, serrurier, à Paris.
Aubry, marchand de vin, à Paris.
Auger, à Paris.
Avenel, à Rouen.
Bacq, à Rouen.
Bacquet, à Paris.
Badoureau aîné, ex-lieutenant aux dragons de la Garde, porte-aigle, chev. de la Légion d'honneur.
Badoureau jeune, ex-chasseur à cheval de la Garde impériale.
Baudoin, à Rouen.
Bailly (V.), officier de cavalerie.
Ballat, à Paris.
Ballias, libraire, à Meaux.
Bance (F.), à Rouen.
Baptiste, à Paris.
Barat, à Paris.
Barbé, boucher, à Paris.
Barbier, march. de vin, à Paris.
Barbat, à Paris.
Barnabé, à Maromme (Seine-Inf.).
Baron (D.), à Paris.
Barré, maréchal-des-logis dans la garde municipale.
Barré, à Paris.
Barrois, à Monville (Seine-Inf.).
Baudoin, à Rouen.
Béchard, à Rouen.
Becquerelle aîné, à Paris.
Bellanger (S.), à Paris.
Bellefonds (de), propr., à Cluny.
Bellenger, chef de bat. et chev. de la Légion d'honneur, à Rouen.
Bellenger, à Rouen.
Berment, à Elbeuf.
Bernard, boulanger, à la Flotte (île de Ré).
Bernard, propr. à Ars (Ile de Ré).
Bernard jeune, à Paris.
Bernard, garde municipal.
Berthet (J.-B.), à Paris.
Berton (S.), à Paris.
Bertrand, épicier, à Paris.
Bertrand, à Paris.
Besnard (P.), à Paris.
Bestel, libraire, à Paris.
Bettinger, à Boulay (Moselle).
Bez (A.), chef de bataillon en retr.
Bidot, cafetier, à Paris.
Billault (L.) à Paris.
Binger (G.), libraire, à Strasbourg.
Biret, percepteur, à la Flotte (Ile de-Ré).
Blanche, chir., décoré, à Paris.
Blanchet (J.), à Paris.
Blondel, à Paris.
Blot, à Paris.
Bocquet (V.), chapelier, à Paris.

Boileau, à Rouen.
Boishébert (de), à Cliponville.
Bonhourz, à Rouen.
Bonin, garde municipal.
Bonjean, à Rouen.
Bonnale, à Pont-Audemer.
Bonneau, à Paris.
Bonnet fils, à Paris.
Bonnin (E.), à Paris.
Bordis, maître cordonnier au 2e bat. de chass. d'Orléans, à Metz.
Bossange, libraire, à Paris.
Boucher, à Paris.
Bourdin, chef de bataillon en retraite et ex-capitaine au 1er rég. de grenad. de la vieille Garde.
Bourdois, capit. du génie, à Metz.
Bourdon (E.), à Rouen.
Bourdon, à Rouen.
Bourey, à Paris.
Bourgine, ex-capitaine de la jeune Garde.
Bouteiller, à Rouen.
Bouvigny, à Rouen.
Boyer, à Paris.
Bray, à Elbeuf.
Brayer, à Rouen.
Brenon, libraire, à Metz.
Brepsan, décoré, chef de musique au 1er rég. du génie, à Metz.
Breton, march. de vin, à Paris.
Brickman, à Pont-Audemer.
Bridoux, à Paris.
Brière, ex-sous-officier au 2e rég. de cuirassiers de la Garde impériale, à Rouen.
Brocquevielle, à Rouen.
Brun jeune, à Paris.
Brun, décoré, capit. au 2e bat. de chasseurs d'Orléans, à Metz.
Bunelle, à Rouen.
Brunet (J.), à Paris.
Bunel, à Paris.
Burq (A.), ex-grenadier à pied de la Garde impériale, à la Villette.
Cacheleu, à Déville (Seine-Inf.).
Caen, à Paris.
Cagnon fils, à Paris.
Cahagne, à Saint-Aubin.
Camus, à Paris.
Capy, adjudant-major de la garde nationale, à Pont-Audemer.
Carlier, à Paris.
Caron, à Paris.
Carrée fils aîné, décoré, à Rouen.
Carrier, à Paris.
Carrière, libraire, à Béziers.
Castel, à Paris.
Castelle, à Rouen.
Cauchie, à Rouen.
Caugy, à Pont-Audemer.
Cellier, à Paris.
Chabrou, brigadier dans la garde municipale.
Chateauvieux (A. de), lib. à Genève.
Chaumette des Fossés, ancien officier de la Garde.
Chouville, à Rouen.
Cléon, à Rouen.
Clerc (V.-L.), libraire, à Belfort.
Cloioge, à Pont-Audemer.
Clouqueur, ex-grenadier à pied de la vieille Garde.
Coche, maréchal-des-logis dans la garde municipale.
Cochois, à Rouen.
Colboc, à Rouen.
Colonbelle, à Pont-Audemer.
Cordier (Mme).
Cornuault, à Paris.
Couneau, entrepren., à St-Martin (Ile de Ré).
Coutelas, à la Ferté-Milon (Aisne).
Cretel, à Paris.
Cronier, à Paris.
Crouzet-Dommage, à Paris.
Daburon, à la Flotte (Ile de Ré).
Darcel, colonel décoré, à Rouen.

David, à Epeigne.
Decaqueray, au Bois-Guillaume.
Declume, lieut. d'artill., à Metz.
Defer, à Rouen.
Defosse, à Sotteville.
Degoy (F.), à Rouen.
Dehocy, à Paris.
Delabarre fils, à Saint-Valéry.
Delahaye (F.), à Rouen.
Delamare, à Rouen.
Delamare, à Quesnelle.
Delamare, à Rouen.
Delamare, à Pont-Audemer.
Delamare, à Rouen.
Delamotte, à Rouen.
Delaruc, capit. décoré, à Rouen.
Delaunay (Mlle), libr., à Paris.
Delbosque-Alélo, fabric., à Metz.
Delboy, libraire, à Toulouse.
Delcloque, libraire, à Béthune.
Delero (J.), à Paris.
Delcroix, aux Andelys.
Delouée (L.), à Rouen.
Demachy, à Rauplay.
Demangeon, à Luxeuil.
Demiannay (F.), à Rennes.
Demoraine, à Paris.
Denier (C.), à Rouen.
Depreaut, à Paris.
Deschamps, à Paris.
Deshayes, à Paris.
Deshayes, à Pont-Audemer.
Desirmay, à Maromme.
Desruelles, docteur, ex-chirurgien de 2e classe de la vieille Garde.
Deuff, ex-fourrier au 2e régim. de voltigeurs de la Garde impériale.
Dieudonné, à Paris.
Digeon, à Paris.
Digné, à Rouen.
Dijel de Graville, à Rouen.
Doloy, libraire, à Saint-Quentin.
Doudement, à Rouen.
Douville, à Rouen.
Dovilliers (Th.), à Pont-Audemer.
Dranguet, major décoré, à Rouen.
Dubos frères et Marest, à Paris.
Dubuisson, à Rouen.
Dufour et Cie, libraires, à Paris.
Duhamel, à Rouen.
Duhazé (L.), à Elbeuf.
Dujardin (Mlle A.), libr., à Gand.
Dumont, à Luxembourg.
Dumont, à Rouen.
Dumont, à Rouen.
Dunker, libraire, à Berlin.
Dupont, à l'Escure.
Dupré (V.), à Saint-Valéry.
Durieux, libraire, à Lille.
Duval, décoré, à Metz.
Dutertre, libraire, à Paris.
Duval, propriétaire, à Lignières.
Duval, à Rouen.
Edmond, à Rouen.
Falaise, à Rouen.
Fargant, à Rouen.
Fancillon, lieut. d'art., à Metz.
Fauque, à Paris.
Fauveau, à Pont-Audemer.
Favreau, entrepr., à Ars-en-Ré.
Ferret, boucher, à Paris.
Ferry, à Paris.
Fertiault (F.), à Paris.
Fessard (P.), à Rouen.
Feuillatre, à Rouen.
Filon, ex-sous-officier du 3e hussards de la Garde impériale.
Fleuret, à Paris.
Fleury, libraire, à Rochefort.
Florentin, à Rouen.
Forlin, libraire, à Etampes.
Foucher, à Paris.
Foucher, à Maromme.
Fouquet, à Paris.
Fournier, imprimeur, à Paris.
Fournier (L.), à Rouen.
Fremont, à Rouen.
Fresne, à Rouen.

Fribourg, compositeur, à Paris.
Front (Mlle), libraire, à Rennes.
Fruneau, ex-chef de bat. dans le G^r régim. des tirail.-grenadiers de la jeune Garde, en retraite.
Gabriel, conseiller de préfecture, à Marseille.
Gabriel, à Paris.
Gaillard, à Paris.
Gallois-Foucaud, serrurier, à St-Martin (Ile de Ré).
Gallot, à Petit Quevilly.
Garnaud, à Paris.
Garnier, libraire, à Chartres.
Garrisson (E.), à Paris.
Gastinot, à Elbeuf.
Gatteucci (B.), à Paris.
Gaudec, à Rouen.
Gauthier jeune, à Paris.
Gautier, banquier, à Paris.
Gebauer (P.), chef de bureau à la Banque, à Paris.
Georges (E.)
Gérard, commandant, maréchal-de-camp, décoré, à Rouen.
Germaiune, à Rouen.
Gervais, décoré, à Rouen.
Gex (H.), cadet à Chaux-de-Fonds.
Giraudeau, instit., à Ars (Ile de Ré).
Godar, ex-lieut. aux voltigeurs.
Godfroy, à Rouen.
Gombert, à Marmande.
Gonneville, à Malaunay.
Greuet, à Monville.
Grieu, à Maromme.
Guilbert (C.), à Rouen.
Guilbert, à Rouen.
Guilbert, à Maromme.
Guilleniot, brigadier de gendarmerie, à Longwy (Moselle).
Gutschenritter (J.-B.).
Harainne, à Rouen.
Haugeul (L.), à Rouen.
Haudoux, à Rouen.
Hédiard, à Pont-Audemer.
Henriot (J.-B.), à Paris.
Herout, à Saint-Amand.
Hervey (baron d'), décoré, à Rouen.
Hervieux, à Elbeuf.
Hesbrail (d'), à Metz.
Hetrel (A.), à Paris.
Heuillé, à Saint-Girons.
Hodart, à Rouen.
Houdard, à Rouen.
Huard (J.-N.).
Hubert (A.).
Hue, décoré, à Metz.
Hue, à Rouen.
Huet, à Rouen.
Huet, à Elbeuf.
Husson (le général).
Huville, à la Villette.
Izard, ex-capitaine des grenadiers à pied de la vieille Garde, commandant la garde nat. à Béthune.
Javaud, libraire, à Saumur.
Jérôme, à Paris.
Joachim (A.), à Rouen.
Joseph, ex-chass. de la Garde imp.
Joséphe, à Rouen.
Juglet de Lormaye (A.).
Klein, garde municipal.
Labarère, à la Flotte (Ile de Ré).
Labarre, décoré, à l'Isle-de-Noé.
Laborde, à Pontacq (Basses-Pyr.).
Labouglisse, à Darnetal.
Lachâtre (de), à Paris.
Lacoste, à Paris.
Lacour, à Darnetal.
Laffargue, libraire, à Brives.
Lagneau, à Rouen.
Laguesse, brig. dans la garde mun.
Lahire, à Rouen.
Lainé, à Rouen.
Lambert, à Paris.
Lambert, à Pont-Audemer.
Lambry, décoré, à Metz.
Lamoignon (Mme la vicomt. de), née Malé, à Paris.
Lamy, à Paris.
Lance, à Pont-Audemer.

Lancestre-Caplain, à Elbeuf.
Langevin (J.), à Elbeuf.
Langlois, à Rouen.
Lapôtre, décoré, à Metz.
Larguier, garde municipal.
Larrey (le baron H.), à Paris.
Laurent, à Metz.
Laurent (D.), à Rouen.
Lavir, à Rouen.
Lebas, à Rouen.
Leblond, à Metz.
Leblong, libraire, à Clamecy.
Lebrun-Debigne, libr., à Gand.
Lecat, à Elbeuf.
Leclère, à Borestin.
Lecointe, à Elbeuf.
Lecomte, à Pont-Audemer.
Lecomte, ex-officier au 1er régim. des gardes d'honneur.
Lediée, à Rouen.
Ledoyen et P. Giret, libr., à Paris.
Lefèvre, à Rouen.
Lefèvre (Mlle), au Havre.
Lefèvre, à Rouen.
Lefèvre, à Rouen.
Lefèvre (P.), à Rouen.
Lefrançois, à Rouen.
Lefrançois, à Rouen.
Legendre, à Rouen.
Legrand, à Paris.
Lelourre, à Rouen.
Lem ainé, à la Flotte (Ile de Ré).
Lemaître, décoré, ex-sergent au 1er corps imp. d'artill. de marine.
Lemevel, à Rouen.
Lenoble, à Rouen.
Léonard, à Paris.
Leriche (L.), à Rouen.
Leroy, à Elbeuf.
Leullier, à Paris.
Levasseur, au Havre.
Lesourd, à Rouen.
Lieury, à Rouen.
Louvel, au Havre.
Mabille, à Oiselle.
Magen, libraire, à Paris.
Mallard, à Paris.
Maquart, sous-intendant militaire, à Rouen.
Marchand, à Darnetal.
Marel, à Rouen.
Margotteau, (B.), négociant à la Flotte (Ile de Ré).
Marielli, libraire, à Turin.
Martel, à Rouen.
Martin, tambour dans la garde municipale.
Martinon, libraire, à Paris.
Mattis (C.) ex-dragon au 3e escadron de la Garde Impériale.
Maussabré (vicomte de), ex-capitaine de cavalerie de la vieille Garde, à Châteauroux.
Mauquet (A.), à Rouen.
Maze, à Lescures.
Melotte, à Rouen
Mercier, capitaine de frégate en retraite, à Rouen.
Mercier ainé, ex-marin de la Garde, à La Rochelle.
Metzinger, capitaine au 13e d'artillerie, à Metz.
Meyer, architecte, à Paris.
Micheneau, entr., à Ars (Ile de Ré).
Michotte, libraire, à Charleville.
Mohr (P.), à Rouen
Molliex, ex-sergent-major aux marins de la Garde, à Rennes.
Monpied ainé, prote d'imprimerie, à Paris.
Moret, à Monville.
Morin, à Rouen.
Mordret, à Elbeuf.
Neuven, à Rouen.
Neveu, à Rouen.
Nicolle (L.), à Rouen.
Nivelle, au Havre.
Nœllin, à Rouen.
Odiardi, sous-officier à la 4e comp. de vétérans, à Paris.

Offredie, à Rouen.
Olivier, nég. à la Flotte (Ile de Ré).
Olivier, à Rouen.
Ouin, à Rouen.
Paris, décoré, à Rouen.
Pascal (J.), à Amiens.
Paulin Schwartz, libr., à Blois.
Paumier, à Rouen.
Paysant, à Rouen.
Pelletier (L.), à Rouen.
Penaud (L.), à St-Martin (Ile de Ré).
Perdu, à Rouen.
Perriaux, lieut. de la garde nationale de Rouen.
Perrin Solliers (A.), colonel au corps royal d'état-major, à Paris.
Pelhestre (Mlle), à Rouen.
Pichon, libraire, au Mans.
Pierron (A.), à Paris.
Pilout et comp., libr., à Paris.
Pinault, garde municipal.
Pinchon, à Petit-Quevilly.
Pinchon, à Rouen.
Piquenot, à Rouen.
Piquerelle (L.), à Rouen.
Poirier, menuisier, à la Flotte (Ile de Ré).
Poivrol, à Rouen.
Pottier, imprimeur, à Paris.
Poulet, à Rouen.
Poupart et frères, libr., à Madrid.
Poupelain, à Paris.
Pourreau, libraire, à Paris.
Prevots (L.), à Rouen.
Quervel, à Rouen.
Rabillé, instit., au Bois (Ile de Ré).
Ragault, à Elbeuf.
Reard, à Rouen.
Reneaux ainé, à Rouen.
Ricouard, au Bois-Guillaume.
Roca et comp., libr., à Barcelone.
Rolin, à Rouen.
Roquigny (A.), à Rouen.
Rosée, à Rouen.
Roussel, à Rouen.
Royer (Mme), libraire, à Tours.
Saint-Revérien (C. de), à Paris.
Sandrin, à Rouen.
Sanson, capitaine de pompiers, à Oiselle.
Schuster, employé à l'École d'application, à Metz.
Serez, à Rouen.
Serre, à Rouen.
Sèxe, à Paris.
Seyffert, à Paris.
Sichler, à Mulhouse.
Simon, lieut. au 34e de ligne, à Metz.
Simonin, libraire, à St-Martin (Ile de Ré).
Sommesson, à Paris.
Sorets, ex-mameluk de la Garde impériale, à Paris.
Systermans, à Paris.
Teiffray, à Rouen.
Teissier, à Pont-Audemer.
Théodore (V.), à Rouen.
Thomas, à Paris.
Thouverry (C.), à Paris.
Toche, garde municipal.
Torton, à Rouen.
Tuché (A.), à St-Martin (Ile de Ré).
Valongne, à Rouen.
Vanackère, libraire, à Lille.
Vasseur, à Rouen.
Vasseur, à Rouen.
Veischard, à Maromme.
Veysset (A.), libraire, à Clermont-Ferrand.
Vianon, imprimeur, à Paris.
Vieillot, ancien maire des Quatre-Mares.
Vigy, libraire, à La Rochelle.
Villiers, à Monville.
Vinnac, garde municipal.
Vitaux, libraire, à Abbeville.
Wahlen, libraire, à Bruxelles.
Watel, libr., à Boulogne-sur-Mer.
Weber, éditeur, à Leipzig.
Zacharie, à Rouen.
Zucher (J.), à Rouen.

HISTOIRE

DE LA

GARDE IMPÉRIALE.

PARIS. — TYPOGRAPHIE DE E. ET V. PENAUD FRÈRES,
RUE DU FAUBOURG-MONTMARTRE 10.

HISTOIRE

ANECDOTIQUE, POLITIQUE ET MILITAIRE

DE

LA GARDE IMPÉRIALE

PAR

ÉMILE MARCO DE SAINT-HILAIRE

ILLUSTRÉE PAR H. BELLANGÉ, E. LAMY, DE MORAINE, CH. VERNIER

« C'ÉTAIT UNE COLONNE DE GRANIT. »
(Paroles du Premier Consul, dans son rapport de la bataille
de Marengo au Gouvernement, le 27 prairial an VIII.)

TOME PREMIER

PARIS
EUGÈNE ET VICTOR PENAUD FRÈRES
IMPRIMEURS-LIBRAIRES-ÉDITEURS
10, RUE DU FAUBOURG-MONTMARTRE

1852

HISTOIRE

DE LA

GARDE IMPÉRIALE.

PARIS. — TYPOGRAPHIE DE E. ET V. PENAUD FRÈRES,
RUE DU FAUBOURG-MONTMARTRE, 10.

HISTOIRE

ANECDOTIQUE, POLITIQUE ET MILITAIRE

DE

LA GARDE IMPÉRIALE

PAR

ÉMILE MARCO DE SAINT-HILAIRE

ILLUSTRÉE PAR H. BELLANGÉ, E. LAMY, DE MORAINE, CH. VERNIER

« C'ÉTAIT UNE COLONNE DE GRANIT. »
(Paroles du Premier Consul, dans son rapport de la bataille
de Marengo au Gouvernement, le 27 prairial an VII.)

TOME SECOND

PARIS

EUGÈNE ET VICTOR PENAUD FRÈRES

IMPRIMEURS-LIBRAIRES-ÉDITEURS

10, RUE DU FAUBOURG-MONTMARTRE

1852

www.ingramcontent.com/pod-product-compliance
Lightning Source LLC
Chambersburg PA
CBHW071426300426
44114CB00013B/1328